Kenkyusha's Dictionary of English and American Law

英米法律情報辞典

飛田茂雄 著

研究社

KENKYUSHA'S DICTIONARY OF
ENGLISH AND AMERICAN LAW

PRINTED IN JAPAN

まえがき

この辞典は，一面では，私がここ20年余り進めてきた**英和辞典改良の新たな試み**だが，もうひとつ，**人権意識の向上という切なる願い**を込めて編集・執筆したものである．

遠からず，日本でも司法への本格的な国民参加が実現されると聞く．もし計画どおりの参審制が実施されるなら，裁判に法律家と同じ立場で参加する庶民のすべてが，公正な裁判のあり方を理解し，基本的人権についての知識と感覚とを研ぎ澄ます必要がある．私は，そういう人々のごく一部でも，「日本国憲法」と共に，権利憲章を含む「**アメリカ合衆国憲法**」を読んでいただきたいと念願している．そこで，合衆国憲法を(これまで2回の試訳より)いっそう正確に翻訳するよう努力し，やはり参考にすべき「**欧州人権条約**」も私なりの日本語で翻訳してみた．さらに，この条約をそのまま取り入れた連合王国の「**1998年人権法**」のテキストと意義とを詳しく紹介した．次に，人権擁護の支柱になっている英米の公法および最高裁判所の判決，また，それらにかかわる有名な刑事事件を概観した．各レベルの裁判所，刑事裁判の手続き，裁判官，治安判事，陪審，弁護士，警察組織と警察官，連邦と郡の保安官，刑務所などについても，入手できる最新の情報を記述した．ただ，辞典の性格上，連邦最高裁判所判決の内容に深く立ち入る余裕がなかったし，同裁判所判事の紹介もスケッチ程度にとどめざるを得なかった．最高裁判事についてもう少し充実した情報を求めておられる方々には，Timothy L. Hail, *Supreme Court Justices: A Biographical Dictionary* (Facts On File, USA, 2001) の参照をおすすめしたい．わかりやすい英語で書かれた簡略な人名辞典である．

「1998年人権法」は連合王国の憲法体系を根本的に変え，かつて孤高を保っていた貴族院(最上位裁判所)をさえ，人権と自由に関しては，欧州連合 (EU) の法体系に組み込んでしまった．それ以来，連合王国の市民は，基本的な権利に関する国内裁判での判決に不満ならば欧州人権裁判所に訴えることができるようになった．現に同裁判所から賠償金を得た人が少なくない．加えて，この人権法はすでに連合王国の少なからぬ法律や制度を改善させたし，将来は王政や内閣のあり方にまで重大な影響を及ぼす可能性がある．決して誇張ではなく，いまや**人権法を知らずして連合王国の現在と未来を語ることは不可能**である．そう考えた私は，法律学者がこの人権法の仕組み(特に，条約に違反した国内法に対する処置)を解説してくださるのを長く期待していたが，空しく時が過ぎるばかりなので，とうとうしびれを切らし，身の程知らずにも自分で解説することを決心した．2000 年の 6 月，原稿を書き始めた段階で，書店には元山健，キース・D・ユーイング両教授共著の『イギリス憲法概説』(法律文化社，1999 年) 以外には，その人権法を本格的に取り上げた本は 1 冊も見あたらなかった．同書の大半を占める，ロンドン大学キングズ・カレッジのユーイング教授による人権法に関する論文は，人権法の成立過程とテキストとを鋭く分析したもので，教えられることが多かった(巻末の「1998 年人権法」の解説を参照されたい)．施行後の「1998 年人権法」についても，啓蒙的な解説書が一日も早く出版されるよう願っている．

上記以外の法律情報についてひと言．私は 1967 年から 68 年にかけて，小樽商科大学の『人文研究』第 35，第 36，第 38 輯に「文芸裁判と〈猥褻文書〉の概念(上，中，下)」という，欧米諸国の言論取締法や裁判にも踏み込んだ長い論文を発表してから，『アメリカ合衆国憲法を英文で読む』(中公新書，1998 年) を出版刊行するまで，米国の基本的人権についてはわずかながら知識を持っていたが，この辞典ではあえて未知の分野に挑戦することを決心し，20 世紀半ば以後，とりわけ 1997 年から 2001 年にかけての英国の刑事事件を調べてみた．特にロレンス事件 (the Lawrence case) とブルジャー殺人事件 (the Bulger murder) は入念に調べて解説した．どちらも，英国人ならだれでも知っているだけでなく，欧州人権裁判所との関係で長く歴史に残る事件だからである．やはり人権問題に絡む思想犯取締法，（私が重大な関心を抱き続けてきた）**死刑と冤罪の問題**，英米の警察による不祥事，刑事罰適用年齢，公民基本権とアファーマティブアクション，人種問題とヘイトクライムなどを，さらに，立法を左右する英米の大政党，米国の連邦主義と州権尊重主義，宗教的右派，公立学校における祈禱，妊娠中絶問題，医師が幇助する自殺，死とはなにかの問題，同性愛問題，米国の組織暴力，麻薬密売の実態，銃規制，たばこ製造業者の違法行為，売春婦の密輸入，幼児性愛犯罪，スパイ事件，政府による電話盗聴，反グローバル化運動，クローン人間の創成の規制，幹細胞研究の規制なども，かなり詳しく述べた．その反面，労働，商業・貿易，動産・不動産，破産，保険，信託，相続，海事，医事など，私の関心も能力も遠く及ばない多くの分野は敬遠せざるを得なかった．ただし，それらのうちめぼしい用語の一部と，現代人の生活に密接な関係のある著作権法や，英米の一般の新聞でよく報道される独占禁止法問題などは，ある程度取り上げたつもりである．

最初は憲法と人権法を中心に，コンパクトな情報辞典を作るつもりであったが，さまざまな法律，裁判制度，刑事事件などを解説しているあいだに，当初の予定を大きく上回る数の法律用語を説明する必要に迫られた．法律の基礎教育も受けていない者がそこまで踏み込むことの不遜さ，恐ろしさは，法律家から指摘されるまでもなく，十分に自覚している．しかし，その一方で，**私のような門外漢だからこそ書ける**素人向けの法律英語辞典があってもいいのでは，という内心の声も強かった．既刊の英米法関係の書物や辞書には難解な術語や解説が余りにも多いので，正直なところ，素人を門前払いしているという印象を受けてしまう．司法に対する国民参加の意義を官民そろって強調している現在，大学の法学部出身者でなくてもなんとか理解できる法律用語解説があってもよかろう．そう思って，私は基礎的な法律用語と，最近英米でよく使われる用語だけを選んで解説してみた．専門家がごらんになって誤りがあれば，ぜひ率直にご叱正いただきたい．

情報収集と調査は2001年7月末に終え，原稿を研究社に渡したが，初校校正作業が始まった9月に米国で思いがけないテロリズムが発生し，それへの緊急対策として司法が大きく動いたので，どうしても加筆が必要になった．そこで，タリバーンの全面的敗退まではテロ関連の情報を追加し，他の法律情報も主だったものだけは追補することにした．

あらゆる情報はできるだけ新しいものを収載したが，『現代英米情報辞典』(2000年刊で，共著者は井上健，渋谷彰久，三谷康之，金澤智の諸氏）の記述と重複する部分があることは，どうかご了承いただきたい．

調査にあたっては，インターネットも十分に活用した．固有名詞，事件名，判決名など各項目は，AltaVista, AltaVista—UK, Google, Yahoo! などの検索エンジンで信用できる情報が得られるまで確認作業を続けた．編集部の金子靖氏および高橋麻古氏は，文献照合を念入りに行なうほか，この厳しい検索作業を見事にこなしてくれた．

[感謝の言葉]　いつも私の健康を気づかいながら励ましてくださる主治医の先生，恩師尾崎安先生，数多くの友人，かつての教え子たち，家族と親族などに，心からお礼を申し上げます．上記の金子靖氏は，この辞典を企画し，『現代英米情報辞典』の出版直後から，休む間もなく編集に並外れた知恵と労力を傾け，力強く私を先導(扇動かな?)し続けてくれました．感謝の極みです．編集協力の方々も，長いあいだほんとうにご苦労さまでした．

2002年2月28日(校了の日)

飛田茂雄

編集協力

太田芳郎　高見沢紀子　小川朋子　米沢晶子

目　次

凡　例

▼それぞれの項目が英米いずれの情報であるかを示すために，見出し語のあとに《英》,《米》の国名表示をつけた．《英》は特にイングランドとウェールズを指すことが多い．《スコ》はスコットランド，《北アイ》は北アイルランド，《アイル》はアイルランド共和国，そして《仏》はフランス，《豪》はオーストラリアのことである．

▼この辞典で，Britain の政治体制に直接かかわる場合は「連合王国」という国名を使い，そのほかでは(特に米国と対比するときには)「英国」という語を使った．上記のとおり，法律に関しては，「英国」というのは通常イングランドとウェールズの意味である．

▼固有名詞などに含まれる v を含む音は，原則としてヴァ，ヴィ，ヴ，ヴェ，ヴォなどと表記した．ただし，プライバシーなど，すでに日本語化している場合，また，慣用から余りにも離れて不自然に聞こえる場合には，バ，ビ，ブ，ベ，ボを使用する．

▼ジェファーソン，ニクソン，アンダーセン(会計事務所)，ハンセンなどの言語は，たとえ -son や -sen などと綴られていても，英米では[スン]に近く発音されるが，多くの場合には慣用に従った．Al Capone の場合，カポネが定着しているが，明らかな誤りなので，「カポーン」と表記した．

▼文中で * 印のついている固有名詞や英単語には，見出し語と関連のある重要な記述があるので，各項のあとの ⇨ 印のうしろに記載された語と共に，ぜひ参照していただきたい．

▼ある同一の語の説明が (1), (2). . . と分かれているときは，必要に応じて，どちらを参照すべきであるか明示した．例: (本文中で) the *Attorney General (1); (各項の末尾などで) ⇨ law school (2)

▼Proposition 13, Proposition 8, Proposition 187 などの Propositions は住民投票が実施された年月の順に並べた．

▼文中の敬称を省略したことを，どうかご了承いただきたい．ブッシュ大統領は，父と子を区別するために「ブッシュ I」および「ブッシュ II」と表記した．

▼文中に『英米法辞典』とあるのは，東京大学出版会から 1991 年に出版されたもので，編集代表者は故田中英夫氏である．私は数カ所でその術語や

解説が初学者にとって難解であることを指摘したけれども,『英米法辞典』の学術的な信頼度は抜群であり,私のこの辞典もそれに負うところが大きかったことを記して,感謝を表明したい.

英米法律情報辞典

A

AAA, the = AGRICULTURAL ADJUSTMENT ACT

ABA, the; A.B.A., the 《米》 = AMERICAN BAR ASSOCIATION

abatement 「生活迷惑行為 (nuisance) の除去[自力排除]」 通常の「軽減」のほかに上記の意味がある. 例えば, 隣の店が早朝から深夜まで大音響で宣伝放送をして睡眠や日常生活を妨げられた場合, 警察に通報して(あるいは裁判所に訴えて)やめさせる[音量を小さくさせる]ことを noise abatement と言う.

abatement of action 「訴訟の解消[却下, 中断]」 現在では, *cause of action (訴訟原因) が解消したからというよりも, 裁判手続きの欠陥を理由に裁判官が審理の中断を命じることが多い. 例えば, 賠償を要求していた原告が, あらかじめ定められていた日に裁判所に出頭しなかった場合などで, 通常は *dismissal と呼ばれる.

abduction 「拉致(らち)(らっち); 略取; 誘拐」 米国で昔は, 結婚, 同棲, または売春強要の目的で女性をだましたり, 脅したりして連れ去ること, という意味で用いられた. 現在は, セックスとは無関係な拉致や誘拐の意味にもよく使われるから, 被害者は女性とは限らない. ◆イングランドとウェールズでもその点は同様だが, 法律用語としては, 18 歳未満または 16 歳未満の少女(あるいは, 年齢にかかわりなく心身に障害のある女性)を, 本人の意思に反して, 性行為の目的のために, 保護者のもとから連れ去ること, あるいは, 結婚を目的として 21 歳未満の女性を連れ去ること, と解釈されることが多い. 身代金目的で人をさらう行為は, ふつう *kidnapping と呼ばれる.

abet 「教唆(きょうさ)[幇助(ほうじょ)]する」 aid and abet とも言う. ある特定の人間が犯罪をおかすことを知りながら, 通常は犯行が行なわれる現場で, それを積極的にそそのかしたり, 助けたりすること. 相手が実際に罪を犯すとは夢にも思わず, 「X なんか殺しちまえ」と言い, のちに相手が実際 X を殺したとしても, 教唆罪は成立しない.

ABH = ACTUAL BODILY HARM

abjure 「宣誓して放棄する」 例えば, 米国に移民を許可された人は, もとの祖国に対する忠誠を abjure しなければならない.

abortion 「妊娠中絶」 (1) 《米》 [***Roe v. Wade* の原則**] 人工中絶は *common law では *misdemeanor (中等度以下の犯罪) であったが，米国の多くの州法では，母体を救う必要が認められたとき以外は *felony (重大犯罪) とされている．しかし，1973 年の連邦最高裁判所判決 **Roe v. Wade* 判決(1973)によれば，the first trimester (妊娠期間の最初の 3 分の 1) における中絶は妊婦のプライバシーの権利として憲法で擁護されているから，州の権力が干渉することは許されない．妊娠第 2 期においては，州は母体保護の立場から，手術をする医師の資格や手術の場所などについて規制することができる．妊娠第 3 期においては，胎児を胎外に出せば，憲法で生命を保障されている「人」として生存することが可能 (*viable) かもしれない．したがって，この期間の中絶については，州は妊婦の生命維持や健康上必要と考えたなら，中絶の中止を勧告あるいは命令できる．

連邦最高裁は 2001 年までの段階で，*Roe v. Wade* の原則を表向き維持している．しかし，*Webster v. Reproductive Health Services* という 1989 年の(政府による妊娠中絶の規制を初めて認めたという点で，非常に重要な)判決において，公立の病院やそこに勤務する医師，看護婦などを妊娠中絶手術に使ってはならぬと規定し，かつ，妊娠期間が 20 週を超えた (と思われる)胎児の生存可能性をテストするよう医師に要求するミズーリ州の州法を 6 対 3 で合憲と認めた．もし医師が生存可能だと判断しながら，胎児を母体から離したら，殺人を犯したことになるからである．同裁判所は 1990 年に，未婚の未成年女性が中絶手術を受ける場合，親の一方にその旨を明かす義務がある，というミネソタとオハイオの州法をも合憲と認めた．92 年 6 月にも，妊娠中絶には夫への事前通告(未成年の場合は親の承認)が必要だとするペンシルヴェニア州の中絶制限法を 5 対 4 で支持し，73 年の *Roe v. Wade* 判決をほとんど骨抜きにした．実際，4 人の裁判官は *Roe v. Wade* 判決を放棄するよう主張した．ところが，2000 年 6 月 28 日に連邦最高裁は意外にも，*partial-birth abortion (不全出産型妊娠中絶) を禁止しているネブラスカ州の法律を 5 対 4 で違憲と断じた．同じような法律を持つ他の 29 州でも，もし妊婦が訴えを起こせば，連邦レベルでは勝訴する可能性がある．

[**ブッシュ II 政権の政策**] 米国のブッシュ II 大統領が就任 3 日目に大統領命令で実施した政策は，外国における妊娠中絶を推進したり，中絶法をカウンセリングや文書による情報提供によって周知させたり，妊娠中絶のロビー活動をしたりする組織への連邦の援助を禁止するというものであった．これに対しては，共和党の Nancy Johnson 下院議員からさえ，途上国での妊娠率が急増したり，危険な中絶が行なわれる可能性が大きいとして，反対の声が挙がり，共和党の上院議員 5 人も彼女に同意している．

◆2001年7月下旬に，与野党勢力を逆転した上院の民主党は，上記のブッシュ政策を阻止する構えを見せている. ⇨ MEXICO CITY POLICY

(2)《英》連合王国では，妊娠が24週間目までであり，かつ妊娠の継続が母体に危険をもたらすと2人以上の医師が判断したとき，登録医が行なう中絶手術は合法と見なされる．子供が著しい障害を持って生まれてくると明らかに予測される場合の中絶も犯罪にはならない．◆イングランドとウェールズで，非合法の妊娠中絶は *notifiable offence (通告義務のある刑事犯罪) である.

abscond 「逃亡する」 特に受刑者が，あるいは保釈中の者が，裁判管区の外へ(米国の場合は，州警察の捜査権の及ばない他州や海外へ)逃れる場合によく使う.

absolute liability ＝ STRICT LIABILITY

absolute privilege 「絶対的免責権」 無条件かつ無制限な免責特権. [the ～ で] 国や州の政府が裁判で罪を問われることのない特権 (*sovereign immunity). また，裁判官や国会議員が職務上発言したことに関して名誉毀損の罪には絶対に問えないこと. ⇨ 憲法第1条第6節1項.

abstention doctrine, the 《米》「裁判権自己抑制の原則」『英米法辞典』の訳は「(裁判権行使)回避の法理」. 憲法問題が絡むので連邦地裁が裁判権を持っているにもかかわらず，その権利を(一定の条件のもとで，あくまで例外的に)自己抑制し，すでに刑事裁判の(まれには民事裁判の)手続きや審理を開始している州の裁判所に審理を委ねること．連邦地裁は州裁判所への *comity (礼譲) として裁判権を譲ったことになり，通常は最後まで出る幕はない．ただし，連邦地裁がある事件の憲法問題だけを審理し，判決を下したのちに，州裁判所にその事件を戻すことはある．また，被告が，州の法律解釈などに著しい不誠実さや悪意があったと訴えた場合には，連邦地裁は裁判権を行使できる.

連邦最高裁判所は1997年の *Arizonans for Official English v. Arizona* (アリゾナ州公用英語事件判決) の判決において，連邦地裁は裁判権行使を回避するために，もし州法がそれを許しているならば，*certification (意見確認) 手続きを活用することが必要だと述べている．アリゾナ州の公文書はすべて英語に限るとする同州の州法には，「新奇で未解決な問題」があるのだから，連邦地裁は州の最高裁に疑問点の解明を求め，その回答を州の第一審裁判所に送って，そこでの解決を能率的に進めるべきだ，というのである．多くの州は，連邦地裁による意見確認を受理する，という法律を持っている．◆裁判管轄権を持つ問題でありながら，事件の性質上，最初から州裁判所に任しておいたほうが妥当だと判断して裁判権を回避するのは，abstention というより relinquishment (裁判権の放棄) と呼ぶべ

きかもしれない. ⇨ BURFORD ABSTENTION; YOUNGER ABSTENTION

Abu-Jamal [Abu Jamal], Mumia (1954-)《米》「マミア・アビュジャマル」 米国で最も有名な死刑囚のひとり. フィラデルフィア市出身の黒人で, 15歳のとき *Black Panther Party のメンバーになったが, 25歳のとき, ブラックパンサーが自然消滅すると, フィラデルフィアのラジオ局に勤め, National Public Radio (全国公共ラジオ) でも活躍し, Jesse Jackson やローマ教皇などとのインタビューで Peabody 賞 (George Foster Peabody Award for Broadcasting [ピーボディ放送賞] は, 毎年, 優れた放送番組とジャーナリズムに対して, the University of Georgia's College of Journalism and Mass Communication から贈られる) を受け, 全米黒人ジャーナリスト協会のフィラデルフィア支部長にもなった. しかし, 黒人過激派の支援者だというのでラジオ局を解雇され, タクシー運転手になって家族を養っていた. その間, たびたび警察官からいやがらせを受けたという. 彼は1981年に, 弟が市内の路上でフィラデルフィア市警の警官 Daniel Faulkner から懐中電灯で殴られているのを見て, 拳銃を持って駆けつけ, 撃ち合いになった. 彼は銃弾で負傷しながらも至近距離からフォークナーを射殺した, というので現行犯逮捕された. 別の黒人がフォークナーを撃って逃げたと証言した者もいる. 5つの空の薬莢だけが入ったアビュジャマルの銃が彼のタクシーのなかで発見されたが, 警察はフォークナーがその銃で撃たれたことをすぐには証明できなかったし, 銃身の匂いをかいで, 発射されたばかりかどうかを確かめることもしなかった. 一方, 路上に突っ伏していたフォークナーが, 乗りかかるような姿勢をとったアビュジャマルによって撃たれたと証言するタクシー運転手もいたが, 彼は仮釈放中の受刑者であった. ◆州裁判所の Albert F. Sabo 判事は, (この事件以後の1999年までに) 29人の黒人(そして2人の白人)に死刑を宣告した人種差別主義者だと言われている. 「諸君はアビュジャマルを殺すよう頼まれているわけではない. 彼はどうせ上訴, 上訴, 上訴を繰り返すに決まっているのだ」というセイボ判事の説示を受けて, 陪審は1982年, アビュジャマルに第1級謀殺で死刑の判決を下した. ノーマン・メイラーやオリヴァー・ストーンを含む多くの有名人は「公正さのひとかけらもない裁判だ」と批判し, *The Yale Law Review* はアビュジャマルの抗議の論文を掲載した. 獄中で書いた彼の本 *Live From Death Row* (『死刑囚棟からのナマ中継』) は出版を妨害されたにもかかわらず, ベストセラーになった. アビュジャマルは (1971年のピカソに次いで) パリ市の名誉市民にもなった. だが, 彼の再審請求はペンシルヴェニア州最高裁で2度にわたって棄却されたし, 連邦最高裁判所も1999年に上訴を受理しなかった. ◆これで最終決着かと思われたが, フィラデルフィア連邦地裁は(たぶん公民基本権にかかわるとして)この事件を受理し, William Yohn 判事は 2001 年 12 月 18 日に, アビュジャマルの警官殺害は有罪と認めたものの, 第一審の裁判官の説示のなかで, 情状酌量の余地(mitigating factors) について一切触れられなかったのは州裁判所の手落ちであるとして, 州裁判所に対して 180 日以内に判決のやり直しを指示した. もしそれが実行されないのなら, 終身刑を判決するという. フォークナーの家族, 警察関係者, および死刑執行賛成論者たちは強く憤慨している. 検察・弁護双方が連邦控訴裁判所に上訴するのは確実だろう. その際, Arnold Beverly という暴力団員が提出した宣誓供述書が問題になるはず. ビヴァリーは, マフィアによる警察買収の工作を知ったフォークナーを殺すよう, マフィアのボスから指令されたと供述しているのである. その信憑性は低いと見られているが, 万一もしそれが新しい証拠と認められれば, アビュジャマルの無罪もあり得る. ⇨ DUE PROCESS OF LAW; INSTRUCTION

accessory 「共犯; 共犯者」 犯罪の現場にいないから「犯行幇助(ほうじょ)者」と訳したい語だが, 現在では, ふつう主犯 (*principal) に準じる者と見なされている. 犯行現場以外で犯罪実行者の行為を補助し, そそのかし, あるいはその指図をした者, また, 事後に犯人をかくまったり, 逃亡を手助けした者のこと. 重大な犯罪が起こることを知りながら, それを阻止しなかった者, また, 重大犯罪が起こったことを知りながら警察に通報しなかった者は, 共犯者ではないが, 故意に重大犯を隠そうという意図があったなら misprision of felony (重大犯罪隠匿) という連邦犯罪になる可能性がある. misprision of felony は連合王国では伝統的に, 他人による国家反逆罪を知りながら当局に通報を怠った罪の意味で用いられていた. ⇨ ACCOMPLICE

Access to Justice Act 1999, the 《英》「1999 年公正裁判促進法」 ⇨ BARRISTER; SOLICITOR

accomplice 「共犯者」 犯罪の実行者 (*principal) またはそれを補助した者 (*accessory) のいずれかひとり. 主犯でない共犯者は, 行為の違法性を知りながら, 故意にそれに加担した者に限られる.

accusation 「起訴」 ふつうは容疑者に対する審判の最初の段階である. 米国には, *indictment (大陪審による正式起訴), presentment (検察による正式の起訴状案の提出を待たずに, 大陪審自体の職権で行なう「告発」), *information (検察官が大陪審を経ずに提起する略式起訴) などの形がある.

accused 「被告発人; 被告」 刑事事件で *defendant (被告人) とほぼ同じだが, defendant のほうは, 裁判所の召喚状を受けた段階からそう呼ばれることがある.

ACLU, the = AMERICAN CIVIL LIBERTIES UNION

acquittal 「無罪放免」 日本とは違って英米では, たとえ第一審でもこの判決を受けた被告人は, 同じ罪状で再び告訴されることはあり得ない. ⇨ DOUBLE JEOPARDY

act 「法律」 立法府による正式の意思表明. 一般には, 国会を通過した個々の法律のこと. 連合王国では法案を, まず庶民院で the First Reading (第 1 読会: 簡単な提案説明), the Second Reading (第 2 読会: 印刷された法案の実質的審議), 委員会審議, 庶民院全体による the Report Stage (修正案の審議), the Third Reading (第 3 読会: 修正案の最終審議) にかける. 貴族院でも同じ手順を踏み, すべてクリアーしたら, 勅許を得て an Act of Parliament として法律になる. ◆米国では法案を上院または下院に提出し, 委員会で公聴会を開き, その後に院全体で審議する. 一方の院を通過した法案は act と呼ばれる. 両院の the Second Reading では逐条審議され, 両院を通過したら, 両院が決議して大統領の署名を求める. 拒否権 (*veto) が発動されなければ, 法案は *law になる. 効力を発生したあとの act は law と同義である.

action 「訴訟」 civil action (民事訴訟), criminal action (刑事訴訟), personal action (対人訴訟), class action (《米》 集団訴訟) など多種多様である. 昔のエクイティ訴訟では, suit は主として民事の告発から判決の執行までを指していたが, 現在, action と suit 2 つの語はいずれも「裁判所での法的な裁判手続き」の意味で用いられる.

activism 「積極主義」 ⇨ JUDICIAL ACTIVISM

Act of God 「不可抗力(による破壊)」 予想も予防も全く不可能な偶発的な事故(による破壊). 例えば, 常日頃気象のよいところで起きた突然の落雷による火災や人の死. Act は act とも綴られる.

Act of Settlement, the 《英》「王位継承法」 1701 年に制定された. 王位からカトリック教徒を排除するもので, the *Human Rights Act 1998 (1998 年人権法) との矛盾が今後問題にされるであろう. ⇨ EUROPEAN CONVENTION ON HUMAN RIGHTS

actual bodily harm 「(暴力の被害者が受ける)現実の身体的危害」 略は ABH.

actual malice 「現実の害意[犯意]」 (1) 手紙, 日記, インターネット通信などの証拠によって明らかになる加害意識で, それは通常, 他人への強い憎しみ, ねたみ, 復讐心などから発生し, express malice や malice in fact とも呼ばれる.「加害」とは, 違法な方法で他人の生命, 身体, 財産などに危害を加えることで, 他人の人権を故意に, あるいは無責任なるがゆえに無視する行動を含む．結果から推測される加害意識は implied malice, legal malice, malice in law（推定犯意）と呼ばれる．⇨ QUALIFIED PRIVILEGE (1)

(2)《米》著名人についての自己の言説が虚偽であることを自覚していること，または，その言説が事実に反するかどうかを確かめる思慮を著しく欠いていること．1964年の *New York Times Co. v. Sullivan* 事件の連邦最高裁判所判決は，(1798年の the *Alien and Sedition Acts に関連して）政府や公務員（public officials）に関する虚偽の言説でも，それを語った，あるいは書いた側に actual malice があったと（被害者側が）証明できなければ，憲法第1補正および第14補正第1節（法のもとでの平等を保障）によって保護される，と判断した．サリヴァンというのはアラバマ州モントゴメリー市の警察署長の姓．彼は，「ニューヨークタイムズ」に掲載された Martin Luther *King, Jr. 牧師らの公民基本権運動を支援する著名人多数を含む64人の全頁広告によって，市警の行動が不当に非難されているとして，新聞社，および広告に名を連ねている4人の黒人牧師を名誉毀損で訴えた．一審は新聞社に50万ドルの賠償金の支払いを命じ，州最高裁もその判決を支持した．William Joseph *Brennan, Jr. 裁判官が代表して意見を述べた上記の連邦最高裁判決は，名誉を傷つけたとされる側が，自己の言説（記事など）が事実か否か確かめる思慮を全く欠いている場合も，「現実の害意」があったものと見なしている．ただ，同裁判官が，「自由な討論のためには，誤りを含んだ言辞をすべて違法として避けるわけにはいかない」と認めたことは重要である．

上記の判決で言う「公務員」は，責任のある地位についている高官の意味だろうが，1967年の最高裁判決では，著名人一般に同じ原則が働くとされている．*Gertz v. Robert Welch, Inc.* の連邦最高裁判決（1974）で，通常の個人は政治家などの著名人（public persons）とは違って，虚偽の言辞を述べた者の現実の害意が証明されなくても，その相手が事実確認を怠ったという *negligence（注意義務違反；不作為）を証明しさえすれば損害賠償を受ける権利を持つ，としている．⇨ DEFAMATION; QUALIFIED PRIVILEGE (1)

ADEA, the ＝ AGE DISCRIMINATIONS IN EMPLOYMENT ACT

adjective law ＝ procedural law「手続き法」 裁判の手続き（罪状認否，証拠の扱いなど）を規定した法律．刑法，契約法など，人や法人の権利義務と，訴訟原因になる諸条件を明らかにした通常の法律は substantive law（実体法）と呼ばれる．⇨ LAW

adjournment sine die 《米》「次の会期の開始日を定めない閉会」 それが決まっている場合は adjournment to a day certain と言う．sine die

[サイニ・ダイイ]は「無期限に」を意味するラテン語から．憲法第1条第7節2項の解説を参照．

adjudication 「司法判断; 判決[採決]」 むずかしい語だが，要するに裁判で争いに「裁きをつける」あるいは「解決をする」こと．動詞 adjudicate を *abjure と混同しないよう注意．

ad litem 「訴訟のための」 元はラテン語で，英語では[アド・ライテム]と読む．例えば administrator ad litem は，訴訟のために選任された遺産管理人 (*administrator) のこと．

administrative hearing; administrative review 「行政不服審査」 市民が行政機関による個人の生命や財産の管理に不服を申し立てたとき，より上級の行政機関あるいは独立の機関，あるいは裁判所が審査すること．イングランドとウェールズでそれを行なう「行政審判所」は administrative tribunal と呼ばれ，裁判所とは独立して，the *Lord Chancellor (大法官) によって任命された者が議長になる．

administrative law 「行政法」 政府諸機関が主として個人の生命や財産をどう保護し，管理するかを定める法律．

administrative law judge 《米》「行政法審査官」 1967年に制定され，78年に改正された the Administrative Procedure Act (行政手続法) に基づく各種行政委員会などの第一審裁判官．例えば，the *Federal Communications Commission (連邦通信委員会) には the Office of Administrative Law Judges がある．

administrator 「遺産管理人」 遺言を書かずに，あるいは遺言執行人を指定しないで人が死んだ場合，その遺産管理のために裁判所が選任する人．

admiralty court 「海事裁判所」 英米共に，海法上の事件(衝突事件など)に関して裁判管轄権を持つ裁判所．米国ではふつう連邦裁判所．

Admiralty Court 《英》「海事法廷」 The *High Court of Justice (高等法院) の the Queen's Bench Division (女王座部) にあり，海事事件の民事(例えば衝突に伴う損害賠償請求)を専門に扱う．

admissible 「(裁判所から見て証拠が)受理に価する」 ⇨ INADMISSIBLE; SAFE

admonition (1) 《米》「注意」 特に，裁判官が陪審の責務や証拠などに関して，陪審員に与える注意や，被告の弁護士に与える注意を指す．(2) 《英》「訓戒」 裁判官が被告に与える最も軽い制裁．

adoption 「養子縁組」 米国では19世紀半ばから各州法で，英国では the Adoption of Children Act 1926 で初めて法制化された．イングランドとウェールズで養子を育てる者は，裁判所から子供の将来の安全と幸福のために adoption order という命令を受ける．また，養育するのが夫婦の場合は，その子供をあらゆる意味で実子と全く同じと見なすことができる．生みの親はもはや親権を行使できない．

adultery 「姦通; 不貞」 当事者のうち少なくとも一方がげんに既婚者であり，両者が合意のうえで性交した場合に使われる語．◆配偶者が不貞を働いたという証拠があれば，離婚申し立ての有力な理由になる．◆既婚の(また時に未婚の)男性が未婚の女性と合意のうえで性交した場合は fornication (未婚者との姦通) と呼ばれるが，現代では余りにも例が多く，犯罪として立件されることはきわめてまれ．米国の州法でそれを禁じているとしても，たぶん *misdemeanor 扱いである．

advancement 「生前贈与」 親が(もし死んだなら子供に相続されることが確実な)自己の財産の全部または一部を，生存中に子供に贈与すること．

adverse possession 「敵対的占有による取得時効」(『英米法辞典』による．) A という人が，ある不動産(また，まれには動産)を，他人のものと知りながら，公然と，継続的かつ現実に占有している場合，そのほんとうの(法律的な)所有者 B が一定期間(6 年，12 年，30 年など)訴えを起こさなかったら，the *statute of limitations (出訴期限法; コモンローの消滅時効) によって，B は提訴の権利を失い，土地は A のものになる．「敵対的に」とは，真の所有権 (title) を持たないで，の意味であり，現実に悪意や恨みを持つかどうかはふつう問題にならない．

adverse witness 「敵性証人」 hostile witness とも呼ばれる．「訴訟の相手側の証人」を意味することもあるが，ふつうは自分の側の証人 A が相手側 B に寝返った場合，あるいは，A が思いもよらず依頼者に敵意や偏見を抱き，B にとって有利な証言をした場合に使う語．この場合，反対尋問で(一般には許されない)誘導尋問 (*leading questions) が許される．

advisory opinion 「勧告的意見」 裁判所その他の司法機関や裁判官が，政府の立法府や行政府の要請に応えて示す — 特定の訴訟事件には関係のない — 法律問題に関する解釈．特定の事件の審理に対してはいかなる拘束力も持たない．◆米国の連邦裁判所は憲法に定められた司法権の範囲を逸脱するとして，勧告的意見を出さないし，州の裁判所も一般にそれを好まないが，一部の州裁判所や準司法機関が勧告的意見を提示することはある．⇨ CERTIFICATION (1) ◆「欧州人権条約」(the *European Convention on Human Rights) による欧州人権裁判所 (the *European Court of Human Rights) の勧告的意見については，同条約の第 47 条を参照．

advocacy, the right of 《英》「(法廷で)弁護をする権利」 ⇨ AUDIENCE

advocate 「(法廷で弁論に立つ)弁護士; スコットランドのバリスター」 ⇨ BARRISTER; FACULTY OF ADVOCATES; LAWYER; SOLICITOR

Advocate General; Advocate-General 「法務官」 複数形に Advocate Generals を使った例も見られるが，Advocates General のほうが正しい．The *European Court of Justice (欧州司法裁判所) に 8 名いて，裁判官を補佐する．同裁判所の裁判官と同じように，各国の最高レベルの法律家のなかから選ばれ，事件について，その事実，判例，条約，法律などを調査し，書面で裁判官に助言をする．裁判官はその助言に必ずしも縛られないが，通常はそれに従ってきた．

affidavit 「宣誓供述書」 原語は中世ラテン語で，he/she has pledged faith の意．治安判事，裁判所書記官，または公証人 (notary public) などの前で，宣誓または確認をして提出する供述書であり，*discovery (開示) のとき訴訟の相手側に見せられる．同じく宣誓をしても，*magistrate や弁護士の前で，口頭や書面での質問に口頭で答え，それをマジストレートや，資格のある書記などが記録したものは deposition (証言録取書) と呼ばれる．それは証人が病気などで出頭できないとき，法廷で読まれる．訴訟の当事者はそれに対して反対尋問をする権利を与えられる．

2000 年 11 月 1 日に，日本のある出版社の前社長が麻薬取締法違反などの罪で懲役 4 年の実刑を受け，それは最高裁判所によって確定された．決め手になったのは，彼にコカインを売ったロサンジェルスの米国人が書いた宣誓供述書であり，最高裁判所第 2 小法廷の 5 人の裁判官は全員一致でその証拠能力を認めた．国外在住者の供述調書について日本の最高裁がその証拠能力を認めたのは，それが初めてである．

affirmative action 《米》「公民基本権法推進活動; アファーマティブアクション」 an affirmative action program のように形容詞として用いるとき以外は無冠詞．連邦政府から財政的援助を受けている政府機関，自治体，学校，企業(建設会社など)，そのほか公共の用に供する施設において，人種，性別，年齢などに基づく差別を撤廃する政策．つまり，the Civil Rights Act of 1964 (⇨ Civil Rights Acts) を初めとする公民基本権法を推進する政策とも言える．1980 年代までは活発であったが，1990 年代には，黒人が優遇される分だけ白人が逆差別を受けているとの批判が高まって，カリフォルニア州，テキサス州などで活動に衰退の傾向が見られた．

[**衰退の例**] カリフォルニア州では 1996 年 11 月 6 日の住民投票で *Proposition 209 が成立し，「公共事業における少数民族および女性の優先的な採用」というアファーマティブアクション・プログラムの撤廃が決まったし，カリフォルニア州立諸大学の入学選考における少数民族優先も 1998 年には廃止された．この傾向は他の州に波及している．2001 年 3 月 27 日に，デトロイト市の連邦地裁は，ミシガン大学のロースクールで入

学選考のとき受験者の人種を考慮するのは違憲だと判決した．同じ裁判所は 2000 年 12 月に，学部での入学選考に際して人種を考慮に入れることは合憲と判断していたのである．大学は現在上訴している．2000 年 12 月に，デトロイト市の連邦地裁は，ミシガン大学の学部学生の選考に当たっては，非白人志願者にある程度の加点をすることを合憲と認めた．しかし，2001 年 8 月 17 日に，ジョージア州アトランタ市の連邦第 11 巡回区控訴裁判所の 3 名の判事は，(1785 年の創立以来，160 年間も白人しか入学させなかった) the University of Georgia が，アファーマティブアクションの一環として学生の人種的多様性を増すため，合格と不合格との境にある非白人志願者にわずかなボーナス点を加える措置さえも違憲とし，学生の多様性を求めるなら，アトランタ市周辺の非白人(要するに黒人)よりも，アパレイシャン山脈の山地に住む白人志望者を入れたほうがよいだろうという，理解に苦しむ論法を展開した．⇨ BAKKE CASE; BROWN v. BOARD OF EDUCATION OF TOPEKA, KANSAS; HOPWOOD v. TEXAS

affirmative defense 《米》「積極的抗弁」 裁判において被告(加害者)が，被害者である原告の訴えに対して，その事実は認めるけれども，やむを得ない理由があったのだ，と主張して無罪を勝ち取ろうとすること．その理由は，正当防衛，精神障害，相手側の注意義務違反 (⇨ CONTRIBUTORY NEGLIGENCE) などで，それらを証明する義務は被告やその弁護側にある．警察の *entrapment (おとり捜査) に引っかかってなにかの初犯をおかした場合，たいていは積極的抗弁ができる．ただし，*Hampton v. United States* の連邦最高裁判決 (1976) は，おとり捜査がなくても同じ罪を犯したであろう者がそれを抗弁の理由に挙げることはできない，と言っている．◆英国では，「警察のおとり捜査によって，やむを得ず犯罪をおかしてしまった」という抗弁は通用しない．

aforethought 「予謀」 ⇨ MALICE AFORETHOUGHT

a fortiori 「エイ・フォーシオーライ；より強い理由で；最も強力な推論によって」 原語は by stronger reason を意味するラテン語．例えば，ある人が一定の時刻に窃盗を働いていなかったという事実が証明されたら，「最も強力な推論によって(理の当然として)」その人が同時刻に強盗の罪を犯していなかったことになる．

Age Discriminations in Employment Act, the 《米》「雇用年齢差別禁止法」 略は the ADEA. 1967 年に制定された連邦法．連邦，州，および市の政府だけでなく，21 人以上の従業員を雇い，かつ interstate commerce (州際通商 ⇨ 憲法第 1 条第 8 節 3 項) にかかわっている私企業は，年齢(特に 40 歳以上であること)を理由とする雇用の差別をしてはならぬと定めたもの．警察署員，消防署員など，十分に納得のいく理由があれば，比較的若い段階で定年が認められるが，一般には，特に 1986 年の改正で，年齢のみを理由とする定年制の設定は禁じられている. ◆連合王国では年齢による雇用の差別はまだ offence (犯罪) とは見なされていないが,「欧州基本権憲章」(the *European Charter of Fundamental Rights) の草稿では「年齢による差別」が禁止されている.

Agent Orange Act, the 《米》「エージェントオレンジ法」 1991 年に制定された法律で，ヴェトナム戦争に参加した軍人とその子供や孫の健康を，20 年間にわたって，2 年に 1 度ずつ公費でチェックするというもの. エージェントオレンジ(それが入っていたドラム缶にはオレンジ色の太い縞がついていたのでそう呼ばれる)は 2 種類の化学物質を合成した枯れ葉剤で，燃料と混ぜたあと，軍用機から密林などに散布された. その総量は 5000 万リットルに及んだと言われる. ヴェトナム戦争で身体障害者になったヴェトナム人は 18 万人を越えるが，その多くがこの枯れ葉剤と地雷の犠牲者である. 戦争終了後，帰還した米国軍人やその子供たちのあいだにも，悪性リンパ腫など，エージェントオレンジの後遺症と見られるものが出てきた. ノースカロライナ大学の専門医の調査によれば，復員軍人の子供が急性骨髄性白血病 (acute myelogenous leukemia; AML) にかかる率は，一般の子供よりも 70% 以上高い. (オーストラリアの参戦軍人 5 万人の調査では，彼らの子供のうち 13 人が AML を発病している. 一般の男性 5 万人を調査すれば，その子供が AML になるのは 0〜6 人を越えない.) ヴェトナムからの復員軍人は 1979 年に Dow Chemical や Monsanto など，問題の枯れ葉剤を製造した化学薬品会社を相手に集団訴訟を起こしたが，87 年に示談ということになり，会社側は 1 億 8000 万ドルの賠償金を払うことで決着した. ◆1999 年 11 月 18 日の米国国防省の発表によれば，1960 年代のことだが，北朝鮮軍人が草の陰に隠れるのを防ぐため,(韓国側ではなく)米軍の提案で，南北朝鮮の非武装地帯にエージェントオレンジが使用された.

age of consent, the 「合意年齢」 性行為が合法と認められる条件のひとつである「合意」が成立する最低の年齢. 合意は自由な状況で，自己の自由意志で，行為の性格を知ったうえで行なわれ，相手も行為を積極的に進めた場合にのみ成立したと見なされる.

(1)《英》連合王国では 16 歳. 同性愛の場合は 18 歳が合意の成立する年齢であったが，1999 年に 16 歳に引き下げる法案が，保守党の反対にもかかわらず，庶民院を通過した. 貴族院はこれに強く反対したが，庶民院は 2000 年 2 月に，同性愛者の合意年齢を 16 歳とする条項を含む the Sexual Offences Bill (性犯罪法案) を 263 対 102 の大差で可決した. 3 年間で 3 度目の議決であり，こうなると，議会法によって，貴族院の抵抗は無駄である. ◆北アイルランドでは, 同性でも異性でも合意年齢は17歳である. ◆イングランドとウェールズでは, 18歳以上の者が自分の保護下にある者の(例えば男性教員が15歳の女子生徒の)「合意」を取りつけて肉体関係を持った場合に, 刑事訴追できる. ◆イングランドとウェールズで, 24歳以上の者が14歳未満の者と性行為を行なった場合は, いかなる事情があったとしても, 最高なら終身刑に値する重い罪だが, 容疑者が24歳未満であると, 相手の年齢がわからなかったという口実で無罪になることがあり得た. これは young man's defence と呼ばれ, 識者の批判を受けていた. 2000年からはそういう逃げ口上を封じるという方針が1999年8月に決まった.

(2) 《米》米国では州によって違うが, 一般に18歳から16歳. 成人が一定年齢(多くは15歳あるいは14歳)以下の子供と性行為をすると, たとえ表向きの合意があったとしても「法定強姦 (statutory rape)」(⇨ RAPE) を犯したと見なされる. ◆ネブラスカ州は1996年12月に, イラクから亡命した男性2人が, イラク系の13歳と14歳の姉妹と結婚したというので, 成人と16歳未満の未成年とのセックスを禁じた州法違反(婦女暴行罪)で逮捕, 起訴した. イスラム教国では一般的な結婚形態であり, 男たちは法に無知だったらしいが, 無知は無罪の理由にはならない. 最高刑は50年の禁固刑だが, 情状を酌量されて減刑になったと思われる. ◆性行為に関する合意とは全く無関係な話だが, 致命的な病気にかかった少年少女の緊急手術に対する本人の不同意(そんな臓器移植手術を受けるくらいならば, 静かに死んだほうがいい, というような意思表明)をどこまで尊重すべきかについては, 米英共にまだ世論の一致がない. ⇨ ABDUCTION; HOMOSEXUALITY

age of criminal responsibility, the 「刑事罰適用年齢」 未成年の刑事責任を問える最低年齢.

(1) 《米》米国では州によって違うが, 14歳前後が最も多い. 成人と同じ裁判を受ける最低年齢は, 1998年4月現在で, ニューヨーク州で7歳, ヴァーモント州で10歳, コロラド州で12歳, イリノイとノースカロライナ両州で13歳, カリフォルニア (⇨ PROPOSITION 21), ハワイ, ミネソタ, テキサス, ユタ, ニュージャージー, ヴァージニアなど18州で14歳, ルイジアナ州では15歳であり, 成人と同じ裁判を受けなくても, 刑事罰を適用されることは大いにあり得る. オレゴン, ワシントン, ミシガン, オハイオなど26の州と首都では最低年齢が決まっていない. ◆2000年2月末に, ミシガン州デトロイト市で6歳の少年が同級生をピストルで射殺したが, この種の刑事責任を少年自身に負わせる州は皆無である. ◆2000年4月に首都ワシントンの国立動物園で銃を乱射し, ひとりの少年を殺し，多数の者を負傷させた16歳の少年は大人として裁かれた．この種の犯罪の場合，有罪になれば終身刑もあり得る．

[8歳で送検] 2001年8月7日にニューヨーク市警が8歳の少年を*manslaughter（殺意が証明されない殺人：日本の新聞では「過失致死」）の疑いで送検した．少年は，ブロンクスの同じアパートに住む4歳の男児を1年前からしつこくいじめていたが，8月5日に，おむつを捨てに廊下に出てきたその子の頸動脈をなにかの金具（ドアのかぎか?）で何度も刺して出血多量で死に至らせた．残酷な行為であるし，州の刑事責任年齢が7歳であるから，起訴されても致し方あるまいが，法定刑事責任の最低年齢が州によってあまりにも違うことに疑問を抱かざるを得ない．

[11歳で10年の刑] テキサス州ダラス市の西部で，11歳の少年Xと7歳および8歳の少年YとZ（兄弟）が3歳の女児を自宅の近くのクリークに連れていき，裸にしてレイプし，靴とレンガでたたき，浅いクリークに投げ捨てた．血だらけになった少女は助けられたあとも心的外傷によって通常の生活に戻れなかった．YとZはテキサス州の刑事罰適用年齢に達してないので釈放されたが，Xは逮捕され，ダラスのjuvenile court（少年裁判所）の陪審によってaggravated sexual assaultの罪（⇨ AGGRAVATED ASSAULT）で（本来なら40年の刑を科せられるところだが）10年の刑が相当との評決を受けた．Xはyouth detention center（非行少年拘留センター）に収容された．もしそこでの素行が非常に悪ければ，16歳になった時点で成人が入る刑務所に移される．◆1998年5月21日に，オレゴン州スプリングフィールド高校の食堂で，15歳の生徒がライフルと短銃を乱射し，生徒2人を殺し，26人を負傷させた．自宅からも両親の死体が見つかった．1999年11月10日に，この少年は（18歳未満なので死刑は免れたが），郡の巡回裁判所から111年8カ月の禁固刑を受けた．⇨ PARENTAL RESPONSIBILITY

(2)《英》イングランドとウェールズでは10歳．10歳未満ならばどんな非道なことをしても法的に責任を問える犯罪とは言えないし，10歳以上でも14歳までならば，本人が「とても悪いこと」という自覚がなかった場合には免責されることがある．⇨ BULGER MURDER ◆スコットランドと北アイルランドでは8歳．アイルランド共和国では7歳．◆カナダではかつて責任年齢が7歳であったが，現在は12歳．

[EUの人権裁判所との関係] EUは連合王国の刑事罰適用年齢が低すぎると批判している．欧州大陸諸国の場合，オランダは12歳，フランスは13歳，ドイツとイタリアは14歳，北欧諸国は15歳，スペインは16歳，ベルギーは18歳と，国によってかなり開きがある．連合王国も殺人を犯した10歳の少年に刑事罰を科するという現在の法律を改めざるを得

ないだろう．2000 年 11 月末には，英国の the *High Court of Justice（高等法院）の裁判長，イングランド教会カンタベリー大主教，刑務所主席監査官が，16 歳未満の少年の収監に反対の声を挙げた．⇨ AGE OF DISCRETION; ATTENDANCE CENTRE; EUROPEAN COURT OF HUMAN RIGHTS; YOUNG OFFENDER INSTITUTION

［**日本の場合**］ 日本では少年法によって，14 歳未満の触法少年はすべて家庭裁判所に通告されるが，刑事未成年として刑罰の対象にはしないと決められていた．同法によれば，家庭裁判所は処遇（判決に相当する決定）が出された 14 歳以上 20 歳未満の少年を，初等少年院，中等少年院，特別少年院，医療少年院などに収容することができたが，16 歳未満の触法少年を検察庁に「逆送する」，つまり，起訴することはできなかった．悪質な罪を犯して成人並みの裁判を受けて少年刑務所に収容されるのは 16 歳以上の者に限られ，死刑は 18 歳以上と決められていたのである．しかし，凶悪な少年犯罪の急増で，法律改正の議論が起こり，刑事罰適用年齢を 16 歳以上から 14 歳以上に引き下げる案が 2000 年 11 月に国会を通過した．それによれば，16 歳以上の少年が殺人，傷害致死，強盗致死，強姦致死，逮捕監禁致死など，故意の犯罪行為で被害者を死亡させた場合は，原則として家裁から検察庁へ逆送される．ただし，犯行の動機や様態，少年の性格や年齢などを考慮し，刑事処分以外の措置が相当だと認めるときは，この限りではない．⇨ CHILD

age of discretion, the 「分別年齢」 自己の財産の所有と管理，契約や遺言書の作成など，法的に正しい行動がとれると見なされる最低の年齢．英国では 14 歳．米国では the age of majority（成人年齢）を（選挙権のほか）契約能力など，責任能力があると見なされる最低年齢の意味でもよく使う．現在は 18 歳である．連合王国でも選挙権年齢は 18 歳で，人を訴えたり，ふつうの事件で人から訴えられたりするのも（10 歳ではもちろんなく，14 歳からでもなく）18 歳からである．連合王国の（殺人を犯した少年少女の）刑事罰適用年齢と，分別年齢や訴訟提起の年齢とが食い違っているのも，米国の分別年齢と飲酒年齢とがずれているのも，まことに不可解である．⇨ AGE OF CRIMINAL RESPONSIBILITY; DRINKING AGE

aggravated assault 「加重暴行」 他人の生命価値を無視または軽視し，悪意を抱いて，あるいは結果を予想できたのに自制せず，他人の身体に傷害を負わせた行為や，その行為の着手．特に銃などの凶器（*deadly weapon）を用いた場合と，他の重大犯罪（例えば放火）をおかす過程で行なわれた暴行は，通常よりも重大（aggravated）と見なされる．凶器を持って警察官を脅迫するのも加重暴行である．凶器を使用した場合，もし重大な身体障害が発生しなくても，aggravated battery（加重暴行傷害）の

罪に問われる. ⇨ AGE OF CRIMINAL RESPONSIBILITY; ASSAULT; BATTERY

aggravated robbery 《米》「加重強盗罪」 ⇨ ROBBERY

aggrieved party (1)「被害者」 傷害や損害をこうむった者. (2)「不服申立人」 裁判所の判決, 命令, 処分通告などによって不利益をこうむったと(裁判所や行政機関などに)申し立てる人.

Agricultural Adjustment Act, the 《米》「農業調整法」 略は the AAA. 1933年に制定. F. D. ローズヴェルトの the New Deal 政策を支えるための連邦法で, 農業の振興(農家の購買力の回復)のために, 州際通商(⇨ 憲法第1条第8節3項)にかかわる生産調整を計画し, それに応じて, 畑の耕作を休ませて土の生産力を回復させた農家が均等な収入 (parity payments) を得られるよう, 補助金を支払うことを約束した. たしかに農業生産は激減し, 農産物価格は上昇したが, それは主として1933～36年のひどい干ばつのせいであり, 弱小の農家はこの法律では救われなかった. 1936年に連邦最高裁判所が *United States v. Butler* で, 議会はその権限を超えて通商規制をしているとして, この法律を違憲と断じた. 1938年には違憲部分を改めた the Agricultural Adjustment Act が制定されたが, やはり富裕な農家にとってのみメリットのある法律であった. 農業への補助金制度を改めたのは1996年の the Freedom to Farm Act (農業自由化法) で, その主要部分は, トウモロコシ, コメ, 小麦, 綿花などの生産者に逓減(ていげん)式で補助金を支払うが, 2002年にはそれを停止するというもの. 農業の自由競争を促すのが目的であり, 農家は政府援助や政府の指導をあてにすることなく, 土地改良, 農業市場の拡大, 輸出の促進などに努力しなければならない.

aid and abet 「教唆・幇助する」 ⇨ ABET

air marshal 《主に米》「航空保安官」 The Federal Aviation Administration (連邦航空局) の管理下にある連邦保安官. sky marshal とも呼ばれる. 40歳未満の射撃の名手で, 私服で旅客機に乗って, ハイジャックや乗務員に対する襲撃を防止する. 国内外行きの旅客機全部に乗務すると12万人の保安官が必要だという. 国境警備の警官や, 麻薬取締官たちの応援を得ても, 人手不足で, 2002年に2000人以上まで増やすのがせいぜいだと言われる(人数は公表されない). 機内の警察権はあくまで機長にあるが, 2001年10月には, 機内で不審者を発見した航空保安官が機長に着陸予定の空港を変えるよう指示したことがある. イスラエル, ヨルダン, イラン, エジプトなどにも航空保安官がいる.

A. J. = Associate Judge [Justice] 「陪席判事; 裁判官補」 日本で言う判事補ではなく, 裁判長以外の「裁判官」を指すことがあるので注意.

Alcatraz 《米》「アルカトラズ」 サンフランシスコ湾内の小島. 1856年

から軍の懲戒訓練センターの所在地で，1909 年に軍の刑務所が建てられ，1933 年から 63 年まで，岩山である全島が警戒厳重な連邦刑務所 (maximum security federal penitentiary) として使用され，Al *Capone や Machine-Gun Kelly などの重罪犯人を収容した．ニックネームは The Rock. 30 年間にひとりだけ脱獄したが，冷たい急流を対岸まで泳ぎきれず，まもなく溺死したという．⇨ BIG ONE

alcohol-free zone 「飲酒禁止区域」 英米とも，なにかの free zone は，「自由区域」ではなく，「禁止区域」である．英国コーンウォールの Rock という町では，上流や上層中産階級の子供であるパブリックスクールの生徒たちが，パブのなかには入れないので，その外でビールパーティーをよく開く．その近辺には Alcohol Free Zone という警告板がたくさん立っている．2001 年 2 月に，この区域での飲酒の罰金は最大 500 ポンド(約 9 万円相当)であった．⇨ DRINKING AGE

Alder Hey scandal, the 《英》「オールダー・ヘイ事件」 リヴァプール市の王立小児病院である Alder Hey Hospital で，1988 年から 95 年まで検屍の責任者であったオランダ人の病理学者 Dick van Velzen が，親の承諾を求めることなく，死んだ幼児の心臓，肺臓，脳，眼球など数千を摘出して隠し持っていたほか，生きた幼児の胸腺などの組織を製薬会社に売っていた事件．2001 年 1 月に発覚した．ディック・ヴァン・ヴェルゼンはカナダ政府からも犯罪容疑で行方を追われているとのこと．本人(2001 年 2 月現在，ハーグの病院から長期休暇を得ている)は連合王国での犯罪を認めているという．連合王国にはドナーカードの保持者が 800 万人いるにもかかわらず，この事件の結果，死者の親族が臓器提供を拒むケースが激増している．保健大臣は医師に対して，患者または親族に，どの臓器あるいは組織を摘出するかを明確に説明して承諾を得る informed consent の原則を厳しく守らせると言っている．2001 年 1 月末現在，連合王国全体の病院やメディカルスクール等で，4 万ないし 10 万の臓器や組織が保存されているが，そのかなりの部分は，親族の承認を受けずに摘出された．⇨ HUMAN TISSUE

alias writ 「第 2 令状」 ⇨ WRIT

Alien and Sedition Acts, the 《米》「外国人・反政府活動取締法」 1798 年に制定された 2 年間の時限立法．望ましくない外国人を強制帰国させる権限を大統領に与え，米国の市民権を得るために必要な米国内滞在期間を延長した．対フランス戦争を予想して作られたもので，対象となった「外国人」は主にフランスとアイルランドからの移民であった．⇨ SEDITION ACT OF 1918; SMITH ACT

Alien Registration Act of 1940, the ＝ SMITH ACT

alien smuggling 《米》「外国人の密輸と人身売買」 ⇨ HUMAN TRAFFICKING

Alien Tort Claims Act, the 《米》「外国人不法行為(告訴)法」 1789 年に，国際法違反(例えば海賊行為)による被害をこうむった在米外国人が，外国人や外国政府を相手にして米国内で訴訟を起こすことを可能にした法律．長らく忘れられていたが，1980 年ごろから，母国の政治家や官憲によって家族を殺されたり，自分が被害を負った非米国籍の人々がこの法律を生かして，フィリピンのマルコス，セルビアの独裁者カラジッチなど，多くの政治指導者を，人権抑圧，政治弾圧などの罪で連邦地裁に告訴し，いずれも原告勝訴に終わり，賠償金支払い命令が被告に送られた．しかし，2000 年末までに賠償金を実際に受け取った原告は皆無であり，米国政府も外交上の配慮から，賠償金を取り立てる熱意はないらしい．

2000 年 8 月末には，米国に在住する中国人 4 人が，1989 年の天安門事件で弾圧を受けたとして，当時の首相であった李鵬をこの法律と 1992 年の the Torture Victim Protection Act (拷問の犠牲者を保護する法律) に違反するとして訴え，たまたま米国を訪問中の李被告に出廷通告書が直接手渡されたが，本人も中国政府もそれを無視し，訴訟差し止めを米国政府に要求した．同じ 8 月には，カリフォルニア在住の中国人のグループが第二次世界大戦中の強制労働に対する日本政府による賠償を要求して裁判を起こした．

また，2000 年 9 月には，大戦中に誘拐されて日本軍の従軍慰安婦 (sex slaves) となることを強制されたという韓国，中国，台湾，フィリピン出身の在米の女性 15 人が，数百人の被害者を代表してニューヨークの連邦裁判所に集団訴訟を起こし，この法律を根拠として，日本政府からの賠償金を取り立てるよう要求した．日本政府が米国の裁判所で初めて被告になる可能性が生じたわけだが，大統領府は 2001 年 5 月に，原告たちには深い同情を示しながらも，外国政府には *sovereign immunity (主権者の免責特権) があり，また戦争中の日本軍の行為については平和条約で解決ずみなので，連邦裁判所には裁判管轄権がないという立場を表明し，裁判所も 10 月に同じ理由で訴えを却下した．⇨ ANTITERRORISM AND EFFECTIVE DEATH PENALTY ACT OF 1966

alimony 「離婚扶養料」 発音は[**ア**ラモウニ]に近い．合法的に離婚した夫婦の一方が，他方の生活を扶養するために支払う金 (separate maintenance payments)．英国ではふつう *maintenance と言う．同棲解消に伴って，男が女に(まれには女が男に)支払う金は palimony と呼ばれる．

all deliberate speed ⇨ WITH ALL DELIBERATE SPEED

Allen charge 「アレン説示」 刑事事件の裁判官が，意見が割れてどうしても評決ができないでいる陪審に対して，もっと心を開いて他の陪審員の意見を聞いて理解するようにつとめよ，と説得すること．その説示(*charge (2)) を合憲とした連邦最高裁判所判決 *Allen v. United States* (1896) に由来する．dynamite instruction や shotgun charge とも呼ばれる．ただし，いくつかの州では陪審への干渉だとして禁止されている．

All England Law Reports, The 《英》『オールイングランド・ロー・リポーツ』 1936 年に創刊された上位裁判所の判例集．権威ある法律書の出版で有名な Butterworth Co. から毎週刊行される．略は *All E.R.*

al-Qaida; al-Qaeda; al Qaeda 「アルカイダ」 もとは「基地; (転じて)聖戦の軍司令部」を意味するアラビア語．Osama *bin Laden が率いる過激なイスラム原理主義グループ．メンバーは数千人で，アフガニスタン南東部にゲリラの訓練キャンプなど 55 以上の拠点を持っていたらしい．1992 年から米軍に散発的な攻撃を仕掛けていたが，98 年に東アフリカの複数の米国大使館を爆破したころから，「米国とその同盟国の国民を殺すのは，あらゆるイスラム教徒の義務だ」と主張するようになった．米国政府は，2001 年 9 月 11 日の世界貿易センタービルと国防総省へのテロ攻撃(⇨ WORLD TRADE CENTER, THE TERRORIST ATTACKS ON THE) はビンラディンとアルカイダの仕業だとして，10 月 7 日に英国軍と共に報復のための(宣戦布告なき)戦争を開始した．◆上記のテロ事件のあと，アルカイダがドイツや米国を含む多くの国にテロの拠点と資金源を持っているという事実が明らかにされた．◆アルカイダは 2001 年 12 月にほぼ壊滅したが，彼らによるテロの可能性はまだ消えていない．⇨ CHEMICAL WEAPONS; TALIBAN; TERRORISM

amendment 《主に米》「(憲法や法律の)増補; 補正」 法律をより完璧なものに近づけるために増補する手続き，また，増補した条項で，既定の条項を修正したものとは限らない．例えば，合衆国憲法の the First Amendment は従来「修正第 1 条」あるいは「第 1 修正」と訳されてきたが，それは憲法本文のいかなる部分を修正したものでもない．本辞典では，「修正」ではなく「補正」の語を用いる．

American Bar Association, the 《米》「全米法律家協会」 略は the ABA. 1878 年創立．会員 37 万人以上のうちには，弁護士のほか，裁判官，法律学者，*law school (1) の学生なども含まれる．米国で最大の法曹団体だが，任意加入制で，全法律家の 6 割が加入しているに過ぎない．会員の相互の親睦と，司法の改善を目的とし，多くの分科会を持って活動している．大統領は連邦の裁判官を選任するとき，この協会の助言を求める．機関誌は *The American Bar Association Journal.* 付設の研究教育機関は the American Bar Foundation と呼ばれる．この協会の The ABC

Model Code of Professional Responsibility (1969 年制定で，1980 年まで数回改訂された) と The Model Code with the Model Rules of Professional Conduct (1983 年に制定) は，法律家の職務，弁護士と依頼者との関係，守秘義務，受け取る謝礼などを細かく規定したもので，法律家志望者の必読文献となっている．このモデル・コードは Steven H. Gifis, *Barron's Law Dictionary* の最新版に全文掲載されている．

American Civil Liberties Union, the 《米》「アメリカ自由人権[市民の自由]協会」 略称は the ACLU. 1920 年に社会運動家の Roger Nash Baldwin (1884-1981) が，第一次世界大戦以来の左翼主義者，平和主義者，良心的徴兵忌避者に対する政府の訴追や，社会主義的な刊行物に対する検閲に対抗して，ニューヨーク市で創設．あらゆる州に支部があり，現在の会員は約 27 万 5000 人．市民の基本権擁護のために積極的に活動している．米国の税関による文学書や美術作品の検閲に真っ向から戦ったのも，この組織であった． ⇨ CIVIL LIBERTIES

American Indian Movement, the 《米》「アメリカインディアン運動」 略は the AIM. 米国政府によるインディアンの土地収奪と差別に対する補償と，公民基本権拡大とを目指す戦闘的な組織．1968 年に結成され，70 年代にその活動が盛んであった． ⇨ AMERICAN INDIAN TRUST FUND; INDIAN RESERVATIONS; 憲法第 1 条第 8 節 3 項

American Indian Trust Fund, the 《米》「アメリカインディアン土地信託基金」 連邦政府がアメリカ先住民の子孫(インディアン)が住む保留地での石油採掘権，保留地から得た鉱物，材木などの売却収益をインディアンに還元するための組織．米国の内務省と国務省条約局が，その管理と収益，運営，および信託者に対する分配の重要な責任を負っている．当局は毎年 5 億ドルを the Individual Indian Money Trust という名目でこの基金に組み込んでいるが，土地台帳を含む重要な書類を破棄し，基金運用の実態を the Native American Rights Fund に報告することさえ怠り，約 30 万人の信託者に対して，事態を改善すると空しい口約束をするだけであった．業を煮やしたインディアンたちは，1996 年にワシントンの連邦地裁に集団訴訟を起こし，100 年間の怠慢に対して数十億ドルの賠償を求めた．この問題はなお係争中だが，担当裁判官は 1999 年 12 月 21 日に，「米国史上，連邦の政策がこれほどいい加減に運用されている例はほかにあるまい」と強い調子で連邦政府を批判した．2000 年に，政府機関である the Administration for Native Americans (ANA) の代表(彼自身もアメリカインディアン)は，クリントン大統領の了解のもとで，これまでの米国政府の先住民に対する無数の不法行為に対して正式に謝罪した． ⇨ AMERICAN INDIAN MOVEMENT; INDIAN RESERVATIONS; 憲法第 1 条第 8

節3項

Americans with Disabilities Act, the 《米》「アメリカ人障害者法」略は the ADA. 1990 年に議会を通過した法律で，心身障害者の雇用，ならびに交通手段，図書館，ホテル，電話利用などでの差別を禁止している．問題は障害者の定義で，主要な生活活動に「実質的な制約」がある場合と書いてあるだけだから，不妊症も，エイズ感染者も，片目だけの不自由も，(薬を飲めばコントロールされる)高血圧も，コンタクトレンズを入れればよく見える強度の近視も，みな障害と見なされる可能性がある(不妊症はすでに障害と認められている)．片耳が聞こえないだけで救急隊から解雇された者が，ADA 法に基づいて訴え，裁判所から障害者と認められたおかげで復職できたという妙なケースもある．逆に，裁判所のきびしい判断で障害者とは認められなかった生活習慣病患者もいる．◆商務省の国勢調査局によれば，1994 年から 95 年にかけて，米国の全国民の 21% にあたる 5500 万人が disabled Americans で，うち 2600 万人が重症であった．ADA 法を甘く解釈すれば，その数はさらに増えるだろう．◆連邦最高裁判所は 2002 年 1 月 8 日の判決で，この法律で「障害者」とは「障害が単に職業に従事する妨げになる」だけでなく，「障害が a major life activity (主要な生命活動 — 大半の人にとって日常きわめて重要と見なされる活動) を長期にわたって阻害していることを証明できる者」に限ると，全員一致で判断した．法律上の「障害者」の範囲を狭めることによって，雇用者の援助義務を大幅に軽減する結果になった．

Ames, Aldrich 《米》「オールドリッチ・エームズ」 ソ連のスパイになったらしい the *CIA の職員．⇨ ESPIONAGE

amicus curiae 「アミカス・キュリー」 原語は friend of the court を意味するラテン語で，法廷助言者の意．現在問題になっている事件について，公正な判決にとって重要と思われる，またそれによって社会が利益を得るような情報を裁判所に提供する第三者(事件とは関係のない法学者など)．

amnesty 「アムネスティ; 大赦; 赦免」 国会，国の元首，州知事などが与える恩赦の一種で，特に政治的な犯罪で刑に服している者の(個人ではなく)グループに与えられる．その場合，受刑者であった者の(事件に関する)過去の罪科は消される．1974 年にフォード大統領は，憲法に基づく *pardon (恩赦) や *clemency (減刑) の一環として，ヴェトナム戦争の招集令状をさまざまな形で忌避した者全員に対して条件つきのアムネスティを与えた．赦免の条件は，各人の状況に応じて一定期間，平和部隊，ボランティア組織の AmeriCorps VISTA などで奉仕をすることであった．

Amnesty International 「アムネスティ・インターナショナル」 1961

年に英国で創設された人権擁護活動組織. 略は the AI. 特に独裁的な政府によって自由を拘束されている “prisoners of conscience” (良心の囚人) を釈放させるために, 会員があきらめることなく政府への手紙を送り続けることで知られる. Peter Benenson というロンドンの弁護士が, 2 人のポルトガルの学生がリスボンのバーで民主主義のために乾杯したかどで 7 年間も投獄されているという事実を知って義憤に燃え, 1961 年 5 月 28 日の *The Observer* 紙に, 諸国の政府によって不当に収監されている「良心の囚人たち」を釈放させるため, 政府宛ての手紙を出そうと呼びかけたのが始まり. 彼は 1 カ月のうちに 1000 人の賛同者を得て, 同年末までには 16 カ国の死刑制度を鋭く批判している. AI は世界の約 150 カ国に支部を持ち, 会員は 100 万人以上だという. ロンドンの本部には 350 人の職員がいて, 常に数千人の「良心の囚人」を解放するために努力を続けている. 年間予算は 2800 万ドル. 1977 年にはノーベル平和賞を受賞した.

ancillary jurisdiction 「付帯的[付随的]裁判権」 連邦裁判所は, それが裁判権を持っている訴訟に, 本来ならば裁判権を持たない事件や事項が付随している場合, その付随事件[事項]にも裁判権を行使してもよいという原則. 民法では, 被害を受けたと申し立てる原告 A に対して, 被告 B が「とんでもない, その件では, こちらこそ大きな被害を受けた」と主張して, 逆に A を訴えることがある. これを *counterclaim (反訴) と言う. もし, A の訴訟と同一の件で B がほんとうに被害を受けていたのであれば, B は早急に反訴しなければ損害賠償請求の権利を失うおそれがある. こういう反訴を compulsory counterclaim (強制的反訴) という. 連邦裁判所は本来ならこういう強制的反訴の裁判権を持たないが, A の提訴が公民基本権など憲法問題にかかわっているので審理を開始した以上, こういう付帯的な問題をも審理する権限を引き受けることができる. ⇨ JURISDICTION; PENDENT JURISDICTION

animal abuse 「動物虐待」 人口増と, 人間の環境破壊につれて, 動物が安全に生きる権利 (*animal rights) を奪われているというケースが, 世界の至るところで増大している.

[医薬開発のための動物実験] 近年特に話題になっているのは, 大量の動物が医薬開発のために犠牲になっていることに抗議するアニマル・ライツ運動である. 英米では, その激しい抗議活動に押されて, Barclays, Citigroup, Merrill Lynch, Credit Suisse First Boston, HSBC (= Hong Kong Shanghai Banking Corporation), Philips & Drew, West LB Panmure, the Royal Bank of Scotland など, 金融界の大立て者が英国ケンブリッジシャーの動物実験会社である Huntingdon Life Sciences に対する投資を打ち切り, ハンティンドン社は 1998 年と 2001 年 2 月に破産の危

機に瀕し，その後は米国の Stephens という投資銀行の支援でかろうじて生き延びている．ハンティンドン社はイヌやサルの生体解剖など，動物虐待を繰り返してきたというので，Stop Huntingdon Animal Cruelty や(1974 年に組織されてから，爆発物などで破壊活動を繰り返してきた) the *Animal Liberation Front など動物虐待反対組織の——econo-terrorism とも呼ばれる——激しい抗議行動の的になり，同社の重役のひとり Brian Cass は，活動家 3 人に野球のバットで襲撃され，負傷した．今後 5 年間に英国の 10 の研究センターに投資しようと計画している日本の主要な製薬会社など，諸外国の製薬会社がこれにひるんで計画を中止すると，英国が誇る製薬の基礎技術(バイオテクノロジー)が劣悪化し，損害は 10 億ポンドの巨額に達するというので，連合王国政府はテロ防止に乗り出している．実際にテロ活動を行なっている者はたぶん 20 人足らずと見られている．◆Glaxo Smith-Kline, Pfizer, Roche などによって代表される英国の製薬業界は，2000 年に金額にして 71 億ポンドの薬品を輸出した．そのために費やした研究開発費は 29 億ポンド(毎年の追加額は 2 億ポンド)に達すると言われる．

［**ペットに対する虐待**］ 米国コロラド州コロラドスプリング市警察など複数の機関の調査によれば，動物虐待の半分以上は，その動物への憎しみではなく，家族や職場のだれかへの敵意や，欲求不満から生じている．ペット虐待の多くは家庭内暴力が形を変えたものらしい．◆2000 年に，カリフォルニア州サンノゼ市近くの高速道路で，Andrew Burnett という男が，女性が運転する車と小さな接触事故を起こした．腹を立てたバーネットは女性の車を止めさせ，運転席のわきから(その女性が子供のように可愛がっていた) Leo という小型犬を引きずり出すなり，路上に放り出した．もちろん，レオはひかれて死んだ．2001 年 7 月に，カリフォルニア州ロサンジェルスの裁判所は，バーネットに 3 年の刑を言い渡した．同州でこの種の動物虐待に与える最大刑である．裁判官は，「バーネットが数年前に別の犬を何度も殴って死に至らせたという話も聞いている．次には人間に危害を及ぼす可能性もある」という主旨のことを語って，その量刑の妥当性を主張したそうだ (*The Japan Times*, 7-22-2001 社説)．なるほど，バーネットは家庭の内外で暴力をふるう可能性の大きな男だったのだろう．しかし，裁判官は，「次には人に危害を及ぼす可能性もある」から量刑を重くした，とほんとうに公言したのだろうか？ ◆米国では 2001 年に，36 の州が，動物虐待に重罪レベルの刑罰を与える法律を持っている．⇨ FOX HUNTING

Animal Liberation Front, the 《英》「動物解放戦線」 1976 年に英国で結成された戦闘的な動物虐待反対運動組織．前身は 1973 年に組織され

た the Band of Mercy であった. ⇨ ANIMAL ABUSE

animal rights 「動物が安全に生きる権利」 連合王国の the Animal Health Act によれば，animal とは「鳥と魚以外のすべての生き物」を指すが，ここで言うのは，人間以外の生物のすべてである. ⇨ ANIMAL ABUSE

anonymous political speech 《米》「匿名の[責任者名を秘匿した]政治的な言論[文書]」 それは発言者を迫害から守るだけでなく，受け取る側が，発言者の有名無名，評判の良さ悪さに影響されることなく，その内容を検討するというメリットを持っている. ただし，無名であると，内容に不正操作や欺瞞(ぎまん)があっても，それを突き止めにくいという問題もある. ◆*McIntyre v. Ohio Elections Commission* (1995) の連邦最高裁判決は，いかなる訪問販売，製品説明，サービスの説明，組織や主義の宣伝なども，当局の許可を得なくてはならないというオハイオ州の包括的な州法を違憲とした. しかし，その判決にはあいまいな部分があったので，匿名のパンフを配って宣教している「エホバの証人」(*Jehovah's Witnesses) の信者が訴えを起こした. 連邦最高裁は遠からず最終判決を下すと，2001 年 10 月に決定した. ⇨ FRANKFURTER, FELIX

answer 「答弁」 原告が訴状で述べた犯罪容疑について，被告が宣誓供述書で反論ないし自己弁明をすること.

anthrax 「炭疽(たんそ)病; 炭疽菌」 細菌兵器として注目されている炭疽菌による感染症で，脾脱疽(ひだつそ)とも呼ばれる. 皮膚感染の場合，膿胞ができ，やがてそれが黒いかさぶたになるので炭疽(アンスラックスの語源は石炭)と呼ばれるらしい. 1876 年にロベルト・コッホが，この土壌菌を純粋培養して病原性を明らかにした. ふつうは有蹄類やネズミなどの伝染病で，ヒトはその獣皮を介してまれに感染することがある. 感染経路は皮膚，肺，腸など. 肺から感染した場合は治療が困難で，菌が血中に侵入するとたいがい数日で死亡する. 肺炭疽は，米国では 20 世紀を通じて 18 例しかなかった.

[**菌の意外な出どころ**] 2001 年 9 月末以後，フロリダ州をはじめ，ワシントンの有力な連邦上院議員の事務所，各地の郵便局などに炭疽菌が送られ，12 月までに 5 人が肺炭疽病で死亡し，ほかに 13 人が発症した. 送られてきた白い粉は直径 3 ミクロン以下の胞子が軽く飛んで肺に入りやすくなっており，微量でも(理論的には)数千人を殺す力を持っている. 菌の出どころとして，最初は旧ソ連(特にウズベキスタン)やイラクなどが疑われていたが，やがて，1943 年から 69 年まで米陸軍が細菌兵器としての炭疽菌の研究をしていたことが明らかになり，軍との関連が臆測された. さらに，*The Baltimore Sun* (12-5-2001) の特ダネ記事を初め，複数

の科学者と軍当局の発表によれば，送りつけられた炭疽菌は the Ames strain と呼ばれる株と特徴が一致している．粉末状にされたエイムズ株は，ユタ州ソールトレーク市からそう遠くない the Dugway Proving Ground という陸軍の実験施設で 1992 年から製造され，メリーランド州の Fort Detrick にある米国陸軍感染症研究所に(時には放射線照射で殺菌のために)ペースト状にして送られていた．エイムズ株というのは，数十年にわたってウシの炭疽病の研究を続けてきたアイオワ州立大学エイムズ市キャンパスの名に因む．軍はこの大学から入手した菌を使って細菌兵器の開発を試みたのだろう．軍と CIA の委嘱を受けて炭疽菌を秘密裡に増殖させる民間施設も the Battelle Company (オハイオ州コロンバス市) ほか数カ所あり，FBI が捜査している．炭疽病のワクチンや除菌技術を売るのが犯行の目的という疑いも浮上している．

[冗談でも厳罰か?] 2001 年 9 月から 12 月 21 日までに，米国で炭疽菌関連の偽情報を流したかとなどで逮捕され，起訴された者は 58 人いた(州法犯が 28 人，連邦犯が 30 人)．例えば，あるイリノイ州の郵便局職員は，彼が扱う小包のひとつに "ANTHRAX INCLOSED" (炭疽菌在中: つづりは原文のまま) と書いたために逮捕された．メイン州のある女性も友達に「面白いものを送るわよ」と予告したのち，食卓塩を入れた手紙の封筒に，本物の脅迫状と同様，大文字活字体で住所を書いて送ったが，ニューハンプシャー州の郵便局で塩の一部が漏れたために騒ぎになり，逮捕された．いずれも本人たちは冗談のつもりだったが，満員の劇場で「火事だ」と叫ぶのと同じで (⇨ SHOUT "FIRE" IN A CROWDED THEATER)，憲法はそういう表現の自由を認めない．そのうえ彼らは，郵便業務妨害，大量破壊兵器使用の脅し，および，脅迫状を郵便で送った罪に問われる可能性がある．これら連邦犯罪に対する罰は重くて，最大だと禁固刑 5 年，および 25 万ドルの罰金である．司法省は有罪を信じているが，一部の憲法学者は，どれほど人騒がせであったとしても，現実に脅迫の意図や害意が証明されない行為を連邦郵便法違反と決めつけるのは無理だろうと言っている．⇨ BIOTERRORISM ; CHEMICAL WEAPONS ; TERRORISM

Anti-abortion Movement, the 《米》「妊娠中絶反対運動」 主として保守派，キリスト教右派が主導する人工中絶反対運動．ブッシュ II 大統領もそうだが，受胎イコール人間の生命の開始という立場をとる．保守的モラルを代表するスローガンとして，1980 年の大統領選挙あたりから政治問題化し，中絶権支持 (abortionism) 派とのあいだで，国論を二分する激しい論争を繰り広げている．⇨ ABORTION; ROE v. WADE; 憲法第 14 補正第 1 節の解説

Antibilingual Ordinance, the 《米》「反バイリンガル条例」 1980 年

にフロリダ州のマイアミ市を含む Dade 郡において住民投票で通過した条例．英語以外の言語の使用や，アメリカ文化以外の文化振興に郡の予算を使用することを禁止し，郡の会議，公聴会，出版物などにはすべて英語を使用するというもの．この地域で増えつつあったキューバ系移民の増加に対する地元住民の反発を反映したものであり，これによってバスの時刻表から，道路標識，自治体の看板，パンフレットに至るまで英語以外の言語の使用が禁止されることになった．しかし，市が発行する観光パンフレットもスペイン語などの外国語では印刷できない，さらには警察，消防，医療などのサービスも外国語で対応できないなど，さまざまな不都合が生じ，結局 1993 年に廃止された．

Anti-Defamation League, the 《主に米》「名誉毀損と戦う同盟」 ⇨ B'NAI B'RITH INTERNATIONAL

antiglobalists 《主に米》「グローバル化反対論者」 1999 年 11 月にワシントン州シアトル市で開かれた the World Trade Organizations (the WTO) と，2000 年 4 月にワシントンで開かれた the World Bank (世界銀行) および the International Monetary Fund (the IMF: 世界通貨基金) をはじめ，各地の国際会議や G7 のような首脳会議を実力で妨害し，ワシントンの場合は 1 日で 600 人も逮捕されたグループ．2001 年 7 月にジェノヴァで開かれた G7 サミットでは 200 人が負傷した．彼らがこの種の国際会議に反対するのは，先進国主導の画一的な経済戦略が，環境を破壊し，発展途上国の労働者を搾取し，彼らの貧困を現在以上に深刻化させるという理由からである．経済のグローバル化に反対しているのは，世界の発展途上国の諸団体，環境運動家，労働者，人権運動家，学生，アナーキスト，宗教団体などで，50 Years is Enough, the Alliance for Global Justice, Ralph Nader が指導している Essential Action，シアトルの抗議運動で先頭に立った Direct Action Network，環境保護団体の Earth First と American Lands Alliance，労働団体の Jobs with Justice など．彼らは暴力には反対だと言っているが，カリフォルニア州バークリー市に本部を置く the *Ruckus Society は，フロリダ州などに訓練センターを置いて，一種のゲリラ作戦の訓練をしている．このグローバリズム反対論者に共通しているのは，特定のリーダーがいないこと．彼らはインターネットを活用して，広く世界から同志の参加を呼びかけている．⇨ GLOBALIZATION

Antiterrorism and Effective Death Penalty Act of 1966, the 《米》「1996 年・反テロリズムおよび効果的な死刑に関する法律」 国内での相次ぐ爆破事件のあとにできた，奇妙な名称と欲張った内容を持った法律．国内外での *terrorism を重い刑罰によって抑止し，移民法のうち特にビザ関係を厳しく運用し，テロリストと疑われた外国人の国外追放を特別法廷を設けることによって早め，テロ支援国への経済援助を中止し，テロその他の重大な連邦犯罪の犠牲者に特別の救援策をとる．また，州および連邦刑務所の受刑者による連邦裁判所への *habeas corpus (人身保護令状) 申請を制限する．この種の制限は 1996 年の連邦最高裁判所による *Felker v. Turpin* 判決で合憲とされた．◆1980 年代に中東諸国で拉致監禁された米国人や，世界各地でテロの犠牲になった米国人の遺族が，2000 年にこの法律を使い，連邦裁判所でイラン，レバノン，リビア，キューバなどを相手に損害賠償を要求し，多くの場合は(相手国が裁判を無視して反論しないので)簡単に勝訴し，相手国はひとりにつき 3000 万ドルとか 5000 万ドルとかの大きな額の賠償金を支払うよう命じられている．実際には米国政府の財務省がその金を被害者に立て替え払いをし，あとで各国政府に返還を要求する．相手国はそれを無視するだろうが，そうなれば米国政府はすでに凍結しているその国の資産を没収することも可能である．例えば，米国政府はキューバの金(かね) 1 億 5000 万ドル分を凍結しており，それを国際法上の問題なく使用できるとしている．⇨ ALIEN TORT CLAIMS ACT; ANTITERRORIST LAW; MILITARY TRIBUNAL

antiterrorist law 《米》「テロリズム防止・取締法」 2001 年 9 月 11 日の同時多発テロ事件 (⇨ WORLD TRADE CENTER, THE TERRORIST ATTACKS ON THE) を受けて，米国の議会は 10 月 26 日に，圧倒的多数の賛成(上院では 98 対 1)で，前項のテロ防止法よりいっそう厳しいテロ防止改正法を制定した．テロ犯人に対する最大刑期を現行の 20 年から終身刑に延ばす，テロ犯人をかくまった者を重く罰する，政府はインターネットと E メールの情報のすべてを傍受できる，当局が電話盗聴の許可を得る手続きを簡素化する，などが主な内容．政府原案では，令状なしに家宅捜索する権限を警察に与えていたが，議会はそれを拒絶した．また，政府案は，米国の安全を脅かすおそれのある外国人を(旧法では 2 日だが)無期限に拘束できるとしていたが，人権団体などの反発を招いたので，7 日間に限定した．コンピュータと電話の傍受や盗聴に関する権限は 2005 年の末まで有効である．問題は肝心の「テロリズム」の定義があいまいなことで，現政権に反対している市民の電話までが盗聴されるおそれがある．⇨ ANTITERRORISM AND EFFECTIVE DEATH PENALTY ACT OF 1966; MILITARY TRIBUNAL; TERRORISM

antitrust acts 「反トラスト法」 ⇨ CARTEL; CLAYTON ANTITRUST ACT; OFFICE OF FAIR TRADING; ROBINSON-PATMAN ACT; SHERMAN ANTITRUST ACT; SOTHEBY'S; TRUST

Anton Pillar order 《英》「アントン・ピラー命令」 原告が自分の財産

や証拠書類の保全のためにどうしても必要だと申し立てた場合，the *High Court of Justice (高等法院) が発する命令で，原告が被告の住居や事務所に入って，裁判に関係のある文書の閲覧やコピーができるようにする．特にコピーを許可することが多い．アントン・ピラーは 1976 年の事件の原告の会社名．⇨ EQUITY

appeal 「上訴; 控訴」 また，上訴を受理して下位裁判所の判決を審査する手続き．上訴審では新たな証拠の提出は認められない．上訴人は *appellant と，被上訴人は appellee と呼ばれる．

appeal court; appellate court 「上訴[控訴]裁判所」 下位裁判所や司法機関の判決を審査する．事実審の場ではないから，新たな証拠の提出は認められない．イングランドとウェールズでは，the *Court of Appeal (控訴院) が民事部と刑事部に分かれている．民事部は the *County Court (州裁判所) と the *High Court of Justice (高等法院) からの上訴を，刑事部は the *Crown Court (刑事裁判所) からの上訴を受理する．上訴裁判所からさらに the *House of Lords (貴族院[英国内での最上位裁判所]) への上訴も可能．人権問題に関しては，最後の手段として the *European Court of Human Rights (欧州人権裁判所) への上訴の道もある．

appellant 「上訴人」 多くの場合，第一審で負けて，その判決が覆るのを期待する者．これを受けて立つ側は appellee (被上訴人) と呼ばれる．⇨ APPEAL

appellate jurisdiction 「上訴管轄権」 ⇨ ORIGINAL JURISDICTION

approved school 《英》「16 歳未満の非行少年少女用の全寮制学校」 古い語で，現在公式には *community home と呼ばれている．同じような学校を米国では reform school (少年更正院) と呼ぶ．⇨ AGE OF CRIMINAL RESPONSIBILITY; YOUNG OFFENDER INSTITUTION

arbitration 「裁定」 公正な第三者(機関)が，紛争の両当事者の主張を聞いて，自ら解決法を提出する．当事者はそれに縛られるとは限らない．しかし，あらかじめ裁定者の決定に従う旨に同意するのがふつう．米国の州レベルでは，警察官や消防署員の契約などに関して judicial arbitration ないし compulsory arbitration (強制裁定) が行なわれる場合がある．⇨ MEDIATION

Archer, Jeffrey (1940–)《英》「ジェフリー・アーチャー」 英国の元政治家．保守党の有力な政治家であり，ベストセラー作家としても評判が高かったが，うそにうそを重ねた事実が明らかになるにつれて，英国民はあきれている．彼は少年時代から，インテリ詐欺師であった父親のことを，名誉武勲章を授かった元軍人だと言いふらしていた．オクスフォード大学に入るとき，カリフォルニア大学バークリー校をすでに卒業しているとうそをついた．オクスフォードで陸上競技の選手であったことは事実だが，オリンピックの候補選手になったというのは，彼一流のほらである．数多い不倫問題や，娼婦との関係，カナダのデパートでの背広の万引き，株の不正取引など，鼻つまみな行為は数え切れない．接待攻勢を利用した世渡りは実に巧みで，1969 年に庶民院議員に当選してから，とんとん拍子に出世し，やがて保守党の副議長という高い座を勝ち取った．ところが，1986 年 9 月 9 日に，変態的なセックスで名うての娼婦と関係し，その女に口止め料込みで 2000 ポンドを払った．それを暴露したのは，タブロイド紙の *The Daily Star* であった．アーチャーは名誉毀損で同紙を訴え，問題の日にはアリバイがあると偽証して，50 万ポンドの賠償金を得た．この騒ぎで，アーチャーは党内の要職から外され，多額の借金もあったことから，作家活動にのめり込み，大衆的な人気はかえって上がった．1992 年にはメージャー首相の推薦を得て一代貴族（baron）に叙せられ，貴族院議員になった．1999 年には，ロンドン市初の公選市長で保守党の公認候補になり，ウィリアム・ヘイグ党首(当時)やサッチャー元首相の強い支持を得た．しかし，11 月中旬になって，Ted Francis という旧友(テレビのプロデューサー)が，13 年前にアーチャーから，問題の 86 年 9 月 9 日のアリバイ工作を頼まれたと *The News of the World* 紙に暴露した（フランシスは，アーチャーが市長になるのだけは耐えられない，と思ったそうだ)．アーチャーはフランシスと示し合わせたうえ，当日フランシスと会っていたといううそを秘書の日誌(何時にだれと会ったという記録)に書かせて，証拠にしようとしたのである．アーチャーは娼婦との関係をあくまで否定していたが，余りにも騒ぎが大きくなったので，市長選への出馬を断念した．警察も捜査を開始して，2000 年 4 月にアーチャーを逮捕した．保守党は，2000 年 2 月から 5 年間，アーチャーの党籍を剥奪すると決定．彼の裁判は 10 月に開始され，2001 年 7 月 19 日には，陪審が 10 対 1 で，偽証罪と司法妨害で有罪と評定．裁判官はアーチャーに 4 年間の禁固刑と，17 万 5000 ポンドの訴訟費用の支払いを命じ，ただちにロンドン市 Belmarsh Prison の独房に収監させた．

アーチャーの主な有罪理由．① 1986 年 12 月から 87 年 4 月までのあいだに，テッド・フランシスを利用して，アーチャーの *solicitor にアリバイを信じさせたこと (2 年の禁固刑)．② 86 年 3 月から 87 年 7 月までのあいだ，彼のメインオフィスに日誌(人物往来の記録)があることを隠していたこと．③ 秘書 Angela Peppiatt に 1986 年の日誌の空白頁を与え，虚偽の記入を命じ，その日誌をオフィスの正式の日誌としてソリシターに渡すよう指示したこと (②と③で 4 年の禁固刑)．④ 宣誓供述書で日誌について虚偽を述べたこと (3 年の禁固刑)．⑤ 1987 年 7 月 8 日の偽証，つまり，the *High Court of Justice (高等法院) において，問題の日誌は 86 年 10 月 26 日以前に存在していたと述べたこと (4 年の禁固刑).

なお，テッド・フランシスの司法妨害容疑は無罪とされた.

アーチャーはまもなく上訴したが，第一審でただの一度も証言台に立たなかっただけに，いまさら無罪を主張することは困難であり，判決が逆転することはあるまい. おまけに，サン紙の親会社 (Express Newspapers) が，賠償金として支払わされた 50 万ポンドを含め，少なくとも 210 万ポンドの賠償を要求する裁判を起こす. 株のインサイダー取引 (1994 年に，妻が重役であった Anglia Television が買収されるという内部情報を得て，同社の株を 5 万株購入し，7 万 7219 ポンドをもうけたというもの) でさらに訴追される可能性もある. 知的で冷静な淑女という印象を与えてきた Mary 夫人も，(裁判の終盤で，上記の秘書の日誌は偽造ではなく本物です，と宣誓供述書で述べたことを含めて) 取り調べを受けている. 保守党も，もはや復党は認めないと言っている. 貴族院が議会法に基づいて，アーチャーの貴族の称号を剝奪する可能性も大きい. ⇨ PERJURY

arraignment 「罪状認否手続き」 "On arraignment I pleaded not guilty." (罪状認否の際に私は無罪と答えた) のように使う. この語は必ずしも *felony (重大犯罪) の容疑者に対する indictment (起訴状 ⇨ BILL OF INDICTMENT) や *information ([検察官による] 略式起訴状) と同義ではなく，それらの起訴状を被告の前で読み上げ，被告自身の認否や言い分を聴取する手続きを言う.

arrest 「逮捕」 ⇨ COURT PROCEDURES

articled clerk 《英》「ソリシター事務所の実務研修生」 大学を出たあとソリシターになる課程は SOLICITOR の項を参照. 研修生が法律を学ぶためにソリシター事務所で働く時間も実務研修そのものも articles と呼ぶ.

articles of association 《英》「(会社の) 通常定款」 教育振興や慈善のために設立された，株式資本を持たない有限会社ならば，the Company Act (1985) の末尾に付された Table C という基本定款をそのまま使ってよい. 《米》では articles of incorporation と言う. ⇨ BYLAW

Ashcroft, John David (1942-) 《米》「ジョン・アシュクロフト」 ブッシュ II 政権の初代司法長官 (在任: 2001-). イェール大学出身で，1967 年にシカゴ大学ロースクールを卒業. ミズーリ州の弁護士になり，67 年から 75 年まで South Western Missouri 州立大学の準教授. 77 年から 84 年までミズーリ州司法長官. 翌年に，共和党の候補としてミズーリ州知事に当選し，92 年まで在任. 1995 年から同州選出の連邦上院議員になったが，2000 年の選挙で民主党の知事 Mel Carnahan 候補に——実はカーナハンが投票日よりも前に飛行機事故で死亡していたにもかかわらず

——敗れた．アシュクロフトはきわめて保守的で，黒人の州裁判官が連邦裁判官に登用されるのを，黒人だという理由だけで妨害し，かつての恩師がルクセンブルク大使になるのをゲイだという理由だけで妨げた．彼は，知事時代に，かつてないほど多くの黒人を登用したと反論するが，彼の下で出世できたのは，例外なく共和党支持の黒人であった．銃規制 (*gun control) には絶対反対，妊娠中絶 (*abortion) にも——ブッシュ II 大統領の主張とさえ違って，たとえレイプや近親相姦による妊娠の場合や，妊婦の生命が危険な場合にさえ——反対だと主張していた．上院司法委員会による司法長官任命の承認審査では最後まで厳しい質問にさらされたが，「たとえ自分の信念に反対の場合でも，国の法律の執行に努力する」と述べ，委員会では民主党委員 1 名が賛成に回ったので承認された．2 月 1 日の上院本会議では民主党員 8 名が賛成に回り，58 対 42 で承認を得た．長官に就任後，毎日オフィスで(もちろん強制はしないが，部下といっしょに)聖書研究会を開いており，司法省内にも，政教分離 (the *separation of church and state (1)) のお目付役としてふさわしくないのでは，という批判がある．◆ブッシュ II 大統領は *Rehnquist 最高裁判所首席判事の後任に(最初は *Scalia 裁判官を，のちには)アシュクロフトを指名するだろうと言われていたが，2001 年 6 月以後，民主党が上院の多数を占めているし，the *Enron bankruptcy 問題もあので，おそらくその芽は摘まれただろう．◆憲法第 2 補正(武器携帯の権利)に関するアシュクロフト司法長官の見解については，同補正の解説を参照．⇨ MILITARY TRIBUNAL

as is 「そのままの状態で；瑕疵(かし)責任を問わない条件で」 売買契約において，買い主が受け取った商品の品質について「売り主の責任 (*warranty) を問わない条件で」の意．*with all faults と同義．

A6 murder, the 《英》「A6 道路殺人事件」 1961 年 8 月に，ベッドフォードシャー州ベッドフォード市に近い Deadman's Hill の A6 幹線道路わきの待避スペース (lay-by) に，科学者でオフィスワーカーでもあった Michael Gregston (25 歳) の銃殺死体が発見され，その横に彼のガールフレンド Valerie Storie が 5 発の銃弾を受けて死人のように倒れていた．彼女はレイプされていた．チンピラの James Hanratty という者が容疑者として逮捕された．ハンラティは犯行時間に 250 マイル離れた北ウェールズの Rhyl (発音は [フリル]) にいたと言ってアリバイを主張したが，主としてヴァレリー・ストーリーの証言によって有罪になり，1962 年 4 月 4 日に絞首刑に処せられた．連合王国で死刑が廃止された理由の大きなひとつは，これが冤罪(えんざい)であったという批判が強かったからである．◆ここまでは *Brewer's Twentieth Century Phrase & Fable* (1991) にも載っている有名な事件のあらましだが，2000 年 10 月に，(日本の検察庁に当たる)公訴局はハンラティの母親と弟(または兄)の *DNA を調べ，保存されている証拠品の DNA とパターンを比較し，彼が真犯人である可能性はそうでない可能性の 250 万倍あると発表した．ヴァレリー・ストーリーも 2000 年 10 月 17 日に the *High Court of Justice (高等法院) で改めてハンラティが犯人だと証言した．The Lord Chief Justice of England and Wales (高等法院女王座部首席裁判官 ⇨ judge (1)) は同日に，ハンラティの墓を掘って彼の死体を調べることが法の公正さのために望ましいと判断し，公訴局が 1857 年の埋葬法の規定に従い，内務大臣の許可を得て，死体を発掘することになった．証拠物件(主として精液)が古いだけに，DNA 鑑定で真犯人が明らかになるかどうか疑問だが，遠からず決着がつくかもしれない．⇨ GENETIC FINGERPRINTING; SHEPPARD CASE

assassination 「(有名人の)暗殺」 米国の大統領で暗殺されたのは次のとおり．

Abraham Lincoln: 1865 年 4 月 14 日 (翌日死亡)．犯人 John Wilkes Booth は絞首刑．

James A. Garfield: 1881 年 7 月 2 日 (9 月 29 日没)．犯人 Charles Julius Guiteau は絞首刑．

William McKinley: 1901 年 9 月 6 日 (9 月 14 日没)．アナーキストであった犯人 Leon Czolgosz は電気いす刑．

John F. Kennedy: 1963 年 11 月 22 日．犯人と思われた Lee Harvey *Oswald は逮捕された 2 日後にダラス市のナイトクラブの経営者 Jack Ruby (1911–67) によって射殺された．ルービーは 1967 年 1 月 3 日に肺がんで死亡．

ほかに，Andrew Jackson (1835), Ulysses S. Grant (1869～77 に 20 回も!), 前大統領 Theodore Roosevelt (1912), 大統領候補 Franklin Roosevelt (1935), Harry S Truman (1950), 大統領指名候補者 Robert F. Kennedy (1968), John Ford (1975), Ronald Reagan (1981) などの暗殺未遂事件があった(特に記していないのは，事件当時現職であった大統領)．現旧大統領や大統領候補以外では，1935 年の Huey P. Long 上院議員，65 年の *Malcolm X，68 年の Martin Luther *King, Jr. の暗殺や，72 年アラバマ州知事 George Wallace の暗殺未遂事件が米国社会に衝撃を与えた．

米国政府はかつて(主として CIA を使って)外国要人の暗殺を試みたが，キューバのカストロ首相暗殺計画が失敗し，その後にケネディ大統領が暗殺されたことから，暗殺に伴う報復を恐れ，ジェラルド・フォード大統領は 1976 年に暗殺作戦を禁止した．しかし，2001 年 9 月 11 日のニューヨークおよびワシントンでの同時多発テロ (⇨ WORLD TRADE CENTER, THE

TERRORIST ATTACKS ON THE) のあと，米国の連邦議会の幹部たちは，凶悪な国際テロの犯人の暗殺を認めるべきだと主張し始め，世論調査によれば，国民の大多数もそれに賛成している．ブッシュ II 大統領の言葉のはしばしからも，その点での政策変更の意図がうかがわれる．一方，共和党員を含む議員のなかには，独裁者やテロリストを見つけ次第殺すのではなく，法廷に立たせることこそ，合衆国憲法や国連の基本理念に沿う道だと主張する人々も，少数ながらいる．

assault 「脅迫; 暴行の試み」 その場にいて，他人の身体に危害を加える行動を起こすこと．だれかが急いで止めなければ死傷を引き起こすとか，妨害されなかったら身体に *battery (暴行[傷害]) を加えたであろう状態で，目の前の他人に脅威を与えたら assault があったと見なされる．危害を加える意思が全くなく，相手の体に触ってもいないのに，相手が合理的に危害のおそれを感じたら，脅迫があったと判断される可能性は小さくない．⇨ AGGRAVATED ASSAULT

assessor 「課税額査定官; (保険会社の)損害額調査員; (専門知識を持った)裁判所補佐人」「(不動産など，さまざまな)鑑定士」のほかに，科学技術や，保険の細かい規定など，特別な知識が必要な事件で裁判官に助言する「補佐人」の意味がある．英国では民事事件の多くで陪審制をやめ，裁判官と補佐人だけで裁判するという案が浮上している．⇨ JURY (1) [陪審制の問題点]

assigned counsel 「公選[国選]弁護人」 自費で弁護士を雇えない刑事被告人に，国や州が選んでつける弁護人で，その費用は納税者が負担することになる．時にその金額は莫大なものになり得る．⇨ legal aid; public defender

[例] 2000 年 2 月にアフガニスタン国営の Ariana Afghan Airlines のボーイング・ジェット機が，カブールを離陸してまもなく，アフガニスタン人によってハイジャックされた．飛行機はモスクワで給油したあと，2 月 7 日にロンドンの Stansted 空港に着陸し，そこで特別警察と陸軍特殊空挺部隊によって包囲された．国連職員も駆けつけて 4 日(77 時間)にわたって犯人との交渉が行なわれた．乗客の大半は連合王国への亡命を求めたが，Jack *Straw 内相はこれを拒否．乗員乗客 173 人中 81 人は帰国したが，その後の消息は不明．その後，連合王国に亡命を認められたのは 2001 年 4 月段階で 4 人だけである．結局，男性 11 人がハイジャック，不法監禁，武器および爆発物所持などの容疑で the *Crown Court (刑事裁判所) に訴えられた．容疑者たちはハイジャックを否定し，自分たちは the *Taliban によって死刑にされる寸前に逃れたのだと主張した．裁判には国選の弁護人として，勅撰弁護士 12 人を含む 24 人の *barrister が

つき，the *Crown Prosecution Service (公訴局) 側にも 3 人のバリスターがついた．裁判は 3 カ月続き，その間にアフガニスタンから証人を呼んだり，通訳を雇ったりする必要があって，裁判費用だけで 1200 万ポンドかかった．2001 年 4 月 18 日に陪審は 40 時間にわたって審議をしたが，2 人のハイジャック容疑を無罪にしたほかは，評決不能 (hung jury ⇨ JURY) という結果に終わった．公訴局は新たな陪審員による裁判のやり直しを要求しており，再び長期の裁判が行なわれるが，英国民が負担すべき裁判費用は 2100 万ポンドにのぼると予測されている．⇨ STATE-APPOINTED ATTORNEY

Assize Court 《英》「アサイズ裁判所」 13 世紀から英国で行なわれていた巡回裁判の場．1971 年に廃止され，民事は the *High Court of Justice (高等法院)，刑事は the *Crown Court (刑事裁判所) が担当するようになった．assize は「座る」という意味のラテン語の派生語．

associate judge [justice]; Associate Judge [Justice] 「陪席判事; 裁判官補」 日本で言う判事補ではなく，裁判長以外の裁判官を指すことがあるので，訳に注意．米国では連邦最高裁判所の 9 人の判事のうち，首席裁判官 (the chief justice) 以外の 8 人はみな associate justice である．

at Her Majesty's pleasure 《英》「(禁固刑が) 不定期に及ぶ」 少年または心身障害者が殺人を犯したときの判決に用いられる．内務大臣がのちに定めるときまで収監するという意味で，during the Queen's pleasure とも言う．女王統治の時代でなければ Queen's や Her Majesty's が King's や His Majesty's になる．◆内務大臣が刑期決定に関与するのは「欧州人権条約」違反だという批判があったので，これは廃止されるかもしれない．EUROPEAN COURT OF HUMAN RIGHTS の項を参照されたい．

Atomic Energy Act, the 《米》「原子力エネルギー法」 1946 年に制定．the Atomic Energy Commission (原子力エネルギー委員会) の創設を決め，それに原子力エネルギーに関するすべて (核弾頭の開発，実験，生産を含む) の権限を委ねた．1974 年に原子力エネルギー委員会は解散して，代わりに the Nuclear Regulatory Commission (NRC: 核エネルギー規制委員会) と the Energy Research and Development Administration (エネルギー研究開発機構) が新設されたが，後者は 77 年にエネルギー省が創設されたので不要になった．同省内に現存する the Federal Energy Regulatory Commission という 5 人委員会は，主として天然ガス，電力，石油などの価格の規制に当たっている．NRC は，国家の安全保障，公衆の健康，安全，環境保護を目的として，核エネルギーの民間利用 (特に原子力発電) を規制する．

attainder ⇨ BILL OF ATTAINDER

Attendance Centre 《英》「アテンダンス・センター」 17 歳から 21 歳までの犯罪者のうち，*young offender institution (少年犯罪者収容施設) に収容するほど罪状の重くない者が出頭を義務づけられる施設で，ふつう夕方や週末の一定時間，そこで教育を受ける． ⇨ AGE OF CRIMINAL RESPONSIBILITY

attorney (1) = attorney in law「弁護士」 (2) = attorney in fact; attorney-in-fact「代理人」 ⇨ POWER OF ATTORNEY

Attorney General, the (1) 《米》「(連邦政府の)司法長官」 司法省 (the Department of Justice) の長官．国民の代表として公共の福祉のために法を執行する．the *FBI の長官，および連邦検事は司法長官の指揮下にある．形式的にはあらゆる郡検事長 (*district attorney (1))，警察署長，および郡保安長官 (*sheriff (1)) に対する指揮権も持っているが，直接的な形でそれを発動することはきわめてまれ． ⇨ ASHCROFT, JOHN DAVID; SOLICITOR GENERAL

(2) 《米》「(州の)司法長官; 法務長官」 ほとんどの州では州民によって公選され，州知事，州の行政官，および州議会に対する法律的な助言をするほか，州が被告となる主要な事件の州側の弁護責任者となる．州法の執行を妨げる者に対する訴追の権限を持つが，たぶん，地区[郡]検事に対する指揮権は持っていない．複数形は attorneys general で，attorney generals は誤り．

(3) 《英》「法務総裁」 準閣僚の議員で，the *Solicitor-General の補佐を受けて，政府の法律問題の顧問役をつとめるほか，the Director of Public Prosecutions (公訴局長官) および the Serious Fraud Office (重大詐欺特捜局) (⇨ CROWN PROSECUTION SERVICE) の長官の職務執行を指揮監督する．法務大臣と検察庁長官を兼ねたような職 (law officer) で，the Government (政府) の重要なメンバーだが，the *Cabinet (内閣) からは独立している．

audience 《英》= the right of audience「(特に上位裁判所における，弁護士の)弁論権」 ⇨ SOLICITOR

automobile theft 「自動車泥棒」 ⇨ MOTOR VEHICLE THEFT

avoidance (1)「異議」⇨ CONFESSION AND AVOIDANCE (2) 《米》= avoidance doctrine「回避の法理」 連邦裁判所はできるだけ憲法解釈の問題を回避して，非憲法問題のみを根拠にして判決を下すほうがよいという考え．司法が立法府の分野にみだりに立ち入ってはならないという，昔からあった自己抑制の考え (⇨ JUDICIAL SELF-RESTRAINT) で，*judicial activism とは対照的だが，20 世紀に入ってからは連邦最高裁判所の Louis D.

*Brandeis 判事が 1936 年の *Ashwander v. Tennessee Valley Authority* 判決で，the Ashwander rules と呼ばれることになる 7 つの原則を提示し，確立した．要するに，(根本的には電力会社の株主どうしの内紛であった) この事件のように，当事者どうしに深刻な敵対関係がない場合とか，事件を解決する別の法的根拠が見つかる場合とか，州法の妥当性に疑問がない場合など，できるだけ憲法解釈に踏み込まないほうがよいというのである．(もっとも，ブランダイス判事は，F. D. ローズヴェルトのニューディール政策を推進するという政治的なもくろみがあって，この回避原則をうち立てたという見方もある．) *McCarthyism の時代に，連邦最高裁判所は(おそらく当時の議会との摩擦を避けるために)憲法第 1 補正(表現の自由)の解釈を正面から取り上げようとせず，「反政府活動取締法」の解釈を下すにとどめた．◆今後も，人種差別や妊娠中絶 (*abortion) に関して回避の法理が用いられる可能性があるけれども，へたをすると，憲法の諸権利が時の政治勢力や時代のムードによって抑えられてしまうおそれがある．⇨ INTERPRETIVISM

award 「裁定；仲裁判断」 *damages (損害賠償金) のことを damage awards とか，単に awards と言うこともある．

B

BAC = blood-alcoholic concentration「血中アルコール濃度」 ⇨ DRUNK DRIVING

bail bond 「出廷担保金証書」 ⇨ BAIL BONDSMAN

bail bondsman 《米》= a bail bonding agent「保釈保証代行業者; ボンズマン」 略して bondsman だが, 最近は bondsperson とも呼ばれる. 日本では, 裁判開始まで仮釈放される容疑者は, その際に保釈金(bail)の支払いを命じられる. 米国でも, ほとんどの州裁判所でその方法が用いられているが, 州の刑事事件の 8% くらい, 連邦刑事事件の 50% くらいでは,「決められた日に裁判所に出頭しなければ, 保釈金を現金または(保釈金の倍額以上の資産価値がある)不動産などで支払う」旨の誓約書を提出するだけでよい. この方法は unsecured bail (無担保保証書) と言われる. 容疑者やその家族に代わって保証書 (bail bond) を裁判所に提出する業者をボンズマンという. 彼らは容疑者が姿をくらませた (jump bond した) ときには, 約束どおりの金額を裁判所に納めなければならないが, その危険を負担する分, どんな理由があっても返還しない手数料(通常は保釈金の 10~15%)を容疑者やその代理人から受け取り, その 10% くらいを保険業者に払って保釈金全額の支払い保証書を書いてもらう. 容疑者が不出頭の際, 実際に保釈金を裁判所に納めるのは保険業者であるが, そんな事件が何回も重なると, ボンズマンは信用を失って破産する. その代わり, ボンズマンは行方不明になった容疑者を他の州に入ってまで捜索し, 逮捕する実質的な権限を政府から委ねられている. こういう異常な権限を持ったボンズマンの制度は, まだ抜本的には改められていないが, 1960 年代には, 保釈される容疑者が裁判所に保釈金の 10% を供託し, 無事に出頭したときにはその大半を返還してもらえるという制度ができた.

bailiff (1)《米》「廷吏」 (一部の裁判所で)法廷内の秩序を保つ職員. 出廷者や陪審員の警護にも当たる. (2)《米》「保安官補佐」 *sheriff (1) (郡保安長官) の補佐役として令状の送達や執行, 陪審の招集, 容疑者の逮捕などを行なう. (3)《英》「(州裁判所職員としての)ベイリフ; 差し押さえ担当官 (⇨ DISTRAINER)」 法廷の秩序を保つ, 令状を送達する, 令状を執行する, 差し押さえをする, 滞納された税金を取り立てるなどの職責を持つ.

連合王国には，限られた任務を持つベイリフの会社もある．昔からこのベイリフは強権を与えられ，市民から恐れられる存在であった．◆2001 年 7 月に大法官省が立てた改革案の主要な点は以下のとおり．今後ベイリフは，差し押さえのために民家に立ち入るときは，7 日前に予告する．相手が拒否した場合には，かつてのように強引に窓や天井や床下から侵入するのではなく，裁判官あるいは *magistrate の許可を得てから玄関から入る．訪問は 6 時から 21 時までのあいだとする．日曜や法定休日の債務取り立ては行なわない．債務者の日常生活に必要な衣服，商売道具，仕事に必要な車，子供のおもちゃ，冷蔵庫，必要な医療器具などを差し押さえてはならない．(4)《英》「管理者」 主として他人の土地や動産を，所有者に有利なように管理運営することを任された人．地主などに代わって賃貸料の取り立てもする．

bait and switch 《米》「おとり商法」 安くて魅力的な商品を広告し，消費者をおびき寄せて (bait して) から，それよりずっとよい商品があると言って，高価な商品に購買欲を転換 (switch) させる悪徳商法．多くの州法によって禁止されている．disparagement とも言う．

Baker v. Carr 《米》「ベイカー事件判決」 ⇨ POLITICAL QUESTION DOCTRINE

Bakke Case, the 《米》 = *Regents of the University of California v. Bakke*「バッキ事件」 州立であるカリフォルニア大学デイヴィス校のメディカルスクール(医科大学院)の入学選抜で，2 年続けて不合格になった Alan Bakke が，同大学理事会に対して起こした訴訟事件．大学は *affirmative action に沿って人種割当て[クォータ]制 (racial quotas) を設けて 100 人の定員中 16 人は黒人やヒスパニックなどマイノリティの志願者を優先的に合格させていた．バッキは，「自分の得点がマイノリティの志願者よりも高いにもかかわらず入学できないのは，白人に対する逆差別である」と主張した．バッキ裁判は，カリフォルニア州最高裁を経て連邦最高裁判所まで持ち上がり，1978 年 3 月に連邦最高裁は 5 対 4 の僅差でバッキの入学を認める判決を下した．最高裁は，かつて人種差別があったと証明されない学校でクォータ制を採用することは，憲法第 14 補正第 1 節および 1964 年公民基本権法 (⇨ CIVIL RIGHTS ACTS) に違反するとしたものの，「入学選考において人種の要素を考慮に入れることは許される」として，アファーマティブアクションそのものは違憲ではないと判断した．しかし，カリフォルニア州立大学は 97 年に大学院の，98 年には学部の入学選考において人種を考慮に入れないことを決定した．⇨ BROWN V. BOARD OF EDUCATION OF TOPEKA, KANSAS; BUSING; HOPWOOD V. TEXAS; MEREDITH CASE; PROPOSITION 209

balancing of interests 「利益(の比較)衡量」 例えば，ポルノ文書の出版において，青少年の精神的な健康という法的な価値と，表現・出版の自由という法的な価値のいずれをより重視するかという判断．もともと量的に比較のしようのない価値を比較するわけだから，結論を出すには，単なる経済的な損得の計算だけではなく，個人の哲学的な思考力や，国の伝統的な文化，および，ものの価値にかかわる時代の動きについての理解や洞察が重要な要素となる．

Banana War, the 《米》「バナナ戦争」 米国の the *Mafia の内部抗争．一方の旗がしらであった Joseph C. Bonnanno, Sr. (通称 Joe Bananas) の犯罪組織が the Banana family (あるいは Bananas) と呼ばれていた．そんなバナナ一家は，Carlo *Gambino を初めとするニューヨーク市のマフィアのボスたちを全滅させる計画を立て，ジョー・ボナノの旧友 Giuseppe [Joe] Magliocco の協力を求めた．マリオッコは殺し役を Joe Colombo という若い顔役に頼んだ．コロンボは表向きそれを快諾したが，相手側に密告し，その報酬としてブルックリンの縄張りを手に入れた．そこで大きな内乱が起こるはずだったが，マフィアの古参メンバーたちによる仲裁が行なわれた．マリオッコは病弱ということもあり，生き延びることを許されたが，ジョー・ボナノは仲裁を無視して西部とカナダで勢力を広げた．彼は 1964 年 10 月に大陪審に出るためマンハッタンに戻ってきたが，ドンたちの命令で捕らえられ，息子の Bill と共に引退を強要された．しかし，ボナノは 1966 年にハイチに進出した．一方，ボスたちはボナノのかつての縄張りを Gaspare DiGregorio に譲ると決定した．ディグレゴリオはビル・ボナノに，ブルックリンで和解のための会合を開こうと提案し，ビルが姿を現すと，子分たちに命じてライフルと機関銃を乱射させた．しかし，ディグレゴリオによる闇討ち計画は失敗し，彼の地位は Paul Sciacca という者に譲られた．ジョー・ボナノは 1968 年にアリゾナ州ツーソン市の自宅に引きこもり，引退宣言を敵側に送った．その後，彼の家は何度か爆弾で攻撃されたが，バナナ戦争は終結に向かった．1980 年に 75 歳のジョー・ボナノは，予定期日に裁判所に出頭しなかったかどで有罪の判決を受けた．⇨ GALANTE, CARMINE

Banking Act of 1933, the 《米》「1933 年銀行法」 通称は，提案者 (2 名) である議員の姓から the Glass-Steagall Act of 1933．連邦による預金者保護と，銀行による投機の抑制，投資銀行業と商業銀行業との分離などが主目的．1935 年の改正で，the Federal Reserve Board (連邦準備理事会) に商業銀行の現金準備高を決める権限を与えた．⇨ FEDERAL RESERVE SYSTEM

Bankruptcy Act, the 《米》「破産法」 ⇨ CHAPTER ELEVEN

bankruptcy offences 《英》「破産罪」 破産宣告 (bankruptcy order) を受けながら，自己の全財産についてのディスクロージャーを避ける，財産や借金や帳簿や会計書類などを隠す，虚偽の会計報告をする，不正な財産売買を行なう，持ち逃げをする，現金を払わず信用買いをした商品を転売する，賭博行為をする，明らかに危険な投機をする，などの行為は，罰金刑と禁固刑の一方または双方を科せられる可能性がある.

banns, wedding 《英》「結婚予告(書)」 The Church of England (イングランド教会 ⇨ ESTABLISHED CHURCH) の教区教会の聖職者は，重婚を防ぐ目的で，12 世紀に始まった伝統に従い，また，1949 年の the Marriage Act (1986 年に改正) に従って，自分の教会で結婚式を挙げる男女がいる場合には，式の 3 つ前の日曜日の礼拝で，バンズという公式の予告書を朗読しなければならない. 最終的な朗読のあと 3 カ月も式を挙げない男女の結婚は許されない. また，建前として，結婚予告書を読まなかった司祭は 14 年未満の禁固刑に処せられる. しかし，近年では 4 カップルのうち 3 カップルが教会以外のホテルやレストランなどで結婚しているし，聖職者も予告の儀式を実行しない傾向があるので，連合王国政府は法律改正によって，時代遅れな wedding banns を廃止するかどうか，2001 年 8 月に検討を開始した.

Bar, the 《英》(1)「バリスター団; ザ・バー」 (2)「バリスターの職」 イングランドとウェールズで the Bar に入るとは，*barrister の資格を得るという意味だが，具体的には，4 つある the *Inns of Court (法曹学院) のいずれかで学び，資格試験に合格したのちも，そのインに所属し続けるということである. 詳細は BARRISTER の項を参照.

bar association 《米》「法律家協会」 米国の州や都市ごとにある法律家の協会で，弁護士に限らず，裁判官や大学教授なども加入している. 会員の交流，福祉，倫理規制，機関誌の発行などが主目的. 州によっては，協会に属さない弁護士の活動は認められない. こういう強制加入制の法律家協会は integrated bar あるいは unified bar と呼ばれ，非強制加入制の法律家協会は voluntary bar と呼ばれる. ⇨ AMERICAN BAR ASSOCIATION

Bar Council, the 《英》= The General Council of the Bar of England and Wales「イングランドおよびウェールズ・バリスター団連合評議会」 ⇨ BARRISTER; SENATE OF THE INNS OF COURT AND THE BAR

Baring Brothers; Barings Bank 《英》「ベアリングズ」 ロンドンで最も歴史のある商業銀行であったが，Nick Leeson というトレーダーが 1994 年にシンガポールの子会社 BFS で不正なデリバティブ取引を行ない，8 億 3000 万ポンドという巨大な損失を生じたので，1995 年の 2 月に営業を停止した. 翌月にオランダの会社 ING がわずか 1 ポンドで買収して営業を再開したものの，再建には失敗した．リースンは95年からシンガポールで4年以上刑に服したあと，健康上の理由で英国に帰国を許された．◆2001年6月には，ベアリングズの清算人であるErnst & Youngが，事件前からのベアリングズの会計監査会社であったCoopers & Lybrand（現在はPwCの一部）およびDeloitte & Toucheを相手どって，会計監査の責任を果たさなかった賠償として10億ポンドプラス利子を請求する裁判を，ロンドンのthe *High Court of Justice（高等法院）で起こそうとした．クーパーズは1992年から（年額150ポンドで），また，ドゥロワットは1993年に，それぞれBFSの会計監査を担当していた．裁判所は，アーンスト・アンド・ヤングの法律的な立場に疑問があるとして，開廷を延期していたが，2001年7月に，（あくまで法廷で監査サービスの合法性を証明するという）ドゥロワットだけを除いて，示談で解決する方針が決められた．ロンドンの歴史上，最も時間と金のかかる民事裁判になると言われていた事件にやっと解決の道が見えてきたわけだが，ベアリングズの株で大損をした米国の投機会社など，多くの債権者が大赤字の責任者と思われる会計監査会社に賠償を求めており，決着は容易ではあるまい．結果はどうなろうと，企業の重役たちの管理責任，および，会計監査会社の義務の範囲について深く考えさせられる事件であった．◆この事件のすべての法律問題に結着がつくのは2010年の末ごろと見られている．

barrister 《英》「バリスター；バリスタ」 バリスターの総称はthe *Bar. イングランドとウェールズでは（特に1990年代から）*solicitorも上位裁判所で弁論できるようになったので，前者を「法廷弁護士」，後者を「事務弁護士」と訳すのは適当ではない．

[概要] イングランドとウェールズでは，4つのthe *Inns of Court（法曹学院）のいずれかから資格を得て，*magistrates' court（マジストレート裁判所）など下位裁判所はもちろん，あらゆる上位裁判所で法廷弁論を行なうことができる．ただし米国の弁護士と違って，裁判の手続きや必要書類は依頼者の主張を直接聞いて書くのではなく，必ずソリシターが準備する．建前としては，契約によって職務に対する報酬を要求することはできず，依頼者が任意に支払う謝礼（honorarium）を受け取る．バリスターは自分で依頼人を選ぶことはできない．バリスターはソリシターを通じて紹介された依頼者がどんな人物であろうと，徹底して弁護するが，法廷では依頼人の言い分を代弁するのが主な職務ではなく，真実と公正とに仕える義務を負う．もしその義務に反するようなことがあれば，依頼人の言い分を無視することもやむを得ない．ソリシターの統括組織はthe *Law Society of England and Walesであり，彼らはthe Solicitors Acts（1974）に従う義務を負う．バリスターはそれぞれの法曹学院に属してお

り，1974 年に設立された the *Senate of the Inns of Court and the Bar (インズオブコート連合評議会) によって管理される.

[バリスターの収入はさまざま] バリスターの報酬に関する上記の――いわば，きれいごとを並べた――原則にもかかわらず，ロンドンのシティなどで一流企業のために仕事をしている commercial chambers (商社バリスター事務所) や，最近注目されている人権関係の事務所 (2000 年に創設された，Cherie Booth (⇨ Blair, Cherie) が属している Matrix など) は莫大な収入を得る秘訣を心得ているらしい．そのほとんどは独自の管理会社を別に設立し，広告宣伝のコンサルタントを雇っている．2000-01 年度の上位 30 の商社バリスター事務所だけで，総収入は 4 億ポンドを超えた．稼ぎ頭の One Essex Court という事務所は 54 人のバリスターを抱えている．各人の収入は，老練な者と若手では大きな差があるようだが，税込みの年平均粗収入は 50 万ポンド (ざっと 1 億円相当) である．その一方で，公費だけを収入源にしているバリスターもいて，その年収はわずかに 2 万～2.5 万ポンドと言われている.

[上記以外の，ソリシターとの相違] (1) バリスターは法廷弁論について (職務怠慢などの) 責任を問われることはない．ソリシターは過失責任を問われることがある．(2) バリスターとソリシターとは建前として対等の関係にあるが，上位裁判所の裁判官はほとんどすべて経験のあるバリスターのなかから選任されてきた．(3) 市民が法律相談をしたり，裁判を起こすときにはソリシターに依頼する．バリスターが直接市民の法律相談に応じることはない．(4) ソリシターはふつう民事，刑事など法律全般の相談に，あるいは純粋に法律専門とは言えない家庭問題やビジネスなどの相談にも，応じる．一般開業医と同様に general practitioner というわけだが，バリスターは専門医のように，専門分野を決め，主として法律問題だけを扱う.

[人数] 2000 年に，イングランドとウェールズには約 9000 人のバリスターが独立して chambers (下記参照) で開業している．彼らを統括していたのは 1894 年に創設された the General Council of the Bar of England and Wales (バリスター団連合評議会) であったが，1974 年からはインズオブコート連合評議会がその責任を引き受けている．上記 9000 人のうち，*Queen's Counsels (勅撰弁護士) は 600 人である.

[バリスターになるには] バリスターになろうとする者はふつう大学の法学部を卒業するが，法学を専攻しなかった者でも，ソリシター志望者の場合と同様に，1 年間にわたって法学課程を学び，the Common Professional Examination (共通司法予備試験) に合格すれば，次の段階の教育を受けられる．バリスターになるには，実務性の強い the Bar Vocational Course（バリスター法職課程）を修得して試験に合格しなければならない．1997年まで，その法職課程はInns of Court School of Law（略称 the Bar School）だけが開講していたが，同年9月からは，the BPP Law School; the College of Law in London; および the Law Schools in Nottingham, Northumbria, Bristol and Cardiff の6校でも開講されるようになった．バリスターを志望する者は全員が4つの法曹学院のいずれかに属して，資格を与えられるまでに法曹学院のホールで先輩のバリスターや裁判官と18回ディナーを共にしなければならなかった．彼らと話をして，伝統や知恵や経験を教えてもらうためである．そこで，バリスターになることを study for the Bar と言う代わりに，eat one's dinners と言うならわしがあった．しかし，1997年10月からは，遠隔地に住む法職志望者のために，週末だけ法曹学院に宿泊して法職を学ぶという方法も許可された．こうして課程を終えて試験に合格した者は "be called to the Bar" つまり，バリスターの資格を与えられる．そのあと法曹学院の法律事務所（chambers）で2年間の実習訓練を受ける．その前半は pupillage（弁護士見習い期間）と，後半は tenancy（法律事務所使用期間）と呼ばれる．見習い期間には，先輩バリスター1名のもとに1年間，あるいは2名のもとに半年間ずつ弟子入りする．同時に，バリスター評議会が組織する法廷での実地訓練に参加しなければならない．その間には，多少の給与が支払われる．大学入学から5年間の学費は（1998年10月で）概算3万7000ポンドかかると言われていた．法曹学院の各法律事務所は15人ないし20人のバリスターを収容できるが，新米バリスターを受け入れる余裕は十分にないから，見習い期間を半年延ばすことによって，法律事務所に「居座る」という方法をとっている．法律事務所使用期間は義務ではなく，自宅での開業も可能だが，バリスターとして成功するためには，chambers を使用するのが得策だと考えられている．

［**弁論権**］ バリスターは例えば税法を専門として商社に勤めることも可能だが，彼らの大半は法廷で弁論する．彼らはイングランドとウェールズのどの裁判所でも弁論の権利を与えられている．the *Crown Prosecution Service（公訴局）に勤めた者を含め，（独立しないで）雇われているバリスターはかつてマジストレート裁判所より上位の the *Crown Court, the *High Court of Justice, *appeal court などでの活動ができなかったが，the Access to Justice Act 1999（1999年公正裁判促進法）によって，それらの裁判所での弁論権が保障された．上に述べたとおり，一般の依頼人はバリスターに直接法廷での弁論を依頼するわけではなく，必ずソリシターに訴訟準備をしてもらわなければならない．裁判所の弁論に関して，バリスターが（職務怠慢などの）責任を問われることはないとはいえ，バリ

スターが非倫理的な行動をとった場合には，インズオブコート連合評議会が，その行動基準に照らして懲戒を行ない，悪質な場合には除名処分をする．ソリシターの項で述べる 1990 年創設の the Legal Service Ombudsman も苦情処理に当たるが，ソリシターの場合と違って，バリスターに対する苦情はきわめて少ないようである．

Barrows, Sydney Biddle (1952-)《米》「シドニー・ビドル・バロウズ」 コールガール組織の経営者．通称は the “Mayflower Madam.” 祖先のひとりが 1620 年に Mayflower でアメリカ植民地にやってきた牧師であったと言われる．ファッション界でバイヤーとして活躍していた一見優雅で知的な女性であったが，ニューヨーク市で 20 人のインテリ女性を「高級」コールガールとして養成し，年に 100 万ドルを稼いでいた．1984 年 12 月に売春業者として摘発されたが，5000 ドルの罰金だけで釈放された．著名な実業家などの住所氏名を記録した “little black books” が公判のとき公表されることを防ぐために，検察当局が司法取引して「売春のそそのかし」という軽い罪に定めた疑いが持たれている．事件後，バロウズはテレビ・ショーで人気者になり，自伝も大いに売れた．

Bar school, the 《英》= Inns of Court School of Law「バー・スクール」 ⇨ INNS OF COURT

battery 「暴行(傷害)」 他人に対して不法な力を加えること．ふつうは *assault の結果として(あるいはその過程で)他人の身体に危害を加えることを言うが，危害を加えるような姿勢で相手に手をかければ，被害がごく軽微でも battery の罪は (*tort として)成立する．事情を知りながら危険な商品を売って，人に傷害を負わせた業者――例えば，子供がふつうに扱っているだけで指が切れてしまうような玩具を，危険を知りながら製造販売した会社――も battery の罪に問われる．⇨ AGGRAVATED ASSAULT; PRODUCTS LIABILITY

bear arms 《主に米》「武器を所有または携帯[携行する]する」 憲法第 2 補正の解説を参照．

bench 「(裁判所の)裁判官 [*magistrate] 席; (転じて)裁判官」

bench trial 「非陪審裁判」 ひとりの裁判官だけが行なう事実審理．比較的軽い犯罪の容疑者が被告である場合に，また特に本人が有罪を認めている場合によく行なわれる．オレゴン州のポートランド市やルイジアナ州のニューオーリンズ市の裁判区では，刑事事件の半分が非陪審で行なわれる．⇨ CROWN COURT; JURY

bench warrant 「勾引(こういん)状」 正式に起訴された被疑者が指定の日時に出頭しなかった場合，裁判官や *magistrate が直ちに勾引させる命令書．警察官の要請によるのではなく，裁判所自体が警察官に渡す命令書．⇨

WARRANT

beneficiary 「受益者」 信託上の利益 (benefit), 給付金, 保険金, 特権などを受けた, または, 受けると決まっている人. 信託だけでなく, だれかが代理人, 後見人, ビジネス・パートナーなどの *fiduciary な(＝受託の義務を負った)関係を持っているとき, その恩恵[利益]を受ける人.

benefit of clergy 《主に英》「聖職者の特権」 聖職者は教会裁判所で裁判を受け, 世俗の裁判所に起訴されることはないという特権だが, 連合王国では 1827 年の法律で廃止された.

benign neglect 《米》「善意の無視」 民族独立運動や, 黒人の激しい公民基本権運動など, 政府にとって不都合な事態に対して, 弾圧など激しい反応を示さず, 故意に無視の態度をとって沈静化を待つこと. もとはヴィクトリア女王に対する the Earl of Durham (1792–1840) の書簡 (1839 年) に出てきた言葉で, ダラム伯爵は英国がカナダの独立運動に一定の期間「善意の無視」政策をとったことを評価している. 1970 年 3 月 2 日, 当時ニクソン大統領の補佐官だった Daniel Patrick Moynihan (1927–　) は, 閣僚に見せたメモのなかで "The time may have come when the issue of race could benefit from a period of 'benign neglect.'" (現段階では, 人種問題は一定期間〈善意の無視〉の態度を取り続けることによって好転するかもしれない)と書いたが, それは *The New York Times* 紙によってすっぱ抜かれ, ひどく悪い意味に解釈された.

bequest 「現金[人的財産]の遺贈」 ⇨ LEGACY

beyond (a) reasonable doubt 「(検事[公訴官]による犯罪の立証が)合理的な疑いを一片も差し挟む余地がない; 理性に富んだ人にとって疑う余地の全くない」 (《英》ではふつう不定冠詞を入れない.) 警察の捜査の段階とは違って, 刑事事件の裁判においては, この基準 (the reasonable doubt standard) に合わない証拠で人を有罪にすることはできない. しかし, 民事裁判においては, a preponderance of evidence (証拠の優越) が重視される. つまり, 被告の責任を示す証拠が, それを否定する証拠を少しでも上回っていれば, 陪審は事実を(あるいは, 事実の不存在を)認定できる. 英国の裁判でもよく使われる語である. ⇨ REASONABLE DOUBT ; SIMPSON, O. J.

bigamy 「重婚」 夫または妻が生きていて, その結婚が有効であるのに, 他の者と結婚すること. 連合王国では *notifiable offence となる. 米国の多くの州では *common law によって *misdemeanor と見なされ, 第 2 の結婚は無効とされる. ⇨ POLYGAMY

Biggs, Ronnie 《英》＝ Ronald Biggs「ロニー・ビッグズ」 鉄道強盗犯 ⇨ GREAT TRAIN ROBBERY

Big One, the 《米》「大監獄」 1994 年，コロラド州の小さな町フローレンスに開設された重罪犯人用の連邦刑務所 (administrative maximum facility) で，悪名高い *Unabomber [本名 Theodore "Red" Kaczynski], (1993 年 2 月の) the *World Trade Center bombing の犯人 Ramzi Yousef, the *Mafia のボス John *Gotti などもそこに収監されている. The *Oklahoma City bombing の主犯 Timothy McVeigh もかつてそこに収監されていた. 脱獄防止の施設は *Alcatraz 刑務所のそれをはるかに超えると言われている. それは the Supermax prison あるいは単に Supermax とも呼ばれている.

billa vera 《米》= true bill「正式起訴状」 ⇨ GRAND JURY

bill of attainder 「(立法府による)司法府を出し抜いた刑罰」 国会その他の立法府が，敵と見なした人物を，司法府による裁判を抜きにして有罪と決めつけ，死刑や，財産の剝奪，公私の権利の剝奪などという刑に処すること. この *common law 上の刑罰(一種のリンチ)は，米国では建国当初から憲法で禁止されており，本家本元の英国でも 17 世紀末以来適用がなく，1970 年に廃止された. 法学者がもっぱら使っている「私権剝奪法」という訳は全く不可解である (attainder の語源は「有罪と決める」を意味する古いフランス語). ◆共産主義者は労働組合の役員になれないと定めた労使関係法の規定が，1965 年に連邦最高裁判所によって a bill of attainder であるから違憲と判断されたことについては，LABOR MANAGEMENT RELATIONS ACT OF 1947 の項を参照. ⇨ 憲法第 1 条第 9 節 3 項の解説

bill of indictment 《米》「起訴状(案)」 検察当局があらかじめ証拠を調べたあとで，罪状を記し，大陪審に提出するもの.

Bill of Rights, the 「権利章典」 (1)《英》1688–89 年の名誉革命の際に，ウィリアム・アンド・メアリーが即位する条件として暫定国会が提示した the Declaration of Rights (権利の宣言) を，1689 年 12 月 26 日に法制化したもの. 前王ジェイムズ 2 世の悪政を列挙したあと，国王大権の執行には国会の同意が必要だと規定した. また，この章典によって，カトリック教会員の王位継承が禁じられた. (2)《米》1791 年に確定した合衆国憲法第 1～10 補正. ⇨ CONSTITUTION

binge drinking 「飲み過ぎ」 ⇨ DRINKING AGE, THE LEGAL

bin Laden, Osama (1957?–　)「オサマ[ウサマ]・ビンラディン」 サウジアラビア出身の過激なイスラム原理主義者で，1980 年代末にイスラム義勇兵を訓練する国際テロ組織 *al-Qaida [al-Qaeda] を創設. 1993 年 2 月 26 日に世界貿易センタービルを爆破 (6 人死亡) (⇨ WORLD TRADE CENTER BOMBING), 95 年 11 月 13 日にサウジアラビアのリヤドにある国

家警備施設を爆破(米国の情報機関員など7人が死亡), 96年6月25日に同国ダーランの米国空軍基地の住宅施設を爆破(19人が死亡), 98年8月7日にケニヤのナイロビおよびタンザニアのダルエスサラームにある米国大使館を連続爆破(301人が死亡, 約5000人が負傷), 2000年10月12日にイエメンのアデンで米国軍艦 Cole に爆弾を積んだ小型船で突入(17人が死亡), そして2001年9月11日にハイジャックした民間航空機で, ニューヨークの世界貿易センター(12月26日発表の死者は2940人)およびワシントン郊外の国防総省に自爆テロ(後者の死者は乗員乗客65人を含めて1890人.) を行なうなど, 数多くのテロリズムを指導または支援したようで, その証拠(ビンラディン自身の談話ビデオ, 彼の信奉者による自供, 電話盗聴記録, 軍事訓練の目撃者の証言など)が多数あると, 米国政府は主張している. ⇨ WORLD TRADE CENTER, THE TERRORIST ATTACKS ON THE

ビンラディンはサウジアラビアのリヤドで生まれた. イエメンからの移民であった父親 Mohammad はレンガ職人から身を起こし, やがて王室の仕事を請け負う建築業者になり, サウジきっての大富豪になった. 国王 Abdel Aziz ibn Saud (在位: 1932–53) の信任が厚く, 聖都メッカの再建を託された. この父親が1967年にヘリコプターの墜落事故で死亡したあと, 息子の多くは Saudi Binladen Group という巨大企業を築いた. その企業は体制寄りで, ブッシュI大統領とも縁があり, ハーヴァード大学に200万ドルの寄付をしたこともある. オサマの母親 Hamida Al-Attas はリビア人なので, 夫モハメッドの他のアラブ人の妻たちから白い目で見られ, のちに離婚して他家に嫁いだ. オサマのきょうだいは52人で, 彼は17男との報道があるが, 真相は不明. 一族は米国とも縁があり, 長兄 Salem はテキサス州で航空機産業の経営者であったが, 1988年に飛行機の墜落事故で死亡. もうひとりの兄はボストン市で弁護士であった. オサマは17歳ではじめて結婚し, 少なくとも4人の妻とのあいだに13人以上(一説では数十人)の子供がいるという. 本人はジッダの King Abdul-Azig 大学で経営学を学ぶ一方, 父親のあとを継いで聖地の宗教施設の建築にかかわり, 幼いころからのイスラムの信仰をさらに深めた. アフガン戦争では米国と協調路線をとり, アラブ人戦闘集団のリーダーとして, アフガンのゲリラ (Afghan mujahidin) と共にソ連軍の侵攻を撃退し, 帰国後にサウジで英雄視された. しかし, 1990年に始まった湾岸戦争のあと, 米軍がサウジアラビアに基地を設けたのを聖地への冒瀆だと主張し, サウジからの米国の影響を排除する方法を Fahd 国王に進言した. そのため, 親米国路線をとる王からうとまれ, 91年にはジッダから追放され, 国籍も剝奪された. 父親の遺産(3000万ドルから3億ドルまで諸説紛紛)

を受け継いだビンラディンは，アフリカのスーダンに住んだが，96 年に国外退去を命じられ，そのとき 1 億 5000 万ドルを失ったという説がある．その後彼はアフガニスタン南部を拠点に，the *Taliban と協力して，反米・反イスラエル運動を展開してきた．彼が自己資金のほかに，資金援助をするイスラム聖職者，米国および欧州の企業など，広大な資金ネットワークを持っていることが 2001 年の同時多発テロ事件のあとで明らかになってきた．彼らはロンドンの両替商を通じてポンドをマルクなどに換えることによって，大規模な *money laundering をしてきた．

米国その他先進工業諸国の物質文明を敵視するビンラディンは，「アラブ世界であくどくもうけた米国は，年に 30 億ドルをイスラエルに送り，イスラエルはその金でパレスチナ人を殺している」と主張し，そういう米国人を殺すのはイスラムの敵を懲らしめることであり，イスラム信仰者すべての義務だと説いていた．核・化学・生物兵器を入手するのも，信仰者のつとめだと公言したことがある．ケニアとタンザニアの米国大使館を爆破し，300 人以上を殺害したテロでは，逮捕された容疑者のひとり Ali Mohamed (2001 年 1 月に 48 歳のエジプト人スパイで，米国陸軍の落下傘部隊員だったことも，FBI への密告者だったこともある)の自供で，首謀者はビンラディンであったことがほぼ確実となり，ニューヨーク・マンハッタンの連邦地裁は 319 件の容疑で彼の逮捕状を出し，ほかに 1991 年以来のテロ犯罪 20 件を取り調べることにしている．この段階で，ビンラディンの首には米国政府から 500 万ドルの懸賞金がかけられた．◆ビンラディンのイデオロギー面での右腕はエジプト人の外科医である Ayman al-Zawahir，軍事面での副官は，やはりエジプト人の Mohammed Atef (11 月 16 日，米軍の空爆によりカブール付近で死亡．⇨ WORLD TRADE CENTER, THE TERRORIST ATTACKS ON THE) である．ほかに資金面で Shaykh Said という者がビンラディンを助けていたらしい．◆2001 年 9 月 11 日の世界貿易センターおよび国防総省に対する奇襲攻撃に対してブッシュ II 大統領は，「21 世紀最初の戦争」だと宣言，米軍は英国軍と協力して，ビンラディンとその擁護者を相手に 2001 年 10 月 7 日，戦争を開始した．そして，最新鋭兵器を駆使し，年末までにアフガニスタン国内のアルカイダとタリバーン勢力をほぼ全滅させた．⇨ ASSASSINATION

bioterrorism 「バイオテロリズム; 生物・細菌テロリズム」 1868 年に発効したサンクト・ペテルブルグ宣言が人道にそむく兵器の使用を禁じて以来，国際条約は毒ガスをはじめ，生物・化学兵器の開発，生産，貯蔵，使用や，対人地雷の開発，生産，貯蔵，使用，移譲や，環境改変技術 (environmental modification techniques) の敵対的使用を禁じてきたが，こういう国際条約を無視する独裁国，軍事大国，カルト集団，過激な原理主義者グループなどによる対敵作戦やテロリズムがいまだに根絶されない. 2001年10月には, 正体不明の犯人が炭疽病 (⇨ ANTHRAX) のバクテリアをフロリダ州, ニューヨーク州, ユタ州のメディア関連会社や郵便局, さらにはワシントンの上院院内総務の事務所など議会関係者に送り, 米国の機能を部分的に麻痺させた. 今後, テロリストたちの目的が人命を奪うことにあるとすれば, tularemia という野兎(やと)病, チフス, ダニ媒介の脳炎などの菌や, 日本のオウム真理教も試みたボツリヌス菌を使うおそれがある. すでに地上から消滅したと言われる天然痘の痘瘡ウイルスが復活するとか, 14世紀に欧州で大流行し, 人口の4分の1を失わせた Black Death (黒死病; 腺ペスト) がネズミやノミの媒介で再来するといった予測もある. それらが単に無根拠, 無責任なおどしだと言い切れないところに, バイオテロリズムの無気味さがある. ⇨ AGENT ARANGE ACT; CHEMICAL WEAPONS; TERRORISM

Birmingham Church Bombing case, the 1963 《米》「1963年バーミングハム教会爆破事件」 米国ではふつう the 16th Street Baptist Church bombing と呼ばれる. Martin Luther *King, Jr. が指導したワシントン大行進の18日あと, 1963年9月15日(日曜日)にアラバマ州バーミングハム市の16丁目バプテスト教会の窓から, 何者かがダイナマイトを投げ入れ, その爆破によって, バイブルスクールに出席していた黒人の少女4人(11歳がひとりと14歳が3人)が死亡した. 同じ日に市警は路上で黒人の若者を射殺したし, 白人の一団が自転車に乗った黒人青年を襲って殺している. 報道でそれらを知った国民の怒りが, 1964年の公民基本権法 (⇨ CIVIL RIGHTS ACTS) 制定を促した. やがて, 教会爆破事件は the *Ku Klux Klan のメンバーによる犯行であることが判明した. 4人の容疑者のうちひとりは起訴される前に死亡. ひとり (Robert "Dynamite Bob" Chambliss) は1977年に有罪となり, 85年に服役中に死亡. 2000年に起訴された Bobby Frank Cherry は痴呆症と診断され, 連邦地裁はチェリーが裁判に耐えられぬと判断したが, 連邦政府は上訴中. もうひとりの Thomas E. Blanton (2001年4月に62歳で, 犯行当時は25歳) の裁判は2001年4月24日にようやく開始され, 5月の初めに, 白人のほうが多い陪審による有罪の評決が下り, ブラントンは終身刑の判決を受けた. 長期にわたる裁判の遅れの裏には, 市, 郡, 州, 連邦各レベルでの捜査妨害があった. 特に the *FBI は起訴に必要な書類のすべてを5年間も故意に隠していたという. J. Edgar *Hoover 長官が司法妨害の指揮をとったことは, アラバマ州の元司法長官で, 上記の4人を起訴しようとして FBI から阻止された Bill Baxley の (25年間の無念さを込めた) 証言によっても明らかである.

Birmingham Six, the 《英》「バーミンガム事件の6人」 1974年11月21日に英国のバーミンガム市で発生した2件のパブ爆破事件で，21人が死亡し，162人が負傷した．その犯人として逮捕され，75年に終身刑の判決を下された6人のアイルランド人が，実は警察の不法な取調べによる冤罪に陥ったと判明し，16年の獄中生活のあと91年3月に無罪となって釈放された．連合王国の警察，検察，裁判のあり方を根本的に見直す必要を見せつけた事件であった． ⇨ BLAKE CASE; BRIDGEWATER THREE; CHICAGO SEVEN; GUILDFORD FOUR; LAWRENCE CASE; TOTTENHAM THREE

Black and Tans, the 《英》「ブラック・アンド・タンズ」 1919年から始まった the Anglo-Irish War (アイルランド独立戦争) の際に，*Sinn Féin 党が率いる the *IRA や民衆を鎮圧する the *Royal Ulster Constabulary (王立アルスター警察隊) が応援を必要としていたので，英国政府が組織した疑似軍隊組織．もともと black and tan はアイルランド南西部の Limerick で使われていたキツネ狩り用の(黒と褐色のぶちの)猟犬だが，この雇われ兵たちが警察および軍の制服を支給されて，それを統一なく着用したので，黒とタンのまだらに見え，そう呼ばれるようになった．彼らはまさしく猟犬のように冷酷非情であり，独立派によって恐れられただけでなく，英国政府側からも不評を買った． ⇨ BLOODY SUNDAY (2)

Black Friday, the 《英》「ブラックフライデー」 ⇨ BLACK MONDAY

black-letter law 「ブラックレター・ロー; 基礎的な法の原理」 法律はどうあるべきか，ではなく，法律とはこういうものだという原理．もともとは法律の初学生のために，あいまいさや疑問を生じ得ない基礎原理を説いたもので，hornbook law (法の基礎原理) とも呼ばれる．ホーンブックというのは，昔アルファベットなどを学ぶために使われた教材で，下に印刷された文字や数字をなぞるために，(近代ならセルロイドを使ったところだろうが)角 (horn) 製の薄膜で覆ってあった． ◆The *Human Rights Act 1998 の序文 Chapter 2 に，伝統的なイングランドの法律は，「欧州人権条約」(the *European Convention on Human Rights) とは違って "black-letter" approach を用いて解釈されてきた，との文言がある．個々の裁判官による解釈や裁量の幅が大きくなく，裁判官がまず法律の規定の範囲と内容とを厳密かつ正確に定義してかかることを意味している．

Black Monday, the 《米》「ブラックマンデー」 ニューヨークで株価が22.6% 急落した1987年10月19日のこと．1日の値下げ率としては1929年10月28日(これもブラックマンデーと呼ばれる)の大暴落(ダウ工業平均で13% 下落)よりも大きく，東京を含む全世界に(ヨーロッパ各国では火曜日に)余波が及んだ．コンピュータを使ったプログラム取引に問題があることがわかり，それ以来改善が計られた． ◆1929年10月29

日にはニューヨーク証券市場は 90 億ドルの損失をこうむって，その後長く続く世界的な大不況が起こった．その 10 月 29 日は the **Black Tuesday** と呼ばれている．◆the **Black Wednesday** というのは，1992 年 9 月 14 日で，連合王国の Norman Lamont 蔵相はその日に，英国ポンドの下落を防ぐために公定歩合を一挙に 5% 上げた．◆the **Black Friday** は 1921 年 4 月 15 日で，これはイングランドで予定されていた鉄道運輸労働者のゼネストを中止せざるを得なくなった日．労働運動の指導者にとって暗黒の日というわけ．◆the **Red Friday** は 1925 年 7 月 31 日で，連合王国の炭坑労働者による賃上げ闘争に対抗して，資本家側が炭坑閉鎖の手段に訴えようとしたところ，政府が賃上げの費用を会社に助成するという政策を打ち出したので，ヤマの閉鎖は免れた．組合側はそれを歓迎して，ストを中止した．労働者にとって明るい (red) 日となったのである．

Blackmun, Harry Andrew (1908–99)《米》「ハリー・アンドルー・ブラックマン」 連邦最高裁判所裁判官 (在任: 1970–94). 任命権者である大統領の期待から大きく外れた最高裁判事のひとり．イリノイ州ナッシュヴィル市で生まれた．1932 年にハーヴァード大学ロースクールを卒業してミネソタ州ミネアポリス市で弁護士を開業．医学に関心が深く，1950 年からは有名な総合病院兼医学研究組織である Mayo Clinic の顧問弁護士となる．1959 年からアイゼンハワー大統領によって連邦第 8 巡回区控訴裁判所の裁判官に任命され，70 年までつとめた．寡黙で地味な法律家であったが，最高裁の保守回帰を強く期待するニクソン大統領によって 70 年に連邦最高裁の裁判官に任命された．やはりニクソン大統領によって任命されたミネソタ州出身の Warren Earl Burger が長官 (在任: 1969–86) であり，二人は "the Minnesota Twins" とあだ名された．両者とも最初は保守路線を進んでいたが，ブラックマンは 1980 年代半ばから庶民の自由人権を擁護する姿勢をとり，William J. *Brennan および Thurgood *Marshall 両裁判官と意見を同じくすることが多くなった．最も有名な判決は，彼が書いて他の 6 人の裁判官が賛成した **Roe v. Wade* 判決 (1973) で，そのなかで彼は女性が妊娠中絶 (*abortion) を選ぶ権利を擁護し，政府予算から中絶のための費用を支出させないという意見に強く反対した．死刑 (*death penalty) には 1970 年代から不快感を表明し，退任の数年前からは明確に死刑廃止を主張した．

Black Muslim 《米》「ブラックモスレム」 イスラムを信じる黒人組織ネイション・オブ・イスラム教団のメンバー．彼らの運動は 1930 年ごろ，(黒人を解放するために遣わされたアッラーの化身だと自称する) Wallace Fard Muhammad によってデトロイト市で始められ，その後継者 Elijah Muhammad (1897–1975) が，白人社会は悪魔の創造物だと説いた．60

年代から(非暴力で公民基本権拡大を目指す Martin Luther *King, Jr. とは違って)戦闘的な黒人独立運動を展開し，*Malcolm X や Cassius Clay (改宗して Muhammad Ali と改名) などが積極的にこれに参加したが，エライジャ・ムハマドの死後は軌道修正して，次第に伝統的なイスラムの教えを強調するようになった.

Black Panther Party 《米》「ブラックパンサー党」 1969 年にカリフォルニア州オークランド市に創設された黒人の反体制運動組織. 当時の指導者には Huey Newton と Bobby Seale などがいた. 白人社会との融和を否定し，暴力を用いて黒人の独立を試みた. 1966 年のアラバマ州の選挙で "Black Power" を唱える候補たちが使った黒いヒョウのシンボルマークからそう呼ばれる. メンバーの逮捕や，内部抗争のために 70 年代には弱体化した. ⇨ CHICAGO SEVEN

Black Wednesday, the 《英》「ブラックウェンズデー」 ⇨ BLACK MONDAY

Blair, Cherie (1954-) 《英》「シェリー・ブレア」 いまも結婚前の Cherie Booth の名で活躍している有能な *barrister である. The London School of Economics and Political Science の出身で，この母校には名誉ある卒業生としての彼女の胸像が飾られている. 1976 年に優秀な成績でバリスターの資格を得た. 80 年に Tony *Blair と結婚. 2000 年には 4 人目の子供が生まれたが，人権問題を主とする弁護士活動や，子供を守る運動などの社会活動を精力的に続けている. 1995 年に *Queen's Counsel (勅撰弁護士) の資格を得た. 97 年には *The Lawyer* という雑誌の the Legal Personality of the Year に選ばれた.

Blair, Tony (1953-) 《英》= Anthony Charles Lynton Blair「トーニー・ブレア」 英国の政治家. 労働党 (the *Labour Party) 党首 (1994 年から)，首相 (1997 年 5 月から). オクスフォード大学を卒業. 1976 年に *barrister の資格を得る. 83 年に庶民院議員に当選. 88 年に影の内閣の閣僚になってから，労働党のリーダーとしての実力を発揮し，44 歳になる数日前に首相になることが決まった. 彼が党首となってから推進してきた新しい労働党 (the New Labour) の The Third Way (第 3 路線) は，労働組合よりも一般市民を基盤にし，教育，保健などで個人の選択の幅を広げようというもの. 労働党支持者が 50% を超えている状況で，Cool Britannia という前向きのヴィジョンを掲げ，強いリーダーシップを発揮して，スコットランド，ウェールズ，北アイルランドの自治権拡大 (*devolution (1))，貴族院 (the *House of Lords) の歴史的大改革を初め，思い切った政治的変革を成し遂げ，2001 年 7 月の総選挙で大勝した. 2001 年秋の対テロ戦争では，精力的にアジア諸国を訪問して協力を求めた. 残る大きな問題は，国民から大きな不満を買っている NHS (国民健康保険) 制度の立て直し，鉄道民営化の推進，ユーロ導入に関する世論の結集，そして，ブルジョワ政党になってしまったという低層労働者による不満の解消だが，いずれも容易な問題ではない．夫人はバリスターである Cherie *Blair. ⇨ PRIME MINISTER

Blake case, the 《英》「ブレイク事件」 *MI6 に勤務していたオランダ生まれのユダヤ系英国人 George Blake は，ソ連の KGB に対して東欧の情報提供者の名前を教えたという罪で 1961 年に(連合王国の裁判史上，それまで例のない) 42 年という重い禁固刑を受け，服役中の 66 年に縄ばしごを使って脱獄した．その手引きをしたのは，ソ連の秘密工作員ではなく，哲学者 Bertrand Russell が中心になって組織した「核非武装運動」(CND) の 2 人の活動家であることが判明した．その 2 人は，91 年の裁判で，ブレイクに対する刑が不当に重いので，人道的な立場から彼を救ったのだと主張した．意外なことに，陪審は彼らの主張を受け入れて無罪の評決を下した．それは the *Birmingham Six などの冤罪事件が続いていることに対する公訴局 (the *Crown Prosecution Service) と裁判所への抗議であったのかもしれない．

block grant 《米》「(連邦から州への)定額助成金」 ⇨ COOPERATIVE FEDERALISM

Blood and Honour 《英》「ブラッド・アンド・オナー」 略は BH. 英国の極右運動，およびその機関誌名．白人至上主義を掲げるこのネオナチ集団は Screwdriver や No Remorse など 30 くらいのロックグループを傘下に持つ．それらのグループは，各会場で 2000 人くらいのスキンヘッドの若者を引きつけ，演奏の前後にアジ演説を行なっていた． ⇨ HATE GROUPS (2)

Bloods, the 《米》「ブラッズ」 ロサンジェルスの黒人ギャング． ⇨ CALIFORNIA GANGS

Bloody Sunday, the 「血の[血塗られた]日曜日」 (1) 《米》 1965 年 3 月 7 日．その日の午後，Martin Luther *King, Jr. の南部キリスト教指導者会議が組織していたデモ隊が，黒人に投票権を与えるようジョージア州知事 George Wallace に陳情するためにセルマ市から州都モントゴメリー市に向かって行進し，セルマ市外のアラバマ川の Pettus (ピタス) 橋にさしかかったとき，ガスマスクを装着した州警察官および警務保安官の待ち伏せに遭い，無抵抗であったにもかかわらず，情け容赦のない攻撃を受けた．事件は全国に報道され，多くの国民が州当局を非難した．数日後，ジョンソン大統領は，投票権法 (the *Voting Rights Act) 案を連邦議会に提案すると約束し，事実，8 月にはその法律が施行された．

(2)《英》1972年1月30日．その日，北アイルランドのロンドンデリ市で，テロリスト容疑者を裁判によることなく予防拘禁した連合王国当局への抗議デモに参加していた13人のカトリック教徒が，連合王国の落下傘部隊によって射殺された．この事件を機に，カトリック教徒たちは，連合王国による北アイルランド支配に暴力で抵抗する the *IRA を積極的に支持するようになり，その後の双方のテロなどで3600人以上の命が奪われた．発砲した英国軍兵士の責任が不問に付されているので，カトリックの穏健派の人々でさえ，現在も真相の究明を連合王国政府に要求している．政府も重い腰を上げ，the *Commonwealth 諸国の裁判官による調査委員会を組織して，99年から当時の軍人数百人を取り調べている．2001年11月にようやくロンドンデリーで裁判が始まったが，はかばかしい進展は見られず，終わるのは2004年になってしまうと言われている．◆英国には1866年と87年にも the Bloody Sunday と呼ばれる事件があった．いずれもロンドンの首都警察 (the *Metropolitan Police Service) が平和なデモ隊を攻撃して多数の死傷者を出したもので，警察長官の責任が問われた．20世紀に入ってからは，1920年11月21日に，IRA がスパイだという11人のイングランド人を殺害し，同じ日の午後，ダブリン市の Croke Park においてサッカーを観戦中のアイルランド人12人が the *Black and Tans (アイルランド人の反抗を鎮圧するために編成されていた連合王国政府軍) によって報復のため殺害された事件も the Bloody Sunday と呼ばれている．

blue sky laws 《米》「ブルースカイ・ロー」 値上がりの見込めない株を売って，現金を受け取るとすぐ夜逃げをするような悪徳業者を規制し，証券取引に必要な情報公開を徹底させ，一般投資家を証券取引詐欺から保護する諸州法のニックネーム．

Blunkett, David (1947-)《英》「デイヴィッド・ブランケット」 連合王国の内務大臣 (在任: 2001-)．イングランド中部のシェフィールド市出身．生まれながらにしてほとんど全盲である．4歳のときに，シェフィールド市の端にある寄宿学校に収容され，孤独な生活を強いられた．やがて，ガス工場の労働者であった父親が作業中に転落して，沸騰する熱湯の容器に落ち，長く苦しみながら死んだ．貧しい母親は，夫の名前を刻んだ墓を立てることもできなかった．ブランケットはこの境遇に強い怒りを感じ，16歳のときに，歴史は権力と富とを持った者たちと持たざる者たちとの戦いだと悟った．やがて，努力の甲斐あって，シェフィールド大学と Haddersfield Holly Bank 教育大学を卒業．教育大の学生時代に点字タイプライターの訓練を受けていたので，卒業後はしばらくタイピストとして働き，1970年に最年少のシェフィールド市議会員になり，85年までには市議会の指導権を握った. 73 年から 81 年まで Barnsley 工科大学の講師, 83 年から労働党全国執行委員. 87 年から労働党の庶民院議員. 92 年から野党の影の内閣で活躍し, 97 年にブレア政権の教育雇用大臣になり, 学校制度の改革, 学力の向上, 教員の給与制度の改善(the merit system [⇨ CIVIL SERVICE ACT] の導入) などで実績を認められた. 2001 年の総選挙後に, 以前からのうわさどおり内務大臣に任命された. 並外れた努力家で, 博覧強記ぶりは有名. ブレア首相の後継者候補は Gordon *Brown, 続いて John Prescott 副総理(1938– . オクスフォード大学および Hull 大学の出身で, 経済学にも明るく, 著書も多い)というのが通り相場だが——*The Economist* 誌(6-9-2001) の論評を借りれば——もしブランケットが内務大臣として目立った業績を挙げれば, 首相の座も夢ではあるまい. ブランケットは内務大臣に就任当初は, 麻薬撲滅を最大の課題にしていたが, やがて, 貴族院などの抵抗勢力と戦いながら, 強硬なテロ対策の新法を作るのと, 増大する移民への対策, および, 犯罪発生率を抑制するために警察制度を抜本的に改善することに精力を傾けるようになった. ⇨ CHIEF CONSTABLE; WARDEN

B'nai B'rith International 《主に米》「ブナイブリス」 ユダヤ語で「契約の息子たち」を意味する. 1843 年にニューヨーク市に創設された世界最古, 最大のユダヤ教徒の国際組織. 会員は男性のみで, 米国では約 15 万人. 現在本部は首都ワシントンにあり, 1997 年に 56カ国に支部を持つ. 文化, 教育, 社会の向上を図る友愛組織だが, 1913 年に the Anti-Defamation League (名誉毀損と戦う同盟) を設け, ユダヤ教とその信者に対する攻撃や不公正な行為と戦ってきた.

bobby 《英》「おまわりさん」 親しみのこもった(しかし, 若者にとってはもはや古風な)呼び方. 新聞の見出しによく使われる. 警察官は *constable, あるいは cop とも呼ばれる. Bob(by) は Robert の愛称で, この語の場合は 1829 年にロンドン警視庁を創設した内務大臣 Sir Robert Peel (1788–1850) の名にちなむ. 警官は前世紀にはしばしば peeler と呼ばれた. 北アイルランドでは現在でもその語が生きている.「警察」という意味で労働者階級が使い, 70 年代以後一般に広まった語に the Bill や the Old Bill があり, *The Bill* という警察もののテレビドラマもあったが, その語源は不明. ◆連合王国の警官は大都会でも通常は銃を持たなかったが, 2000 年秋にその伝統は破られてしまった. ⇨ POLICE FORCE

bodily integrity 《米》「身体の不可侵性」 自分の生き方は自分だけの判断で決めるという personal dignity and autonomy (個人の尊厳と自立性) の原則と似ており, 例えば, 妊娠初期や中期における中絶の選択は, 女性本人が決定すべきもので, 州はその権利を侵害してはならない, という考え.

bona fide 「善意の; 善意で」 with good faith を意味するラテン語で, 英語風の発音は[ボウナ・ファイド; ボウナ・ファイディ]に近い. a bona fide purchaser と言えば, ある品物の所有権が他人にあることを全く知らぬまま, 正当な代価を払ってそれを購入した善意の第三者のこと. その品物が盗品であることがわかっても, 責任を問われることはないし, 無償で所有権者に返還する義務もない. ⇨ INNOCENT

bondsman; bondsperson 《米》「ボンズマン」 ⇨ BAIL BONDSMAN

Bond v. United States 《米》「ボンド事件判決」 ⇨ EXCLUSIONARY RULES (1)

Bonnie and Clyde 《米》「ボニーとクライド」 主に1932年から34年まで米国南部諸州の銀行やガソリンスタンドなどで強盗を繰り返し, 市民と警察官12人を殺したClyde Barrow (1909–34) とBonnie Parker (1910–34) の男女二人組. 彼らは同一の仲間(男)とそれぞれ性的な関係を持つという奇妙な間柄だったが, 逃亡中にクライドが決してボニーを見捨てないというので世間の評判になり, またボニーが書いた多くの詩が新聞に載ったことでいっそう話題になった. 彼らは最後にはテキサス州に近いルイジアナ州内でテキサス・ハイウェー・パトロール (⇨ TEXAS RANGERS) の待ち伏せに遭い, それぞれ20発以上の銃弾を受けて死亡した. ウォレン・ベイティとフェイ・ダナウェイが米国映画 *Bonnie and Clyde* (「俺たちに明日はない」, 1967) で上記の2人を演じた.

boot camp 《米》「ブート・キャンプ」 (1) 海兵隊などの新兵訓練基地. (2) 初犯の非行少年を軍隊式の厳しい生活習慣と訓練で矯正する施設. 1995年にメリーランド州で始められ, 名案だというので, 多くの州に広まったが, 実は再犯率が非常に高いことがわかったし, 予算上も重荷になってきたので, かつてそこに収容されていた年2万7000人の少年の大半は, 一般の郡や州の刑務所に送られている.

Booth, Cherie = BLAIR, CHERIE

borough (1) 《英》 ①「自治市; バラ」 勅許(実際には連合王国議会の許可)を得て設立された市や町で, イングランドには110くらいある. 自治市には議会(aldermen と councillors)があり, 公選の mayor がいる. 大ロンドンには32の自治都市があったが, 2000年7月からロンドン市と自治都市はひとりの公選市長と25人の議員から成る the Greater London Authority (GLA) を持つことになった. ②「庶民院の選挙区」. (2) 《米》「特別行政区」 ニューヨーク市の Manhattan (= New York County), Bronx, Brooklyn (= Kings County), Queens, Staten Island (= Richmond County) の5つの独立区で, それぞれが郡であり, 議会があり,

その議長 (President) がいる.

Borstal; borstal 《英》「ボースタル; 少年院」 15 歳以上, 21 歳未満で有罪と判決された者を通常は 2 年間収容する更正施設. 1908 年に最初の施設がケント州ロチェスター市の近くのボースタル村にでき, 他の同様の施設も borstal と呼ばれるようになった. 1983 年にこの種の少年院は廃止され, 現在, 21 歳未満の少年犯罪者は *young offender institution で再教育される. ⇨ AGE OF CRIMINAL RESPONSIBILITY; ATTENDANCE CENTRE

Boston Strangler, the 《米》「ボストンの絞殺魔」 1962 年から 64 年のあいだにボストン市内で, ひとり暮しの品のいい女性を巧みに誘惑して, その自宅に入り, 相手をレイプしたうえ絞殺するという手口で 11 人(ほかに他の市で 2 人)を犠牲にし, 市民を恐怖に陥れた犯人. 自宅に招き入れられていることからして, 犠牲者と前から親しかった男かもしれない. 容疑者として逮捕されたのは Albert H. DeSalvo (1933–73) という, 外見はイタリア系映画俳優を思わせる伊達男で, 妻子がいた. 彼はいったん罪を自白し, 犯行の状況を自供したが, まもなくそれを撤回して無実を主張し続けた. 捜査官たちは犯行現場とデサルヴォを結びつけるものをなにひとつ発見できなかった. 証人のなかにも, デサルヴォは犯人ではないと言う者がいた. 彼は結局, 1 件の殺人も証明されぬまま, 殺人とは無関係のレイプ事件で終身刑を宣告され, マサチューセッツ州の刑務所で服役中, 獄中で麻薬取引でトラブルを起こし, 3 人の囚人仲間によって刺し殺されたらしいが, だれも殺人罪には問われなかった. ◆2000 年 5 月に, デサルヴォの兄弟と, あるテレビのプロデューサー, さらに首締めの被害者のひとりまでが, 真犯人はほかにいるとして, *DNA 鑑定と再審とを請求した. デサルヴォが犯行を自白したのは, 手記や映画の権利を売るためだと家族は言っている. ◆2001 年 12 月 6 日に, 多くの事件の真相解明で知られている法医学の権威者で法律家でもあるジョージ・ワシントン大学教授 James Starrs は, 保存されていたデサルヴォの精液の DNA は彼の最後の犠牲者と言われる Mary Sullivan の陰部に付着していた精液の DNA とは全く適合しない, と発表した. 法医学鑑定の結果, サリヴァンの死亡推定時刻も, 首締めの手口も, デサルヴォの自供とは大きく食い違っている. サリヴァン殺人の容疑者は彼女のボーイフレンドを含めて他に 2 人いたという. 警察の初動捜査に手抜かりがあったのかもしれない.

Bowers v. Hardwick 《米》「バウアーズ対ハードウィック事件判決」 成人男性の同性愛者が行なう性行為 (sodomy) を禁止する州法を合憲とした 1986 年の連邦最高裁判決. ⇨ HOMOSEXUALITY

Brady Act, the 《米》 = the 1994 Brady Handgun Violence Prevention Act「ブレイディ法」 1994 年 2 月末に発効. ハンドガンを買う者に対し

て，連邦政府が身元確認をするために，週日の通算 5 日間待つように強制する．1981 年のレーガン大統領暗殺未遂事件で重傷を負った報道補佐官 Jim Brady の名にちなむ．98 年末からはライフルや猟銃を買う者も犯歴調査の対象になった．続発する銃犯罪が世論を盛り上げ，自分の身は自分で守るとか，銃で身を守るのは当然の権利とかいった，アメリカ的伝統に根ざした反対論を封じ込めて成立したもので，犯歴のある者への銃販売が目に見えて減った——施行以来 97 年 9 月までに 25 万丁以上の短銃の違法購入を未然に防いだ——と司法省は発表した．しかし，デューク大学の学者 Philip Cook およびジョージタウン大学の Jens Rudwig の 12 年間に及ぶ調査では，この法律によっても，18 の州でのより厳しい州法によっても，銃による殺人の発生率に実質的な変化は見られない．◆この法律では，連邦政府は州その他の自治体に銃購入者の犯歴調査を命じていたが，モンタナ州の 2 人の郡保安長官 (*sheriff (1)) が「この法律は州の独立を侵すもので違憲である」として提訴し，連邦裁判所では負けたが，連邦最高裁判所は 1997 年 6 月下旬に 5 対 4 で，ブレイディ法の一部は違憲だと判断した．連邦政府が州に業務を強制することは憲法第 10 補正に言う「この憲法によって合衆国[連邦政府]に委ねられていない権限」に含まれるというのである．John Paul Stevens 裁判官は少数意見で，「憲法全体のどの条項，どの文章，どのパラグラフを見ても，〈連邦議会が憲法第 1 条によって与えられた権限に基づいて制定する法律に盛られた命令を，地方の警察官は無視したまえ〉という提案を支持する内容は皆無である」と反論している．司法省はこの判決を受けて，98 年秋からコンピュータによる犯歴調査のシステムを稼働させている．⇨ GUN CONTROL

Brady material 《米》「ブレイディ証拠物件」 *Brady v. Maryland* (1963) の連邦最高裁判所判決は，被告が自分にとって有利な証拠を開示するよう求めたのに，検察側がそれを握りつぶしたのは *due process of law の原則に違反している，と判断した．被告にとって有利なすべての証拠だけでなく，被告を有罪とする証拠も Brady material として開示されなければならない．

brain death 「脳死」 連合王国では脳幹の機能の完全な停止，米国では脳全体の(つまり神経中枢全体の)機能の完全な停止を意味する．米国にはそれを事実上人の死と見なす医学者や法律家が多い．外的な刺激に全く反応しないこと，呼吸がないこと，自発的な運動や反射運動が見られないこと，州法で定めた一定の時間(ふつう 24 時間)にわたって心電図がフラットなままであることなどを判断の基準にする．◆しかし，一部の有力な医学者は，脳死を宣告されたあと何日も生き延びた人々が少なくないという調査結果や，脳死の人から臓器を取り出すときに生命反応が現れた例を示して，脳死(特に脳幹だけの死)を人の死とすることに反対をしている．◆連合王国は，1861 年の the Offences Against the Person Act (身体攻撃取締法) という古い法律を根拠にして，臓器移植を目的として脳死の人に(人工呼吸のような)蘇生術を施すのは違法と定めている．同国の多くの医師は，法律を変えないと臓器提供者(2000 年 10 月で，提供を待っている 6500 人くらいの 12% くらい)が著しく足りない状況が続くだろうと言っている．⇨ DEATH; HUMAN TISSUE

Branch Davidians 《米》「ブランチ・ダヴィディアン」 カルト集団 ⇨ WACO

Brandeis, Louis Dembitz (1856–1941)《米》「ルーイズ・デンビッツ・ブランダイス」 ユダヤ系として初めて連邦最高裁判所首席裁判官 (在任: 1916–39) になった米国人．ケンタッキー州ルイヴィル市の出身．1878 年にハーヴァード大学ロースクールを首席で卒業し，翌年学友 Samuel Warren とボストンで弁護士事務所を開設．この 2 人が共同で書いた論文 "The Right to Privacy" (1890) は先駆的な価値を持っている．オレゴン，カリフォルニア，オハイオの各州で，労働時間や最低賃金に関する裁判において，またニューイングランド諸州における鉄道や汽船の独占に反対する裁判において，大資本を相手に人民の立場で論陣を張り，"the People's attorney" と呼ばれた．保守的な政治家の猛反対を押し切ってブランダイスを連邦最高裁に送ったのは，トラスト解体などで彼の助言を得ていたウィルソン大統領であった．BRANDEIS BRIEF の項で述べる緻密な社会学的調査に基づく趣意書の形式は，その後の司法に大きな影響をもたらした．Oliver Wendell *Holmes, Jr. の友人であり，共に the Great Dissenters (偉大な少数派) と呼ばれている．ブランダイスは，社会において最大の力を持つのは個人であるが，個々人の能力には限界があるので，彼らの成長発展が保障されるような社会の構築と，彼らの能力の結集や蓄積が必要だと信じていた．大組織や巨大資本を重視する立場とは対照的であった．

［**自由な言論の役割**］ 1920 年代に，Anita Whitney という中年の女性は，政府と資本家は実力で倒すしかないと主張する政治組織に属していた．彼女は自分では暴力革命を実行するつもりがなく，かえって平和的な手段での変革を訴えていたが，表決で組織の賛成が得られなかった．それでも脱会することなく組織に止まっていたので，反政府組織の一員として訴追され，有罪にされてしまった．アニタ・ホィットニーは憲法第 1 補正が保障する言論の自由の権利を奪われたとして上訴したが，連邦最高裁判所は 1927 年に，この事件 *Whitney v. California* の判決でホィットニーの主張を斥けた．ブランダイスは判決に賛成したが，少数意見を発表し，

ホームズ判事がそれに同調した．ブランダイスがホィットニーの有罪を認めたのは，彼女の法手続きに問題があったからで，第 1 補正に関する彼女の主張が誤っていたわけではない，という．ブランダイスはかつてホームズが唱導し，彼自身が賛成した理念をここで再び強調する．つまり，第 1 補正の権利は the *clear and present danger of harm が存在するとき，それも，「州[国]に深刻な害を及ぼす危険」が存在するときにのみ制約されると言うのである．そういう自由を享受するためには勇気が，そして集団的な自治の能力が必要だ，と彼は政治哲学を展開している．「深刻な危害への不安や恐怖だけでは，言論や集会の自由を抑圧する理由にはならない．……不合理な恐怖という束縛から人々を解放することこそ，言論の果たすべき役割である」，「恐怖は抑圧を生み，抑圧は憎悪を生む．憎悪は安定した政治を脅かす」と彼は言って，無力な人々の恐怖が自由にとって最大の脅威である，と警告するのである．⇨ BRANDENBURG V. OHIO

Brandeis brief 《米》「ブランダイス式上告趣意書」 女性労働者の労働時間に関する事件 *Muller v. Oregon* (1908) において(のちに連邦最高裁判事になった) Louis Dembitz *Brandeis 弁護士が提出した(法律論よりも医学的な論証や統計が圧倒的に多い)上告趣意書から．一般に，通常の法律論よりも，経済学的，社会学的，医学的等々の調査結果を重視した(たいがいは上訴審の) brief (裁判官に提出する，事件およびその法律問題の要約) を言う．brief といっても，実際には長文のものが多く，ブランダイス弁護士が提出したものも 100 頁を超えていた．

Brandenburg v. Ohio 《米》「ブランデンバーグ事件判決」 1969 年の連邦最高裁判所の全員一致による判決 (*per curiam decision)．憲法第 1 補正が保障する言論の自由の幅を広げ，現在も政治的な言論の保護と規制との基準になっている重要な判決．被告の Clarence Brandenburg は，テレビ中継された the *Ku Klux Klan の集会で人種間闘争をあおり，オハイオ州の the Criminal Syndicalism Law (犯罪的サンディカリズム取締法) 違反で有罪になった．それまで，州政府は the *clear and present danger を狭く解釈して，「言論が不法行為をあおったり，発生させたりする傾向があれば」，あるいは「言論が共産党のように危険な政治運動の一部だと認められるときには」取り締まれると解釈することがあったけれども，連邦最高裁判所は，違法行為を唱道しても，それを取り締まることができるのは，「その唱道が差し迫った不法行為を扇動または発生させることを意図しており，さらに，そういう行為をげんに扇動ないし発生させる可能性が大きい場合に限る」として，ブランデンバーグを無罪とした．この基準は the Brandenburg test と呼ばれている．

breach of the peace 「治安紊乱(ぶんらん)」 公共の秩序や静穏を乱す罪．(1)

《英》襲撃，乱闘，暴動，不法な集会などによって人が，あるいは人の所有している物が，被害を受けた，あるいは受けるおそれが現実にあった場合を言う．(2)《米》米国では州によって定義が異なる．人を脅かしたり，乱暴な行動をそそのかしたりするけんか言葉 (*fighting words) を大声で叫ぶだけでも，この罪に問われる可能性がある．

breaking 「不法侵入を目的とする建造物の一部の破壊」 多くの場合は錠前の破壊だが，ピッキングのように，厳密に破壊とは言えないものも含む．

breaking the case 「事件の分担」 控訴裁判所の裁判官たちのあいだで，だれが上訴人の，だれが被上訴人の肩を持つかを，あくまで非公式に(そして，たぶん一時的に)決めておくこと．

Brennan, Jr., William Joseph (1906–97)《米》「ウィリアム・J・ブレナン」 米国の連邦最高裁判所裁判官(在任: 1956–90)．リベラルな立場に立ち，少数民族の権利と，憲法第 1 補正にうたわれている言論の自由を擁護する判決で知られる．代表的な判決は，政治的な抗議の手段としての国旗焼却を違法とするテキサスの州法は違憲だとした *Texas v. Johnson* である．⇨ FLAG BURNING; ORIGINAL INTENT; ROTH V. UNITED STATES

Breyer, Stephen Gerald (1938–　)《米》「スティーヴン・ジェラルド・ブレイヤー」 連邦最高裁判所裁判官(在任: 1994–　)．サンフランシスコで生まれた．1959 年にスタンフォード大学を卒業し，61 年にオクスフォード大学でも BA を取り，64 年にハーヴァード大学ロースクールを卒業．カリフォルニアとコロンビア特別区 (the *District of Columbia) で弁護士を開業するかたわら，連邦最高裁判所裁判官の書記をはじめ，上院司法委員会の顧問など，多くの政府関係の職に就く．1981 年に連邦巡回控訴裁判所の裁判官に任命され，90 年から 94 年まで裁判長をつとめた．94 年にクリントン大統領によって連邦最高裁判所の裁判官に任命された．Ruth Bader *Ginsburg 裁判官と同じくリベラルと見なされている．

Bridgewater Three, the 《英》「ブリッジウォーター事件の 3 人」 有名な冤罪事件で有罪とされていた 3 人．Staffordshire 州で窃盗を働いているところを目撃した Carl Bridgewater (1965–78) という新聞配達少年を殺害したという疑いで 1979 年に逮捕された 4 人の容疑者のうちの 3 人 (Michael Hickey, Vincent Hickey, James Robinson)．彼らは有罪宣告を受けて 18 年余り収監されたが，弁護士の要求でヴィンセント・ヒッキーが書いたとされる自白書の筆跡鑑定の結果，取調べの警察官がねつ造したものと判明し，3 人は 97 年 2 月に釈放された．もうひとりの容疑者 Patrick Molloy は収監中に死亡した．⇨ BIRMINGHAM SIX; BLAKE CASE; GUILDFORD FOUR; LAWRENCE CASE; TOTTENHAM THREE

brief 「訴訟事件摘要書」 (1) 《米》 ⇨ BRANDEIS BRIEF (2) 《英》 法廷で弁論する *barrister のために *solicitor が用意する，事件の詳細な説明文書.

Brink's robbery 《米》「ブリンクス窃盗事件」 ボストンに住む 11 人の中年の窃盗団が 2 年がかりで周到に下見をし，警告装置を解除し，予行演習までやったあげく，1950 年 1 月 17 日に Brink's North Terminal Garage という自動車修理工場に(そこの従業員の制服を着て)侵入し，会計係から 270 万ドル分の現金と小切手と証券を奪い，15 分以内に退散した. 彼らは 6 年間おとなしくしている約束を交していたが，Joseph 'Specs' O'Keefe という男が分け前に不満を漏らした. 他の仲間はオキーフが警察に密告することを恐れ，Elmer 'Trigger' Burke (1917–58) という名うての殺し屋に始末を依頼した. バークは機関銃でオキーフを撃ち殺したつもりであったが，オキーフは腕と胸に傷を負いながらも一命を取り留め，バークは翌日別件で逮捕された. FBI は 2500 万ドルを使ってブリンクス窃盗事件の犯人を追っていたが，オキーフが警察に通報したために犯人は捕まり，8 人が終身刑を受けた. ブリンクス窃盗事件は 1978 年にピーター・フォークが主演の *The Brink's Job* (「ブリンクス」) という喜劇調の映画になった.

Britain 「英国」 これはかなり大ざっぱに Great Britain (GB: イングランド，ウェールズ，およびスコットランド) の略として使われることもある. しかし，国王[女王]や首相の演説，学術論文，新聞雑誌の記事などで，「英国」(GB を含み，英国王が君臨している国の全部) を意味するときには通常 Britain が使われる. その場合の正確な意味は，the *United Kingdom (of Great Britain and Northern Ireland) および(国王[女王]名代が派遣されている) the *Crown Dependency (国王保護領) である. これに Bermuda, British Virgin Islands, Falkland Islands などの海外領土を加えて Britain または the British Empire と総称することもある. the U.K. と「英国」とは厳密に言えば同一ではないことに注意. ⇨ ISLE OF MAN

British National Party, the 《英》「英国国民党」 ⇨ HATE GROUPS (2)

Broadmoor 《英》「ブロードムア」 バークシャー州ウィンザー市の南西にある特別病院 (special hospital)，つまり，裁判所の決定に従って，精神傷害のある犯罪者を収容する施設.

Brown, Gordon (1951–) 《英》 = James Gordon Brown 「ゴードン・ブラウン」 労働党の有力な政治家. エディンバラ大学出身の博士号を持つ学者で，大学で政治学を教えていたが，1983 年に庶民院議員となり，97 年からブレア政権の財務大臣 (the *Chancellor of the Exchequer) としてその力量を示し，2001 年に再任された．労働党のナンバー 2 と言われ，次期首相候補と目されているが，党内融和という点でやや難点があると言われている．ユーロ導入に反対ではないが，その時期に関してはブレア首相よりもいっそう慎重で，まず連合王国の経済の安定をじっくり見届けてから世論調査をすべきだと主張し続けている．

Brown's Chicken mass murders 《米》「ブラウンズチキン店大量殺人事件」 シカゴ市の郊外住宅地 Palatine（パラタイン）にあった Brown's Chicken & Pasta Restaurant で，1993 年 1 月 8 日に，7 人の夜間勤務者全員が姿を消した．交替に来た昼間勤務の者がレストランの冷凍庫を開けると，そこに，7 人のむごたらしい死体が詰められていた．米国の最も無気味な未解決強盗事件として知られる．

Brown v. Board of Education of Topeka, Kansas 《米》「ブラウン対カンザス州トピーカ市教育委員会事件；ブラウン判決」 The Warren Court (⇨ WARREN, EARL) による 1954 年の判決(また，それに関連する 55 年の判決を含めることもある)で，20 世紀に連邦最高裁判所が下した判決のなかでは最も重要な歴史的意義を持つもの．公立学校における人種分離は憲法第 14 補正第 1 節の平等条項に違反しており，本質的に不平等であると判断し，*Plessy v. Ferguson* (1896) の "separate but equal"（「分離すれども平等」，つまり，鉄道などの公共施設で，白人用と黒人用とを分離しても，それぞれの施設が質の面で平等と見なされれば違憲ではない）という原則を破棄して，公民基本権の確保および拡大の運動に道を開く結果になった．◆ブラウンというのはカンザス州の州都トピーカ市に住み，(危険な鉄道線路を渡って遠くの黒人学校に通う代わりに)近くの白人用の公立小学校に入学することを希望したが，教育委員会から拒絶された 6 歳児 Linda の父親(原告)の姓．⇨ AFFIRMATIVE ACTION; BAKKE CASE; BUSING; HOPWOOD V. TEXAS; MEREDITH CASE

Bruton error 《米》「ブルートンの誤り」 被告人 A が無罪を主張しているのに，共同被告人 B が A に不利なことを法廷外で供述したとき，それを証拠として受け入れる誤り．1968 年の *Bruton v. United States* の連邦最高裁判所判決から．

Buffalino, Russell A. (1903-　)《米》「ラッセル・A・バッファリーノウ」 the *Mafia のボス．20 世紀から 21 世紀にかけて刑務所暮らしをした最高齢のマフィア・メンバー．ペンシルヴェニア州を本拠にして，ニューヨーク州やニュージャージー州で，主に the *Teamsters の黒幕としてゆすりを働いて勢力を伸ばした．麻薬の犯罪歴もある．連邦政府はバッファリーノウが Jimmy *Hoffa を殺したと疑っている．若いころから何度も有罪判決を受けているが，重大犯罪 (*felony) で収監されたのは 74 歳になってからで，2002 年現在は，殺人事件で禁固刑を受けている．

Bulger murder, the; James Bulger case, the 《英》「ブルジャー殺人事件」 イングランド北西部で 1992 年 2 月 12 日に起きた殺人事件．当時 2 歳のジェイムズ・ブルジャーがリヴァプール市郊外の Bootle で母親に連れられて買物中に誘拐され，その惨殺死体が 2 日後に発見された．加害者は 10 歳の少年 2 人であることが，スーパーマーケットの防犯カメラの映像で判明．2 人はジェイムズをスーパーマーケットから 4 キロ離れたところまで歩かせ，彼の顔にペンキをかけ，顔面などを棒で何度も殴って殺したあと，列車にひかれることをねらって(?)線路上に死体を置いた．この事件を機会に，残虐な犯罪をおかす年齢の低下とそのさまざまな要因などが，大きな社会問題として浮上してくると同時に，少年に対する裁判のあり方が改めて問われた．その詳細については EUROPEAN COURT OF HUMAN RIGHTS の項を参照．

Bundy, Ted (1947-1989)《米》「テッド・バンディ」 米国の連続殺人犯人．1970 年代以後，米国でこれほどセンセーショナルな話題になった犯罪者はまれだろう．バンディはフィラデルフィア市で私生児として生まれ育った．4 歳のときに母親が嫁いだ先のワシントン州タコマ市の家庭は教育熱心であった．バンディは学業成績が優秀で，ワシントン州立大学で心理学を専攻して卒業したのち，ロースクールに進んだが，卒業はできなかった．それでも，the Seattle Crime Prevention Advisory Commission (シアトル犯罪防止諮問委員会) の副委員長になったし，州の熱心な共和党員として将来性を買われていた．しかし，彼はすでにそのころ (1974 年) から，長い黒髪の女子学生など，若い女性をレイプして，手足を切断してから殺すといった残忍な犯罪を繰り返していた．新しい餌食を探すつもりか，彼はやがてユタ州のソルトレイクシティに転居してモルモン教徒になりすまし，そこでも同様の罪を重ねた．犠牲者は 4 つの州で少なくとも 40 人を数えるが，実は 100 人以上とも言われている．ユタ州の Murray 市では 19 歳の女性に手錠をかけて車で誘拐しようとして発覚し，裁判で 1〜15 年の不定期刑を宣告された．その裁判中に，コロラド州は 1 年前にアスペン市で Caryn Campbell という看護婦をレイプしたのち惨殺した犯人がバンディであることを突き止めた．バンディはその裁判のためにコロラド州に移送されたが，アスペン市の留置場から脱走し，1 週間後に再逮捕された．その半年後，裁判を待っているあいだに，独房の天井の明かり取り (幅 46 センチ) から再び脱走した．そのために彼は体重を 16 キロも減らしたという．その後，バンディはフロリダ州タラハシー市に現れて，フロリダ州立大学の女子寮 (the Chi Omega sorority house) の近くに偽名を使って下宿し，その寮で 4 人の学生を襲い，うち 2 人をレイプしてから絞殺した．犠牲者 Lisa Levy と Margaret Bowman の乳房と臀部などには野獣にかまれたような歯形が残っていた．12 歳の少女を含む犠牲者が少なくとも 18 人に達した段階で，FBI がようやく積極的に乗り出し，バンディの逮捕に成功した．2 人の女子学生の体に残っていた歯形が，歯並びの悪いバンディのものであると証明され，彼は有罪になった．1 年後には別のレイプ殺人事件でも死刑を宣告された．彼は何度も上訴を企てたが，すべて不調に終わり，1998 年 1 月に死刑執行と決まった．執行の前日，彼は押しかけたマスコミ関係者に向かって，少年時代に見た暴力的なポルノグラフィーが自分の性格を変えたなど，雄弁に自己分析をしてみせたあと，実はほかにも 28 件の殺人を犯したと告白した．

1980 年にテッド・バンディの犯罪をまねたような事件がロサンジェルスで続出した．犯人は Douglas Clark (1959-　) で，判明した限り 10 人の女性がレイプされ，殺され，頭部や手足を切断されていた．クラークは犠牲者の頭部を冷凍保存し，時にはそれに化粧を施して楽しんでいた．彼のガールフレンド Carol Bundy (37 歳の看護婦) は，犯罪の事実を John Robert Murray という酒場の歌手にうっかり漏らしてしまい，警察に通報されるのを防ぐために，デートをするふりをして，車中でジョン・マリーを射殺した．4 日後に発見されたマリーの死体には多くの刺し傷があり，頭部がなかった．キャロル・バンディによれば，クラークは少なくとも 50 人の若い女性を殺したというが，公判中にクラークは罪をキャロルとマリーになすりつけようとした．2 人ともおれのファンだ，と言い張ったのである．

burden of going forward, the; burden of proceeding, the; burden of production, the 「証拠提出責任」 訴訟の当事者が負う証明責任のひとつ．もうひとつは the burden of persuasion (説得責任) である．原告であれ被告であれ，証拠提出の責任を果たさないと，自分に不利な指示評決 (directed verdict) を下されたり，訴訟を却下 (*dismissal) されたりするおそれがある．⇨ BURDEN OF PROOF; DISMISSAL WITHOUT PREJUDICE

burden of proof, the 《米》「立証責任」 訴訟で勝つためには，こちら側の言い分が正しいという証拠を出し，それが(反対の主張をしている)相手側の証拠よりも強力であることを証明[説得]しなければならない．説得の義務は the burden of persuasion (⇨ BURDEN OF GOING FORWARD) とも呼ばれる．当事者の言い分を聞いた裁判官が，それを証明する証拠(証言や物証)を提出するよう命じた場合，それは the *burden of going forward (証拠提出責任) と呼ばれる．もしそこで当事者の双方が疑問の余地なき証拠を出さなかったら，陪審は勝敗を定める争点がないので，裁判長の指示

どおり無罪の評決 (directed verdict ⇨ VERDICT) を下す. 検察が容疑者(被告)の有罪を立証するに十分な証拠を提出できなければ, その事件は実質的な争点がなかったことになるので, 裁判長は陪審の評決を待つまでもなく無罪判決を言い渡すことができる.

Bureau of Alcohol, Tobacco and Firearms, the 《米》「アルコール・たばこ・火器管理局」 略は the ATF. 米国の財務省に属する局で, 1972 年に創立. 酒類, たばこ, 銃, 爆発物の取締りと, それらを製造する会社からの税の取立てに当たる. また, the *Brady Act の執行の責任も負う. 本部は首都ワシントンにあるが, 全国 5 地区に 20 以上の支部がある.

Burford abstention, the; Burford doctrine, the 《米》「バーフォード原則」 *Burford v. Sun Oil Company* という 1943 年の連邦最高裁判所の判決から. 州の複雑な規制に関する裁判で, 連邦地裁にも管轄権がある場合, もし州裁判所に任せておいたほうが重要かつ複雑な州法の解釈に関して矛盾や混乱が起こらないと判断したら, 連邦地裁はできるだけ身を引くべきだという原則. 賠償問題に関して州にできる方策はすべて尽くさせる, という目的もある. ◆州法にあいまいな個所があり, その合憲性が問われるときに, 連邦地裁があえて身を引いて州裁判所の判断に委ねるのは——*Railroad Commission of Texas v. Pullman Company* (1941) という連邦最高裁の判決から——Pullman abstention (プルマン回避の原則) と呼ばれる. この場合, 結審後に当事者が連邦地裁に改めて訴える権利は留保されている. ◆1996 年の連邦最高裁判所による *Quackenbush v. Allstate Insurance Co.* (カリフォルニア州の保険外交員クワッケンブッシが保険会社を契約違反で訴えた事件)の判決において, 9 名の判事は全員一致で, (緊急差止め命令を求めるのではなく)もっぱら金銭的な賠償を求める事件で, 連邦地裁がバーフォード原則によって審理を回避することは許されない, と判断した. ⇨ ABSTENTION DOCTRINE; YOUNGER ABSTENTION

Burgess and Maclean 《英》「バージェスとマクリーン」 英国のスパイ ⇨ ESPIONAGE

burglary 「不法目的侵入; 押し込み」 英国の *common law では, 「重大犯罪(多くの場合は窃盗)」を働くために, 「夜間に」, 他人の「住居」の一部を「壊して」侵入することを言ったが, 成文法では, 盗みなどの犯罪を働くために, 夜間に, 建物や構造物(住居とは限らない)に(壊さなくても)侵入する行為を指す. 米国の多くの州では, *misdemeanor を働くために昼間に建物に侵入する場合も burglary だとしている. ⇨ LARCENY; ROBBERY; THEFT

Bush, George W. (1946-). 《米》「ジョージ・W・ブッシュ」(この辞典

では「ブッシュ II」と表記.） 米国の第 43 代大統領（在任: 2001– ）. ニックネームは Dubya（父親の George Bush 元大統領と区別するため，ミドルネーム W をテキサスなまりで呼んだもの）. メソジスト教会員. 祖父は連邦上院議員，父親は大統領. 母親は Barbara Bush. 弟のひとり Jeb はフロリダ州知事. 夫人は教員と図書館司書の経験のある（かつては民主党支持の）Laura Welch Bush で，読書家として知られる. ブッシュ II はマサチューセッツ州のプレップスクール Phillips Academy からイェール大学に進学して歴史学を学んだ. 学業は振るわなかったが，スポーツマンで，the Delta Kappa Epsilon というフラタニティ・ハウスの会長として人気があった. 1968 年にハーヴァード大学ビジネススクールに入学，75 年に MBA（経営学修士）となる. 68 年から 73 年まで，テキサス州の国民防衛空軍（いわゆる州軍）で戦闘機操縦の訓練を受け，のちに徴兵逃れという疑いをかけられた. 1977 年からテキサス州で Arbust Energy というエネルギー会社を経営. 78 年に連邦下院議員選挙に出たが落選. 89 年から 94 年まではプロ野球チーム the Texas Rangers の共同経営者（98 年に経営権を売って約 1500 万ドルをもうけた）. 94 年にテキサス州知事に当選，98 年に再選された. 2000 年の大統領選挙で Al Gore と戦い，宗教的右派（the *religious right）の強い支持を受けて，最終的には 5045 万 6169 票を得た. ゴア候補は 5099 万 6116 票を獲得したので，一般投票ではブッシュが 53 万 9947 票負けていたが，選挙人を——かろうじて過半数の——271 人獲得したので勝利を得た.

［**大統領就任後**］ 2000 年の選挙では「思いやりのある保守主義」をスローガンにして，大幅減税を公約して戦った. 大統領就任後も時には温厚な面を見せて，国民の人気をつないでいたが，6 月に James Jeffords 上院議員がブッシュ路線を批判して共和党から無所属に鞍替えしたことと，京都議定書の批准問題で欧州連合と対立したこと，ミサイル防衛構想で独自路線を貫いていることなどをきっかけに，国内外からその孤立主義を批判された. 欧州との非協調路線，対中国，対中東などの外交政策では，チェイニー副大統領とパウエル国務長官の外交手腕が期待されていたが，2001 年 8 月までの段階では，両者ともめざましい業績を挙げておらず，国民の失望を買っていた. 法律に関して保守的な面が特に強く出ている. 死刑制度に賛成であり，知事時代のテキサス州の死刑執行数は，米国のあらゆる時代のどの州よりも多かった（⇨ DEATH PENALTY）. 大統領就任前から，各レベルの連邦裁判官には連邦最高裁判所の Antonin *Scalia と Clarence *Thomas 両判事のような人を任命したいと公言していた. 同性愛（*homosexuality）や *affirmative action に対して批判的であり，妊娠中絶（*abortion）および銃規制（*gun control）にはますます強く反対し

ている．◆2001 年秋以後，2 つの試練がブッシュ II を襲った．ひとつはIT 産業を初めとする経済の失速で，2002 年会計年度の歳入増は 3040 億ドルと見込まれていたのに，2001 年 8 月末の推計では 1530 億ドル以下にとどまる見込みであり，社会保障予算だけでも就任当時の楽観的な目算が大きく狂って，2003 年度には 180 億ドルの税金を注ぎ込まなければならない．いまひとつの試練は，2001 年 9 月 11 日に起こった同時多発テロ (⇨ World Trade Center, the terrorist attacks on the) で，これは，国民の団結および政権への圧倒的な支持をもたらし，国防予算の増大に対する民主党による批判を弱め，環境問題や死刑問題に対する国際的な批判を鈍らせるという結果をもたらした．ブッシュ II は対テロ戦争の国際的な賛成を得るため，孤立主義政策を修正し，パレスチナ国家の建設を初めて承認した．また，国連の主導でと断りながらも，アフガニスタンに新政権を樹立する "nation building" に(当初は否定的だったが)積極姿勢を示すようになった．◆ブッシュ II は 2001 年 12 月 13 日に弾道弾迎撃ミサイル (ABM) 制限条約から一方的に脱退するとロシア政府などに通告し，ミサイル防衛 (MD) 計画の推進に乗り出した．◆今後の大問題は「悪の枢軸」と決めつけたイラン・イラクと北朝鮮にどういう手段で対処するかだろう．

busing 《米》「バシング; 公立学校バス通学制度」 公立学校の人種差別をなくすために，白人の子供も，非白人の子供も，学校が雇ったオレンジ色のスクールバスで，自宅から(ふつうは貧困な少数民族居住地域から遠い)学校に通える制度．1954 年の **Brown v. Board of Education of Topeka, Kansas* の判決以後に全国で実施されたが，これを嫌って，郊外の私立学校に子供を通わせる白人がかなり多い．近年は，人種平等を図るための強制バス通学制度に反対する白人がますます増えてきており，1999 年 9 月 10 日には，ノースカロライナ州シャーロット市の連邦地裁判事が，もはやこの制度の使命は終わったとして，同市教育委員会所管地域での人種に基づくバス通学を停止すべしとの判決を下した．黒人の親たちはただちに上訴することを決めた．

Butch Cassidy and the Sundance Kid 《米》「ブッチ・キャシディーとサンダンス・キッド」 Wild Bunch と呼ばれる 6, 7 人の仲間とたびたび列車強盗を働いた米国の無法者のあだ名で，ポール・ニューマンとロバート・レッドフォード主演の映画(「明日に向かって撃て」, 1969) のタイトルにもなった．本名は Robert Leroy Parker (1866 年生) と Harry Longbaugh (1863 年生)．前者はユタ準州の出身で，一説によれば，かつて肉屋 (butcher) であったから，また，後者は少年時代に馬泥棒でワイオミング準州の Sundance 刑務所に収監されたので，そのあだ名がついた．

彼らは仲間で共通の情婦でもある Etta Place (元は教員とも娼婦とも言われる) が病気になると，ニューヨークの病院に入院させてから南米に侵入したが，そのときニューヨークでサンダンスとエッタが正装で撮らせた写真が残っている．男たちは 1911 年にボリビアで射殺されたとの検死報告書があるけれども，キャシディーの妹が 1975 年に書いた本によれば，キャシディーは 1937 年まで生き，サンダンスもエッタといっしょにメキシコで暮らしたという．真相は不明である．

"but for" rule, the; "but for" test, the 「もしなければ，の基準」 不法行為法や刑法において，A という人に怠慢(不作為)や過失があったから B が被害を受けたというのではなく，もし A の怠慢などがなかったならば B が被害にあうような出来事は発生し得なかったと——例えば，A が書いた玩具の注意書きに誤りがあったから幼児 B のけがに A が陪償責任を負うわけではなく，その注意書きが「もしなかったら」B がけがをしなかったと——証明できる場合にのみ，A の陪償責任を問えるという原則．ただし，だれかが被害を受ける事故などは，多くの要因の複合によって生じているのであり，あるひとつの行為と結果との因果関係を証明することはきわめて困難．せいぜい問えるのは，それを直接引き起こしたと考えられる原因 (proximate cause) は何かであり，その判断に主観が入ることは避けられない．

bylaw; by-law; byelaw; bye-law (1)《英》「(協会やクラブの)規約；(地方自治体の)条例」 (2)《米》「(会社の)定款」(英国では *articles of association と呼ばれる．)

C

Cabinet, the 「内閣」 (1)《米》米国の the President's Cabinet は，大統領が指名し，上院の承認を得て任命した 14 の省の長官 (the *Attorney General; Secretaries of State, Treasury, Defense, the Interior, Agriculture, Commerce, Labor, Health and Human Services, Housing and Urban Development, Transportation, Energy, Education, Veterans Affairs) から成る．ここでは便宜上 the Secretary of のついていない the Attorney General (司法長官) を最初に挙げたが，司法長官はふつう (省の設置順に従って) 4 番目に位置する．各省は建前として平等で，長官の給与も同一だが，実際には国務，国防，財務，司法の 4 長官が特に重視されており，彼らは the inner cabinet (その他は the outer cabinet) と呼ばれることがある．閣議にはほかに国連大使や管理予算局長などの出席を求めることもある．しかし，米国で閣議は憲法に定められた機関ではなく，行政執行権は大統領ひとりにあるので，大統領によってはこれを単なる情報交換の場にして，大統領補佐官などの腹心と政策を協議することも多い．こういうブレーンの集まりを the kitchen cabinet と言う．(連合王国の首相と腹心たちの私的な委員会もそう呼ばれている.)

(2)《英》米国と違って，連合王国では，首相だけではなく内閣全体が行政の責任を負っており，内閣の閣僚も通常は与党の国会議員のなかから選ばれる (米国では国会議員が行政職に就くことはできない)．選ぶのは，そして罷免するのも，国会ではなく首相の権限である．省庁の名称がよく変わるのも米国と違う点である．2001 年 6 月の総選挙後に成立した第 2 次ブレア内閣のメンバーは 6 月 8 日の政府発表によれば以下のとおり．

首相 (Tony *Blair)．副首相 (John Prescott. 留任だが，環境・運輸・行政区大臣という重要な兼職を解かれ，内閣府 [the *Cabinet Office] にオフィスを持ち，多くの委員会の議長をつとめ，党の公約の実現と政府の改革を担当)．財務大臣 (Gordon *Brown. 留任)．外務大臣 (Jack *Straw 前内務大臣)．内務大臣 (David *Blunkett 前教育雇用大臣)．庶民院院内総務 (Robin Cook 前外務大臣)．運輸・自治・行政区大臣 (Stephen Byers 前貿易産業大臣)．環境・食糧・農村問題大臣 (Margaret Beckett)．無任所大臣兼労働党議長 (Charles Clarke——内閣の一員ではないが，閣議に出席)．保健大臣 (Alan Milburn)．教育技術大臣 (Estelle Morris 前教育省学校基準局長)．貿易産業大臣兼女性問題長官 (Patricia Hewitt)．労働・年金大臣 (Alistair Darling 前社会保障大臣)．文化・メディア・スポーツ大臣 (Tessa Jowell 前雇用・若年女性担当長官)．国防大臣 (Geoff Hoon. 留任)．貴族院院内総務 (Lord Williams of Mostyn 前法務総裁)．大法官 (Lord Irvine of Lairg. 留任)．庶民院与党幹事長 (Hilary Armstrong 前地方自治大臣)．財務次官 (Andrew Smith. 留任)．国際開発大臣 (Clare Short)．北アイルランド大臣 (John Reid. 留任)．ウェールズ大臣 (Paul Murphy. 留任)．スコットランド大臣 (Helen Liddel. 留任)．運輸次官 (John Speller 前国防次官．閣議に出席)．通信伝達・戦略長官 (Alastair Campbell 前首相担当補佐官，プレス担当――準閣僚)．

Cabinet Office, the 《英》「内閣府」 連合王国の内閣府は，首相官邸，the Cabinet Secretariat (内閣官房) と，the Office of Public Service (the OPS: 公益サービス局) などから成る．OPS を統括するのは閣僚のひとりであるランカスター公領尚書 (the Chancellor of the Duchy of Lancaster) で，職務は国務の推進で，特に公務員や公益法人のサービスの向上や，情報公開の推進など．

calendar 《米》「(裁判所の)訴訟事件一覧表」 訴訟事件は *discovery (証拠開示) が終わった段階でこのカレンダー (docket とも呼ばれる) に記載され，いつ審理を開始するかの検討が始められる．

California gangs 《米》「カリフォルニアのギャング」 最も有名なのは Hell's Angels と，ロサンジェルス市を中心に行動している黒人ギャングの the Crips (ロスで 1998 年までの 10 年間に 154 人を殺害) と，それに対抗する the Bloods (メンバーはギャング憲章に自分の血でサインする) であろう．この 2 組だけでもメンバーは 15 万 7000 人はいて，毎日お互いに殺し合いをし，毎年 5 万人(!)が逮捕されているという．The EME (= the Mexican Mafia) はテキサスでも暗躍しているギャングで，数百人のヒスパニック・ストリート・ギャングを手先に使って，麻薬密売者から「税金」を取り立てている．ほかに the Pasadena Denver Lanes (略称 the PDL. これは the Bloods の分派で，Pasadena 市に本拠を置く), the Lennox 13, the 18th Street gang, Mara Salvatrucha, the Playboys (いずれもロスの中心部で暗躍) などがある．ロスのギャングの 60% を占めるラテン系の団員もそうだが，近年，麻薬だけでなく，粗悪なコンピュータソフトを製造販売するなどして，あくどくもうけている東洋系のギャングが注目されている．東洋系の主なものは，日本でもよく知られている the Black Dragons, the Snakeheads (蛇頭), そして西海岸では(東洋系としては最も古い組織犯罪グループである) the Wah Ching や，ヴェトナム系の

the Company など. ◆最も恐るべきギャング組織は the LAPD (ロス市警) だ, と言いたい市民もいるだろう.

Cambridge spies, the 《英》「ケンブリッジ・スパイ」 スパイであった英国の外交官たち. ⇨ ESPIONAGE

cannabis 「キャナビス」 発音は[**キャ**ナバス]に近い. Indian hemp (大麻) から作られた各種の麻薬の総称で, その一種である marijuana (マリファナ) が最もよく知られている. ◆世界には大麻やキャナビスを食品, 薬品, 衣料の原料などに利用している国が 22 あるという.

[**連合王国の場合**] 欧州連合 (EU) のなかで最も多く使われている麻薬がキャナビス(特にマリファナ)であり, なかでもイングランドとウェールズでの使用者の比率が最も高い. リスボンにある EU の麻薬取締り当局が 2000 年 10 月に発表した調査結果によれば, 過去 12 カ月のあいだに, 成人の場合, 英国人の 9%, スペイン人の 7.6%, (マリファナ・バーの経営を政府が公認している)オランダ人の 4.7%, フランス人の 4.5%, ドイツ人の 4.4% がキャナビスを使用した. デンマークの 15 歳と 16 歳の少年少女のキャナビス経験者は 24.4% と高いが, イングランドとウェールズの 15 歳および 16 歳の少年少女ではその率が 37.5% となっている. ◆影の内閣の内務大臣 Ann Widdecome (党内最右派の女性) が, 2000 年 10 月の保守党大会の基調演説で, zero tolerance 政策を実施する――たった 1 グラムのキャナビスを所有しただけで, 初犯でも一律に 100 ポンドの罰金を科す――と公表した. 皮肉なことに, それは実行不可能だと真っ先に反対したのが警察当局であった. しかも, 基調演説の直後から影の内閣のメンバーだけでも 8 人がかつてマリファナを吸引した経験があると告白したし, 若者の保守党離れがますます進んでしまうという内部からの批判も出てきたので, William Hague (⇨ CONSERVATIVE PARTY) 党首はこの政策を見直すと発表した. ◆英国でマリファナは Class 'B' drugs のひとつに分類されていたが, 2001 年 10 月以後に C クラスの麻薬になったはず. これについては DRUG の英国の部の最初のほうを参照.

[**米国の場合**] アラスカ州では 1975 年の州最高裁判所の判決によって, 個人が家庭で 4 オンス(約 113 グラム)のマリファナを所有し使用することを合法と認めたが, 1990 年の州民投票では 54% 対 46% でマリファナの所有や使用を再び禁止した. ところが, 1998 年の州民投票では, 医療目的でのマリファナの使用を合法化した. 1996 年からの 4 年間に, アラスカのほか, メイン, ワシントン, オレゴン, カリフォルニア, ハワイの各州で医療目的でのマリファナの使用が認められていたが, 2000 年 11 月 7 日の州民投票で, ネヴァダ州とコロラド州もその仲間入りをした. ネヴァダでの賛成は 65%, コロラドでの賛成は 54% だった. 州権尊重論

者の多いアラスカ州当局は，同じ日の州民投票で，マリファナの完全合法化(栽培と利用の自由)を提案したが，州民の 61% によって否決された．◆2001 年 5 月 14 日に，連邦最高裁判所は，「たとえ医療目的であっても，マリファナの使用と販売を違法と判断した」と日本では報道された．しかし，より正確に言えば，連邦最高裁は，the Controlled Substance Act (1970) (規制薬物法) の別表 I に挙げられたマリファナは，「現在，合衆国における医療に有益であるとは認められない」と判断しただけである．最高裁は，医療目的のマリファナ使用を例外的に認めるという上記 8 州の州法をただちに違憲としたわけではないが，今後は(たぶん 5 対 4 の多数で)それらの州法がつぶされる可能性もある．⇨ DRUG

capital crime; capital offense 「死刑相当の犯罪」 現在の連合王国に死刑は存在しない．殺人を伴う国家反逆罪を犯した者が死刑になる可能性は法律上まだ残っているけれども，それは「欧州人権条約」(the *European Convention on Human Rights) の基本精神からして，もはや死文だと思われる．⇨ DEATH PENALTY

capital murder 《米》「極刑に価する謀殺」 ヴァージニア州がそうだが，死刑を認めている州のなかに，「第 1 級謀殺 (first-degree murder)」の最大刑を終身刑にとどめ，それとは別に，死刑に価する謀殺を capital murder (極悪謀殺) と呼んでいるところがある．*capital crime あるいは capital case というのも，ふつうは犯人が死刑になる可能性のある犯罪あるいは事件を指す．⇨ CAPITAL PUNISHMENT; DEATH PENALTY; MURDER

capital punishment 「死刑; 最大刑」 米国で，この語は州の刑法が定めた最大の刑を意味すると言う法律家もいるが，一般には死刑の意味で使っている．連合王国は 1965 年に，殺人を伴う国家反逆罪を除き，殺人犯人に対する死刑を廃止した．詳細については DEATH PENALTY の項を参照．

CAP laws = CHILD ACCESS PREVENTION LAWS

capo 《米》「マフィアの地域ボス」 ⇨ MAFIA

Capone, Al (1898–1947) 《米》 = Alphonse Capone「アル・カポーン」([ポ] にアクセント．)日本ではカポネと呼ばれている．米国の暴力団の首領．1935 年にカポーンをモデルにして作られた映画のひとつは *Scarface* (「暗黒街の顔役」，1932) というタイトルだった．スカーフェイスとは，少年時代に女をめぐる争いで左ほおにナイフで大きな切り傷を負ったことからつけられた彼のあだ名．カポーンが使っていた名刺には “Alphonse Capone, Second Hand Furniture Dealer, 2222 S. Wabash [Chicago]” とあった．イタリア系の米国人で，最初はブルックリンの不良少年だったが，Johnny Torrio (1882–1957) という犯罪者の子分になり(そこで the *Mafia の首領の Charles “Lucky” *Luciano とも親しくなり)，トリオに従ってシカゴに渡り，25 歳ごろにはシカゴの暗黒街の実力者になった．全盛時代には 1000 人の子分を持っており，彼によって〈処刑〉された者は 500 人を下らないと言われている．最も有名な事件は，1929 年 2 月 14 日の the Saint Valentine's Day Massacre で，警官に変装した彼の子分たちが，シカゴの North Clark Street にあった倉庫におびき寄せた George "Bugs" Moran (1893-1957) の手下 7 人を庫内の壁に向けて並ばせ，背後から機関銃で皆殺しにした．前日，カポーンは密造ウィスキーを大量に安く売るというにせ電話をかけ，ライバルのモーランをおびき寄せて殺害するつもりだったが，モーランはその倉庫に来なかった．シカゴ警察は事件をカポーン一味の仕業とにらんだが，証拠がなく，犯人は捕まらなかった．しかし，その後，Eliot Ness (1902–57) という若い財務省官吏が数百人の候補のなかから信頼の置ける 20 歳代の 9 人を厳選し，内国歳入庁[国税庁]特別捜査班(暗黒街では，脅しも買収も効かないという意味で the "Untouchables" と呼ばれた) を編成し，カポーン一味の摘発に乗り出した．やがてカポーンは脱税容疑で逮捕され，1931 年に 11 年の刑を受けてアトランタ刑務所に収監された．34 年には *Alcatraz 送りとなり，39 年に釈放され，フロリダ州パームアイランドの豪邸で暮らすことを許されたが，そのときにはすでに痴呆状態であった．アルカトラズの受刑者の多くがそうであったように，監禁による精神異常と，梅毒の進行のせいらしい．モーランは縄張りをカポーンに奪われたあと，銀行強盗や押し込み強盗を働き，1946 年に FBI によって逮捕され，獄中で病死した．エリオット・ネスは，カポーン逮捕のあと，司法省の密造酒取締り捜査主任に任じられ，シカゴだけでなく，テネシー州，ケンタッキー州，オハイオ州などで活躍．35 年にはオハイオ州クリーヴランド市の公安部長になり，ここでも文字どおり命がけで暴力団の暗躍を封じ込めた．

cartel 「カルテル; 企業連合」 同一または類似の事業を営む企業の大多数が，市場の寡占体制を狙って協定を結ぶこと．販売価格の最低限を維持する価格カルテル，生産量や販売量の最高限度を決める生産制限カルテル，販売地域を限定する販路カルテル，本格的な独占のために中央機関を置く割当てカルテルなど多くの種類がある．不況時に公正取引監視機関の許可を得て実施する場合を別にすれば，故意に減産して価格をつり上げるなどの行為は反トラスト法違反である．国際的なカルテルもよくある．例えば，中東産油国が国家単位で協定して石油の減産を行なうのは oil cartel と呼ばれる．「企業連合」よりも結合の規模が大きい「企業合同」の一形態が (business) *trust であるが，カルテルも反トラスト法の対象になる．

[こんなカルテルもある?] 《米》 1993 年に，低収入の(あるいは少数民

族出身など，恵まれない家庭の子供である)学生を年 9000 ドルという低い授業料で教育していた the Massachusetts School of Law が the *American Bar Association (the ABA), the Association of American Law Schools, および the Law School Admission Council を相手取って，われわれのロースクールの設立資格 (accreditation) を認めない(したがって卒業生がほとんどの州で司法試験を受けられない)のは競争妨害であるとして，反トラスト裁判を起こした．特に ABA の法学者たちがカルテルを形成し，ロースクール設立の条件を不当に厳しくして，法律教育の費用の高騰を招いたと主張したのである．これを受けて司法省も ABA を訴え，示談の結果，ABA は設立資格の一部緩和に合意した．しかし，連邦地裁および連邦高裁は ABA が意図的に競争を妨害したという訴えを認めず，マサチューセッツのロースクール側が敗訴になった．とはいえ，この小さな事件は，営利を主目的とする企業でなくてもカルテルを結ぶ可能性があることを教えてくれた．

《英》これまで，英国のカルテル取締りは甘く，企業(法人)だけが規制の対象になり，刑も罰金だけだった．2001 年 6 月に第 2 次ブレア政権が発足するとすぐ，Gordon *Brown 財務大臣は消費者保護を徹底するために多くの措置を講じると発表した．そのひとつは，企業の責任者が価格維持のためにカルテルを結ぶ行為を刑事犯罪として，その責任者個人を禁固刑に処するというもの．The *Office of Fair Trading (the OFT: 公正取引庁) は特別部隊を編成し，消費者からの苦情がなくても，自由競争を妨害している行為を積極的に取り締まる．⇨ SUPER-COMPLAINT

case 「犯罪(とその捜査); 事件; 裁判; (訴訟当事者の)主張; 判例」 など多くの意味がある．連合王国で判例は例えば *Hamond v. Smith* (1984) 2 WLR 1218 のように表示される．これはハモンドが原告で，スミスが被告の事件で，1984 年に下された判決は，同年の *The Weekly Law Reports* 第 2 巻の 1218 頁以下に報告されているという意味．*WLR* 以外にも case reports は 70 以上ある．◆米国の最高裁判所判決の表記については UNITED STATES SUPREME COURT の項の [判例集] を参照．

casebook 「判例集」 そのほとんどは，最高裁判所など重要な上訴審の判決のテキスト，またはその重要な部分を集めて，解説を加えたもの．

case in chief 「主要な証拠」 訴訟で一方の当事者が the *burden of proof (立証責任) を果たすために裁判所に提出する重要な証拠あるいは陳述のこと．相手側の言い分への反論とは別物．

caselaw; case law 「判例法」 議会が作る成文法ではなく，裁判官の判決によって作られた法律体系．詳細は COMMON LAW の項を参照．

case stated (1)《米》「合意事実記載書」 また，case agreed on とも言わ

れる．事実関係では争いがなく，法律問題において立場の相違のある当事者が合意のうえでこれを提出し，裁判官の判断を求める．(2)《英》「法律問題記載書」 ⇨ MAGISTRATE (1)

cash for questions 《主に英》「やらせ質問」 1996年に，連合王国の議会で保守党の議員が特定の業者に有利となるような質問を政府にして，その見返りとしてわいろを受け取るという不祥事が続発し，国民からの信頼を失った．わが国のリクルート事件やKSD事件とよく似ている．1999年11月に，保守党の元有力庶民院議員 Neil Hamilton (1949-) が，Harrods デパートやパリのリッツ・ホテルのオーナー(ダイアナ妃と共に事故死した Dodi al-Fayed の父親) Mohammed al-Fayed を名誉毀損で訴えた．これに対してアルファイドは，かねてからハミルトンを抱き込み，議会で自分に有利になるような発言をさせ，3万ポンドの現金と8000ポンドの金券を渡し，夫婦でパリで豪遊する費用も払ったという「事実」をテレビで自ら暴露．ハミルトンがそれに反論し，互いに相手を大うそつきだとののしる醜悪な泥試合を展開した．結局，ハミルトンが敗訴した．⇨ QUID PRO QUO

Cassidy, Butch 《米》「ブッチ・キャシディ」 常習犯罪者．⇨ BUTCH CASSIDY AND THE SUNDANCE KID

Castellano, Paul (1915-85)《米》「ポール・キャステラノ」 The *Mafia の大ボス Carlo *Gambino (1902-76) のいとこで，後継者．世間では大物と見なされていたが，実は度胸がなく，口が軽いので，マフィア仲間から不信を買い，1985年12月16日にニューヨーク市のイーストサイドで惨殺された．暗殺を命じたのは Teflon Don の別称で知られるギャンビーノ一家の実力者 John *Gotti であった．

categories of prisoners 《英》「受刑者の危険度カテゴリー」 ⇨ DUE PROCESS OF LAW ; PRISONER

Catholic Church, the 「カトリック教会」 カトリック教会は1054年に東西に分裂した．現代の英米でカトリック教会とは一般に「ローマカトリック教会(the Roman Catholic Church)」を意味する．現在，カトリック教会は他の教会や宗教に対して協調的だし，その博愛と慈善の活動や，熱心な教育活動はあらゆる宗教のなかでも特に目立っている．しかし，長い歴史のなかには血なまぐさい権力争いが多かった．中世には異端と見なした者に残酷な刑を科したり，4世紀から1966年まで禁書目録によって4000冊の本を禁圧したりするなど，絶大な権力を用いて思想弾圧をしたことも否定できない．教皇ヨハネス・パウルス2世は1996年にダーウィンの進化論 (⇨ CREATIONISM) を初めて公認し，2000年に入ってから，かつて異端者を死刑にしたのは誤りであったことを，やはり初めて認めた．

ヨハネス・パウルス2世はまた，2001年に教皇として初めて東方教会を公式訪問し，過去の(十字軍などの)罪を謝罪した. ◆第二次世界大戦中のユダヤ人大量虐殺に対して，ナチス・ドイツに抗議しなかった教皇ピウス12世の責任問題は，大学教授などが長期にわたって教皇庁の記録を調査中であり，カトリック教会内部の結論は出ていない. ◆近年，聖職者による幼児性犯罪が余りにも多く，2001年から教皇庁もようやく対策に乗り出しているらしい. ⇨ HOMOSEXUALITY; PEDOPHILE

cause of action, the 「訴訟原因」 損害賠償の請求権の正当な根拠となり得る事実. ⇨ ABATEMENT OF ACTION; CLINTON V. JONES

caveat 「ケイヴィアット; 警告」 Let him beware. を意味するラテン語. "Caveat emptor." は "Let the buyer beware."(買い主に注意させよ)の意味で，商品の少々の欠陥は売り主ではなく，十分な注意を払わずに買った人に責任があるという原則だが，現在は法律で消費者の権利が保護されているので，裁判所が被告の罰金や賠償金支払いに必要な現金を緊急に確保するために行なう(あるいは倒産を防ぐ唯一の手段として行なう) forced sale (強制売却) の場合以外は，この原則が適用されることはまれ.

cease and desist order 「停止命令」 裁判所が下すこともあるが，ふつうは行政機関による(違法行為を犯している，あるいは犯すことが証拠上明らかな)個人や組織に対して，問題の行為を停止させる命令で，裁判所による通常の *injunction (差止め命令) とよく似ている.

censorship 「検閲」 出版物の検閲や発禁は英米で共に違法だが，実際には至るところで行なわれている. 1990年代から特に問題になっているのは，公立学校や公立図書館における検閲で，近年は革命思想やアナーキズムなどを排除するためよりも，「反キリスト教的」，「オカルト的」という理由での出版物抑制が増えており，J. D. サリンジャーの『ライ麦畑でつかまえて』や，スタインベックの『二十日鼠と人間』でさえ，「神を冒瀆するひどい言葉を使っている」という理由で，生徒や市民の目に触れないようにしている例が少なくない.『ハリー・ポッター』シリーズでさえ，発刊当初は，反キリスト教的な魔術礼賛だとしてやり玉に挙がった. ◆インターネット上のわいせつ情報を規制しようとした the *Communications Decency Act (通信品格法) の主要部分を連邦最高裁判所が1997年6月に違憲と断じたのは，政府による検閲を排除したもので，注目に値する. ⇨ CATHOLIC CHURCH

census 「人口調査; 国勢調査」 政治経済政策の基礎になるきわめて重要な調査.

(1)《米》米国では憲法第1条第2節3項の規定に従って，1790年から10年ごとに実施されている. 担当は商務省の国勢調査局 (the Census Bureau) で，最近では2000年4月1日の the Census Day に，まず1億2000万世帯に調査票(Census forms)を送ることから始まった．調査票は1990年には英語とスペイン語だけであったが，今回は中国語，朝鮮韓国語，ヴェトナム語，タガログ語でも印刷された．推計によれば，1990年には840万人の調査漏れと，440万人のダブリがあった．それを減らすために，国勢調査局は2000年4月以後30万人の調査員を派遣して，ホームレスの人々まで丹念に調べた．1999年1月25日の連邦最高裁判所の判決はサンプル調査による推計の方式を禁じているので，調査はすべてヘッドカウント方式である．公示や調査の費用は約70億ドルに達した．◆2000年の調査で特徴的なことは，(1)南部の人口がさらに大きく増加し，南部諸州の連邦下院議員の議席が増えること，(2) mixed race あるいは multiracial な人が多かったこと．つまり，これまで黒人と自称してきた者のうち，約200万人が自分は2つ以上の人種に属すると申告した．そのうち，78万4000人は黒人と白人の混血だと言っている．◆海外に派遣されている軍人と政府関係者とは国勢調査の対象になるが，その他の者(例えば数多くのモルモン教宣教師)は対象にならない．連邦最高裁判所は2001年11月26日にその方針が違憲でないことを確認した．

(2)《英》連合王国では1801年に人口調査が開始され，やはり10年ごとに行なわれている．1941年だけは戦争のために中止された．担当は財務省に属する国家統計局(the Office for National Statistics; the ONS)で，最近では2001年に実施された．同年の4月29日が the Census Day で，その日から7万人の調査員によって配られた2400万通の調査用紙が，夏にかけて ONS に送り返された．調査に協力しないと1000ポンドまでの罰金を科せられる(1991年の調査のときには悪質な342人が起訴された)．近年の国勢調査は，人種，民族のほか，住宅，職業，通勤手段など，広い範囲にわたって国民の情報を収集している．◆国勢調査の内容のうち，プライバシーに触れる部分(回答者の住所氏名など)は，100年間公表されない．

center of gravity doctrine, the 《米》「重心の原理」 ある事件の裁判に適用できる州法や連邦法が複数ある場合 ――つまり，the conflict of laws (法の抵触) がある場合――には，その裁判の当事者や，出来事や，法律問題と最も深い関係のある法律を準用すべきだという原則．

Central Criminal Court, the 《英》「中央刑事裁判所」 The Central Criminal Act 1824 によって創設された巡回裁判所で，大ロンドンの刑事事件，および，他の裁判所から移送された刑事事件を審理していた．通称は the *Old Bailey. この裁判所は the Courts Act 1971 によって廃止された．にもかかわらず，the *Crown Court (刑事裁判所) がロンドンで開かれると，いまでも人々はそれを中央刑事裁判所と呼ぶし，オールドベイリーという通称も日常的に使われている．

Central Intelligence Agency, the ＝CIA

certification 《米》「意見確認」(1) 下位裁判所が裁判中の事件について，審理を中断して上位裁判所(特に連邦最高裁判所)に法律問題の意見を求めること．実際にこれが行なわれることはきわめてまれである．⇨ ADVISORY OPINION (2) 連邦地裁が，解釈に迷う州法について，州の最高裁判所に意見確認を求めること．⇨ ABSTENTION DOCTRINE

certiorari 「サーシオレイライ；裁量上訴受理令状」＝ the writ of certiorari 略は cert. To be informed; to make sure を意味するラテン語．最もよく使われるのは米国の連邦最高裁判所の裁量上訴受理令状で，9 人の裁判官のうち 4 人が上訴を受理することに同意した場合，下位裁判所に対して事件に関する記録を提出するよう求める．⇨ RULE OF FOUR ◆英国でも，上位裁判所が公正さの審査のために下位裁判所に対して裁判記録の提出を求める文書をそう呼ぶ．⇨ DISCRETION

chain gang 《主に米》「チェーンギャング」 くさりで足首をつながれて，野外の強制労働に従事させられる囚人たち．ルイジアナ州など米国南部の刑務所でよく行なわれていた悪習で，1940 年代の終わりにジョージア州を最後にして廃止され，それが残っていた一部の郡刑務所でも，65 年には全廃された．しかし，95 年にアリゾナ州，アラバマ州，フロリダ州などでこれが(全面的にではないが)復活した．

challenge for cause 「理由つきの陪審員忌避」 例えば，陪審員候補者が被告に対して人種的な偏見を持っている場合など，被告の弁護士が裁判官に任命を避けるよう願い出る．検察側からの忌避もあり得る．裁判官がそれらを〈不当に〉拒否すると，裁判が無効で再審ということもあり得る．⇨ PEREMPTORY CHALLENGE

Chancellor of the Duchy of Lancaster, the 《英》「ランカスター公領尚書」 ⇨ CABINET OFFICE

Chancellor of the Exchequer, the 《英》「財務大臣」 単に the Chancellor とも言われる．The *Lord Chancellor (大法官) と紛らわしいので注意．財務大臣は首相に次いで重要な責務を持った閣僚であり，毎年 3 月末の予算発表のころには，dispatch box (送達ケース) と呼ばれる赤い長方形の革かばんを持って下院に向かう財務相の姿が新聞に載る．◆中世において国王が exchequered tablecloth (チェック模様の布で，その上で計算をする)のかかったテーブルに座って王室財務の責任者に会ったことからこの職名が生まれたという．野党の影の内閣でも，財務大臣に選ばれるのは通例は党首に次ぐ実力者．

chancery 《米》米国の5つの州にある「エクイティ裁判所」 ⇨ EQUITY

Chancery, the 《英》(1)「大法官府」 the *Lord Chancellor (大法官) の役所. (2)「大法官裁判所」 これは the Supreme Court of Judicature Acts 1873 & 1875 (最高裁判所法) によって the *High Court of Justice (高等法院) の the Chancery Division (大法官部) になった. 伝統的にエクイティ裁判 (⇨ EQUITY) で扱ってきた信託や不動産譲渡などのほか, 遺言書検認, 税金, 破産, 特許などを扱っている.

Chancery Division, the 《英》「大法官部」 ⇨ HIGH COURT OF JUSTICE

change of venue 「裁判地の変更」 ⇨ VENUE

Channel Islands, the 《英》「チャネル諸島」地図ではフランスのノルマンディのすぐ沖合にあるように見える. 英国王の保護領 (*Crown Dependency). 1204 年の条約で, 旧 ノーマンディ公ウィリアム 1 世の所領が英国王の保護下に置かれたものであり, 連合王国の国会はこの条約を破棄できない(できるとすれば英国王だけである). EU (欧州連合) と自由に貿易できるが, EU 加盟国ではなく, その支配も直接には及ばない. 主に 5 つの島 (*Jersey, Guernsey, Alderney, Sark, Herm) から成る. The *Isle of Man (マン島) と同様に, 国王[女王] の名代が副総督として任命されており, 連合王国政府が防衛と外交を助けているが, 連合王国の一部ではなく, 各島が独自の議会 (the States in Jersey, Guernsey and Alderney および the Court of Chief Pleas in Sark) を持ち, 独自の法制と税制を施行している. 付加価値税 (VAT) はない. 連合王国の通貨は使用できるが, 独自の通貨も発行している. 切手は諸島で発行したものでなければ使えない. 乳牛と布地で有名なジャージー(人口約 8 万 5000 人), やはり乳牛やウールのセーターで名を知られるようになったガーンジ(人口約 5 万 9000 人)が主な島で, この双方には *bailiff と呼ばれる(女王が任命する)行政長官がいて, それぞれの bailiwick (行政管区) の政治を指導する. サークは人口 575 人の小さな自治領で, 税金というものが全くない. ◆ガーンジは tax haven (税金逃れの場所) として有名で, イングランドその他からの金がそこの銀行に集まり, ガーンジの金融関係企業は(1998 年に) 1 億 7000 万ポンドの税金を島の政府に納めた. EU は連合王国の企業がこのタックス・ヘーヴンを利用してもうけていることは著しく不公正であるとして, 強い改善策をブレア政権に要求している. ブレア首相がそれを受け入れると, チャネル諸島の経済は潰滅するとあって, 島民の一部は(先の見通しのないまま)完全独立を主張し始めている.

Chapman, Mark David (1955–) 《米》「マーク・デイヴィッド・チャップマン」 ジョン・レノンを殺した犯人. ⇨ LENNON, JOHN

Chappaquiddick 《米》「チャパキディック」 マサチューセッツ州 Nantucket 湾に浮かぶ小島. 1969 年 7 月, この島でエドワード・ケネディ上院議員が運転する車が橋から湾に転落. 同乗していた Mary Jo Kopechne (コペクニー) という 28 歳の女性秘書が溺死し, ケネディ議員はその現場を離れるという事件が起きた. 現場を離れた理由の説明が一貫していなかったこともあり, 以後この事件は同議員の汚点としてつきまとい, 大統領候補者になる道は完全に絶たれた.

Chapter Eleven 《米》「第 11 章による会社更正」 破産しかけた会社を the Federal Bankruptcy Reform Act (連邦改正破産法, 1978) の第 11 章 (農家や賃金労働者とは区別して, 会社の倒産を扱った章) によって更正させること. 借金は一時凍結され, 経営は債権者が加わった新会社へ移行される. その手続きは連邦破産裁判所の監督下で行なわれ, その間も業務を継続する例が少なくない. Enron 社 (⇨ ENRON BANKRUPTCY) も KMart もこの 11 章による救済を求めている. 破産法にはほかに Chap. 7 (破産手続き), Chap. 9 (自治体が負った過大な負債), Chap. 12 (農家の過大な借金), Chap. 13 (サラリーマンや賃金労働者の倒産) などの規定がある.

character evidence 「性格証拠」 人の性格を立証するための証拠品や証言. 米国の the Federal Rules of Evidence (証拠に関する連邦諸規則) によれば, ある人間がその性格のせいで事件を起こしたと主張するために性格証拠を使うことは原則として認められない. ただし, 刑事被告人自身が自分や被害者の性格の証拠を挙げるのはかまわない. また, 検察官が, 正当防衛による殺人などを主張する被告に反論するために, 被害者は日ごろ決して暴力を振るうような人ではなかったという証人を立てることも認められる.

charge (1)「(刑事事件の) 告発; (大陪審や検察官による) 起訴」 いずれも, 証拠から見て被疑者が犯したと信じられる犯罪を記述した文書, またはそれを裁判所に提出 (to file charge) すること. (2)「説示」裁判官が, 裁判の最後の段階で, 評議を始める前の陪審に対して, 事件の内容を説明し, 法律上の助言を与えること, またそういう文書. *instructions (《英》では summing up) とも呼ばれる. ◆charge on land や charge over property と言えば, 不動産や動産の「担保権」のこと. ⇨ ALLEN CHARGE; CLOSING ARGUMENT

Charter of Fundamental Rights 「(EU の) 基本権憲章」 ⇨ EUROPEAN CHARTER OF FUNDAMENTAL RIGHTS

chattels 「動産」 発音は[チャトゥルズ]に近い. chattels real は「不動産に関する人的財産」と訳されている. 不動産所有権とはまた別で, 不動産に関して利益を得る権利である. 例えば, 契約によって他人の土地を借りてそこを耕作する[利用する]権利とか, 他人の森のなかで狩猟をする権利などがこれに当たる.

chemical weapons 「化学兵器」 2001 年 2 月に(7 カ月後に，ハイジャック機のパイロットとして世界貿易センタービル北棟に突入〔⇨ WORLD TRADE CENTER, THE TERRORIST ATTACKS ON THE〕したエジプト出身の犯人 Mohamed Atta を含むと見られる)中東の出身らしい 3 人の者が，フロリダ州で crop dusters (農薬散布用小型機)の性能を調べていた．同年 9 月のテロ事件のあとで公表されたこのニュースは，有毒化学物質が(あるいは細菌兵器や，核兵器までが)テロに使用される可能性を改めて米国民に思い知らせるものであったが，炭疽菌 (*anthrax) が実際に使用されるまでは軽く扱われていた．実は，CIA の George Tenet 長官はそのニュースが発表される 2 年前に，Osama *bin Laden が「宗教的な義務として化学，生物，核兵器を入手し，その使用について同志を訓練している」とうそぶいている旨を連邦議会に報告していた．◆最高学府で理工系の教育を受けたオウム真理教のメンバーが 3000 万ドル相当を費やしても，VX やサリンの製造は容易でなかったことを考えれば，本格的な化学工場などなさそうなビンラディン率いる *al-Qaida に，化学兵器や生物兵器を，いわんや核兵器を，製造する能力があったとは思えないが，テロ支援国からそれらを入手することや，有毒な化学製品，病原菌などをどこかから盗み出すことは十分に可能だろう．◆*The New York Times* (9-27-2001) によれば，ニューヨーク市内の薬局にあった Cipro という炭疽病に効く抗生物質がテロ事件のあと急激に売れて，薬店では品切れになった．フロリダ州で 8 人が炭疽病菌に触れ，2 人が発症したという報道があったのは，そのあとのことである．化学・生物兵器のその他については BIOTERRORISM の項を参照．⇨ TERRORISM

Chicago Eight, the 《米》「シカゴ・エイト」 米国の容疑者グループ．⇨ CHICAGO SEVEN

Chicago Seven, the 《米》「シカゴ・セブン」 ヴェトナム戦争に反対し，1968 年 8 月 28 日にシカゴで開かれた民主党大会の会場前での暴動を扇動したとして，68 年公民基本権法 (⇨ CIVIL RIGHTS ACTS) 違反容疑で逮捕，起訴されたが，最終的に無罪を勝ち取った 7 人．すなわち，Jerry Rubin と Abbie Hoffman のほか，Rennie Davis, David Dellinger, John Froines, Tom Hayden, および Lee Weiner．彼らが逮捕された日には，シカゴ市警の数百人の警官がデモ隊に棍棒で襲いかかり，子供を含む 100 人以上に重軽傷を負わせた．その実況をテレビで見た 5000 万人以上の米国民の多くが憤慨した．69 年 2 月に始まった裁判では，やはりこの暴動で逮捕，起訴された *Black Panther Party のリーダー Bobby Seale が裁判長をブタ呼ばわりして暴言を吐き，Julius Hoffman 裁判長から，くさりで縛り，猿ぐつわをはめるよう命じられるというひと幕もあった．(ボビー・シールを含めて，被告たちを Chicago Eight と呼ぶ人もいる.) 7 人のうち，ルービンとホフマンを含む 5 人は有罪判決を受けたが，上訴の結果，7 人は無罪となり，だれも収監されることはなかった．これは英国の the *Birmingham Six など一連の事件と同じように警察によるでっち上げの典型的な例としてよく話題になる．⇨ BLAKE CASE; BRIDGEWATER THREE; GUILDFORD FOUR; LAWRENCE CASE; MAGUIRE SEVEN; TOTTENHAM THREE

Chicago v. Morales 《米》「モラレス事件判決」 1999 年の連邦最高裁判所判決．1980 年代，90 年代に組織犯罪グループが都会の路上で麻薬を密売することが多くなった．それを防ぐ手段のひとつとして，シカゴ市はギャングのメンバーとおぼしき者や，彼らといっしょに「明らかな目的がないと思われる状態で」公道上の同じ場所をうろつき(あるいはそこに長時間立ち止まり)公衆に恐怖感を与えている者には，警察官が解散や退去を命じ，相手がそれに応じなければ逮捕してもよい，という条例を作った．連邦最高裁はこれを「一般市民にとってなにが禁じられ，なにが許されるのか」判断のつかない「あいまいな」法律なので，6 対 3で違憲であると判断した．Antonin *Scalia, Clarence *Thomas, William H. *Rehnquist の 3 判事は，「多くの州法は街をうろつくこと (loitering) を禁じているのに，多数意見は憲法上の新たな権利を創設した」として強く非難したが，もし上記のような理由での逮捕が正当化されるとしたら，憲法第 4 補正と第 14 補正第 1 節は骨抜きになってしまうだろう．

chief constable 《英》「(州の)警察本部長；本部長クラス警察官；警察署長」 19 世紀の末以来，しばしば superintendent (警視)の地位にある警察官が内務大臣によって任命されてきた．2001 年 8 月現在，イングランドとウェールズの 400 の警察本部に 1310 人いる．そのうち，首都警察 (the *Metropolitan Police Service) では，内務大臣が任命する 4 名の地区本部長と，捜査部の 2 名の幹部警察官のことで，警視，またはそれと assistant commissioners (複数の総監補) との中間に位する．直属の部下は assistant chief constables と chiefs という地位にある．◆警察本部長は伝統的に独自の指揮権を持っていたが，*Blunkett 内務大臣の新方針で，2002 年以後は内務大臣の監督権が強くなり，年に 1 回ずつの業績評価も義務づけられる．

Chief Justice of England and Wales, the 《英》「イングランドおよびウェールズ首席裁判官」 the Lord Chief Justice of England and Wales とも呼ばれる．The *High Court of Justice (高等法院) の the Queen's Bench Division (女王座部) の首席裁判官で，the *Court of Appeal (控訴院) 刑事部の首席裁判官でもある. ⇨ JUDGE (1); ONE-STOP SHOPS

child 「子供」《米》米国の *common law では14歳未満の者を指し，現在でもそれが常識的な使い方だろう (⇨ CHILD ACCESS PREVENTION LAWS) が，法律上は一般に未成年のことで，*minor や juvenile と言っても同じ. ほとんどの州で the age of majority (成人年齢) である18歳に達していない者. 《英》連合王国でも18歳未満の者. ただし，英国の刑事法では10歳から14歳までの者を children と呼び，14歳から17歳までの者を young persons と呼ぶ. ⇨ CURFEW ORDER

child abuse 「児童虐待」 ふつう貧困，ストレス，家庭崩壊などに起因する精神的，肉体的な(しばしば性的な)行為. 米国での被害者の平均年齢は7歳. 全米児童虐待防止センターの調査によれば，1990年代後半には平均年6%ずつ増加していた. ⇨ CHILDLINE; PEDOPHILE; NSPCC; PIN-DOWN

child access prevention laws 《米》「子供を危険物から遠ざける法律」 通称は CAP laws. 1989年にフロリダ州が初めて制定し，98年3月までに他の14州も同様の法律を持っており，その後も増えているはず. 未成年の者(特に14–15歳未満の子供)がライフル，猟銃，短銃などに手を触れることがないよう，親や保護者に責任を負わせるもの. コネティカット，フロリダ，カリフォルニアの各州では，それに違反した親は *felony (重大犯罪) を犯したと見なされる. フロリダ州では子供が銃を使って人を死傷させると，監督責任を怠った親は5年未満の禁固刑および[または] 5000ドル未満の罰金を科せられる. CAP laws のおかげで15歳未満の子供による銃の暴発による死は，その制定以来23% 減ったという報告が *The Journal of the American Medical Association* の97年10月号に収載された. ⇨ GUN CONTROL (1); PARENTAL RESPONSIBILITY

child jail 《英》「少年刑務所」 正式の名称は the Medway Secure Training Centre (メドウェー保護訓練センター). ケント州ロチェスター市の近くにある12〜14歳の犯罪をおかした少年少女を収容して再教育する連合王国で最初の施設. ひとりに対して12万5000ポンドも使っており，スポーツ施設は特にぜいたくだが，内務省が2000年10月に発表した最初の調査結果によれば，退所者の再犯率があまりにも高く，施設の総合評価は “extremely disappointing” だという. しかし，再犯率の高さには，このセンター自体よりも，少年たちが帰っていく家庭とそのコミュニティのすさんだ状況に問題がありはしまいか. ⇨ AGE OF CRIMINAL RESPONSIBILITY; APPROVED SCHOOL; ATTENDANCE CENTER; COMMUNITY HOME; YOUNG OFFENDER INSTITUTION

ChildLine 《英》「子供相談電話; チャイルドライン」 虐待を受けた子供が, あるいは, 家族にも相談しにくい問題をかかえた子供が, 直接かけて訴えることができる電話を設置しておき, 無料で 24 時間そのカウンセリングにあたる組織. 1986 年に開設された. その相談内容は性的虐待, 体罰, いじめ, ドラッグ, 妊娠など. ⇨ CHILD ABUSE; NSPCC

Chinese wall, the 《米》「万里の長城; 業務隔離」 (1) 主として, 消費者保護を目的とした隔離. 多くの形があるが, 国, 州など各レベルの行政府が, 疑惑を持たれる企業の責任者と消費者とを, さまざまな規制によって実質的に隔離すること. 高級官吏の関連事業への天下りの規制もその一変種と言えよう. (2) 企業がインサイダー取引を防ぐために, 企画担当部門と営業部門とのあいだの情報を遮断すること.

CIA, the 《米》 = the Central Intelligence Agency《米》「中央情報部」 略は the CIA. 通称は the Company. 米国の国家安全保障のために, 諸外国の政治, 軍事, 経済, 科学などの動きに関する重要な情報を収集・分析し, 関係方面に伝える機関. 1947 年の国家安全保障法によって創設. ヴェトナム戦争中から暗躍の度が過ぎて, 外国政府転覆まで図ったため, 米国の国際信用を失ったと批判され, 1981 年の大統領命令, その他の法令によって, 近年は節度ある情報利用を行なっていると言われる. 長官は大統領によって任命されているが, 米国内における反スパイ活動は, 司法長官 (the *Attorney General (1)) の監督の下で, the *FBI と協力して行なう. 2001 年 9 月の同時多発テロ (⇨ WORLD TRADE CENTER, THE TERRORIST ATTACKS ON THE) で情報の収集と分析能力の弱点を批判され, 態勢の立て直しを迫られている. ⇨ ESPIONAGE

CID, the 《英》 = the Criminal Investigation Department「刑事捜査部」 ⇨ METROPOLITAN POLICE SERVICE; SCOTLAND YARD

circuit (1)《英》「州裁判所巡回区; 司法行政区」 イングランドとウェールズには 1971 年以来, the *Crown Court (刑事裁判所) の管轄区が 6 つある. すなわち, Midland and Oxford Circuit; North-Eastern Circuit; Northern Circuit; South-Eastern Circuit; Wales and Chester Circuit; Western Circuit である. (2)《米》「連邦控訴裁判所 (the U.S. court of appeals) の巡回区」 ⇨ UNITED STATES COURTS

circuit court 《米》「巡回裁判所」 20 足らずの州における第一審裁判所のほか, 連邦控訴裁判所 (the U.S. court of appeals) を指す. ⇨ UNITED STATES COURTS

Circuit Court of Appeals, the 《米》「巡回控訴裁判所」 1948 年まで, the *Court of Appeals ([連邦および半数くらいの州の] 控訴裁判所) の前身はそう呼ばれていた. ⇨ UNITED STATES COURTS

circuit judge 「巡回裁判官」 (1)《米》The U.S. court of appeals (連邦控訴裁判所) の，また州の第一審裁判所である *circuit court の裁判官. ⇨ UNITED STATES COURTS (2)《英》The Courts Act 1971 によって創設された裁判官の職で，*county court (3) において——それまでの county court judge に代わって——民事事件を，the *Crown Court (刑事裁判所) では，the *High Court of Justice (高等法院) の the Queen's Bench Division の陪席判事 (*associate judge) 官および *recorder とともに，刑事事件を担当する. ⇨ JUDGE (1)

circumstantial evidence 「状況証拠」 ⇨ EVIDENCE

citation (1)「訴訟引受け命令」 訴訟の第三者に対する裁判所の出廷命令. (2)《米》「出廷命令」軽犯罪の容疑者に後日 *magistrate judge の前に出頭するように指示する警察からの通告書.

citizen's arrest 「市民による逮捕」 警察権を持たぬふつうの市民が，逮捕状がなくても，目の前で起こった事件の犯人や，*felony (重大犯罪) の容疑者と思われる者を捕らえる権利は，英米で一般に認められている. **Chicago v. Morales* 判決が違憲と判断した，あいまいな法に基づく警察による逮捕権とは根本的に違う. ⇨ COURT PROCEDURES (1); FRESH PURSUIT (2)

citizenship 「市民権; 国籍; 州籍」 (1)《米》憲法第 14 補正第 1 節の生地主義 (jus soli = law of the soil) の原理によって，(両親が外国人であっても)米国で生まれた者と，同国に帰化した者とはいずれも合衆国の市民権を持つ. 1995 年と 96 年には不法移民に対する *amnesty (赦免) があったので，帰化した者は 100 万人くらいいたが，通常は年間 30 万人程度である. 1898 年の連邦最高裁判所の判決は血統主義 (jus sanguinas = law of the blood) の原理も取り入れ，合衆国市民の子供として外国で生まれた者にも市民権を与える道を開いた. ただし，子供の一方の親だけが合衆国市民である場合には，その親が(14 歳以後の 5 年間を含めて)10 年間以上米国かその領土内に居住していることという条件がついている. その子供も，14 歳から 28 歳までのあいだに連続して 2 年間米国に居住しないと市民権を失う. 外交官の子供として合衆国内で生まれた者は，親と同じ国籍を持つ. 合衆国の市民が外国生まれの子供を養子にしても，その子供は自動的に米国人になるわけではない. また，米国人が外国人と結婚しても，その配偶者が自動的に米国人になるわけではない——帰化の条件は一般よりもゆるくなるだろうが. 二重国籍を持ち，22 歳を過ぎてから 3 年間，本人を自国民と認めている国に住んだ合衆国市民は，その間に米国の外交官の前で合衆国への忠誠を誓わないと合衆国の市民権を失う.

(2)《英》連合王国を中心とする英国 (*Britain) の市民は British citizen,

または British subject と呼ばれる．同国の男性市民の妻となった外国人女性も簡単に市民権を得られる．

City, the 《英》＝ the City of London「シティ；ロンドン旧市部」 テムズ川の北岸にあり，東端の the Tower of London と西端の the Temple Bar Memorial（テンプルバー記念碑）とのあいだの半円形の地域．東西に走る Cornhill や Lombard Street には the Bank of England をはじめ，多くの銀行，the London Stock Exchange（ロンドン株式取引所），保険会社などが並び，西側世界の金融・商業の中心地になっている．面積は 1 平方マイルほどしかないため，"the Square Mile" とも呼ばれる．ここは the Lord Mayor（ロンドン市長）のもとに the Guildhall（市庁舎）で開かれる市議会を中心にした行政自治区で，the Corporation of the City of London（ロンドン市自治体）と呼ばれる．◆首都警察（the *Metropolitan Police Service）の管下にはなく，the City of London Police（シティ警察）と呼ばれる独自の警察組織を持っている．1999 年に警察官は 825 名であった．シティ警察の警官は全員が身長 5 フィート 10 インチ(177.8 センチ)以上で，首都警察警察官の最低基準より 2 インチ(約 5 センチ)高い．彼らは首都警察の黒と白のチェックとは違って，赤と白のチェックの帽子，あるいはとさかを連想させるヘルメットをかぶっている．もちろん，首都警察とは互いに協力をして治安維持に当たっている．

City of London Police, the 《英》「(ロンドンの)シティ警察」 ⇨ CITY

civil action 「民事訴訟」 刑事事件の裁判以外のほとんどすべての裁判がこれで，それも個人対個人の争いが大多数．⇨ ACTION

civil commitment; civil confinement 《米》「強制入院」 精神病，常習的な性犯罪者，重度のアルコール依存症患者，麻薬常習者などが，受刑終了後も本人や他人にとって危険をもたらしそうな場合に，裁判所の命令で病院に収容すること．◆2002 年 1 月現在，16 州に約 1200 人の常習的性犯罪者が強制入院されている．⇨ MEGAN'S LAW ; PREVENTIVE DETENTION ; SEXUAL PREDATOR

civil death 《米》「公民権剝奪の刑」 現在は米国の少数の州において，重大な罪で終身刑を受けた者に科せられる．選挙権，被選挙権，契約締結の権利，訴訟の権利などを奪われる．基本権としての civil rights まで奪われるわけではない．⇨ CIVL RIGHTS ACTS

civil law (1)「ローマ法；(英米の *common law に対する)大陸法」 (2)「(公法や刑事法に対して，個人の権利を扱う)民事法」 もともとは古代ローマから受け継がれた法律で，(個々の多くの法律の組み合わせや，裁判官の判決に基づくのではなく)体系的に組み立てられた code（法典）に基づいており，欧州大陸に受け継がれた．◆米国ではルイジアナ州の州法だけが大陸法に基づいているが，かつてスペインの支配下にあったカリフォルニア州やテキサス州にも，大陸法の影響が残っているという. (3)「(戒厳令や軍の法律に対する)通常の法律; (軍政に対する)民政」

civil liberties 「市民の自由」 主なものは，言論，集会，信教の自由で，米国では憲法の第1補正で，また，第13，第14，第15補正で保障されている. the *Civil Rights Act と同じく，「基本的人権」という広い意味でも使われる. ⇨ AMERICAN CIVIL LIBERTIES UNION

Civil Rights Acts, the 《米》「公民基本権法」 一般には「公民権法」という訳が定着しているが，日本で言う「公民権」はもともと選挙権や被選挙権を意味しており，公民権剥奪の刑 (⇨ CIVIL DEATH) などというものも認められている. この辞典では，自由人権に加えて，人種差別や性差別の撤廃を要求する，国家権力でさえ剥奪することのできない権利を「公民基本権」と呼ぶことにする.

南部で解放されたはずの黒人の多くが奴隷同然にされているのを防ぐために，the Civil Rights Act of 1866 が制定されて以来，1870年，71年，75年にも公民基本権法が作られた. 20世紀には，1954年と55年の *_Brown v. Board of Education of Topeka, Kansas_ (ブラウン対カンザス州トピーカ市教育委員会事件) の連邦最高裁判所判決，および公民基本権運動の結果，1957，60，64，68，91年などに公民基本権法が制定された. なかでも64年の法律は，選挙権登録における差別，公共の諸施設のうち州際通商とかかわりのあるところでの差別，公立学校での差別，雇用の際の差別などを禁止した. その差別は単に人種だけでなく，皮膚の色，宗教，出身国，(雇用については)性別に基づくものも含まれている. 68年の法律では住居における差別(例えば，アパートの持ち主が，居住者は白人に限るという広告を出すこと)も禁じている. 88年の法律では障害者や子供を持つ人への住居の差別扱いが禁止され，91年の法律では雇用における平等が細かに規定されている. 政府主導の *affirmative action は，64年以来の公民基本権法を推進する活動と言ってよかろう. ⇨ AGE DISCRIMINATIONS IN EMPLOYMENT ACT; BAKKE CASE; EQUAL EMPLOYMENT OPPORTUNITY COMMISSION; HOPWOOD V. TEXAS; MEREDITH CASE; REED V. REED; SEXUAL HARASSMENT

Civil Service Act, the 《米》「公務員法」 1883年に制定. 通称は the Pendleton Act. かつてアンドルー・ジャクソン大統領(在任; 1829–37)が自分の政策を支持した者への報償 (spoils) として官職を与えるなど，それまで余りにも政治家や政党の影響を受けていた公務員の人事慣行 (the spoils system) をもっとオープンな the merit system (メリット制) に変えていくのが目的で，市民はその政治的信条，宗教，人種，出身国にかかわらず，公正な競争試験によって連邦公務員になれることを保障した．1940年の改正法は通称 the Ramspeck Act で，これにより，大統領は行政府命令を発して，ほとんどすべての連邦公務員がメリット制によって雇用されるよう計らった．その結果，現在では連邦公務員の90%がメリット制で雇用されているという．これを監視するのは1883年法で創設された the Civil Service Commission (公務員人事委員会) であったが，1978年の公務員法改正に伴って the Merit Systems Protection Board (能力主義保障委員会) が新設された．それは違反行為があったという訴えに応じて調査をし，聴聞し，懲罰を与えたりする(裁判所に準じた)権限を持っている．その決定に不満な者は the *Court of Appeals (控訴裁判所) に上訴できる．

civil union 《米》「シヴィル・ユニオン」 同性愛者どうしの合法的な同棲生活(事実上の結婚)で，そのカップルには夫婦と同じ権利が認められる．2000年7月からヴァーモント州で実施されたが，同年11月7日の州民投票で，ネヴァダおよびネブラスカ両州ではそれを認めないという州民の意志が明らかになった． ⇨ HOMOSEXUALITY

Clark, Douglas 《米》「ダグラス・クラーク」 米国の連続殺人犯人． ⇨ BUNDY, TED

Clarke, Kenneth 《英》「ケネス・クラーク」 英国の政治家． ⇨ CONSERVATIVE PARTY

class action 《米》「集団訴訟 (= class suit)」 多数の者が集団で訴訟を起こすという意味ではなく，一部の人々(あるいはただひとり)が同じ訴えを持つ集団 (class) を代表して訴訟を起こすこと．集団を構成する者は特定されていなければならない．喫煙者のたばこ会社に対する訴訟でよくこの方法がとられるが，一部の者が不特定多数の喫煙常習者を代表して訴訟を起こすことはできない．裁判官は個々の訴訟よりも時間や手間がかからず，集団構成員にとって公平な裁判ができると考えたときにのみ集団訴訟を認める． ◆近年は集団訴訟を薦めて，異常に高額の謝礼を得ている弁護士が批判の的になっている． ⇨ AGENT ORANGE ACT; ALIEN TORT CLAIMS ACT; AMERICAN INDIAN TRUST FUND; LLOYD'S; SMOKING

Clause 28 《英》「第28節(問題)」 ⇨ SECTION 28

Clayton Antitrust Act, the; Clayton Act, the 《米》「クレイトン法」 あいまいな文言が多かった1890年の the *Sherman Antitrust Act を補正して，大企業による表向きは合法的な独占(競争阻止)を防ぐために，1914年に制定された独占禁止法．1936年の改正法 (the *Robinson-Patman Act)，50年の改正法 (the Celler-Kefauver Act)，88年の改正法 (これも the Robinson-Patman Act) で法の抜け穴がますますふさがれた．

例えば，顧客によって価格やサービスに差をつけることは厳しく禁止されている．持株会社や，2 つ以上の会社の役員の兼任 (interlocking directorates) や，商品の販売地域を話し合いで決めること，また，他社の株式や工場などの購入が，もし独占につながるなら，禁止される．⇨ CARTEL

Clean Air Act, the 「大気清浄法」 (1) ⟪英⟫ 1956 年から 68 年までに連合王国議会を通過した大気汚染防止法のいずれか．最初は大都会の石炭など暖房用燃料使用によるスモッグの発生を防ぐのが目的であった．

(2) ⟪米⟫ 1970 年(77 年に増補)と 90 年の大気汚染防止法．自動車および工場から発生する有毒ガス(オゾン，一酸化炭素，鉛，二酸化硫黄，CFCs など)の排出量を規制し，違反した企業などを処罰するほか，基準に合わない新車の販売を禁止する．指導官庁は連邦政府の the Environmental Protection Agency (the EPA：環境保全局)．

[米国の政策] クリントン大統領は 1999 年 12 月に，90 年大気汚染防止法に合わせるため，軽トラックとレジャー用 4 輪車 (sports utility vehicles) にも同じ規制を課し，2004 年から 5 年間で排出される硫黄の量を 90% 削減するという政策を立てた．これが成功すれば，200 万トンのスモッグが減るはずであった．◆ブッシュ II 大統領は 2000 年 9 月に選挙公約の一部として，(現在も米国の発電量の 50% 以上を占めている)石炭を原料とする火力発電所からの二酸化炭素 (CO_2) 排出量を削減すると約束したにもかかわらず，Jesse Helms (ノースカロライナ州選出上院議員)を初めとする有力な保守派の議員やビジネス・リーダーからの強い批判を浴びると，「二酸化炭素排出量の削減はエネルギー不足と，390 万人の失業と，電力料金の高騰を招く」という口実を設けて，2001 年 3 月中旬に公約を撤回した．さすがに，酸化窒素，二酸化硫黄，水銀といった汚染物質の排出量を制限することには反対していないが．◆米国の人口は世界の 4% に過ぎないのに，地球の温暖化をもたらす温室効果ガスの排出量は世界の 25% を占めている．1950 年以来，米国で排出された CO_2 の総量は 1861 億トンで，これは EU 諸国全体の 1278 億トン，日本の 312 億トン，中国の 576 億トンなどと比べても突出している．1997 年 12 月に京都で開かれた約 160 カ国による地球温暖化防止会議の the Kyoto Protocol (京都議定書) は，CO_2 削減を先進工業国は一律 5%，米国は 7% と定めた．2008 年から実施して，2012 年までに目標を達成するというもくろみであった．ところが，米国は 2012 年までに CO_2 排出量が 20% 以上増える見通しなので，京都議定書に従うとすれば，排出量を現在の 30% 以上減らさなければならない．連合王国のブレア首相に言わせれば，温室効果を防ぐためには米国が CO_2 を 60% 削減する必要がある．ブッシュ II 大統領はそれを米国資本主義の危機と見て，2001 年 3 月に数名の上院議員への書簡とい

う形で，京都議定書に反対だと言明した．中国とインドを含む途上国の削減目標が当分のあいだゼロというのは不公平だ，とも言っている．エネルギー産業が選挙基盤である Dick Cheney 副大統領は大統領に追随．Christie Whitman 環境庁長官は，もともと京都議定書に賛成であったが，大統領から叱責を受けて同議定書に反対の立場をとるようになった．大統領は 2002 年 2 月にようやく米国独自の案を提出したが，CO_2 排出量が減少する見込みは全く見えぬ内容であった．

Clean Water Act, the 《米》＝ The Federal Water Control Act of 1972「水質汚染防止法」 連邦政府の the Environmental Protection Agency (⇨ CLEAN AIR ACT (2)) がその実施を管理する．1983 年までに，米国のあらゆる河川，海岸，湖などは，人がそこで安全に泳げ，魚介類が生息できる程度の清潔さを保つこと，85 年までに，河川や海などへの汚染物質の投棄をやめるべきこと，などを規定した．1987 年の改正では，工場地帯の下水処理施設を建設する自治体への連邦政府による財政援助が盛り込まれた．

clear and present danger 《米》「明白かつ現在の危険」 Oliver Wendell *Holmes, Jr. 判事は，1919 年の連邦最高裁判所の判決 (*Schenck v. United States*) の際に公表した意見のなかで，clear and present danger (明白かつ現在の危険) が存在する場合に限り，合衆国憲法第 1 補正で保証されている言論の自由を制限することが許されるとし，その例外として *shout "fire" in a crowded theater (満員の劇場の中で火事だっと叫ぶ) ことを挙げた．判決の原文には "The question in every case is whether the words used are used in such circumstances and are of such a nature as to create a clear and present danger that they will bring about the substantive evils that Congress has a right to prevent." (どの事件の場合も，問題は，げんに使用された言葉が，議会がそれを防止する権利を持つ実質的な害悪をもたらすという「明白かつ現在の危険」を生じる状況において，それを生じる性格の言葉として使われたか否かである) とある．◆この基準は 1945 年に連邦最高裁によって正式に採用されたが，反共産主義の風が吹き荒れた 1951 年には甘過ぎる基準だとして廃棄され，1969 年には clear and imminent danger (明白で差し迫った危険) という新たな基準が使われるようになった．オハイオ州のある the *Ku Klux Klan の指導者が州の the Criminal Syndicalism Law (犯罪的サンディカリズム法) 違反に問われたこの事件 (**Brandenburg v. Ohio*) において，暴力や犯罪を唱道する言論でも，不法な行為の危険が切迫していなければ第 1 補正によって保護されるというのである．しかし，imminent の意味は広くも狭くも解釈できる．あまり広く解釈すると present danger の基準よりもゆるくなり，言論の自由が大きく制限される．例えば，1993 年に米国では殺人の方法を克明に教える *Hit Man* という本が出版され，5 月にその本をそっくりまねた凶悪な殺人事件が起こった．この場合，この本は第 1 補正で保護される価値があるのか．それとも，これは抽象的な犯罪の唱道どころか，具体的で実行可能な殺人行動のマニュアルだから，「明白で差し迫った危険」をもたらすものとして発禁にされるべきか．いまのところ裁判官のほとんどは，本という印刷物が差し迫った危険をもたらしているわけではない，という立場をとるだろうが．◆リベラルな裁判官が a clear and present danger rule を採用する傾向がある(あるいは，あった)のに対して，保守的な裁判官は 1920 年の *Pierce v. United States* の最高裁判決で示された the bad tendency test (悪しき傾向の基準) を使用したがる．それは，表現のみならず，第 1 補正で保障された権利は，その権利がなにかの悪を生じる傾向があれば制約されるべきだという考えである．⇨ BRANDEIS, LOUIS DEMBITZ ; SMITH ACT

clemency 「刑の減免」 一般には *pardon (恩赦) と同義だが，恩赦のうち「減刑」の意味で使われることがある．例えば，カーター大統領による Patricia *Hearst に対するクレメンシーは，有罪判決を無効にする恩赦ではなく，減刑であった．⇨ COMMUTATION OF SENTENCE; QUID PRO QUO

clerk to the justices, the 《英》「裁判所書記官」 ⇨ CROWN COURT; MAGISTRATE (1); MAGISTRATES' COURT

Climbie, Anna (Victoria) 「アナ・クリンビー」(クリンビー [Climbié] と発音される.) 英国史上最も残酷と言われる児童虐待 (*child abuse) により，2000 年に 8 歳で亡くなったアフリカ出身の少女．ヴィクトリアは英国でよりよい生活を送る夢を抱いて，Marie Therese Kouao という叔母といっしょにアイヴォリーコストの家を出てロンドンに数カ月住んでいたが，その間に叔母マリーやマリーのボーイフレンド Carl Manning からコートハンガー，ハンマー，自転車のチェーンなどで絶えず殴られ，手足をマスクテープで縛られたまま浴槽に寝かされ，ろくに食事も与えられず，顔全面にやけどを負い，歯は折れ，死亡時には全身に 128 の切り傷があった。犯人らは 2001 年に the *Crown Court (刑事裁判所) で終身刑を受けたが，事件はまだ終わっていない．驚くべきことに，警察，病院，地域の児童保護センターなど，少なくとも 12 の公的機関がアナの受けた虐待を知りながら，責任逃れをしたあげく，彼女を保護せず，犯人たちの家に戻した．それに関する法律上の調査が，2001 年 9 月下旬に始まった．英国における社会保障の大物である Lord Laming (1936–　) が委員長として，今後の児童虐待に永続的な改善をもたらすと言っている．

Clinton, Bill (1946–　)《米》= William Jefferson Clinton「ビル・クリ

ントン」 米国の第 42 代大統領(在任: 1993-2001). アーカンソー州 Hope 市で生まれ，幼いころ実の父親(William Jefferson Blythe III)が死亡したあと，母親 Virginia (Divine) Blythe の再婚相手 Roger Clinton の養子になった. 高校時代にケネディ大統領に会って感激し，政治家を志す. ジョージタウン大学で国際関係を専攻し，1968 年から 70 年まで Rhodes Scholar として オクスフォード 大学に留学. 73 年に イェール 大学ロースクールを卒業. アーカンソー州の州立大学で法律を教え，75 年にイェールで親しくなったヒラリー・ロドハム (⇨ CLINTON, HILLARY RODHAM) と結婚. 77 年から 79 年まで州の司法長官 (the *Attorney General (2)) をつとめ，32 歳になった 79 年に，米国史上最も若い州知事になった(在任: 1979-81，83-93). もともと政策おたく (policy wonk) とあだ名されるほどの政策通で，ブッシュ I 大統領の経済政策を痛烈に批判し，民主党の候補として大統領に当選した. 彼はイラクの空爆など，軍事力を振りかざした対外政策を非難されたこともあり，少数与党で何度も苦しめられたけれども，全体としては，Camp David 合意や Dayton 合意をはじめとする中東および旧ユーゴ諸国の和平工作や，NAFTA (North Atlantic Free Trade Area) 条約の締結，米中や米ロの緊張緩和，北朝鮮との和解などに，また，国内外における環境問題や自然保護にも強い指導力を発揮し，国際平和と国内の経済の安定成長に大きな貢献をした. ◆その反面，クリントン大統領は州の長官や知事時代から不正献金，セクハラ，不倫などの疑惑があとを絶たず，Paula Jones が起こしたセクハラ事件 (⇨ CLINTON V. JONES) では(故意ではないと主張しながらも)偽証を認め，議会侮辱罪で 2 万 5000 ドルの罰金を払い，アーカンソー州での弁護士活動を 5 年間停止された(2001 年 1 月 19 日). その間，弁護士としてのクリントンは連邦最高裁での弁論権を認められない. ◆大統領在任中に起こした議会のインターン Monica Lewinsky との情事に関しては，1998 年 1 月に疑惑が表に出たあと，“I did not have sexual relations with that woman, Miss Lewinsky.” と公言したために騒ぎが大きくなった. 国務省の職員 Linda Tripp はモニカ・ルインスキーの電話による告白を(彼女の住むメリーランドの法律では違法であるのに)密かに録音して Kenneth Starr 特別検察官に提供. 同検察官はそれらを証拠にして，大統領には「宣誓のもとでの偽証」および「司法妨害」の疑いがあるとし，それを受けた連邦下院が大統領を弾劾裁判に付すと決めた. しかし，弾劾裁判所(裁判官は上院議員 100 名)は，ひとつには国民の 3 分の 2 が有罪判決に反対だという世論に押され，またひとつにはルインスキー自身が「大統領から偽証するよう強制されたことはない」と証言したことから，有罪に必要な 67 名どころか，どちらの容疑でも過半数の 51 名さえまとめきれず，無罪を宣告することになった．下院議長に決まった Bob Livingston, 下院司法委員会委員長 Henry Hyde のほか，大統領の犯罪を強硬に責め立てていた共和党議員のなかからも，不倫を暴かれる者が続出し，反クリントンの刃を鈍らせることになった．◆クリントン大統領は 2001 年 1 月に退任する数時間前に，140 人の受刑者に *pardon（恩赦）を与えたが，その一部は親族(異父弟)への身びいきだとか，自分や民主党への多額の寄付の見返り (*quid pro quo) だという疑惑を生んだ．退任後はニューヨークのハーレムに事務所を構え，自伝の執筆，講演などで相変わらず活動を続けている．

Clinton, Hillary Rodham (1947–　)《米》「ヒラリー・ロドハム・クリントン」 Bill *Clinton 前大統領夫人．ニューヨーク選出連邦上院議員 (在任: 2001–　)．クリントン大統領の女性問題のさなかに，終始夫の後ろ盾になっていたヒラリー夫人は，シカゴ生まれ，Wellesley College を優等で卒業，イェール大学のロースクールを 1973 年に卒業して弁護士になった．84 年に *The National Law Journal* によって One of 100 Most Influential Lawyers in America に選ばれたほか，多数の賞を得ている．2000 年にニューヨーク市に転居し，carpetbagger (もっぱら当選目当ての移入候補者) と批判され，最初は共和党候補の Giuliani ニューヨーク市長に押され気味であったが，ジュリアーニ市長が前立腺がんと女性問題とで候補辞退を余儀なくされたあと，共和党の連邦下院議員 Rick Lazio (1958–　) を相手に戦い，11 月 7 日の選挙で圧倒的な勝利を得た．

Clinton v. Jones 《米》「クリントン対ジョーンズ事件判決」 1997 年 5 月 27 日の連邦最高裁判所判決で，大統領の免責特権 (presidential immunity) についての重要な判断が示された．1982 年の *Nixon v. Fitzgerald* 事件判決では，連邦最高裁は 5 対 4 で，大統領はその職務執行に関する民事訴訟に対して無条件の免責特権を有すると判断した．しかし，(クリントンがアーカンソー州知事時代に彼から性的ハラスメントを受けたと主張する) Paula Corbin Jones が 70 万ドルの賠償金を求めて起こした訴訟の 97 年の上訴審で，連邦最高裁は 9 対 0 で，大統領の公務以外の行為に関する民事訴訟については，大統領に免責特権はないと判断した．なお，コロンビア特別区 (the *District of Columbia) 連邦裁判所の Susan Webber Wright 裁判官は，1998 年 4 月 1 日に，ジョーンズの訴えには明確な the *cause of action (訴訟原因) が欠けているとして，それを却下した．

closed shop 《米》「クローズドショップ」 ⇨ LABOR MANAGEMENT RELATIONS ACT OF 1947

closing argument; closing statement 「最終弁論」 裁判の両当事者が証拠調べのあとで行なう弁論．特に刑事事件で，検察官が陪審に向かって事件の要点，特に証拠の重要性について述べる．被告の弁護士はそれに反論し，検察側はさらにそれに反論をする．summation や summing up とも呼ばれる．⇨ CHARGE (2)

coconspirator's rule 「共謀者に関する準則」 共同謀議があったと証明されたあと，その謀議に参加した者の声明や行為は，他のどんな参加者にとっても不利な証拠として採用しても可，というルール．

Code of Federal Regulations, The 《米》「連邦行政命令集」 1937 年から発行されている．主題別に 50 編に分類されており，毎年改訂される．

cognizance 「裁判(管轄)権」 裁判所が事件を受理するか否かを決める権限の意味でよく使われる．a cognizable case と言えば，裁判にかけて判決を下すに価する事件のこと．

collateral attack 《米》「間接的な攻撃」 裁判所の判決を覆すために，無罪を主張して上位裁判所に上訴するのは判決に対する direct attack だが，例えば *habeas corpus (人身保護令状) の発行を求めて，被告人が捕らえられているのは憲法違反だ，あるいは，検察官が示した証拠は不法に入手したものだ，陪審員が公正に選ばれていない，などと主張することによって，無罪釈放を求めるのが間接的な攻撃である．

collateral estoppel 《米》「再審の遮断」 『英米法辞典』には「争点効」という難解な訳語と，同じく難解な解説が出ているが，要するに，以前の裁判ですでに「事実に反する」として否定された主張(主な争点)を，同じ両当事者による別の裁判で改めて主張することはできない，つまり，同一争点での再審は永久に期待できないという原則．これは issue preclusion (『英米法辞典』の訳では「争点遮断効」)とも呼ばれる．

colloquium 《米》「名誉毀損の主張」 コロキアムはラテン語で，原意は「談話」．ちょっと聞いた[読んだ]だけでは無害と思われる被告の言葉が，特定の状況下では自分に対する名誉毀損になるという原告の訴え．例えば，"He is Japanese." という何気なさそうな表現が，ある状況のもとで，ある調子で発せられると，人の名誉を傷つける可能性はあるだろう．

collusive action; collusion 「なれ合い訴訟」 第三者(例えば保険会社)をだまして利益を得るために，2 人またはそれ以上が共謀し，あたかも対立があるかのように装って，訴訟を起こすこと．collusion はより広く，「不正目的の共謀」の意味でも使われる．

Combat 18 《英》「コンバット 18」 英国のネオナチ・グループ．⇨ HATE CRIME (2); HATE GROUPS

comity 「礼譲; コミティ」 権利義務の問題としてではなく，相手に対して敬意を払うという伝統に従って，相手の法律や裁判を尊重すること．米国における連邦裁判所と州裁判所は礼譲をもって，相互の判決が相矛盾しないよう努力しているし，国どうしでも礼譲によって相手国の法律(例えば，国旗の扱いについての法律)に従うことがある．同一の事件に管轄権を持つ複数の裁判所が，先に訴訟手続きをした裁判所に審理を譲るのも礼譲の一種である．例えば連邦裁判所が，憲法問題にかかわるので審理する権限を持っている事件でも，すでに州裁判所が州法違反事件として取り上げているというので，憲法問題さえ含めてそちらに譲ってしまうことはそう珍しくない． ⇨ ABSTENTION DOCTRINE; HABEAS CORPUS

commerce power 《米》「通商規制の権限」 憲法第 1 条第 8 節 3 項の州際通商条項(the interstate commerce clause)によって連邦議会に与えられている，州際通商と国際貿易とを規制する権限.

Commercial Court, the 《英》「商事法廷」 The *High Court of Justice(高等法院)の the Queen's Bench Division(女王座部)に属し，通常の商取引や貿易に関する(保険を含む)争いを審理する.

commercial paper 「商業証券」 *negotiable instruments (流通証券)のうちビジネスに関係するもの．特に資金調達用に会社が振り出す短期の約束手形(notes)を指すことが多い.

commission clause, the 《米》「(憲法の)職務委任条項」 ⇨ 憲法第 2 条第 3 節の解説

committee of the whole (house) 「全員委員会」 連合王国の庶民院や，米国下院で，議事を能率的に進めるために，議員全員の出席を求め，自由討議をさせる．最後は委員会としてではなく，立法府としての表決を行なう.

Commodity Futures Trading Commission, the 《米》「商品先物取引委員会」 1974 年の連邦法で設立されたもので，商品の futures contract(先物契約)を規制する．準司法権限も持っている．商品の先物契約とは，大豆，コメ，トウモロコシ，銀などの未加工産物を一定の期日に一定の価格で買う[売る]約束をすること．予想外の品薄でその期日に市場価格が大きく上がっていたら，差額が利益になるが，逆の結果もしばしば生じるので，一種のかけである．なお，株券など証券の先物取引も futures と呼ばれる.

common; commons; common land 「コモン(ズ); 共有地; 入会地」 (1)《英》主として村の住人が自然資源を利用するために共有する土地．この土地を利用する権利(right of common: 共有権; 入会権)は，今日でも以下の 6 つが基本．① 家畜を放牧する権利．② 燃料用に泥炭(peat)を採掘する権利．③ 家屋の修理などのために木材を伐採する権利．④ 共有地内の湖や川から魚を採る権利．⑤ 秋期にドングリ(acorn)などの木の

実を与えるために森林にブタを放牧する権利. ⑥ 砂, 石, 鉱石, 石炭などを採掘する権利. こういう土地はイングランドとウェールズに限られ, 中世では荘園領主が, 今日ではふつう地方自治体や, 企業や, 私的個人, あるいは王室が所有する. (2)《米》米国では, 植民地時代にニューイングランドの多くの町にあった(牛の放牧などに使われていた)共同利用地で, 1820 年ごろから, バンドのステージや, 見晴らし台や, 種々の記念碑などを備えた美しい公園になり, その近くに市庁舎など重要な建物が建てられるようになった. 植民地時代には, コモン(あるいは green)と呼ばれる広場の半マイル以内に住宅が建てられ, その彼方に共同農場や共同牧場があった.

common employment rule 《米》「共同雇用の準則」 ⇨ EMPLOYERS' LIABILITY ACTS

common law 「コモンロー」 イングランドで, 国会が制定した法律ではなく, 裁判所の判決や, 長年の慣習が実質的に法律化したもの. 1066 年にノルマン王 William the Conqueror がイングランドを征服し, 国王裁判所を創設して以来, 裁判官たちは地方を巡回して, その土地の慣習や古いアングロサクソン法によって事件を裁判した. やがて, 裁判官たちは地方の優れた法的な習慣や, 自分たちの判決をロンドンに持ち寄って, 全国に共通する (common) 非成文の法律を作るようになった. イングランドでは, 殺人は成文の法律によってではなく, コモンローによって犯罪とされているのである. コモンロー裁判は判例の調査に時間がかかり, 救済が遅れてしまうとか, 原告に金銭的な賠償しか与えられないという問題があるので, 国王への直接的な陳情による *equity (エクイティ) 裁判が始まった. ◆コモンローはよく judge-made law と言われる. しかし, 人権問題に関しては, 2000 年 10 月から成文の「1998 年人権法」(the *Human Rights Act 1998) が発効しており, かつてのように裁判官が判例を基に新しい法律基準を作ることはできない. その反面, 裁判官はいかなる現行法律に関しても, 「欧州人権条約」(the *European Convention on Human Rights) との不一致を指摘して, その改善を求める新たな責任を負うことになった. ◆ローマ法の影響を強く受けた大陸法 (*civil law) に対して(成文法を含む)英米法を common law と呼ぶことがある. この意味でのコモンローの重要な特徴は, 先例の重視 (*stare decisis) である. アメリカ植民地の法律も英国の判例を基礎にしたものであったし, 成文法が完備しているように見える現在の米国でもコモンローはまだ生きている. 連邦最高裁判所は, 先例および自然法, 公正さ, 理性, 良識などに基づく common-law court だと言える. ただし, 19 世紀以後, 連邦コモンロー犯罪というものは民事でも刑事でも存在しないし, 州レベルでも, 刑事事件において成文法以外の慣習法で人が裁かれること (common-law crimes) はまれ. ◆エクイティとの相違については EQUITY の項を参照.

common-law marriage 「コモンローによる結婚」 ふつうは特定の異性どうしが, 合意のうえで(結婚式を挙げることなく)長年同棲し, 世間でも夫婦と見なされている場合を言う. ◆米国の特に東部と南部の多くの州では彼らの夫婦としての権利を認めないが, それを実質的に(例えば税金の控除などで)認めている州も 10 以上ある.

Commonwealth, the 「コモンウェルス」 (1)《英》1931 年に創設された the British Commonwealth of Nations が 1949 年にこう改称された. 1949 年より前のコモンウェルス(イギリス系諸国同盟とでも言うべきもの)は「英連邦; イギリス連邦」と訳されていた. Australia, Canada, India, New Zealand, Pakistan (72 年にいったん脱退), South Africa (61 年にいったん脱退), Sri Lanka, the UK で, これは旧宗主国であったグレートブリテンの支配力がまだ非常に強かったし, 第二次世界大戦中に英国軍主導の密接な軍事協力もあったので,「英連邦」は必ずしも不適切な訳とは言えなかった. しかし, 現在のコモンウェルスは, 米国, カナダ, ドイツ, ロシアなどが連邦であるのと同じような「(ひとつの中央政府を持つ)連邦」ではなく, 特に 49 年以来は独立国とその属領との, 自主的な, 限られた目的しか持たないゆるい連合であるから, ここでは単に「コモンウェルス」としておく. (英語では the Commonwealth of Independent States と表記される, 旧ソ連共和国から成る連合体は「連邦」ではなく,「独立国家共同体」と訳されていることにも留意したい.)

主要な加盟国はすべてかつての大英帝国 (the British Empire) に属していた. コモンウェルスの象徴的な元首は連合王国の国王[女王]である. その国王[女王]を自国の(やはり象徴的な)元首とする加盟国もあるが, 大統領制の共和国もある. 各国自由のこの原則は, コモンウェルスが成立した 1931 年に確立された. ◆上記のとおり, 最初は the British Commonwealth of Nations として創設されたが, インドとパキスタンが(独立したあとで)それに加盟した 1947 年に, コモンウェルスは白人が支配する国だけでなく, 多民族の国々が「完全に対等な関係で」世界平和と, 相互援助と文化交流を進める, という新しい原則が確立された. 70 年代にはアパルトヘイト政策をとっていた南アフリカに対して, 加盟国が協力して経済封鎖をした. さらに 91 年の the Harare Commonwealth Declaration (ハラーレはジンバブエの首都) で, コモンウェルスの法秩序および人権の尊重が相互に確認された. 加盟国は, 連合王国†, カナダ†, オーストラリア†, ニュージーランド†, インド, パキスタン(99 年 10 月に軍によるクーデターが生じたために同年 10 月 18 日から資格停止), バングラデッシュ，スリランカ，シンガポール，マレーシア，パプアニューギニア†，ソロモン諸島†，ブルネイ，ガーナ，シエラレオーネ，ケニア，ナイジェリア(1995年から人権問題で資格を停止されていたが，民主的な選挙が行なわれたので，99年11月に復権)，モザンビーク，ジンバブエ，タンザニア，南アフリカ，ザンビアなど，1999年末で54カ国で，†印がついている国を含めて16カ国はエリザベス2世をその国の元首にしており，5カ国は独自の国王をいただき，33カ国は共和国である．ほかにBermuda, Falkland, Gibraltarなど少数の英国海外領土も加盟している．アイルランド共和国は49年に脱退した．◆加盟国の総数は17億人(世界人口の4分の1近く)に達する．4年ごとに各国持ち回りのthe Commonwealth Gamesというスポーツ競技大会も開かれる(2001年にはテロ警戒のために中止)．3月8日がthe Commonwealth Day. 事務局はロンドンのPall Mallにあり，the Secretary-General(事務総長)は1999年11月からニュージーランドのDon McKinnon外相．◆2001年3月にマッキノン事務総長が，コモンウェルスの元首は必ずしも英国王でなくてもよいとの考えを支持したため，連合王国の保守的な人々から，それはthe 1931 Statute of Westminsterという基本的な法律に違反すると，強い非難を浴びた．

(2)《米》米国ではプエルトリコの公称がthe Commonwealth of Puerto Ricoであり，50州のうちケンタッキー，マサチューセッツ，ペンシルヴェニア，ヴァージニアの4州だけがStateの代わりにCommonwealthを使い続けている．

Communications Decency Act, the 《米》「通信品格法」 インターネットなどの通信媒体を用いて「品格に欠ける」映像を送信した者を罰する法案で，1996年2月に成立した．連邦議会はこれによって，アダルト映画など下品(indecent)な画像をオンラインで未成年に見せた者に対して25万ドルまでの罰金および[または]5年未満の禁固刑を科すと定めた．しかし，連邦最高裁判所は1997年6月26日に，「下品な」という抽象的な基準でインターネットを使った表現を制限するのは，インターネットに対して明らかに萎縮効果を及ぼすとして，その法律の主要部分を7対2という(第1補正に関しては近年では珍しい)大差で違憲であると断定した(多数意見に反対したのはWilliam *Rehnquist と Sandra Day *O'Connor両判事)．これで同法は事実上その生命を失ったかに見えたが，同最高裁は1999年4月19日に，この法律のもうひとつの規定を合憲と判断した．つまり，単にindecentな文書は憲法第1補正で保護されるが，他人に迷惑や脅威を及ぼすようなわいせつ文書をコンピュータや電話で伝えることを禁じた通信品格法の規定は合憲だ，というカリフォルニア州の連邦地裁の判決を認めたのである．その規定は “obscene, lewd, lascivious, filthy or indecent” な文書・図画(とが)を他人に送ることは重罪に相当するとしている．奇妙なことに，連邦控訴審(判事 3 人)は 2 対 1 で「この法律では indecent は obscene と同義である」として，indecent な文書の送信は合憲だという原告(サンフランシスコの Apollo Media Corp. というインターネットのプロバイダー)の主張を退け，連邦最高裁もその判決に反対しなかった．◆通信に関する重要な法律に the Communications Act of 1934 がある．⇨ FEDERAL COMMUNICATIONS COMMISSION; OBSCENITY

community charge, the 《英》「地域社会税」 一般に poll tax (人頭税) と呼ばれていた地方税の正式名．従来の the Rates (地方財産税) に代わるものとして，時の保守党政権によって導入され，1989 年からスコットランドで，90 年からイングランドとウェールズで実施された．一世帯を構成する成人の数に比例して税額が査定されるために，貧しくても多人数の一家が，豊かでも少人数の一家より多額の納税義務を負うことになるなどの理由で，きわめて不評であった．結局は全国的規模の抗議運動や騒乱まで引き起こし，93 年以後は *council tax へ移行することになった．サッチャー首相が退陣した主因はこの税の導入にあった，と言われている．

community home 《英》「コミュニティ・ホーム」 16 歳未満の犯罪者を収容する教育施設．⇨ AGE OF CRIMINAL RESPONSIBILITY; APPROVED SCHOOL; ATTENDANCE CENTER; CHILD JAIL; YOUNG OFFENDER INSTITUTION

community Safety Organisations 《英》「地域社会安全組織」 ⇨ WARDEN

community service order; community sentence 《英》「地域社会奉仕命令」 1991 年の the Criminal Justice Act (刑事裁判法) に基づいて，犯罪をおかして有罪と判決された 16 歳以上の未成年に，裁判所が与えることのできる命令．12 カ月を限度として，40 時間ないし 120 時間，場合によっては 240 時間まで無償の奉仕活動をさせる．本人の同意は必要ない．⇨ CURFEW ORDER

Community Support Officers 《英》「地域社会保護監視員」 ⇨ WARDEN

commutation of sentence 「減刑」 死刑を終身刑にすることも含む．大統領と各州の知事に，恩赦としての減刑 (executive clemency) の権限が与えられている．⇨ CLEMENCY; PARDON; 憲法 2 条第 2 節 1 項の解説

compact clause, the 《米》「協定条項」 どの州も議会の承認がなければ，他の州や国と協定を結ぶことができないという，憲法第 1 条第 10 節 3 項の規定．

Company, the 《米》「ザ・カンパニー」 the *CIA の通称．

comparable worth 《米》「同等価値」 1964 年の the Equal Pay Act（賃金平等法）の基礎になった考えで，同じ職業能力や訓練を要求し，実質的に同じ義務を果たすべき職場で働く男女のあいだに賃金格差があってはならぬというもの．賃金平等法や，1964 年の公民基本権法（the *Civil Rights Act）がゆっくりと定着するまで，同一労働に従事している女性労働者の賃金[サラリー]は平均して男性労働者のそれの 60% 程度に過ぎなかった．⇨ FAIR LABOR STANDARDS ACT OF 1938

comparative negligence rule, the 「過失相殺のルール」 *contributory negligence（被害者側の注意義務違反）に代わって，多くの州が採用している準則．事故当事者の双方の過失を比較し，相手よりも過失の度合いの低い側が，その分だけ賠償金の支払いを受ける．訴えた側の過失が被告のそれより大きいと認定されたら，賠償金は受け取れない．それは，どちらにも過失があったのだから，双方とも賠償など請求する資格がない，という考えとは全く違う．

compelling (state) interest 《米》「絶大な公の利益」 1957 年の最高裁判所判決（*Sweezy v. New Hampshire*）の Felix *Frankfurter 裁判官の意見で初めて使われた語．解釈の幅が広すぎ，具体的になにを意味するかを特定することがむずかしい．ある州法が(例えば特定の人種の権利を制約するなど)憲法第 14 補正第 1 節の the *equal protection clause（平等保護条項）に違反する疑いがあっても，あるいは州の *police power が個人の権利を制約するおそれがあっても，もしそれが「有無を言わせぬほど大きな公の利益」(例えば住民の安全確保，公立学校の教育など)のためにぜひとも必要だと証明されれば，憲法違反にはならないという考えか．⇨ STRICT SCRUTINY ; SUSPECT CLASSIFICATION

compensatory damages 「損失補塡賠償金」 ⇨ PUNITIVE DAMAGES

competent evidence 「有力な証拠」 事件の核心を突く重要な証拠．*exclusionary rules による排除はできないと考えられているが，それはあくまで違法性を認識せず，善意で（in good faith）得た証拠に限られるだろう．実際には，違法な手段で得られた証拠が米国の大陪審や裁判所で採用された例はある．

complaint 《米》「告発状；訴追請求状；訴状」 告発状は，刑事犯罪をおかしたと思われる者を逮捕あるいは召喚し，裁判にかけてほしいという願いの書面で，治安判事に提出される．比較的軽い容疑の場合は，別に indictment（正式の起訴状 ⇨ BILL OF INDICTMENT ; COURT PROCEDURES (2)）を提出しなくても，治安判事はこの告発状に基づいて裁判を開くことができる．訴状というのは，民事裁判で原告が被告からどういう被害を受けたか，また，どういう救済を求めているか，を簡明に要約した書面．

compounding a felony 「重大犯罪の示談(裏取引)による解決」 これには「重罪私和」という訳が『英米法辞典』に示されている．加害者 A の重大犯罪を訴追しない，あるいはそれについて証言しない，あるいは A についての情報を警察に明かさない，といった条件で，被害者 B が A から金銭や利益供与を受けることで，*common law 上の犯罪になる．英国でも 1967 年以後は違法である．

Comprehensive Environmental Response, Compensation, and Liability Act, the 《米》「環境問題の対策，補償，および責任に関する包括法」 ⇨ SUPERFUND

compromise verdict 《米》「妥協による評決」 陪審員がそれぞれ曲げられない別の意見を持って，一致した評決が得られぬ場合に，理性的な討論によって互いの溝を埋めていくのではなく，被告を有罪にするけれども賠償額は低く抑えようといった折り合いをつけて合意を図る方法．賠償額を決める合理的な算定方法を考えることを怠り，陪審員全員がそれぞれ紙に金額を書き，その平均額を最終決定にするのを quotient verdict (平均額評決) というが，それは一般には許されていない．⇨ JURY (2)

Comstock Law, the 《米》「コムストック法」 わいせつ文書の郵送を禁じる連邦法の通称．⇨ ROTH V. UNITED STATES

concurrent sentences 「同時執行の刑(の宣告)」 同一人 A が 3 つの犯罪で有罪を評決され，それぞれの罪について 5 年，8 年，12 年の刑を受けたとする．それらの刑が同時に執行されれば，最長でも 12 年で釈放される．上訴を受けた控訴裁判所も，原則的には，いちいちの罪についてではなく，(この例の場合は)12 年の刑の妥当性を審理すればよい．これに対して，5 年，8 年，12 年の刑を積み重ねていく場合は consecutive sentence; cumulative sentence (逐次執行の刑) と呼ばれ，計 25 年の刑となる．例えば，Jeffrey *Archer が受けた 4 年の禁固刑は同時執行の刑であって，彼の複数の罪に対する刑を積み上げていったら，10 年でもまだ足りないことになる．

concurring opinion 《米》「同意意見」 上位の裁判所(特に連邦最高裁判所)で，結論は多数派に賛成だが，その理由や，法律解釈などでは独自の考えを持つ裁判官が提出する意見．

Confederate flag, the 《米》「南部同盟軍の軍旗」 1861 年にアメリカ合衆国から脱退して同盟を結んだ南部 11 州が使っていた軍旗．最初は赤地に白の縞(しま)と青のたすきがけ，および円形に並んだ 11 の星がバランスのとれない形で並んでいたが，その後，赤地に白い縁取りのある青の X 型のたすき，そして，その青い帯の上に ケンタッキーとミズーリとを含む 13 の星が描かれたものが定着した．現在でも，南部の保守的な人々が，一種の誇りと反逆意識を込めて掲げる．黒人やリベラル派の人々は，これを人種差別と奴隷制度肯定のしるしとして嫌う．◆サウスカロライナ州は1962年の南北戦争100周年記念にこの軍旗を，米国旗と州旗と共に，州庁舎のドームの上に掲げた．1977年1月に当時の州知事 David Beardsley が外国企業の誘致に差し支えるという理由から，この旗を近くの記念館に移すよう提案したが，共和党主導の州議会は72対45でそれを否決した．2000年の Martin Luther *King, Jr. Day (1月17日)に，南部同盟旗を降ろせと要求する数万人の人々(ほとんどは黒人)が州庁前の広場を埋めたのと，ビジネス界からの圧力とが効を奏し，州議会は2000年4月に圧倒的多数で，同年7月1日に同盟旗を別のところに移すことを決定．同時に，米国50州では最後にキング牧師記念日を州の休日とすることも決めた．◆ジョージア州アトランタ市の州庁にも，合衆国国旗の下に南部同盟軍の軍旗によく似た州旗が掲げられており，黒人市民の神経を逆なでしていたが，民主党出身の Roy Barnes 知事の提案がようやく受け入れられて，2001年1月20日に，州旗のデザインを刷新することを——下院ではすでに僅差で承認されていたが——上院でも34対22で決定した．青地に金色の州章をあしらった新しい州旗の下には，“Georgia's History” という長旗がつけられ，5つの小さな旗が飾られたが，そのひとつが Dixie cross [= the Rebel cross] を含む従来の旗である．◆2001年3月現在，南部同盟軍の十字を(以前より旗全体に占める面積は小さくなったが)州旗に使っているのはミシシッピ州だけ．民主党の Ronnie Musgrove 知事は20の星が円形に並んでいる新州旗を用いようと提案し，会社や工場の誘致を狙う資本家たちも知事に賛成したが，白人州民の多数はそれに反対している．

confession and avoidance 「承認と異議」 plea (答弁)の際に，自分に不利な事実を突きつけられた被告が，その事実があったことは認めるが，いずれも法律的にはなにも問題のない事実であり，したがって自分は無実だと主張すること．⇨ COURT PROCEDURES; INNOCENT

Congress of Racial Equality, the 《米》「人種平等会議」 略は CORE. The Fellowship of Reconciliation (和解協力会)の一員であった James Farmer という黒人が，Mohandas Gandhi (ガンディー)の思想に影響されて1941年にシカゴで創設したもので，44年までにはニューヨーク，フィラデルフィア，ピッツバーグ，デトロイトなどにも広がった．シカゴ市南部のローラースケート・リンクの人種差別撤廃に成功．1947年には，前年の連邦最高裁判所の「州際バスにおける，人種による座席の差別は違憲」という判決を受け，南部で一種の *Freedom Riders 運動を敢行したが，参加者の一部はノースカロライナ州で逮捕され，*chain gang として野外労働を強制された．1961 年には「和解協力会」と共にフリーダムライダーズの運動を全米にアピールすることができた．⇨ NAACP

consecutive sentence 「逐次執行の刑」 ⇨ CONCURRENT SENTENCES

consent judgment; consent decree 「同意判決；同意審決」 裁判所または司法権を持つ行政機関が，裁判や審決の前に，両当事者の合意に基づいて，被告側になんらかの行動をとらせる(例えば，反トラスト法に違反する取引を中止させる)命令．これは一種の和解で，被告が違法を認めたことにはならない．被告の新しい行動が適切であれば，それ以上の訴追は免れるかもしれない．

Conservative Party, the 《英》「保守党」 通称は the Tories. Conservative Party という党名は 1830 年に John Wilson Croker (1780–1857) というアイルランド出身の海軍次官が考え出し，2 年後から実際に用いられた．国家の諸制度や諸機関を保持 (conserve) し続けるという意味を込めた名前である．現在は資本主義と自由競争とを旗印にしているが，あまりにも右寄りになって，労働組合を敵視した時代もあった．

[**大戦後の政権交代**] 1945 年から Clement Attlee の労働党政権が 51 年まで続いたあと，Winston Churchill が 3 度目の(保守党単独としては 2 度目の)首相になり，55 年から Anthony Eden, 57 年から Harold Macmillan, 63 年から Alec Douglas-Home (ダグラスヒューム) と保守党政権が続き，64 年から 70 年まで労働党の Harold Wilson が首相となる．70 年から 74 年まで Edward Heath が保守党政権を復活させたが，74 年から 76 年までウィルソンが労働党政権を奪回．そのあとを 76 年からやはり労働党の James Callaghan (キャラハン) 首相が継ぐという目まぐるしい展開だったが，その後は 97 年まで保守党の天下となる．⇨ 付録「連合王国の首相(第二次世界大戦後)」 ◆**Margaret (Hilda) Thatcher** (1925–) は オクスフォード大学で化学を学んだだけでなく，*barrister の資格も持つ．59 年から庶民院議員になり，教育や年金問題で頭角を現し，70 年に閣僚になり，79 年 5 月，ヒース元首相を抑えて，ついに英国史上初の女性首相になり，11 年間という長期にわたってその座を維持した．その間，国営企業の多くを民営化し，国民が福祉依存をやめて自立するよう求め，いくつもの立法で労働組合を骨抜きにし，85 年の炭坑ストを力で抑圧した．82 年の the Falklands War では，領土の帰属権で前世紀から紛争のあったフォークランド諸島にアルゼンチン軍が上陸したのを機に，それを(双方に 1000 人もの犠牲者を出しながら)実力行使で撃滅させた．こうした the "Iron Lady" としての指導力は保守派のあいだで高く賞賛されたが，インフレや失業率の増大を招いたこともあって (⇨ COMMUNITY CHARGE)，労働者階級からは敵視された．それが主原因で，90 年に失脚

した．92 年に一代貴族 (baroness) に叙せられた．その後も党内最右翼の指導者であり，Jeffrey *Archer をロンドン市長候補として推薦したり，チリの Pinochet 元大統領 (⇨ House of Lords) を弁護したり，ブッシュ II の「悪の枢軸」論を熱烈に支持するなど，タカ派的な言動が続いている．◆サッチャー政権の外務大臣と財務大臣をつとめて，90 年に首相になった **John Major** (1943-) は，労働者階級(父親は役者)の出身で，独学で政治家になった苦労人．サッチャーよりも穏健で，階級なき社会を作ろうと提唱したにもかかわらず，党内をまとめて欧州連合 (EU) の the Social Chapter (65 年発効の「社会憲章」．マーストリヒト条約の重要な一部で，労働者の権利，社会的弱者の権利，男女の平等，労働者が EU 内を移動する自由などを保障するもので，連合王国だけが承認していなかったが，97 年に ブレア政権がようやく承認)を受け入れることはできなかった．首相としてはイメージが地味すぎ，国内経済もジリ貧とあって，国民から次第に飽きられ，97 年の総選挙で保守党は 165 議席対 419 議席と，労働党に大敗した．メージャーに代わって **William Hague** (1961-) が保守党の党首になった．オクスフォード大学出身で，MBA (経営学修士) の学位も持ち，83 年から 88 年まで McKinsey and Co. の経営コンサルタント．89 年から保守党の庶民院議員，のちに社会保障省，ウェールズ省などの高官や大臣を歴任した．能弁だがカリスマ性に乏しく，人気は 2000 年夏のガソリン不足の一時だけを除き，終始低迷していた．サッチャーと同じくユーロ導入に強く反対し続け，「欧州人権条約」(the *European Convention on Human Rights) によって連合王国の司法が影響をこうむっていることに強い不快感を表明していた．2000 年 5 月には「難民申請をする外国人は収容所に隔離すべきだ」と発言して，保守党内からさえ批判を受けた．2001 年 6 月の総選挙では，新味に乏しい大幅減税とユーロ反対だけを前面に押し出し，反ユーロの急先鋒であるサッチャー元首相を先頭に立てて大幅な議席増を狙ったが，結局は 166 議席止まりで，労働党の 413 議席に遠く及ばず，惨敗の責任をとって辞任した．

[2001 年の党首争い] 新党首争いの先頭に立ったのは，**Michael Portillo** (1953-) であった．スペイン人移民の息子であるポーティロウはケンブリッジ大学を卒業，84 年から庶民院議員になり，95 年から 97 年まで保守党政権の国防大臣をつとめた．97 年の総選挙で敗れたが，99 年 11 月の補欠選挙で返り咲いた．その選挙の前に，彼はわざわざ学生時代に同性愛を経験したと新聞記者に告白した．それは，「意外に話のわかる，普通の男」というイメージを売り込むための作戦と見る向きが多い．2000 年 2 月，ヘイグ党首はポーティロウを影の内閣の財務大臣(党内の No. 2 の座)に任命した．ヘイグは 2001 年 6 月 7 日の総選挙で保守党が惨

敗した翌日，責任をとって辞任した．ポーティロウはその 1 週間後には，早くも党首選に立候補の意思を表明．もともとタカ派だが，97 年ごろから中道寄りの姿勢を見せ，「思いやりのある保守主義」と，よりいっそうの国際協調を旗印にしたので，同じ反ユーロの **Iain Duncan Smith** (1954-　：陸士出身の陸軍高級将校を経て 92 年に政界入り，閣僚歴はないが，2001 年には影の内閣で国防大臣)から，軟弱で一貫性を欠くとの非難を受けた．庶民院議員による 2 回の予備選挙で，ポーティロウのライバルは，イーアン・ダンカンスミスと，党内の親欧州派が推す Kenneth (Harry) Clarke (1940-　：ケンブリッジ大卒で，内務大臣，教育技術大臣，財務大臣などを歴任)の 2 人に絞られた．クラークはユーロ導入に積極的なので，党首脳部から敬遠されていた．ダンカンスミスは，ポーティロウに代わってサッチャリズムの旗頭と見られているが，見た感じがヘイグとそっくりで，一般国民の人気が薄い．保守党の庶民院議員 166 人による 7 月 17 日の第 3 回投票で，53 票しか獲得できなかったポーティロウはあえなく落選．59 票を得たクラークと 54 票を得たダンカンスミスの 2 人が，一般党員 33 万人による決戦投票(9 月 12 日締切りの郵便投票)に進み，ダンカンスミスの勝利に終わった．ダンカンスミス＝サッチャー対クラーク＝メージャーのしつこい相互攻撃はまさしく泥仕合の様相を呈し，非党員である国民をうんざりさせた．保守党が最右派の新党首のもとで労働党に追いつき追い越せるとは，保守派の新聞 *The Daily Telegraph* でさえ予想していない．⇨ LABOUR PARTY

constable 《英》「巡査」 連合王国の最下位の警察官(＝ police constable; woman police constable) で，令状さえあれば捜索や逮捕の権限を持っている．a *chief constable は日本で言う巡査部長ではなく，ある地域の警察を統合する高級幹部であることに注意．⇨ BOBBY

constitution 「憲法」 (1) 《米》北アメリカの旧英国植民地では，1787 年に 13 邦のうち 12 邦の代表によって制定され，翌年に 9 邦の承認を得て発効．その後，1791 年に第 1 補正から第 10 補正までの「権利章典 (the *Bill of Rights)」が確定し，現在までに 27 の補正 (*amendments) がある．憲法の解釈は主に連邦最高裁判所の判決 (*judicial review) によって示される．憲法の原文(4 頁)は首都ワシントンの国立公文書館に保存され，うち 2 頁は日中のみ公開展示される．年に 1 回，9 月 17 日(憲法制定会議の各邦代表が憲法原文に署名をした記念日)には全文が公開展示される．

(2) 《英》連合王国には「憲法」という名の文書はないけれども，*Magna Carta (1215), the *Bill of Rights (1) (権利章典，1689), Habeas Corpus Act (人身保護法，1679. ⇨ HABEAS CORPUS) など，国王と対

立していた貴族たちの(のちには国民一般の)権利を擁護する基本的な法律と，制定法があり，それに加えて判例に基づく *common law と，すでに定着している政治的慣例などがあり，その総体を the British Constitution と呼ぶ．2000 年 10 月 2 日には，「欧州人権条約」(the *European Convention on Human Rights) を取り入れて国民の基本的人権を明記した「1998 年人権法」(the *Human Rights Act 1998) が発効し，連合王国にも初めて成文の権利憲章ができた．それは連合王国の憲法体系を根本的に変えるもので，もはや the *House of Lords (貴族院) は人権問題に関する限り，この国の最終審裁判所とは言えないし，人権にかかわる諸法律は，今後つぎつぎに「欧州人権条約」に沿ったものへと改善されるだろう．⇨ CONSTITUTIONAL LAW (1)

constitutional construction 《米》「憲法の解釈」 合衆国憲法制定直後から，その文言を厳密に尊重すべきだとする strict [narrow] construction と，国家権力には憲法の文言が明示しているよりも広い権限が与えられているとして，憲法を広く解釈する loose [liberal] constitution とが対立してきた．前者はできるだけ大きな力を州に留保する傾向がある．現在の連邦最高裁判所は保守化され，州権尊重論者の裁判官が多いけれども，the Warren Court (⇨ WARREN, EARL) の「ゆるい解釈」から完全に脱却しているわけではない．⇨ FOUR CORNERS; INTERPRETIVISM; MODERNIST; ORIGINAL INTENT; STATES' RIGHTS

constitutional courts 《米》「憲法裁判所; 第 3 条裁判所」 憲法に基づかぬ裁判所などあるはずもないが，これは憲法第 3 条に基づく裁判所のこと．詳しくは LEGISLATIVE COURTS の項を参照．⇨ UNITED STATES COURTS

constitutional law (1)「憲法」 国の政体，国家元首または大統領の選定，国家元首等の権限，立法府，行政府，司法府の構成と権限，国会議員の資格や選任法，2 院制ならばその意義や特徴，閣僚の職権，軍の指揮権，中央政府と地方自治体との関係，条約締結権，宣戦布告権，帰化や移民，選挙権，表現の自由などについての基本的な法律で，国家の(あるいは州の)基幹を成す．(2)「憲法学」 政府の基本理念，その組織と機能，また，政府の法律と行政の合憲性などにかかわる法律問題，また，憲法解釈についての判例などを比較研究する学問．(3)「憲法諸法」 と仮に訳しておく．憲法学の基礎資料となる，諸法律や判例，憲法解釈などの総体．

construction 《米》「(憲法の)解釈」 ⇨ CONSTITUTIONAL CONSTRUCTION

constructive 「擬制の; 法解釈上の」 という意味があることに注意．これは「事実上はそうでなくても，法律上は正しい; 法律上はそう解釈できる[見なされる]」の意味で，現に法的な効果を持つ．現実には悪意が働いていないのに，結果的にそう見えれば constructive malice と呼ばれる．⇨ CONSTRUCTIVE FRAUD

constructive contract ＝ QUASI CONTRACT

constructive fraud 「擬制詐欺」 現実の意図的な詐欺 (actual fraud; fraud in fact) と違って，人をだまそうという悪意は証明できない(したがって，被害者が全面的な損害賠償を要求することはできない)が，結果として非良心的であり，公益を害し，人の信頼を裏切るので，法律的には詐欺と見なされる行為．高度の注意義務を負うべき財産受託人 (*fiduciary; trustee) が，うっかりして，注意を怠った場合などがこれに当たる．⇨ CONSTRUCTIVE

Consumer Credit Protection Act, the 《米》「消費者信用保護法」 その第1編の別名は the Truth-in-Lending Act (貸付真実法). 1968年に制定された連邦法だが，多くの州が同様の保護法を持っている．消費者信用とは，個人や家庭が受けられる販売信用と貸付信用で，消費者は月賦などで一定額までの商品の信用買いができる．保護法の目的は消費者保護で，ファイナンス会社が消費者信用に関する情報を明確に開示すること，金利 (finance charge) は年に何パーセントかを明記することをはじめ，クレジットカードの要件などを決めている．◆1976年に改正された同法の第7編は，信用を受けようとする者を，人種，皮膚の色，宗教，民族，婚姻関係，年齢などで差別することを禁止しており，the Equal Credit Opportunity Act (信用機会平等法) と呼ばれている．◆《英》連合王国にも the Consumer Credit Act 1974 がある．1988年5月に，同国では信用貸しの最高限度は2万5000ポンドであった．

Consumer Product Safety Act, the 《米》「消費者製品安全法」 略は the CPSA. 1972年に制定され，the Consumer Product Safety Commission の創設を決めた．製品の検査，安全基準の設定，違反企業に対する罰則などを決めている．◆《英》連合王国にも the Consumer Protection Act 1978 や the Food Safety Act 1990 などがあって，公開された安全基準に反する製品を出荷した企業の責任者は有罪とされる．

contempt of court 「裁判所侮辱」 出版物や放送など，さまざまな手段で，裁判所の職務を意図的に妨害し，その権威をおとしめようとした行為は，criminal contempt (刑事的裁判所侮辱) として罰せられる．一方，いま出されている差し止め命令に従わないなど，故意に裁判官や裁判所の命令を無視する行為は，civil contempt (民事的裁判所侮辱) と見なされ，命令の実行を強制される．いずれの場合も，制裁は禁固刑と罰金である．裁判官の面前でなされた裁判所侮辱は direct contempt といい，その裁判官は改めて正式の裁判を開くまでもなく，即決で制裁を科すことができる．

◆裁判において偽証したならば(だます意図が証明されなくても)裁判所侮辱になるおそれがある. ⇨ CLINTON, BILL

contingent fee 「(弁護士が受ける)成功報酬」 民事事件において,依頼者が訴訟で勝った場合にのみ受け取る弁護士の報酬で,金額は依頼者の取得額に応じて決められる. 一般に取得額の 3 分の 1 程度という例が多い. この取決めを結んで敗訴に終わった場合,弁護士は何時間働こうと報酬を受け取ることができない. a defense [negative; reverse] contingent fee というものもある. これは訴えられた側(被告)の弁護士が受け取る「逆成功報酬」で,原告に支払う金が予想金額より少なくてすんだとき,その差額に応じて被告から支払われる.

contract clause, the 《米》「契約条項」 どの州も「契約の権利義務を損なうような法律を作ってはならない」という憲法第 1 条第 10 節 1 項の条項.

contributory negligence 「被害者側の注意義務違反」「寄与過失(の抗弁)」というむずかしい訳語が『英米法辞典』に出ているが,頭記の意味であろう. 車の事故に例をとれば,トラックの運転者 A は黄色信号が出ているのに交差点を突っ切ったために,横から飛び出してきた B の自転車にぶつかり,B に重傷を負わせたと訴えられたが,実は B も半ばぼんやりして交差点で止まらなかったために起こった事故だという抗弁. 被告は無罪とはならぬにしても,刑を軽くされる,あるいは賠償金を減額される可能性がある. ⇨ COMPARATIVE NEGLIGENCE RULE; NEGLIGENCE

Convention rights, the 「条約権」「欧州人権条約」(the *European Convention on Human Rights) によって保障されている基本的な人権と基本的な自由.

conviction 「有罪判決」 刑事裁判において,裁判官が宣告する. 陪審による有罪の評決を意味することもある.「2 つの有罪判決を受けた」は, had two convictions と言う. 有罪判決を受けた者(受刑者)は convict. ⇨ INNOCENT

Cooley doctrine, the; Cooley rule, the 《米》「クーリーの原則」 州は,純粋に国家的な問題としての通商に対する規制はできないが,通常の州際通商に対する規制は可能だという法理. *Cooley v. Board of Wardens* (*of the Port*) *of Philadelphia* の連邦最高裁判所の判決(1852)から. この事件は,フィラデルフィア港に出入りする船はたとえ同港の水先案内人を雇わなくても,(海員の傷病治療費や,海員の遺族救済に充てるために)半日分の水先案内料を港湾当局に支払うべしというペンシルヴェニア州の州法に関するもの. これは州際通商や国際貿易を阻害するおそれがあるから違憲だ,という訴訟が起こされた. 従来,連邦裁判所はこの種の憲法問題を

避けてきた (⇨ AVOIDANCE (2)) が，連邦最高裁は1852年5月の判決で初めて，統一した国の規制が不必要な場合には，州が州際通商を規制するのは違憲ではないと判断した．ただ，この判決はなにが純粋に(州法が立ち入れない)国家的な問題かを明示していない．その意味で歯切れが悪いけれども，プラグマティックな判決であり，おかげで州による州際通商の規制が非常に増えることになった．

cooperative federalism 《米》「協調的連邦主義」 連邦と州とのいわば敵対的な権限の張り合い (competitive, divided-sovereignty federalism) とは対照的な概念で，連邦政府と州とが権限を譲り合って協力する体制を意味する．米国では，欧州各国に比べて，地方政府(州)は中央政府に引けを取らぬほど大きな権限を与えられている．ところが，連邦は多くの補助金ないし地方交付税 (grant-in-aid) で州を助けるだけでなく，その使途にまで注文をつけることが多く，協調的連邦主義はその名に反して，実際には連邦優位主義を意味するようになってきた．例えば，DRINKING AGE, THE LEGAL の項で触れた幹線道路行政と飲酒年齢の関係についての Elizabeth Dole 運輸長官の決定など，州はただ一方的に連邦の言い分を呑むしかなかった．この意味での協調的連邦主義のもとでは，憲法第10補正に記された「州に留保された権利」などないも同然である．レーガン，ブッシュ I, ブッシュ II などの大統領はしきりに new federalism (⇨ FEDERALISM) という語を使って，中央政府の権限を州に委譲する姿勢を見せているが，実際には，国家予算を一方的に削減し(表面的には連邦の所得税を大幅に減税し)，州に新たな財政負担とサービスの増大とを強いるだけである．雇用促進，住宅供給，健康，福祉などのために連邦予算のうち数十億ドルを州その他の自治体に与える block grant [定額助成金] 制度も，1960年代に州議会とはなんの相談もなく始められ，1986年に一方的にうち切られた．

copyright 「著作権」 著作者(作曲家，演劇作家，建築家などを含む)に，自分の「オリジナルで有形 (tangible) の」作品(音楽はもちろん，映画や放送から舞踊やパントマイムまでを含む)を発表する，あるいはそれを他人に発表させる排他的な(しかし譲渡は可能な)財産権で，未発表作品も保護する．ただし，作品の着想，作品が扱う事実，人物，事件，経験，思想などの独占的使用は認めない．

[**著作権発生の時**] 主要国における公衆への伝達権に関しては，1887年9月5日にスイスのベルンで締結された the Bern(e) Convention (国際著作権協定) が基礎になっている．工業所有権と違って，一般の著作権は登録を必要せず，作品が生まれた(あるいは，その形をとった)と同時に発生する．未発表作品も著作権法で保護される．公刊する本やポスターなど

の印刷物の場合には，© マークのあとに著作権保有者の氏名と初版出版年を(本ならタイトル頁の裏に)印刷することによって，著作権侵害を許さないという姿勢を示すことができる．

[保護期間] 米国では，the Copyright Act of 1976 によって，1978 年 1 月 1 日以後に発表された有形の「作品」(新しい調査研究の結果として編集された古典のテキストも含む) は，その「著作者」(新テキストの編集者を含む) の生存中と死後 50 年間保護される．同日以前に発表された作品(著作者の意思によって public domain に入り，だれもが自由に使える作品を除く)は，同日に著作権が発生したものと見なされ，76 年以前の規定によって著作者の死後 28 年間それが持続するが，さらに 28 年ずつ，75 年間まで延長することも可能である．◆また，1998 年の法改正によって，それまでの著作権はすべて，著作者の死後 70 年間保護されることになった．◆連合王国では the Copyright, Designs, and Patents Act 1988 によって，通常は著作者(作品の創造者)の生存中と死後 70 年間保護される．

[特例のひとつ] 連合王国の国民が第二次世界大戦の終戦より前に得た著作権は，(英米では 3794 日の)戦時加算により，著作者の死後(50 年ではなく)約 60 年間保護される．

[翻訳権の特例] 翻訳者は，初版が出てから 7 年間(国によっては 3 年間)翻訳されなかった書物などを翻訳する権利を要求することができる．日本の場合，著作権者から許諾が得られなければ，文化庁長官の許可を得て，所定の補償金を払えば翻訳できることになっているが，長官の許可が得られた例はきわめて少ない．⇨ FIXED WORK

[パロディーの例] パロディー作品のように，どこまでがオリジナルか判定困難な作品の場合は，判例や陪審の判断に従う．Margaret Mitchell の *Gone With the Wind* (1936) の続編とうたった Alexandra Ripley の *Scarlett* (1991) は一時的にせよ好意的に迎えられた．ところが，『風と共に去りぬ』(原作) が当時の黒人の実態を描いていないことに不満を抱いた──テネシー州ナッシュヴィル市のソングライターでもある──黒人(といっても，黒人の大部分がそうであるように，白人との混血)の女性作家 Alice Randall が黒人の立場から南北戦争後を描いた小説 *The Wind Done Gone* (風は行ってしまった) を書いて，Houghton Mifflin 社から出版する契約を結んだときの反応は全く違っていた．ランダルは，原作の主要な人物である Scarlet O'Hara の父親と奴隷の Mammy とのあいだに生まれた Cynara という混血児 (mulatto) の目で，また，奴隷たちの目で Tara Plantation を見たのである．これに対してミッチェルの遺産管理組織 (SunTrust Bank) は著作権侵害だとして訴えた．それを知った Arthur

M. Schlesinger, Jr. や Harper Lee や Toni Morrison など著名な文筆家が2001 年 4 月に出版を認めよという公開状を発表したが，連邦地裁の Charles Pannell, Jr. 判事は 5 月に入ってランダルを敗訴に追い込んだ．ミッチェルがこよなく愛していた登場人物とそのロマンは，著作権法で保護される個人の財産であり，「憲法第 1 補正は法的に認められたそういう権利を侵害する権利を与えるものではない」というのが 51 頁に及ぶ判決文の骨子であった．続編ならいいが，パロディーは許せないという，不可解な判断である．しかし，アトランタ市の連邦第 11 巡回区控訴裁判所の 3 名の判事は，5 月 25 日に，パネル判事の判決を第 1 補正に違反する不法な事前抑制だとして斥け，ランダルの作品はパロディーであるからこそ出版を差し止めてはならない，と判断した．SunTrust Bank は連邦最高裁判所に上告するそうだ．著作権でなにが保護されるかは，連邦地裁の判事をさえ混乱させる難問題だということを見せつける事件であった．

[デジタル著作権の時代] インターネットの発達に伴うデジタル情報の内容は簡単に複製されやすいし，それを勝手に変更して流すことも容易なので，著作権の保護にきめ細かな法制が必要だが，消費者の権利にも十分に配慮する必要がある．◆サンフランシスコの連邦第 9 巡回区控訴裁判所は 2001 年 2 月 12 日に，Napster（客が同社のコンピュータに手持ちの曲を送ると，他の人がそこに送った曲のなかから好きなものを入手できるという仕組みで，5800 万人が利用していた）の商法は，レコード会社の著作権を侵害しているという判決を下した．the European Parliament（欧州議会）も WIPO（国際知的所有機関 ⇨ INTELLECTUAL PROPERTY RIGHTS）の 1996 年協定に基づいてナップスター型の音楽配信（free copying of music over the Internet）を著作権違法とすることを決めた．しかし，現実には，さまざまなタイトルで入力されるすべての曲のリストを作るだけでも大仕事であり，レコード会社側もお手上げの状態であった．

マンハッタンの連邦地裁判事 Sidney Stein は，2001 年 7 月 11 日に，「本」は必ずしも電子ブック（e-book）を含まないという判断を示した．事件は RosettaBooks がカート・ヴォネガット，ウィリアム・スタイロン，ロバート・B・パーカーなど 8 人の作家に著作権料を払って 8 編の小説の電子ブック版を発行する計画を立てた．その 8 編をすでに書籍の形で出版していた Random House 社は，これを著作権の侵害だとして，ロゼッタブックスの出版に対する緊急差止め命令を連邦地裁に願い出たのである．地裁は，デジタル出版は検索や注解書き込みなど，独自の機能を持っているので，紙に印刷された本とは別物だとして，差止め命令の発行を拒絶した．2001 年 7 月にはまだ裁判が続行中だが，ランダムハウスは差止め命令を拒否されたことに反発し，控訴裁判所に上訴する構えを見せていた．映画や音楽などを，最初とは違ったメディアで発表するたびに，新たに著作権料を支払う必要があるのか否かは，非常に影響範囲の大きい問題である．

電子ブックには，その複製をどう防ぐかという厄介な問題もある．2001年7月中旬に，Dmitri Sklyarov（ドミトリ・スクリャリョフ）という26歳の（モスクワ市の大学院生で，同市のElcomSoft社の社員でもある）ロシア人が，the Digital Millennium Copyright Act of 1998（the DMCA: 1998年デジタル・ミレニアム著作権法）という妙な名前の法律に違反した最初の容疑者として逮捕され，8月に起訴された．彼は，ラスヴェガス市で開かれていたコンピュータ・ハッカーの会議で，米国のAdobe社などが電子ブックの海賊版を防ぐために開発した暗号化ソフトウェアに欠陥があることを，会議の席で公表した．おまけに，上記のエルコムソフト社は，6月下旬に，電子ブックの暗号化ソフトが無効になるようなプログラムを99ドルで売り始めていた．上記のデジタル著作権法は，デジタル暗号を破壊する技術の利用者を罰するもので，有罪となったら，5年未満の禁固刑および[または]50万ドル未満の罰金を科せられる．人権運動家たちは，この法律を憲法第1補正（表現の自由の保障）違反だとして反対しており，逮捕者第1号であるスクリャリョフ救済の運動が，the Electronic Frontier Foundationという（著作権法に関連して自由人権運動を展開している）組織の指導で，7月23日に（たぶんスクリャリョフを警察に訴えた）アドービ社の本社のあるサンノゼ市で開かれた．◆2001年12月に司法当局は，スクリャリョフが勤務先の企業について法廷で証言することを条件に起訴を取り下げ，本人の帰国を許すと決定した．DMCAに反対する世論に屈して妥協したわけだ．

フリーランスの記者が書いた新聞や雑誌の記事を，会社がデータベースにしておき，それをインターネットなどで流す自由は2001年6月に連邦裁判所によって封じられた．その結果，*The Washington Post* は例外だが，ほとんどの新聞社は，フリーランスの記者に新たな著作権料を払うことをきらって，膨大なデータのなかから彼らの（これまた大量の）記事を削除している．これもデジタル・コピーライトの新たな問題と言えよう．

［注意］ 著作権，著作隣接権（neighboring rights），知的財産権（*intellectual property rights），翻訳権などについての規定は非常に複雑なので，具体的な問題で疑問があったら著作権情報センター（TEL. 03-5353-6921）などに問い合わせていただきたい．⇨ DERIVATIVE WORK; FAIR USE; PATENT

CORE ＝ CONGRESS OF RACIAL EQUALITY

coroner 「検屍官」 最近は medical examiner という語がよく使われて

いる．通常は医師だが，法律家(英国では 5 年以上の経験のある *barrister や *solicitor) の場合もある．検屍官は，担当地域で見つかった殺人の犠牲者，変死体，死因不明者の死体を調べて，死亡原因を確かめる．必要があれば，coroner's inquiry という死因確定のための審問を行なう．英国には coroner's court があり，7 名から 11 名までの coroner's jury という陪審員が死因について評決する．その評決は inquisition と呼ばれる．検屍官裁判所は，検屍官の担当地域内で発見された所有者不明の現金や，金銀などの高価な埋蔵物 (treasure-trove) についても，その処置について審理する．英国には，高価な埋蔵物は(発見者ではなく)国王[女王]のものになるというきまりがある．米国では，州のもの，発見者のもの，双方の折半など，各州の法律で決められている．

corporal punishment 「体罰」 (1)《米》連邦最高裁判所は，異常な刑罰を禁じた憲法第 8 補正を，公立学校の生徒を体罰から護るものとは解釈していない．米国では南部の大半を含む 27 州において，学校での通常の体罰(手やおしりを強くたたく程度のもの)を違法とは見なしていない．受刑者に対するむち打ちは憲法第 8 補正で禁じられている．

(2)《英》英国には昔から "Spare the rod and spoil the child." (むちを惜しめばわがままっ子ができる) ということわざがあるほど，家庭でも学校でも(特に名門のパブリックスクールで)スパルタ教育が伝統的に行なわれてきた．その英国でも，公立学校での体罰は 1986 年に法律で禁止された．88 年には私立学校でも禁止された．英国の 9 歳の少年が義父(母親の新しい夫)による体罰を受け，英国の裁判でその義父が "reasonable chastisement" (合理的なこらしめ) を行なっただけとして無罪になった事件に対して，the *European Court of Human Rights (欧州人権裁判所) が 98 年に，その子供に対する人権侵害があったと判決を出したからである．2000 年から，親や先生でも，子供に対して体罰を加えることは禁止された．素手のスパンキングは大目に見られるが，頭，目，耳をたたくことは許されない．これも，上記の判決の影響である．欧州では，フィンランド，デンマーク，ノルウェー，スウェーデンがあらゆる体罰を禁じており，2000 年 1 月に，ドイツの国会も体罰禁止の法律案を作成中であった．◆*The* (*London*) *Times* が 2000 年 1 月に発表した調査によれば，英国人の 51% はいまでも体罰(たぶんスパンキング)を是認しているという．保守党の新党首ダンカンスミス (⇨ CONSERVATIVE PARTY) も是認派である．

corporate liability 「法人の(賠償)責任」 会社その他の組織の責任者に，欠陥商品や事故などの責任をとらせること．会社の重役などが最初から犯意をもって行動していたと証明するのは困難だが，近年は彼らの注意義務違反 (*negligence) が厳しく問われるようになってきた．連合王国政府は，2001 年 7 月に，今後は，学校や病院でその経営者(理事会など)の怠慢などによって人が死んだ場合，彼らを刑事犯罪者として起訴し，禁固刑などを科する方針だと発表した．それを報じた英国の新聞(*The Weekly Telegraph*, 7-14-2001) は "criminal charges of 'Corporate killing'" という言葉を使っていた．⇨ CORPORATE MANSLAUGHTER

corporate manslaughter 《英》「法人によるマンスローター」 法人が責任を問われる過失致死．⇨ MANSLAUGHTER ; MARCHIONESS DISASTER

corporation 「法人 (= artificial person)」 大別すると，政府が設立した公的法人と，個人が設立した私的法人とがある．いずれも自然人が持っている権利と義務のほとんどを保有している．《米》では business corporation (会社) の意味でよく使われる．大きな会社のほとんどは取締役会を持ち，株式を発行し，配当を支払っている．こういう会社は米国では C corporation と呼ばれ，所得税納入の義務を負っている．それに対して規模のごく小さな(株主の数が限られている)会社は S corporation (1982 年までは Subchapter S corporation; 特別小規模会社)と呼ばれ，税法上は合名会社 (partnership) と同様に扱われ，所得税は免除される．◆《英》で corporation はよく都市自治体 (municipal corporation) の意で使われる．

Cosa Nostra 《主に米》「コーザノストラ」 マフィアの別称．⇨ MAFIA

Costello, Frank (1891-1973) 《米》「フランク・コステロ」 The *Mafia のボス．イタリア生まれで，4 歳のときからニューヨーク市に住み，21 歳で暴行および強盗で 2 度逮捕され，24 歳のとき銃の不法所持で 1 年投獄されたが，その後 37 年間は刑務所生活を経験していない．シチリア人の Charles "Lucky" *Luciano やポーランド系ユダヤ人の Meyer Lansky と 3 人組を組んで，コステロはもっぱら政界工作を担当し，金の力でニューヨーク市の政界指導者(特にアイルランド系のカトリック信者たち)を支配下に収め，市政人事も動かして闇の首相と呼ばれた．裁判官さえ，ほとんどがコステロの(というか，彼の金の)力に屈した．州知事やニューヨーク市警察署長には毎週 1 万～2 万ドルの「潤滑油」が届けられた．コステロの政官界浸透工作は 1950 年代の the *Kefauver investigation で暴露され，彼の力は失われる．その後彼はマフィアのライバルであった Vito Genovese (1897-1969) によって暗殺されかかったり，麻薬取引で短期間投獄されたりしたが，証拠が残るような殺人罪を犯していなかったこともあって，比較的平和な隠退生活を送ることができた．

councillor (1)「(特に町議会の)議員」 (2)《英》「枢密院 (the *Privy Council) の議員」

Council of Europe, the 「欧州会議」 欧州評議会，欧州審議会などさまざまな訳があるが，欧州会議が最も多く使われているようである．

1949 年 8 月に創設されたこの会議は，欧州共同体 (EC) や欧州連合 (EU) からは，したがってもちろん EU の議会である the European Parliament (欧州議会) からも，独立した組織である．本部はフランスの Strasbourg (ストラスブール) にある．加盟国は連合王国を含む 41 カ国(最初は 10 カ国)で，欧州の(自由と法律を尊重する)政治的伝統，および文化的な伝統の維持と発展を図る．特に，各国を代表する外務大臣が，欧州全体にまたがる問題として，人権，環境問題，保健，文化振興，教育，科学，スポーツ，犯罪防止などの政策を討議する．この会議のひとつの大きな成果は 1950 年に締結された the *European Convention on Human Rights (欧州人権条約) で，それに基づいて the European Commission (17 名から成る「EC 委員会」) と the *European Court of Human Rights (欧州人権裁判所) とが設置された．両者は 93 年に統合され，新しい人権裁判所ができた．この会議の執行機関は the Committee of Ministers (閣僚委員会) で，各国 1 名の閣僚(問題によってメンバーは替わってもよい) から成り，各国議員が参加することもある．その会議の結論の多くは加盟各国への勧告書，あるいは European conventions と呼ばれる政府間協定の形をとる．93 年と 97 年には，いずれもフランス大統領の呼びかけで，人権問題に関する首脳会議が開かれた．⇨ EUROPEAN CHARTER OF FUNDAMENTAL RIGHTS ; EUROPEAN COUNCIL ; EUROPEAN COURT OF JUSTICE

Council of the European Communities, the; Council of the European Union, the 「EC [EU] 閣僚理事会」 the *Council of Europe との相違に注意. ⇨ EUROPEAN COUNCIL

council tax 《英》「議会税」 俗に poll tax (人頭税) と呼ばれた the *community charge という地方税があまりに不評であったために，それに代わるものとして 1993 年に導入された財産税 (property tax) で，地方議会の重要な財源のひとつ．現実に居住している土地家屋(自宅に限らない)の公示価格に応じて課税される．成人 2 人以下が住んでいる場合や，低所得者には減免措置がある．この税制はサッチャーの後継者である保守党のジョン・メージャー首相が推進した．⇨ CONSERVATIVE PARTY

counsel 「弁護士(の助言)」 the right to counsel と言えば，刑事被告人が起訴されたときから一貫して弁護士の助力を得る権利で，米国の憲法では第 6 補正で保障されている．

counterclaim 「反訴」 民事訴訟において，被告が原告にいわば逆襲し，係争中の事件に関して，時にはそれと全く無関係なことについて，原告から損害賠償を要求すること．cross-action とも言われる．⇨ ANCILLARY JURISDICTION

counterfeiting 「通貨偽造」 使用することを目的として，にせ金(紙幣または硬貨)やにせの有価証券を作ること．コピー機械で片面だけ本物に似せただけのにせ札を作っただけでも，もしそれが本物として通用したら，通貨偽造ということになる．◆連合王国では 1994 年から 98 年のあいだに総計 2900 万ポンド(日本円で 50 億円をはるかに超える額)に及ぶにせの 20 ポンド札と 50 ポンド札とが流通した．透かしもあり，紫外線を使ったにせ札鑑定機械でも見破られぬほど精巧な紙幣であり，イングランド銀行は急遽新 20 ポンド紙幣の発行を余儀なくされた．捜査の結果，主犯はエセックス州の豪邸に住む一見温厚な印刷業者 Kenneth Mainstone (1999 年の逮捕時に 61 歳)であることが判明した．メインストーンの自宅や，3 人の共犯者(そのひとりは暗黒社会で顔の利く Stephen Jory という当時 50 歳の男)の家や工場からは，ほかに 150 万ポンド相当以上の未完成のにせ紙幣や，にせ 1 ポンド貨の試作品，にせ切手などが発見された．この一味は 1999 年 12 月 22 日に陪審から有罪の評決を受けた，翌月に長期の禁固刑を受けたはずである．

country/nation 「国; (狭義では，国内の)大きな自治地域; カントリー(の住民)」 country は，独立したひとつの国や，連邦に加わっている主権国家のほかに，独立性と団結性の強い民族から成り，独自の言語や方言，および，共通の歴史から生まれた制度や文化や宗教的な伝統，あるいは風俗習慣を持った地域 (province) をも意味する．人種，文化，言語などを共有する(地域よりも)民族を指す場合には nation がよく使われる．例えば，イングランドとウェールズとスコットランドと北アイルランドとは，同じ連合王国に属していながら，しばしば別の nations だとか，別の countries と見なされている．民族や宗教の面で何世紀にも及ぶ対立抗争があったうえ，住民の mobility (移動性) が比較的小さいだけに，米国の各州よりいっそう独立性が強いと言える．1999 年から本格的に始まった *devolution (自治拡大) も，そういう背景から必然的に進められている．◆アメリカインディアンの一部は自分たちの民族(小部族の連合)とその保留地 (*Indian reservations) を Nation と呼ぶ傾向がある．

Country Code, the 《英》「カントリーコード」 イングランドの地方の環境保護を目的として 1999 年に設立された the Countryside Agency (地方環境局) の前身であった the Countryside Commission (地方委員会) がまとめた規則集で，旅行者などに観光地や，田舎の自然や，土地の人々の生活と安全を保護するよう求めたもの．ごみを捨てない，犬を勝手に走らせないなども含まれる．なお，スコットランドとウェールズで the Countryside Agency に相当するのは，Scottish National Heritage と the Countryside Commission of Wales である．

Countryside Agency, the 《英》「地方環境局」 ⇨ COUNTRY CODE

Countryside Commission, the 《英》「地方委員会; 田園委員会」 地方環境局の前身. ⇨ COUNTRY CODE

county (1)《米》「郡」 州に次ぐ重要な自治体で, 福祉, 保健衛生, ごみ処理, 道路管理, 水道, 選挙, 治安, 裁判, 出生から死亡までの住民登録, 運転免許など, 住民の生活に直結した非常に多くの行政と司法を担当している. 市町村は郡に含まれるが, 郡に属していない独立市 (independent city) も 44 あるし, サンフランシスコのように, 市と郡との領域が全く同一で, 郡議会が市議会を兼ねている場合もまれにはある. 自治体として機能している郡は全米で 3095 (1995 年) ある. ただし, そのうちアラスカ州の 64 の郡とニューヨーク市の特別区は特別行政区 (*borough (2)) と, ルイジアナ州の 27 の郡は parish と呼ばれている. 郡議会の一般的名称は county council だが, 実際には the Board of Supervisors; the Board of Commissioners など全米で 27 の違った名前がつけられている. なかには *county court という紛らわしいものもある. 郡議会の議員は 5 つか 6 つの選挙区から(ふつうは) 1 名ずつ公選される. 任期は通常 4 年. 議員が互選する議長は, president; county commissioner; county manager などと呼ばれている. county judge という名の議長 (⇨ COUNTY COURT (1)) もいる. ◆郡の治安責任者は保安長官 (*sheriff (1)) で, その長官は副保安官 (deputy sheriff) と警務保安官 (deputy) とを任命する. 大都市を抱える郡ではそれらの部下(これを deputy sheriffs と総称することも多い)が 100 人以上になることは珍しくない.

(2)《英》「州」 イングランドの地方自治は county (州) とその下の district (地区) との 2 層 (a two-tier system) で運営されることが多いが, 大都会などで「統一自治体」(unitary authority) という 1 層方式 (a single-tier system) を採用しているところもある. イングランドには 82 の統一自治体と 47 の counties がある. 州の機能は米国の郡とよく似ており, county council (州議会) の組織も同様で, 議員は各 district から公選され, 教育, 警察, 図書館, 道路, 輸送, ごみ処理問題などを含めてその州のさまざまな分野にわたる行政を司る. 州庁の所在地は county town と呼ばれる. 州の下にあるのが district council (地区評議会) と, もっと身近な parish [community] council (教会区[居住区]評議会) である. 地区評議会は, ごみ処理, 土地開発の許認可など, 住民に身近な行政を担当する. 北アイルランドには州がなく, 26 の地区評議会がある. ウェールズは 1996 年に州・地区制を廃止して, 22 の統一自治体を置いており, スコットランドは 1975 年以来あった地域評議会を 94 年に廃止して, 代わりに下部組織のない 29 の統一自治体と 3 つの島嶼(とうしょ)行政評議会を設置した．世論をまとめる場としての community council はあるけれども，それは自治体としての機能を持たない．

county attorney 《米》「郡検事長」 ⇨ DISTRICT ATTORNEY (1)

county council (1)《米》「郡議会」 ⇨ COUNTY (1) (2)《英》「州議会」 ⇨ COUNTY (3)

county court (1)《米》「郡庁[郡役所]兼保安長官事務所」 そこで郡の大陪審が開かれ，いくつかのレベルの裁判も行なわれるが，裁判専用の建物を指すわけではない．なお，郡議会の最高責任者を county judge と呼ぶところがあるので注意が必要．例えば，ハリー・S・トルーマン大統領はかつてミズーリ州ジャクソン郡の county judge であったが，郡議会議長であって，判事ではなかった．(2)《米》「郡裁判所」 一部の州にあり，郡内で起こった比較的小さな刑事，民事事件を裁判する．(3)《英》「州裁判所；カウンティ裁判所」 イングランドとウェールズにあり，係争額が 5000 ポンド未満の民事事件だけを扱う．それ以上の大きな民事は the *High Court of Justice (高等法院) で審理される．⇨ CIRCUIT JUDGE (2)

county seat (1)《米》「郡庁の所在地」 (2)《英》「州にある[在郷の]大邸宅(などの不動産)」 転じて，地方名家の華麗な暮らしをも意味する．county も「上層中産階級の(風俗や言葉を表す)」という意味の形容詞になる．

court-martial; court martial 「軍法会議」 正しい複数形は courts-martial だが，まれに court-martials が使われることもある．(1)《米》米国では 1950 年の the *Uniform Code of Military Justice (三軍統一法典) に基づく軍の裁判機関．基地の内部など軍の管轄区域内で，あるいは軍服を着用して，軍務に関して軍法に違反した軍人を裁く第一審の裁判，またその裁判所である．きわめて重大な犯罪 (capital offenses) を裁く通常の裁判所は general court-martial (一般軍法会議) と呼ばれ，1 名の法務将校を含んで，少なくとも 5 人の将校が裁判官役をつとめる．招集者は大統領または各レベルの司令官．弁護役も法務将校がつとめる．陪審員はふつう被告よりも階級が上である軍人 5 名だが，被告が希望すれば同じ階級の軍人が選任されることもある．大陪審の制度はない．もし陪審員全員が無記名投票で有罪と決めた場合，免官，重労働などが科せられる．利敵行為の場合など，死刑もあり得る(その問題については DEATH PENALTY (1) [米国の場合] の項を参照)．これに対して，special court-martial (特別軍法会議) は中等度以下の犯罪を裁くもの．裁判官は 3 名で，刑罰は免官，除隊，重労働，営倉などであり，死刑はあり得ない．ほかに将校 1 名が裁く summery court-martial (略式軍法会議) もある．容疑者はこれを拒否することもできるが，その場合には，より高いレベルの軍の裁判所において起訴される．◆軍法会議で判決を受けた者は the *Court of Criminal Appeals (刑事事件控訴裁判所) に上訴できる．事実上の最終審は 1994 年に改組された the *Court of Appeals for the Armed Forces (軍法上訴裁判所) で行なわれる．これは憲法第 1 条第 8 節 18 項に基づいて創設された第 1 条裁判所 (Article I courts; *legislative courts) のひとつ．この上訴裁判所の判決は大統領がさらに再審査することもあるし，連邦最高裁判所に上訴する道も開けている．⇨ LIE DETECTOR ◆軍事裁判の方法や判決を連邦裁判所が審査することはないが，裁判にかけられた者が憲法に保障された基本的な権利を侵されたとして *habeas corpus (人身保護令状) を連邦裁判所に求めることはできる．◆被告の人権がおおむね尊重される軍法会議や the *Court of Inquiry (軍査問会議) と，そうでない *military tribunal (特別軍事法廷) との相違に注意されたい．

［**身内に甘過ぎる裁判**］ 米国の軍法会議で，将校はもちろん，下士官兵でさえ，有罪判決を受ける例はきわめて少ない．英国の有名な憲法学者 Albert Venn Dicey (1835–1922) は，「法のもとでの平等」の第一の意味は，国家公務員が一般市民と全く同じ法律で裁かれることだという意味のことを述べている．砲弾の飛び交う戦地でならとにかく，平時に，一般市民が住む場所で起こった事件，いわんや一般市民が被害者になった事件まで，軍部が軍の法律で裁くのは「法のもとでの平等」という大原則に照らせば問題があるだろう．◆1997 年 5 月，メリーランド州 Averdeen Proving Ground 海兵隊基地で開かれた軍法会議で，練兵係上級軍曹 Delmar Simpson は 6 人の女性訓練生を *rape したほか，34 の罪(そのほとんどは性的な暴行)を犯したとして，不名誉除隊と 25 年の禁固刑を受けた．陪審員は男性 5 名，女性は 1 名のみであった．検事役の少佐は終身刑を求刑していた．民間の裁判であれば，シンプソンはたぶん終身刑を受けただろう．彼は判決まで半年間拘留されていたが，海兵隊の拘置所の条件は過酷であったという弁護士の申し立てによって，すでに 14 カ月服役したものと見なされた．⇨ DEATH PENALTY (1); MILITARY LAW

(2) 《英》 英国では，3～5 名の将校が裁判官の役をつとめ，1 名の *judge advocate (法務官) がそれを補助する．有罪判決は上級将校による承認を必要とする．判決に不満のある軍人は 1951 年に創立された the Courts-Martial Appeal Court (軍事控訴裁判所) に上訴できるし，さらに the *House of Lords (貴族院) に上訴する道も開かれている．米国とは違って，殺人，*manslaughter, レイプ，および国家反逆罪の容疑者は軍法会議でなく，民間の裁判所で審理される．

Court of Appeal, the 《英》「控訴院」 ⇨ HIGH COURT OF JUSTICE; LEGAL RESOURCES; MASTER OF THE ROLLS; RETRIAL; SUPREME COURT OF

JUDICATURE

Court of Appeals, the 《米》「(連邦および半数くらいの州の)控訴裁判所」 地方裁判所など，下位裁判所の判決に不服がある者からの上訴を受理する中間上訴裁判所. 1948 年に the *Circuit Court of Appeals (巡回控訴裁判所) を改称したもの. 裁判官は通例 3 名が合議する. ワシントンの連邦高等裁判所のように 7 名で審理することもある. 連邦控訴裁判所は 12 の circuits (巡回区) に分かれ，ほかに federal circuit が加わる. ◆州の控訴裁判所の場合，カリフォルニアとルイジアナ両州では the Court of Appeal と，ハワイ州では the Intermediate Court of Appeal と呼ばれる. ⇨ UNITED STATES COURTS

Court of Appeals for the Armed Forces, the 《米》「軍法上訴裁判所」 前身は the *Court of Military Review であったが 1994 年に改組・改称. 主に高級将校に関する軍法会議 (*court-martial (1)) の判決，および軍人に対する死刑の判決を再審査するが，不名誉除隊や長期の刑罰などについて，上訴を受理することもある. 裁判官は大統領が指名し，連邦上院の承認を得た 5 名の文民の裁判官で，任期は 15 年. 適用される法律は通常の刑法ではなく，国会が制定した軍法である. この裁判に不満な者は 1983 年以後，連邦最高裁判所に上訴する道が開けた.

Court of Appeals for the Federal Circuit, the 《米》「連邦巡回控訴裁判所」 1982 年に創設された特別控訴裁判所. the *Court of Appeals (連邦控訴裁判所) が 12 の巡回区に分かれているのに対して，こちらは全国を管轄権に収めている. かつての the Court of Customs and Patent Appeals (関税および特許上訴裁判所) を改組・改称したもので，特許，商標，著作権，国を相手どった契約や徴税に関する上訴審のほか，the *Court of Federal Claims (連邦請求裁判所)，the *Court of International Trade (国際貿易裁判所)，the *Court of Veterans Appeals (復員軍人上訴裁判所) の判決についての上訴を審理する. また，多くの政府委員会などの決定を審査する. ◆裁判官は大統領が上院の承認を得たうえで任命した 12 人で，定年はない. 首都ワシントンまたは連邦控訴裁判所で開かれる各裁判は，3 人以上の(時には 12 人全員の)裁判官による合議制で行なわれる. 判決は連邦最高裁判所で審査を受けることがある.

Court of Criminal Appeals, the 《米》「刑事事件控訴裁判所」 (1) ニューヨーク，ウェストヴァージニア，イリノイ，ミシガン各州の高裁. (2) 軍事裁判所の一種である，中間上訴裁判所. 軍の法務将校が軍法会議 (*court-martial (1)) の判決について，法律問題だけでなく，事実についても再審理することができる. 1994 年までは the *Court of Military Review と呼ばれていた. この裁判の判決に不満な軍人は the *Court of Appeals for the Armed Forces に上訴できる.

Court of Federal Claims, the 《米》「連邦請求裁判所」 1855 年に創設された the Court of Claims (請求裁判所——1982 年に the Claims Court に改称) を 1992 年に改組・改称したもの. 連邦政府が契約違反をした場合, 政府公務員の怠慢による損害を受けた場合, 政府による給与支払いが滞っている場合など, 個人はこの裁判所に訴えることができる. 裁判官 16 人は大統領が指名し, 上院の承認を得る. 任期は 15 年. 通常はひとりがワシントンその他で裁判をする. その判決に不満があれば the *Court of Appeals for the Federal Circuit に上訴できる.

court of general jurisdiction 《米》「第一審裁判所」 裁判管轄権を特に限定された裁判所が扱うべき特別な事件は別として, 裁判区内のほとんどの民事, 刑事事件の事実審を行なう. ⇨ TRIAL COURT

Court of Inquiry, the 《米》「軍査問会議」 19 世紀からあるが, 現在のものは 1950 年の the *Uniform Code of Military Justice (三軍統一法典) によって設立を定められ. 軍務についている軍人が(原則としては, 軍事に関して)重過失あるいは犯罪をおかした疑いのあるとき, 一般軍法会議 (general court-martial ⇨ COURT-MARTIAL (1)) の招集権者のひとりが開催を決める. 将官クラスなど, 将校 3 名以上と法務官が調査・審問に当たる. 重大な容疑が判明したならば, 容疑者は軍法会議にかけられる. これが開かれるのはまれで, 最近では 1992 年に空母 Saratoga が地中海で訓練中に誤って近くのトルコの駆逐艦に向かってミサイルを発射してしまったあと行なわれた. しかし, 海軍に限らず, 軍内部の査問も裁判も甘いもので, 高級将校の免官処分など絶えて久しく, 軍の内部からさえ批判が出ている.

[**えひめ丸事件**] 上記のミサイル誤射事件以来, 海軍の査問会議が開かれたことはなかったが, 2001 年 2 月 9 日にオアフ島の沖で, 16 人の民間人を狭い司令室に入れていた原子力潜水艦 the USS Greeneville が——すぐ近くに船がいた事実をソナーで捉えていながら——訓練のために(というよりも, 民間人に艦の能力を誇示するために)急浮上を強行し, 宇和島水産高校の漁業実習船えひめ丸を沈没させ, 生徒と乗組員計 9 名を犠牲にするという惨事を引き起こした. 最初のうち, 事をあいまいなまま片づける無責任な姿勢が見られたが, さすがに国際的な非難が高まり, 当時の Scott Waddle 艦長ほか 2 名の士官が, 3 月 5 日からパールハーバーの基地内に設けられた査問会議で 3 名の将官と 1 名の法務士官から審問を受けた. 招集者は, 太平洋艦隊司令官でアジアにおける米軍の最高司令官でもある Thomas B. Fargo であった. その結果は予想されたとおりで, 中佐であったワドル艦長が, 減給 2 カ月を通告され, 降格もされずに名誉

除隊になった．軍法会議にかけられた者は皆無であった．

Court of International Trade, the 《米》「国際貿易裁判所」 1926 年創設の the Customs Court (関税裁判所) を 1980 年に改組・改称した特別裁判所．1956 年に連邦議会は関税裁判所を the *constitutional courts (憲法裁判所; 第 3 条裁判所) に格上げしている．輸入品にかける関税についての争いを裁判するほか，the Trade Acts of 1874 and 1979 に基づく国内産業保護のための輸入制限が妥当か否かの判断も下す．裁判官は 9 人で，大統領が指名し，上院が承認する．定年はない．ニューヨーク市に本部があり，主要な港湾都市で裁判を開く．判決に不満があれば the *Court of Appeals for the Federal Circuit に上訴できるし，さらに連邦最高裁判所が審理する道も開かれている．

Court of Justice of the European Communities, the 「欧州司法裁判所」 現在 2001 年にもこれが正式名称だが，一般には the *European Court of Justice が使われているので，この辞典でもその項で説明する．

court of last resort, the 「最終審裁判所」 それ以上は上訴ができない最上位の裁判所で，米国では the *United States Supreme Court (連邦最高裁判所)．連合王国では，the *House of Loads (貴族院) だが，the European Community law と人権に関しては，the *European Court of Justice (欧州司法裁判所) と the *European Court of Human Rights (欧州人権裁判所) である．

Court of Military Review, the 《米》「軍再審裁判所」 軍の刑事事件の中間上訴裁判所で，1994 年に the *Court of Appeals for the Armed Forces (軍法上訴裁判所) に改組・改称．⇨ COURT-MARTIAL (1)

court of record 「記録保管裁判所」 ⇨ RECORD

Court of Session, the 《スコ》「民事上級裁判所」 同じスコットランドの the *High Court of Justiciary (刑事最高裁判所) の場合と違って，ここの判決に不服のある者は連合王国の the *House of Lords (貴族院) に上訴する道が開かれている．

Court of Veterans Appeals, the 《米》「復員軍人上訴裁判所」 復員軍人省の the Board of Veterans Appeals (復員軍人上訴局) による年金給付などに関する決定に不満を持つ個人が上訴できる．ヴェトナム戦争後，復員軍人のあいだでお役所仕事に対する不満が高まり，それに応えて国会が 1988 年に創設したもの．大統領が指名し，上院が承認した任期 15 年の 3～7 人の裁判官が審理する．その判決に不満があれば，さらに the *Court of Appeals for the Federal Circuit に上訴できる．

court-packing plan, the 《米》「最高裁封じ込め作戦」 1937 年に，F. D. ローズヴェルト大統領が，ニューディール政策をつぎつぎに違憲とした連邦最高裁判所の刷新(?)を計って，10 年以上在任し，しかも 70 歳になっても退任しない裁判官ひとりについて別にひとりを任命し，裁判官の数を最大 15 名にしようとした提案．さすがに連邦議会はこれを否決した．♦連邦最高裁の裁判官の数は，ローズヴェルト以前の時代にも，政治的な思惑で 6 回も変えられた．ローズヴェルトは無謀な新しい試みで，一時は評判を下げたが，現職の裁判官たち(全員が 60 歳以上で，大半が保守派であった)に与えた影響は大きく，その後のニューディール政策が違憲判決で妨げられることはなくなった．

court procedures 「裁判手続き」 ここでは主として米国の刑事事件で，裁判が始まる前からの法の手続きについて順を追って説明する．英国でも大筋は似たようなものである．⇨ CROWN COURT; CROWN PROSECUTION SERVICE

(1) [**逮捕**] 原則として裁判官 (英国ならば *magistrate (1)) が発行する逮捕令状 (warrant of arrest ⇨ WARRANT) が必要だが，警察官や警務保安官は目の前で犯罪が起こった場合と，目の前で犯罪が起こりそうだという相当の理由 (the *probable cause) があれば，令状なしで容疑者を逮捕できる．直ちに犯行が起こりそうでも，目の前で起こるのでなければ，逮捕令状の発行を求める必要がある．警察権執行者は逮捕した容疑者に，それが逮捕歴のある者と判明しなければ，弁護士と相談する権利や黙秘権について説明する必要がある (⇨ MIRANDA WARNINGS). ♦米国では *felony (重大犯罪) の逮捕率がおよそ 45% で，財産権侵害の犯人の逮捕率は 18% 程度に過ぎない． ♦英国では，arrestable offences (5 年以上の刑に処せられるような犯罪)が起こった場合，あるいは公衆の安全や秩序が破られた，あるいは脅かされた場合には，*citizen's arrest (一般市民による令状なしの逮捕)が認められている．米国でも市民に重大犯罪の容疑者の身柄を拘束する権利を認めている州法がある．他方，合衆国憲法は第 4 補正で，不当な逮捕を拒絶する市民の権利を認めている．

(2) [**警察によるスクリーニングと起訴状の作成**] 警察署長や保安長官は被疑者を起訴するに足りる証拠の発見と保全，裁判の全期間を通じて信頼できる証人の確保などに努めてから，郡検事長に起訴するか否かの判断を仰ぐ．大陪審 (*grand jury) 制を厳しく運用する州では，検事が起草し，大陪審が承認した文書が正式の indictment (起訴状) になる．そこには，被疑者の氏名，犯罪が起きた日時，その状況，それによって犯された法律の条項などが明記される．大陪審制によらなくてもよい州では，検事の署名のある *information (略式起訴状) だけでもよいが，殺人事件の場合は略式起訴状は使えない． ♦英国では大陪審制度が 1948 年に廃止されたので，裁判所が起訴か不起訴かを決める．

(3) [**最初の出頭**] 警察当局は被疑者をできるだけ早く(ふつう逮捕から48時間以内に)裁判所に出頭させる．裁判官は被疑者(時にはその集団)に対して，黙秘権，弁護士をつける権利，(重大犯罪の前科がなければ)保釈の権利，予備審理を受ける権利などがあることを説明する．小さな交通規則違反程度の微罪で，被疑者が有罪と認めた場合には，この段階で罰金やごく短い刑期が言い渡される．

(4) [**保釈および保釈金**] 被疑者を勾留する必要のない場合，裁判所は次に出頭すべき日時を決めて，一時釈放するが，その際にふつうは保釈金の支払い，または担保金証書 (⇨ BAIL BONDSMAN) の提出を求める．裁判所が被疑者の出頭に疑いを抱かぬ場合は，それらの支払いや提出を求めず，*recognizance (正式誓約書) だけを提出させる．これを release the accused on his [her] recognizance と言う．殺人 (*murder) やレイプの前科のある容疑者の保釈は許されない．比較的軽い罪 (*misdemeanor) の場合，被疑者あるいはその身内や友人が警察署に保釈金または担保金証書を手渡すだけで，保釈されることもある．

(5) [**予備審問**] 事件の大小によって実施の時期にずれがあるが，被疑者を裁判にかけるだけの理由がほんとうにあるかどうかを裁判官が確かめる．大陪審を機能させていない州では，*magistrate judge など下位裁判官による判断だけが，被疑者の勾留継続か釈放かの唯一の決め手になる．被疑者の側からすれば，この段階で検察側の持っている証拠などの(最初はリストだけの) *discovery (開示) を求めることができる．予備審問はまれに1時間も2時間も続くことがあるけれども，ふつうは10分程度ですむ．州(検察側)はこの段階で被疑者が「合理的な疑いを一片も差し挟み得ないほど」有罪だと証明する必要はない．必要なのは，犯罪が被疑者によって行なわれたと疑われる the *probable cause (相当な理由) である．大陪審を用いている州では，警察当局や検事が示すその「相当な理由」と，それに当然伴う証拠が正式の起訴を決めるか否かの重要な基礎資料になる．

(6) [**罪状認否手続き**] 裁判所で被告に被疑事実を告げ，本人がそれに対して有罪 (guilty) か無罪 (not guilty) か，不抗争 (*nolo contendere; no contest) かを答える．被告が有罪，あるいは(有罪とは認めないが，刑事事件の裁判では)抗争しないと答弁したならば，事実審は行なわれず，ただちに量刑に入る．◆1977年6月にテキサス州 Tyler 市のアパートで，同じアパートに住んでいた21歳の女性を殴ったあと刺し殺し，その性器を切り取った(当時21歳の) Kerry Max Cook という無職の男は，2度の裁判で死刑判決を受けて投獄された．再審が認められたが，3度目の裁判では(指紋は残っていたが，目撃者がいなかったからだろう) hung

jury (評決不能 ⇨ JURY) となった．4 度目の裁判でクックは「不抗争」と答弁した．州裁判所の裁判官はクックに 20 年の刑を言い渡したが，クックはすでに 20 年間服役していたので直ちに釈放された．テキサス州で死刑囚がこういう形で釈放されるのは，きわめて珍しいことであった．◆不抗争は no plea (答弁の拒否) と同じではない．1999 年 8 月 30 日に，ロサンジェルスの連邦裁判官は，フィリピン系の郵便配達員を銃で殺し，ユダヤ人のキャンプの参加者をも銃撃して 4 人を負傷させた白人至上主義者 Buford Furrow が罪状認否を拒否したところ，“not guilty” との答弁があったものと見なし，10 月 12 日に裁判所に出頭することを命じた．裁判を進行させるためにしばしばとられるこういう便宜的な措置は *pro forma (原語の意味は「形式のために」) と呼ばれる．⇨ INNOCENT

(7) [**司法取引**] 上記の guilty, not guilty, あるいは nolo contendere という答は plea と呼ばれる．被告人が起訴状の一部について有罪を認め，あるいは検事があらかじめ定めた罪状よりも軽い罪を犯したと認めて，刑罰の軽減を求め，検事もこれに応じることを，法律家は「答弁の取引」あるいは「司法取引」(plea bargaining) と言う．米国には刑事事件があまりにも多くて，正式の訴追も裁判も追いつけない状態なので，司法取引によって，事実審をできるだけ省かざるを得ない．その結果，州法違反の刑事事件では，被告が無罪を主張して事実審に入るケースよりも，有罪を認めた結果，事実審を省いたり，和解や示談に持ち込んだりしたケースのほうが 10 倍も多い．あらゆる刑事事件のざっと 8 割は司法取引で処理を能率化していると言われる．◆司法取引には各種ある．charge bargaining (犯罪事実の取引) は，例えば検察側が「麻薬の密売」の罪を申し立てているとき，被告が「麻薬の所持」だけを認めるというように，軽いほうで有罪を認めること．それだけ刑期が短くてすむわけだが，これを検察側が呑むのは，有罪の立証に必要な証拠物件や証人を十分にそろえられないからかもしれない．count bargaining (訴因数の取引) では，被告が複数の訴因のうちひとつ，あるいはふたつなど，少ない数について有罪を認め，それだけ刑が軽くなることを期待する．検察側もそのほうが現実的な解決だと考える場合がある．オウム真理教事件の松本智津夫被告の裁判を見ればわかるように，検察側があらゆる事件で被告の有罪を立証するのは，しばしば時間のロスでしかない．sentence bargaining (刑期の取引) は，被告が一定期間以内の収監や，保釈の約束のもとに有罪を認めるもの．当然のことながら，裁判官がこれに関与することをいやがることもあり，その場合は検事が，その裁判官の過去の判決を見て，被告の弁護士と取引する．裁判官が加わるか否かにかかわらず，そういう取引は休憩室での短い立ち話程度で終わり，被告の弁護士が取引文書にサインさせられるようなケースはまれである．被告が有罪を認めず，あくまで裁判に持ち込むのは，無罪を勝ち取る可能性が大きいときと，予期される刑期が長すぎる場合である．財産や物品にかかわる事件は，有罪を立証しやすいし，刑期が比較的短いこともあって，あらかじめ被告が有罪を申し立ててしまうことが多い．それに対して，殺人，レイプ，武器を用いた強盗など（⇨ INDEX CRIMES）の容疑者は裁判を要求する傾向がある．◆連邦最高裁判所は，司法取引を（被告に「自己負罪」の圧力をかける危険を認めながらも，被告が検察側の申し出を受けるのも拒絶するのも自由だという条件でなら）是認している．米国にはこの取引，特に刑期の取引を廃止すべきだと主張する法律家が少なくない．カリフォルニア州では 1982 年 6 月 8 日の住民投票で *Proposition 8 が可決され，最も重大な犯罪 27 項目（実際には数十種類）については司法取引が禁止された．しかし，それ以外の犯罪については，司法取引がかえって増えたという．現実面を見れば，取引の禁止はきわめて難しいようだ．

(8)［**証拠調べ**］ 最も重要な手続きだが，これについては EVIDENCE および DISCOVERY の項を参照．

(9)［**陪審と評決**］ これは JURY の項を参照．

(10)［**量刑**］ CONCURRENT SENTENCES の項を参照．

Courts and Legal Services Act 1990, the 《英》「裁判所および法律業務法」 ⇨ SOLICITOR

Courts-Martial Appeal Court, the 《英》「軍事控訴裁判所」 ⇨ COURT-MARTIAL (2)

CPS, the ＝ CROWN PROSECUTION SERVICE

creationism 《主に米》「天地創造説」『旧約聖書』の「創世記」に書いてあるとおり，天地と人間は実際に神が創造したものだとして，ダーウィンの進化論（Darwinism）を認めない考え．天地創造説によれば，神が宇宙を創造してからまだ 1 万年もたっていない．米国の the National Academy of Sciences (the NSA) の調査（1998 年 4 月発表）によれば，米国の成人のうち進化論を信じる者は半数以下で，50% 以上の人が天地創造説を公立学校で教えるべきだと考えている．別の調査では，米国人の 45% が天地創造説を正しいと信じている．

連邦最高裁判所は 1968 年の *Epperson v. Arkansas* 判決において 7 対 2（反対は Antonin *Scalia 判事とそれに同調した William *Rehnquist 判事）で，“creation science” なるものは宗教思想であり，これを公立学校で科学的な事実として教えることを，また進化論の教育を妨害することを，禁じている．しかし，アラバマ州ではあらゆる生物学の教科書に，進化論は “unproven belief” だというラベルを張ることを強制している．ほかにも南部諸州(アリゾナ，ネブラスカ，オクラホマ，ニューメキシコ，ジョージア，テネシーなど)や中西部の一部(オハイオ，ミシガン)では進化論教育を阻止するさまざまな法的措置が試みられてきた. ♦ニューメキシコ州では物理学者が教育委員になった結果，1999 年 10 月に天地創造説を締め出すことに成功した. ♦同年 8 月にカンザス州では，教育委員会が「進化論は実験室で証明できない」という理由で，それを 12 年級までの公立学校生徒に教えることを(禁止するとは言わなかったが)事実上不可能にした. しかし，同州の有識者は教育水準が下がるとして，2000 年の教育委員改選のときに巻き返しを計って成功し，その夏から進化論にかかわる教育を容認. 2001 年 2 月 14 日には 7 対 3 の多数決で，高校卒業時の試験範囲に進化論的な内容を含めてもよいとの決定を下した. それ以前に，カンザス州の指導要録で進化 (evolution) の代わりに種の多様性の説明として用いられていた語は “change over time” であった. イリノイ州とケンタッキー州の教育委員会も，「進化」の代わりにそれと同じ意味の表現を使うことを学校に対して義務づけた.

米国の高学歴の保守的な白人のあいだには，近年 intelligent-design theory という考えがかなり広まっている. 博士号を持つ科学者などが，ダーウィン論では解釈できない生物の現象を指摘して，それは進化論ではなく，未知の知的構想力の働きだと主張しているのだが，ある生物学者に言わせれば，「知的デザインというのは，安物のタキシードを着た天地創造説以外の何ものでもない」.

英国のキリスト教聖職者のうち「天地創造」を文字どおり事実と信じている者はわずか 3% だけという調査結果(1999 年 12 月)がある. どんな調査方法を用いたにせよ，米国(特に南部)の聖職者では考えられない回答である. ♦ローマ教皇は，1996 年 10 月 23 日に教皇庁科学アカデミーに宛てた書簡のなかで，ダーウィンの進化論は「かずかずの科学的発見の結果，すでに仮説の域を超えており，根拠があると認められる」として，137 年ぶりにそれを公認した. ⇨ CATHOLIC CHURCH

crimes against humanity 「人道に背く犯罪」 武装していない民間人を，人種や宗教の違いだけを理由として集団虐殺するような犯罪. 過激なイスラム原理主義者によるテロリズムも，北アイルランドの過激派による爆破事件もそれに当たる. ⇨ OMAGH BOMBING; TERRORISM

Criminal Cases Review Commission, the 《英》「刑事事件審査委員会」略は the CCRC. 1995 年の the Criminal Appeal Act (刑事上訴法) に基づいて，イングランド，ウェールズ，北アイルランドにおける司法の不公正 (*miscarriage of justice) を審査するために創設された独立機関で，報告は内務大臣を通じて議会に送られる. 裁判手続きに問題があったとき，事件を控訴裁判所に戻すかどうかを決める権限を持っている.

criminal court 《英》「刑事裁判所」 イングランドおよびウェールズにおける刑事裁判，およびその改革計画については CROWN COURT の項を参照.

Criminal Injuries Compensation Authority, the 《英》「刑事犯罪被害者補償機構」略は the CICA. 北アイルランドを除く連合王国(つまりグレートブリテン)で暴力犯罪の犠牲になった人々やその遺族に補償金を支払う政府の独立機関. 1999 年から 2000 年に支払われた補償金の総額は 1 億 9434 万ポンドに及んだ. ⇨ SHIPMAN, HAROLD FREDERICK

Crips, the 《米》「クリップス」 ロサンジェルスの黒人ギャング. ⇨ CALIFORNIA GANGS

cross-action 「反訴」 ⇨ COUNTERCLAIM

cross-burning 《主に米》「十字架を燃やす行為」 米国では the *Ku Klux Klan (the KKK) が黒人を脅迫する手段として，ときどき十字架に火をつけるが，1999 年 6 月 23 日に，ヴァージニア州 Hillsville の裁判所は，黒人を脅すために十字架を燃やすのは同州法に違反するとして，犯人である KKK のリーダーに罰金刑を科した. 犯人の弁護士は自由人権協会に属する黒人で，十字架を燃やすのは *flag-burning と同じく，憲法第 1 補正で守られる表現の自由に入ると主張したが，(全員白人の)陪審 (⇨ JURY (2)) はその主張を認めなかった.

cross-examination 「反対尋問」 裁判で証言をした相手側の証人に弁護士などが質問して，証言の信頼性を覆そうとすること. 証人の知識や記憶のあいまいさを突くほか，人種的，宗教的等々の偏見の持ち主であることを明らかにして，証言の証拠能力をなくす方法がよくとられる.

Crown, the 《英》(1)「(国家元首としての)国王[女王]」(2)「国王[女王]を中心とする首相などの政府高官」 the Crown privilege (国王の免責特権)という場合，裁判で国王[女王]だけでなく，政府が国家の利益のために裁判所に証拠を提出しないですむ権利を意味する.

Crown Court, the 《英》「刑事裁判所」 The *Supreme Court of Judicature の一部で，重大犯罪の容疑者の裁判を陪審制によって行なう. かつての *Assize Court (アサイズ裁判所; 巡回裁判所) による重大犯罪の裁判の制度や Quarter Sessions Courts (四季裁判所) による中等度の犯罪の裁判制度を改善することにした the Courts Act 1971 (1971 年裁判所法) によって創設された. (同時に the *Central Criminal Court [中央刑事裁判所] は廃止されたが，いまだにその名称はロンドン市民のあいだで日常的に使われている). 刑事裁判所は，正式に起訴された犯罪容疑者，および *magistrate (1) が*magistrates' court (マジストレート裁判所) には不適と見なした容疑者の裁判をするほか，マジストレート裁判所の判決に不服の被告による上訴を受け付ける．◆法廷では，裁判長席の中心に the High Court Judge (高等法院裁判官 = the *High Court of Justice の the Queen's Bench Division の陪席判事 [*associate judge])，または(10 年以上 *barrister または *solicitor の職にあった，あるいは 3 年以上 *recorder をつとめた) *circuit judge (2) (巡回裁判官)，または，パートタイムの裁判官である *recorder が，4 人以下の *justice of the peace (2) を横に侍らせて座り，その前に the clerk to the justices (裁判所書記官) が座る．伝統的には，弁護側と検察側のバリスターが彼らと向き合い，その後方に双方のソリシターが席に着く．柵で囲われた被告席はずっと後ろ(傍聴席の前)にあるのがふつう．

[改革の動き] 2000 年 10 月に，刑事裁判の合理化に向けて大きな改革案が Lord Justice Auld という the *Court os Appeal (控訴院) の裁判官によって提起された．次のようなものである．(1) 陪審裁判制は維持するが，その適用範囲を大幅に狭める．(2) ビジネスで忙しい中産階級は陪審員に選ばれるのを辞退する傾向が強いので，特別に訓練した陪審員が長期にわたってその責務を果たせるようにすること．(3) スコットランドの裁判制度と同じように，裁判官がより広い範囲の刑事裁判を指揮する．具体的には，1 名の裁判官が(現在よりもよく訓練された) 2 名のマジストレートと共に法廷に出て，(これまで治安判事は半年までの刑しか宣告できなかったが) 2 年までの刑を言い渡せるようにする．(4) 複雑な犯罪であっても，裁判官 1 名による裁判 (*bench trial と呼ばれる) の可能性を開く．◆しかし，陪審制の制限は世論の反対が強く，実施は困難であろう．3 万人の(法学の専門教育を受けてこなかった)マジストレートは，この種の改革の必要性を認めながらも，自分たちの仕事が急速に減少することを恐れている．また，この改革で，裁判は促進されるが，受刑者が非常に増すだろうと案じている識者もいる．◆イングランドとウェールズにおいて，陪審制による裁判を減らす――マジストレートが扱う軽い犯罪だけでなく，刑事裁判所が扱う窃盗や住居侵入などの中等度の犯罪容疑では，時間と経費を削減するために陪審裁判を認めない――という労働党政権の法案 the Criminal Justice (Mode of Trial) Bill は，2000 年 10 月に貴族院で 184 対 88 の大差で否決された．労働党はこれを選挙公約 (Manifesto) に盛り込むことによって，与党の選挙公報に明記してある政策に関しては貴族院が庶民院の決定を優先させるという the Parliament Act を利用して，近い将来この法案を通過させると言っているが，世論がそれを認めるかどうかは疑問．⇨ JURY

Crown Dependency 《英》「国王保護領」 英国の the *Isle of Man と

the *Channel Islands のいずれかを指す．地理的には連合王国の領地内にあって，国王[女王]を元首とするが，独自の立法府を持っている自治領だから，連合王国の一部ではなく，欧州連合(EU)の決定に縛られることもない．連合王国の国会が定めた法律の一部を独自に採用することはできるが，その他の法律に従う義務はない．ただし，国防は連合王国の政府が担当し，保護領側は見返りとして一定の金額を同国政府に支払う．もちろん独自の通貨や切手を発行する権限を持っている．英国の富裕層がそこを tax haven (税金逃れの場所)にしているというので，EU は強い不満を抱いている．⇨ JERSEY

Crown privilege 《英》「国王の免責特権」 ⇨ CROWN (2)

Crown Proceedings Act 1947, the 《英》「1947 年国王訴訟手続法」 ⇨ SOVEREIGN IMMUNITY (2)

Crown Prosecution Service, the 《英》「公訴局」 略は the CPS. 1985 年の the Prosecution of Offences Act (犯罪訴追法)によって 1986 年に設立された．以後，イングランドとウェールズでは，刑事事件の容疑者を，従来のように警察ではなく，独立機関であるこの公訴局が最終的に起訴するか否かを決めている．The Director of Public Prosecutions (the DPP: 公訴局長官)と呼ばれる長官は 10 年以上法律家の経験を持つ者で，法務総裁 (the *Attorney General (3)) によって任命され，その指揮を仰ぐ．2000 年現在，全国 42 の地区に各 1 名の the Chief Crown Prosecutor (地区首席公訴官)がおり，各地区は branches に分かれ，それぞれに Branch Crown Prosecutor (支部首席公訴官)がいる．彼らの下には *barrister または *solicitor である Crown Prosecutors (公訴官)その他のスタッフがいて，警察に助言を与えながら証拠を検討し，*magistrates' court (マジストレート裁判所)や the *Crown Court (刑事裁判所)への刑事事件の訴追を決定する．容疑者を刑事裁判所で訴追する場合，かつては独立した法律家に検事役を依頼していたが，the Access to Justice Act 1999 (1999 年裁判公正推進法)によって，2000 年 4 月からは弁護権の資格を持つ公訴官が自ら裁判所で弁論できるようになった．

[**不起訴の例も多い**] 警察から訴追を求められるケースは膨大な数にのぼるので，公訴局は一部の訴追の停止を検討せざるを得ない．実際には年に 15 万以上の事件は証拠不十分だけでなく，"public interest" test (公共の利益になるか否かの判断)によって利益がないとされ，不起訴処分とされている．容疑者が病気や老齢である，犯罪容疑が全くの誤解や過失に基づいている，予想される刑があまりにも軽微である，容疑者がすでに他の犯罪で有罪になっている，軽い交通違反で初犯であるなどの場合には，公共の利益がないと見なされるだろう．

[**重大な詐欺事件では**] イングランド，ウェールズ，北アイルランドの重大な詐欺事件は，公訴局長官よりも格が上で，やはり 法務総裁の指揮下にある the Serious Fraud Office (重大詐欺特捜局) が捜査し，起訴か不起訴かを決める. ⇨ HUMAN RIGHTS ACT 1998

cruel and unusual punishment 《米》「残酷で異常な刑罰」 これは憲法第 8 補正によって禁じられている. ⇨ DEATH PENALTY

Cruzan v. Director of Missouri Department of Health 《米》「クルーザン事件判決」 ⇨ DOCTOR-ASSISTED SUICIDE

cumulative sentence 「逐次執行の刑; 累積刑」 ⇨ CONCURRENT SENTENCES

curfew order 「行動制限令」 夜間外出禁止令が通常の意味だが，イングランドとウェールズでは 1991 年の the Criminal Justice Act (刑事裁判法) に基づく *community service order (地域社会奉仕命令) の一種であり，home detention curfew (在宅軟禁措置) と呼ばれることもある. 10 歳以上の未成年者に適用される. 16 歳以上であれば地域社会への奉仕を義務づけられることがある. 日中は外出できるが，行動は *electronic monitoring で監視されることが多い. ◆《米》米国では，平時における夜間外出禁止令は，一般に憲法で保障された言論と移動の自由に背くものと見なされるが，青少年の行き過ぎた非行を防ぐために州や都市などが施行する未成年夜間外出禁止令 (juvenile curfew ordinances) が憲法違反として訴えられるケースはまれで，連邦最高裁判所がそれについて判断を下したことはかつてない. ◆1997 年 6 月 9 日に，サンフランシスコ連邦高裁は，18 歳未満の者に夜 10 時以降の外出を禁じた 1947 年制定のサンディエゴ市の条例を憲法違反だと判断した.「規定があいまいで，恣意的な取締りにつながるし，表現の自由も損なっている」というのがその理由だった. 未成年夜間外出禁止令は長く休眠状態だったが，94 年にサンディエゴ市が復活させたところ，民間の人権団体が差止め命令を求めたのである. 全米の都市で，この種の外出禁止令を導入する動きは意外に活発で，この裁判でも，カリフォルニア州だけで 114 の市町村がサンディエゴ市を擁護する署名に応じていた.

D

Dahmer, Jeffrey L. (1960-94)《米》「ジェフリー・ダーマー」 米国の連続殺人犯人. 1990 年代の初めに，ウィスコンシン州ミルウォーキー市の自宅(アパート)で 17 人の若者と少年を惨殺し，何人かの人肉を食べた. 被害者の多くは黒人，ヒスパニック，アジア人，アメリカインディアンであり，そのなかには命からがら逃げ出して路上で助けを求めた者がいたのに，ミルウォーキー市警はなぜか彼らを助けようとしなかった. 人種差別意識と怠慢さを指摘されても仕方あるまい. 1991 年 7 月に，手錠をかけられたまま逃げている黒人を発見した複数の警察官が，「いま，白人によって心臓をえぐり取られるところだった」という必死の訴えを聞いて，初めてダーマーの自宅に踏み込んだところ，居間から同性愛行為の写真，死体やその一部分の写真が多数発見され，机の引き出しなど至るところに人の内臓や器官が隠してあり，冷蔵庫には犠牲者の頭が入っていた. ウィスコンシン州には死刑制度がないので，ダーマーが 1992 年 2 月に受けた判決は終身刑 15 回プラス 1 年というものであった. 彼は州南部の Portage 市にある刑務所で受刑中，便所と浴室の清掃作業中に，他の受刑者たちによって襲われ，Christopher J. Scarver という強盗殺人犯が振るう金属の棍棒によって殴り倒され，1 時間後に病院で死亡した.

damages 「損害賠償金」 この意味では複数形を使う. 他人の権利の侵害は injury であり，その結果として damage (損害) が生じ，裁判所がその賠償として加害者に支払わせるのが damages ということになる. 単なる損害賠償は actual [compensatory] damages だが，被告をこらしめて 2 度と同様の損害を与えないようにするため，裁判所は実際の損害額をはるかに超えた *punitive damages (懲罰的損害賠償) の支払いを命じることがある. ◆米国で人種，性，身体障害などで差別を受けて不当解雇された者が，裁判所の命令で元の雇用主から受けられる賠償金の額は，1991 年の公民基本権法 (⇨ Civil Rights Acts) によって最大でも 30 万ドルと決められていたが，連邦最高裁判所は 2001 年 6 月 4 日に全員一致の判決で，性的ハラスメント (*sexual harassment) で退職を余儀なくされたデュポン社の元女性社員に対して，上記の 30 万ドルのほかに高額の front-pay awards を支払うよう命じた. front pay とは，不当解雇されたあと，職場の敵対的な態度などが理由で再雇用されなかった者が，もし解雇されずに定年まで勤務していたならば支給されたであろう給与に見合う金額のこと．天井知らずのフロントペイは1991年の公民基本権法となんら矛盾しないというClarence *Thomas裁判官がまとめた判決は画期的であり，大企業の経営者たちにショックを与えている．

Dando, Jill (1961-99)《英》「ジル・ダンドー[ダンドゥー]」 高校卒業後に郊外の新聞社に勤め，やがてテレビ界に入り，1985年にBBCに就職．88年からは，明るく気取りのない美人ニュースキャスターとして大評判であった．特に好評だったのは，*Crimewatch UK* という84年に始まったテレビ番組．これは，毎月1回ずつ未解決事件を現場でリアルに再現して見せ，視聴者に犯人逮捕の手掛かりとなる情報の提供を求めるというもの．そのダンドーが，1999年4月26日の午前11時半ごろ，自宅の玄関先で頭部に1発の銃弾を受けて即死した．the *Metropolitan Police Service (首都警察) は，ほかならぬ「クライムウォッチ」に寄せられた情報をもとに，2000年5月25日に，ダンドーの自宅から150メートルくらい離れたところにあるアパートに住んでいた無職のBarry Michael George (自称Barry Bulsara. 40歳) を逮捕した．

「おれはborn-again Christianだ」と言うジョージは，1981年12月に国防義勇軍(the Territorial Army)のパラシュート部隊に入って銃の扱いを学んだが，翌年11月にやめている．82年には大ロンドン市ケンジントン・チェルシー地区のピストル・クラブに入会．銃を集めることにも興味を持っていた．90年代の初めには日本人女性と結婚したが，長続きはしなかった．彼は逮捕後も終始，容疑を否定し続けている．最初のうち，状況証拠ばかりで，決め手がなく，もしかすると真犯人はマフィアだとか，テレビで取り上げられた犯罪組織の一員だとか，さまざまな説が流れた．ただジョージが，ジル・ダンドーなんて一度も見たこともない，銃を集めたことはない，ダンドーの死後，祈りの言葉や花束を彼女の自宅に供えたことはないなどと，無実の者なら否定する必要のない事実まで否定するところに疑惑を抱いた警察がさらに調べたところ，ジョージの上着のポケットにごく微量の(ダンドーを殺した銃弾についていたものと同じ)火薬が発見され，それが動かぬ証拠となって，the *Crown Court (刑事裁判所) の陪審(女6人，男5人)は2001年6月25日に彼の有罪を評決し，ジョージは7月2日に終身刑を受けた．しかし，ジョージの弁護士は「1000分の1インチの半分よりもっと小さな」粒子は証拠としての信頼性を全く欠くと言って，12月に上訴した．一方，裁判中にジョージの精神鑑定をした精神病理学者は，彼は明らかに精神異常(偏執症的な人格障害)だと診断した．殺害の動機も全く解明されておらず，the *Crown Prosecution

Service (公訴局) の公訴官までが困惑しているようだ.

Darwinism 「進化論」 ⇨ CREATIONISM ; FUNDAMENTALISM ; SCOPES TRIAL

Davis, Angela Yvonne (1944-)《米》「アンジェラ・デイヴィス」 米国の政治活動家, 著述家. アラバマ州バーミングハム市出身の黒人女性で, 両親は the *NAACP などの黒人差別撤廃運動に熱心であった. アンジェラはブランダイス大学に入学後, 1960 年から 64 年までフランクフルトの大学院, およびパリ大学で哲学を学び, 65 年にブランダイス大学を優等で卒業. 1967 年にはカリフォルニア大学サンディエゴ校に入り, 有名な Herbert Marcuse 教授 (1898-1979) からマルクス主義哲学を学んで, 68 年に文学修士となった. 以前から *Black Panther Party など, 戦闘的な黒人の活動を支持していたが, 68 年に共産党に入党. 翌年, UCLA で哲学を教える機会を得た. 共産党員だという密告のせいで, 数カ月後に解雇されたが, 裁判所命令で復職し, 助教授になった.

[**ソレダッド・ブラザーズ事件**] 彼女の講義は学生のあいだで非常に人気があったけれども, のちの大統領レーガンを含む大学の理事会は, 彼女が the *Soledad Brothers (カリフォルニア州ソレダッド市にあるソレダット刑務所で, 受刑者仲間にマルクス主義的な革命思想を吹き込み, ひとりの白人看守を殺した 3 人の黒人受刑者) を公然と支持したという理由で解雇した. デイヴィスは, 3 人のソレダッド・ブラザーズの法廷闘争を支援し, 自衛のために数丁の短銃を購入した. 1970 年 8 月に, 3 人のうち George Jackson の弟 Jonathan とその仲間が彼女の銃を持ち出してマリン郡役所に行った. 彼らはそこで裁判を受けていた James McClan という (刑務所内で殺人を犯したとされる) 黒人を救い出すとともに, 白人を人質に取って, ソレダッド・ブラザーズの釈放を要求するつもりであった. 計画は成功したかのように見えたが, 駐車場で保安官との銃撃戦になり, 人質にした裁判官と郡検事長, および 2 人の黒人受刑者が死亡. 捜査の結果, 銃の所有者はアンジェラ・デイヴィスとわかり, 彼女は殺人, 誘拐, 共謀の容疑で手配された. 2 カ月後にニューヨーク市で FBI によって捕らえられたデイヴィスはカリフォルニア州に送還されたが, 全米はおろか, 世界中から釈放運動が起こり, 世論に押された当局は彼女を保釈した. 裁判は 1972 年 2 月にようやく始まったが, 検察側はデイヴィスが誘拐や殺人を犯した証拠を挙げることができず, 7 月に陪審(ひとりのメキシコ系を除き, 全員が白人) は無罪の評決を下した. その後, 彼女はサンフランシスコ州立大学で哲学, 体育, および女性学を教えていた. 自伝のほか, *Women, Race and Class* (1982) という女性史の研究書など多数の著書がある. 2001 年にはカリフォルニア大学サンタクルズ校の教授だが,

「私はいまだにブラックパンサーであり，共産党員だ」と言い続けている.

Davis v. Monroe County Board of Education 《米》「デイヴィス事件判決」 1999 年に下された連邦最高裁判所の判決. 連邦から経済援助を受けている学校を監督すべき教育委員会は，もし教師や生徒のあいだでしつこいセクハラ (*sexual harassment) が広まっているのを知っていながら，それを故意に無視したら，1964 年公民基本権法 (the *Civil Rights Acts) のタイトル VI 違反で処罰の対象になり得ると判断した.

Dayton trial, the = SCOPES TRIAL

DEA, the = DRUG ENFORCEMENT ADMINISTRATION

deadly weapon 「凶器」 殺傷能力の強い武器や暴行用の道具で，これを使った襲撃，あるいはこれで人を脅した強盗や *rape などは *aggravated assault (加重暴行), aggravated robbery, aggravated rape などとして特に重い罪になる. 銃(弾を込めていないものを含む)，刀剣，ナイフ，レンチ，ハンマー，棍棒などだが，米国の判例では，人を絞め殺すために使われた(自動車の)ファンベルトが致命的な凶器と判断されたことがある. ⇨ GUN CONTROL

death 「死」 人のあらゆる生命機能の停止を意味するが，「死者」の器官を移植する医療の導入に伴って，死とはなにかが改めて問われるようになり，激しい議論を呼んでいる. 英国には死とはなにかを定義した法文はない. 米国では，1971 年のカンザス州法の定義──「通常の医療基準に基づいて，(ひとりの)医師が大脳機能の自然な (spontaneous) 機能を失っていると判断したとき，人は医学的にも法律的にも死んでいると考えられる」──が一般に受け入れられている. 日本でも，臓器ドナーについては脳死をその人の死とする原則が法制化されているが，心臓死を死とすべきだという主張も強く，議論はまだ決着したわけではない. ⇨ BRAIN DEATH ◆ 人が理由なく消息を絶ち，捜索もむなしく(州によって違うが)通常 7 年たつと presumptive death (推定死亡) として，法的には死亡したものと見なされる(遺産相続に関しては，連邦法によってその期間は 5 年とされている). 連合王国でも行方不明になって 7 年たった人は死亡したと推定される. ⇨ ENOCH ARDEN LAWS

death penalty 「死刑」 **[基本的な問題]** ふつうは殺人者に対する極刑 (*capital punishment). 英米でも，一般市民の多くが冷酷な殺人犯人に対する当然の刑罰と見なしている. しかし，市民は以下のような問題を冷静に考えなければならない. ① 2001 年 6 月 11 日に執行された the *Oklahoma City bombing 事件の主犯 Timothy McVeigh の死刑を目撃した被害者の家族がそろって言ったように，「あまりにも苦痛のない，平和な眠りのような死」が果たして罪の償いという意味を持っているのか. ② 死刑は凶悪犯罪を抑制するのに役立つ，という一般に受け入れられている考えは(世界各国の死刑執行と犯罪発生率とを調査してきた) *Amnesty International が主張するように，実際には統計的な根拠がない. ③ 以下に述べるように，無実の罪で死刑になるケースが余りにも多過ぎる. コロンビア大学の調査(2002 年 2 月発表)によれば，1973～95 年に，第一審で死刑判決を下された裁判のなんと 68% が控訴審で再審を命じられているのである. ④ 犯人の死刑によって，隠れていた共犯者や共謀者の捜査が妨げられるおそれがある. ⑤ より大きな疑問は，いかなる理由があり，いかなる方法をとろうと，人間が(正当防衛とは言えない状況で)他の人間の生命を絶つ権利を持っているか，ということである. ⑥ もうひとつ，死刑を存続している国では，不正による被害を受けた一般市民までが，加害者を(しばしば法によらぬ報復手段で)殺すことが正義だと思い込みやすく，それが誤りだということにさえ気づかないのではないか. ◆欧州では，殺人を伴う国家反逆罪および海賊行為に対する死刑は存続しているが，知識人のあいだには死刑に反対の声が強いので，それも遠からず廃止されるであろう. 2001 年 9 月に，韓国の下院議員の半数余りが死刑反対の署名をしており，この国が死刑を廃止する可能性は大きい. (金大中大統領が就任以来，韓国では死刑執行が全く行なわれていない.) 死刑の代わりに仮釈放のない終身刑を，という主張には，極悪非道な罪を犯した者の安全な生活を，最後まで高額の予算(国民の税金)で保証してやるのが合理的かという反論があるだろう. 容易に結論の出せる問題ではないが，「いかなる人も生きる権利を持っている」という基本的人権の根本を見据えたうえで，知恵のある対策を考える必要がある.

(1) **[米国の場合]** 2000 年 3 月現在，the Organization for Security and Cooperation in Europe (the OSCE: 全欧安保協力機構)に加盟している 55 カ国のうち死刑を廃止または停止していないのは——要するに西半球の先進国で死刑を認めているのは——米国だけである. 2000 年 10 月にはフランスの政治家(上院議員 84 人を含む)をはじめ，欧州の政治家，人権運動家などが米国の死刑を廃止せよという大々的な署名運動を始め，その署名を 2001 年 1 月に大統領に就任するブッシュ II に送った.

2001 年に米国では 85 人が死刑を執行された. 以前より少ないのは EU 諸国からの批判と無関係ではあるまい.

米国では，連邦裁判所でも州裁判所でも，12 人の陪審員の意見が全員一致しなければ死刑の評決はできない. 唯一の例外は *court-martial (1) (軍法会議) で，5 人の陪審員全員の意見が一致すれば死刑の評決ができる. 2001 年 8 月に，軍法会議で死刑を宣告されて収監中の者は 6 名. いずれも白人を殺した者で，非ヒスパニックの白人は 1 名のみ. 死刑執行はアイゼンハワー大統領時代以後ないが，2002 年にはブッシュ II 大統領が 2 名の死刑執行を命じる可能性が大きい．それやこれやで，軍法会議の公正さを疑う声が挙がっており，司法省内にも陪審のあり方を見直す動きが出ている．おそらく 2002 年には法の改正が行なわれるだろう．検討されている改正案によれば，死刑の可能性のある犯罪の容疑者を裁くには，(軍事上，万やむを得ない事情があれば別だが，そうでなければ)少なくとも 12 名から成る陪審を置くこと，陪審は原則として将校とするが，下級軍人である被告が希望した場合には，複数の下士官兵の陪審員を選ぶこと，陪審員全員一致で死刑を評決した場合，大統領に報告すること，などである．

[**取り返しのつかない冤罪**] この辞典には，英米を問わず，有罪を宣告されながら，のちに無罪であることがわかった例や，米国で適正な法の適用 (*due process of law) をされぬまま死刑判決を受けた例が多数紹介されている．冤罪は死刑の場合には全く取り返しのつかぬ罪を司法の側が犯すことになる．The Death Penalty Information Center という首都の非営利組織によれば，1973 年に米国が死刑を改めて合憲にしてから 2001 年夏までに，22 州で少なくとも 96 人の死刑囚が無罪放免になった．1987 年に発表された別の調査によれば，1900 年から 1985 年までに死刑を宣告された者のうち 350 人が無罪であったが，うち 23 人は死刑を執行されてしまった．驚くべき数である．**◆例 1** 2001 年 6 月 6 日に，フロリダ州の最高裁判所はタンパ市の近くの自宅にいた男女を殺した罪(第 1 級謀殺罪)で死刑を宣告され，すでに 3 年近く死刑囚棟に収容されていた 30 歳のスペイン人 Joaquin Martinez を再審の結果無罪として釈放した．マルティネスの場合は，教皇とスペイン国王から米国政府に助命嘆願があったけれども，そういうことでもないと再審を拒否される可能性があった．**◆例 2** 2001 年 8 月 23 日に，アイダホ州 Boise (ボイシ) 市の州刑務所から 52 歳の死刑囚が 18 年ぶりで釈放された．1982 年 2 月に 9 歳の少女を誘拐し，レイプして殺し，死体を側溝に捨てた罪で，死刑の判決を受けていた．犯人とされた Charles Fain というヴェトナム帰還兵は事件から 7 カ月も経って，数十人の参考人のなかで容疑者とされた．家が犠牲者 Dalalyn Johnson の家に比較的近く，ダラリンの体に付着していた 3 本の体毛が FBI のベテラン鑑識によってフェインのものに酷似していると見なされたのである．フェインは，事件の日にはオレゴン州の父親の家にいたと主張し，うそ発見器 (*lie detector) でもシロの結果が出たが，検事も裁判官もそれを無視．結局，体毛だけが証拠で死刑を宣告された．18 年後の *DNA 鑑定は，問題の毛がフェインのものではないことを証明した．もし，DNA 鑑定が行なわれる前に彼が死刑に処せられたとした

ら，州による誤った殺人の責任をだれが，どうとれるというのか.

冤罪ではないが，第一審の裁判官の説示が不十分であったために，連邦最高裁が死刑を終身刑に減刑した例については DUE PROCESS OF LAW の項を参照.

[死刑の廃止と復活] 連邦最高裁判所は 1972 年の **Furman v. Georgia* 事件判決で，ある種の犯罪には必ず死刑を科すという多くの州の法律を，「残酷かつ異常な刑罰」を禁じている憲法第 8 補正に照らして違憲としたので，死刑はいったん廃止された．しかし，同裁判所は 1976 年に，2 つのレベルの裁判所が死刑を言い渡したときには「残酷かつ異常」とは認められないと判断し，改正された州法による死刑が合憲になり得る道を開いた．その後，97 年末までに 432 人(うちテキサス州は 144 人)が死刑に処せられた．現在は連邦のほか，37 州が死刑を認めており，死刑囚は 2000 年 10 月に 3700 人以上いた．アラスカ，ヴァーモント，メイン，マサチューセッツ，ロードアイランド，コロンビア特別区 (the *District of Columbia)，ウェストヴァージニア，ミシガン，ウィスコンシン，ミネソタ，ノースダコタ，アイオワ，ハワイ，アメリカン・サモア，グアム，プエルトリコ，ヴァージン諸島で死刑が廃止されている．イリノイ州とジョージア州は 2000 年に死刑を停止しており，同年末には 6 つ以上の州もモラトリアムを考慮中だと言われる.

[連邦の死刑] 連邦は現在 60 近くの犯罪を死刑に価すると定めており，クリントン大統領も死刑制度の維持が必要だと言ってきた．2001 年 6 月 6 日に発表された司法省の調査によれば，1995 年 1 月から 2000 年 7 月までのあいだに連邦裁判所で審理された *felony (重大犯罪) 973 件のうち，Janet *Reno 前司法長官が死刑を求刑したのは，白人である被告の 27%，黒人である被告の 17%，ヒスパニックである被告の 9% であった. John *Ashcroft 司法長官は，この数字だけを引き合いに出して，連邦犯罪で死刑を求刑される可能性は黒人よりも白人のほうが大きく，人種的な偏りはないと強弁しているが，どう見ても論理のすり替えである．実際には，その 5 年余のうちに死刑を求刑された者の 83% が非白人である．その点では 2000 年 12 月発表の司法省の調査のほうが率直でわかりやすい．それは，連邦裁判所で死刑を求刑された者の約 50% が黒人，約 20% がヒスパニックであったことを明らかにしており，司法省それ自体がそこに人種的な偏りがあるのではないかと反省していた．その発表によれば，地理的にも，95 の連邦検察区のうち 5 つ(メリーランド，東西ニューヨーク，ヴァージニア，プエルトリコ)だけで全体の死刑求刑の 40% を占めるという偏りがあった．◆2000 年 12 月には連邦犯罪で死刑を宣告された者が 20 人(黒人 14 人，白人 4 人，アジア人 1 人，メキシコ系ヒスパニ

ック 1 人)いた．アシュクロフト長官の誤りはこの数字を見ても明白である．◆連邦政府は 1963 年以来 2001 年 6 月までは死刑を執行しなかった．2000 年 12 月 12 日には(共謀者 3 人を冷酷な方法で惨殺したという) Juan Raul Garza というヒスパニックの麻薬密輸犯人に 37 年ぶりで死刑が執行される予定であったが，クリントン大統領は同月 7 日に，死刑求刑や死刑判決が人種的な偏見によって左右されている可能性があるので，執行を半年延期し，事実をよく調査するよう司法省に命じ，その後の処置を次期大統領(当時はまだブッシュ II と決まってはいなかった)に任せた．アシュクロフト長官が死刑執行をためらうはずもなく，ガーザは 2001 年 6 月 17 日に死刑に処せられた．

[知的障害者に対する死刑執行] 米国には，精神に異常がある，あるいは知恵遅れと認められた者，および 15 歳未満の者の死刑は許されないとする州が 13 ある．1982 年にシカゴで 2 人の少年を銃で殺したとされる Anthony Porter という男は，98 年 9 月に死刑を執行されることになっていたが，その 2 日前に，イリノイ州最高裁判所は執行を停止し，ポーターの精神鑑定を命令した．不当な死刑の防止のために活躍していたノースウェスタン大学のジャーナリズムの教授とその弟子たちや仲間が，ポーターの知能指数は 51 しかなく，ものごとの判断能力が欠けていると主張したのがきっかけである．その後，学生たちは真犯人を発見することに成功した．1997 年 2 月 5 日にポーターは 16 年ぶりに釈放された．しかし，テキサス，ヴァージニアなど 25 の州では，殺人で有罪になった者ならば，知的障害者であることがわかっても死刑にできるという立場をとっている．

[連邦最高裁の判決――ジョニー・ペンリーの場合] テキサス州では 1976 年に死刑が復活してから，知的障害者と診断された 35 人の受刑者が死刑に処せられた．1999 年 11 月 16 日に死刑を執行されるはずであった Johnny Paul Penry という男性は，1979 年に，ある女性をレイプしている最中に刺し殺したという容疑で逮捕され，80 年に死刑判決を受けた．ペンリーの IQ は 7 歳並みの 50 ないし 63 だという(70 以上が正常)．この事件を取り上げた連邦最高裁判所は 89 年の判決で，被告に死刑を科すことは違憲ではないが，その場合には「知的障害者であるという証拠」をよく考慮しなければならないとして，再審を命じた．1990 年の再審でもペンリーは死刑を宣告された．陪審が彼の知的障害について考慮するよう，裁判所が十分な説得をしなかったからだ，と弁護側は主張している．99 年 11 月の死刑執行は連邦最高裁の差し止め命令によって延期され，この件は(非常に珍しいことに)2001 年連邦最高裁判所で審理され，同年 6 月 4 日に，同裁判所は 6 対 3 で，死刑の判決を覆した．◆ブッシュ II 大

統領は2001年6月12日，首都におけるヨーロッパ人記者との会見の席上，「知的障害者に死刑を執行すべきではない」と発言し，政策変更かと記者たちを興奮させたが，報道官は「大統領がテキサス州知事時代に，知的障害者を死刑にしたことはないという事実を述べたまでで，死刑についての大統領の考えに変化はない」と釈明した．これは事実に反する．1976年から2001年6月までに，テキサス州では知的障害者が6人死刑に処せられたし，同年同月には同じ状態の7人が死刑囚として収監されている．◆連邦最高裁判所はペンリーの事件で事情聴取をしている2001年3月26日に，ノースカロライナ州の死刑囚 Ernest McCarver (40歳)が刑を執行されると知り，執行のわずか数時間前に死刑を差し止め，審理することを決定した．1987年1月にカフェテリアで働いていたマカーヴァーは，同じ職場の71歳の男を刃物で刺したうえ，窒息死させた．彼のIQは67または70～80だという．◆連邦最高裁判所は，知的障害を持つ殺人犯人に対する死刑が，憲法第8補正が禁じている「残酷かつ異常な刑罰」に当たるかどうかについての判断を遠からず示すはずである．

[16歳で犯した殺人なら死刑] 1999年1月に，米国には16歳で罪を犯して死刑囚となった者が16人いた．そのひとりはオクラホマ州のカルトの信者 Sean Sellers であった．ショーン・セラーズは16歳4カ月になった1985年9月8日に，祖父の家から持ち出したハンドガンで，オクラホマシティのコンビニの店員(32歳)を射殺した．犯行の前に，同行した仲間に向かって「人を殺すってどんな感じか知りたい」と言ったという．翌年の3月5日の夜半には，寝室で寝ていた義父を，その義父のマグナム・レヴォルヴァーで射殺，続いて母親を射殺し，翌日，死体を発見したという芝居を打った．逮捕後の彼は，殺人の動機が自分でもわからないと言っていた．16歳で殺人の罪を犯して死刑になった者は1959年4月から皆無であったので，セラーズの死刑は妥当かどうか，ひとしきり議論になったが，セラーズは99年2月4日にオクラホマ州刑務所で死刑を執行された．その時点で，1976年に米国の一部の州で死刑が復活されてから，17歳で罪を犯して死刑の判決を受けた者は54人，死刑に処せられた者は13人になった．◆連邦最高裁判所は，1988年に，15歳のときに(暴力を振るう)義兄を射殺したオクラホマ州の少年 William Wayne Thompson の死刑判決を違憲として，終身刑に減刑した．その後，米国では16歳未満の者の死刑はあり得ない．

[つぶされたテキサス州の改善計画] 米国の州裁判所による死刑判決や執行で最も問題があるのはテキサス州で，2000年10月16日に公表された(非営利組織である) the Texas Defender Service の調査結果 “A State of Denial: Texas Justice and the Death Penalty” によれば，テキサス州

の死刑制度は，人種的な偏り，弁護士による援助の制限，警察官と検察官の不公正など，あらゆる意味で全面的に欠陥がある (thoroughly flawed). また別の調査によれば，同州では 1982 年から 2001 年 5 月上旬までに 246 人が死刑に処せられた．ブッシュ II 現大統領が 1995 年 1 月にテキサス州知事になってからだけでも 152 人で，これは他のどの州よりもはるかに多い．2000 年に死刑を執行されたのは 40 人で，1 州で年にこれだけ死刑になったのは米国史上初めてである．この州では知事による恩赦はおろか，再審の制度もほとんど機能していなかった．同州は 1991 年には受刑者の 79% を仮釈放させていたものだが，ブッシュ知事の時代にはそれが 16% に下がった．ルイジアナ州に次ぐ厳しさである．ブッシュ知事がきわめて珍しいことに，死刑囚を終身刑に減刑したことについては LUCAS, HENRY LEE の項を参照．◆皮肉なことに，ブッシュ II が大統領になってから，テキサス州議会は 1993 年以来初めて上下両院で死刑制度見直しの議論を行ない，精神障害者や 18 歳未満の者に対する死刑の廃止，さらに，重大な凶悪犯人に対してさえ仮釈放のない終身刑を科す可能性を検討し，その一部(知的障害者に死刑を科さないという法案)は州議会を通過した．しかし，死刑制度の維持に積極的な Rick Perry 知事は 2001 年 6 月に拒否権を発動した．「テキサス州はかつて知的障害者を死刑にしたことは一度もない」という，信じがたい〈事実〉がその理由であった．

[テキサス州で実施された死刑の一時停止] テキサス州刑事控訴裁判所は，2001 年 8 月 15 日に，Napoleon Beazley という 25 歳の殺人犯人(黒人)が死刑執行されるわずか 4 時間前に，ビーズリーの弁護士から提出された 10 の問題を再検討するために，執行を一時停止することを命じた．これはあくまで一時停止で，減刑につながるかどうかは不明だが，連邦最高裁が，犯行時 17 歳であった殺人犯の死刑が合憲であるかどうか審査する時間的な余裕を与えたことだけはたしかである．詳細は UNITED STATES SUPREME COURT [9 人制度の問題点] を参照．⇨ EUROPEAN CONVENTION ON HUMAN RIGHTS

[死刑の方法] 米国での死刑の方法は，主として電気いすと薬物注射であるが，4 つの州では絞首刑もあり得る．ユタ州では銃殺．アイダホ州やオクラホマ州でも銃殺刑の可能性はある．前出の Timothy McVeigh はインディアナ州 Terre Haute (テレホート) 市の連邦刑務所で薬物注射によって死刑に処せられた．カリフォルニア州では 1932 年に絞首刑から致死性ガスによる死刑に切り替え，1992 年から死刑囚がガスか注射かのいずれかを選べるようになった．しかし，サンフランシスコの連邦地裁は 1994 年 5 月 4 日に，ガスによる死刑は，ガス噴射から 15 秒ないし 1 分程度，死刑囚が意識を保ち，耐え難い肉体的苦痛をこうむるので，残虐で

非人間的な刑罰であり，憲法に違反するとの判決を下した．2000 年に，ガスか注射かのいずれかを選べるとする州がカリフォルニアを含めて 6 つ以上ある．使用するガスを変えたのかもしれない．⇨ EXECUTION ◆米国政府が国際司法裁判所から，死刑囚に関して国際法違反の警告を受けたことに関しては，INTERNATIONAL COURT OF JUSTICE の項を参照．

(2) [**連合王国の場合**] 連合王国では 1965 年に殺人犯に対する死刑は廃止された (⇨ A6 MURDER) が，殺人を伴う国家反逆罪については死刑は存続している．1837 年の the Piracy Act (海賊法) は公海上の海賊行為に対する死刑もあり得るとしているが，それはもちろん，国家反逆罪の犯人に対する死刑でさえも，遠からず廃止されると思われる．⇨ CAPITAL CRIME; DUE PROCESS OF LAW; HUMAN RIGHTS ACT 1998

debauchery 「性的な不道徳」 娼婦などと性的快楽におぼれること．米国の 1910 年の the Mann Act によれば，その目的で州境を越えること，また，売春のために女性を外国や他州から連れてくることや，連れ込もうと誘うことは *felony (重大犯罪) となる．特に相手が 18 歳未満だと刑罰は倍(最高 5 年の刑)になる．

decision on the merits 《米》「本案判決」judgment on the merits とも呼ばれる．ある事件の(技術的，法手続的な面だけでなく)本質的な事実を十分に分析したうえでの final decision (最終判決) のこと．そういう判決は，res judicata (リース・ジュディケイタ; 最終的な拘束力を持つ「既判事項; 既判力」) になるので，その後に同一人が同一の相手を被告にして，同じ事件で訴訟を起こすことはできない．これで同様の事件の審理を繰り返す手間が省かれる．ただし，連邦最高裁判所はもちろん，連邦の the *Court of Appeals (控訴裁判所) も，the *district court (連邦裁判区裁判所; 連邦地裁) で「最終判決」と判断されたものを再審理して，場合によってはそれを覆すことが可能．⇨ MERITS

declaratory judgment; declaratory relief 「宣言的判決; 宣言的救済」 一種の *equity で，裁判官が，具体的な法律問題で悩んでいる人の申立てを受けて，その人の法律的な地位や権利についての意見を述べ，疑問を解消し，場合によっては争いの芽を摘む．裁判所は意見を述べるだけで，申立人の要求に従って損害賠償を相手側に求めるものでは決してないが，判決には拘束力があるから，申立人は有利な判決を得たあと，自分の権利について自信をもって，差止め命令の請求など一歩進んだ法的措置による救済を求めることができる．

declaratory statute 「宣言的法律」 すでに存在する法律や，重要な判例について疑義が生じたときに，その意味を明らかにするために制定される法律．

deed 「不動産譲渡証書; 不動産権設定証書」 deed of trust は「信託証書」の意. 購入した土地代金を払い終わるまで, その土地の法的な所有権を信託会社などに移転するという契約. もともとディードは, 羊皮紙や紙に契約内容などを書き, 署名して, 印形を押捺した封蠟(seal)を付したもの. よく「捺印証書」と訳されるが, 日本人が使うような印鑑を朱肉を使って押しているわけではない.

deep pockets 《米俗》「ディープポケット」 本来なら複数の者から金銭賠償を要求したい者(原告)が, ひとりあるいは 1 社だけを相手に訴訟を起こすことがある. 狙われるのは, 最も多額の賠償金を払う能力のある(いわば現金の詰まった深いポケットをいくつも持った)個人や会社である. ⇨ JOINT AND SEVERAL LIABILITY

Deep Rock doctrine, the 《米》「ディープロック原則」 ある会社が破産したとき, そのインサイダー(親会社や大株主)は資産の所有権を真っ先に主張できるはずだが, 裁判所は他の債権者を優先したほうが公正だと判断することがある. 特にインサイダーによる不正融資が疑われるときなどに適用されるアウトサイダー優先の原則をディープロックと呼ぶ. もともとディープロックとは, その原則を立てた連邦最高裁判所の *Taylor v. Standard Gas* 事件判決(1939)において, 債務者として権利を主張したスタンダード・ガス株式会社の通称.

de facto 「事実上の」 法律的に問題があるにしても, 現実に機能している, という含みがある. de facto corporation は設立の法的手続きに不備があったとしても, きちんと定款に従って業務を続けている「事実上の会社」である. de facto segregation (事実上の人種差別)は, 州政府が学校に対して意図的に行なった差別(de jure segregation; 法による人種差別)ではなく, たまたまその学校の地理的な(あるいは, 社会的, 経済的な)条件が, 白人または少数民族の生徒を特に多くする結果になった, といった場合を言う. ⇨ DE JURE

defamation 「名誉毀損」 印刷物, 映像, 口頭による名誉侵害の総称. defamation per se (本来的な名誉毀損)は実害の証明がなくても成立するが, defamation per quod は実害が伴った場合にのみ成立する(多くは口頭の, 表面的にはあいまいに聞こえる)名誉毀損で, 発言の状況によって人をひどく傷つけることがある. per quod は by that; whereby (それによって)を意味するラテン語. *libel and slander もほぼ同じ意味. ⇨ ACTUAL MALICE

default 「(当然なすべきことの)不履行, (特に)債務不履行; 義務違反; 審理への欠席」 ⇨ DEFAULT JUDGMENT; WRIT; WRONGFUL DEATH

default judgment 「(意図的な不出廷者に対する)敗訴判決」被告が争

う姿勢も，自己弁護の姿勢も見せず，裁判所に出頭しない場合に，その *default (怠慢) に対する制裁として下される被告敗訴の判決.

defendant 「被告人」 民事裁判では原告 (*plaintiff) による訴状 (*complaint) に記された犯罪を否定する側，あるいは弁明する側の人 [組織]. 原告が訴状で述べた犯罪容疑について被告が反論する文書は *answer (答弁書) と呼ばれる. 刑事裁判では検察官によって起訴された人，または会社などの組織で，*accused とほぼ同義だが，容疑者は起訴される前，裁判所から召喚状 (*summons) を受けた段階から defendant と呼ばれることがある.

defendant in error 「誤審審理被申立人」 通常は民事事件で，下位裁判所では勝っていたのに，判決に不満な相手が上訴したので，控訴審で自分の立場を守る側に立たされた人. その相手は plaintiff in error (誤審審理申立人) と呼ばれる.

defense; 《英》 **defence** 「防御」 一般に，訴訟を起こされた側(被告)が提出する事実の記録や説明，法律解釈に関する主張などの総体. 狭義には「答弁」(*answer) で，これは被告が最初の訴答手続きの段階で提出する書面. 事実関係，法律関係について，相手の主張が真実ではないことを述べるもの. ただし，その内容については立証責任を負う.

defense contingent fee 「逆成功報酬」 ⇨ CONTINGENT FEE

de jure 「適法な; 法による; ディジューリー」 of right ; legitimate を意味するラテン語. 例えば，クーデターで A という国王が反乱軍に逮捕されたとしても，A は相変わらず de jure sovereign であろう. de jure segregation (法による人種差別) は，政府が法律に基づき，政策として実施する人種分離. いちおう適法だが，元の法律が不公正ならば，誤った政策である. de facto segregation (事実上の人種差別 ⇨ DE FACTO) は，地域住民の社会的，地理的，経済的な条件だけによって生じた人種分離および人種差別.

delegation of powers 《米》「権限の委任」 (1) 大統領が政府の各省や各機関の責任者に憲法上の権利を委任すること. (2) 連邦が持っている大きな憲法上の権限を，政府の各省庁で分担すること.

deliberate speed ⇨ WITH ALL DELIBERATE SPEED

delinquent (1) = delinquent child; juvenile delinquent「非行少年[少女]」 万引きやすりなど，比較的軽度の刑法犯をおかしたり，*status offense (不良行為) を繰り返したりする未成年(特に the *age of criminal responsibility に達していない子供). 英国では 16 歳未満の者. 殺人，放火，レイプなど，重大犯罪をおかした未成年は delinquent とは言わない. (2) 《米》「(税金などを)滞納している; 未払いの」

Democratic Party, the 《米》「民主党」 ⇨ REPUBLICAN PARTY

demurrer 「訴状への抗弁; 異議申立て」 裁判の最初に原告が申し立てた訴えに対して，被告が「たとえその申立てが真実だとしても，法律上は事件として成り立たない，あるいは法手続上誤りがあるから裁判で取り上げる価値がない」と主張すること．連合王国では民事，刑事の裁判で廃止されている．米国でも，連邦とほとんどの州で廃止されたが，裁判の正式審理の前に，訴訟規則に反しているから裁判を中止してほしいという motion to dismiss (訴え却下の申立て) をすることはできる．

Dennis v. United States 《米》「(1951 年の) デニス事件判決」 ⇨ SMITH ACT

de novo 「新たな」 ⇨ TRIAL DE NOVO

Department of the Interior, the 《米》「内務省」 1849 年に創設された省庁で，1950 年に大改革が行なわれた．連合王国の内務省 (the *Home Office) とは全く異なり，「国土省」や「環境省」の色彩が濃い．責任を負う範囲は，自然とその資源(鳥類や魚類や鉱物など)の保護および育成，国立・国定公園，環境科学，地理調査，土地改良と再利用，アメリカ先住民の土地や自然資源問題などで，1824 年に創設された the Bureau of Indian Affairs (the BIA: インディアン問題局) は，1849 年からこの省に属する．この局は，アラスカの先住民の子孫も対象として，連邦が先住民の子孫に信託している土地の管理だけでなく，住民の教育や産業面での自活を助成している．⇨ AMERICAN INDIAN TRUST FUND

deposit in court 「供託」 借金がある，あるいは弁償責任があることを知りながら，相手が特定できない場合，裁判所がその相手を決めてくれるまで，金銭その他の財産を裁判所に預けて保護してもらうこと．正確な借金の額がわからない，あるいは借金について法律上未解決の問題があるときも，公正な判決が下れば返済の意思があることを明らかにするために，およその金額を供託することがある．

deposition 「証言録取書」 ⇨ AFFIDAVIT

deprived-heart murder 「自暴自棄的な謀殺」 ⇨ FIRST-DEGREE MURDER

derivative evidence 「派生的な証拠」警察の違法な捜索によって得られた証拠で，裁判では証拠能力を認められない．

derivative work 「派生作品; 二次的著作物; 二次的な作品」 原作の翻訳，原作を脚色したシナリオ，書物のダイジェスト，独自の価値のある複製絵画，編曲された音楽作品などで，それらも著作権法による保護が受けられる．ただし，派生作品を利用するには，原作や原画など一次作品の作者の許諾も得なくてはならない．⇨ COPYRIGHT

derogation 《英》「(法の)一部撤回; 一時停止」 この語には「約束の完全な実施を妨げること」など，さまざまな意味がある.「欧州人権条約」(the *European Convention on Human Rights) では，国が非常事態に際して，the *Council of Europe (欧州会議) に通告のうえ，国民が享受できるはずの権利と自由 (条約権; the *Convention rights) の一部を一定期間のみ停止することを認めている. それは同条約第 5 条の「不法な逮捕監禁を禁じた規定」の棚上げを指すことが多い. 連合王国は北アイルランドの紛争 (⇨ NORTHERN IRELAND) に直面して，この「一部撤回[停止]」を何度か実施した. そのひとつは the Prevention of Terrorism (Temporary Provisions) Act 1989 (テロ防止 1989 年臨時対策法) で，警察は挙動不審者を警察署に連行して 7 日間まで取り調べができるというもの. the *European Court of Human Rights (欧州人権裁判所) は，容疑者を速やかに裁判官の前に連れていかずに 4 日を超える勾留を強いる同法は人権条約違反だという判決を下していたが，欧州会議は結局，連合王国の措置を認めた. こういう条約条項の一部停止が認められるのは最長 5 年間である. ◆連合王国の the Terrorism Act 2000 によれば，緊急時のテロ容疑者は 4 日以内に裁判所に出頭させられる. ⇨ TERRORISM

DeSalvo, Albert H. 《米》「アルバート・H・デサルヴォ」 連続殺人犯人と見なされていた男. ⇨ BOSTON STRANGLER

designer drug 「デザイナードラッグ; 合成麻薬」 違法な向精神薬. もともとは違法な麻薬と決めつけられるのを避けるために，分子構造を少し変えて作ったヘロインなどの合成麻薬で，非加工品よりも危険性は高い. 米国では 1980 年代の初期から出回っている. ⇨ DRUG

determinate sentence 「定期刑」 裁判官が通常下す，期間の決まった禁固刑. ⇨ INDETERMINATE SENTENCE

devise 「物的財産の遺贈」 ⇨ LEGACY

devolution 「(地方)分権; 自治拡大」 (1) 《英》連合王国では主に，1997 年 7 月にブレア政権が提案した (そして，その後の住民投票でも賛成票が圧倒的に多かった)，スコットランドおよびウェールズの独自の議会と the *Good Friday Agreement に基づく北アイルランドの議会 (the Scottish Parliament; the Assembly for Wales; the Northern Ireland Assembly) の創設を指す. 外交，国防，経済・貿易の基本政策，航空行政などは連合王国の中央政府によって定められるが，それ以外の権限の多くは各地域 (province) の議会に委ねられる. 自治を拡大されたスコットランド，ウェールズ，北アイルランドからも，以前どおり連合王国の国会議員が選出される. スコットランドでは，スコットランド議会独自の一定限の徴税拡大権が認められた. ◆実は，連合王国の分権はブレア政権に始まったものではない．スコットランド議会への分権は，1974 年の選挙における the Scottish National Party の進出(30% を獲得)を受けて，当時の労働党政権によって提案されたが，79 年 3 月にスコットランドで実施された住民投票で，スコットランド独自の議会を組織するという提案に賛成する者は投票者の 3 分の 1 にとどまった．ウェールズでも 79 年に同様の住民投票が行なわれたが，独自の議会を置くことに賛成する住民はわずか 12% しかいなかった．◆北アイルランドの分権，特に 2000 年 2 月以後については NORTHERN IRELAND の項を参照．

(2)《米》米国でこの語は，「連邦の権限の一部を州に委ねる」という意味でよく用いられる．

Diamond, Jack "Legs" (1896–1931)《米》「ジャック・"レッグス"・ダイアモンド」 禁酒法時代の最も凶悪なニューヨークのギャングのひとり．密売酒業のライバルを次々に暗殺し，他のギャングから恨まれた．殺害が何度も試みられたものの成功せず，"the bullet hasn't been made that can kill Legs Diamond"（レッグス・ダイアモンドを殺せる弾丸はまだ作られていない）とさえ言われた．しかし，結局は 1931 年 12 月 18 日に州都オールバニー市の隠れ家で睡眠中，2 人のガンマンによって頭を撃たれて死亡した．

dictum 「ディクタム; 傍論」 複数形の dicta も用いられる．⇨ OBITER DICTUM

DIG ＝ DISMISS AS IMPROVIDENTLY GRANTED

Dillinger, John 《米》「ジョン・ディリンジャー」 米国の犯罪者．⇨ PUBLIC ENEMY NO. 1

Diplock court 《北アイ》「ディプロック裁判所」 北アイルランドで，テロリストを裁くときに用いられた裁判の方式．1972 年に英国の裁判官 Lord Diplock (1907–85) が始めたもの．通常の裁判では陪審員 (⇨ JURY) がテロリストの犠牲になるおそれがある場合，ひとつの事件をひとりの裁判官だけが陪審なしで審理する．被告が不利をこうむらないよう，独立機関によるチェックを受けることになっていた．1996 年に廃止された．

direct attack 《米》「(判決に対する)直接的な攻撃」 ⇨ COLLATERAL ATTACK

directed verdict 「無罪の評決」 ⇨ BURDEN OF PROOF; VERDICT (1)

direct evidence 「直接証拠」 状況証拠と違って，事件との関連をあれこれ推理する必要のない証拠品(例えば，問題の金の出納が記入してある銀行通帳)や，事件目撃者の証言．

direct examination 「主尋問; 直接尋問」 自分が招いた証人に対する(検察官や弁護士による)第 1 回目の尋問．⇨ REDIRECT EXAMINATION

discovery 「情報開示; 開示(手続)」 the discovery phase of a trial とも言う. 裁判手続き (*court procedures) の重要な一環で, 正式の審理に先立ち, 訴訟の双方の当事者が事件に関する証拠と情報を互いに開示する.

(1)《英》英国の民事裁判では the discovery and inspection of documents (文書の開示と閲覧) と呼ばれ, 裁判開始後 14 日以内に行なわれる. 昔の英国では, 相手に手の内を見せず, 思いがけない証人や証拠を持ち出して勝利を得るという戦法が通常であったが, 現在はこの情報開示によって, 裁判が公正になっただけでなく, 裁判の中止や, 示談による解決の率も非常に高くなった. 十分な開示が行なわれなかった場合, master (補助裁判官) が職権で開示を命じることができる.

(2)《米》1938 年に米国の連邦最高裁判所が定めた the Federal Rules of Civil Procedure (連邦民事訴訟規則) によれば, 訴訟当事者は相手方に対して, 裁判で証拠として採用されそうな情報や資料のすべてを開示するよう書面で求めることができる. 被告は自分の供述調書, さまざまなテストの結果, 検察側の証人が予定している証言内容などを文書で開示するよう要求できる. また, 検察側が使用する書類, 写真, 面接記録, 証拠物件などを閲覧できる. 1945 年に作られた the Federal Rules of Criminal Procedure (連邦刑事訴訟規則) によれば, 検察側は被告のアリバイを否定する証人たちの名前を被告に明かさなければならない. The *FBI が情報開示を怠った the *Oklahoma City bombing 事件については, その項を参照.

当事者が相手側の心身の検査を求めたり, 裁判所に申請して証人への subpoena (罰則つき召喚状 ⇨ SUBPOENA DUCES TECUM) を発行してもらったりするのも, 情報の開示を求める方法である. ◆privileged communication あるいは confidential communication (秘匿すべき情報) と呼ばれる情報は開示の例外となる. 例えば夫婦のあいだの会話, 医師と患者や, 弁護士と依頼者との会話などが録音されていたとしても, それを開示する必要はない. ⇨ EVIDENTIARY PRIVILEGE

discretion (1)「分別; 理知的かつ慎重な言動」 ⇨ AGE OF DISCRETION (2)「裁量」 あくまで法律, 規則, 一般的ガイドラインの枠内でではあるが, 細かいルールに縛られず, 説明の義務も負わないで, 経験や知識の集積をもとに自由にものごとを行なう能力. ⇨ CERTIORARI

discretional jurisdiction 「裁量による裁判管轄権」 事件を取り上げるかどうかは, 裁判所の裁量に任される. 連邦最高裁判所はその典型.

discrimination 「差別」 人種, 民族, 生まれた国, 皮膚の色, 宗教, 階級, 言語, 身体的な特徴, 年齢, 性別などに基づく不平等な扱いで, 米国では憲法と the *Civil Rights Acts (公民基本権法) によって, 連合王国では「1998年人権法」(the *Human Rights Act 1998) によって禁じられている. positive discrimination と言えば，たぶん特定の集団に対するえこひいき(不当な優遇)の意味. 上記のような差別意識に基づく意図的な行為(集団差別)は disparate treatment と呼ばれる. 米国で，差別に基づく不当解雇を受けた者が受けられる賠償金については，DAMAGES の項を参照.

dismissal (of action) 「(裁判の)却下; 棄却」多くの場合，原告側の主張や証拠に欠陥がある. それを裁判所による involuntary dismissal (非任意訴訟取下げ) と呼ぶこともある. voluntary dismissal は，原告が勝ち目のないことを見越して訴訟を取り下げること. a dismissal of an appeal といえば，上訴の却下で，通常は下位裁判所の判決が確定する. ⇨ ABATEMENT OF ACTION

dismissal without prejudice 「(訴えの)却下」 これは「(裁判官が)法的な権利に不利益を与えることのない却下」の意味で，同一の原告が同一の訴訟原因で再び裁判を求めることも可能となる. dismissal with prejudice (= dismissal on the merits) は「再訴を許さない棄却」の意味. ◆ 英国では，和解(調停)の文書に関して，もし和解交渉が成立しなくても，その文書によって法的な責任を負わされることはない，と念を押すために without prejudice という表現を使う. ⇨ BURDEN OF GOING FORWARD

dismiss as improvidently granted 《米》「早計な受理につき却下」略は DIG. 不定冠詞をつけて a DIG と言うこともある. 連邦最高裁判所が，いったんは受理しながらも，上訴の理由が十分に明確でない，あるいは，連邦法や合衆国憲法とのかかわりが十分に主張されていないなどの理由で，上訴を却下する場合に使われる語句. 実際には，国政に大きな影響を与える判決を期待されながらも，9人の裁判官の意見が真二つに分かれた判決を下すことを避けるために，こういう却下をすることがある. この場合，判事たちが理由や意見を述べることは必要とされていない. 2000年12月に連邦最高裁判所は，大統領選挙の開票方法に関するフロリダ州最高裁の決定を不満とするブッシュ候補側からの訴え (*Bush v. Palm Beach County Canvassing Board*) に対して，州最高裁の決定は連邦法や合衆国憲法とのかかわりにかなり不明確な部分があるとして，州最高裁に差し戻した. それは裁判官全員による無署名の意見として発表されたが，実際には最高裁内部の政治的な分裂を表面化させないための自衛的な DIG であったと見ることができよう.

disparagement 《米》「おとり商法」 ⇨ BAIT AND SWITCH

dissenting opinion 「(判決における)反対意見; 少数意見」 近年の連邦最高裁判所判決の 70% に少数意見がついている. 多数意見(書くのはた

いがい首席裁判官が指名した，多数派のベテラン裁判官）も少数意見も，原稿の段階で裁判官全員が読んでおり，そこで反対意見に影響されて立場を変える裁判官もいるし，最終判決文の *concurring opinion（同意意見）のなかで反対意見を強く攻撃する多数派の裁判官もいる．反対意見は少数意見とは言いながら，裁判所意見の効果を薄めることがよくあるからだ．“a Great Dissenter”（偉大な少数派）と呼ばれた Oliver Wendell *Holmes, Jr. の場合のように，少数意見であったものがのちに最高裁の多数意見になった例は決して少なくない．

distinguish 「差異を明らかにする」 前にもよく似た事件があったけれども，実は現在の事件とは事実関係に重要な相違があるので，その事件の判決を先例にするわけにはいかない旨を説明すること．

distrainer 「差押え権者」 借金を返さない人や，家賃を払わない人の持ち物を（ふつうは違法だが）勝手に差し押さえる債権者．そういう差押えは（時に，差し押さえた動産の売却も）distress と呼ばれる．◆《英》では *bailiff (3) と同義に用いられる．その項を参照されたい．

distress 「差押え」 ⇨ DISTRAINER

district attorney 《米》(1)「地区検事長」 略は D.A. 45 の州では各裁判区（たいがいは郡単位）で住民によって公選される．county attorney [prosecutor]（郡検事長）とも呼ばれる．「地方検事」は適当な訳語ではない．大都市を含む大きな裁判区では，この検事長の下に多くの（例えばロサンジェルス裁判区では 900 名以上の）deputy district attorney がおり，彼らも（検事補というより，一人前の）「検事」の職責を果たしている．(2) = United States attorney; federal prosecutor「連邦地区首席検事」the *district court（連邦裁判区裁判所; 連邦地裁）の裁判区ごとに，大統領が指名し，上院の承認を得て任命する．任期は 4 年．やはり部下に多数の deputy [assistant] U.S. attorney がいるが，彼らも「連邦地区検事」であり，これを機械的に「検事補」や「副検事」と訳すと誤解を与えるおそれがある．⇨ ATTORNEY GENERAL (1)

district council 《英》「地区評議会」 ⇨ COUNTY (2)

district court 《米》= U.S. district court (1)「連邦裁判区裁判所」一般には「地方裁判所; 連邦地裁」と訳されている．The *Judiciary Act of 1789 に基づいて，全国 50 州を judicial districts（裁判区）に分け，各裁判区に民事，刑事双方の第一審を担当する連邦地裁を置いたもの．各州に 1～4 の裁判区がある．それに首都ワシントン（DC: 裁判官 15 名），プエルトリコ，グアム，北マリアナ諸島（各 1 名），ヴァージン諸島（2 名）も加えると，全米に 94 の連邦地裁があって，1990 年代後半で 575 名の裁判官が働いていた（2002年現在は 650 名くらいと思われる）．同じ裁判区に 2

名以上の裁判官がいるとしても，各裁判官は原則として単独で裁判を担当する．公民基本権にかかわる事件や，州裁判所の判決を覆す可能性のある場合は3名で事件を審理することもある．◆裁判官はすべて上院の承認を得て大統領が任命する．裁判官は憲法第3条第1節の規定に従い，「その行動が善良である限り」無期限に在職できるが，グアム，北マリアナ諸島，ヴァージン諸島の地裁判事については任期が10年と定められている．(2) いくつかの州の「州地区裁判所; 州地区控訴裁判所」

District of Columbia, the 《米》「コロンビア特別区; ワシントンD.C.」略はDCまたはD.C.. 首都を設けるために合衆国憲法が特に規定した地区で，実際にはメリーランド州が寄贈した．人口は約60万人．住民は1961年に初めて大統領選挙権を得た．州に準じて，大統領選挙人も3人置かれる．州ではないから，上院議員も下院議員もいないが，連邦下院には，発言権はあるけれども議決権を持たない代表を送っている．1974年まで連邦下院がワシントン市議会の役割を果たしていたが，同年に住民が市長と13人の市会議員 (city councils) とを選挙することになった．市の予算の大部分は税金でまかなわれ，市の予算は連邦議会の主導で執行される．DCの住民は州への昇格を望み，下院はそれを認めて1978年に憲法補正を計ったが，4分の3の州の承認が得られず，お流れになった．

diversity case 《米》「(原告と被告の)州籍が異なる場合の訴訟」 ⇨ DIVERSITY OF CITIZENSHIP; ERIE RAILROAD CO. V. TOMPKINS

diversity of citizenship 《米》「州籍の相違」 訴訟当事者の州籍が違うこと．あるいは，州民と外国人との訴訟を言う．原告が全員A州に住み，被告が全員B州に住んでいるといった complete diversity もあり得る．逆に，もし原告と被告のひとりずつが同一州に住んでいる場合，州籍の相違は認められない．訴訟当事者の州籍が違う場合，憲法第3条第2節1項の規定により，(原告が希望すれば)連邦裁判所が審理の権限を持つ．この裁判権は diversity jurisdiction (州籍の相違に基づく裁判権) と呼ばれている．連邦裁判所は事件があった州の州法を適用する．ただし，連邦による裁判は，事件が憲法問題や連邦と無関係であること，係争額が5万ドルを超えていること，という条件がついている．昔は州裁判所による裁判にえこひいきがあるというので，連邦裁判所による公正な裁判の機会を当事者に与えたものだが，現在は州裁判所による不公正な裁判は少なくなった．そこで，連邦裁判所は負担の軽減のために，上記の条件を満たしている場合でも，できるだけ州裁判所による審理を望んでいる．⇨ ERIE RAILROAD CO. V. TOMPKINS

divorce (1)「離婚」 英国で離婚が成立する条件は，① 配偶者の不貞，② どちらかの不合理な(きわめて異常な)行動，③ 2年以上配偶者を放棄したこと，④ 両者が 2 年以上別居して，離婚に同意したこと，⑤ 両者が 5 年以上別居したこと，である．米国でもおよそ同じだが，配偶者の一方が麻薬常習者である，アルコール依存症である，精神異常である，家庭内暴力を振るう，扶養の義務を怠るなども離婚理由として認められる．1970 年代から 80 年代までは，離婚訴訟には，配偶者の不貞など結婚生活の責任に違背した行動の証明が必要であったが，1971 年の the Uniform Marriage and Divorce Act によって，no-fault divorce (無責離婚; 破綻離婚) が認められた．別居から離婚に至る例が多く，別居の期間はそう長くなくても認められるケースが多い．

英国の離婚率は第二次世界大戦以降に徐々に上昇を続けてきた．離婚判決の数は，1940 年には 8396 件だったが，1950 年には 3 万 2516 件，1990 年には 16 万 5658 件へと増加している．この時期にはイングランドおよびウェールズでは the Matrimonial Causes Act と the Divorce Reform Act のもとで離婚手続きが比較的容易になっていたこともあるが，同時に女性の経済的自立も要因のひとつに数えられる．1990 年から 93 年まで，英国では毎年 1000 人の既婚女性のうち 13 人が離婚した計算になる．その間，米国では 1000 人の既婚女性のうち 21 人が離婚した(日本では 92 年と 93 年に 1000 人中 6 人であった)．米国で 1997 年に結婚した男女の実数は 238 万 4000 人，離婚者は 116 万 3000 人であった．結婚する男女の数はその後減少しているようだが，正確な統計は 2002 年 2 月にはまだ不明．黒人の離婚率は白人のそれの倍を越えている．

(2)「離縁」 例えば虐待を受ける子供がその親と法律的に縁を切る場合に用いる．

DNA 「DNA」 (= deoxyribonucleic acid: デオキシリボ核酸) 細胞核染色体の基礎物質で，遺伝情報を持つ．DNA のひもを切断し，その微細な断片を特殊な溶液，放射線，寒天を素材にしたアガロース多糖体，X 線フィルムなどを使って処理すると，バーコードのようなものが X 線フィルムに現れる．これが DNA 指紋 (DNA fingerprints) である．犯罪者の DNA 指紋をコンピュータのデータバンクに入れておくと，犯罪現場に残された血液や体液などから再犯者の特定が容易になる．米国では 1993 年 8 月までに 8 州がこのデータベースを作成し，他の多くの州でもその準備を進めていた．英国では 95 年 4 月にバーミンガム市で初めてこれが作られた．94 年 4 月から施行された the Criminal Justice and Public Order Act に基づき，警察は容疑者から唾液のサンプルを採ることができるようになったので，容疑者が有罪判決を下された場合，その DNA 情報がデータベースに記録される．実際に 95 年の 5 月にはそのサンプルが集められた．日本では 93 年 7 月に宇都宮地裁が DNA 指紋の証拠能力を初めて認め，その後3年以内に，DNA 鑑定は全国で行なわれるようになった．

［例 1］ 1995年に大マンチェスター市の Wigan という町で当時15歳のガールフレンド Louise Sellars を首絞めと殴打によって惨殺した当時21歳の Darren Ashhurst は，法医学の調査で有罪の証拠がなく釈放されていたが，2000年1月に再逮捕された．ルイーズの死体のそばに落ちていたたばこの吸い殻の DNA 鑑定で，アシャーストのアリバイが崩れたからである．同年11月のマンチェスター刑事裁判所での裁判で，陪審は10対2の多数決で有罪の評決を下した．［例 2］ 1988年，オハイオ州クリーヴランド市の the Cleveland Clinic の病棟で働いていた Anthony Green (当時23歳) は，肝臓がんで治療を受けていた看護婦をレイプしたかどで有罪になった．陪審は，その看護婦が亡くなる前に，グリーンに襲われたと証言したのを信じ込んだのである．グリーンは20年ないし50年という不定期刑を宣告されて収監された．しかし，グリーンの義父は，真犯人が犯行時に使ったに違いない浴用タオルが病院の地下倉庫にあるのを突き止め，DNA 検査を依頼したところ，付着していた男の精液がグリーンのものでないことが判明した．2001年10月18日，第一審の裁判長は謝罪と共に，グリーンの無罪を宣告した．［例 3］ 1983年にロンドン西方の Ruislip に住む Mrs. Jacqueline Poole (当時25歳) の死体が彼女の自宅で発見された．性的な暴行を受け，殴られたうえ，首を絞められていた．当初から，彼女のボーイフレンドであった Anthony Ruark (当時28歳) が疑われていたが，証拠不十分で不起訴のまま18年たった．ルーアークは結婚して子供ができたあとも，故プール夫人の家族と平然とつき合っていた．しかし，鑑識の専門技官の協力を得た公訴官 William Boyde は2001年になって，the DNA low profile number (DNA 極微量検査) というテクニックを使うことによって，(すでに存在しない) ルーアークの精液を検査したときの古いスライドから，当時は検出できなかった極微の DNA を発見した．ボイドはそれを (2000年にルーアークが小さな盗みを働いたとき採った) ルーアークの DNA データと照合したところ，10億対1の確率でルーアークのものだと証明された．また，プール夫人の皮膚からルーアークの爪のごく微細なかけらが発見された．逮捕されたルーアークはしどろもどろの弁明を試みたが，the *Croum Court (刑事裁判所) の陪審は8月24日に彼の有罪を評決し，ルーアークは終身刑を受けた．［例 4］ ヴァージニア州は21世紀に入ってから，*felony (重大犯罪) の犯人が遺伝子鑑定を受ける権利を認めるという法律を制定した．1982年に白人女性をレイプしたとして，(その女性の証言を真に受けた) 全員白人の陪審によって210年の禁固刑に処せられ，15年の服役のあと仮釈放 (*parole) されていた黒人 Marvin Anderson は，DNA 鑑定の結果シロと判明した．

2001年12月6日の州司法当局の発表によれば，アンダースンのものと思われていた精液のDNAは，すでに有罪となっている2人の重大犯罪者のそれと「部分的に」適合するという(おそらく，精液が2人のものだったという意味)．DNA鑑定で有罪判決が崩れたのは，ヴァージニア州ではこれが初めてである．

U.S. News & World Report (5-21-2001)によれば，米国ではDNA鑑定のおかげで無罪になった受刑者が1992年から88人いた．収監期間が10年以上19年に及んだ者も多数含まれている．その約半年前に出た*Time*誌によれば，連邦や州がそういう冤罪に対して補償金を払ったケースはほとんどない．恐るべき人権無視である．2001年8月にDNA鑑定のおかげで18年ぶりに無罪が確定した死刑囚についてはDEATH PENALTY (1)の[取り返しのつかない冤罪]の項を参照．⇨ A6 MURDER; BOSTON STRANGLER; FINGERPRINT; GENETIC FINGERPRINTING; SHEPPARD CASE

DNA fingerprints 「DNA指紋」 ⇨ DNA; FINGERPRINT; GENETIC FINGERPRINTING

doctor-assisted suicide 「医師の手を借りた自殺」 安楽死(euthanasia)や尊厳死(death with dignity)を選び取る権利，すなわち人間の「死ぬ権利」が容認される流れのなかで，末期医療(terminal care)との関係で注目を浴び，議論を呼んでいる．

[米国の主な判例など] (1) *Cruzan v. Director of Missouri Department of Health* (クルーザン対ミズーリ州保健部長)．1990年の連邦最高裁判所判決．Nancy Cruzanは若くて元気なころ，「自分が死に瀕したとき，無駄な延命治療はやめて」と周囲に漏らしていた．彼女は成人したあと，交通事故にあって3カ月間人事不省になった．病院は，流動食しか受けつけないナンシーの胃にチューブをつないで，栄養液を注入したが，彼女の両親は1987年に，ナンシーがすでに植物人間になっているし，そんな状態で生きるのは本人の意志に反するとして，無理な延命治療の中止を求めた．第一審は両親の訴えを認めたが，ミズーリ州最高裁は，「ナンシーがいま生きていたら延命治療を望まなかった」と断定できる根拠は乏しいとして，逆転判決．William *Rehnquist裁判官が多数派を代表した連邦最高裁判所も，5対4で，州の決定は合憲だと判断した．(2) 米国のオレゴン州は住民投票の結果，1997年10月27日に，他州に先駆けて複数の医師の慎重な判断があれば安楽死は合法と定めた．98年中にこの「医師の手を借りた自殺」を遂げた人は15人であった．(3) 連邦最高裁判所は1997年の*Washington v. Glucksberg*および*Vacco v. Quill*判決で，憲法は医師が幇助する自殺の権利を認めていないと全員一致で判断した(その結論に賛成した判事のうち4人は，少数意見で，将来条件によっては死

ぬ権利を認める可能性を示唆したが). これでオレゴン州の関係州法は無効になったという主張は, 1997 年に第 9 巡回区控訴裁判所によって斥けられたし, 連邦最高裁判所もなぜか取り上げないことに決めた. メイン州では 2000 年 11 月 7 日の州民投票で, 医師による安楽死を認める提案は否決された. ⇨ KEVORKIAN, JACK

［**司法省の政策転換**］ 2001 年 11 月 6 日に, John *Ashcroft 司法長官は the *Drug Enforcement Administration (麻薬取締局) にメモを送り, オレゴン州の医師が自殺幇助のために, 連邦が管理している薬物を使用するのは刑罰に価する違法だから, 実状を調査せよと命じた. これは前任者 Janet *Reno の政策を覆すものであり, オレゴン州の医師は睡眠薬である barbiturate secobarbital などを安楽死や尊厳死のために使うと処罰されるおそれが出てきた. オレゴン州当局は直ちに, 同州の the Death With Dignity Act (尊厳死法) を 2 回の州民投票で認めた州民に対する不当な干渉だとして, 法律的に争うと言明. 同州の重病の患者 3 人と州司法長官は, アシュクロフトの命令を差し止めるよう連邦地裁に訴えを起こした. 11 月 21 日, 地裁は少なくとも 4 カ月は司法長官による連邦命令の執行を停止するよう命じた.

doctor of law ＝ JURIS DOCTOR

doctor of the science of law 《米》「法学博士」 doctor of judicial science とも言う. 一般に論文博士だが, 一定の課程を受ければ博士論文を書かないでもこれを受けられることがある. 《英》では博士論文を書いて PhD をとるのがふつう. 例えば, 連合王国の財務大臣 Gordon *Brown はエディンバラ大学で法律を学び, MA と PhD を取得した.

doctor-patient privilege 「医師患者間の秘匿特権」 ⇨ EVIDENTIARY PRIVILEGE

Dombrowski doctrine 《米》「ドムブロウスキ原理」 1965 年の連邦最高裁判所による *Dombrowski v. Pfister* 事件判決から. 州の刑法のなかにはあいまいで, 解釈の幅が広すぎるものがある. この判決は, 州の検察官がその種の——憲法第 1 補正が保障する表現の自由に萎縮効果を及ぼすほど広範に過ぎる——法律によって人を起訴することを許さない, としたもの. しかし, この原理は 1971 年の *Younger v. Harris* 判決 (⇨ YOUNGER ABSTENTION) でかなり骨抜きになってしまった. 州刑法が悪意をもって作られたと証明されない場合, それが表面的に違憲と見えるからといって, 連邦政府が州の司法に立ち入るのは行き過ぎだというのがその主な理由のひとつで, 8 対 1 の決定だった.

domestic partners 《米》「家庭のパートナー」 同性愛者および(夫婦ではない)高齢者のカップル. ⇨ HOMOSEXUALITY

domestic violence 「家庭内暴力」 略は DV. 女性が，夫や同居しているボーイフレンドから(あるいは男性が女性から)「恒常的あるいは頻繁に受ける暴力または虐待」を意味する．その行為のひとつは wife beating とも呼ばれる．

(1) 《米》米国には，女性が被害者となる殺人事件の加害者の 3 割が，パートナー，あるいは元パートナーの男性だというデータがある．性差に根ざした犯罪で，ゆゆしき社会問題であるとの認識が高まるにつれて，防止のための法的措置が検討されるようになり，1984 年には「家庭内暴力防止法」が，94 年には the Violence Against Women Act (the VAWA: 女性に対する暴力対策法) が成立した．性別 (gender) によって動機づけられた暴力を憲法第 14 補正第 1 節違反の連邦犯罪とし，被害者は加害者を連邦地裁に訴えることができるというもの．これに対して，連邦最高裁判所は 2000 年 5 月に「憲法はなにが真に国家の問題で，なにが地方の問題かを区別することを要求している」としたうえで，「性暴力は地方の問題であって，州や市の裁判所で審理されるべきだ」と判断した．94 年の法律は 5 年間の時限立法だった．連邦議会は最高裁の判決を受けて法律を一部改正し，重点を家庭内暴力や，sex-trafficking (売春婦密輸 ⇨ HUMAN TRAFFICKING) の被害者の救済に置くことにし，2000 年 10 月に圧倒的多数(上院では 95 対 0)で新法を認めると共に，暴力を受けた女性(多くは人妻)や子供に対する避難場所の確保などのために 5 年間にわたって 33 億ドルの予算を，また，国際売春組織の対策(密輸入された女性の帰国費用の負担など)のために 9500 万ドルの予算を計上した．この法律によれば，家庭内暴力の加害者と指定された者は銃に近づくことを許されない．しかし，John *Ashcroft 司法長官が主張するように，憲法第 2 補正は国民のすべてが銃を持つ権利を保障するという解釈が受け入れられるならば，「家庭内暴力対策法」の一部は違憲ということになってしまうだろう．

(2) 《英》英国でも，家庭内暴力は裁判に訴えられるケースが多くなった．裁判所の命令に従わない者は裁判所侮辱罪で処罰を受ける．

Don't ask, don't tell. 《米》「聞くな，話すな.」 軍隊内部の同性愛者に対処する米国政府(クリントン政権)の方針．a don't-ask don't-tell policy (尋ねず言わず政策) の形で使われることもある．◆ 2000 年 1 月に同性愛者の差別を禁じた連合王国国防省のモットーは "Don't fear it, don't flaunt it." ([ゲイであることを]恐れるな，ひけらかすな)であった．それは King's College London の戦争学教授 Christopher Dandeker の言葉らしい．⇨ HOMOSEXUALITY

Don't fear it, don't flaunt it. 《英》「恐れるな，ひけらかすな」 ⇨

DON'T ASK, DON'T FEAR.

door-to-door advocacy [canvassing] 《米》「戸別訪問による宣伝[選挙運動]」 ⇨ ANONYMOUS POLITICAL SPEECH ; JEHOVAH'S WITNESSES

dormant commerce clause doctrine 《米》「眠れる州際通商条項の法理」 州際通商や国際貿易のどれかの分野に連邦政府が法律でなにか規制をすれば，それは「連邦法の絶対優位性」(*preemption (2)) の原理に従って，それに関する州法は無効になる．もし，連邦法の規制のない分野があれば，それについて州が規制をすることは可能なはずである．ただし，州際通商と国際貿易はもっぱら連邦の所管事項であるから，もし州法による規制が通商や貿易の全国的な流れを阻害するならば，(たとえ連邦法による規制がなくても)当該の州法は無効とされる．通商条項という番犬は一見眠っているようでも，交通妨害をする者にはたちまちかみつくというわけである．⇨ 憲法第 1 条第 8 節 32 項の解説

double jeopardy 「ダブルジェパディ(の禁止); 再度の危険の禁止」 刑事裁判の重要な原則.

(1) 《米》合衆国憲法第 5 補正は，「いかなる人も，同一の犯罪について生命や身体の危険[刑罰を受けるおそれ，の意]に 2 度さらされることはない」と規定している．刑法違反の容疑者が司法の過程でいったん不起訴あるいは無罪と決定されたら，あとでどんな証拠が現れても，たとえ自白しても，再度起訴されることはない，という原則がこれで確立されている．ただし，例えば州裁判所で州法違反の容疑が晴れて無罪となった者を，主権 (*sovereign) の違う連邦検察官が(事実上は同じ容疑で)再起訴することはあり得る．その底にあるのは the *dual sovereignty doctrine (二重主権の原則) で，連邦と各州とは互いに独立して犯罪を規制する権限を持つという考えである．⇨ DUE PROCESS OF LAW ; SIMPSON, O. J. ; TILL, EMMET

(2) 《英》連合王国でもダブルジェパディ禁止の原則は確立されているが，もし新証拠が出たならば，the *Crown Prosecution Service (公訴局) は無罪になった者を上訴できるように法律を改正する動きが 2000 年から出ており，遠からず法律改正がなされ，それには与野党共に賛成すると見られている．「欧州人権条約」(the *European Convention on Human Rights) の第 7 議定書第 4 条も，新事実や新証拠が出てきた場合にダブルジェパディ禁止の例外があり得ると明記している．⇨ LAWRENCE CASE ; RETRIAL

Downing, Stephen 《英》「スティーヴン・ダウニング」 不公正な裁判を受けた英国人. ⇨ DUE PROCESS OF LAW

DPP, the 《英》 = the Director of Public Prosecutions「公訴局長官」 ⇨

CROWN PROSECUTION SERVICE

drafting 「徴兵; 招集」《米》 ⇨ SELECTIVE SERVICE SYSTEM

Dr. Death 「ドクター・デス; 殺人医師」英米の殺人犯人またはその容疑者である医師. ⇨ KEVORKIAN, JACK ; SHIPMAN, HAROLD FREDERICK

Dred Scott v. Sandford 《米》「ドレッド・スコット事件判決」(サンフォードは Sanford とするのが正しいが, 連邦裁判所が Sandford と誤記して以来, 法律書ではそちらが使われている. 事件名の *Sandford* の部分は正確には *John F. A. Sandford* と記録された.) 1857 年の連邦最高裁判所判決. ドレッド・スコットは 1833 年にミズーリ州(奴隷州)の陸軍軍医 John Emerson によって購入された黒人奴隷. 彼は長期出張を命じられるエマーソンに従って, まずイリノイ州(下記の the Missouri Compromise によって奴隷制禁止)に, 次にウィスコンシン準州(同じく奴隷制禁止)に行った. エマーソンはその次の出張の際, スコットを奴隷州であるミズーリ州で留守宅を守っている妻 Irene Sanford Emerson のもとに戻すことにした. エマーソンは 1843 年に死亡し, アイリーンが財産を相続した. スコットは奴隷制を禁じている州と準州に 5 年間住んだので, 解放されるべきだと主張した. 幸い, 奴隷制度の拡大に反対の弁護士が助けてくれたので, 彼は解放を求めてミズーリ州セントルイスの裁判所でエマーソン未亡人を相手に裁判を起こすことができた. 2 度の裁判で彼はいったん自由を得た. だが, 1852 年に州の最高裁は 2 対 1 で, 下位裁判所の判決を覆した. 他州の反奴隷法をミズーリ州民に押しつけるのは許せない, というのである.

弁護側はそれを連邦最高裁に訴えても門前払いを食うことがわかっていたので, 一計を案じ, 1856 年にミズーリ州の連邦巡回裁判所で, ニューヨークの John F. A. Sanford (サンフォード夫人の弟) を相手に新たな裁判を起こすことにし, それは連邦最高裁まで持ち越された. 当時の連邦最高裁判所首席裁判官は Roger Brooke Taney (1777-1864) であった. メリーランド州の富裕なたばこ栽培業者の次男として, 主に家庭で教育を受けたテイニーは, 連邦主義者党を支持しておりながら, きわめて保守的なカトリック信者であった. (いま米国の法学者や歴史学者のあいだでテイニーの業績は高く評価されているが, 一般の知識人のあいだではこのドレッド・スコット判決は裁判史上最低と見られている.) テイニーはこの裁判で, (1) 黒人奴隷ははたして「米国の市民」として連邦裁判所で裁判を起こす資格があるのか, (2) 憲法は議会に対して, 非奴隷制準州に奴隷を連れていく者から「奴隷という財産」を奪うような法律の作成を許しているのか, という 2 点を主に審理した. テイニーら多数派の結論は, (1) 憲法は黒人が連邦裁判所で訴えを起こす権利を認めていない, (2) 憲法は自由準州に連れてこられた奴隷を解放するような法律を作る権限を，議会に与えてはいない，というものだった．テイニーは，Negro はたとえ解放奴隷であっても，「市民としての権利も免責特権も」なにひとつ持ってはいないと明言した．彼にとって奴隷は財産であるから，なにびとも *due process of law (適正な法の執行または適用) なしに財産を奪われることはないという憲法第 5 補正が適用されるべきであり，それに背く the Missouri Compromise (1820 年と 21 年の法律で，ミズーリ州は奴隷州にするが，メイン州は自由州にする，またのちにカンザス州とネブラスカ州になる準州内の奴隷制を禁止するという妥協案) は憲法違反だとした．連邦の主要な法律が違憲とされたのはそれが初めてである．複雑な要素を含む判決だが，その主要部分に賛成した裁判官は 5 人，はっきりと反対したのは 2 人と考えられている．その後，黒人は自由の身になっても，この判決のせいで市民とは認められなかったが，1868 年の憲法第 14 補正第 1 節でようやく市民権を得た．なお，ジョン・サンフォードは判決の 2 カ月後に精神病院で死亡した．ドレッド・スコットは判決後間もなく解放されたが，自由人として 16 カ月暮らしたあと肺結核にかかって命を失った．

drink-driving 《主に英》「飲酒運転」 ⇨ DRUNK DRIVING

drinking age, the legal 「飲酒許可年齢」 連合王国では 18 歳で，それまではバーで酒を飲めないが，16 歳以上ならば，レストランで食事といっしょにビール，リンゴ酒，ポートワインを注文することができる．欧州には 18 歳以上なら飲酒できるとする国が多い．フランス，ドイツ，イタリアでは 16 歳以上，ベルギーでは 15 歳で解禁である．成人でも飲酒を許可しないという国は——宗教上の理由で禁酒を定めている国々を除けば——世界中探しても米国だけだろう．その米国では，アルコール飲料を飲むのも，購入するのも 21 歳からと決められている．これは 1980 年代の初めに運輸長官であった Elizabeth Dole の発案で決めたことで，21 歳未満での飲酒を許可している州には，その州を通る連邦道路の維持・改修費を支払わないという条件がついていた (⇨ DRUNK DRIVING). 1998 年の統計では，21 歳未満の米国人 1000 万人以上が常習的にアルコール飲料を飲んでおり，その半分が binge drinking (飲み過ぎ，つまり，一時にグラスで 5 杯以上飲むこと) を経験し，230 万人が (1 度に 5 杯以上飲む日が 1 カ月のうち 5 日以上ある) heavy drinkers だという．◆2001 年 5 月 31 日にブッシュ II 大統領の双子の娘 (19 歳の大学生) Barbara と Jenna がテキサス州オースティン市のメキシコ料理店でアルコール飲料を購入しようとして逮捕され，*misdemeanor (この場合は文字どおり軽罪) 容疑で警察から出廷通知 (citation) を受けた．バーバラは初犯．他人のクレジットカードを不正に使用してマルガリータを買おうとしたジェナは2週間前にも未成年のアルコール飲料購入で逮捕され，罪状認否の際に "No contest."（抗争の意思はありません）と答えた（⇨ COURT PROCEDURES (6)）. 6月8日にオースティン市裁判所（Municipal Court）に出頭したバーバラの弁護士は，やはり "no contest" の立場をとった．本人は出廷していなかったが，裁判官はただちに，バーバラに8時間の地域奉仕と，アルコール飲料に関する講習への出席を命じ，それが守られた段階で，訴えを取り下げる（*dismissal）と判決した．ジェナは無罪を主張したが，7月上旬に，600ドルの罰金と，地域奉仕を命じられた．かりにジェナがテキサス州で3度目に有罪になったとしたら，180日未満の拘留および2000ドル未満の罰金に処せられたはず．◆これを報じた英国のジャーナリストたちは，選挙権があり，結婚もでき，妊娠中絶の権利も持ち，税金も払い，軍人や警察官にもなれる米国の青年男女が19歳になってもアルコール飲料を買えないことに首を傾げている．彼らは，それが米国人の健康のためというのなら，飲酒年齢を31なり51なりに引き上げては，ついでにたばこの販売も全面的に禁止してはどうだ，とからかっている．

driving under the influence (of alcohol or drugs) 《米》「酒類または薬物の影響を受けての運転」 略は D.U.I. ⇨ DRUNK DRIVING

driving while intoxicated 《米》「酔っぱらい運転」 略は DWI．現在はほとんどの州で *driving under the influence (of alcohol or drugs) と言うことが多い．⇨ DRUNK DRIVING

droit de suite 《仏》「ドロワ・ド・シュイット;（美術作品の）再販売利益請求権」『英米法辞典』には「追及権」という訳が示されている．EU加盟国では，画商など，芸術作品を売った者は，転売のたびに，作品の制作者またはその遺族に対して，本人の死後70年が経過するまで一定の報酬を支払わねばならない．複雑な税金問題が絡むので，制作者やその遺族が請求できる報酬額は不明だが，いかなる作品でも上限は英貨で6200ポンドという妥協案が検討されたことがある．ドイツを初め主要なEU加盟国は，すべての加盟国がこの請求権を実施するよう求めているが，欧州で最大の芸術品市場（年商22億ポンド）を持つ連合王国は，オーストリア，デンマークなど少数の国と共に，これに強く反対し，芸術品市場は（この請求権を認めていない）米国やスイスに奪われてしまうと言って抗議している．しかし，1999年末の段階では形勢は連合王国にとって不利であった．

drug 「麻薬」 大脳内の神経回路に刺激伝導物質 dopamine（ドーパミン）を大量に流出させて，強い快楽刺激を与え，理性の働きを抑制するだけでなく，精神的または身体的な依存性を生じさせ，服用を中断すると禁断症状を起こさせる．

(1)《英》連合王国では，1920 年代に麻薬の使用は違法ではなかった．取締りが厳しくなったのは 1963 年に the *Metropolitan Police Service（首都警察）に the Drug Squad という新部局が創設され，the Dangerous Drugs Act 1965（1965 年危険薬物法）が 76 年に改正されてからだが，規制は必ずしも成功していない．2000 年のロンドンで，窃盗と強盗の 50% は麻薬と関係がある，と首都警察は発表した．連合王国の麻薬取引量（金額）は年間 36 億ポンドという説がある．

[薬物の分類] 連合王国では規制薬物（controlled drugs）を 3 種に分類する．Class 'A' drugs はコカイン（cocaine, coke），ヘロイン（heroin），クラック（crack），LSD などで，これが社会に最も深刻な影響を及ぼしている．これらの薬物使用による最大刑は *magistrates' court（マジストレート裁判所）では 6 カ月の禁固刑または [および] 5000 ポンドの罰金．the *Crown Court（刑事裁判所）では（多くは大量の密売事件で）7 年の禁固刑または [および] 上限なしの罰金．Class 'B' drugs はアンフェタミン（amphetamine），キャナビス（*cannabis．マリファナはこの一種），コデイン（codeine）などで，最大刑はマジストレート裁判所で 3 カ月の禁固刑または [および] 2500 ポンドの罰金．刑事裁判所で 5 年の禁固刑または [および] 上限なしの罰金．Class 'C' drugs はアンフェタミンに関連したベンツフェタミン（benzphetamine），筋肉増強剤（anabolic steroids），ある種の抗うつ病薬などで，一般人が使用することは禁じられているけれども，所有していることがわかっても逮捕はされない．ただし，悪質な大量の所有，使用，密売買には刑事裁判所が最大 2 年の刑または [および] 上限なしの罰金を科することがある．中等度の違法にはマジストレート裁判所が 3 カ月または [および] 1000 ポンドの罰金を科する．最も数が多いのはマリファナ常用者，次がヘロイン常用者だが，近年特に問題視されているのはコカインとメタムフェタミン（methamphetamine; 日本でヒロポンとして販売されていた覚醒剤で，別名 speed）の使用の拡大で，これらにはまだ有効な治療薬が開発されていない．後述の *ecstasy もティーンエージャーのあいだで急速に流行し始めている．◆ブレア政権は the National Treatment Agency（国立治療庁）を創設し，保健省その他と協力して麻薬常用者の心身の治療に当たらせている．

[少量のマリファナは事実上解禁に] David *Blunkett 内務大臣は 2001 年 10 月 23 日に，上記の分類に重要な変更を加えると発表した．それによれば，キャナビスは B クラスから C クラスになり，少量の所持や使用は逮捕の対象にならず，悪質な大量密売でさえ，最大刑は 5 年の禁固刑である．医学関係者の一部，教育関係者，地方の警察本部長はこれに疑問を持っているが，労働党と首都警察とはこれを歓迎している．ロンド

ンの警察の手間が省け，その分だけ，より重大な麻薬の摘発に集中できるからである．内務大臣は，将来はマリファナの合法的な医療利用に道を開くとも言っている．

(2)《米》全世界の麻薬取引額は 4000 億ドルで，うち米国のそれは 600 億ドルに達すると見られている．米国の麻薬常用者は 2001 年初めに約 500 万人で，不定期使用者は目に見えて減少しているが，常習者の数はいっこうに減らないし，1998–99 年にはサンフランシスコ，アトランタなどの若者のあいだでヘロイン使用者が再び増加の傾向にある．1980 年に全米で麻薬密売，所持，使用などで収監されている男女は 4 万 5000 人であったが，2000 年 10 月には 45 万人以上と，異常に増えている．

[コカイン，クラック] かつて米国で麻薬といえば，マリファナ，ヘロイン，LSD, メタムフェタミンなどが主流であった．スピードの場合は 2001 年になって，従来考えられていた以上に大脳を冒すことが判明した(その常用を中止できた者でも，パーキンソン病の初期に似た症状が現れるという)．コカイン(原料はコカの葉)は高価なので，1970 年代の半ばに一部の金持ちと芸能人のあいだで流行したが，あまり蔓延せず，取締り当局が油断をしているうちに，70 年代の終わりごろから急速に密輸入された．輸入量が増えたのは，1 キログラムで 7200 ドル(原価の 50 倍)という高値で売れるようになったからで，フロリダ州だけでも 1978–79 年で数十億ドルのドラッグ・マネーが銀行に流れ込んだと見られる．コカインの密輸・密売には暴力組織の縄張り争いが特に激しく，なかでもコロンビアの the Medellin Cartel (メデリン[メデジン; メデイン]・カルテル)はすさまじい暴力を振るいながら勢力を伸ばし，メデリン市の南にある Cali 市のカリ・カルテルというライバル組織と合わせると，米国で使用されるコカインの 80% 以上を扱うまでに至った．メデリン・カルテルの首領のパブロ・エスコバルは 1993 年 12 月にコロンビア政府の警察隊によって射殺されたが，組織はなかなか崩れず，米国政府とコロンビア政府との犯罪者引渡し条約締結を暴力で阻止し続けた．このカルテルが衰退したのは，1985 年ごろから米国に crack という強力な麻薬が出現したせいである．ハイな状態が 10～15 分続くこのクラックは，コカイン塩酸塩の粉に熱湯とベーキングパウダーを混ぜた freebase (純度の高いコカイン)で，コロンビアの農民には作る能力がないので，コロンビアから 1 キロ当たり 1500 ドルくらいのコカインがメキシコに送られ，メキシコのティファナなどから陸路または海路で米国に密輸され，ロサンジェルスなどでキロ 1 万 5000 ドルくらいで売られ，それを材料に米国人がクラックを製造する．◆米国の沿岸警備隊は，the *Drug Enforcement Administration (the DEA: 麻薬取締局)，連邦税関などと協力し，海軍の駆逐艦の応

援を得ながら，海路によるコロンビア産のコカインの密輸を取り締まっている．1999年に沿岸警備隊が押収したコカインは55トンで，過去最大であった．2000年の押収量は61.5ないし65トン．2001年には5月半ばまでですでに46.9トンを超えていた．2001年5月3日には，たった1日で12トンを押収したが，それでも米国向けコカイン密輸量のごく一部に過ぎない．

[エクスタシー] クラックは危険極まる麻薬だということが知れ渡り，4, 5年で流行が衰えたかのように見える．近年はそれに代わって，興奮状態が6時間も持続し，副作用も少ないように見え，医療効果もあると誤って宣伝されているecstasy（別名e）が世界中で急速に流行し始めている（日本でも2000年1月から9月までに，末端価格で1錠5000円以上するエクスタシーが6万8000錠も押収された）．1999年に米国の税関が押収したエクスタシーは350万錠に及んだし，2000年7月にはロサンジェルス空港で210万錠のエクスタシーが税関当局によって押収された．それでも中国やタイなど，アジア全体に出回っている量に比べれば微々たるものだという．◆もともと85年前にドイツで開発された薬品の材料で，アンフェタミンを原料とする3,4-methylene dioxymethamphetamine で，その略であるMDMAも常用者によってよく使われる．その存在は長いあいだ忘れられていたが，1980年代に幻覚薬エクスタシーの名で流行し始め，85年に使用が禁止された．現在，そのほとんどはオランダから密輸入されている．アジア諸国で出回っているエクスタシーには，殺虫剤や殺鼠剤などが混じっているものが多く，特に危険だと言われている．

[アヘン，ヘロイン] 国連の麻薬対策組織が2001年6月に発表したところによれば，欧州のヘロイン常用者の大半が輸入していたアフガニスタンのアヘンは，the *Taliban の命令で，農家がケシの栽培をあらかたやめてしまったので，量が激減した．しかし，タリバーンが掃討されたあと，またケシの栽培が増えたという．欧米先進国の需要がちっとも減らないので，今後は中国，タイ，キルギスタン，ウズベキスタン，タジキスタンなどからの密輸入も増えると予想されている．

[コロンビアの現状と米国の対策] 米国の麻薬取締りは1986年6月にバスケットボールのスタープレーヤーであったLen Bias が，コカイン常用によって22歳で死んだのをきっかけとして，次々に強化され，軍隊の使用も認められるようになったし，閣僚級の the Drug Czar（= the Director of National Drug Control Policy: 麻薬対策本部長）が大統領によって任命されるようになった．（英国にも1998年以来，政府任命の Drugs Czar が2名いる．）メキシコではサリナス大統領（当時）が1980

年代からコロンビアのカリ・カルテルと結託し，警察官(一説にはその9割)と軍の一部，そして有力な政治家の多くも麻薬業者から買収されるという有様で，密輸入の防止は困難を極めていた．90年代にも，1日に5～7トンものコカインがコロンビアからメキシコに輸出されていた．いまコロンビアの大カルテルは崩壊し，約300の小さな組織が麻薬を密輸出して，米国の銀行で資金洗浄(*money laundering)された金をペソで受け取っている．カリ・カルテルの顔役 Gustavo Upegui Delgado が1994年ごろにやっていたことだが，米国の麻薬業者も資金洗浄と脱税のために，黒い金(かね)でラテンアメリカ諸国から金(gold)を輸入している．1998年から10年間で，マイアミ市だけで25億ドル分の金(きん)が輸入された．ペルーからの金の輸入は1993年に1900万ドルであったが，96年には1億7700万ドルになっている．コロンビアからの輸入は，93年に12万ドルであったのに，96年には2億ドルになっている．ペルーから送られる金のかなりの部分はペルー産ではなく，イタリアの悪徳業者がパナマ運河に近いコロン市で，麻薬と引き替えにペルーの組織に売った金製品を溶かして作った金の延べ棒だという．◆ブラジルとコロンビアの反政府勢力は，コカインを売って大量のライフル，機関銃，短銃，弾薬などを(例えばイスラエルから)密輸入しているらしい．コロンビアのアンドレアス・パストラナ大統領(1998年8月に就任)は，1998年11月に開始したゲリラ勢力との和平協議にひびが入るのを恐れて，取締りに消極的であるどころか，交渉のえさとして，ゲリラに台湾よりも広い地域の自由な使用を許している．米国の調査によれば，そこはコカインの加工，武器の貯蔵，人質の収容などの場になっている．◆世界に出回っているコカインの85～90%はコロンビア原産だが，政治，地理，教育の遅れなど多くの要素が問題の解決を遅らせている．なかでも，麻薬撲滅を約束しているコロンビア政府の無能ぶりと，(2001年で37年になり，民間人の犠牲者がここ10年で2万5000人という)激しい内戦が，麻薬取締りを泥沼の状態に追いやっている．米軍の支援を受けたコロンビア空軍は，国内の南部に大量の除草剤を散布して，1万6000ヘクタールのコカ生産地を荒れ地にした．それは全生産地の半分に達するはずだが，ジャングルや峡谷などでの増産で，コカの葉の生産は逆に増えているらしい．コロンビア国軍を邪魔しているのは，約1万7000名の左翼ゲリラ the Revolutionary Armed Forces of Columbia (the FARC: コロンビア革命軍)――2001年2月22日に日本人の会社副社長を誘拐して9億円相当の身代金を要求した組織――で，彼らは麻薬を売ったり，コカ生産農家から「税金」を取り立てたりして，年に6億米ドル相当の収入を得ている．これに対して，表向き麻薬撲滅をうたい，時には国軍を応援するが，やはり農民から麻薬のもうけを搾取し，左翼ゲリラの手先と見ると，冷酷無残に殺してしまう Carlos Castanõ (1965-) が率いる 5000 名の擬似軍隊組織 the National Liberation Army (the ELN: 民族解放軍) が支配圏を拡大しつつある．米国政府は麻薬対策予算(2000 年には 184 億ドル)のうち，実に 13 億ドル(2000 年)をパストラナ大統領が Plan Columbia と呼んでいる麻薬対策のために，軍事費および農民援助費として使っている．しかし，農民がコカ以外の野菜栽培を始めるよう支出している援助金のほとんどは，彼らの手に渡っていない．

[**麻薬対策転換の兆し**] メキシコにおける米国の麻薬対策本部長の悪戦苦闘を描いた映画 *Traffic* (日本で 2001 年に公開) が示したように，麻薬密輸入の取締りはきわめて困難なだけでなく，麻薬撲滅の目的をあまり果たしていない．そこで，the DEA は予算のほとんどを治療と予防に注ぐべきだと主張しており，それには政府部内でも賛成者が増えていた．ブッシュ II 政権の対応が注目される．◆アリゾナ州は，ひとつには麻薬事件で有罪になった者を収容する刑務所の莫大な費用を削減するために，1996 年に州民投票で *Proposition 200 という提案を可決し，それに従って，麻薬犯人を早期に出所させ，3 年程度の仮釈放期間内に地域奉仕活動に従事させ，州の費用で治療を受けさせたりする．最初の 1 年間で，2622 人中の 77% が麻薬依存から脱却できたという．カリフォルニア州でも 2000 年 11 月 7 日に *Proposition 36 の州民投票で，同様の措置が認められた．1 年間の治療のあと，半年間ケアをするというのである．

[**宗教的儀式用の麻薬も禁止**] 連邦最高裁判所は 1990 年の *Employment Division, Department of Human Resources of Oregon v. Smith* の判決で，州の職員がアメリカインディアンの教会で peyote という，サボテンから作った幻覚剤を儀式用に使うことを禁じた州刑法を合憲とした．儀式用にペヨーテを所持することは憲法第 1 補正で保障された宗教活動の自由には入らない，というのである．

[**たばこも危険な麻薬**] ニコチンも大脳内でドーパミンを含むニューロンを刺激して快楽サーキットを働かせるという点で，また喫煙や受動喫煙のため米国だけで毎年 43 万人を死に至らしめているという点でも，麻薬にほかならない．SMOKING の [英米人の喫煙] [女性の喫煙] の項を参照．

⇨ DRUG COURT

drug court 《米》「麻薬裁判所」 specialized drug court (麻薬特定裁判所) とも言う．米国で，1980 年代に麻薬犯罪の疑いで逮捕された者は 130 万人に及び，特に大都会の裁判は 100% 近くも増えて，機能が止まりかけてしまった．そこで登場したのが，前科のない者の同種の犯罪容疑を，陪審制をとらずにひとりの裁判官だけが速やかに審理する方法で，そのひとつとして麻薬裁判所が生まれた．1件の裁判に要する日数が半減して，100日程度ですんだという例もある．この裁判所の多くはまた，再犯防止のために，被告を(場合によっては投獄させないで)入院させたり，通院させたりし，検察当局もそれに協力をする．被告が麻薬の治療中は裁判を停止するという州もあるし，治療が成功すれば不起訴相当とするケースもある．もちろん，本人に生活改善の意志が見られない場合は拘禁する．麻薬を売った犯人には厳しく臨み，治療優先の方法はとらない．2000年10月に，全米50の州と the *District of Columbia (コロンビア特別区) に麻薬裁判所が500以上あり，150以上増やすことが予定されていた．90年代半ばから2001年2月までに，麻薬裁判所によって治療を命じられた者の数は50倍になったと言われる．⇨ DRUG (2); PROPOSITION 200; PROPOSITION 36

Drug Czar, the; drugs czar 「麻薬対策本部長」 (1)《米》= the Director of National Drug Control Policy ⇨ DRUG; DRUG ENFORCEMENT ADMINISTRATION (2)《英》(a drugs czar で) The National Treatment Agency (⇨ DRUG (1) [薬物の分類]) の2人の責任者のひとり．

Drug Enforcement Administration, the 《米》「麻薬取締局」 略は the DEA. 法務省の部局で，1973年に創設された．約400名の捜査官は，逮捕，没収，製造停止，輸出入禁止，必要なあらゆる情報の入手など，幅広い権限を持ち，国内だけでなく，50カ国にオフィスを置いて，密輸の監視に当たっている．◆大統領府には1988年から the Office of National Drug Control Policy (全国麻薬対策本部) があり，俗に言う the *Drug Czar (麻薬対策本部長) は，大統領が任命する．この本部長は，麻薬栽培に依存してきた国への援助，麻薬に関する研究と教育など，幅広い政策も担当している．⇨ DRUG (2)

drug-free zone 「麻薬取締り強化地域」 主として学校から1000フィート以内，海浜，公園，スクールバス内などで，そこで麻薬を販売したり，販売や譲渡の目的で所持したりしている者は特に厳しく罰せられる．

drunk driving; drunken driving 「飲酒運転」《主に米》*driving under the influence; *driving while intoxicated とも言う．drunk driving が「酒気帯び運転」で drunken driving が「酒酔い運転」と区別することはまれで，多くの新聞は酒気帯び運転も drunken driving と表現している．◆ふつうは自動車に関して用いられるが，法律によっては電動自転車の酔っぱらい運転でも処罰の対象になり得る．1999年に英国で，酒を飲んだあとモーターつきのスケートボード(スクーターのようなハンドルがついている)に乗っていた男が飲酒運転で警官に逮捕されたことがある．

[**どれだけ飲めば法的に飲酒運転となるか**] 米国では州によって基準が違い，血中アルコール濃度(the BAC = blood-alcohol concentration)を0.1% とする州が多かった．しかし，2000 年 10 月に連邦議会が——2 年間にわたるアルコール飲料販売業者およびレストラン業界による，州権(*states' rights) 尊重を旗印にしたロビー活動に対抗して——定めた基準によれば，BAC が 0.08% を超えたら飲酒運転になる．これで年間 500 人の生命が救われると見られている．体重 70 キロくらいの男性が空腹のとき小型の缶入りビール 4 本(ふつうの女性なら 3 缶)を飲んでその後 2 時間以内に運転すると，ほとんどまちがいなく違法になる．各州は 7 年以内にこの基準を採用するよう求められており，それに従わない州には，幹線道路に対する連邦政府の改修予算が大幅に削減される．

[**免許停止**] 酒酔い運転で多数の人を殺傷した場合，運転免許証は生涯取り上げられるのがふつうだろうが，ケンタッキー州では警察の運転事故記録は 5 年間ですべて抹消されるから，釈放された無謀な運転者が再び免許証を申請することも可能である．

《英》では drink-driving をよく使う．正式には driving with alcohol concentration above prescribed limit である．prescribed limit (法律上の最大許容量) とは，100 ミリリットルの呼気のうちに 35 ミクログラム，または 100 ミリリットルの血液中に 80 ミリグラム，または 100 ミリリットルの尿のうちに 107 ミリグラムのアルコールを意味する． ⇨ INSANITY

dual federalism 《米》「二重主権の連邦主義」連邦政府と州政府は対等の主権を持つのであって，連邦政府が優位に立つのは，憲法でその権限が明示されている場合に限るという考え． ⇨ PREEMPTION (2); PRIMACY APPROACH; SOVEREIGN

dual sovereignty doctrine, the 《米》「二重主権の原則」 個人の権利は州憲法と連邦憲法の両方によって護られているという考え． ⇨ DOUBLE JEOPARDY(1); PRIMACY APPROACH

due process of law 「デュープロセス; 適正な法の執行または適用」 不当な捜査や逮捕をしないこと，容疑者を公正に取り調べること，容疑者を無罪と推定すべきこと，および公正な裁判をすること，などを指す．官憲は容疑者に対して，黙秘権，自己に不利な証言を拒否する権利，弁護士と相談する権利，陪審による裁判を受ける権利などについて，あらかじめ十分に説明する義務がある．意味の固定された概念ではなく，裁判官などが容疑者の立場を考えて配慮すべき手続き．米国では，連邦の権限に関しては合衆国憲法第 5 補正で，州の権限に関しては同第 14 補正第 1 節で保障されている．

[**2 つの型**] デュープロセスには，*procedural due process (手続き的

デュープロセス）と *substantive due process（実体的デュープロセス）という 2 つの形がある．簡単に言えば，前者は迅速で公正な裁判を受ける権利を言う．後者は議会が制定する法律そのものの公正さにかかわっている．常習的な性犯罪者が刑期を終えたのち，その住所を地域住民に知らせるべきだという州法は実体的なデュープロセスと言えるか，といった問題がげんに提起されている．

［**デュープロセスがようやく守られた例**］ 米国の連邦最高裁判所は，2002 年 1 月 9 日の判決で，死刑判決を受けていたサウスカロライナ州の上訴人の訴えを 5 対 4 で認め，死刑を終身刑にした．第一審の裁判官が，「終身刑を受けた場合，*parole（仮釈放）はあり得ますか」という被告の質問に答えなかったが，もし，仮釈放のない終身刑を受ける可能性があったとしたら，陪審はそちらを選んで死刑の評決を下さなかったかもしれない，というのが理由である．米国では上訴審で，同じ理由で死刑が終身刑に減刑された例が複数ある．

［**デュープロセス無視の例 1**］ 検察当局や裁判官が適正な法の適用を怠った例は多いだろうが，英国の司法史上，それが最も長期にわたって見逃されていた例が 2001 年 2 月に公にされた．同月にケンブリッジシャーの刑務所から 27 年ぶりに 5000 ポンドの保釈金で仮釈放された Category ‘C’（⇨ PRISONER）の受刑者 Stephen Downing（44 歳）は，17 歳のとき，自分が園丁として働いていたダービシャーの Bakewell 町共同墓地で 32 歳のタイピスト Wendy Sewell をつるはしの柄で殴り殺したとして逮捕され，警察に連行されるとすぐ 7 時間以上にわたって厳しい取り調べを受けたあげく，ついに犯行を「自供」した．しかし，警察は当時 11 歳の知能しかなかったダウニングに，逮捕監禁しているという状況も知らせず，弁護士どころか親に連絡する権利があることも知らせなかった．英国でもデュープロセスの原理は確立しており，そういう自白なり証言は警察が強制したもので，*inadmissible である(つまり，証拠能力を持たない）と見なされた．驚くべきことに，1974 年の控訴裁判でもその重要な点が見逃された．ダウニングの小学校時代の友人たちは彼の無罪を確信して，1 万 4500 人の署名を集めて釈放運動を続けていた．◆2002 年 1 月中旬に控訴裁判所は「陪審への説示に不満があった」という理由で，28 年ぶりにダウニングの有罪判決を無効と判決した．

［**例 2**］ 米国のテキサス州で 1987 年に死刑になると決まっていた殺人容疑者 Calvin Burdine は，執行の数分前に裁判所が死刑を差し止めるよう命令したので，命を取り留めた．第一審の裁判中に，被告が容疑を強く否定し，証拠も不十分であった可能性があるのに，検察の論告に反論すべき被告の弁護士が居眠りを続けていたことが判明したからである．控訴審

で，3人の裁判官は2対1で，「肝心の時に弁護士が眠っていたという証拠がない」として，再審を拒絶した．しかし，連邦第5巡回区控訴裁判所は，弁護士は意識をなくしていたのであり，証人に有効な反対尋問をする能力がなかったという理由で，州に対して，再審するか，あるいはバーディンを釈放するよう命じた．

[例 3] 米国アリゾナ州の Tempe (テンピー) 市で1981年に斧(おの)で女性を殺した罪で死刑を宣告された Warren Summerlin という受刑者が，2001年10月に連邦第9巡回区控訴裁判所によって再審を認められた．第一審の裁判官 Philip Marquardt が1975年以来マリファナを常用していたからである．(マーカートは1991年に——それで2度目だが——テキサス州でマリファナ所持の疑いで逮捕され，長年のマリファナ常用を認め，法曹界から引退した．)控訴裁判所の裁判官のひとりは，「多くの[マリファナ]常用者は，同僚からなんの疑いも持たれないほど正常に職務を果たしている．米国の裁判官のこういうプライベートな生活を暴くのが慣行になると，州や連邦の受刑者数万人 (tens of thousands of prisoners) からの訴えが殺到するだろう」と，激しく多数意見を批判した．しかし，被告の生命にかかわる判決を下す裁判官が，麻薬によって判断能力を欠いている疑いを持たれている以上，公正な裁きが行なわれたとはとうてい言えまい． ⇨ DOUBLE JEOPARDY

dumping 《主に米》「ダンピング; 外国での不当廉売」 米国では the Anti-dumping Law によって，不当に安い価格で製品を米国に輸出させ，米国の産業に不利益をもたらした会社に特別の高関税を適用できる．

Dunblane massacre, the 《スコ》「ダンブレイン虐殺事件」 1996年3月13日，ダンブレイン(スコットランドのスターリング市の北にある小さな町)の幼稚園の体育館に，短銃4丁を持った43歳の男 Thomas Hamilton が押し入り，なかにいた5歳児のうち16人と女性教員1人をひとりずつねらい撃ちして殺し，ほかに12人の子供と2人の教員を負傷させてから，自分の銃で自殺した．あまりにも冷酷なこの事件に衝撃を受けた連合王国政府は，翌年，22口径を上回る銃の民間人による所有を全面的に禁止した． ⇨ GUN CONTROL

Duncan Smith, George Iain (1954-) 《英》「イーアン・ダンカンスミス」(ジョージは通常省略される．) 2001年9月から保守党の党首．陸軍士官学校出身の旧軍人．反EU，反ユーロの急先鋒であり，党内でも最も右寄りと見られている．党首として初の人事で，党内ナンバー2(影の内閣の財務大臣)に選んだのは，法と秩序の厳格な維持で有名な元内務大臣 Michael Howard (1941-) であった．いよいよ党勢の立て直しに踏み切ろうとした時期に対テロリズム戦争が開始され，ブレア政権に協力を余儀なくされて，気勢をそがれた形であった．the *House of Lords (貴族院) の改革には積極的な姿勢を見せている．⇨ CONSERVATIVE PARTY

duress 「強迫」 だれかになにかをさせる，あるいは不作為(つまり，注意義務違反)を強いるために，心身に脅威を与えること．警察官が脅して自白書を書かせるのも duress である．その被害者は不法行為の責任を免れることがある．とはいえ，脅されたから殺人をおかしたなどという言い訳はたぶん通らない．

during the Queen's pleasure = AT HER MAJESTY'S PLEASURE

duty-interest [duty/interest] test, the 「義務と関心の基準; 知る権利の基準 (the right to know test)」 ⇨ QUALIFIED PRIVILEGE

DWI = DRIVING WHILE INTOXICATED

Dyers Act, the 《米》「ダイヤーズ法」 1919 年の the National Motor Vehicle Theft Act (連邦自動車窃盗法) の別称．窃盗車を意識的に州境または国境を越えて運転または運搬することを連邦犯罪とした．⇨ MOTOR VEHICLE THEFT

dynamite instruction 《米》「ダイナマイト説示」 ⇨ ALLEN CHARGE

E

earnest 「手付け」 ふつうは現金 (earnest money) だが，それに代わる価値のあるものでもよい．米国では購入代金の一部(内金)．しかし，買い手が購入の約束を履行しないとき，売り主はそれを没収できる．

easement 「地役権」 契約や合意に基づいて，他人所有の土地の一部を自己の(あるいは公共の)合法的な便益 (beneficiary) のために利用する権利．例えば A が買った宅地の一部に市が下水道を通すとか，周囲の土地を他人に買われて公道までの出口を失った B が，隣人 C の土地の一部を通路として使用させてもらうといった場合である．地役権を提供する A や C の土地は servient estate (承役地) と，便益を受ける市や B の借地は dominant estate (要役地) と呼ばれる．B の権利は easement of access (通行地役権) あるいは the right of way (通行権 ⇨ PUBLIC FOOTPATH) として，他の方法がなければ C はそれを認める義務がある．こういう通行地役権や用水地役権は，土地を有効な利用に供する affirmative easement (積極的地役権) であるが，承役地の地主の自由を奪う negative easement (消極的地役権) もある．自宅が隣にできる大工場のせいで日光や通風を全く遮断されるという D が工場の敷地の一部に地役権を設定し，その部分にはなにも建てさせないといった場合がそれである．

Easter sittings, the 《英》「イースター開廷期」 英国の the *High Court of Justice (高等法院) の 4 つの開廷期のひとつで，イースターのあとの第 2 火曜日から Whitsunday (⇨ TRINITY SITTINGS) の前の金曜日まで．イースターは 2002 年に 3 月 31 日，2003 年に 4 月 20 日，2004 年に 4 月 11 日，2005 年に 3 月 27 日であり，Whitsunday も 2002 年 5 月 19 日，03 年 6 月 8 日，04 年 5 月 30 日，05 年 5 月 15 日のように毎年移動するので，イースター開廷期もそれにつれて変わるが，初日は 5 月上旬から下旬までのことが多い．⇨ HILARY SITTINGS; LAW TERM; MICHAELMAS SITTINGS; TRINITY SITTINGS

eavesdropping 「盗聴」 ⇨ WIRETAPPING

Echelon 《米》「エシュロン」 通信傍受システム ⇨ ECONOMIC ESPIONAGE

economic espionage 「経済スパイ」 1999 年から理化学研究所に勤務

し始めた岡本卓研究員(40 歳)と，カンザス大学メディカルスクールの芹沢宏明助教授(39 歳)とが共謀して，1998 年 1 月から 99 年 9 月までのあいだに，岡本研究員がかつて勤務していたオハイオ州の the Cleveland Clinic Hospital からアルツハイマー病に関する遺伝子試料や細胞株(被害額 200 万ドル)を盗んで，密かに理化学研究所(理研)に持ち込んだという訴えがクリーヴランド・クリニック基金から起こされ，オハイオ州の連邦大陪審は 2001 年 5 月 9 日に 2 人の起訴を決定した．容疑は the Economic Espionage Act (経済スパイ法) 違反，盗品の州際(州境を越えての)移送，および当局への偽証である．産業スパイ事件は珍しいものではなく，1982 年にも日本の有名な電機会社の社員が FBI のおとり捜査に引っかかり，IBM から企業秘密を盗み出そうとした容疑で摘発されたことがあったし，91 年にも東洋紡がバイオの特許侵害で敗訴したことがある．しかし，外国の研究者に対して，米国の司法省が今回ほど厳しく対処したのは前例がない．◆近年，米国は IT とバイオテクノロジーの開発を重要な国策としており，巨額の国家予算を投入し，1996 年には経済スパイ法を制定して，知的財産としての研究成果の海外流出を防いでいる．その法律によれば，重要な研究資料などの窃盗に対する刑罰は，50 万ドル以下の罰金のほか，最大 15 年の禁固刑で，州境を越えてその盗品を運び出すとさらに 10 年の禁固刑を科せられる．上記の日本人研究者も理研も容疑を強く否定していたが，米国側は理研の積極的関与を示唆する証人(日本人研究者)を見つけた，と報じられている．

「エシュロンとは?」 欧州議会特別委員会は 2001 年 5 月 29 日に，米国主導の地球規模の通信傍受システム Echelon (エシュロン) の存在はもはや疑う余地がなく，個人や企業のプライバシーが侵害されている，という報告書案を受け取った．エシュロンとは――朝日新聞(5-30-2001)によれば――「英語圏 5 カ国が共同運用しているとされる通信傍受システム．米国家安全保償局 (NSA) を中心に，英国，カナダ，オーストラリア，ニュージーランドの情報担当部局が地域を分担し，世界中の音声通話，ファクス，電子メールなどを傍受，分析する．旧東側陣営の情報収集が目的だったが，冷戦後は，米英系企業の活動支援に転用されているとの疑惑が 90 年代後半に浮上し，欧州議会が追及を始めていた」という．報告書案を作成したドイツのゲルハルト・シュミット欧州議会議員は 5 月 30 日のブリュッセルでの記者会見で，米国の商務省や CIA が産業スパイに関与している疑いが濃いと述べた．エシュロンは対テロ戦争でも利用されたらしいが，その開発の主目的は経済情報の戦争で勝利することか．もし巨大な経済スパイ活動が，米企業の輸出振興を目的として，国家権力によって行なわれ，三沢の米軍基地がその一翼を担っていたとすれば，理研問題どころの騒ぎではない．万一，連合王国政府がこれに加担しているとすれば，「欧州人権条約」(the *European Convention on Human Rights) に違反している疑いもある．

Economic Espionage Act, the 《米》「経済スパイ法」 ⇨ ECONOMIC ESPIONAGE

econo-terrorism 「環境保護テロリズム」 ⇨ ANIMAL ABUSE

eco-sabotage 《米》「環境保護の名を借りた破壊活動」 ⇨ VANDALISM

ecstasy 「エクスタシー」 麻薬の一種．別名は MDMA; Adam; e; Epson salts; X など．ecstasy という語は米国で 1985 年から使われていた．エクスタシーそのものは，やはり 1985 年まで米国(主としてカリフォルニア州)で合法的な治療に使われていた．幻覚をもたらす化学合成麻薬の一種で，錠剤として，あるいは粉末をカプセルに入れて売買される．その他は DRUG の項で詳述．

E Ct HR, the ＝ EUROPEAN COURT OF HUMAN RIGHTS

EEOC, the ＝ EQUAL EMPLOYMENT OPPORTUNITY COMMISSION

Electoral College, the 《米》「選挙人団」 憲法第 2 条第 1 節 2 項で定められているとおり，各州は州法で定める方法によって，その州から選出される連邦上院議員(2 名)および連邦下院議員の合計数と等しい数の選挙人を任命する．別に第 23 補正で，コロンビア特別区 (the *District of Columbia) に 3 名の選挙人が割り当てられたので，全国の選挙人総数は 538 名となっている．国民は正副大統領を直接選ぶのではなく，州の選挙人を選ぶことになっている．ただし，投票用紙には各党の正副大統領候補の名前だけが書いてある．選挙人はその州で勝った候補の党だけから選ばれるから，大統領選の開票後に，勝利した党の支部で選べばよい．選ばれるのはたいがい，各州の党支部のリーダーたちである．◆48 州では，勝者総取り制 (winner-take-all system; 時に winner-takes-all system とか，all or nothing system とも呼ばれる)によって，各州で最大の票を取った候補者の党がその州の選挙人を独占する．メイン州とネブラスカ州だけは例外で，下院議員選挙区の勝者に対して，その党に属する選挙人 1 名ずつと，上院議員の勝者の党に属する選挙人 1 名を割り当てる「比例制」を導入している．しかし，実際に州の選挙人が 2 つの党に割れたことは一度もない．◆選挙人は 12 月に各州の州都に集まって，自分の党の正副大統領候補に投票し，その結果は第 12 補正で定められた方法で連邦上院議長に送られる．各州での投票の際に，選挙人が党を裏切って，他党の候補者に投票することを憲法は禁じていない．むしろ憲法起草者は，エリートである選挙人がその良識に従って，最も適当な候補者を選ぶよう期待していたようである．2000 年現在，26 の州が選挙人に一般投票の勝者への投票を強制していない．19の州とコロンビア特別区はそれを強制しているが，違反しても罰則はない．5つの州では，党を裏切ると罰金を科せられる．とはいえ，実際にこの件で州から起訴された例はない．米国史上で，別の党の候補に投票した選挙人は9人しかいない(うち1948年以来は7人)．それが選挙結果に重大な影響を及ぼしたことは皆無だが，2000年の選挙のような接戦だと，その可能性は否定できない．

選挙人に関する法律問題は州裁判所で決められる．ただ，選挙人選定の過程で人種差別があったというような憲法違反の疑いがあれば，連邦裁判所や連邦最高裁判所への提訴も可能．2000年11月にブッシュII候補の陣営は，手作業の再集計は法の下の平等を定めた第14補正に違反すると訴えたが，アトランタ市の連邦第11巡回区控訴裁判所は，選挙法の問題は州裁判所の主管だとしてそれを取り上げなかった．そのあと，連邦最高裁が審議を開始したのは，あくまで異例の措置である．

異例と言えば，1月に上院議長(副大統領)が両院議員の前で選挙人の投票結果を発表するとき，新任者を含む上院議員および新たに選ばれた下院議員の各1名がその結果に異議を唱えると，各院は2時間にわたって討論した末，結果を受け入れるか否かを投票で決する．そこで各院の票が割れ，ある州の選挙人の投票がすべて無効となり，選挙人の過半数の票を得た正副大統領がいないという結果になったら，第12補正の定めに従って，下院が各州1票(コロンビア特別区を含まないから，計50票)を投じて，3名の最強候補のうち，全州の過半数(26票以上)を制した候補が勝者となり，大統領になる．(さまざまな裏工作のあとでさえ)どの候補も26票を得られなかったら，再投票が行なわれる．

副大統領の場合，選挙人の過半数を得た候補者がいなければ，上院が多数決で副大統領を選ぶ．その際，大統領と違う党の者が副大統領に選ばれる可能性がある．上院は全員出席ならば100名で，憲法を読む限り，票が50対50に分かれても，上院議長であるが上院議員でない副大統領は決定票を投じられない．◆1月20日になっても，なにかの事情でまだ大統領が決まらない場合，副大統領候補のうち上院が過半数で選んだ者が大統領になる．その場合，新大統領は選挙中に大統領候補であった者を副大統領として指名することができる．2000年選挙の場合，チェイニー大統領がブッシュIIを副大統領に，あるいはリーバーマン大統領がアル・ゴアを副大統領に任命することを両院が過半数で認める，という可能性はゼロではなかったのである．

Electronic Communications Privacy Act, the 《米》「電子通信プライバシー法」 略は the ECPA. 1986年に制定．電話，音声通信，コンピュータ通信を含む電子通信などを意図的に傍受すること，またその内容を利用したり，他人に知らせることを犯罪としている．警察による盗聴については WIRETAPPING の項を参照．

electronic monitoring [tagging] 「電子的モニタリング」 仮釈放させた有罪者の居所を，警察当局が電子装置によって知ること．electronic surveillance は電話盗聴や，インターネットによる情報探知の意味．

elisor 《米》「保安長官代理人」 元の意味は「選ぶ人」で，発音は[イライザ]に近い．*sheriff (1) や *coroner が病気や資格喪失などで職務を果たせないとき，あるいは公正さに欠けると判断されたときに，その代理として裁判所から任命される法務官であり，かつては陪審員を選ぶこともあった．

embezzlement 「横領」 不法侵入を罰する *common law には横領の罰則がなく，成文法ができてから犯罪とされるようになった．*larceny (窃盗) の一種で，多くの場合は，銀行員や，会社の幹部社員や，公務員が会計帳簿をごまかして，現金その他を着服する．

emergency doctrine 「緊急事態の法理」 ⇨ GOOD SAMARITAN DOCTRINE

employers' liability acts 《米》「雇用者責任法」 雇用主が雇用者 (employees) の従業中のけがや損傷に対して補償金を支払うべきケースと，補償金額とを定めた連邦および州の法律．ある従業員のけがが(病気，物的損傷など)が，雇用主によって注意深く雇われた他の従業員の過失による場合には，雇用主の補償責任は免れるというルール (fellow servant rule; common employment rule:「共同雇用の準則」と訳されている)がかつてあったが，英国では 1948 年に廃止．米国の各州でも，連邦と州の労災補償法が定着したので，ほとんどの州で廃止されたと思われる．⇨ WORKERS' COMPENSATION ACTS

Employment Act, the 《米》「雇用法」 1946 年に制定．経済の安定，ひいては雇用の増大を図るために，the Council of Economic Advisers (the CEA: 経済諮問委員会)を創設し，大統領府に置いた．3 人委員会であり，委員は上院の助言を得て大統領が任命する．会議の議長は大統領自身．

Employment Appeal Tribunal, the 《英》「雇用上訴裁判所」 The Employment Protection Act 1975 によって創設された．the *High Court of Justice (高等法院)，the *Court of Appeal (控訴院; スコットランドなら the Court of Session) の裁判官と，労使の代表者とで構成され，行政機関の第一次審判から上訴された雇用についての事件を審理する．

enabling act 「授権規定」 立法府が政府に(あるいは人々や企業などに)新しい権限を与える法律．

enabling clause 「授権条項」 法律のなかで，それを施行するための新しい権限を公務員に与える条項のこと．the enacting clause (Be it enacted that... という，法律の書き出しの決まり文句)との相違に注意．

en banc 「大法廷で；裁判官全員出席のもとで」 特に控訴裁判所に関して使う．原語は on the bench を意味するフランス語で，発音は[アンバン]に近いが，in banc [インバンク]もよく使われる．

encroachment 「権利の不法侵害」 他人の土地に建造物を設けて自分の土地のように見せること．あるいは，ほんの少しずつ自分の土地を広げて，目立たぬように他人の土地を奪うこと．

Engel v. Vitale 《米》「エンゲル事件判決」 1962 年の連邦最高裁判所判決．事の起こりはニューヨーク州理事会(the Board of Regents)が，公立学校で祈禱(prayer)を「強制」してはならないが，もしそれを行なう(教師の祈禱を生徒に復唱させる)ならば，"Almighty God, we acknowledge our dependence upon Thee, and beg Thy blessings upon us, our teachers, and our country." (全能の神さま，私たちはあなたのおかげで生きていることを自覚し，私たちと先生方と祖国への御祝福をお願いいたします)という祈りの言葉を使うべきだと各教育委員会に通告した．すると，New Hyde Park 市の教育委員会が，毎朝授業前にその祈りをあらゆる教室で復唱させるよう各校長に指示した．もちろんこれは憲法違反だ，というので裁判になり，連邦最高裁まで行った．判決を書いた Hugo L. Black 裁判官は，たとえそれが教派色のない祈りであろうと，生徒が自発的に唱えるものであろうと，公立学校での神への祈りは憲法第 1 補正の the *establishment clause に違反すると判断した．判決に反対したのは Potter Stewart 裁判官ただひとりで，少数意見のなかで，第 1 補正に言う "establishment of religion" とは公定教会の創設だけを意味するものであり，公立学校における自発的な祈禱はそれとは全く無関係どころか，建国以来の国民生活の特長を示すものだと主張した．⇨ SCHOOL PRAYER；憲法第 1 補正の解説

English 「イングランドの；(時に)イングランドとウェールズの」 この語は British と同義で用いられていると確認できたとき以外は「英国の；イギリスの」と訳してはならない．例えば，the English legal system は英国の法体系ではなく，「イングランド(とウェールズ)の法体系」の意味で，スコットランドや北アイルランドの法体系は含まない．

enjoin 「命じる；規定する」 が元の意味で，《英》では(しばしば on や upon や to を伴って)現在もその意味で用いる．《米》でもまれにその意味で用いることがあるけれども，主要な意味は「禁じる」で，from を伴うことが多い．《米》で a principle against enjoining state criminal prosecutions と言えば，「(連邦裁判所が)州による刑事訴追の強制に反対する

原則」ではなく，「(連邦裁判所は)州が刑事訴追することを禁じてはならない，という原則」である．

Enoch Arden laws 「イーノック・アーデン法」 夫や妻は，配偶者が長期にわたって行方不明で，捜索しても手がかりがつかめない場合，何年たてば結婚を解消して再婚できるのか．もし再婚したあと，前の配偶者が戻ってきたとき重婚の罪に問われないのか．そういう問題を解決するために，失踪宣告がなされる時期を明らかにし，重婚の責任を問わないとした各州の州法の通称．イーノック・アーデンはアルフレッド・テニスンの有名な物語詩(1864)の主人公で，船の難破で帰国できず，妻アニーは彼が死んだものと思い込み，再婚をする．10 年後にやっと帰ってきたイーノックはアニーの幸福そうな姿を見て喜び，自分は永久に彼らから遠ざかろうと決心する．⇨ DEATH

Enron bankruptcy, the 《米》「エンロンの倒産」 テキサス州ヒューストン市のエネルギー卸売り会社の倒産．史上最大の倒産であり，米国の政財界を揺るがせた．インターネットを通じて電気，石油，天然ガスを売っていた Enron Corp. は，エネルギー卸売り業では世界でトップの座を占め，*Fortune* 誌が選んだ米国の最優良企業 500 社のうち 7 位になったこともある．しかし，エネルギー価格の下落，放漫経営，デリヴァティブ取引などで，2000 年末には 102 億ドルと偽って発表していた債務が，10 カ月後には約 400 億ドル(5 兆 3 千万円相当以上)に達していることが明らかにされた．同社は約 2 万人の社員のうち 4500 人を(エンロンの株を年金プランに組み込んでいた労働者の場合は，年金なしの状態で)解雇し，2001 年 12 月 2 日に連邦改正破産法 (the Federal Bankruptcy Reform Act ⇨ CHAPTER ELEVEN)による救済を求めた．2000 年 8 月 17 日には 90 ドルであった同社の株価は 67 セントにまで下がって取引停止になった．不正の責任が重いと見られる前会長 Jeffrey Skilling と(下記の) Kenneth Lay (1942-　) 会長など，重役たちは利益が上がっていると偽りながら，1999 年から 2001 年半ばまでで 1730 万の自社株を高値で売却して 11 億ドルを受け取っており，インサイダー取引の疑いを持たれている．ブッシュ II 政権の高官約 30 人もエンロン株の売却で高額の利益を得た．

エンロンのレイ現会長は，いわば同業者であったブッシュ II 大統領およびチェイニー副大統領の親友であり，Paul O'Neill 財務長官，Donald Evans 商務長官(ブッシュ II のかつての選挙参謀)など，共和党のリーダーたちとも親しい．彼は 1999 年から 2001 年までに，エンロンの重役(29 人のうち)24 人と共に――自社株の急落で，株主に 12 億ドルもの損失を与えることを知っていながら――ブッシュ II および共和党議員に 80 万ドル以上の献金をした．レイをはじめ経営責任者はまた，副大統領およびその側近と2001年に6回会合し，(副大統領は議会に内容を明かさないが)政府のエネルギー政策を操作し，特に電力供給に関する規制緩和を促して，甘い汁を吸ったと疑われている．◆思いがけないエンロンの倒産に，大統領と司法省も放っておけず，2002年1月9日に，経営者の背任や株価不正操作などの刑事責任を捜査するよう命じた．捜査には首都ワシントン，ニューヨーク，サンフランシスコなど全米各地の連邦検事がタスクフォースを編成して当たる(ヒューストン市の連邦検事はエンロンとのつながりが深いので，参加を自粛するらしい)．The *Securities and Exchange Commission (the SEC: 証券取引委員会)も，粉飾決算まがいの不正経理を黙認した大手 (the Big Five のひとつである) 監査会社 Arthur Andersen (慣行に倣ってアンダーセンと表記する)と，アンダーセンに対する会計監査で故意に不正を見逃したらしい Deloitte Touche Tohmatsu 会計事務所(これもビッグ・ファイブのひとつ)の犯罪容疑を調査している．(84カ国で8万5千人が働いている)アンダーセン会計事務所は，関係する大量の書類やコンピュータ情報を10月中旬から廃棄した．それが表沙汰になると，同事務所は1名の責任者 (partner) を解雇したが，トカゲのしっぽ切りでは事態は収まりそうにない．刑事訴追は必至であり，信用の大失墜で，事務所の存続そのものさえ危ぶまれている．◆SEC の委員長 Harvey Pitt はかつてアンダーセン会計事務所で働いたことがあるので，調査から身を引くべきだろう．◆John *Ashcroft 司法長官は，上院議員時代にエンロンやそのレイ会長から，判明している限りでは1年間で5万7499ドルの献金を受けていたので，捜査には関与しない，と1月10日に言明した．代理をつとめるのは Larry Thompson 次官である．先頭に立って捜査を総指揮する立場の司法長官が，その職にとどまったまま捜査に無関与というのは異例のことである．◆同時多発テロ (⇨ WORLD TRADE CENTER, THE TERRORIST ATTACKS ON THE) 以後，出番のなかった民主党は勢い込んで，会社の欺瞞や会計監査の不正のほか，政治スキャンダルの疑いを3つの下院の委員会と2つの上院委員会で追究し始めたが，同党にもエンロンから献金があったことは事実であり，大新聞は，民主党も政府攻撃の前に，まず選挙資金についての自浄作用が必要だと論じている．◆国民の多くはエンロンの株価急落で途方に暮れている．401(k) (確定拠出年金)による年金プランに期待していた4200万人近くの人たちも，(エンロン株を年金プランに組み込んでいたため)同社倒産のあおりを受けるのではないかと大きな不安に駆られている．

entrapment 「おとり捜査」 ⇨ AFFIRMATIVE DEFENSE

EOC, the ＝ EQUAL OPPORTUNITY COMMISSION

Equal Credit Opportunity Act, the 《米》「信用機会平等法」 ⇨

CONSUMER CREDIT PROTECTION ACT

Equal Employment Opportunity Act, the 《米》「雇用機会均等法」 ⇨ EQUAL EMPLOYMENT OPPORTUNITY COMMISSION

Equal Employment Opportunity Commission, the 《米》「雇用機会均等委員会」 略は the EEOC. The Civil Rights Act of 1964 (1964 年公民基本権法 ⇨ CIVIL RIGHTS ACTS) の Title VII (1972 年に改正されて，the Equal Employment Opportunity Act [雇用機会均等法] になった) に基づいて 1965 年から機能している連邦政府の独立機関．連邦政府，およびその援助を受けている機関や企業が，人種，皮膚の色，宗教，性別，出身国，身体障害，高齢，妊娠などを理由に従業員の雇用，昇格，解雇，試験，訓練，賃金などにおいて差別行為があったという疑いがある場合には，実態を調査して，適切な法的措置をとる．各州と首都には field offices (現地機関) がある． ⇨ AFFIRMATIVE ACTION ; EQUAL OPPORTUNITIES COMMISSION ; FAIR EMPLOYMENT PRACTICES COMMITTEE ; SEXUAL HARASSMENT

Equal Opportunities Commission, the 《英》「機会均等委員会」 略は the EOC. 教育や雇用や昇級そのほかの面で，男女の性差によって，あるいは婚姻関係の有無によって生じる不平等の排除を目指すイングランドとウェールズの政府の *quango (準独立機関). The Sex Discrimination Act (性差別法) に基づいて 1975 年に設立された．北アイルランドには別に同名の委員会がある． ◆2001 年 3 月下旬に，英国の the *Lord Chancellor (大法官) は，この機会均等委員会と the Disability Commission (障害者委員会) とを統合して the Human Rights Commission を創設したいという構想を発表した． ⇨ EQUAL EMPLOYMENT OPPORTUNITY COMMISSION

equal protection clause, the 《米》「平等保護条項」 憲法第 14 補正第 1 節を参照．その内容は 1964 年以来の the *Civil Rights Acts (公民基本権法) や the Equal Employment Opportunity Act (雇用機会均等法) などによってますます拡大された．

Equal Rights Amendment, the 《米》「男女平等補正」略は the ERA. 法の下での男女の平等をうたった憲法補正は女性解放運動のひとつのかなめとして 1923 年から提案されていたが，72 年 3 月に憲法第 27 補正の案として連邦上下両院を通過し，各州に送られた． "Equality of rights under the law shall not be denied or abridged by the United States or by any State on account of sex." (法の下での平等は，合衆国政府またはいかなる州によっても，男女の違いによって否定または制約されてはならない) という単純明快なもの．しかし，79 年 3 月までの承認期限を 3 年延長しても，補正が成立するのに必要な38州の承認が得られず，82年に廃案になった．平等権が成立すると，数多くの女性保護の法律がすべて無効になり，公衆トイレも男女共用になるといった(特に南部の)保守派の主張が功を奏したわけで，Women's Lib の運動家たちは涙を呑んだ．しかし，the *Civil Rights Acts (公民基本権法)，それを推進する政府と裁判所，そして強い世論の力によって，女性の平等権は大きく拡大されてきており，例えば，士官養成の大学でも入学選考で女性を差別することは全くなくなった．⇨ SEX DISCRIMINATION ACT

equitable (1)「(事実上は)公正な；事実と見なされる」(2)「*equity 上の」(1)は意味を的確に把握しがたい語．数や量の上で必ずしも均等ではないが，さまざまな条件から判断して公正な，という意味や，必ずしも法律的に完璧とは言えないが，大局から見て公正な，(したがって裁判所で認められる)という意味で使われる．例えば，equitable adoption と言えば，法律的には養子縁組がなされていないが，事実上長く養父母と養子との関係が存在していた場合に，裁判所はその子供を事実上の(つまり，エクイティ上の)養子と見なして，遺産相続の権利を認めることがある．

equity 「エクイティ」 語源は fairness (公正)を意味するラテン語．商業用語としては「公正な株の持ち分；株(特に普通株)；(購入費を完済したあとの財物の)正価」など，多くの意味で用いられる．法律用語としては *common law と対比される裁判形式の意でよく使われている．特定の(成文の)法律だけでは救済できない被害を，裁判所が公正の原理を働かせて救済すること．

［歴史］ 簡単に要約すれば，英国のコモンローは不法行為に対する13世紀以来の判例に基づいて，裁判官による金銭的な損害賠償をもって法的な救済を試みる．しかし，事後の損害賠償では真の救済にならぬという緊急の場合に，平民は the fountain of justice (法的公正の源泉)としての国王に陳情した．訴えの大半は受理され，国王の良心の守護者と言われている the *Lord Chancellor (大法官)が，判例よりも公正の精神に則り，(最初は the *Privy Council [枢密院]やコモンロー裁判所判事の助言を得て，のちには自己裁量で)緊急の強制命令，*injunction (差止め命令)，契約取り消し命令，specific performance (特定契約の履行)，契約書の修正命令などで救済を許った．それがエクイティである．例えば，自宅の目の前に違法な構造物を造られて馬車を使えなくなった人が，あとで金銭的な賠償を受けるよりも，裁判所から違法建造物の緊急撤去命令を出してもらったほうが助かるだろう．夫の家庭内暴力に泣かされている女性は，金銭的な賠償よりも，夫が自宅に近づけなくするような差止め命令を求めたかもしれない．コモンロー裁判の被告が泣く子も黙る有力者で，陪審員が恐怖を

覚えている場合など，原告はエクイティ裁判を求めるほかなかった．

コモンロー裁判は初期の柔軟さを失って，官僚的な硬直さを増していった．特に1258年の the Provisions of Oxford（オクスフォード条例）は，従来の事件と同じパターンに当てはまる事件に関してのみ，訴訟開始令状を発給することを定めた．裁判官が「これは前例のある事件だ」と偽って，被害者の肩を持ったケースもあったが，手続き上門前払いを食わされた人々も多く，彼らもまた国王に公正の実現(エクイティ)を求めたのである．その際に，国王に代わって裁判を行なう大法官が法的な原理とする natural justice（自然的正義）とは，理性を備えた人ならだれでもが理解できる公正さ (fairness) にほかならない．コモンロー裁判所と大法官裁判所との判決が正反対になった場合，エクイティの判決が優先するという原則が1615年に確立された．しかし，大法官が変わるたびに判決が大きく変わってしまうという問題があるので，18世紀や19世紀には，従来のエクイティ判決の前例を重んじるようになった．おかげで判例調査のために時間がかかるようになって，エクイティの緊急救済の意味が薄れてしまった．おまけに，被害者は同一の事件でコモンロー裁判所と大法官裁判所の双方で争う必要があり，煩しかった．19世紀の半ばには，大法官裁判所もコモンローによる金銭賠償を命じることができるようになったし，1870年代には，the *Supreme Court of Judicature（最高法院）がコモンロー裁判とエクイティの双方を行なえるようになった．

[現代のエクイティ裁判] 今日，イングランドやウェールズでは譲渡抵当や信託に関してエクイティがよく用いられる．つまり，コモンローでは無効の遺産支払い，地役権，債権譲渡，譲渡抵当などが，エクイティ裁判によって強制力を持った権利になり得るのである．数多くの equitable remedies（エクイティ上の救済手段）のうち代表的なものは *injunction である．これは違法行為の停止命令 (prohibitory injunction) だけでなく，被告がわざと実行を怠っている行為を実行させる命令 (mandatory injunction) をも含む．1970年代には Mareva injunction という新しい暫定的差し止め命令（interlocutory prohibitory injunction）が生まれた．裁判所が原告に対する賠償金支払いを命じる段階で，被告が裁判管轄区内にある財産を持って海外などに逃亡しかけたとき，裁判所はその財産を一時凍結できるというものである．また，the *High Court of Justice（高等法院）は，明らかに財産権が奪われる危険のある，あるいはそれについての証拠文書が失われるおそれのある原告に対して，被告の家や事務所に入って文書を閲覧，コピーなどをする権利を与えた．それは *Anton Pillar order と呼ばれ，1997年の民事訴訟法でも認められている．

米国の一部でも昔は court of law のほかに(ふつう陪審制を採用しない)

court of equity があったが，19 世紀後半から独立したエクイティ裁判所はなくなった．現在，ニュージャージー，デラウエア，ミシシッピ，テネシー，アーカンソーの 5 州だけに chancery という名のエクイティ裁判所がある．通常の裁判所でも，救済する適切な法文がない場合に，エクイティ上の救済を受けられるはずである．◆連邦裁判所では，1938 年の the Federal Rules of Civil Procedure（連邦民事訴訟規則）で，法律裁判所とエクイティ裁判所との区別は廃止された．

equivalents, the doctrine of 《米》「等価物の法理」 ⇨ PATENT

ERA, the ＝ EQUAL RIGHTS AMENDMENT

Erie Railroad Co. v. Tompkins 《米》「イーリー鉄道事件判決」 1938 年の連邦最高裁判所による判決．トムキンズはペンシルヴェニア州の住民で，同州内で，ニューヨーク州の会社が運行している貨物列車から張り出した物に触れて負傷した．原告のトムキンズは鉄道会社に有利なペンシルヴェニア州の判例法によらず，連邦判例法（the federal common law）の適用を求めて認められ，連邦裁判所の一審と二審で勝訴した．ところが，連邦最高裁判所は，「連邦裁判所の民事訴訟においては，憲法や連邦法が直接かかわる場合を除き，事件はもっぱら州の成文法または判例法によって裁判されるべきだ」と決定した．それ以前は 1 世紀にわたって，州籍の相違に基づく訴訟（diversity case ⇨ DIVERSITY OF CITIZENSHIP）においては，訴訟当事者は連邦か州か，自分に有利な法を適用する裁判所を選ぶ傾向があった．最高裁自体も，州に適当な成文法がなければ，連邦の *common law 原則を適用すればいいという考えだったが，この判決では，連邦の普遍的なコモンローなるものは存在しないと言明している．

error 「（裁判官による）誤判；誤審；手続きの誤り（瑕疵）」判決に影響を及ぼさない小さな誤りは harmless error と呼ばれるが，重大なものは *reversible error, plain error, fatal error などと呼ばれ，上位裁判所での再審を請求する理由となる．

Erskine May 《英》「アースキン・メイ」 1844 年に連合王国庶民院の書記官であった Thomas Erskine May が書いた *A Treatise upon the Law, Privileges, Proceedings and Usage of Parliament* のこと．たびたび改訂され，今日でも *Dod's Parliamentary Companion* と並んで議会運営の最高の手引き書になっている．

Escobedo rule, the 《米》「エスコビドー・ルール」 1964 年の連邦最高裁判所による *Escobedo v. Illinois* 事件判決に由来する．Daniel Escobedo のように，警察によって身柄を拘束された容疑者が何度も弁護士との接見を求めながら拒否された場合，憲法第 6 補正違反になるので，その者の「自供」は証拠として刑事事件では一切取り上げられないというルール．

⇨ MIRANDA WARNINGS

espionage 「スパイ活動」 国家機密が相手国の安全保障にとって重大な危険をもたらすことを知りながら，外国の機密情報を探り出したり，伝達したり，逆に自国の機密を外国に提供したりすること．英米共に treason (国家反逆罪) は厳しく定義され，英国では国王[女王]の王位を奪おうとしたり，連合王国に対して戦争を仕掛けたりすること，米国では「武力を用いて合衆国に戦いを挑むこと，または，合衆国の敵に味方して，これに援助と便宜を与えること」(憲法第 3 条第 3 節 1 項)と限られているから，平時における他国のためのスパイ活動が常に反逆罪を構成するとは限らない．米国の場合，国の安全保障に重大な危険をもたらしたスパイに対しては死刑もあり得る．連合王国でも，国家反逆罪に対して法律上は死刑もあり得るし，「欧州人権条約」(the *European Convention on Human Rights) もそれを容認しているが，他国の死刑制度を批判してきた連合王国が自国への国家反逆罪に死刑を科すということは，事実上あり得ない．

米国には 1917 年の the Espionage Act (スパイ法) があり，翌年にはそれを補正した the *Sedition Act of 1918 も制定され，これらの法律は容疑者の人権を全く無視した左翼つぶしに使われた．特に(民主党の大統領候補になる野心を抱いていた)司法長官 Alexander Mitchell Palmer (1872–1936) による (Red Raids や Palmer Raids と呼ばれた)赤狩りは悪名が高く，法律も 1921 年には執行されなくなった．

[諜報機関員による逆スパイ事件] 冷戦時代の英国とソ連との熾烈な諜報戦争は，小説や映画でしきりに取り上げられた．相手国のスパイを抱き込むために莫大な報奨金が支払われたらしい．逆スパイ (counterintelligence) 事件もあとを絶たない．米国でも the *CIA および the *FBI の諜報機関員による逆スパイ事件はよく話題になる．ロシアのためにスパイした者で起訴された主なケースは—，

Aldrich Ames (CIA の機関員) 1994 年に終身刑．下記に詳述．

Harold Nicholson (CIA の機関員) 1997 年に 23 年の刑．

Earl Edwin Pitts (FBI の機関員) 1997 年に 27 年の刑．

George Trofimoff (米陸軍大佐) 25 年間のスパイ活動で，2001 年 6 月に有罪(おそらく終身刑を科せられる)．

Robert Philip Hanssen (FBI の上級機関員) 15 年間のスパイ活動で，2001 年に起訴(死刑の可能性もあるが，おそらく国際世論をおもんぱかって，真実を話せばという条件で終身刑にするだろう)．下記に詳述．

[ケンブリッジ・スパイ事件] 英国で有名なスパイ事件．2 人の英国の外交官 Guy Burgess (1911–63) と Donald Maclean (1913–83) が，第二次

世界大戦中とその後の冷戦時代に，ソ連のスパイとして英国内で情報収集に成功したというもの．2 人とも 1930 年代に，ケンブリッジ大学の同性愛者のグループに属しているあいだにソ連からの誘いに乗った(そのために，彼らの仲間は the Cambridge spies や the Cambridge Five と呼ばれることになった)．大学で歴史学を専攻し，熱烈なマルクス信奉者であったバージェスはアルコール依存症で，外務省での地位も低かった．より有能なマクリーンのほうは *MI5 の機関員になり，第二次世界大戦後も米国と共同の核研究の資料をソ連に提供した．彼らを助けたのが，やはりケンブリッジ大学出身の Kim Philby (1912–88) で，1963 年からは "the Third Man" として知られる．1932 年にアラビア半島の砂漠の横断に成功した Harry St John Philby のひとり息子であったフィルビーは，1934 年にオーストリアでソ連の誘いを受けた．二重スパイぶりが見事で，米国の諜報機関との連絡責任者になったほどで，英国諜報界の 'C' (= the chief) にふさわしいとさえ見られていた．彼は米国の機関による暗号解読で，マクリーンに嫌疑が向けられていることを知ると，マクリーンとバージェスに警告を発し，その結果，2 人は 1951 年にソ連に亡命した．1963 年にはフィルビー自身もソ連に逃亡し，のちに KGB の将軍に任命された．バージェスとマクリーンのソ連への亡命を助けたのは Anthony Blunt (1907–83) という(ナイトの称号まで与えられた)著名な芸術史研究者で，バージェスと同性愛関係にあった．ブラントは 1964 年に(司法取引で，起訴を免れる代わりに)スパイであったことを自供したので，さすがにナイトの称号は剝奪された．彼が "the Fourth Man" だと公表されたのは 1979 年であり，財務省の機密をソ連に提供していた John Cairncross という者が "the Fifth Man" であると公式に発表されたのは 1991 年である．それまでは第 5 のケンブリッジ・スパイが存在するとうわさされているだけだった．◆FBI のスパイであった後述のハンセン(正しい発音は「ハンスン」に近い)は，たぶん大学院生時代に，キム・フィルビーが出した自叙伝を読んでスパイにあこがれたらしい(ハンセンはそれを 14 歳のとき読んだというが，出版されたのはハンセンが 24 歳の年である)．◆コミュニズムのイデオロギーゆえにソ連に手を貸したバージェスのようなスパイは，きわめて少数である．大部分は，物質的な欲望と，国家機密を自由に操る重要人物になったという幻想と，安易な冒険心に駆られて犯行に及んだと見られている．

[ウォーカー・スパイ・リング] 首謀者 John A. Walker, Jr. と親族および友人の小グループ．ウォーカーは米国海軍の有能な無線電信オペレーターで，米国海軍の作戦行動を(潜水艦の配備や行動までも)すべてソ連に通報し，15 年にわたって数十万ドルの報酬を得た．彼は独断で Jerry Whit-worth という海軍兵曹を仲間に入れて，空母と沿岸の軍配備状況を KGB に知らせた．ホイットワースが不安を感じて，あまり情報を漏らさなくなると，ウォーカーは弟の Arthur Walker 中佐や，息子である海軍上等兵の Michael Walker に KGB への秘密情報提供を頼んだ．すべて，ぜいたくな暮らしを楽しむためである．ジョン・ウォーカーのアルコール依存症の妻 Barbara が 1984 年の 11 月に，16 年に及ぶ夫の行動を FBI に通報した．FBI は最初取り合わなかったが，3 カ月後にジョン・ウォーカーからの報告を読んで不審に思い，85 年に尾行調査を始め，ついにメリーランド州 Rockville のモーテルで彼を現行犯逮捕した．ウォーカーは裁判で有罪となって 30 年の刑を受けた．また，息子マイクルは 25 年の刑を受け，弟アーサーは終身禁固 3 回プラス 40 年の刑を受けた．ジェリー・ホイットワースが受けた刑は 365 年で，2046 年までは仮釈放も許されない．

［**エイムズ事件**］ ウィスコンシン州出身の Aldrich Hazen 'Rick' Ames (1941-)は 31 年間 CIA に勤務したが，うち 9 年間はソ連東欧部の逆スパイ活動機関の責任者であり，同時にソ連 KGB の対米スパイ要員でもあった．1985 年以来の彼の密告のせいで，CIA と FBI が密かに雇っていたロシア人の諜報員 10 名以上(最も有名なのは Top Hat の異名を持っていた Dmitri Polyakov) は，ソ連政府によって死刑に処せられた．エイムズは他のスパイと違って，年俸の十倍もする家を買う，高価な絵画を家に飾る，大量のウォッカを飲む，高級車を乗り回す，コロンビア生まれの妻に複数の高級アパートを購入させる，米国だけでなく，スイスやイタリアに多くの銀行口座を開くといった調子で，派手な生活を誇示した．一度は CIA のうそ発見器(*lie detector) で調査中に針が大きくぶれたが，なぜか適正な処置はとられなかった．彼は 1985 年のあるカクテルパーティーで，自分のほうから米国の諜報機関員名簿を KGB の将校に渡して 9000 ドルの報酬を手にした．米国の歳入庁はエイムズの異常に多額の現金収入に疑惑を抱いたが，彼が強い嫌疑をかけられたのは 1992 年，許可なくベネズエラに旅行してソ連人と会ったときであった．FBI は翌年から捜査を開始し，彼の自宅の電話を盗聴し，パソコンの内容を探った．何カ月もかけてようやく証拠の手紙などを入手した FBI が，令状をとって家宅捜査をすると，大量の機密文書とフロッピーディスクが発見された．彼は新しい任務を果たすためモスクワに飛ぶ前日に逮捕された．エイムズの罪はスパイと脱税で，終身刑を受けた．妻は 63 カ月の禁固刑．

［**ハンセンのスパイ活動**］ 最近年の重大なスパイ事件は 2001 年に発覚した the Hanssen case である．容疑者 Robert Philip Hanssen (1944-) は，シカゴ市警の有能な警部補の息子として生まれ，1966 年からイリノ

イ州の Knox College で化学とロシア語を学び，ノースウェスタン大学で最初の 2 年は歯科学を学び，その後はビジネススクールで経営学を学んで MBA となり，1972 年にシカゴ市で公認会計士になったあと，シカゴ市警の経済犯罪を担当する捜査官になり，4 年後に FBI の捜査官として採用された．外国反スパイ活動対策部に配属され，ソ連の諜報機関に対する反スパイ活動に従事し始めたのは（2001 年 7 月の自白によれば）1979 年で，GRU というソ連軍の諜報機関にニューヨークで情報を売り，81 年にいったんスパイ活動をやめた．85 年の 9 月，ワシントンのソ連大使館に，KGB が "B" という（またはのちに "Ramon" あるいは "R. Garcia" という）コードネームで呼んだ者からの取引の手紙が寄せられた．犯人はほかならぬハンセンであり，米国の情報収集活動の組織と技術の詳細の代償として，10 万ドルの現金を要求していた．彼はその後も，FBI による逆スパイ活動の全容，80 年代にソ連大使館の地下にトンネルを掘って盗聴を企てたこと，ソ連およびロシアの諜報活動について得られたことなど，15 年間にわたって 6000 頁以上の機密情報を渡し，ダイアモンドやモスクワの銀行口座に預金された 80 万ドルを含めて，140 万ドルの報酬を得たと言われる．ロシア側は彼の顔も名前も最後まで知らなかった．FBI は 2000 年秋には機密漏洩に気づいていたが，やがて，ある情報提供者が持ち込んだプラスチック・バッグについていた 2 つの指紋がハンセンのそれと符合したので，同年の暮れからその行動を監視していた．2001 年 2 月 20 日の夜，ヴァージニア州の都市郊外にある Foxstone Park という公園の指定個所（dead drop）で，ハンセンがプラスチックのごみ袋に入れた秘密書類を隠したところを FBI の係官たちが現行犯逮捕し，それに対する報酬 5 万ドルも近くの隠し場所から押収された．米国がこうむった損害は概算するだけでも半年はかかるだろうと言われているが，ハンセンが支払う罰金は 280 万ドル（彼が受けた報酬の倍）に達する見込み．◆ハンセンは一見生真面目な男で，ルーテル教会の，またのちには（当時の FBI 長官 Louis Freeh と同じ）カトリック教会の熱心な信者として知られ，共産主義を godless と言って非難していた．同僚たちは，FBI が提出した *affidavit（宣誓供述書）に引用されたハンセンの自供を読んでも，信じられないと言っている．◆上述のとおり（[**エイムズ事件**]参照），1994 年に CIA の Aldrich Ames が 1985 年 4 月からソ連のためにスパイ活動をしたかどで逮捕された．しかし，再三のうそ発見器による取り調べなどでクロの証拠が見つからず，結局は自由の身になり，2001 年 2 月に彼は南部でバスの運転手をしていた．エイムズによる情報提供というのは，実はハンセンによるもので，ソ連やロシアの諜報機関もそこを混同していたとも言われる．エイムズの逆スパイ活動にショックを受けた連邦議会は，そういう犯罪には死刑もあり得るという法律を制定した. ◆2001 年 12 月に刊行された *The Bureau and the Mole* (the Mole は「問題のスパイ」の意で, 著者は *The Washington Post* の記者 David Vise) によれば, ハンセンの妻の兄 Mark Wauck は FBI のシカゴ支部の捜査員で, 1990 年にハンセンが自宅に数千ドルの現金を持っていることを知り, 対ロシア・スパイ活動の疑いがあると上司に報告した. にもかかわらず, FBI はなんの処置もとらなかったという.

Established Church, the 「公定教会」 国または州, またはそれに準じる領土の元首や立法府(ふつうはその両者)が法律によってその存在を公認し, かつ, さまざまな特権を与える(通常は税金を投じて財政的にも支援する)教会. 国の議会が教会政治に立ち入ることもあり得る. 英国の the Church of England (イングランド教会) は, 長老派の the Church of Scotland と共に, 国王[女王]を最高指導者とする 2 の公定教会のひとつであり, 国会がその枠組みを決めているという意味では「国教」と呼べるかもしれないが, 国民全体を同教会の支配下に置いているわけではない. 教会員は 5900 万の全人口のうち 27% しかいない. イングランドとウェールズで通常の日曜日にイングランド教会に行く人は 110 万人である. 連合王国全体で, 1998 年の復活祭(日曜日)に同教会のミサに出席したのはわずか 119 万人であった. より重要なことだが, 連合王国はイングランド教会を国民の税金で護持しているわけではない. 国家的行事の多くがイングランド教会色に染まっていることは事実だが, イスラム諸国のように, あるいはかつての日本のように, 政教一致を原則にしているわけではない. 国王[女王]の座に着く者の宗教については厳しい条件が課せられているが, 国民が公定教会以外の宗教や宗派の信者になることを禁じているわけでも制約しているわけでもない. 昔は オクスフォード, ケンブリッジ大学に入る者に宗教のテストを課するとか, Nonconformist (ノンコンフォーミスト: 公定教会としてのイングランド教会の教義を受け入れないプロテスタント信者)の参政権を制限することもあったが, それらはとうに廃止された. 1829 年の法律で, カトリック信者も政治参加できるようになったし, 1859 年の法律でユダヤ教徒も国会議員になれるようになった. 英国の 2 つの公定教会は, 他の宗教国家の国教のように排他的ではないのである. このことは例えば, 1999 年 12 月末日までスウェーデンの国教であったスウェーデン教会(ルーテル派)と比べれば明白である. スウェーデン人の 90% は同教会の会員であり, 聖職者は政府によって叙任され, 教会予算に税金が投入されていた. まさしく, “One country, one people, one ruler.” という the state church system の条件を満たしていたのである. しかし, 国教会もスウェーデン国会も, 数年前からそれが時代おくれであることを認識し，2000 年 1 月 1 日から，スウェーデン教会は他の教会と全く同じ立場に立つことになった.

2002 年に，イングランド教会最高の聖職者であるカンタベリー大主教 George Carey の後任として Rowan Williams 現ウェールズ大主教(元オクスフォード大学神学教授)が選ばれる可能性が大きい．選任に当たるイングランド教会の総会 (the General Synod) のメンバー大半は，その過程で首相が干渉しないことを強く求めている．また，総会員のあいだでは，あと 50 年もしたら，イングランド教会は disestablish されるだろう(イングランド教会が公定教会ではなくなる)という意見が多いそうだ. ⇨ EUROPEAN CONVENTION ON HUMAN RIGHTS; HUMAN RIGHTS ACT 1998

米国では憲法第 1 補正で，連邦議会が特定の宗教や教会を護持する(つまり，公認し支援する)ことを禁じている．それは州が税金で維持する公定教会を禁止するものではなかったが，その精神に従って，1833 年にはすべての州の公定教会は消滅した.

establishment clause, the 《米》「宗教護持の条項」 ⇨ 憲法第 1 補正の解説参照.

estate tax 《米》「遺産税」 相続が開始される前の故人の遺産全体にかけられるという点で，相続税とは違う.

estoppel 「前言撤回の禁止」『英米法辞典』には「禁反言」とある．A が以前になにかの事実や将来の約束を表明し，その事実や約束を信じた B の行動に影響を及ぼした場合，A はもはや前の事実表明や約束に反する(つまり，B に改めて別の影響を及ぼすような)主張はできないという法理. estoppel by judgment (判決による反言の禁止) は，いったん裁判所が事実審理を尽くした末に判決を下したならば，その後に同じ当事者間で別の訴訟が生じた場合にも，その判決が両者を拘束する，つまり，当事者は同じ事実について前の判決を覆すような主張はできない，というルール. ⇨ COLLATERAL ESTOPPEL

Ethics in Government Act, the 《米》「政治倫理法」 1978 年に制定. 連邦の上級公務員とその妻に資産を公開させる，公務員を退職して 2 年以内の者が特別利益団体に天下りする，あるいはそのロビー活動をするなどの行為を厳しく規制している．大統領が任命した公務員はそのサラリーの 15% を超える別の収入を得てはならない．高い地位にある公務員が倫理法に違反した疑いがあるとき，the *Attorney General (1) (司法長官) は連邦裁判所に依頼して Special Prosecutor (特別検察官) を推薦してもらい，調査に当たらせる．1982 年の改正で，特別検察官は，大統領でさえ罷免のできない *Independent Counsel (独立検察官) に換えられた．司法省からは独立した検察官だが，クリントン大統領を追及する Kenneth

Starr 独立検察官などが余りにも大きな予算を請求し，自分の権限を際限なしに広げるので，さすがの共和党もあきれ果て，1999 年 6 月 30 日にその制度を廃止することにした.

Europe; European 「欧州(の)」 この辞典では原則として「ヨーロッパ(の)」の代わりにこのように表記する.

European Bill of Rights, the 「欧州人権憲章」 The *European Convention on Human Rights または，それに基づいて 2000 年 5 月末に草案が発表された欧州議会の(各国の国内法を超える)法律. 後者については EUROPEAN CHARTER OF FUNDAMENTAL RIGHTS を参照.

European Charter of Fundamental Rights, the 「欧州基本権憲章」 The *European Convention on Human Rights (欧州人権条約) に基づいて the European Parliament (欧州議会)，加盟国の国会議員，欧州首脳会議の代表が協力して作っている(3 億 7200 万人にのぼる欧州市民のための)人権憲章で，the new European Charter of Fundamental Rights とも呼ばれる. 9 カ月かかって 77 頁に及ぶ草案をまとめたのは，主としてドイツのヘルツォーク前大統領が座長となった 62 人の欧州議会議員であった. そこには連合王国選出の議員 5 人も含まれていたが，協力を拒んだ保守党の Timothy Kirkhope 欧州議員(元庶民院院内幹事)は，「この憲章はペテンであり，弁護士だけのパラダイスだ. 市民は権利を擁護されるどころか，裁判費用をふんだくられるばかりだろう」と酷評している. 2000 年 10 月 14 日に EU 特別首脳会議 (欧州理事会 ⇨ EUROPEAN COUNCIL) が草稿を承認し，もし 15 カ国全部の賛成が得られたならば，12 月にニースで開かれる首脳会議で正式に採択すると決めたが，ニース会議では EU 加盟国増大の議論が紛糾し，憲章の議論を始めることさえできなかったらしい. 下記のとおり，ブレア政権でさえこの憲章が単に人権のサンプルケースであることを望んでおり，もしそれが市民による提訴の権利を拡大するのなら拒否権を発動すると公言しているのだから，欧州の他の国々との話し合いは難航が予想される.

[**主な内容**] 前文のほか 54 条から成り，欧州議会に加盟する国の政府が擁護すべき少なくとも 50 の基本的人権を列挙している.

EU とその諸機関は，自由，民主主義，人権尊重，および法のルールという原則に基づいている. [*The* (*London*) *Times* (6-1-2000) が他の新聞に先駆けて発表したこの憲章の草稿で，これはなぜか第 23 条と第 24 条との中間に挿入されている.]

第 1 条—あらゆる人間の尊厳性，および法の前での平等を尊重すべきこと.

第 2 条—生きる権利. だれも死刑に処せられることはない.

第3条—あらゆる人間の肉体的，精神的健全性（integrity）の尊重．優生学(人種改良)の実行を禁止．患者に対するインフォームド・コンセントを尊重する．利益を目的とする臓器移植などの禁止．人のクローン創生の禁止など．

第4条—拷問や非人道的な刑罰の禁止．だれも死刑や拷問を受けるおそれのある国に強制移送されない．

第5条—奴隷制度と強制労働の禁止．

第6条—法律による規制を除き，人の安全と自由とを奪ってはならない．

第7条—権利と自由を奪われた者はだれでも，裁判を通じてその賠償を受けることができる．

第8条—人はだれも，遅滞なく，公開の公正な裁判を受ける権利を保有する．

第9条—人はだれも，裁判によって有罪と立証されるまでは無罪と認められるべきこと．

第10条—その時点で法律が犯罪だと明確に規定している行為でなければ，人がなにかの行為で有罪とされることはあり得ない．

第11条—人はだれも，裁判で最終的に無罪と評決された(あるいは有罪と判決された)行為について，再度起訴されたり，刑罰を受けたりすることはない．

第12条—プライバシー，名誉，名声，家庭生活，郵便や通信の秘密などを尊重すべきこと．

第13条—各国の法律に従って，結婚し，家庭を築く権利の尊重．また，家族が法律的，経済的，社会的な保護を受ける権利を享受すべきこと．

第14条—思想，良心，および信教の自由．

第15条—表現の自由．

第16条—教育や職業訓練を受ける権利．無償で義務教育を受ける権利．親が自分の宗教的，哲学的な信念に反しない教育を子供に受けさせる権利．

第17条—集会結社の自由．それには，労働組合や政党を組織したり，そこに属したりする権利が含まれる．

第18条—欧州議会，欧州理事会，および EC 諸委員会の会議録を閲覧する権利．

第19条—個人のデータを公開(あるいは利用)するか否かを自分で決定する権利．

第20条—公的機関が公正な代償を支払って社会の利益のために使用す

る場合を除いては，だれも自分の財産を奪われることはない．

第 21 条—第 3 国の国民が，1951 年のジュネーブ条約および 1967 年の議定書に従って，EU に亡命する権利を認めること．外国人の集団的国外追放は禁止する．

第 22 条—性，人種，皮膚の色，少数民族，所属する社会，言語，宗教，信条，政治的意見，国内の少数グループとの関係，財産，生誕，心身の障害，年齢，(同性愛など)性的傾向などによる差別の禁止．EU 内での国籍による差別の禁止．男女差別の撤廃と，男女平等の推進．

第 23 条—子供を対等・平等な個人として扱うべきこと．また，その精神的な成熟度を，自己の将来に対する決定に反映させることを許すべきこと．

第 24 条—政党結成と，それへの参加の自由．

第 25 条—加盟国のすべての公民権保持者は，同じ条件で欧州議会議員の立候補者になる権利，および立候補者への投票の権利とを有する．

第 26 条—都市の選挙についても前項と同じ．

第 27 条—EU の行政府は，諸問題を公正，かつ速やかに処理すべきこと．

第 28 条—EU の行政に問題があったときには，the EU Ombudsman (EU のオンブズマン)に提訴できる．ただし，the *European Court of Justice (欧州司法裁判所) に対する不満をオンブズマンに提訴することはできない．

第 29 条—欧州議会に対する陳情の権利．

第 30 条—EU 加盟国内の移動や移住の自由．

第 31 条—EU およびその加盟国は，この憲章に記された社会的諸権利と諸原則を遵守すべきこと．

第 32 条—職業選択の自由．

第 33 条—労働者が雇用主から適時に情報および助言を受ける権利．

第 34 条—雇用者も労働者も，各国の法律に従って，団体交渉をして経済的，社会的な利益に関する合意を得る権利を持つ．

第 35 条—労働者が 1 日の休憩時間，週間の休日および休憩時間，年間の有給休暇期間を確保し，労働時間を一定限にとどめる権利．

第 36 条—安全で健康な労働条件を確保する権利．

第 37 条—最低の義務教育終了年齢までは児童や少年少女の労働を禁止する．

第 38 条—不当解雇と解雇権濫用の禁止．

第 39 条—子供を出産したり，幼い養子を迎えたりしたあとに育児休暇を得る権利を含め，家庭と職場との両立を促進すべきこと.

第 40 条—合法的に EU 内で働く第 3 国出身の移動労働者を平等に扱うべきこと.

第 41 条—妊娠，病気，失業，老齢，親の死亡など，さまざまなケースに対応した社会保障や社会的救済策の充実.

第 42 条—保健医療制度の充実.

第 43 条—障害者に対する十分な社会的配慮と雇用の確保.

第 44 条—EU の諸政策は環境保全に配慮すべきである.

第 45 条—健康，安全，および消費者の利益を保護すること.

第 46 条—この憲章は，欧州共同体または欧州連合に，新たな管轄権限を与えたり，新たな使命を課したりするものではない.

第 47 条—この憲章が列挙した権利を制限するためには，正当な能力を備えた立法機関による議決が必要である.

第 48 条—条約で定義された諸条件と制約条項.

第 49 条—この憲章のいかなる文言も，加盟国の憲法，国際法，および条約に規定された人権を制約するものではない.

第 50 条—この憲章は，そこに明記された諸権利を破壊するであろういかなる行為をも，権利として認めるものではない.

[連合王国との関係] 2000 年 10 月に，ブレア首相はこの憲章を受け入れる基本方針を決定した. ただし，彼はこの憲章が連合王国の(特にイングランドとウェールズの)法律や裁判を束縛しないし，させもしないと主張している. 反対に，欧州議会議長の Nicole Fontaine や欧州委員会(the European Commission) 議長の Romano Prodi は，憲章は加盟国を法律的に束縛すると言っている. この憲章は 15 カ国全体の承認さえあれば，「欧州人権条約」に取り入れることができる. しかし，保守党の猛反対を押し切って「欧州人権条約」をようやく国内法化したブレア政権は，この憲章の取り入れで，またいっそう市民や労組の提訴権を拡大することに賛成とはとても言えない. その点でも大陸諸国との足並みがそろわず，憲章はもし連合王国で批准されたとしても，単なる「絵に描いた餅」に終わるかもしれない.

European Convention on Human Rights, the 「欧州人権条約」 1948 年 12 月 10 日の国連総会による the Universal Declaration on Human Rights (世界人権宣言) を受けて，the *Council of Europe (欧州会議) が起草し，1950 年 11 月に締結国が署名，53 年 9 月 3 日に採択したもの. 正式名称は the European Convention for the Protection of Human Rights and Fundamental Freedoms (人権および基本的自由を保護するための条約) で，略は the ECHR. 締結国は 41 カ国. 条約の主な起

草者は，ニュルンベルクにおける戦争裁判で検事をつとめた英国人 David Patrick Maxwell Fyfe (1900–67) であった．なお，ウィンストン・チャーチルは the *European Court of Human Rights (欧州人権裁判所) の創設に大きく貢献した．

［**内容**］ この条約で保障する権利は，合衆国憲法の the Bill of Rights (権利憲章; 第 1～10 補正) や第 14 補正第 1 節などで保障された基本的人権と基本的には一致している．条約の第 1 条は，条約締結国がその国民に第 1 節に列記された権利と自由とを保障すべきであると定め，第 2 条は，あらゆる人の生命は法律によって守られるべきだと定めている(ただし，各国が戦時中に，ある種の重罪に死刑を科すことは禁じていない)．第 3 条以下は巻末の条文を参照されたい．ここに列挙された諸権利と基本的な自由(特に第 2～12 条および第 14 条の権利)は，the *Convention rights (条約権) と呼ばれる．条約が保障する権利と自由の意味である．

［**連合王国への影響**］ 連合王国は 1950 年に「欧州人権条約」に署名したが，条約内容を生かした国内法がなかったために，英国市民が国内で人権侵害を提訴することは困難であった．しかし，1998 年に「1998 年人権法」(the *Human Rights Act 1998) が制定され，それは 2000 年 10 月 2 日に発効した．成文の権利憲章としては 1215 年に国王が貴族に与えた *Magna Carta などごく少数しか持たなかった英国人は，785 年ぶりに，いや，庶民にとっては史上初めて，成文の権利憲章を持つことになった．この法律の発効に伴って，人権に多少ともかかわる国内法は，「欧州人権条約」の主旨に従って解釈されるべきだという原則も確立された．

［**影響の具体例**］ 英国の皇太子は国王に即位する前にカトリック教徒になってはならぬ，離婚歴のある者と結婚してはならぬ，また，カトリック教徒と結婚してはならぬという現行の the *Act of Settlement (王位継承法) は，この人権法の第 12 条(婚姻の自由)と第 14 条(宗教による差別の禁止)と矛盾している可能性が大きい．チャールズ皇太子は 2000 年に Camilla Parker Bowles と結婚の意思はないと発表したが，もしその意思さえあれば，カトリック信者であり，離婚歴もあるパーカーボールズとの結婚は，この人権法によれば違法とはなり得まい．その問題を新聞としては真っ先に取り上げた *The Guardian* 紙は，まず，英国人が王室を批判したら国家反逆罪になるという 1848 年の the Treason Felony Act が人権法違反であることを裁判で認めさせることが必要だと考えて，2001 年 2 月にその出訴手続きを開始した．

［**人権法に反対する者の理由**］ 連合王国の保守党指導部のほとんどすべてと，労働党指導部の一部は，「欧州人権条約」の国内法化(人権法の制定)に強く反対し続けた．それは，同条約が連合王国固有の憲法体系を侵

害し，王国の司法が部分的にせよ国会の支配から離れて，(国内法の妥当性を人権法に照らして判断する)裁判官に委ねられることを快く思わないからである．裁判官は，現行の法律が「欧州人権条約」や「1998 年人権法」と両立しないときには，“declaration of incompatibility”(非両立性の宣告)を発表する．それですぐ関係法が無効になるわけでは決してないが，宣言が世論に訴える効果は大きいし，国会や内閣閣僚(イングランドなら内務大臣)は通常，問題の法律を修正せざるを得ない．あるいはストラスブールの欧州人権裁判所に審理を委ねることになる．◆もうひとつ，人権法が個人の権利を護るだけではなく，法人の権利をも擁護する判例がすでに出ており，法人としての企業の利益のために人権法が利用され，市民の権利が侵されるおそれが大きいという立場から，人権法成立に反対している人々もいる．

[**内務大臣の権限の縮小**] 連合王国の内務大臣は，「欧州人権条約」によって未成年に刑期を言い渡す権利を失った(⇨ Bulger murder)が，さらに，成人に対する刑期の決定権も失う可能性が大きい．高等法院女王座部首席裁判官 (The Lord Chief Justice of England and Wales ⇨ judge (1)) という高い地位にある裁判官 Harry Kenneth Woolf は 2000 年 10 月に，連合王国の政治家(具体的には内務大臣)が有罪犯人の刑期を決めるのは，新しい人権法に違反する旨を *The New Statesman* 誌で述べた．もしこの意見が通るとしたら，the Moors murderers (⇨ Moors murders) と呼ばれる Myra Hindley と Ian Brady や，9 歳，6 歳，5 歳の少女を扼殺して，英国では最も長期の刑に服している John Straffen, さらには the *Yorkshire Ripper と呼ばれる Peter Sutcliffe, 英国犯罪史上で最も凶悪な女性連続殺人犯人 Rosemary West (⇨ House of Horror), 15 人の男性を殺したと自供した Denis Nilsen など，イングランドとウェールズにいる 23 人の重罪犯人は遠からず釈放される可能性がある．彼らに共通しているのは，内務大臣によって *mandatory life sentence (仮釈放のあり得ない強制的終身刑) を科せられていることである．強制的終身刑とは，英国が 1960 年代に殺人犯への死刑を廃止したとき，見返りとして導入したもの．上位裁判所の裁判官たちは，有罪者の刑期は政治家ではなく裁判官が決めるべきだと主張しており，その主張は「欧州人権条約」や「1998 年人権法」によって正当化される可能性が大きい――保守党はその考えに強い反対を表明し続けているが．◆主要閣僚であり，貴族院議長でもあるイングランドとウェールズの the *Lord Chancellor (大法官)が，最高裁判所としての the *House of Lords (貴族院) の首席裁判官でもあるという中世以来の伝統は，明らかに「欧州人権条約」と矛盾する．Lord Chancellor の項に記したとおり，現在の大法官は 1999 年末以来，裁判官と

しての職務を遂行していないが，それは上記の矛盾を突かれることを恐れているからかもしれない.

[スコットランドでは] スコットランドでは「1998 年人権法」がひと足早く 1999 年 5 月に発効し，同法によって 2000 年 7 月上旬までに 180 件の人権侵害の訴えが起こされたが，裁判に至ったのは 13 件にとどまっていた. ◆しかし，スコットランドではこの条約に関連して前例のない判決が下り，イングランドとウェールズの司法当局も，その影響を計りかねて困惑している. これまでのところ，英国の裁判所は，犯罪者が起訴された時期からさかのぼって 6 年以内に所有していたあらゆる物品や財産を不法入手したものと見なし，それを令状なしに押収したとしても官憲が非難されることはない. ところが，エディンバラの刑事控訴裁判所の 3 人の裁判官は 2000 年 10 月に，2 対 1 で，それは「刑事上の罪に問われているすべての者は，法律に基づいて有罪とされるまでは，無罪と推定される」という「欧州人権条約」第 6 条 2 項に明らかに違反するとして，麻薬密輸で 1999 年に有罪になった男がまだ起訴されなかった段階で押収したすべてのものを返却するよう警察に命じたのである. イングランドとウェールズの裁判所が従来のような押収を認めるかどうか，注目される.

[米国への影響] 米国のジョージア州最高裁判所は 2000 年 8 月 22 日に Alexander E. Williams という受刑者の死刑執行を，予定日の 2 日前に中止した. ウィリアムズは 17 歳のとき，16 歳の少女を誘拐し，レイプして殺害したというので，死刑の判決を受けて，1986 年から収監されていた. ジョージア州の最高裁判所は 1998 年から死刑を中断し，電気いすによる死刑が憲法で禁じている残酷で異常な刑罰であるかどうかを審理中である. ウィリアムズの場合は，犯行当時 18 歳未満であり，そのうえ精神病の治療を受けているので，彼に対する死刑は「残酷で異常」という意見があるし，欧州連合 (EU) も「この犯人の死刑は，米国が署名している『国際人権条約』に違反している」と抗議した. 2000 年 8 月には 16 の州に 18 歳未満で罪を犯した 80 人の死刑囚がいた.「欧州人権憲章」による死刑否定が米国にどう影響するか，注目される.

[日本への影響] 2001 年 2 月下旬に日本の刑務所を 1 週間にわたって視察した the *European Council (欧州理事会) の人権委員会委員長 Gunnar Jansson は，死刑執行数時間前にいきなり本人だけに執行を告げる (他の先進国では全く例のない) 日本のやり方は，受刑者から再審請求や恩赦請願の権利を奪うという点で人権侵害であり，このままでは日本が持っている欧州理事会でのオブザーバーの資格を奪われるであろうと警告した. オブザーバーの資格を持っている 6 カ国のうち，死刑制度が存続しているのは日本と米国だけである. ヤンソン委員長に対して，高村法相は

世論を盾にして，日本での死刑廃止の可能性を否定し，委員長が死刑囚と面会することさえも拒絶した．日本政府は 2001 年 6 月にも，死刑は廃止しないと，欧州理事会に重ねて通告した．⇨ DEATH PENALTY

European Council, the 「欧州理事会」 また「欧州首脳会議」とも呼ばれる．欧州連合（EU）加盟国の大統領や首相クラスの政治家から成り，EU 全体の大方針を決める．The *Council of Europe（欧州会議）と名称が紛らわしいが，全く別の組織である．EU の立法機関も the Council と呼ばれ，これまた紛らわしいので，「EC [EU] 閣僚理事会」（the Council of the European Communities; the Council of the European Union ）と呼ぶのが適当であろう．閣僚理事会は，外相理事会，蔵相理事会，農相理事会，労働社会担当大臣理事会など，全部で 22 ある．

European Court of Human Rights, the 「欧州人権裁判所」 略は the E Ct HR.

[概要] 1953 年に発効した the *European Convention on Human Rights（欧州人権条約）で定められた権利（the *Convention rights）を守るために，同条約によって 1959 年に創設された裁判所．フランス北東部の都市ストラスブールにある．条約加盟国のいずれも，他の加盟国が明らかに条約違反をしていると判断したときは，この裁判所に提訴できるし，加盟国の個人が告訴することもできる．1997 年までに 4750 件の提訴があったが，受け入れられたケースは少なく，1997 年に裁判にかけられたのは 119 件である．裁判にかけるかどうかの審査は 1998 年 11 月までは the Commission on Human Rights（人権委員会）という機関が行なっていたが，時間がかかりすぎるので廃止された．人権を侵害されたと主張する者は，人権裁判所に直接訴え，それを 40 人に増員された裁判官が 3 人ずつで予備審査して裁判にかけるかどうかを決定する．そのあと，裁判所は当事者の属する国の政府による意見を求め，なるべくその政府と提訴者との示談に持ち込もうとするが，示談が成立しなければ，ふつう 7 人の小法廷の裁判官が本格的な裁判を行なう．国家間の問題，そのほか特に重要な問題は 17 人の裁判官による大法廷が審理する．ある国の政府が条約違反をしたと判断された場合，裁判所はその国に，賠償金その他の公正な処置（just satisfaction）を行なうよう命じる権利を持っている．その判決は最終的なもので，関係国はそれに従う義務があるけれども，その判決が各国の法律や裁判所の判決を直ちに無効にするわけではない．加盟各国は欧州人権裁判所の判決を受け入れて，できるだけ早く法律その他を自主的に改める義務を負うが，反論する権利も認められている．反論もせず，露骨な判決無視を続ければ，the *European Council（欧州理事会）によって人権条約違反として除名されるおそれさえある．

[連合王国との関係] イングランドとウェールズでは，かつて最高裁判所である the *House of Lords (貴族院) で最終審が行なわれ，被告がその判決に不満でも，どこにも訴えようがなかった．しかし，連合王国政府は 1966 年から，市民が欧州人権裁判所に訴えることを認めた．以来 30 年間だけでも，連合王国政府を被告とする 80 件の裁判が行なわれ，うち 41 件について連合王国政府は敗訴した．その結果，同国政府は，例えば公立学校での体罰 (*corporal punishment (2)) の禁止や，警察による「国内法に基づかない」電話盗聴，同性愛者の軍隊からの追放などに関する法律の改正を余儀なくされたほか，内務大臣が少年犯罪者に対して最低収監期間を定めることも中止せざるを得なくなった．連合王国政府は人権裁判所の判決に従って，1985 年に初めて the Interception of Communication Act 1985 (1985 年通信傍受法) を作って，内務大臣の特別許可を得た場合以外の警察による電話盗聴を禁止した．

[ブルジャー殺害事件] イングランドでは，1992 年に 2 人の少年が，James Bulger という 2 歳の男の子をリヴァプール市近郊のショッピングセンターからさらって，4 キロも歩かせ，さんざんなぶりものにした末に殴り殺し，死体を線路の上に置くという事件 (the *Bulger murder) があった．殺人を犯した Jon Venables と Robert Thompson という当時 10 歳の少年は，比較的新しい法律によって成人の殺人者と同様の裁判を受け，不定期禁固 (detained *at Her Majesty's pleasure) の判決を受けた．当時の Michael Howard 内相 (⇨ CONSERVATIVE PARTY) は禁固 15 年を勧告したが，1997 年に貴族院の裁判で禁固 10 年と定められた．1999 年 3 月，前記の人権委員会は 14 対 1 で，裁判は少年に恐怖を与えるばかりで，なにが審理されているか理解させることができず，明らかに不公正であったと断定し，欧州人権裁判所による審理を求めた．同裁判所は 99 年 12 月 16 日に，少年たちの裁判は条約の第 5 条と第 6 条に違反している，という 17 名の裁判官一致の判決を下した．これは事実審のやり直しを強制するものではないが，連合王国政府は人権条約尊重の立場から，今後少年の刑事事件を，たとえそれが殺人容疑でも，少年裁判所で扱い，あるいは，成人の裁判所で――それまでは違法だったが――非公開で審理するとか，量刑の段階で政治家が介入しないというような，制度の改善を迫られた．ヴェナブルとトムスンは 2000 年夏に成人(18 歳)になったので，従来の規則では，少年院から通常の刑務所に移されるはずであったが，内務省は 19 歳までは刑務所に移送しないことを決定した．その後，高等法院女王座部首席裁判官 (The Lord Chief Justice of England and Wales ⇨ JUDGE (1)) は，2 人が収監中にめざましい進歩を見せたという理由で，8 年の刑を判決し，同時にその刑は終了したと，2000 年 10 月 26 日に宣言

した. 彼らが数カ月内に社会復帰することを認めたわけである. 英国保守党の指導部は, ブルジャー虐殺事件に対する欧州人権裁判所の判決は英国の司法権に対する侵害だと言って憤慨している. ◆ヴェナブルとトムスンは, 彼らの身の安全を案じる控訴裁判所の計らいで, 今後ずっと偽名を使って生活することになった. ところが, 2001 年 6 月に, 仮釈放審査委員会が彼らの釈放を決定する前に, 彼らの最近の(?)写真が一部のテレビ局に送られたらしい. それは放映されなかったが, ネガの持ち主は写真をインターネットで流すと言っていた. そうなると, 秘密の守りようがない. おまけに, タブロイド新聞や地方新聞の一部は, まさしく異常なセンセーショナリズムを発揮して, 2 人の所在や写真を是が非でも報道すると言っているし, 彼らを殺すと公言している自警組織もある. David *Blunkett 内相は彼らの安全を保障する重い責任を負い続けることになる. ⇨ AGE OF CRIMINAL RESPONSIBILITY

[判決を見るには] 連合王国にかかわる事件の欧州人権裁判所の主要な判決(その多くは市民の人権侵害を認めて, 賠償金を払うというもの)の要旨は *The* (*London*) *Times* の付録である *Times 2* の "Law Report" に詳しく掲載される. その 1 例は巻末の「1998 年人権法」(the *Human Rights Act 1998) のあとに示した. "Law Report" はインターネットによるアクセスも可能——http://www.thetimes.co.uk

European Court of Justice, the 「欧州司法裁判所」 正式名は現在でも the Court of Justice of the European Communities である. 欧州共同体(EC)を設立する条約によって, 1958 年に創設された. 本部はルクセンブルグにある. まさしく司法に関する裁判所で, EC の条約と, それに基づく the European Community law の解釈権を握り, 加盟国と共同体諸機関との, あるいは加盟国どうしの法律的な争い, また加盟国や共同体機関の条約違反の疑いなどについて裁判する. 加盟国やその中央銀行が法律を破ったときには制裁を加える. 欧州共同体の法律に関する加盟各国からの上訴を受理することもある. 裁判官 15 名は加盟各国の法学者や, その国民や, 最高レベルの裁判官経験者のなかから選任され, 任期は 6 年. 8 名の *Advocates General (法務官) というベテランの法律家が裁判官を補佐して, 事件と法律の問題点を整理し, 必要なら書面で裁判官に助言をする. the *European Court of Human Rights (欧州人権裁判所) の場合と同じように, 加盟国や EU そのものが当事者になる重大な事件は大法廷(全員出席の plenary session) で, その他は 3〜5 名の裁判官から成る小法廷で審理される. ◆英国(民)に関係のある主要な判決の要旨は EUROPEAN COURT OF HUMAN RIGHTS の項に紹介した *Times 2* の "Law Report" に掲載される. ◆以下, EC の法規の解釈について一般市民の上訴を受理した1例を挙げる．1993年に制定されたECの規定によれば，すべての加盟国はその国の労働者に，毎年，一定期間の有給休暇をとる権利を保障しなければならない．ただし，「航空，鉄道，道路輸送，海上輸送，内海の航路，湖上輸送，海上の漁業，その他の海上作業，訓練中の医師の諸活動」の諸部門は例外とすると定めている．Tuffnels（タフネルズ）という宅配運輸会社で荷物の受け付けやコンピュータによる事務処理を行なっているボウデンという事務員とその同僚は，オフィスワーカーであるわれわれにも有給休暇をとる権利があるはずだと会社を訴えた．2001年10月15日に発表された *Bowden and Others v. Tuffnells Parcels Express Ltd* の(10月4日の)判決で，欧州司法裁判所の3名の裁判官は，休暇権の適用除外のひとつが「道路輸送部門」と規定されている以上，その部門は運転の現業だけでなく，事務職も含むという解釈を下し，事務員たちに有給休暇を与えない会社側に軍配を上げた．⇨ EUROPEAN CHATER OF FUNDAMENTAL RIGHTS の第28条

European Parliament, the 「欧州議会」 ⇨ MEMBER OF THE EUROPEAN PARLIAMENT

evidence 「証拠」 裁判で，ある事実を証明するのに役立つ物品，文書，回想，インタヴュー記録，目撃者の証言など．direct evidence（直接証拠）のほかに，間接的に事実を立証すると思われる circumstantial evidence（状況証拠）がある．明らかに犯罪にかかわる物品や情報でも，証拠として排除されるものについては EXCLUSIONARY RULES の項を参照．刑事裁判においては，捜査当局や検察(公訴官)は入手した証拠をすべて被告とその弁護士に開示しなければならない．◆2001年12月以後は，仮釈放中の者の家を令状なしで捜索して発見したものでも，本人の新しい犯罪の証拠になり得る．SEARCH AND SEIZURE の項の後半を参照．⇨ BRADY MATERIAL ; DISCOVERY ; OKLAHOMA CITY BOMBING

evidentiary harpoon 「証拠の銛(もり)」 刑事被告人への偏見を醸成するために，検察側がわざと陪審に示す証拠らしきもの(多くは警察官の証言)で，裁判所は受理を許さない．

evidentiary privilege 「証言拒否の特権」 *immunity（免責権）とも呼ばれている．市民は裁判所で証言を求められたときに，それを拒否することはできないが，例外もある．まず，自分が有罪になるおそれのあるような証言を強制されることはない．捜査当局の依頼で情報を提供した者や，公表をはばかる取材源から情報を得た新聞雑誌の記者なども，情報の出所について証言を強制されることはない．◆よく知られた証言拒否の特権は，夫婦がおたがいに不利になる証言を強制されないという spousal privilege（＝husband-wife privilege; privilege not to testify against spouse）で，離婚後も結婚中のプライバシーについての証言は拒否できる．医師，精神治療士，弁護士，聖職者，あるいは性的暴行被害者のカウンセラーや，家庭内暴力被害者のカウンセラーは，職務上知り得た秘密を明かす必要はない．もっとも，夫婦が犯罪を共謀した場合とか，証言を求めれば今後の危険が予防できるという証拠がある場合など，証言拒否の特権を剝奪される可能性はある．親子間の parent-child privilege はまだ認められていない．⇨ DISCOVERY; EXCLUSIONARY RULES

ex aequo et bono 「（法律理論よりも）衡平（の原則）と善に従って；良識に従って公正に」 according to what is equitable and good を意味するラテン語．発音は［イクスイークォーエトボウノ］に近い．⇨ INTERNATIONAL COURT OF JUSTICE

excise (tax) 「エクサイズ；間接税」 主に，自国産の商品の製造と販売にかけられる間接税で，アルコール飲料やたばこの会社は，直接この税を払う．消費者が購入の際に小売店主に渡す消費税との違いに注意．不動産収入にかかる税，業務免許税，各種の登録税などをエクサイズに含めることもあるので，非常に幅が広く，適訳が見つからない．

exclusionary rules 「証拠排除の法則」 (1)《米》憲法第 4 補正で禁じられている「不当な捜索，逮捕，押収」によって得られた物や情報などは，被告人にとって不利な証拠として用いてはならないというルール．1914 年の連邦最高裁判所の判決から生まれたもので，連邦裁判所では長く守られてきたが，州裁判所では 1962 年からようやく採用された．不当として排除される証拠には，強制された自白や，取調官によって巧みに誘導された（自発的とは言えない）返答なども含まれる．電話盗聴の録音も，特に法律で許された場合以外は排除される．◆米国では裁判所に持ち込まれた事件の 5%（重大犯罪 [*felony] では 1～3%）くらいが，証拠排除のルールで不起訴になっている．⇨ WIRETAPPING (1)

［例—***Bond v. United States*** 判決］ 2000 年 4 月 17 日に下された連邦最高裁判所の判決で，プライバシーの権利と証拠排除の法則にかかわるもの．Steven D. Bond という男は，かつて中枢神経系興奮剤であるメタムフェタミン（日本のヒロポンに当たる．⇨ DRUG）の塊に粘着テープを巻きつけ，それをズボンで巻いて，ズックの旅行用バッグに隠してグレイハウンド・バスに乗り，バッグは頭上の網棚に乗せておいた．バスがテキサス州 Sierra Blanca というメキシコ国境に近づいたとき，国境警備の連邦警察官がバスに乗り込み，網棚にあったボンドのバッグに手を触れて調べた結果，麻薬を発見した．ボンドは逮捕され，裁判の結果，1 審でも 2 審でも有罪となった．しかし，連邦最高裁判所は 7 対 2 で，バスの網棚に乗せた手荷物は（手荷物チェックを受けることをだれもが覚悟して乗る飛行

機の場合と違って)プライバシーが期待されており，それを目で調べる(visual surveillance) のでなく，手で触って調べること (tactile observation) は憲法第4補正違反であるとして，ボンドの有罪判決を覆した. 手荷物をいったん common area に置いたらプライバシーの権利は期待できない，という司法省の主張は退けられた. 判決に反対したのは Stephen G. *Breyer と Antonin *Scalia の両裁判官だけで，超保守派として知られる William H. *Rehnquist 長官や Clarence *Thomas 裁判官も，不当な押収によって得られた物品には証拠価値がないと判断した点で注目される. ◆上記の判決にもかかわらず，1999年の *Wyoming v. Houghton* 事件では，連邦最高裁判所によって，警察官は犯罪の容疑が濃い者が車に乗っている場合は，その持ち物を令状なく検査してもよいという判決が下された. 車の passengers は(自分の身体と違って)自分の持ち物についてはプライバシーの期待度が低いから，というのがその理由だが，理解しがたい論理である.

[**例外を設ける試み**] 証拠排除の法則は，警察の労力と資金に見合わないという理由で，強く反対している政治家も少なくない. 実際，1981年にレーガン政権の司法長官が指揮する the Task Force on Violent Crime は，この排除法則に，“a good faith exception” (善意の例外) などいくつかの例外を設けた. 連邦最高裁判所も，1984年の2つの判決で，① もし違法の捜索や押収がなかったとしても，必然的に発見されたに違いない物品や情報については，不法に押収したものでも証拠として採用できる. ② また，誤って発行された捜索令状は警察官の落ち度ではなく，*magistrate (2) の「善意の過ち」であるから，それによる捜索や押収は違法とは言えないと，証拠排除法則をかなり骨抜きにするような判断を下した. ① は inevitable discovery (必然的な発見) と呼ばれる. 1971年の最高裁判決では，inadvertent discovery (偶然の発見)――つまり，警察官の目の前にたまたま明らかな形であった証拠――も証拠排除の法則の例外として認められたが，1990年の判決で，その濫用が戒められた. 不当な押収によって得られたのと同じ証拠でも，その押収とは関係ない方法で発見されたもの[事実]は排除されない. これは independent source (独立証拠) と呼ばれ，しばしば必然的な発見と同じ意味に使われる. ◆1995年に連邦上下両院で共和党が多数を占めてから，上院司法委員会委員長 Orrin Hatch などの共和党指導者たちは，証拠排除法則とミランダ警告 (*Miranda warnings) との廃止を主張し続けていた. ⇨ COMPETENT EVIDENCE; MAPP V. OHIO; PLAIN VIEW DOCTRINE

(2)《英》陪審裁判において，証拠としての価値よりは，陪審員に偏見を与える可能性のほうが大きいものを裁判長が排除するというルール.

exculpatory no doctrine 《米》「有罪否定免責の法理」 連邦刑法において，罪状認否に際し，有罪であるにもかかわらず無罪だと申し立てた被告人を，法廷に対してうそをついたとして，さらに告発することはできないというもの．憲法第5補正の自己負罪条項で，被告人は自分が有罪とされるような証言を強制されないからである．これはほとんどの連邦控訴裁判所でも認められている原則である．

excusable homicide 「免責される殺人」 自分のあるいは他人の生命や身体を守るために他に方法がなかった場合の(正当防衛のための)殺人，あるいは，加害の意図なく誤って(偶然の事故で)起こった殺人．前者や，死刑執行官による死刑は justifiable homicide とも呼ばれる．

execution (1)「(法による決定の)執行」．(2)「死刑執行」 英米では昔，死刑執行が「見せしめ」でもあり，一種の「見せ物」でもあった．米国では1938年5月に，ミズーリ州 Galena 市で Rosco "Red" Jackson という36歳の強盗殺人犯人が絞首刑になるのを500人の市民が見物した．それ以来公開の死刑はなかったが，死刑には執行者，弁護士，ジャーナリスト，聖職者，犯罪の被害者と遺族，死刑に処せられる者の家族などの立ち会いが認められる．例えば the *Oklahoma City bombing の主犯 Timothy McVeigh が死刑を執行されると決まったとき，連邦裁判所は犠牲者の家族や，事件で負傷した人など1100人に死刑執行に立ち会う意思があるかどうかを問い合わせ，実際240人以上の人が直接，あるいは有線テレビでマクヴェイの死刑を見た．その他については DEATH PENALTY の項を参照．

executive agreement 《米》「行政協定」 大統領が憲法によって与えられた権限に基づいて，外国の元首または政府代表と結ぶものだが，条約と違って上院の同意は必要がない．

Executive Office of the President, the 《米》「大統領府」 1939年の the Reorganization Act (組織再建法) によってできた強力な政府機関で，the National Security Council (国家安全保障会議――メンバーは正副大統領と国務，国防両長官だが，財務長官や CIA 長官を含む約10人の助言者が参加), the Office of Administration (行政管理局), the Office of Management and Budget (連邦政府管理・予算局), the Office of the United States Trade Representative (米国通商代表部) や，政策開発局，麻薬取締政策局など多くの重要な部局から成る．新設の the Office of Homeland Security (国土安全保障局) も当然これに入るだろう．

executive order 《米》「大統領命令；州知事命令」 法的な効力を持っているのに，議会を通す必要がない．大統領命令は *The *Federal Register* (連邦行政命令集) に掲載されたあと法的な効力を持つ．

executive privilege 《米》「大統領特権」 これは合衆国憲法に規定されている権利ではないが，例えば外交問題に関して大統領が議会に対してある種の情報を秘密にしておくという特権はあると見られている．ウォーターゲート事件を捜査していた特別検察官が ニクソン大統領の執務室で録音されていた会話のテープを提出するよう要求したとき，ニクソン大統領は大統領特権を盾にとって，これを拒否した．しかし，1974 年の *United States v. Nixon* 事件判決で，連邦最高裁判所は，連邦政府の重要な利害関係が絡むこの場合には，大統領特権は認められないとした．大統領が弾劾裁判以外には訴追されない特権というものも，はっきり認められているとは言い難い．特に就任前に犯した罪のせいで退任後に裁判にかけられる可能性はあると言うべきだろう．ただし，大統領に就任中，公務を遂行する過程で犯した罪については不逮捕特権 (immunity ⇨ DUE PROCESS OF LAW) があると考えられている． ⇨ CLINTON V. JONES

executory 「未履行の; 未完了の; 未完成の; 未発生の; 将来発生するはずの」.

exemplary damages = PUNITIVE DAMAGES

exhaustion of remedies 《米》「他の救済手段をすべて使うこと」 民事でも刑事でも，連邦裁判所の救済を求める前に，第一審裁判権 (the *original jurisdiction) を持つ行政機関などの救済手段を利用し尽くすべきだという原則．現在では多くの行政機関が紛争解決の第一審裁判権と，そのための専門スタッフを持っている．身近な警察署もそういう行政機関のひとつである．exhaustion of administrative remedies や exhaustion of state remedies と呼ばれることもある． ⇨ HABEAS CORPUS

ex parte 「一方的な; 当事者の一方だけが関与した[だけが裁判所に出頭した]」 当事者の一方だけの申し立てに基づき，相手側にあらかじめ予告しておかない差止め命令を ex parte injunction (⇨ INJUNCTION) と言う．原語は from the party of; on behalf of を意味するラテン語で，英語式の発音は[エクス・パーティ]． ⇨ TEMPORARY RESTRAINING ORDER ◆当事者の一方だけが出席する裁判を ex parte hearing と言うこともある．米国の連邦最高裁判所が扱った事件に *Ex Parte Endo* (1944) というのがある (⇨ JAPANESE AMERICAN CASES) が，これは Mitsuye Endo という日系人が(一方的に)裁判所による審理を請求した事件.

ex post fact law 「(刑事)事後法; 遡及処罰法」 実行時には犯罪でなかった行為を，さかのぼって刑罰の対象にする法律．米国では憲法第 1 条第 9 節 3 項および第 10 節 1 項で禁止されている．ex post facto は「その後の行為において」を意味するラテン語.

extenuating circumstances 「酌量の余地のある情状」 加害者が自分

ではコントロールも改善もできない極度の貧困，家庭崩壊，自分の心身の不安定など，これならある種の犯罪を起こすのも無理はないとだれもが思うような状況．犯罪責任が軽減され，刑罰や，支払うべき賠償金額が軽くなる可能性がある．extenuate は to lessen the seriousness of (a crime or a fault) の意．

extortion 「恐喝；金銭[財物]強要」 人の身体，家族の安全，財産，名誉などに損害を与えるという脅しを伴っている場合を言う．公務員が職権を笠に着て，弱い立場の市民から有無を言わせず財物を強要するのもこれに当たる．

extradition 「犯人引渡し」 逃亡犯人を裁判管轄権のある州に，また，外国で逮捕された容疑者を本人の自国に引き渡すなど．米国の国内での引渡し (interstate rendition とも言う)は憲法第 4 条第 2 節 2 項で義務とされている．外国が絡む場合は，その国との犯人引渡し条約がないと困難である．⇨ FUGITIVE FROM JUSTICE ; GREAT TRAIN ROBBERY

F

Faculty of Advocates, the 《スコ》「スコットランド弁護士会」 1532年に創立されたスコットランドの *advocate (イングランドの *barrister に相当する弁護士) の協会で，advocate はこれに加入していないと活動ができない．

failure of issue 「子供なしの死亡」 子供が生まれなかった人，または子供たちが先に死んでしまった人の死亡．遺産相続問題などで使用する語．

Fair Employment Practices Committee, the 《米》「公正雇用実施委員会」 略は the FEPC. F. D. ローズヴェルト大統領の命令で，1941 年に設けられた政府機関．1946 年に解散．軍事産業などでの人種の差別を撤廃するのが主目的であった．黒人の労働指導者 A. Philip Randolph (1889–1979) が黒人の差別に抗議して 10 万人のデモを首都で行なうと宣言したあと，大統領がそれを避けるために発令したと言われる．この委員会には違反者を罰する権限が与えられていなかったので，委員会の勧告を無視する企業もあり，不平等は戦後まで残る結果になった． ⇨ EQUAL EMPLOYMENT OPPORTUNITY COMMISSION

Fair Labor Standards Act of 1938, the 《米》「1938 年公正労働基準法」 略は the FLSA. 通称は the Wages and Hours Act. 賃金と労働時間について定めた連邦で最初の法律．州際通商に従事するあらゆる産業の労働者のために最低賃金額(最初の 1 年間は時給 25 セントで，7 年以内に 40 セントになる)を定め，週に 40～43 時間を超えた労働への割増賃金の支払いを定めた．また 16 歳未満の男女の就労を禁じている．1964 年の改正 (the Equal Pay Act) でようやく男女の賃金格差が解消された． ⇨ COMPARABLE WORTH

fair use 「公正な使用」 出版物を，もっぱら批評，新聞雑誌の報道，教育，簡単なパロディーなどのために，その一部分に限って，原作者の許可なく無料で引用する自由．ただし，一部の引用や模写でも，原作者に経済的な損失をもたらす可能性があれば許されない． ⇨ COPYRIGHT

false 「詐欺の; 虚偽の」 ほかに「違法な」の意味があることに注意．false arrest や false imprisonment は「違法逮捕」「不法監禁」の意味である． ⇨ IMPRISONMENT

false light 《米》「歪曲」 in false light で「真実を大きくゆがめて」の意味になる. 出版物などで人の印象を非常に悪くするようなことを, いかにも事実らしく書き立てる場合に使う. 名誉毀損にならないまでも, プライバシーの侵害と見なされることがある. ⇨ DEFAMATION; LIBEL AND SLANDER

family court 《米》「家庭裁判所」 夫婦間の問題, 児童虐待 (*child abuse), 子供に対する保護者義務の不履行, 父子関係確定訴訟, 子供の監護権など, 家庭問題を扱う州裁判所の総称で, 各個の裁判所は the Domestic Relations Court のような別の名称で呼ばれているかもしれない.

Family Division, the 《英》「高等法院家族部」 ⇨ HIGH COURT OF JUSTICE.

fault 「過失; 過誤」 ほかに, 法律用語としてはときどき「(時には悪意に基づく)不法行為; 不作為(当然なすべきことを故意に怠ること); 法律や規則違反」などの意味でも使われることに注意.

FBI, the 《米》 = the Federal Bureau of Investigation「連邦捜査局」 1908年に the Bureau of Investigation として発足, 1924年から72年まで長官として文字どおり君臨した J. Edgar *Hoover (1895–1972) の時代 (1935年)に現在の名前に変わった. 全米に56の支局 (field offices) を置いている. 州警察では捜査権の及ばない事件(連邦公務員や外交官に絡む事件, スパイ, 郵便関係, 航空機や海上の事件, 麻薬の密輸, *RICO などの連邦法違反容疑や, 2州以上にまたがる刑事事件など) にのみ出動する. 正義の味方というイメージが強いが, 第二次世界大戦後, 奇怪にも「米国にはマフィアや組織犯罪など存在しない」という立場をとってきた. その主張が事実でないことは the *Kefauver investigation で明らかになった. FBI は組織犯罪を積極的に取り締まるようにと指示したのは Robert Kennedy 司法長官であったが, フーヴァー長官は本気で動こうとはしなかった. FBI が変わったのは彼の死後である. ◆1982年の法律によって, 麻薬の取締りは1973年創立の the *Drug Enforcement Administration (the DEA: 麻薬取締局) と協力して行なう. DEA は重要事項を FBI の局長を通じて司法長官に報告する. 捜査官はヴァージニア州 Quantico にある the FBI Academy で教育訓練を受ける.

[ロスアラモス・スパイ容疑――Wen Ho Lee 事件] FBI は1999年12月に, ロスアラモス国立科学研究所の核物理学者で, 台湾生まれの帰化米国人であるウェン・ホー・リー博士とその夫人を, 中国に最新の核弾頭の情報を売り渡したとして, the Atomic Energy Act (原子エネルギー法) 違反で逮捕し, リー研究員を59の *felony (重大犯罪) 容疑で起訴した. しかし, FBI も司法省もエネルギー省も, リーのスパイ容疑を示す証拠を

裁判所に提出することができず，リーは投獄されて 9 カ月目に釈放された．彼は 2000 年 9 月に，秘密情報を違法にコピーした件だけは(動機も目的も明かさないで)有罪だと認め，禁固刑を受けたが，それはすでに受けた禁固刑で帳消しにされた．2001 年 8 月に一部公表された司法省による詳しい調査報告は，リー研究員だけにスパイ容疑をかぶせたのは軽率な誤りであり，そのために真犯人を見逃した可能性があると認めている．司法省はリーへの不当な容疑が人種差別のせいだという批判を否定しているが，政府を人権侵害で訴えているリー夫妻はもちろん，国立研究所やエネルギー省の内部からも，人種差別による不当な逮捕だったという批判があがっている．(この事件については，米谷ふみ子著『なんや，これ?』[岩波書店，2001 年] の 84〜91 頁に詳細で適切な紹介がなされている．)

［**新長官**］ FBI ではその後，the *Oklahoma City bombing の主犯 Timothy McVeigh の捜査資料 4034 頁分を開示しなかったとか，身内から Robert Hanssen (⇨ ESPIONAGE) という反米スパイを出してしまうといった不祥事が続いた．第 8 代長官の Louis Freeh が任期を 2 年残して辞職したのは当然のことと受け止められた．◆2001 年 7 月に大統領から後任に指名されたのは Robert Mueller (56 歳)．1966 年にヴァージニア大学ロースクールを卒業し，海兵隊員としてヴェトナム戦争に参加した．その後は司法省に勤務，コロンビア特別区 (the *District of Columbia)，ノースカロライナ，カリフォルニアなどで連邦検事を歴任した．John *Ashcroft 司法長官が高く買っている保守的な共和党員だが，地味な人らしく，タカ派のイメージを表に出さない．1999 年にノースカロライナの連邦検事になったときには，クリントン大統領が指名し，上院でもすんなり承認された．ロバート・マラー長官の最大の職責は *terrorism の予見と防止だろう．

FCC, the = FEDERAL COMMUNICATIONS COMMISSION

FDA, the = FOOD AND DRUG ADMINISTRATION

Fed, the 《米》(1) =the Federal Government 「連邦政府」 各州の state government に対する中央政府．(2) = the Federal Reserve Board 「連邦準備制度理事会」 ⇨ FEDERAL RESERVE SYSTEM

Federal Bankruptcy Reform Act, the 「連邦改正破産法」 ⇨ CHAPTER ELEVEN; ENRON BANKRUPTCY

Federal Bureau of Investigation, the = FBI

Federal Communications Commission, the 《米》「連邦通信委員会」 略は the FCC. または the F.C.C.. 米国でラジオが盛んに使われた時代にできた the Communications Act of 1934 によって創設された委員会で，最初は電波の規制が主任務であった．現在は電信電話はもちろん，ケーブルテレビや衛星放送を含む州際通信および外国との通信にかかわる電波の割当て，技術開発，料金などを管理あるいは規制する．違法行為に対しては，委員会に属する *administrative law judge (行政法審査官) が第一審の判決を下す．⇨ COMMUNICATIONS DECENCY ACT

Federal Election Campaign Act, the 《米》「連邦選挙運動法」 1971 年に制定，以後何回も改正．略は the FECA. 連邦選挙で特定の会社，組合，個人が候補者に与える運動資金の上限や，候補者が選挙宣伝のために使える金額を定めている．連邦下院の選挙であれば各選挙区の(上院の選挙であれば州の，大統領選挙であれば全国の)投票有資格者ひとりにつき 10 セント相当を選挙宣伝に使ってよいが，放送による宣伝はその総額の 60% を超えぬこと，といった具合．また，候補者と *political action committees (PAC: 政治活動委員会) は，10 ドル以上の収入と，寄付者や，組織およびその責任者の氏名とを公開することを義務づけ，100 ドル以上の支出についても公開を義務づけた．1974 年以後の改正法では，大統領選挙の主要な候補者に公的援助が与えられることになった．大政党の候補者なら 1988 年で 4600 万ドルを受けられた．中規模の政党の候補者が公的援助を受けるには，まず 20 州で，ひとり 250 ドル限定の寄付を 5000 ドル集めたという実績を見せなければならない．公的資金の財源として，国民は個人の所得税のうち 1 ドル(1994 年から 3 ドル)を自発的に目的税として収める．個人が大統領選挙の候補者支援のために寄付できる限界は 1000 ドルで，ひとつの選挙年のうちにあらゆる候補に寄付できる総額も 2 万 5000 ドルが限度である．候補者が使える運動資金の額については，非常に細かな規定がある．こうしたことを監督するために，2 大政党の 6 人から成る the Federal Election Committee (連邦選挙委員会) が設立されている．◆こうした規定があるにもかかわらず，候補者ではなく，党への無制限な寄付を集め，それを表向き選挙と無関係な名目の出費として党から候補者に渡す soft money (⇨ POLITICAL ACTION COMMITTEE) の悪習はいっこうに改まらない．2000 年の選挙で 2 大政党が集めた献金は 4 億 8000 万ドルにのぼると見られている．◆共和党の上院議員 John McCain (アリゾナ州) と民主党の上院議員 Russ Feingold (ウィスコンシン州) ほか数名は協力して，ソフトマネーによる選挙資金の肥大化を防ぐ運動を展開してきた．2002 年 2 月に，下院は，大統領選で個人が寄付できる金額を倍増して 2000 ドルとし，ソフトマネーを禁止する案を可決．上院でもすでに同様の案が通っているので，選挙資金問題には一応の決着がつきそう．エンロン倒産 (the *Enron bankruptcy) の思いがけない効果であった．

Federal Emergency Management Agency, the 《米》「連邦緊急事

態管理局」 略は FEMA (無冠詞). 1979 年 3 月 31 日の大統領命令 (*executive order) によって設立された. 州や郡, 都市などの自治体と密接に協力して, 大地震やハリケーンなどの自然災害や, 人為的な大惨事を(可能な場合には)予防し, 惨事を軽減し, 人命を救助し, 災害地の復旧にあたる. また, そのために要員を訓練する. 全米の 10 大都市に支部がある. 従来は大火災の鎮圧に重点を置いていたが, 今後はテロ対策も重要な任務になるだろう.

Federalism; federalism 《米》「連邦主義」 この語は全く違う複数の意味で使われることがあるので注意を要する. 合衆国憲法は 1778 年に発効したが, その当時 federalism は, 強力な中央政府の樹立を目指す憲法制定推進派の立場を指した. これに反対する anti-federalist たちは, 連邦政府の中央集権によって州権 (*states' rights) が侵害されることを恐れる, 主として南部農本主義の富裕な人々であった. 憲法制定に積極的な知識人も多く, ジェファーソンがその代表である. ♦やっかいなことに, そういう anti-federalist たちが「州権を最大限に尊重するわれわれの立場こそ真の federalism だ」と主張するようになった. 両者を区別するために, あとのほうを new federalism と呼ぶこともある.

20 世紀半ば以後の「ニューフェデラリズム」は, 連邦政府が強力な指導性を発揮したニューディール時代の反動として, 共和党の一部が提唱し, やがてニクソン政権とレーガン政権を経て明確な形を取るようになった. 簡単に言えば, 外交や軍備以外の連邦政府の権力と予算とを縮小する方向 (⇨ DEVOLUTION (2))で, 各州の政府が連邦政府と責任を分かち合うという考えである. ♦連邦最高裁判所の William *Rehnquist 長官についての記事から—"Alone on the high court, he championed federalism, the theory that the Constitution reserves most power for state and local governments, not Congress and the federal agencies." (最高裁のなかでもひとり彼だけが「フェデラリズム」を——すなわち, 憲法は権力の大半を連邦議会や連邦諸機関にではなく, 州その他の自治政府に保留しているという説を——擁護したのである) (*The Daily Yomiuri*, 7-4-95). ここで言うフェデラリズムは, 連邦政府の自己抑制, あるいは, 連邦と各州とが立法権を分かち合い, 譲り合うという意味でのニューフェデラリズムを意味する. ところが, *The Financial Times* (6-29-2001) は, レンクィスト・コートを総括する記事のなかで, "the court [is] willing to abandon one of its most deeply held principles—federalism—to serve the short-term political interests of the party which commands the allegiance of a majority of the justices." (このレンクィスト・コートは, 過半数の裁判官に忠誠を要求する政党[共和党]の目先の政治目的のために,最も深く尊重していた原則のひとつ，すなわちフェデラリズムを，投げ捨てることもいとわない)と書いている．こちらのフェデラリズムは，partisanship(党派性)とは反対の概念で，国家全体への奉仕を意味している．

federal jurisdiction 《米》「連邦の裁判権」 連邦裁判所は，憲法や条約に関する問題(the *federal question)，州籍の相違に基づく事件(*diversity of citizenship)，その他憲法第3条第2節に列挙された事件に対する裁判権を持つ．ただし，多少は憲法問題に関連した事件でも，全面的に州裁判所に任せるケースは珍しくない． ⇨ BURFORD ABSTENTION ; YOUNGER ABSTENTION

federal preemption 《米》「連邦法の絶対的優先権」 ⇨ PREEMPTION (2)

federal question, the 《米》「連邦問題」 合衆国憲法，連邦法，および条約にかかわる重要な問題で，それについては連邦裁判所が裁判管轄権を持つ．

Federal Register, The 《米》「連邦行政命令集」 連邦政府の一種の官報で，毎日発行される．内容は大統領命令(*executive order)，行政機関の規則や規定の改正，告示など．略は *Fed. Reg.* ⇨ CODE OF FEDERAL REGULATIONS

Federal Reporter, The 《米》「フェデラル・リポーター」 米国の主要な the *Court of Appeals (控訴裁判所) の判例集．West Publishing Co. が刊行．創刊は1880年．略は *F.* および *Fed.* 1926年からの第2シリーズは *F. 2d.* 同じウェスト出版社は連邦地裁の判例集 *The Federal Supplement* (略は *F. Supp.*) も出している．

Federal Reserve Board, the 《米》 = the Board of Governors of the Federal Reserve System「連邦準備制度理事会」 ⇨ FEDERAL RESERVE SYSTEM

Federal Reserve System, the 《米》「連邦準備制度」 略は the FRS. 1913年の the Federal Reserve Act によって創設されたアメリカ合衆国の中央銀行制度．米国史上，1791年と1816年に the Bank of the United States という政府出資の国策銀行(私立)が設立され，それぞれ優れた機能を果たしたが，いずれも州権(*states' rights)尊重主義の大統領によって閉鎖されてしまった．この準備制度は，米国に初めてできた国立銀行制度である．それは国の金融政策を立て，公定歩合を定め，それ自体の資金運用や銀行機能を通じて，さらに全国の銀行や貯蓄機関への監督権を通じて，国内と対外の金融政策を管理し，物価の安定と，国家経済の安定(国際収支のバランスを含む)と強化を図る重大な使命を帯びている．

この制度は the Board of Governors of the Federal Reserve System (通称は the Federal Reserve Board; the FRB. 首都にある「連邦準備制度

理事会」で，大統領が任命し，上院の承認を経た 7 人の理事から成る)，全国 12(下記)の Federal Reserve Banks (連邦準備銀行) とその 25 の支店，the Federal Open Market Committee (連邦公開市場委員会．長期の経済安定のために，自己資金を用いてニューヨークの公開市場で株式証券の売買を行なうほか，米ドルの価値を安定させるために外貨の売買も行なう)，the Federal Advisory Council (= the Consumer Advisory Council; the Thrift Institutions Advisory Council: 貯蓄貸付機関諮問委員会)，および全国の諸金融機関(銀行，相互銀行，クレジットユニオンなど)から成る．◆連邦準備銀行はアトランタ，ボストン，シカゴ，クリーヴランド，ダラス，カンザスシティ，ミネアポリス，ニューヨーク，フィラデルフィア，リッチモンド，サンフランシスコ，セントルイスに設立された株式会社である．各銀行に 9 人の理事がいて，うち 3 人は株主である諸銀行の代表，3 人はその地域の農工商など，産業に積極的に関与している人々，3 人は上記以外の分野から理事会が選んだ有識者で，そのうちのひとりが理事長，いまひとりが副理事長となる．Federal Reserve notes (連邦準備銀行券) と呼ばれる紙幣の発行と回収は，これらの銀行の主要な任務のひとつである．◆連邦準備制度理事会の議長は 1987 年にレーガン大統領が任命した Alan Greenspan (1926-　) で，ニューヨーク大学とその大学院を卒業．Townsent-Greenspan and Co. の社長(1954-74, 77-87)をつとめながら，連邦議会予算局の顧問，大統領経済政策顧問，(1971 年から) FRS の理事などを歴任．FRB の議長としては the *Black Monday 以後いくつもの困難を乗り越えて米国経済の最長期にわたる景気拡大をもたらした手腕が高く買われ，3 期目が終わる 2000 年 6 月より半年前にクリントン大統領から 4 期目(4 年間)の再任を要請され，上院も圧倒的多数でこれを承認した．2001 年 9 月 11 日の同時多発テロ (⇨ WORLD TRADE CENTER, THE TERRORIST ATTACKS ON THE) のあと，グリーンスパン議長が大幅な利下げを決定したことは高く評価されたが，米国経済の立て直しのために任期終了まで苦闘を強いられることだろう．

Federal Supplement, the 《米》「フェデラル・サプリメント」 *district court (連邦裁判区裁判所; 連邦地裁)の判例集．⇨ FEDERAL REPORTER

Federal Tort Claims Act, the 《米》「連邦不法行為請求法」 1946 年に制定．略は the FTCA. 連邦政府は民事の不法行為について連邦裁判所に訴えられることはない——市民はたとえ政府の官憲の不法行為によって重傷を負ったとしても政府を訴えることはできない——という従来の免責を廃止し，連邦公務員の過失や不法な行為，あるいは不作為(意識的な怠慢)によって損害をこうむった者は，the United States Claims Court (⇨ UNITED STATES COURTS) に訴えて損害賠償を請求できるようになった．

また，警察官の意図的な不法行為による損害についても，連邦不法行為請求法の 1974 年改正によって請求が可能になった．しかし，政府は，公務員や軍人が法律や規則に従って注意深く行なう職務 (discretional function) については賠償責任を負わない．⇨ SOVEREIGN IMMUNITY

Federal Trade Commission, the 《米》「連邦通商委員会」 ⇨ OFFICE OF FAIR TRADING

fellow servant rule 「共同雇用の準則」 ⇨ EMPLOYERS' LIABILITY ACTS

felon 「重大犯罪の犯人」 ⇨ FELONY

felony 「フェロニー; 重大犯罪」 一般には「重罪」と訳されている．(1)《米》米国では，死刑か終身刑，あるいは連邦刑務所または州刑務所で 1 年以上の禁固刑に処せられるような重大犯罪(連邦法または州法違反)を言う．例えば反逆罪，謀殺 (*murder)，非謀殺 (*manslaughter)，レイプ (*rape)，強盗 (*robbery)，窃盗 (*larceny) を目的とした家宅侵入，放火，ハイジャック，列車妨害，暴力団による脅し，脱獄などである．フェロニーを犯す過程で，たとえ偶然にでも人を死なせたら murder を犯したことになる．⇨ ESPIONAGE ; MISDEMEANOR ; JAIL ; PRISON (2)《英》英国では 1967 年以来，felony と misdemeanor とを区別することを廃止しているが，treason felony (国家反逆の大罪) という語は法律用語として残っている．

FEMA = FEDERAL EMERGENCY MANAGEMENT AGENCY

FEPC, the = FAIR EMPLOYMENT PRACTICES COMMITTEE

fetus 「(妊娠 3 カ月を過ぎた時期の)胎児」 それが人間として合衆国憲法で保護されるかどうかについては ABORTION ; MURDER ; ROE V. WADE の項を参照．

fiduciary 「受託者 (= trustee); 受認者」 また，「受託の義務を負った」などの意味で，形容詞としても使う．名詞の基本的な意味は，他の人間から信頼を受け (a fiduciary relationship を持ち)，後見人，受託者，代理人などとして，その法的な義務を果たし，相手に利益 (benefit) を与えるべき人．例えば，弁護士は依頼者に対して fiduciary な関係を持っている．⇨ BENEFICIARY; TRUST (1)

fighting words 「けんか言葉」 言葉による暴行 (*battery) であり，合衆国憲法第 1 補正で保障された言論の自由のなかには入らない．ただし，ただちに暴力沙汰が始まるような雰囲気で，大声で，挑発的に発せられた，といった状況のもとでのみ，人を傷つける言葉だったと認められる．⇨ BREACH OF THE PEACE (2)

final decision; final judgment 「終局判決; 最終判決」 ⇨ DECISION

ON THE MERITS

finding of fact [facts] 「事実認定」 trier of fact (第一審の裁判官, または陪審制裁判の陪審) による証拠に基づく判断で, 評決や判決の基礎になる. fact finding とも呼ばれる. ただし, 陪審は裁判で問題になった事実のいちいちについての判断や, その根拠を評決で明らかにするわけではない.

fingerprint 「指紋」過去 90 年間, 指紋は犯人特定の決め手だと固く信じられてきたが, その証拠能力を盲信することに警告が発せられた. ある殺人事件の予備審問に当たっていた, フィラデルフィア市の連邦裁判所の Louis Pollack (1922-　) という(かつてイェール大学およびペンシルヴェニア大学ロースクールの大学院長であった)ベテランの裁判官は, 2002 年 1 月 7 日に, 2 年間にわたって指紋の科学的な調査を専門家に依頼した結果を発表し, たしかに指紋は同一のものが 2 つとないけれども, これまでのように犯人を容易に特定できるほどの証拠能力があるとは言えないとの判断を示した. したがって, 検察官はある人の指紋が犯行現場に残された指紋と「どことどこの何点について相似している」と指摘することはできるけれども, ある特定の指紋が特定の容疑者のものだという断定的な「意見」を述べてはならない, というのである. そうなると, 犯行現場の指紋が容疑者のものであるかどうかは, 陪審によって判断されることになり, それ自体が困難な作業になるだろう. 同様に, 筆跡, 線条痕, 毛髪も, ただちに犯人特定の「決め手」にはならないかもしれない. きわめて重要な問題が提起されたわけで, 裁判官たちが今後どんな判断を下すか, 注目したい.

First Commissioner, the 《英》「行政監察委員長」 内閣府 (the *Cabinet Office) のうち, the Office of the Civil Service Commissioners の最高責任者で, 公務サービスのお目付役.

first-degree murder 「第一級謀殺」 ⇨ MURDER

fixed opinion 「(被告の人格や, 犯罪容疑や, 賠償責任についての)偏見」 それを持っている人は陪審員候補から外される.

fixed work 「固定作品」 原則として著作権法 (⇨ COPYRIGHT) は, 原稿や, 原画や, 未発表の芸術作品も(著作権登録をしていない場合でさえ)創作者の権利を保護する. しかし, ベルン条約は, 同盟国が「物として固定 (fixation) されていない」文学や美術作品を保護しないことを認めている. もし作品が紙上に印刷されたり, 彫像になったり, フィルムに記録されるなど, 完成品やそれに近い物として固定されれば, 自動的にその著作権が保護される.

flag burning 《米》「国旗の焼却」 1984 年 8 月 22 日にテキサス州ダラス

市で共和党大会が開かれているあいだ，レーガン政権に反対するデモに参加していた Gregory "Joey" Johnson という当時 27 歳の共産主義者が，抗議の意思の表明として，デモの途中でたまたま手に入れた星条旗を灯油で燃やした．テキサス州は彼を州法違反として起訴し，裁判の結果，グレゴリー・ジョンソンには 1 年の禁固と 2000 ドルの罰金刑が科せられ，州の上位裁判所でも原判決が維持された．ところが，上訴を受けた連邦最高裁判所は 1989 年 6 月の判決 *Texas v. Johnson* で，政治的な思想表現としての国旗焼却を軽犯罪とするテキサス州法は憲法第 1 補正に照らして違憲であると 5 対 4 で判決した．判決を書いたのは William *Brennan 裁判官で，リベラル派の Thurgood *Marshall, Harry Andrew *Blackmun 両裁判官はもちろん賛成，意外にも Anthony *Kennedy 裁判官と超保守的な Antonin *Scalia 裁判官も賛成．やはり保守的な William *Rehnquist 首席裁判官と，Sandra Day *O'Connor, および Byron White, そしてリベラルと見られていた John Paul *Stevens 裁判官は反対であった．

政治的な意思表明の手段としての国旗の焼却は 1988 年 10 月にも連邦議会議事堂前で行なわれた．その後，連邦下院は法律によって国旗の故意の汚損を罰する連邦法を制定しようと試み，89 年にはいったん the Flag Protection Act (国旗保護法) が成立したが，連邦最高裁はそれを，政治思想の表明の手段として国旗を汚損・焼却した場合に適用するのは違憲であると 5 対 4 で判断した (*United States v. Eichman* [1990]). その 10 日後，1990 年 6 月 21 日に下院は米国旗の尊厳を守るための憲法補正決議案の採決を行なった．賛成 254，反対 177 で，補正に必要な 3 分の 2 に及ばず，上院でも 58 対 42 で，補正に必要な 3 分の 2 に 9 票足りず，ブッシュ I 大統領と共和党の試みは挫折した．1999 年 6 月 24 日にも連邦下院は国旗保護の憲法補正をする案を 305 対 125 という多数で可決した．上院では(この問題で 2 度目の)審議が 2000 年 3 月 29 日に行なわれ，補正案に賛成した者 63 人，反対する者 37 人で，憲法補正に必要な 3 分の 2 には 4 票不足であった．⇨ CROSS-BURNING ; FREEDOM OF SPEECH

flee to the wall doctrine 「壁まで逃げる原則」 場合によっては正当防衛で人を殺すことはやむを得ないとはいえ，その前に相手を殺さずにすむ方法を可能な限り探るべきだという考え．⇨ TRUE PERSON DOCTRINE

Flying Squad, the 《英》「(首都警察の)特捜部」 ⇨ METROPOLITAN POLICE SERVICE ; SCOTLAND YARD

Food and Drug Administration, the 《米》「連邦食品薬品局」 略および通称は (the) FDA (冠詞はよく省略される). 1907 年に成立した the Food and Drug Act of 1906, および食品・医薬品規制の諸機関を基礎として，1931 年の the Agriculture Appropriation Act (農業予算法) とい

う法律によって設立され，さらに 95 年に再編成された政府機関．保健ヒューマンサービス省に属しており，消費者のために食品および医薬品(動物用を含む)の安全基準を作り，安全性や有効性をテストする．また，そういう製品の包装，ラベル，広告などまでチェックする．主に 6 つの調査研究センターから成る．有害な薬物の規制はこの FDA の基準によって行なわれるが，2000 年 3 月の連邦最高裁判所判決は，FDA はたばこを有害薬物として規制する権限を持たないと判決した． ⇨ FOOD, DRUG AND COSMETIC ACT ; HUMAN CLONING ; SMOKING

Food, Drug and Cosmetic Act, the 《米》「食品，薬品，化粧品法」 1938 年の連邦法．不純物を含む食品，危険な，あるいは偽りを記載したラベルをつけた家庭用品などの州際通商を禁止し，FDA (⇨ FOOD AND DRUG ADMINISTRATION) の権限(例えば，薬品のテストや販売許可証の発行など)を強めた．この法律はその後何度も改正され，医療器具の規制や，薬品市場の監視など，時代に合った対策をとってきたが，そのかげには粘り強い消費者運動がある(反面，業界からの規制緩和の圧力も強いようである)． ⇨ HUMAN CLONING

Footnote Four 《米》「脚注 4」 連邦最高裁判所のある判決につけられた司法審査についての注で，同意見の判事は 9 人中 4 人に過ぎなかったが，その後の最高裁の裁判に大きな影響を与えた．詳細は UNITED STATES v. CAROLENE PRODUCTS CO. の項を参照．

for cause 「法的に正当な理由によって」 ある公務員を remove from a job for cause と言えば，本人が上司の目にかなわなかったといったあいまいな理由からではなく，職務能力や公務員としての資質を欠いていることを証拠だてたうえでの解任を意味する．

forced sale 「強制売却」 ⇨ CAVEAT

Foreign Intelligence Surveillance Court, the 《米》「外国諜報活動調査裁判所」 ⇨ WIRETAPPING

forensic 「裁判所[法律，起訴，刑罰]にかかわる」 犯罪の捜査，特に証拠品の科学的な調査に役立つ，の意味でよく使われる．forensic science は「犯罪捜査科学」の意で，これは必ずしも forensic medicine (法医学) に限らず，音響，写真解析など，他の多くの分野の専門家がかかわる．

foreperson; foreman 「陪審員長」 たまたま最初に選ばれた陪審員や，陪審員席で上座に当たる席についている者が指名されたり，互選されたりする．陪審代表として評決を発表したり，必要な場合には裁判官に対して発言したりするが，それ以上特別な権限はなにもない． ⇨ JURY

fornication 「未婚者との性交」 ⇨ ADULTERY

forum shopping 「法廷あさり」 forum は「法廷」の意味．自分にとって最も有利な法律を使ってくれそうな裁判所を選ぶこと．米国であれば，連邦と州，ある州と別の州とでは，同じ事件でも適用される法律が違うので，たしかに有利不利はあるけれども，(州法がまだ不備であった時代に連邦法の適用を求めるといった時代と異なり)現在は，当事者が自由に法廷や裁判地あさりができるケースはほとんどない．⇨ DIVERSITY OF CITIZENSHIP; ERIE RAILROAD CO. V. TOMPKINS

four corners 《米》「文書それ自体」 契約書，不動産譲渡証書，遺言などの法的文書は，その文面全体にあいまい性がなければ，その法的な効果はその文書自体から生じるのであって，文書の背景となっている情報や，文書の説明や，全体から切り離された文書の一部(孤立した文言)とは関係ない，という考えを伝えるときに使用される語．「契約書のほんとうの意味は実はこういうことです」といった証言は認められないというのである．しかし，こういう four corners rule に縛られる州は次第に減少している．◆米国の場合，憲法の the four corners (条文そのものと，それを書いた人々の意図) を越えるというのは，時代に伴う文化の多様化に合わせて憲法をかなり自由に解釈することで，これは(奇妙なことだが，解釈主義ではなく) non-interpretivism (非解釈主義) と呼ばれている．⇨ INTERPRETIVISM

foxhunting 《英》「キツネ狩り」 英国の富裕階級の人々が 11 月から早春にかけて，(たいがいは自分の領有地で)馬に乗り，猟犬を使って行なうもので，5 世紀前から始まったと言われている．赤い帽子やコートを着用することが多い．狩りに参加するのは約 5 万 5000 人であり，人口の 1% にも満たない．猟犬の群が猛スピードでキツネを追ったあと，ずたずたにかみ殺すので，動物虐待だという声が大きく，国民の 60～70% はそれに反対していた．ブレア政権は 2000 年に，猟犬を使ったキツネ，ウサギ，ミンク，シカなどの猟に罰金を科す法律を議会に提出したが，まだ法案ができる前に，地方に住む貴族やその選挙区の農民などから激しい抗議が起こったし，チャールズ皇太子も 99 年 11 月にウィリアム王子を連れてこれ見よがしにキツネ狩りをやった．首相は，この法律は射撃やフィッシングの禁止や制限に発展するものでは「決してない」と言明して，国民に法案への理解を求めた．ウサギ猟を対象から外した改正案は，2001 年 3 月に 319 対 140 で庶民院を通過した．貴族院はそれを阻止することはできないが，引き延ばしを計ることは必至で，法律の制定は 2002 年後半にずれ込む可能性もある．◆英国には，なんらかの形でキツネ狩りを生計の資にしている人が約 1000 人いるそうだ．◆英国で 2001 年 2 月から 12 月中旬までキツネ狩りが禁止されたが，それは馬や犬などによる口蹄疫 (foot-and-mouth disease) の蔓延を防ぐためであった．⇨ ANIMAL ABUSE ; ANI-

MAL LIBERATION FRONT; ANIMAL RIGHTS; HUNT SABOTEUR

Frankfurter, Felix (1882–1965)《米》「フェリックス・フランクファーター」 連邦最高裁判所裁判官(在任: 1939–62). オーストリアのウィーン市で生まれ，1894年に両親に伴われて米国に移住した. 父親はウィーンで正統派ユダヤ教のラビであった. 当然，フェリックスもユダヤ教徒で，少年時代にはイディッシュ語とヘブライ語を話していた. 彼の強い義務観念と，(時に行き過ぎと批判された)遵法精神，難解な問題を理性的な思考で解こうとする彼の教育者としての素質などは，幼いときから親しんだユダヤ教によって養われたと言えよう.

12歳で初めて英語を学んだフランクファーターは，並外れた努力でニューヨーク市の公立学校からニューヨーク市立大学に進学し，優等の成績で卒業すると，さらにハーヴァード大学ロースクールに進んで，1906年にそこを首席で卒業した. そのあと彼は連邦保安官や陸軍法務官として正義感ぶりを発揮し，1913年から39年まで母校ハーヴァード・ロースクールの教授をつとめた(その途中，第一次世界大戦中に，ウィルソン大統領の依頼を受けて労働問題の解決にあたっている). 教授在任中には the *Sacco and Vanzetti case の判決 (*the Commonwealth v. Sacco & Vanzetti* [1921]) を痛烈に批判した. また，*NAACP の活動を助けて，そのメンバーになり，the *American Civil Liberties Union の設立に参加した. 彼が深く尊敬していたのは Oliver Wendell *Holmes, Jr. と Louis Dembitz *Brandeis であった. 1939年，フランクファーターを最も信頼する助言者と見なしていた F. D. ローズヴェルト大統領によって連邦最高裁判所判事に任命されたあと，彼は司法の自己抑制 (*judicial self-restraint) と中庸性とを重んじて，それまでのリベラル色を抑えたので，多方面から進歩派から保守派への鞍替えだとして批判された. 彼は憲法第1補正が定める表現の自由と，宗教護持にかかわる法律に関しては，おおむねリベラルな立場をとった。その一方，第1補正にかかわる問題で，連邦裁判所が州裁判所に対して不当な圧力をかけていると思われる場合は，そういう干渉をやめるよう主張した. それに関する Hugo La Fayette Black 裁判官(在任: 1937–71)との論争は，米国憲法の専門家のあいだでは有名である. ブラック判事は，the Bill of Rights (権利章典; 第1～10補正) のすべては，憲法第14補正第1節のデュープロセス (the *due process of law) 条項によって州政府に対して強制されるべきだと主張した (⇨ INCORPORATION DOCTRINE). しかし，フランクファーターは，大学教授時代から「州裁判所は州のもの」という信念を持っており，ブラック判事に断固反対した.

フランクファーターが多数意見を書いた1940年の *Minersville School*

District v. Gobitis は，大学教授時代の彼の自由思想とはおよそ似つかぬもので，学界やジャーナリズムで論争の的になった．これは，*Jehovah's Witnesses（エホバの証人）の信者である(ペンシルヴェニア州北西部の小さな町の)公立学校の生徒が，毎日校庭に掲げられる米国旗への敬礼と忠誠の誓いとを，宗教上の理由から拒否したからというので退校処分を受けた事件．連邦最高裁は下位裁判所の判決を覆して，教育委員会による退校処分を合憲と認めたのである．大統領に忠実な愛国者であるフランクファーターは，宗教的な良心に従う自由といえども，米国の歴史との調和が必要であると説く．また，国家の安全保障の基礎は national unity（国民の団結）にあり，国旗への敬礼はその意味で憲法上許された，そして強制もできる教育計画のひとつであり，いったん例外となる免責を認めたならば，教育効果が弱められてしまう，とも言っている．この判決には Harlan Fiske Stone 判事（⇨ JUDICIAL SELF-RESTRAINT; SUSPECT CLASSIFICATION; UNITED STATES V. CAROLENE PRODUCTS CO.）ただひとりが強く反対した．◆しかし，それからわずか 3 年後，やはりエホバの証人たちが起こした裁判の結果，連邦最高裁は *West Virginia State Board of Education v. Barnette*（1943）事件判決によって 6 対 3 で，国旗への敬礼と忠誠の誓いとを公立学校生徒に強制するウェストヴァージニア州の州法を違憲と判断した．理由が宗教上のものであろうとなかろうと，国旗への敬礼を国家が市民に強制することはできない，と多数意見は述べている．フランクファーターは長い反対意見を書いた．彼はその意見の最初に，もしこれが個人的な選択の問題ならば，自分は強制的な国旗敬礼に反対しただろうと述べているが，そのあとで，「州はいかなる宗教活動をも禁止しておらず，また強制もしていない」と言っている．彼は持論である連邦裁判所の自己抑制を懸命に説くために，うっかり事実に反することを言ってしまったのだろうが，州法の「強制」によって表現の自由や宗教的良心の自由を侵された子供たちへの思いやりが余りにも欠けている．

fraud 「詐欺」 ⇨ CONSTRUCTIVE FRAUD

Fraud Squad, the 《英》「(首都警察の)企業犯罪捜査部」 ⇨ METROPOLITAN POLICE SERVICE

FRB, the ＝ the Federal Reserve Board（＝ the Board of Governors of the Federal Reserve System）⇨ FEDERAL RESERVE SYSTEM

Freedom of Information Act, the 《米》「情報自由化法」 1966 年に制定された．略は the FOIA. 連邦政府の膨大な記録の全部を一般市民に公開するという法律．全部といっても，国防，外交，軍事，財政などの機密，ある種の地理や地質に関する調査結果，個人情報などは例外である．公開資料に関しては，手続きさえすれば外国人でも閲覧ができる．

freedom of speech, the 「言論の自由」 スピーチだけでなく，あらゆる種類の表現の自由を意味する．その自由を制限できる条件については CLEAR AND PRESENT DANGER の項を参照．米国では，連邦最高裁判所の保守化が目立つにもかかわらず，*flag burning の例で明らかなように，憲法第1補正を護る姿勢は基本的には崩れていない．ただし，例外もある．The 1996 Military Honor and Decency Act (1996年米軍名誉品格法) は，軍の施設の内部で，好色的なヌードを支配的な主題にしている雑誌やビデオを販売またはレンタルしてはならないとしている．ヌード写真の多い *Penthouse* 誌を出版している General Media Communications がこれを憲法第1補正違反として訴え，連邦高裁もその主張を受け入れたが，連邦最高裁判所は1998年6月に，軍の名誉品格法は合憲であるとの判決を下した．◆逆に，連邦最高裁判所は2000年5月に，子供がテレビを見る可能性の大きな午前6時から午後10時まで，ケーブルテレビのオペレーターは，あからさまなセックスを描いた番組の信号を妨害，または完全にスクランブルすべきだという the Telecommunications Act of 1996 の Section 505 を5対4で違憲と判断した．勝訴したのは the Playboy Entertainment Group であった．多数意見を代表する Anthony *Kennedy 裁判官は「特定の内容を規制するいかなる手段も，憲法第1補正が保障する free speech を侵害する」と述べた．

freedom riders; Freedom Riders 《米》「フリーダムライダーズ」 米国南部における公営バスの人種差別に反対するために，the *Congress of Racial Equality (人種平等会議) が中心になり，その指導者のひとりである白人 James Peck も加わって，1961年5月4日に始めた州際バスによるデモ．黒人は Greyhound 社のバスの前方にある白人専用席に座り，だれからどんな指示があっても動こうとしなかった．首都ワシントンを出発し，ヴァージニア，ノースカロライナ，サウスカロライナ各州を経て，5月17日にニューオーリンズに到着する予定であったが，妨害が多く，特にアラバマ州ではバスに対する投石，タイヤの切り裂き，放火などが続出し，参加者が襲われて数人が重傷を負った．しかし，州や市の当局は故意にこれを見逃した．ケネディ大統領は事態を重く見て，弟である司法長官 Robert と協議したうえ，アラバマ州知事 John Patterson に電話をしたが，知事は電話に出ることさえしなかった．グレイハウンド社は危険だとして，それ以上の運行を拒絶したが，ナッシュヴィルでかつて人種差別反対の座り込み運動を成功させた黒人と白人の学生が新たに加わり，学生がバスを運転するという条件で自由乗車のデモを再開．これには州警察が襲いかかって全員逮捕の挙に出た．ケネディ大統領とケネディ司法長官とは，ようやく電話に出たパターソン知事に，このままなら *United

States marshal (連邦保安官) を派遣すると通告する一方, グレイハウンド社に運転士と護衛を乗せるよう要請せよ, と申し渡した. 参加者はミシシッピ州でも同州の the *National Guard (国民防衛軍[いわゆる州軍]) や警察によってひどい妨害と被害を受けながら, 州都ジャクソン市にたどりつき, 逮捕されて州法違反の容疑で裁判を受けた. しかし, その年の夏には 300 人以上のフリーダムライダーズが深南部に到達した. ケネディ司法長官の努力で州際バス施設の人種差別撤廃が強制されたのは, そのあとの 9 月のことだった.

Freedom to Farm Act of 1996, the 《米》「1996 年農業自由化法」 ⇨ AGRICULTURAL ADJUSTMENT ACT

fresh pursuit 「即時追跡」 hot pursuit とも言う. (1) 《米》 警察官が *felony (重大犯罪) の容疑者を最初から引き続いて追跡すること. この場合, その警察官は, 逮捕状を持たなくても, 他の州に立ち入って捜索を継続することができる. ただし, そういう活動を認めていない州もある. (2) 盗まれたものを取り返すために, 被害の直後から窃盗犯人を追跡すること. この場合は警察権のない者が(当然逮捕状なしに)犯人を捕まえることができる. ⇨ CITIZEN'S ARREST

friend of the court 「法廷助言者」 ⇨ AMICUS CURIAE

frisk 《米》「捜検」 ⇨ STOP AND FRISK

front pay 《米》「フロントペイ」 不当解雇者が受ける賠償金の一種. ⇨ DAMAGES

fruit of the poisonous tree 《米》「毒樹の実; 毒を含んだ木になる実」 1939 年の連邦最高裁判所の判決における Felix *Frankfurter 裁判官の言葉から. 憲法第 4 補正で禁じられている不当な方法[有毒な木]から得られた証拠, またそれを裁判所に持ち込むこと.『英米法辞典』によれば, 排除されるべき証拠を基にして得られた二次的な証拠もやはり排除すべきだ, という理論をも指す. ⇨ EXCLUSIONARY RULES

fugitive from justice 《米》「逃亡犯人」 州法違反による逮捕, 訴追, 刑罰から免れるために, 裁判管轄区域から逃亡した者. 無実の罪を着せようとする警察から逃れている者もそう呼ばれることがある. 米国では the Fugitive Felon Act (1934) によって, *felony (重大犯罪) の犯人や容疑者が他の州に逃れた場合, 連邦犯罪として the *FBI が出動する. その場合でも, 逮捕された犯人や容疑者はもとの裁判管轄区に戻される. ◆《英》では fugitive offender と言う. ⇨ EXTRADITION; 憲法第 4 条第 2 節 2 項.

full faith and credit 《米》「十分な信頼と信用」 ⇨ 憲法第 4 条第 1 節の解説.

fundamentalism 「原理主義; ファンダメンタリズム」 本来は, 欧米の物質文明の影響を排除して，開祖の教えや，開教当時の(祈りや瞑想を中心とする)素朴で誠実な生活形態を維持する主義主張を言う．ファンダメンタリスト (fundamentalist) はその主義の実行者だが，今日では多くの場合，現代文明がもたらした便利さや物質的な欲望などによって，本来の人間性が破壊されていることに強く抗議する人を指す．いきおい，政治面でも保守回帰を目指す戦闘的なグループの一員になりやすい．キリスト教の場合は 1920 年代から「原理主義」という語が使われてきた．米国の南部に多く，『旧約聖書』の「創世記」の創世神話を歴史的な事実だと主張し，進化論教育に反対している (⇨ CREATIONISM)．イスラムの場合は，イスラム法の厳格な実践が特徴だが，それなら中東のイスラム教徒のすべてが原理主義者だということになる．実際には，1970 年代の末から，欧米の価値観を敵視するイスラム教徒を米国人がイスラム原理主義者と名づけたもの．そのうちで，殉教者精神に駆られて，アッラーのために武器を持って米国，イスラエルなどと戦う者や，*terrorism に走る者がイスラム過激派と呼ばれている．◆ブッシュ II が 2000 年の大統領選挙戦中に，宗教的右派 (the *religious right) の支持を得るためにわざわざ訪問したサウスカロライナ州グリーンズヴィル市の Bob Jones University は，(いずれも Bob Jones という名の)親子 3 代にわたるファンダメンタリストが経営している大学で，学術レベルが高いという話は聞かないが，南部ファンダメンタリズムの牙城として有名．1983 年まで黒人学生の入学を許可しなかった．The *Internal Revenue Service (歳入[国税]庁) から税金免除の特権を剝奪するとの通告を受けて，しぶしぶ黒人を受け入れたが，異人種間の交際は学生双方の親が大学宛ての書簡で同意を表明し，それを大学が認めた場合以外は未だに禁止されている．⇨ AL-QAIDA; BIN LADEN, OSAMA; TALIBAN

Furman v. Georgia 《米》「ファーマン事件」 1972 年 6 月の，死刑に関する連邦最高裁判所判決．ジョージア州の William Furman (犯行当時 26 歳) は，夜中に強盗を企んで William Micke の家に押し入り，発見されたので逃げる途中，持っていた銃が暴発し，閉めたドアの向こう側にいたミッキーを殺してしまった．ファーマンは裁判の前にジョージア州立中央病院で精神鑑定を受けたところ，担当の医師全員が，軽度ないし中等度の精神的障害があり，発作的な暴行に走る傾向があると診断した．法律的には心神喪失だろうが，数カ月に及ぶ入院治療の結果，病院は，本人には(ジョージア州の基準に従えば)善悪を判断する能力と，弁護士と協力する能力があると判定した．裁判の結果，ファーマンは殺人で有罪となり，死刑を宣告された．

[死刑の是非] 連邦最高裁判所はファーマンの事件と同時に 3 つの他の

殺人事件の上訴を受理した．いずれも性格の違う事件だが，被害者が白人，加害者が黒人，加害者が 4 人とも死刑判決を受けている，という点では共通していた．そこで，連邦最高裁は，死刑は憲法第 8 補正に違反していないかという問題と初めて取り組むことになった．当時は黒人人口の多い南部でも，陪審はほとんど白人ばかりから成り，白人が死刑の評決を受けることはまれであった．例えば，1930 年から 67 年のあいだに，ジョージア州では 366 人が死刑に処せられたが，そのうち 298 人(81.4%)は黒人であった．かねがね死刑が人種差別と直結していることを重大視していた the *NAACP は，法律学者の協力を得て，長文の弁論趣意書(brief) を最高裁に提出した．同時に，死刑を廃止せよという意見が，the *American Civil Liberties Union, 州知事，精神科医，宗教的指導者，公民基本権運動家たちなど多方面から裁判所に送られた．被告たちに死刑を科したジョージア，テキサス，カリフォルニア各州の司法長官のほか，死刑賛成の陳述書を提出したのはインディアナ州だけであった．上訴審が始まる前，思いがけなく Hugo Black と John Harlan の 2 裁判官が健康上の理由で退任し，ニクソン大統領は代わりに Lewis Franklin Powell, Jr. と William Hubbs *Rehnquist を任命した．1972 年 1 月にようやく 4 つの事件が取り上げられ，口頭弁論では NAACP の弁護士などが，「残酷かつ異常な刑罰」とはなにかについての熱っぽい議論を 4 時間にわたって繰り広げた．1972 年 6 月 29 日，Warren Earl Burger 首席裁判官がまずファーマンの事件の判決を言い渡し，関係するどの州の死刑も違憲だという結論を公にして，NAACP の法律家たちを喜ばせた．しかし，判決文の朗読が進むにつれて，裁判官たちの意見が大きく割れていることが明らかになってきた．結論に賛成の 5 人の裁判官も，その理由がそれぞれ異なり，死刑はあらゆる場合に残酷かつ異常だと述べたのは 2 人に過ぎなかった．ほかの 3 人は，死刑そのものは違憲ではないが，多くの州の死刑のあり方(人種的な差別など)が第 8 補正に違反するというものであった(⇨ PLURALITY OPINION). ニクソン大統領が任命した 4 人の判事はすべて，死刑が第 8 補正違反とは認めなかった．死刑制度に賛成の各州は，判決後ただちに，いかなる場合に死刑が適用されるかを明らかにするなど，最高裁が受け入れやすいように刑法を手直しした．1976 年には連邦最高裁も (*Gregg v. Georgia* の判決で)，第 2 審でも重ねて死刑とされた者に対する死刑は「残酷かつ異常な刑罰」ではないとの判断を示すに至った．⇨ DEATH PENALTY (1) [死刑の廃止と復活] の項

futures contract 《米》「先物契約」 ⇨ COMMODITY FUTURES TRADING COMMISSION

G

gag order 「箝口(かんこう)令」 弁護士や証人や陪審員は，新聞やテレビの記者はもちろん，家族にさえも事件について一切語ってはならないという，裁判官の命令．米国では，記者などが裁判について報道することを禁じる箝口令は，(被告のプライバシー権を護る場合や，国家機密を保護する場合を除けば)おそらく憲法違反になる．

Galante, Carmine (1910–79)《米》「カーマイン・ギャランティ」 The *Mafia のボス．1937 年に殺人容疑から逃れるためにイタリアに行き，ムソリーニ首相に取り入って，その政敵であったニューヨークの編集者 Carlo Tresca を暗殺した Vito Genovese (1897–1969) (⇨ COSTELLO, FRANK) というマフィアのボスがいたが，イタリアからの指令で，トレスカを実際に殺したのは，ギャランティであった．ジェノヴィーズは戦後再びニューヨークに戻り，10 年かけてマフィアを支配下に収めた．ギャランティは表向きジェノヴィーズの忠実な子分として，彼の指示に従って多くの殺人を犯したが，麻薬犯罪で 20 年の刑に服しているあいだに，他のファミリーに属してマフィアの実権を握ろうと画策した．そこで Joe Bananas (本名は Joseph C. Bonnanno, Sr.) の the Banana family (⇨ BANANA WAR) に入り，獄中から指令を出して麻薬取引を進め，1974 年にはその大実力者になった．79 年に出獄した彼は本格的なマフィア支配に乗り出そうとして，引退したジョー・ボナノを含めたドンたちの激しい怒りを買った．同年 7 月 12 日に，ギャランティがブルックリンのイタリア料理店で朝食を終えた直後に，3 人の覆面の男が中庭に侵入し，ショットガンで彼を射殺した．死んだギャランティの口には，彼のトレードマークであった太い葉巻がくわえられていた．

Gambino, Carlo (1902–76)《米》「カーロ・ギャンビーノウ」 The *Mafia の大ボス．⇨ BANANA WAR; GOTTI, JOHN

gambling 「かけ；ギャンブル」 (1)《米》米国では 1999 年に，37 州で宝くじが，45 州でビンゴが(一定の条件の下でなら)合法とされていた．それらも，カシノ (casino の発音は[カシーノウ]に近い)も許されていない州は 3 州しかない．97 年にはこういうギャンブル産業の収入が 509 億ドルに達したと見られている．米国のカシノはニュージャージー州のアトランタシティとネヴァダ州のラスヴェガスにあるものが有名だが，実は22州にカシノがあり，その多くは州法の及ばないアメリカインディアン保留地(the *Indian reservations)にある．2000年にはデトロイト市にもカシノができた．ラスヴェガス市のカシノは(収益ではアトランティックシティに及ばないが)最も華やかで，99年に新たに開設されたカシノつきの大ホテルだけで18もある．同市を訪れる年間3000万人以上の観光客がギャンブルに使う金は62億ドルにも達している(1998年)．◆米国の犯罪のうち，違法なギャンブルで逮捕される者の数は大きく減少しているし，近年，カシノができた場所に犯罪が多発するという事実は報告されていないが，目に見えない悲劇の温床になっていることは否定できまい．◆コンピュータを利用したギャンブルがすでに行なわれており，犯罪組織が *money laundering に利用しているものと思われる．取締りが困難だけに，今後大きな問題になるだろう．投資がマネーゲームの名のもとにギャンブル的な要素を強めていることも深刻な問題である．

(2)《英》英国，特にイングランドの大都会には，競馬から選挙までなんでも商売の種にするかけ屋(bookmakers)が非常に多い．一般市民のあいだに人気があるのは国営の宝くじ the National Lottery である．毎週 the Football League が組む試合の結果(例えば0対0の引き分けで終わるチーム名)を当てるサッカーくじは，the football pools または単に pools と呼ばれて人気があったが，1995年以降，国営宝くじのほうに人気が移った．ロンドンに住んでいる人ができるギャンブルは，サッカーくじ(試合の結果を当てる)，国営宝くじ(Scratchcards というインスタントくじを含む)，競馬，ドッグレース，fruits machines (果物のマークが3つ並ぶと大当たりになる，おなじみのスロットマシンで，ロンドンのレスター・スクエアの商店街などにたくさんある)，カシノ(主にルーレット)などである．

Gaming Board for Great Britain, the 《英》「グレートブリテンとばく行為管理局」 1968年に設立された(英国の内務省の管理下にある)独立官庁で，くじ，とばく，ゲーム機営業などを監督し，規制する．カシノ，宝くじ類の販売，とばく性を帯びたゲーム機の設置などは，規模の大小にかかわらず，犯罪防止の措置を講じて，この局の認可を得なければならない．⇨ GAMBLING (2)

garnishment 「債権(仮)差押え」 借金をめぐる裁判で，裁判所によって judgment creditor (判決債務者) と指定された者(借り手に対して返済義務を果たすよう強く要求できる貸し手) A が，かつて200ドルをBという judgment debtor (判決債務者 ＝ 借金を返すように命じられていながら，まだその義務を果たしていない借り手)に貸していたとする．Aは，Xという第三者(これを garnishee [第三債務者] と呼ぶ)が B に 200 ドル借りていることを知ったならば，(その借金を B に返す代わりに)200 ドルを自分(A)に払うよう要求できる．もし X がそれを払おうとしなければ，A は裁判所に頼んで，X の財産(銀行預金など)を差し押さえてもらう．あるいは X が B に借金を払うのを禁止してもらう(もし，X が B に 200 ドル返しても，いまや差押え権者となった A への義務を免れない)．通帳などの差押えは attachment と呼ばれる．要するに，第三債務者(X)とは，自分の直接の債務者(B)にではなくて，債務者の債務者(A)に返済義務を負う者ということになる．その X に，差し押さえるべき財産がない場合，月給などの収入から一定額(ふつう 25% まで)を A に返していくことになる．

gay marriage 「同性愛者どうしの結婚」 これは英米では認められないが，米国のヴァーモント州においてのみ同棲する同性愛者の *civil union (市民的結合)の権利が認められている．カナダでは 2000 年に 2 組の男性どうしのカップルの結婚が(おそらく世界でも)初めて認められた．同性愛者どうしの「事実上の結婚」を認めている国はデンマーク，ノルウェー，スウェーデンである．⇨ GAY RIGHTS MOVEMENT ; HOMOSEXUALITY

gay rights movement 「ゲイライツ運動」 同性愛者への差別をなくし，彼[彼女]らに異性愛者と同じ権利を認めよという運動．Gay Lib とも呼ばれる．1996 年に，米国の成人男性のうち 3.5%，成人女性のうち 2.1 % が，実際に肉体関係を持ったことのある同性愛者である．1992 年発表の調査では，英国の男性の 3.6% が過去に同性愛のパートナーを持った経験があるという．いずれも決して小さな数字とは言えない．米国の国立衛生研究所の Dean Hamer 博士らが 1990 年代に相次いで発表した研究の結果によれば，同性愛は染色体の異常と関係がある．その説はまだ学会で完全に認知されているわけではないが，昔のように，同性愛が，親の教育や，本人の生活規律の欠陥から生じた性的な変態であると決めつけるのは，おそらく誤りであろう．

[**運動の経緯**] 米国では 1950 年ごろ，共産党のオルグであった Harry Hay がロサンジェルスで the Mattachine Society という最初のゲイライツ組織を結成し，女性の同性愛者とも協力して同性愛者の権利運動を広めた．1969 年 6 月 28 日にはグレニッチヴィレッジの Christopher Street で，the Stonewall Inn というゲイバーの客たちが臨検に来た警官隊に 3 日間にわたって実力で抵抗し，その数日後に the Gay Liberation Front という強い組織が結成された．ゲイリブの組織は 1973 年には約 800 に，90 年には数千にまで増えた．1987 年には首都ワシントンで 60 万人の同性愛者の男女が，平等の権利を要求して行進した．ストーンウォル・イン

の事件を記念したゲイの行進は，全米各地はもとより，英国を含む欧州の多くの国で現在も続けられている．これらの運動の結果，1953 年のアイゼンハワー大統領の命令による連邦公務員からの同性愛者締め出しは 75 年に撤回され，クリントン大統領時代になってからは，軍人が単に同性愛傾向があるという理由だけで不名誉除隊になるおそれはなくなった．ユニテリアン，改革派ユダヤ教など宗教界の一部も同性愛者の受け入れを表明した．1998 年の *Time* / CNN の世論調査でも，同性愛を肯定できる人は 67%(1978 年には 41%)，断じて受け入れられぬと言う人は 33%(78 年には 59%)で，世論は明らかに動いている．しかし，米国南部の政治家の大多数，欧米のローマカトリック教会，原理主義 (*fundamentalism) のプロテスタント教会，Jerry Falwell の the Moral Majority (⇨ RELIGIOUS RIGHT) などは，道徳的な理由のほかに，(1981 年以来，実際に同性愛者のなかで発病することが多かった)エイズの蔓延(まんえん)は同性愛を放任しているせいだといった理由を加えて，あくまでゲイライツに反対している．ニューキャッスル市出身の英国の Basil Hume 枢機卿(1923–99)はかつて，同性愛者に対して「あなたがたは神さまにとって大事な人たちです．罪悪感を持ったり，神さまにとって不快な存在だなどという意識を持ったりしないでください」と言ったが，これはあくまでも例外．クリントン大統領は，軍内部の同性愛に寛大であり (⇨ DON'T ASK, DON'T TELL.)，ゲイであることを自認している大学教授を――上院の閉会中に，その承認を求めることなく――ルクセンブルグの大使に任命したが，1996 年 6 月には，同性愛者どうしの新規の結婚を許さないという法律に署名した．

[サンフランシスコでは] サンフランシスコは(第二次世界大戦中に同性愛者であるという理由で不名誉除隊になった元軍人たちがこの市に送還され，そのまま住み着いたこともあって)同性愛者に対して寛容な市である．マーケット・ストリートの西，特に Castro Street には同性愛者であることを(あるいは彼らを歓迎するという意思を)公然と示す rainbow flag という 6 色(赤，オレンジ，黄，緑，青，紫)の旗が個人の住宅やアパートの窓，店の前，そして通りの両側に掲げられている．1972 年にボーイフレンドといっしょにニューヨークから移り住み，77 年に市議会員に当選した Harvey Milk (⇨ HOMOSEXUALITY) は，この地でカストロ・ストリートの市長とあだ名された．同市では 89 年 7 月の条例で同性愛者どうしの結婚が認められてきたが，州の圧力で 2000 年以後にその政策が撤回される可能性がある．毎年 6 月の最終日曜日には the Gay Freedom Day Parade が盛大に行なわれ，見物人を含めると 25 万人もがマーケット・ストリートを埋める．

[コロラド州の黒星] コロラド州の州憲法第 2 補正(1992 年の住民投票

で，53% 対 47% で採用されたもの)は，少数民族などへの差別禁止を定めた条項のなかで，わざわざ「同性愛者を(差別撤廃措置の)対象から外す」と定めていた．連邦最高裁判所は 1996 年 5 月 20 日の判決で，法のもとでの平等を真っ向から否定したこの補正には animus (法律用語としては「意思; 意図」を意味するラテン語だが，ここでは「悪意; 憎しみ」の意だろう)があると言うほか説明がつかないとして，6 対 3 で違憲と断じた．相変わらず，保守派の William H. *Rehnquist, Clarence *Thomas, Antonin *Scalia の 3 裁判官が反対で，レンクィスト首席裁判官は「[州憲法の] 第 2 補正は性道徳のなし崩し的な退廃を防ぐ，格別合理的な手段である」と言い，スキャリア判事も同じ第 2 補正を「最も民主的な手続きに従っていた」と賞賛している．

Gein, Edward (1906–84)《米》「エドワード・ギーン」(米国人でも[ゲイン]と発音している人が多いだろう.) 20 世紀の米国で最も無気味な殺人の犯人．小説『サイコ』(1959)とその映画化から，小説『羊たちの沈黙』(1988)とその映画化 (1991) に至るまで 40 余りの作品の素材になり，2001 年 7 月にも米国ホラー映画 *Ed Gein* が米英で上映されて話題を呼んだ．◆エド・ギーンはウィスコンシン州の首都マディスン市から 128 キロ北にある Plainfield という小さな町の農民で，人柄が穏やかだという評判で，よく近所の人からベビーシッターとして雇われていた．しかし，彼は二重人格者であった．父親がアルコール依存症で死んだあと，母親——エドワードにも兄ヘンリーにも，生涯結婚してはならない，と命じるような狂信者めいたクリスチャン——から厳しく育てられた．いわゆるマザコンであり，母親が死に，翌年に兄ヘンリーも死んで孤独になったあと，墓から母親の死体を掘り出して自宅に持ち帰り，テーブルの前に座らせて，朝晩その死体に話しかけた．その後，近所に女性の死者が出ると，迷信を信じる頭の弱い老人を助手にして墓をあばき，まだなまなましい死体を持ち帰り，母親の〈話相手〉にすると同時に，その首を斬り，皮を剥ぎ，死体を壁際に逆さにつるし，内臓をフライにして食べ，頭蓋を壺にし，15 人くらいの乳首をバンドの飾りにし，鼻，耳，性器などをモビールにしてベッドのそばに飾った．母親の死体が腐ってくると，盗んだ死体の部分を使って補修をした．ギーンが女性の性器に強い興味を持ったのは，異常な性欲からというよりも，性転換の強い願望があったせいだと言われている．死体から剝いだ皮膚をシャツのように着たのも，同じ理由からだろう．彼は死体発掘だけでは満足できず，殺人も犯した．警察が殺人で立件したのは 2 件だけだが，警官が 1957 年 11 月 16 日にギーンの家に踏み込んだときには，ネズミが何人もの女性の死体をかじっていたという．殺された女性のひとりはプレインフィールドの金物屋の店主で，その息子は警務保安官であり，犯行の前日にギーンの挙動がおかしいと見たその息子の勘が捜査を成功させた．ギーンが逮捕されたとき，*Time* と *Life* の両誌は表紙に彼の写真を載せた．ギーンは裁判のあと精神異常と診断され，州立病院に 20 年間収容され，その後 the Mendota Mental Institute に移されて，77 歳で死んだ．⇨ INSANITY

General Council of the Bar of England and Wales, the 《英》「イングランドおよびウェールズ・バリスター団連合評議会」 ⇨ SENATE OF THE INNS OF COURT AND THE BAR

genetic fingerprinting 「遺伝子指紋採取」 DNA fingerprinting とも言う．細胞核染色体の基礎物質である *DNA は，個人ごとに特有の遺伝情報を持つので，それを従来の指紋の代わりとして犯罪証明に適用できる．ごく微量の血液，毛根，唾液(だえき)，精液などの細胞組織があれば十分なので，近年では犯罪捜査に多大の貢献をしている．

Genovese, Vito (1897–1969) 《米》「ヴィットー・ジェノヴィーズ」 マフィアのボス．⇨ COSTELLO, FRANK; GALANTE, CARMINE; LUCIANO, CHARLES "LUCKY"

geriatric parole 「高齢者の仮釈放」 終身刑で服役中の受刑者が一定年齢(ふつう 60 歳)に達すると許される仮釈放．⇨ PAROLE

Gideon v. Wainwright 《米》「ギデオン事件(判決)」 弁護士の協力を得るのは，あらゆる刑事被告人の基本的な権利であることを初めて認めた，1963 年の連邦最高裁判所の判決．1942 年の同裁判所判決(*Betts v. Brady*)が，第 14 補正第 1 節のデュープロセス条項(⇨ DUE PROCESS OF LAW)は州の刑事裁判に及ばないとしていたのを覆し，州裁判所は 経済的に恵まれない刑事被告人に対して州の公選弁護人 (*state-appointed attorney) をつけるべきだと要求した．連邦裁判所は 1938 年から公選弁護人制度を採用していたが，対象となる被告人は，死刑に相当する犯罪の被疑者，若年者，知的障害のある者，自己弁護の経験の乏しい者などに限られていた．第 6 補正で保障された被告人の権利は，このギデオン判決で初めて守られることになったのである．なお，ギデオンというのは，1961 年にフロリダ州パナマシティの玉突き場に侵入して，ワインを飲み，たばこの自動販売機からわずかな硬貨を盗んだ 50 歳の浮浪者 Clarence Earl Gideon のこと．彼はフロリダ州の郡巡回裁判所で，貧乏だから，州の費用で弁護人をつけてくれと頼んだが，裁判官は，「フロリダ州法では，死刑になる犯罪でなければそれはできない」と言って断った．◆被告人は公選弁護士を拒否して，自分で自己弁護をする権利もある．◆1979 年には，*Scott v. Illinois* 判決で William H. *Rehnquist 裁判官など多数は，弁護士の協力を得られぬまま罰金刑を受けた刑事被告人について，「禁固刑の可能性はあ

ったけれども，実際には収監されなかった被告人の場合，公選弁護人が選任されなくても，被告人の権利が侵されたことにはならない」という主旨の(実に奇妙な)判決を下した．こうなると裁判官は，裁判が始まる段階で，被告は刑務所送りか，それとも罰金ですませるかを，あらかじめ決めなければなるまい．⇨ LEGAL AID; 憲法第 6 補正の解説

Ginsburg, Ruth Bader (1933-)《米》「ルース・ベイダー・ギンズバーグ」 連邦最高裁判所裁判官(在任: 1993-). 旧姓は Bader. ニューヨークのブルックリンで生まれる．ユダヤ教徒である．1954 年にコーネル大学を出て，同大学の学友であった Martin D. Ginsburg と結婚．1958 年にハーヴァード大学ロースクールを卒業．ニューヨーク市，首都ワシントンなどで弁護士として活躍したあと，1967 年には連邦最高裁判所で働いたこともある．1959 年から 61 年まではニューヨークの連邦地裁判事，その後はコロンビア大学ロースクールやラトガーズ大学で学究生活に入り，72 年から 80 年までコロンビア大学ロースクールの教授．スウェーデン法の権威として学界で著名であった．そのあと，カーター大統領によってコロンビア特別区(the *District of Columbia)の控訴裁判所裁判官に任命され，93 年にクリントン大統領によって連邦最高裁判所の史上 2 人目の女性裁判官に任命された．リベラルと見なされており，特に女性に対する差別の撤廃に熱意を見せている．

Glass-Steagall Act of 1933, the 《米》「1933 年グラス・スティーガル法」 ⇨ BANKING ACT OF 1933

globalization 「(先進国主導による)世界経済の画一化」 例えば the International Money Fund (the IMF: 世界通貨基金)が発展途上国にローンを提供し，その国が債務返済不能に陥ると，(ローンの帳消しというアメをなめさせる代わりに)保健・福祉・教育予算を削らせ，政府による農業補助をやめさせ，自由貿易，自由競争を押しつけて労働者を窮地に追い込み，公定歩合を引き上げさせ，通貨価値を下げる．それによって外国からの投資を安全かつ容易にするあおりで，小企業や零細農業は壊滅的な打撃を受ける．G7 の首脳たちに言わせれば，グローバル化こそ，アジア，アフリカなどの貧困を解消する道であり，それを妨害する若者たちは暴力的なアナーキストと，彼らにだまされた連中だということになる．⇨ ANTI-GLOBALISTS

Good Friday Agreement, the 《英・北アイ・アイル》「聖金曜日の合意」 1998 年の Good Friday (復活祭の前の金曜日)であった 4 月 10 日に発表された北アイルランドにおける和平合意．和平交渉は 96 年 6 月から *Unionist および Loyalist (北アイルランドのプロテスタント，すなわち連合王国帰属賛成派)を代表する the Ulster Unionist Party (アルスター

統一党）と，Nationalists および Republicans（⇨ REPUBLICAN (3)）を代表する *Sinn Féin 党とを交渉の当事者として行なわれた．これには，ブレア首相をはじめとする連合王国代表，および Bertie Ahern 首相の率いるアイルランド共和国代表も加わり，米国の George Mitchell 元上院議員が議長をつとめた．合意は，それまでの 3600 人にのぼる紛争犠牲者の責任を互いに追究する前に，紛争当事者がただちに武力の使用を中止すべきこと，2000 年の 5 月までに the *IRA その他の疑似軍事組織が武装解除をすべきこと，政治犯を（その組織が休戦を守るならば）2, 3 年以内に釈放すべきこと，アイルランド共和国は北アイルランドの領有を国是としないこと，北アイルランドに議員 108 名の新議会を作ること，それらの議員のうち 12 名で行政府を作ること，北アイルランドは（もし住民の過半数が希望するならば）連合王国に帰属すること，連合王国とアイルランド共和国とは協議会を開いて今後の問題の解決に努めること，などを定めた．この合意は住民投票で賛否を問われ，アイルランド共和国では賛成が 94.3％ に達し，北アイルランドでも 71.1％ が賛成して成立した．北アイルランドの社会民主労働党の指導者 John Hume 庶民院議員と，アルスター統一党の指導者 David Trimble は，この和平交渉の努力を買われて 1998 年の Nobel 平和賞を授与された．この合意のあとも北アイルランドのテロは両派から執拗に続けられ，多数の死傷者が出たけれども，この協定によって，1999 年 12 月中旬までには両派のテロリスト（疑似軍事組織員）のほとんど全員がベルファスト市外の the Maze という刑務所から釈放された．◆2000 年 5 月 6 日，IRA は初めて，国際検証機関の監視のもとで武装解除に応じる意思を明らかにした．その他については NORTHERN IRELAND の項を参照．

good Samaritan doctrine 「よき隣人の法理」 交通事故で重傷を負った者など，非常事態の被害者に緊急の救急措置を施した人は，その場の状況に応じた適切な注意を払っていた限り，その結果が悪くても責任を問われない，あるいは責任を軽減されるという emergency doctrine（緊急事態の法理）のこと．

Gotti, John (1940–)《米》「ジョン・ゴッティ」 米国の the *Mafia のうち近年では最強の the Gambino ファミリーの実力者．あだ名は Teflon Don. 大ボスであった Carlo Gambino（⇨ BANANA WAR）の番頭役が Aniello Dellacroce で，ゴッティはデラクローチェの舎弟であった．1972 年にギャンビーノのおいがアイルランド系のギャングによって誘拐され，殺されたとき，（FBI が逮捕しそこねた）犯人の居場所を突き止めて殺し，7 年の刑を食らった．おかげでギャンビーノから認められて，マフィア内部での地位が高まった．兄貴分のデラクローチェがギャンビーノの後継者にふさわしいと思い込んでいたゴッティは，ギャンビーノのいとこだという理由だけでその後継者になった Paul *Castellano を憎んでおり，1985 年末にキャステラノを死に追い込んだ．ゴッティは非常に多くの殺人罪を犯しながらも重い刑を免れていたが，FBI はゴッティが殺人その他の罪について得意げに話す 100 時間以上のテープなど動かぬ証拠を入手したうえ，司法取引によって Sammy “the Bull” Gravano というゴッティの手下から，ゴッティの指示で 19 の殺人事件を犯したという証言も得て，*RICO 法に基づいてゴッティに終身刑を科することができた．⇨ BIG ONE

grand jury 《米》「大陪審」 容疑者を裁判にかけるかどうかを決めるのは，ふつう郡の大陪審の責任で，陪審員は 12 人ないし 23 人から成るが，6 人でもよい．この陪審員は 3 カ月くらいその任に当たり，*county court (1) (郡裁判所; 保安官事務所のあるところ) で容疑者を起訴するかどうかを審議する．有罪か無罪かを議論するわけではない．大陪審は容疑者を裁判にかけるに十分な証拠があると判断したら，検察官が起草した indictment (起訴状 ⇨ BILL OF INDICTMENT; COURT PROCEDURES (2)) を正式の書類として裁判所に提出する．これはまた，billa vera とか true bill とも呼ばれる．大陪審が証拠不十分と判断したならば，no true bill (不起訴決定状) を提出する．検察による略式起訴状 (*information) についても COURT PROCEDURES (2) の項を参照．◆大陪審は英国では 1166 年からあった古い制度だが，1948 年に廃止された．

Great Train Robbery, the 《英》「大列車強盗(事件)」 この事件の名称は新聞が 1903 年のサイレント映画のタイトルから借りたものらしい．1963 年 8 月 8 日の朝，バキンガムシャーの Cheddington の近くで，ロンドンからグラスゴーへ向かう Royal Mail Train (郵便列車) が武装した強盗団によって襲われた事件．犯人たちは 3 年間の周到な準備の末に，時刻表には載っていない現金輸送特別列車をにせの信号で止め，2 両目にあった約 260 万ポンド(2001 年の価値では，56 億円以上に相当)の現金入り郵便袋を掠奪して逃走した．英国では前代未聞の被害額であった．機関士は(後記の Biggs によって)斧(おの)の柄で強打されて重傷を負った．12 人のメンバーはのちに逮捕され，全員で計 307 年の禁固刑を受けた．しかし，盗まれた金のほとんどは回収されておらず，おまけに，Ronald “Ronnie” Biggs (通称 the Great Train Robber, 当時 33 歳) という犯人は，刑期を終えようとする受刑者たちを買収し，1965 年に縄ばしごを使って脱獄し，パリに逃亡して整形手術を受け，家族と共にオーストラリアに身を隠した．さらに，the *Metropolitan Police Service (首都警察) によって発見される寸前に，ブラジルのリオ市に逃亡した．1993 年にいったん英国の刑事によって発見されたが，ブラジル政府は最初，連合王国とのあいだに犯人引き渡し条約(an extradition treaty)(⇨ EXTRADITION)がないという理由で，また，のちには，ビッグズにはブラジル人女性とのあいだにできた男子の養育義務がある，という法律を盾に，イングランドへの送還を許可せず，日中は自由に行動させていた．1997年に，ブラジルの最高裁判所は，*statute of limitations (出訴期限法) に反するという理由で，送還を拒否した．◆ビッグズは脱獄後の1970年代に，the Sex Pistols によるパンクロックへの参加，やはり the Sex Pistols が中心になった英国映画 *The Great Rock'n Roll Swindle* (1980) への参加などでもてはやされたが，ブラジル生活が長くなってから生活が苦しくなり，*Odd Man Out* ほか1冊の回想記の印税と，観光客目当ての自宅でのバーベキュー店の売り上げ，女性用の下着販売などを主な収入源にしていた．1999年9月から2度脳出血を起こし，言語が不自由になったのと，英国のタブロイド *The Sun* 紙から好条件を示されたせいもあって，2001年5月に在ブラジル英国公使からビザをとり，サン紙が用意した小型ジェット機で帰国した．彼はミドルセックスの Northolt 空軍基地に着陸と同時に首都警察によって逮捕されて，ロンドン南西部の Belmarsh 刑務所に収容されたが，収監される前にロンドン西部の Chiswick の *magistrates' court に出頭し，ほとんど話ができないので *solicitor を通じて，the *Court of Appeal (控訴院) での再審を請求するつもりだと告げた．ブリッグズは，脱獄罪を別として，列車強盗罪だけでも2028年まで収監されるはずだが，病気で *pardon (恩赦) に預かる可能性がなくもない．

Green Berets 《米》「グリーンベレー」 The U.S. Army's Special Forces (米国陸軍特殊部隊) のニックネーム．緑色のベレー帽から．1957年(朝日新聞によれば1952年)に創設．陸軍の他の特殊部隊と同様に，ノースカロライナ州 Fort Bragg (州中南部の Fayetteville 市の北西) に訓練施設がある．ヴェトナム戦争のとき，南ヴェトナム軍の軍事顧問兼反諜報活動部隊としてインドシナ半島に派遣され，勇名を馳せたが，その後も中央アメリカなど世界各地で，軍事面だけでなく，医療，衛生，言語教育(隊員は複数の外国語を習得している)など，広い分野で活動している．2001年の対テロ戦争においては，第5特殊部隊員としてアフガニスタンに出動し，特に心理作戦に従事したが，うち3名の下士官が米軍の(衛星で軌道を決める)大型スマート爆弾の犠牲になって戦死した．◆(特殊部隊を編成する)連合王国の海兵隊も "Green Berets" というニックネームで呼ばれることがある．⇨ SPECIAL FORCES

Greenspan, Alan 《米》「アラン・グリーンスパン」 連邦準備制度理事会(FRB)議長 ⇨ FEDERAL RESERVE SYSTEM

Gregg v. Georgia 《米》「(1976年の)グレッグ事件判決」 ⇨ FURMAN V.

GEORGIA

Gretna Green rail disaster, the 《スコ》「グレトナグリーン鉄道事故」 The Quintinshill disaster とも呼ばれる. 1915 年 5 月 22 日に起きた英国史上最大の鉄道事故で, 227 人の死亡者が出た. ロイヤルスコッツ連隊の軍人を乗せた軍用列車が, (イングランドとの境のすぐ北にある)スコットランド南部の村 Gretna Green 近くの Quintinshill で停車中の列車と衝突. そこへ別の急行列車が突っ込み, 火事が発生したうえ, さらに別の列車まで巻き添えにした. 2 人の信号係と 1 人の機関助士が過失致死罪の判決を受けた. ◆グレトナグリーン村は, 「駈け落ち結婚」 (Gretna Green marriage) で有名であった. スコットランドのほうがイングランドよりも法的に結婚が容易であって, 立会人以外は特別な証人も手続きも不要であったので, 親に認められないイングランドのカップルは, この村のある有名な鍛冶屋に駆け込んで結婚した. しかし, 18 世紀から続いていたこの風習も 1940 年には違法となった.

Guildford Four, the 《英》「ギルドフォードの 4 人」 1974 年に(ロンドンのベッドタウンである) Guildford および Woolwich (ウリッジ)のパブに爆弾を投げた, the *IRA のメンバーだとして逮捕され, 有罪を宣告されたアイルランド人 4 人. その後, 警察官が容疑者を有罪にするために調書を改ざんし, 検察官も彼らのアリバイを証明する事実を隠していたことが発覚し, 4 人は 15 年の牢獄生活のあと 1989 年 10 月にようやく釈放された. ⇨ BIRMINGHAM SIX; BLAKE CASE; BRIDGEWATER THREE; CHICAGO SEVEN; LAWRENCE CASE; TOTTENHAM THREE

guilty 「有罪の; 刑法違反を自ら認めた; (裁判の結果)刑法違反だと疑いの余地なく証拠だてられた」 not guilty が必ずしも潔白を意味しないことについては INNOCENT の項を参照.

Guinness Four, the 《英》「ギネス事件の 4 人」 詐欺(株価操作)犯人. ⇨ HUMAN RIGHTS ACT 1998

gun control 「銃の規制」 (1) 《米》 [**米国の一般市民にピストル所持の権利があるのか**] 憲法第 2 補正が「よく統制された国民義勇軍(ミリシア)は自由な国の安全保障にとって必要であるから, 国民が武器を所蔵し, かつ携帯する権利は, これを侵害してはならない」と規定しているのは, 連邦議会が州に対して(現在は国民防衛軍である) the Militia (ミリシア) (⇨ NATIONAL GUARD) に必要なライフルなどの武器の所有・携帯を禁じてはならない, という定めであり, 州, 郡, 都市などの自治体が武器規制をすることを妨げるものではない. 現在の連邦最高裁判所の多数意見では, そういう規制は第一義的には州の権限 (*police power) であるが, 連邦議会もミリシアと関係のない武器の規制をすることができる. 例えば, 未成年に短銃を譲渡するのは連邦法違反で，禁固 10 年以下の重罪である．◆John *Ashcroft 司法長官などの第 2 補正の解釈については，第 2 補正の解説を参照.

[困難なライフルと猟銃の規制] クリントン前大統領は銃の規制に積極的であったが，狩猟愛好家，銃の製造会社，the *National Rifle Association of America (the NRA: 全米ライフル協会) などの支持と圧力とを受けている共和党議員や南部民主党議員などの反対で，the *Brady Act を超える本格的な銃規制は常に妨害を受けていた．特に国民がすでに持っているライフルと猟銃の規制は，当時もいまも事実上不可能である．現在，米国人が所有している銃の数は猟銃を含めて 2 億 5000 万丁以上で，うち民間人が持つ短銃 (handguns) は 6000 万丁くらい．近年の短銃による殺人の犠牲者は毎年 9300 人ないし 1 万 4000 人にもなっていた(1993 年は特に多くて，1 万 8334 人であった)．銃による自殺は銃による他殺よりも多い．1997 年の銃による死者は事故と自殺を含めて 3 万 2436 人．19 歳未満は 4223 人で，そのうち 2562 人は殺人，1262 人は自殺，残りは暴発などの事故の犠牲者であった．それらの数は 98 年以後漸減の傾向にある.

[銃製造業者に対する裁判] 銃による殺人の犠牲者や銃撃の被害者が，銃製造業者の無責任な販売 (negligent marketing ⇨ NEGLIGENT) の責任を問う裁判が 1998 年から米国各地で起こっており，すでに原告勝利の判決が下ったケースもある．全米ライフル協会の影響力の強いアリゾナ，オクラホマなど 8 つの州では，99 年の春に，都市自治体が銃製造業者を相手どって訴訟を起こすことを禁じる州法を制定した.

[銃の買い上げ] 近年，米国の自治体の一部では，自宅にある銃を持ってきた者には，現金，食品券(例えばアトランタ市)，玩具引換券(例えばニューヨーク市)などを与えるという方法で，回収運動を行なっている．首都ワシントンでは，短銃 1 丁に対して現金 100 ドルを払い，その場合は，1976 年以来厳禁されている銃所持の違法性を問わないと発表したところ，わずか 2 日間で 2306 丁を回収することができた．その多くは Saturday night special (これは 1929 年から使われている語で，安物の小型ピストルのこと)であったが，Tech-9 や，ライフル，ショットガン，あるいは骨董的な価値のあるウィンチェスター Model 12 なども含まれていた．◆2000 年 4 月には連邦政府が銃買い上げ運動を始めた.

[銃販売に対する規制] 連邦上院は 1999 年 5 月 20 日に，51 対 50 の僅差で銃規制を強化する the Juvenile-crime Bill (青少年犯罪法) を可決した．銃の展示会や質屋で銃を購入する者の調査を義務づけたもの．全米ライフル協会によって圧力をかけられた共和党員は反対に回って，賛否が

50 対 50 となり，ゴア副大統領が決定票を投じた．カリフォルニア州は 1999 年 8 月に，ロサンジェルスの街であまりにも多く使われているサタデー・ナイト・スペシャルなど，安全装置のない銃を，州が所有する，または貸与する土地で売ってはならない，という法律を制定した．州の農業まつり (state fair) での gun show で安い銃を売る道をふさいだものだが，この程度の対策でも全米初の大胆な試みだと評価された．コロラド，オレゴン両州では，2000 年 11 月 7 日の州民投票で，ガンショーで銃を購入しようとする人の犯歴調査 (background checks) を義務づけるという州の提案に対して，いずれの州民も 70% が賛成し，州法に組み入れられた．

[また一歩進めたカリフォルニア] カリフォルニア州知事は 2001 年 10 月 14 日に銃購入規制の新法に署名した．それによれば，銃購入を希望する者は身分証明書を提出し，銃の売り手はその有効性を確かめなければならない．また，銃購入者は警察によって指紋を採取されるし，銃を安全に扱えることを示さなければならない．

[銃製造業者の対応] かつて「西部を勝ち取った銃 (the gun that won the West)」と呼ばれた 6 連発回転式短銃の製造で有名な Colt's Manufacturing Co. は，銃産業に対する 28 の都市および郡の訴訟にたじろいで，一般向けのハンドガンの製造販売を停止すると 1999 年 10 月に発表した．軍用および警察官用のハンドガンは製造を続行する．また，有名な 45 口径のオートマチックや，the Model P (Samuel Colt の 6 連発レボルバーを模したもの) は相変わらず市販される．◆連邦政府は 2000 年 3 月に Smith & Wesson Co. に対する訴訟を取り下げる代りに，3 年以内に smart gun (最初は外装の，次の段階では内装の安全装置つきの短銃) を売ること，および，背景調査なしではガンショーで短銃を売らぬことを約束させ，連邦はスミス & ウェッソンの短銃のみを使用すると発表．これに対して他の 7 つの銃製造業者が 4 月，住宅都市開発省とスマートガンしか買わぬ 16 都市を相手にアトランタ市の連邦地裁に訴訟を起こした．不当取引の陰謀だというのである．◆2001 年に発足したブッシュ II 政権では，大統領，司法長官以下，銃規制に反対の閣僚がずらっと並んでおり，逆コースを歩む可能性が大きい．⇨ GUN INDUSTRY; 憲法第 1 条第 8 節 3 項の解説

[親の責任] 未成年の銃犯罪はたいがい親にも責任がある．フロリダ州では親の不注意で未成年が銃を持ち出し，他人を死傷させると，その親は刑事罰を受ける．詳しくは CHILD ACCESS PREVENTION LAWS の項を参照．⇨ PARENTAL RESPONSIBILITY

[国際的な挑戦] 国連は 2001 年 7 月に，密輸される小型銃器の規制に

関する初の国際会議を開いたが，その基調演説で，米国の代表である(ブッシュII政権の)国務省のJohn R. Bolden次官は，「米国は，もし米国人が武器を携行する権利を奪われるのであれば，不法な小型銃器の国際的な密貿易を規制する案に反対する」と，全米ライフル協会そっくりの基本政策を示した．*The New York Times* (7-12-2001)は，「外交問題を，国内勢力への政治的な迎合に従属させた恥知らずな姿勢」だと酷評していた．いま，急襲用ライフル，機関銃，擲弾(てきだん)筒を含む小型銃器(⇨ SMALL ARMS AND LIGHT WEAPONS)は，合法的なものだけでも，世界中で5億以上あると推定され，その40～60%が密輸され，多くがアフリカ，中東，アジアなどの紛争地域で使われている．米国，ロシア，中国，インドは，最大の武器輸出国としての道義的責任にいつまで頰被りするつもりだろうか．

(2)《英》連合王国政府はthe *Dunblane massacreのあと，22口径以上の銃を民間人が所有することを全面的に禁止した．

Gun-Free School Zones Act of 1990, the 《米》「学区内銃規制法」1995年に違憲とされた連邦法．⇨ 憲法第1条第8節3項の解説

gun industry 《米》「銃製造販売業」 かつてのたばこ大産業(⇨ SMOKING)と同様に，Colt's Manufacturing Co., Smith & Wesson Co.などの銃メーカーも，一般市民による訴訟において死亡や傷害の責任を問われたことはなかった．しかし，1999年2月にブルックリンの連邦地裁は，銃犯罪の犠牲者の遺族7名が責任を追及した25社の銃メーカーのうち15社の販売方法が無責任(*negligent)であったとし，1件については，重傷を負った少年とその母親に50万ドルの賠償金を支払うよう命じた．これは原告団にとって小さな勝利でしかなかったが，その時点ですでに銃メーカーを訴えている他の5都市の裁判に影響を及ぼす可能性がある．もしもこの種の販売責任が他の諸裁判で認められたならば，メーカー側も従来の販売方法を改めざるを得なくなるだろう．実際，銃のメーカー，輸入業者，小売業者は，ここ20年のあいだ，six-shootersと呼ばれる6連発銃，それに代わって流行し始めた(というより，させ始めた)高性能の9ミリ半自動拳銃(16連発で，数秒後にはさらに16発を発射できる)，軍隊用のものに似ているColt A-15や中国製AK-47のような半自動急襲用ライフル，手のひらに入るサイズのpocket rocketsというミニピストル，軍用や警察用の狙撃用ライフル(50口径の巨大なものを含む)を売りまくってきた．9ミリピストルよりも殺傷力の強い狙撃銃や，40口径の.40S & Wなどは，犯罪者に強力な凶器を与える結果になっている．◆生産量から見れば，1986年までに回転式連発銃よりも高性能のピストルのほうが上回るようになり，それは青少年犯罪の増加と比例している．上記のポ

ケットロケットが普及すると，少年犯罪はますます深刻化するおそれがある．1999 年 4 月の the *Littleton massacre で使われた 4 丁の銃のうち 2 丁は銃身を短くした猟銃，1 丁は High Point 9 mm carbine，さらに 1 丁は TEC-DC9（これは an Intratec fingerprint-resistant, high-volume semiautomatic weapon のこと）という銃であった．米国の連邦政府は銃の購入の際に背景調査（購入者の身辺調査を含む）をするという銃規制法を持ってはいても，実質的に銃を規制する政府機関を持っていない．TEC-DC9 のような高性能の銃が，例えば規制の甘いジョージア州の gun show で犯罪者や未成年者に売られ，規制の強いニューヨーク州に持ち込まれることを防ぐ手だては（共和党主導の上院の過半数がガンショーでの背景調査に否定的なこともあって）ほとんどない．前述のような裁判だけが，銃メーカーによる無責任な販売方法を防止できるのかもしれない．

［銃の生産量］ 米国の銃メーカーの生産量は 1993 年に 520 万丁であったが，1997 年には 360 万丁に減っている．しかし，米国でも英国でもスミス・ウェッソン社（1987 年に英国のコングロマリット Tomkins 社によって買収された）の 44 口径マグナムは売れ行きを伸ばし，99 年に 1.6 億ドルを稼いだという．銃メーカーの総売上高は年間 14 億ドル程度で，たばこ産業とは比較にならぬほど少ないが，国際的なテロリストにも大量に密売されていることもあって，製品の危険度はたばこよりも格段に大きい．

［スマートガン］ 大手のコルト社は，無電信号を使う（したがって特定の人だけが使用できる）*smart gun を従来の警察用に加えて民間人用にも開発している．クリントン大統領は 2000 年 1 月にボストンで，（共和党の反対で推進を妨げられている）銃対策として 2.8 億ドルの 2001 年予算を要求し，その一部をスマートガンの技術開発のために使用すると公約した．スマートガンはハイテクを利用した "personalized" gun を意味する．使用前に持ち主の PIN コード（暗証番号）を入れないと発射できない短銃など，さまざまな試作品が作られているが，まだ普及していない．しかし，2000 年には，メリーランド州をはじめとしてスマートガン以外の販売を禁じる州が増えている．⇨ GUN CONTROL (1)

H

habeas corpus 「人身保護令状」 原語は “you [should] have the body” を意味するラテン語で，英語式の発音は[ヘイビアス・コーパス]に近い．身柄提出令状の一種．受刑者を他の事件の証人として出頭させるよう刑務所長に命じる habeas corpus ad testificandum (ad 以下は to testify の意) など各種の身柄提出令状がある．一般に最もよく知られている「人身保護令状」は，(昔は国王が，現在は裁判所が)容疑者 A を不当に拘束していると疑われる者 B (多くの場合は警察を管理する自治体の長)に対して，A を逮捕した理由の説明を求め，かつ A を裁判所に出頭させるよう命令する文書のこと．正式には the writ of habeas corpus ad subjiciendum (ad 以下は「出頭させる」の意) で，the great writ of liberty (偉大なる自由の令状) とも呼ばれる．裁判所は A の逮捕や拘束に正当な理由がないと判断したときには，直ちに A の拘束を解き，B が A を同じ罪状で拘束することを禁じる．A がすでに服役中であっても，裁判所への陳情によって令状を発行してもらうことは可能である．A が官憲によって国外に連れ去られる，あるいは無理やり精神病院に収容される，(A が子供で)親権や監護権を持たぬ者によって連れ去られるというような場合には，代理人の請求で人身保護令状が発行されることがある．

《英》人身保護令状は，英国では昔からあった救済方法だが，the Habeas Corpus Act (人身保護令状法) として法制化したのは 1640 年以降．特に 1679 年の人身保護令状法はイングランド人の海外での監禁を許さないなど，国民の自由を守るうえで重要な働きをしてきた．イングランドで人身保護令状を発行するのは the Queen’s Bench Divisional Court (高等法院の女王座部裁判所．⇨ High Court of Justice) の役割である．

《米》合衆国憲法第 1 条第 9 節 2 項は，(反乱や侵略の場合を除いて)人身保護令状を要請する国民の権利を停止してはならない，としている．多くの州の憲法にも同様の規定がある． ◆米国では，州の権力 (*police power) が容疑者や受刑者に *due process of law (適正な法の適用) を怠ったと疑われるときには，連邦裁判所が人身保護令状 (federal habeas corpus) を発行することができる．ただし，連邦裁判所は一種の礼譲 (*comity) として，できるだけその令状を発行しないですむよう，当事者が州の救済手段を最大限に利用することを求める (⇨ EXHAUSTION OF REMEDIES). 1990 年代以後, 連邦最高裁判所も, 連邦議会も, 連邦裁判所による人身保護令状が乱発されぬよう歯止めをかけており, その制限は憲法違反とは見なされていない. ⇨ ANTITERRORISM AND EFFECTIVE DEATH PENALTY ACT OF 1966; COLLATERAL ATTACK; MARTIAL LAW

Hague, William 《英》「ウィリアム・ヘイグ」 英国保守党の前党首. ⇨ CONSERVATIVE PARTY

Hanratty, James 《英》「ジェイムズ・ハンラティ」 英国の殺人事件の容疑者. ⇨ A6 MURDER

Hansard 《英》「国会議事録」 The Stationery Office (政府出版局) から毎日刊行される the *House of Commons (庶民院) と the *House of Lords (貴族院) の議事録のこと. 無冠詞で使う. ロンドンの印刷業者 Luke Hansard (1752–1828) は, 1774 年から非公式な議事録を発行し, 長男 Thomas Hansard が引き続き *Hansard's Parliamentary Debate* を刊行した. これにちなんで国会議事録を Hansard と呼ぶようになった.

Hanssen, Robert Philip 《米》「ロバート・フィリップ・ハンセン」 米国の機密情報をソ連に売った FBI の職員. ⇨ ESPIONAGE

harassment 「継続的ないやがらせ; ハラスメント」 暴力を行使すると(何度も)脅すことによって人の恐怖心をあおる言動. 英国では the Protection from Harassment Act 1997 (1997 年迷惑行為防止法) によって, 起訴できる犯罪とされている. 相手が怖がることを承知で, 暴力を振るうという恐怖を 2 回以上与えると罪になる. 借金の取り立て, アパートからの追い出しなどの例が多いが, 警察官による被疑者へのいじめや, 公訴官の悪意による根拠のない訴追も含まれる. いわゆるセクハラについては SEXUAL HARASSMENT の項を参照.

Harrods Bomb, the 《英》「ハロッズ爆破事件」 1984 年 12 月 17 日の the *IRA による爆破事件. ハロッズの外にあった車に爆発物が仕掛けられたもの. ちょうどクリスマス・ショッピングでにぎわう時期で, 警官 2 人, 市民 3 人が死亡, 100 人近くが負傷した. ハロッズはロンドンの中心部 (Knightsbridge) にある欧州でも最大級のデパートのひとつで, かつては王室御用達店ということもあって, 特に富裕な人たちが利用していた.

hate crime 「ヘイトクライム; 憎悪犯罪」 他民族, 他宗教, 他宗派, 同性愛者, 妊娠中絶医などへの憎しみや差別意識に基づく犯罪.

(1) 《米》 クリントン大統領は 1998 年以来, この犯罪を連邦が取り締まれるような法律の制定を議会に呼びかけていた. 1999 年 1 月現在, 米国の 40 州ではすでに「反ヘイトクライム法」が制定されている.

[数え切れぬほどの例] 1997 年 7 月に，ヴァージニア州南部の小さな市で 2 人の中年の白人 Emmett Cressell, Jr.（犯行時 36 歳）と Louis Ceparano とが，飲み仲間の Garnett “G. P.” Johnson（40 歳）という黒人男性をトレーラーで引きずり回し，あげくのはてにガソリンをかけて焼き殺し，その首をはねるという事件があった．犯人は犯行を否定したが，人種差別に基づく犯罪だと見られている．クレッセルは 1999 年 1 月に第 1 級謀殺（⇨ CAPITAL MURDER）で仮釈放なしの終身刑プラス罰金 10 万ドルという判決を受けた（ただし，60 歳になれば *geriatric parole [高齢仮釈放] を受ける可能性はある）．セパラノも司法取引（⇨ COURT PROCEDURE (7)）で死刑を免れたらしい．◆1998 年 7 月には白人優位主義を主張する 3 人の白人が，テキサス州の町 Jasper で，49 歳の黒人男性 James Byrd, Jr. の両足をピックアップトラックのうしろにくさりでつなぎ，悪路を 5 キロ走って，バードの首と手足を引きちぎるという無残な殺人事件を起こした．犯人のうちのひとりは死刑の判決を受けた．黒人を殺した白人が死刑判決を受けるのはテキサス州では 20 世紀で最初であった．◆1998 年の秋には，ワイオミング州ララミー市で，ゲイであった 21 歳の学生 Matthew Shepherd が，あるキリスト教集団に属する 2 人の若者によって銃で殴打され，フェンスに縛りつけられたまま氷点に近い寒さのなかに放置されて死亡した．彼の葬式にはカンザス州から同性愛反対のグループがやってきてデモを行なった．◆1999 年 8 月 10 日に，ロサンジェルス市北端でユダヤ人コミュニティー・センターが開催していたサマーキャンプのロビーに，Uzi 軽機関銃で 70 発以上を発射し，3 人の子供とティーンエージャーであるカウンセラーと，受付係の婦人とを負傷させたあと，近くを通りかかった郵便配達員（フィリピン系の米国人）がヒスパニックかアジア人に見えるというだけの理由で Glock 9 mm 銃で惨殺した犯人 Buford O. Furrow（37 歳）は，かつてネオナチ・グループ Aryan Nations や，ユダヤ人を下等な人種と見る Christian Identity のメンバーであった．ほかの州でも複数の殺人を犯しているらしい．郵便配達員を襲うことは重大な連邦法違反であるし，カリフォルニアの法律ではヘイトクライムの罰が厳しいので，ファローはカリフォルニアの事件だけでも，連邦と州の裁判所から死刑判決を受ける可能性がある．◆かつてロサンジェルス警察の黒人に対する暴行が全国からの非難を浴びたが，1999 年にはニューヨーク市警の多数の警察官による黒人や移民に対する不法な暴力の一部が明らかにされ，警察官の再教育の必要性が要求されている．（例えば，ニューヨーク市のある警察署のトイレで，Abner Louima という者が，警察官によって肛門からほうきの柄を突っ込まれるという暴行を受け，裁判になったが，2001 年 7 月には示談で，ルイマに市が 710 万ドル，警察官の互助組

合が 160 万ドルを支払うことになった.) 2001 年にはオハイオ州シンシナティ市で警察官が無防備の黒人を射殺し，何十年来同市で続いていた警察の人種差別に対する抗議運動が起こった. ◆同年 9 月 11 日の同時多発テロ (⇨ WORLD TRADE CENTER, THE TERRORIST ATTACKS ON THE) のあと，全米各地でイスラム教徒の住宅や店が襲われ，10 日間以内だけでも 3 人 (うちひとりはインドのシーク教徒) が殺された. ⇨ LITTLETON MASSACRE

(2) 《英》英国では，内務省が 1999 年 2 月に，悪名高いロレンス事件 (⇨ LAWRENCE CASE) に関する調査報告を受け，人種差別に基づくヘイトクライムを取り締まる法律 (1968 and 1976 Race Relations Acts) の改正を議会に要請することにした. ◆1999 年の 4 月 17 日，24 日，30 日の夕方，ロンドン南方の Brixton という黒人が多く住んでいる地域，ロンドン東方の Brick Lane というバングラデッシュ人が多く住む地域，および Soho 地区の(同性愛者がよく集まる)パブで強力なくぎ爆弾が炸裂して，2 人が死亡し，計 119 人が重軽傷を負った(うちひとりはのちに死亡). 前の 2 つは Combat 18 (⇨ HATE GROUPS (2)) というネオ・ナチグループが，あとのひとつはその分派と見られる White Wolves (⇨ HATE GROUPS (2)) が，自分たちの犯行だと公言している. ⇨ INSTITUTIONALISED RACISM; PAKI BASHING

hate groups 「憎悪集団」 自己優越性と排他性とが異常に強く，*hate crime や *terrorism を犯す可能性の高い組織. 人種差別グループが多い.

(1) 《米》1999 年 2 月に the Southern Poverty Law Center (南部貧困者援助法律センター) が発表したところによれば，判明している限りで全米に(1 年前より 64 増加して) 537 グループあり，うち 163 が the *Ku Klux Klan (KKK) で，151 がネオナチ，48 が *skinhead であった. 彼らは最近，しきりにインターネットで，一般市民が受け入れやすい言葉で書いた hate message を流し，漫画，ゲーム，ロックミュージックなども利用して，若者の参加を呼びかけている. ウェストヴァージニア州ヒルズボローに住む Dr. William L. Pierce という人物は，もと the American Nazi Party の幹部で，現在は極右のなかで最も恐るべき組織と言われる the National Alliance の首領であり，自分の *hate site から，多文化主義が米国を滅ぼしかけており，ユダヤ人社会が米国の政財界を牛耳っている，というメッセージを送っている. もと KKK の最高幹部のひとりであった Don Black はフロリダ州パームビーチにウェブサイトを置いて，やはり多文化主義が国を滅ぼすと訴えている. ◆2000 年 1 月現在で，全米にはこういう hate site ないし extremist Web site が約 500 あり，最近では連合王国，ドイツ，フランスなどの極右とも国際的な連携を図っているらしい.

(2)《英》連合王国では極右政党の the British National Party (the BNP: 英国国民党) と 1966 年に結成された the National Front (the NF: 国民戦線) が 70 年代に暗躍し，いまもスキンヘッドの若い男たちがネオナチを標榜して，多くの都市で軍隊気取りのデモ行進をしている. 1979 年にはこの BNP が，地方選挙で複数の当選者を出し，話題になった. ◆いま最も恐れられているのは BNP のメンバーが作った(NF のことを軟弱だと批判している)ネオナチ・グループ Combat 18 で，彼らの標的は少数民族だけでなく，同性愛者やアイルランドのカトリック教徒などにまで及び，北アイルランドの Loyalists (後述) を軍事的に支援しているだけでなく，英国の軍隊にも侵入している. 1999 年 3 月には，政府のスパイ取締り組織 *MI5 が軍の花形部隊であるパラシュート連隊などを捜査し，15 名のメンバーを逮捕した. コンバット 18 のスローガンは "White Revolution, the Only Solution." (白人による革命こそ唯一の解決法) である. 18 というのは，アルファベットの 1 番目 (A) と 8 番目 (H) を，すなわち AH (= Adolph Hitler) を暗示している. その首謀者 Charlie Sargent は元の仲間を殺した罪で終身刑を受け，服役中である. ◆活動家約 10 人から成ると思われる White Wolves は，コンバット 18 の分派らしい.「白いオオカミ」というのは，コソボで破壊活動をしているセルビア人テロ集団の名前を借りたもの. 1999 年 4 月には連合王国庶民院の Oona King 議員(黒人女性で労働党)に，99 年 12 月 31 日を期して，英国にとどまる非白人とユダヤ人を皆殺しにするという脅迫状を送りつけた. ◆そのほかに，the British National Socialist Movement (= the British Movement. 活動家約 60 人で，コンバット 18 と同じく軍人の参加を働きかけている)，英国の the National Democratic Party や the International Third Position なども極右と見なされている. 英国における KKK の勢力拡大も見逃せない. ⇨ Blood and Honour

(3)《北アイ》北アイルランドの the *IRA とその分派，および，それに敵対する(連合王国に忠誠を誓うプロテスタントの) Loyalists (ロイヤリスト; 英国帰属派) の一部であるテロ集団も，目的のためには手段を選ばないヘイトクライムをまだ完全にやめたとは言えない.

hate site 「ヘイトサイト」 *hate groups が管理するインターネットのサイト.

Hearst, Patricia (1955-)《米》= Patty Hearst Shaw「パトリシア・ハースト」 米国の誘拐事件の被害者. カリフォルニア大学バークリー校で美術を学んでいた 1974 年の 2 月 5 日に，バークリー市のアパートから，the Symbionese Liberation Army (the SLA: シンビオニーズ解放軍) という小さなテロリスト集団のメンバー(黒人 2 名と白人女性 1 名)によって誘拐された．最初は，富豪として知られる父親 Randolph Hearst がサンフランシスコのベイエリアに住む貧しい人々のために 400 万ドル相当の食糧を提供する約束をするなら，パトリシアを釈放するという話であった．しかし，両親のもとにはパトリシアの声で，「抑圧された人民の自由のために，このまま残って戦う」という録音メッセージが送られた．実際，Tania という新しい名を名乗った彼女は，4 月 15 日に SLA のメンバーに加わり，ライフルを構えてサンフランシスコの銀行を襲った．5 月 17 日，警察はロサンジェルス市ワッツ地区にある SLA のアジトをライフルと催涙弾で襲ったが，火災が発生し，そこにいた SLA の主要メンバー 6 人が焼死または射殺された．パトリシアはそこでは見つからず，75 年 9 月 18 日にサンフランシスコの別の隠れ家に，Wendy Yoshimura という男といっしょにいるところを発見されて逮捕され，銀行強盗などの容疑で起訴された．彼女はすべて SLA に強要されてしたことだし，メンバーのうち 2 人との肉体関係を強要されたなど，恐怖の体験を語って無罪を主張したが，余りにもしばしば黙秘権を行使したので，陪審の印象が悪かったせいか，76 年 3 月 20 日には銀行襲撃で有罪の評決を受けた．判決は 7 年の刑であった．11 月 19 日には，150 万ドルの保釈金で半年間だけ仮釈放 (*parole) された．その後も含めて，実際に刑務所にいたのは 28 カ月だけだが，1979 年 2 月 1 日にカーター大統領の恩赦 (*pardon) によってようやく自由の身になった．◆彼女はのちに結婚して，コネティカット州でブルジョワ的なぜいたくを楽しんでいたらしい．2000 年 1 月には同州の裁判所で，SLA の元メンバー――1974 年 5 月の警察による襲撃事件(上述)の報復として，75 年 8 月 21 日にロサンジェルスで警官の乗った 2 台のパトカーをパイプ爆弾で爆破しようとして失敗し，76 年に起訴されたがミネソタ州に逃亡していた Sara Jane Olson という女性(2001 年末で 54 歳)――の検察側証人として出頭するよう要請されたという．オルソンはミネソタで医師である夫および娘と一見平和に暮らしていたが，99 年に逮捕された．2001 年 10 月 31 日に司法取引の結果，"I'm pleading guilty to something to which I'm not guilty." (身に覚えのないことについて有罪であることを認めます) という妙な言い方で有罪を認めたものの，11 月 14 日に前言を撤回したいという上申書を提出した．州裁判所の裁判官はそれを認めなかった．オルソンはいまだに革命の闘士を気どっており，全く反省の色がなく，2002 年 1 月に 20 年の刑を受けたが，他のメンバーと共謀した殺人事件が立証されれば終身刑を受ける可能性もある．

Heaven's Gate 《米》「ヘヴンズゲート」 米国の狂信的カルト集団．Hale-Bopp (ヘイルボップ) 水星の尾に隠れた宇宙船で天国に行けると言う教祖 Marshall Applewhite の指示に従って，1997 年 3 月に 39 人(うち女性 21 人)の信者がカリフォルニア州サンディエゴ市近くの農場で，薬物フェノバルビタールを服用して集団自殺を遂げた．全員が新品の黒いナイキの運動靴をはいていた．

Hell's Angels 《米》「ヘルス・エンジェルズ；地獄の天使」 カリフォルニア州の暴走族．⇨ CALIFORNIA GANGS

heresy trial 「異端裁判」 ローマカトリック教会(RC)でもイングランド教会でも，キリスト教の教義に背く教えを信じたり，他人に信じるよう働きかける行為は異端と見なされ，その首謀者は破門される．RC では 1232 年から特別宗教裁判所による異端審問 (the Inquisition) を長く行なった．容疑者が 1 カ月の猶予期間 (grace) のうちに自白すれば，断食など比較的軽い刑ですんだが，そうでない場合は拷問を含む厳しい取り調べと，焚刑(ふんけい)などの苛酷な刑罰が待っていた．悪名高いスペインの異端審問は，1820 年に廃止されるまで，2000 人以上を死刑にしたと言われる．◆イングランド教会では，1847 年に「洗礼によって原罪が許される」という教義 (baptismal regeneration) への疑問を公にしたエクセターの主教が教会による異端裁判にかけられた．それ以後，異端裁判は行なわれなかったが，1980 年代にダラムの主教 David Edward Jenkins が「キリストが肉体的に復活するとは信じられない」と発言して大問題になり，教会総会議 (the General Synod) は 1963 年の教会裁判法を改正して，ジェンキンズ前主教を異端裁判にかける方針を 1999 年 7 月に定めた．イングランド教会内部にはそれを批判する聖職者がいるが，総会議は「教会の聖職者たちは全く無能だ」という最近の世論に応えるために異端裁判を強行するつもりらしい．

Heston, Charlton (1924-)《米》「チャールトン・ヘストン」 イリノイ州エヴァンストン市出身の米国の映画俳優．ノースウェスタン大学演劇学部を卒業．「十戒」(1956)のモーセ役と，「ベン・ハー」(1959)の主役で有名．生真面目なプロテスタント信者であり，酒もたばこもやらず，慈善事業家としても知られている．スポーツ万能で，特にテニスと狩猟が得意．1997 年に the *National Rifle Association of America の会長に選ばれ，毎年再選されて今日に至る．クリントン政権の銃規制 (*gun control) に真っ向から反対し，現在は，国連による小型銃器の密輸防止策にまで反対している．銃を携行する権利を保障した米国憲法が危うくなるというのである．ヘストンはまた，同性愛者，黒人，フェミニストの運動にも敵対の姿勢を示している．

High Court of Justice, the 《英》「(イングランドとウェールズの)高等法院」 単に the High Court とも呼ばれる．The *Court of Appeal (控訴

院) および the *Crown Court (刑事裁判所) と共に the *Supreme Court of Judicature (最高法院) を構成するが，原則としては民事の第一審であり，最上級審という意味での最高裁判所ではない．通常の最上級審は the *House of Lords (貴族院) である．

高等法院は the *Lord Chancellor (大法官) を長とする the Chancery Division (大法官部) と，the *Chief Justice of England and Wales (イングランドおよびウェールズ首席裁判官) を長とする the Queen's Bench Division (女王座部) と，the Family Division (家族部) との 3 部から成り，85 人までの裁判官がいる．係争金額が 5000 ポンド以上の民事事件を審理するが，5000 未満など小さな事件を扱う *county court (州裁判所) などの判決に重大な疑いがあったときには，上訴審の役割を果たす．◆大法官部は，主に事業に関する法律問題 (*equity，税金，破産，特許など) と，重要な遺言の検認などを扱う．◆女王座部は，契約違反などの商法にかかわる事件，海事事件，医療過誤などを扱う．また，*habeas corpus (人身保護令状) の発行や case stated (法律問題記載書 ⇨ MAGISTRATE (1)) によって法律問題の裁定を求める場合も，ここで行なわれる．◆家族部は，離婚，子供の養育権など，家族法にかかわる事件や，あまり形式的ではない遺言の検認などを行なう．⇨ HIGH COURT OF JUSTICIARY

High Court of Justiciary, the 《スコ》「(*Scotland の)刑事最高裁判所」 スコットランドでは，the *Court of Session (民事上級裁判所) の場合と違って，この裁判所の判決に不満でも，連合王国の the *House of Lords (貴族院) に上訴はできない．⇨ HIGH COURT OF JUSTICE

High Sheriff 《英》「国王名代(みょうだい)」 ⇨ SHERIFF (2)

highway 「ハイウェー」 (1)「公道」道幅とは関係なく，国または地方自治体が管理し，原則的にはだれでも利用できる道だが，例えば企業の敷地内の道路とは違って，運転免許証がないと自動車での通行は許されない．(2)《米》「幹線道路」州警察による highway patrol は州道および，州内の連邦道路をパトロールする．郡道は警務保安官 (deputy ⇨ SHERIFF (1)) が，市道は市の警察官が安全管理をする．⇨ DRINKING AGE, THE LEGAL; DRUNK DRIVING

Hilary sittings, the 《英》「ヒラリー開廷期」 イングランドの the *High Court of Justice (高等法院) は 1 月 11 日からイースターの前の水曜日までの開廷期を (St. Hilary の名を記念して) そう呼んでいる．旧称は the Hilary term ⇨ EASTER SITTINGS; LAW TERM; MICHAELMAS SITTINGS; TRINITY SITTINGS.

Hill, Joe (1879?-1915) 《主に米》「ジョー・ヒル」 米国の労働運動家．

スウェーデン生まれで，本名は Joel Haagland. 1901 年に米国に移住し，1910 年ごろから Industrial Workers of the World (IWW: 世界産業労働者組合) に属して労働運動に従事し，伝説的な闘士となった．ハンサムだったこともあって，多くの労働者から敬愛を集める反面，資本家から深く憎まれた．1914 年，ユタ州ソールトレーク市の食料品店で強盗を働き 2 名の警官を射殺した，という容疑をかけられ，不十分な状況証拠しかないのに，22 カ月の勾留ののち有罪判決を受け，スウェーデン政府，アメリカ労働総同盟，ウィルソン大統領などが再審の請求をしたにもかかわらず，銃殺刑に処せられた．銃殺される前日の 1915 年 11 月 18 日に IWW のリーダー William D. Haywood に電報で送った "I will die like a true-blue rebel. Don't waste any time in mourning—organize." (ぼくは純粋な反逆者らしく死ぬ．服喪のために時間を空費しないでくれ—組織をたのむ) というメッセージは後世に語り継がれた．◆ジョー・ヒルは多くの労働歌を作った．なかでも，IWW で活動中の 1911 年に作った "Preacher and the Slave" と，the Southern Pacific Railroad (the S.P. Line) のストライキを励ます歌 ("Casey Jones" の替え歌) は有名．彼を称えた "Joe Hill" という歌も 70 年代によく歌われた．

Hindley, Myra 《英》「マイラ・ヒンドリー」 英国の殺人事件の犯人．⇨ MOORS MURDERS

Hoffa, Jimmy (1913–75?) 《米》 = James R. Hoffa 「ジミー・ホッファ」 米国の労働運動指導者．米国最大最強の組合 the *Teamsters の悪名高い大ボスのひとりで，陪審員買収と公金横領で有罪となり，服役．ニクソン大統領の特別赦免により出所したが，1975 年から行方不明．the *Mafia のボスによって暗殺されたらしい．同組合の新会長である息子の James P. Hoffa のことは TEAMSTERS の項を参照．

holder 「(流通証券の)適法な所有者」 ⇨ NEGOTIABLE INSTRUMENT

Hollywood Ten, the 《米》「ハリウッド・テン」 1950 年代の *McCarthyism (いわゆる赤狩り) 旋風が吹き荒れているなかで，the *House Un-American Activities Committee (下院非米活動調査委員会) から共産党とのかかわりを調査されたが，その事実を確認も否定もしなかった映画の脚本家，監督，プロデューサーなど 10 人．彼らは全員，法廷侮辱罪で短期間収監され，その後もブラックリストに載せられて，数年間映画の仕事に従事することを許されなかった．そのまま映画界から去った人々もいる．◆1949 年の演劇『セールズマンの死』，51 年の映画『欲望という名の電車』，55 年の映画『エデンの東』などの演出や監督で有名な Elia Kazan (1909–) は，52 年 4 月に短期間だけ共産党に属していたことを告白し，30 年代にニューヨークでつきあっていた 8 人の演劇仲間(共産党員)の名前を委員会に明かした．それだけでなく，自分の証言内容が発表された翌日に *The New York Times* に広告を出して自分の行為を正当化し，ほかの人々にも委員会に協力するよう呼びかけた．その後もカザンは当時の行動について謝罪どころか，反省の色も見せなかったので，1999年に彼がアカデミー特別功労賞を授けられると聞いた識者の一部は，無節操だと強く非難した．その一方，1950 年代に映画制作活動を続け，家族を養うためにはああするしかなかった，と同情的に見る人もいる．当時は，自分が共産党員であるか否かだけでなく，党員を知っているかどうかについて証言を拒否すると，労働組合のなかでさえリンチにかけられるおそれがあるほどヒステリックな時代で，共産党員についての密告は愛国活動だという考えが全国に根づいていたのである．◆ハリウッド・テンのなかには，職場追放後も偽名で仕事を続ける者がいた．Dalton Trumbo (1905–76) は Robert Rich のペンネームで *The Brave One*(『黒い牡牛』, 1956) の脚本を書いたが，これがアカデミー賞を受賞，授賞式に受賞者が現れないという事態を生んだ．また，『ローマの休日』(1953) の脚本でアカデミー賞を受賞した Ian McLellan Hunter も，実際に脚本を書いたのはトランボだったと，のちに証言した．◆1949 年に非米活動調査委員会で，共産党シンパの名前を明かすよう迫られながらも拒否したカナダ生まれの監督 Edward Dmytryk (1908–99) は 6 カ月の禁固刑に処せられ(実際には 5 カ月で出獄)，英国に渡って映画活動を続けた．ドミトリックは1951 年に帰国し，実は 1945 年に短期間だけ共産党員であったと告白し，26 人の党員の名を明かしたので，ブラックリストから外された．ドミトリックは『ケイン号の叛乱』(1954) 以来，話題作をかなり作ったが，51年の経験は(すでに the *FBI が把握していた名前以外はひとつも明かさなかった，と弁解しながらも)生涯気になっていたらしく，1979 年の自伝には *It's a Hell of a Life But Not a Bad Living* というタイトルを，またその続編には *Odd Man Out: A Memoir of the Hollywood Ten* というタイトルをつけている．Odd Man Out は「仲間外れ」の意．

Holmes, Oliver Wendell, Jr. (1841–1935)《米》「オリヴァー・ウェンデル・ホウムズ・ジュニア」 連邦最高裁判所裁判官(在任: 1902–32)．有名な医師兼作家の長男としてボストン市に生まれた．母親はボストンの著名な法律家の娘で，義務感と，他人を思いやる気持ちが強く，ホウムズの人格形成に大きな影響を与えた．オリヴァーは父親の友人であった哲学者ウォルドー・エマスンからも影響を受けた．1861 年 7 月，連邦軍の中尉として南北戦争に参戦，2 年間に 3 度重軽傷を負った．1863 年から 64 年にかけての冬には将軍の副官となり，かたわら哲学の勉学と著述にいそしんだが，軍人には不向きだと自覚し，戦争終結の前に退役した．1866 年にハーヴァード大学ロースクールを卒業し，英国と欧州大陸を旅行している．彼は中世英国の騎士道，ジョン・ラスキンの芸術，トマス・カーライルやレズリー・スティーヴンの哲学を生涯尊重し続けた．1867 年にボストンで弁護士を開業．1872 年に幼友達の Fanny Dixwell と結婚したが，まもなくファニーは重いリウマチを患い，ホウムズは献身的に妻を介護した．1881 年に主著のひとつ *The Common Law* を出版．裁判官は階級的な願望から生まれる主観を抑え，客観的な事実 (external standard) を重視すべきだという主張を含むこの本は，米国だけでなく英国でも不法行為法や契約法の新しい基盤になった．1882 年にハーヴァード大学ロースクールで 1 学期だけ教授をつとめ，同年にマサチューセッツ州最高裁判所の裁判官になり，1899 年から 1902 年まで首席裁判官をつとめ，1000 以上の判決で *common law についての自説を生かそうと努力した．憲法が保障する基本的な権利はコモンローに根ざしているという彼の信念は，それらの権利の内容が不動のものではなく，時代と共に進化していくということを意味している．1894 年以来，彼は労働組合が非暴力のストやボイコットをするのは，言論や表現の自由を重んじる社会政策に沿うもので，真の悪意 (*actual malice) に基づくものではなく，彼らには "common-law privilege to do harm" があるのだと主張し始めた．◆1902 年にホウムズはシオドア・ローズヴェルト大統領によって連邦最高裁判所裁判官に任命された．在任中，彼は 873 の多数意見を書き，それに比べると反対意見 (*dissenting opinion) はそう多くなかったが，影響力の強いものがあったので，"the Great Dissenter" (偉大な少数派) と呼ばれた．特に *due process of law と憲法第 1 補正(とりわけ free speech) に関するホウムズの反対意見の多くは，米国の法律の発展を促し，次世代以後の最高裁判決の中心的な考えになった．法律家のあいだではホウムズが反トラスト法(*antitrust acts) に強く反対したこともよく知られているが，一般に彼の名は言論の自由と結びついている．有名な *clear and present danger の基準は，1919 年の *Schenck v. United States* 事件判決のとき彼が出した意見のなかで初めて示された基準で，45 年には連邦最高裁によって正式に採用された．しかし，それは反共産主義の風潮が強かった 51 年に廃棄され，69 年には clear and imminent danger という新たな基準が使われるようになった．⇨ BRANDEIS, LOUIS DEMBITZ

holograph 「自筆証書」 遺書，不動産譲渡証書，その他の法律文書で，署名者が全文を自筆で書いたもの．

home detention curfew 《英》「在宅軟禁措置」 ⇨ CURFEW ORDER

Homeland Security, the Office of 《米》「国土安全保障局」 2001 年 9 月 11 日の同時多発テロ (⇨ WORLD TRADE CENTER, THE TERRORIST AT-

TACKS ON THE）のあと，ブッシュII 大統領が創設した政策助言機関．省庁レベルだから，長官の任命には上院の承認が必要．初代局長には，ブッシュI 大統領の盟友である Tom Ridge ペンシルヴェニア州知事が指名された．リッジは知事の職責を副知事に委ねて受諾．すでに the National Security Council（国家安全保障会議 ⇨ NATIONAL SECURITY ACT）があるので，屋上屋を重ねる感もあるが，おそらくその主目的は，以前から批判されていた the *CIA と the *FBI との縄張り争いをできるだけ解消し，税関（財務省が管轄），沿岸警備（運輸省が管轄），国境警備（司法省が管轄）などのバラバラ行政を整合性のあるものにし，1100 万人にのぼる消防，警察，危機管理要員を再訓練することにある．

Home Office, the 《英》「内務省」 連合王国政府の省で，米国の the *Department of the Interior（内務省）とは職責が全く異なることに注意．連合王国の the Home Secretary（内務大臣）は the *Lord Chancellor（大法官）とも職務が違う．大法官は the *House of Lords（貴族院）の議長であり，the *Privy Council（枢密院）の司法委員会の首席裁判官であり，最上位裁判所としての貴族院の首席裁判官である．そして the Lord Chancellor's Department の長としてやはり内閣（the *Cabinet (2)）の一員だが，主たる責務はイングランドおよびウェールズの（各種上位裁判所［⇨ HIGH COURT OF JUSTICE］から *magistrates' court に至るまでの）裁判制度の統括や，裁判官人事や，民事法の改善である．これに対して内務大臣は，刑事法，警察，刑務所，保護観察（*probation）などの総責任を負う．米国の司法長官（the *Attorney General (1)）に似ているのは，大法官よりも，内務大臣である．

Home Secretary, the 《英》「内務大臣」 ⇨ HOME OFFICE

homicide 「人を殺すこと」 人が人を死に至らせることで，ふつうは「殺人」だが，犯罪（criminal homicide，すなわち *murder［謀殺］，*manslaughter［非謀殺］，infanticide［嬰児殺し；間引き］など）とは限らず，正当防衛で法的な責任を問われない場合もあり，misadventure（避けがたい事故）の場合もある．後者はいずれも *excusable homicide（免責される殺人）または justifiable homicide（正当な殺人；正当化できる殺人）と呼ばれる．法律に従い，義務として人を殺す軍人や死刑執行官の行為は「正当化できる」というわけか．

homosexuality 「同性愛」 1869 年，プロシャで男性間の同性愛に対する法的な取締りに反対した Karl Maria Kertbeny というドイツ系ハンガリア人が最初にこの語を使ったと言われている．古代ギリシャや江戸時代の日本とは違って，英米では，特にキリスト教の倫理が新興中産階級の指導原理となった 19 世紀以後，同性愛を宗教倫理に反する行為として厳しく非難する傾向が強かった．同性愛は病気でも犯罪でもないとする Havelock Ellis (1859-1939) を初めとする医学・心理学両面からの研究にもかかわらず，同性愛者への差別は保守的な地域でいまも続いている．

[同性愛者であった芸術家] 著名な作家オスカー・ワイルド (1854-1900) は同性愛のゆえに 2 年間の禁固刑を科せられた．しかし，英米の知識人のあいだでは，ワイルドの作品を含めて，同性愛者のすぐれた芸術その他の業績まで排撃する傾向はあまり見られない．ウォルト・ホイットマン，エミリ・ディキンソン，サミュエル・バトラー，ガートルード・スタイン，E. M. フォースター，サマセット・モーム，クリストファ・イシャウッド，テネシー・ウィリアムズ，トルーマン・カポーティ，ジェイムズ・ボールドウィンなど，同性愛傾向を強く持った多くの人々の業績は，そういう事実を知っている知識人のあいだでも高く評価されている．

[同性愛者の社会進出] 庶民の同性愛者がその事実を公表してから政治家に選ばれるようになったのは *gay rights movement の成果で，1980 年代以後である．それ以前，米国では 1974 年にレズビアンだと公表した Elaine Noble という女性がマサチューセッツ州下院議員に当選し，77 年にやはりゲイであると公表した Harvey Milk というニューヨーク市出身の元銀行役員(1930 年生まれ)がサンフランシスコの市議会員に当選した．ノーブルは 2 期を無事につとめたが，ハーヴェイ・ミルクは 78 年 11 月 27 日に保守的な前市議会員によって，市庁舎のなかで当時の市長 George Moscone と共に銃で暗殺された．Dan White という当時 32 歳の犯人は，ゲイの理解者を締め出した陪審によって執行猶予つきの刑が妥当と評決された．弁護に立った心理学者が，ホワイトはジャンクフードの食べ過ぎによって抑うつ気質が高進したと証言したからである (⇨ Twinkie defense). 79 年 7 月の最終判決によってホワイトは 7 年 8 カ月の刑に処せられたが，明らかに不公正であった評決のあと，ゲイライツ運動は加速した．そのひとつは，Cleve Jones という人が発案した the AIDS quilt で，これは，エイズで死んだ人たちのことを友人や家族はどのように思っていたかを，およそ人間の墓の大きさに相当する 3 × 6 フィートのキルトに描こうというものである．1996 年に連邦最高裁判所がコロラド州に対して，自治体はゲイ差別撤廃の法律を制定することを許可すべしという判決を下したとき，首都ワシントンには，巨大なモールにさえ敷き詰められないほど多くのエイズキルトが持ち込まれた．

[軍や警察] クリントン大統領は，軍人が同性愛者であることを公にせず，また性愛行為をしなければ，同性愛傾向があるからといって除隊を命じてはならないという命令 (⇨ Don't ask, don't tell) を発したが，後述の英国軍の場合に比べてあいまいであり，同性愛者である軍人へのいやが

らせや暴力の事件が起きた．1999 年にゲイと思われる兵士がなぶり殺しにあったあと，米軍は各部隊の長に対して，同性愛問題に関する政策をわかりやすく説明せよとの命令を下した．◆ニューヨーク市警は 1999 年に同性愛者の警官を募集するために積極的な広報活動をしていた．数年前までは絶対に考えられなかったことである．

[同性愛者どうしのカップル] 1999 年 12 月 20 日に米国ヴァーモント州最高裁判所は，州は同性愛者のカップルに夫婦としての権利を認めるべきだという米国史上初の判決を全員一致で下し，同州は 2000 年 4 月に新しい法律によってこの判決に従うことになった．同性愛者どうしの(結婚までは認めないが) *civil union (市民的結合) を認め，そのカップルに既婚カップルと同じ 300 余に及ぶ権利を認めるというのである．この法的措置は，同州だけでなく他の州でも，保健福祉はもちろん，養子縁組，遺産相続などで影響を及ぼす可能性が大きい．これまで，ハワイ州とカリフォルニア州だけが家庭内のパートナーシップについて一定限度の権利を認めてきたが，結婚は許可してこなかった．ハワイ州最高裁判所は州法に従って，99 年 12 月 10 日に同性愛者どうしの結婚を認めてほしいという訴訟に門前払いを食わせた．2000 年に入って，カリフォルニア州は同性愛者のカップルの結婚を認めない方針を打ち出した．⇨ PROPOSITION 22 ◆カリフォルニア州の Gray Davis 知事(民主党)は，2001 年 10 月 14 日に，1 万 6000 人の同性愛者および(夫婦ではない)高齢者のカップルを domestic partners (家庭のパートナー) と呼び，彼らにパートナーの不法な死について訴訟を起こす権利，パートナーの病気治療に関して意見を述べる権利，パートナーの子供を養育する権利などを認めた．宗教的右派 (the *religious right) に属する人々はこれを「結婚」の意味を薄れさせるものだとして猛烈に抗議している．

[合意のうえでのソドミーさえ許さない連邦最高裁] かつて，成人男性の同性愛者が行なう性行為 (sodomy) は，合意のうえであったとしても *felony (重大犯罪) を構成するという法律は 50 州すべてにあった．それは 1961 年から 93 年のあいだだけでも 29 州で撤回され，ワシントン市でもソドミーは 1993 年に 203 年ぶりに合法化された．2000 年 10 月 4 日に，テキサス州の連邦第 14 巡回区控訴裁判所は 2 対 1 で，ソドミーを取り締まるテキサスの州法を，法のもとの平等を保障した州憲法補正(1972 年制定)に違反するとして，その行為で 200 ドルずつの罰金刑を受けた 2 人の男を無罪にした．◆ただし，ほとんどの州では，合意や同意があっても 16 歳未満の者を相手にした同性愛行為はレイプと見なされて重大犯罪になる．14 歳未満，または 10 歳以上の者が相手だと，より重い刑を科せられる．16 歳から 18 歳未満の者が相手の場合には，1 年以下の禁固に処

する州が多い. ⇨ AGE OF CONSENT (2) ◆ジョージア州は成人どうしが合意のうえで自宅で行なうソドミーを，未だに 20 年以下の禁固刑に値する重大犯罪と見なしている. ◆1986 年の *Bowers v. Hardwick* 事件——ジョージア州のゲイの男が自宅で他の男とオーラルセックスをしているところに警察が踏み込んで，州法違反で逮捕した事件——の連邦最高裁判所判決では 5 対 4 でその州法を合憲と認め，その種の同性愛行為は憲法第 9 補正で保護されるプライバシーのなかには含まれない，という(最高裁らしからぬ)判断を下した. Harry *Blackmun 裁判官は反対意見 (*dissenting opinion) のなかで，「この判決は，あらゆる権利のなかでも最も根本的な “the right to be let alone” (プライバシーの権利) を侵害するものだ」と言って強く批判した.

[宗教と同性愛] 全米に 150 万人の信者を持つ the Reform Judaism のラビたちは 2000 年 3 月の会議 (the Central Conference of American Rabbis) で，同性愛者どうしの結婚式をユダヤ教の儀式にのっとって行なうことができる(ただし，ラビの全員に司式を義務づけることはしない)という決議を圧倒的多数で承認した. 米国の宗教組織としてはきわめてまれな決定である. 同じユダヤ教でも保守的なグループはこれを批判している. ◆カトリック教会は同性愛を不道徳の極みとして厳しく非難してきたが，*The Japan Times* (2-1-2000) に掲載されたミズーリ州 カンザス市からの AP 通信によれば，2000 年の 1 月下旬，*The Kansas City Star* 紙は 3 回にわたる連載記事のなかで，1980 年の半ば以後，数百人のカトリックの司祭 (several hundred priests) がエイズで死に，別に数百人がエイズに感染していると報じて，読者を驚かせた. これは米国の 4 万 6000 人のカトリック聖職者のうち 3000 人だけにアンケート調査をし，801 人の回答を得て，そこから推計した数字であり，その後，サンプル数があまりにも少なくて不正確だと批判された. だが，この問題を報じた *U.S. News & World Report* (2-14-2000) の記者 Jeffrey L. Sheleer によれば，カトリックの司祭だけでなく，米国の聖職者がエイズで死ぬ危険は，あらゆる職業の白人の 2 倍にのぼる. 同性愛と無関係であろうか. ⇨ PEDOPHILE

[英国では] 連合王国でも 1970 年代から，大都市では同性愛に対する寛容さが顕著になってきて，ブレア政権の高官のなかにも同性愛者が含まれている. 同国の国防省は 2000 年 1 月 12 日に，軍隊内部の同性愛者差別を禁止した. すでに同性愛者であることを理由に不名誉除隊になった軍人の多くは原隊復帰を許可された. 英国軍は伝統的に同性愛者を毛嫌いしており，ゲイなるがゆえに除隊された者の数は公表されていないが，約 4000 人と見られる. ◆1998 年に，多くの勲章を授けられていながら，ゲイだという理由で除隊を命じられた 4 人の軍人が政府を相手に訴訟を起

こし，最終的には，1999 年 9 月に the *European Court of Human Rights（欧州人権裁判所）が連合王国政府に対して「同性愛者を排除する軍の政策は基本的なプライバシー権を侵害している」という判決を下し，政府はそれに従わざるを得なかった．1 年後の 2001 年 1 月末までに，同性愛者を容認したことで発生したハラスメントなどのトラブルや士気の衰えは 1 件も報告されていない．◆連合王国政府は Reading（レディング）大学の副総長で，のちに大英博物館の館長になった教育学者 John Frederick Wolfenden（1906–85）を the Committee on Homosexual Offences and Prostitution の委員長に任命して，性犯罪の実態調査を行ない，その結果を 1957 年に the Wolfenden Report として発表した．ウルフェンデンは成人どうしの合意のうえでの同性愛を合法とするよう勧告し，それが受け入れられて，その種の同性愛だけは犯罪にならなくなった．⇨ AGE OF CONSENT（1）◆英国政府はまた 2000 年 2 月に，同性愛のカップルにも，結婚した男女と平等の権利を与える基本方針を初めて発表した．官庁や企業は労働者をその性（sexuality）を理由として差別や解雇をしてはならず，健康保険や旅費なども，一般夫婦や同棲している男女と同じように提供しなくてはならない．⇨ SECTION 28

Hoover, J. Edgar（1895–1972）《米》「J. エドガー・フーヴァー」The *FBI の長官（在任: 1924–72）として長く――8 代の大統領のもとで――文字どおり君臨した．弁護士出身で，1917 年に司法省の the Bureau of Investigation（1935 年に the Federal Bureau of Investigation [the FBI] と改称）という，犯罪防止には実績をほとんど挙げていなかった捜査局に入り，時の司法長官（the *Attorney General（1））の特別補佐官として，45 万人の過激派のブラックリストを作ったり，密告者の組織を編成するなど，捜査能力を大きく向上させて，1924 年に局長に任命された．彼自身は前線指揮をとらなかったが，1930 年代には John Dillinger（⇨ PUBLIC ENEMY NO. 1）など，名うてのギャングがつぎつぎに逮捕され，FBI の評判が高まった．それでいて，フーヴァーは在任中ずっと，「米国には組織犯罪も，the *Mafia も存在しない」と公言し，ニューヨークの悪の元凶を自由に泳がせた．1939 年から，フーヴァーは労働組合員や思想犯の取締りに辣腕（らつわん）を振るい，その後の冷戦時代にも，共産党つぶしに全力を傾け，議会から多額の予算を獲得した．怖いものなしのフーヴァー長官に，歴代の大統領も，司法長官も，口出しできなかったが，ロバート・ケネディ司法長官だけは 1961 年に，FBI がマフィアなどの組織犯罪と戦うよう厳しい命令を下した．ケネディ大統領は，すでに高齢の（そして，昔から共和党の支持者である）フーヴァーを罷免したいと思っていたが，議会は僅差で彼の再任を認めてしまった．ケネディ大統領が暗殺されたあと，フーヴァーは Martin Luther *King, Jr. を敵視し，(彼の常套手段だが)故意にキングを中傷するような情報を政界やジャーナリズムに流した．そういうフーヴァーが無事に任期を終えたのは，病気で死亡したからであって，ニクソン大統領とその側近グループでさえ，この独裁的長官を罷免させることはできなかった．余りにもなぞが多く，黒いうわさが絶えなかったこの人物の真相が明らかにされるのは遠い先のことだろう．the *Ku Klux Klan に対する捜査を彼が妨害した疑いについては BIRMINGHAM CHURCH BOMBING CASE, THE 1963 の項を参照．⇨ KEFAUVER INVESTIGATION

Hopwood v. Texas 《米》「ホップウッド対テキサス州」 1996 年春の連邦第 5 巡回区控訴裁判所の判決．*The *Bakke Case* の最高裁判所の判決で Lewis Powell 判事が，大学の入学選考に *affirmative action を導入することは，もしそれが決まった人数枠(fixed quotas)を設けるのではなく，かつ大学のプラス要因になるのならば違憲ではないと述べたが，Jerry E. Smith など，この高裁の判事たちはパウエル判事の見解は最高裁判所によって支持されてはいないと決めつけ，テキサス大学オースティン校のロースクールが人種をひとつの基準にして学生を選考したのは，憲法第 14 補正第 1 節の the equal protection clause (平等保護条項) に違反すると判決した．州の上訴にもかかわらず，最高裁判所はこの判決を審査しない(当分は黙認する)ことを決定した．クリントン政権はパウエル判事の意見を含むバッキ判決は有効との見解であり，ほとんどの大学のアファーマティブアクションは相変わらず妥当だと判断していた．が，この判決の萎縮効果 (the Hopwood effect) は大きく，多くの大学が人種や性別を選考基準に加えることをやめている．⇨ PROPOSITION 209

hornbook law 「法の基礎原理」 ⇨ BLACK-LETTER LAW

Horton, Willie 《米》「ウィリー・ホートン」 米国の殺人犯人(黒人)．かつて強盗を働いている最中にある少年を 19 回も刺して殺し，終身刑を受けた．当時マサチューセッツ州の州知事だった Michael Dukakis が，ホートンに週末の外泊(仮釈放)を 10 回も許可した．ホートンは 10 回目に逃亡し，やがて若いカップルを誘拐し，男のほうを惨殺し，女性を何度もレイプした．その女性がかろうじて逃げ出し，警察に通報したために，ホートンはつかまって再び刑務所送りになった．デュカキスは 1988 年に大統領候補者として Bush I 副大統領と戦ったとき，ブッシュ陣営が，凶悪犯罪者に対して寛容すぎるデュカキスをさんざん皮肉ったテレビ・スポット・コマーシャル (Willie Horton spot) を流した結果，すっかり人気を失い，ブッシュ I の地滑り的な勝利を許した．◆2001 年に 2 人の殺人犯人を仮釈放させたヴァージニア州仮釈放委員会の委員長以下全員は，退任する共和党の知事から独断専行したと叱責され，新任の民主党の知事 Mark Warner から 2002 年 1 月に解任された．委員長は，2 件の仮釈放は法に従って慎重に行ない，手続き上なんら問題がなかったのに，こういう結果になったのは，知事がウィリー・ホートンの亡霊におびえているからだ，という意味のことを *The Washington Post* (*The Daily Yomiuri* [1-16-2002] に転載) で述べている．⇨ PAROLE

hostile witness = ADVERSE WITNESS

hot pursuit = FRESH PURSUIT

House of Commons, the 《英》「庶民院」 the lower chamber (下院) とも呼ばれる．連合王国の庶民院の場合——選挙区間の格差を最小にするため議席数をしばしば増減させるが——1997 年には，すべて 1 人区である選挙区から公選される 659 人の Members of Parliament (MPs) が定員と定められた．

[**各党の議席**] 選挙区は，イングランドに 529，ウェールズに 40，スコットランドに 72，北アイルランドに 18 ある．97 年に当選した議員の主要な政党別は，労働党が 419 人，保守党が 165 人，自由民主党が 46 人であった．(1998 年 7 月には)女性が 121 人おり，そのうち 101 人が労働党議員であったが，数人がのちに育児のために辞任した．アフリカ系など少数民族出身者は 9 人であった．2001 年 6 月の総選挙でも定員は同じで，当選者は，労働党 412 人，保守党 166 人，自由民主党 52 人，その他 29 人であった．その他の 29 人のうち，アルスター統一党は(4 議席減らして) 6 人，スコットランド民族党は(1 議席減で) 5 人，ウェールズ民族党も 5 人，*Sinn Féin は(2 議席増やして) 4 人，同じく北アイルランド・カトリックの社会民主労働党が 3 人，その他の党と無所属が計 6 人になった．北アイルランドでは the *Good Friday Agreement (聖金曜日合意) に反対の勢力の伸びが目立つ．

[**議員の資格と報酬など**] 外国人，21 歳未満の者，裁判官，ある種の司法官，公務員，警察官および正規軍の軍人，貴族院議員，1 年以上の刑で受刑中の者，精神病と診断された者，破産者，そしてイングランド教会，スコットランド教会，アイルランド教会，ローマカトリック教会の聖職者は，庶民院議員になる資格を持たない．立候補には同じ選挙区に登録している 10 人以上の署名による推薦と 500 ポンドの供託金が必要で，得票が選挙区の投票者の 5% に達しなければ，供託金は没収される．◆庶民院議員には歳費，ロンドンの住宅費，旅費などが支給される．歳費は 2000 年 4 月に平議員で 4 万 8371 ポンドになった．これは陸軍中佐に昇進したばかりの軍人の給与と同じくらいである．◆上院が歳入など重要な法案審議のかぎを握り，高官の任命承認権をも行使する米国の議会と違っ

て，連合王国では庶民院が優先される．これについては House of Lords の項を参照.

［**議長は党籍を離れる**］ 互選された議長 (the Speaker) と 3 人の副議長は党籍を離れる.

House of Horror, the 《英》「恐怖の家」 イングランド南東の Severn 川に臨む都市 Gloucester (グロスター) の Cromwell Street にあった家．その住人であった Fred West (1941–95) は長年にわたって(自分の娘を含む!)多数の若い女性をレイプして殺し，死体を自宅の庭と地下室や，他の複数の場所に埋めた．死体発見は 1994 年．フレッドは犯行を助けた妻の Rosemary と共に逮捕されたが，裁判が始まる前に刑務所内で自殺．ローズマリは 2000 年 5 月現在，終身刑に服している．英国の犯罪史上まれに見る凶悪事件であった．家の名前と関係があるかどうかは不明だが，かつて *House of Horrors* (1946) というホラー映画があった.

House of Lords, the 《英》「(連合王国の)貴族院」 これは the upper chamber (上院)，また単に the Lords とも呼ばれている．新聞などで Peers を使うこともある.

13 世紀に始まった貴族院をどう改革するかは，200 年も前からの懸案であったが，Tony *Blair が率いる労働党 (the *Labour Party) は 1997 年の総選挙の際の公約 (Manifesto) で改革の断行を約束し，1999 年 11 月 11 日(1998–99 年度会期の最終日)に the House of Lords Act 1999 を通過させた．その第 1 条には，“No-one shall be a member of the House of Lords by virtue of a hereditary peerage.” (だれも，世襲貴族だという理由だけで貴族院議員になることはできない)と規定されている．憲政史上，実に 800 年ぶりの大変革で，保守党 (the *Conservative Party) 政権時代にはほとんど考えられないことであった.

［**改革以前**］ 旧制度では，26 人の the Lords Spiritual (党派性のない聖職貴族で，イングランド教会のカンタベリおよびヨークの大主教と，ロンドン，ダラム，ウィンチェスタの主教，ほか 21 名の主教)と，the Lords Temporal (世俗議員)，およびベテランの法律家である 12 人の the *Law Lords (貴族員裁判官) から成る．世俗議員(つまり平信徒である議員)は，連合王国の世襲貴族 (hereditary peers) と一代貴族から成る．1999 年度会期末に，貴族院議員 1295 人のうち世襲貴族は約 750 人(「約」としたのは，議員の権利を行使しているか否か不明の者がいるからで，常時登院していた貴族は 380 人くらい)で，一代貴族は約 500 人であった．貴族院議員は当然ながらその過半数が保守党を支持していた．次に多いのが cross-benchers と呼ばれる無所属議員だが，そのほとんども保守系であった.

［**改革の始まり**］ ブレア首相は公約どおり，1999 年 1 月に，世襲貴族

が自動的に貴族院議員になる特権を廃止し，貴族院を聖職貴族と——一部は公選された，また過半数は任命された——貴族議員から成る院にするという政策を発表した．最初これに強く反発していた貴族院議員も，1999年10月26日に，新しい貴族院制度が確立するまで92議席を維持するという条件のもと，221対81という意外な大差で政府の改革案を認めた．92議席のうち75議席は世襲貴族が占め，他の15議席は副議長および委員会の議長，および特別な儀式を担当する2人に割り当てられた．役職上残留することが決められていた17人を除く75人を互選する投票が11月5日に貴族院で行なわれ，保守党42人，無所属28人，自由民主党3人，労働党2人が決定した．選ばれた75人のうち，肩書きにLadyやBaronessがつく女性は4人に過ぎない．この92人の議員と，一代貴族の議員および聖職議員で暫定貴族院は運営される．♦2001年6月1日現在で，(世襲貴族のほとんどを排除した)貴族院の議員は，保守党229人，自由民主党66人で，労働党は約200人だが，遠からず(一代貴族の増員などで)保守党と同数になる見込み．2002年にはまた大きな動きがあるはず．

[貴族院の名前がなくなる?] 政府のthe Wakeham Commissionという委員会が2000年1月に発表した“A House for the Future”によれば，新院の議員定数は約550人で，一部は公選されるが，大半は独立した公正な委員会によって任命される．同一政党から任命される議員が過半数になることはなく，たぶん20%は無所属議員になる．新院の職責は現在の貴族院のそれと同様で，良識をもって立法を監視する．ただし，政権党が選挙前に公約として掲げていた政策を阻止することは自制する．聖職議員としては，イングランド教会の16人の主教のほか，他のキリスト教会から5人の代表を新院の議員にし，キリスト教以外の宗教界からも少なくとも5人を選ぶ．ウェイクハム委員会は新院の名称についてなにも決めていないが，the House of Lordsの名が消えて，the Senate (参議院) の名が使われる可能性もある．♦保守党のIain *Duncan Smith新党首も2002年1月に，定員300人(その80%は公選で，残りは特別委員会が任命)のthe Senateを創設するという思い切った対案を発表した．♦イングランドとウェールズのカトリック教会は，1999年6月に画期的な決定をした．(名称はなんであれ)改革された議院でカトリックの司祭が議員になることを認めるというのである．ただし，カトリックの聖職者は世俗的な権力を行使する公務員になることを禁じられているので，議員になるには教皇庁の認可が必要である．

[議員の報酬] 現在の貴族院議員には報酬は支払われず，会期中だけ，旅費宿泊費，秘書の費用，郵便代などが1日当たり144ポンド程度を限

度として支給される．改革後は，議員に日当(議会出席日の報酬)が支給される予定である．

[**庶民院優先の原則**] 連合王国の国会では，Parliament Acts of 1911 and 1949 という議会法，および 1945 年の the Salisbury Convention（ソールズベリ合意）によって，庶民院優位の原則が確立されているし，貴族院は税金や予算にかかわる法案に対して口出ししないという伝統がある．貴族院の保守党とその同調者は，労働党が選挙の公約に明記していなかった事項については反対できる建前になっているが，実際には，庶民院を通過した案を(修正要求したり，再審議を求めて同院に返すことはあっても)法律になることをあくまで阻止することはなかった．特に 1 年間の期間を置いて 2 度庶民院を通過した法案は，貴族院が 13 カ月間法案に反対した段階で国王[女王]が裁可する．新院ではそういう庶民院優位の原則を無効にすべきだ，と保守党の貴族は主張していたが，これが容易に変えられることはあるまい．

[**貴族院議長**] 現在，貴族院議長は(政党からは中立で，可否同数の場合でさえ投票権を持たない) the *Lord Chancellor (大法官) が兼務する．17 世紀以来，議長は特別な式服と黒いタイツを着用し，重いかつらをかぶっていたが，1998 年 11 月から，特別の儀式のとき以外は平服の着用を許されている．◆欧州連合 (EU) では，連合王国の司法府の長たる大法官が，立法府の長を兼ねていることは，公正な裁判をそこなうと批判する声が強く起こっている．将来，なんらかの改革が行なわれるであろう．

[**最高裁判所としての貴族院**] 貴族院は連合王国の最上位の裁判機関だが，人権問題に関しては the *European Court of Human Rights (欧州人権裁判所) だけがその判決を覆せる．EU の諸条約の解釈および遵守に関しては，貴族院よりも the *European Court of Justice (欧州司法裁判所) の判断のほうが優先する．これについては LEGAL RESOURCES (法源) の項を参照．◆米国の弾劾裁判では上院議員全員が(裁判官の立場に近い)陪審員になるが，連合王国の貴族院は，the *High Court of Justice (高等法院) などからの上訴を受理した場合，12 人の貴族院裁判官のうち 5 名が審理する．貴族院裁判官は大法官のほか，英国で最も優れた裁判官のなかから選ばれ，貴族でなかった者は一代貴族に叙せられる．◆1998 年 11 月に，英国で逮捕されたチリのピノチェット元大統領に元首としての免責特権があるか否かの裁判で，貴族院は 5 人の貴族院裁判官が 3 対 2 で，人権抑圧をした者は国家元首の免責特権の対象外だと判断したが，その後まもなく，多数意見側の裁判官のうちひとりが *Amnesty International の関係団体に深く関与していたことを隠していたことがわかり，判決は公正さを欠くとして，裁判をやり直した．再審理を行なったのは 5 人ではなく，

異例の 7 人の裁判官で，1999 年 3 月 24 日の判決では，そのうち 6 人がピノチェットの逮捕を有効としたが，うち 4 人が double criminology (重犯事例) という法理を持ち出し，訴追できるのは 1988 年の連合王国の法律(国連決議に基づく「拷問法」)によって外国への引き渡しを認められる容疑に限るという条件をつけた. (2000 年 1 月に内務省は，ピノチェットは裁判を受ける知的能力を失っているとしてチリに送還した.) ◆なお，スコットランドの刑事事件は貴族院に上訴できない. ⇨ High Court of Judicature

[**新しい動き**] 2001 年 10 月上旬，Lord Bingham (＝Thomas Henry Bingham [1933-　]) という大物の貴族院議員 (the *Chief Justice of England and Wales を経て，2000 年から貴族院裁判官の首席の座にある人) が，Justice というロンドンの人権組織で講演し，「ピノチェット裁判のとき，貴族院裁判官が法律的というよりも政治的な判断を下したと外国から批判を浴びたが，今後も事情を知らぬ人々に誤解を与えないように，政府は貴族院裁判官から成る the Appellate Committee of the House of Lords (貴族院上訴委員会) とは別の独立した最上位裁判所を設立すべきだ」という趣旨のことを述べた. EU もかねがね政治家が司法に携わることを批判してきているので，ビンガムの提案はそのうちに受け入れられる可能性がある.

House Un-American Activities Committee, the 《米》「下院非米活動調査委員会」略は the HUAC. 1938 年に設立され，1950 年代には Joseph McCarthy 上院議員によって赤狩りの司令部にされた. 1969 年に the House Committee on Internal Security (下院国内安全保障委員会) と改称されたが，1975 年に解散. ⇨ McCarthyism

Housing and Urban Development Act, the 《米》「住宅および都市開発法」 1965 年に制定. この法律によって，連邦の住宅計画を調整する the Department of Housing and Urban Development (the HUD: 住宅・都市開発省) が同年に創設され，荒廃した大都会に連邦の財政援助が可能になった. 米国民の 77% は都市部に居住している. 68 年の法改正で，公営と私営の新築住宅が数百万できる予定であったが，ニクソンは大統領命令 (*executive order) でその実行を中止させ，主として住宅を借りるための資金の援助に留めることを命じた. レーガン大統領も貧しい人々のために連邦の金を使って住宅を建てることに消極的で，貯蓄貸付機構を援助したり，抵当に保険をつけたりして，個人の持ち家を増やす方向を目指した.

HRA, the ＝ Human Rights Act 1998

human cloning 「クローン人間づくり」 クローニング技術を使って，

そっくり人間を作るのは，どの国でも倫理的に許されないとしている．米国にはそれを違法とする成文法はなかったが，ブッシュ II 大統領は宗教的右派(the *religious right) など保守派の主張を受け入れ，2001 年 6 月 20 日に，人のクローン胚(cloned embryo; fetal stem cells) づくりは，その医療用研究を含めて，連邦犯罪にすると発表した．同年 7 月 31 日に 265 票対 162 票で連邦下院を通過した規制法によれば，クローン胚づくりと，医療用の幹細胞研究だけでなく，それらを利用した治療法や治療薬の導入や輸入さえも禁止される．法律違反者は 10 年未満の禁固刑と 100 万ドルまでの罰金刑を科せられる．日本でも，ヒトのクローニングにはほぼ同様の刑罰が科せられるが，妊娠を目的としないクローン胚の作成や研究(特に死亡胎児の細胞の研究利用)は一定の条件のもとで認められている．規制が最も厳しいフランスの場合，純粋の研究目的でも，クローン胚の創造は禁止されているが，病院から得られた未使用の胚を研究することまで完全に禁止されているわけではない．◆連合王国では，2000 年 12 月から翌年 1 月にかけて，庶民院と貴族院で議論した末，therapeutic cloning (幹細胞を母胎で増殖させたのではなく，あくまで治療目的のために実験室で増やした 14 日未満の幹細胞) を合法と認めた．それによって，糖尿病，パーキンソン病，アルツハイマー病，火傷など，多くの難病の治療に道が開かれることになった．◆連邦政府が援助する幹細胞研究に関するブッシュ II 大統領の妥協案については，STEM CELL RESEARCH の項を参照.

これまで，米国でヒトのクローニングを規制しているのは，意外にも the *Food and Drug Administration (FDA: 連邦食品薬品局) であった．現行法律を適用するには the *Food, Drug and Cosmetic Act (1938) を使うしかなく，そうなると，cloned human embryos は人間ではなく，女性を妊娠させる「もの」，つまり，「(体の構造や機能に影響を与える，食品以外の) articles」と定義するしかないからだ．今後，そんな考えに基づく FDA の規制でヒトのクローニングを防げるかという点について，*The Washington Post* の記事(5-24-2001) によれば，多くの法学教授たちが否定的な見解を述べている．では，ブッシュ II の新しい法律ならクローン人間づくりが防げるか．それは法律上も困難ではなかろうか．1923 年の連邦最高裁判所判決によれば，憲法第 14 補正第 1 節に言う “liberty” は，結婚して家庭を築き，子供を生み育てることを含んでいる．また，同裁判所は，「生殖」と「子育て」は人間の fundamental rights だとも宣明し，プライバシーの権利には，政府の干渉を受けることなく子供を産む，あるいは作る (bear or beget) ことも含むとも明言してきた．もちろん，「正常な」性交によらぬ生殖は人間のファンダメンタルな権利とは言えない，という中絶反対論者の反論もあるだろう．連邦最高裁判所がクローン胚づくりの全面的禁止を支持するとしたら，その理由をどう説明するのだろう．

human organs 「人間の臓器」 英国では 1989 年の the Human Organ Transplants Act (ヒト臓器移植法) によって，人間の臓器の商業的な売買が禁じられており，血縁関係でない者のあいだの臓器移植が制限されている．◆臓器のなかでは，提供者がひとつを失っても日常生活にほとんど差支えのない腎臓がよく売られている．米国には 2001 年 5 月で 4 万 8963 人の患者が腎移植を待っている．これは心臓移植を待っている患者の 10 倍以上であり，特定患者との適合性というむずかしい条件もあるので，正常な医療機関が生体や死体から摘出した腎臓では期待の 20% を満たすのがせいぜいである．そこに国際的な腎臓売買組織が割り込む．提供者は中東の貧しい国々に住む人が多く，腎臓を米ドル換算なら 2000 ドルくらいで売り，業者は買い手(患者またはその保護者など)から(病院までの交通費，手術料，入院費などを含めて)2 万ドルから 15 万ドルくらいを受け取るらしい．⇨ HUMAN TISSUE

Human Rights Act 1998, the 《英》「1998 年人権法」略は the HRA. 1951 年 3 月に連合王国が真っ先に批准し，53 年 9 月に成立した the *European Convention on Human Rights (欧州人権条約; 正式には the European Convention for the Protection of Human Rights and Fundamental Freedoms) の内容をほとんどそのまま生かした国内法で，保守党指導部の強い反対にもかかわらず，労働党の Tony *Blair は 1997 年総選挙における地滑り的な勝利の勢いに乗って，98 年 11 月 9 日にそれを成立させ，2000 年 10 月 2 日に発効させた．これによって連合王国の国民は，史上初めて成文の権利憲章を持つことになった．この人権法の第 10 条に規定されている表現の自由はおろか，第 2 条の生きる権利でさえ，連合王国では近代的な成文法による保障がなかったのである．また，この法律の発効に伴って，人権に関する国内法は「欧州人権条約」の主旨に従って解釈されるべきだという原則も確立された．1966 年に連合王国政府は個人が同政府を相手どって ストラスブールの the *European Court of Human Rights (欧州人権裁判所) で訴訟を起こす権利を認めた．

[**人権訴訟の増大**] イングランドとウェールズでは，人権法の施行に伴う裁判の急増に備えて，1999 年から 3500 人の常勤・非常勤裁判官と 3 万人の *magistrate に特別の訓練を施したし，最初の 1 年分の訴訟対策費として 6000 万ポンドの予算を計上した，労働者，病院の患者，受刑囚，移民，同性愛者，厳しい規則に縛られた学校の生徒，セクハラの被害者などを含む多くの人からの訴えが予想されたからである．

［**訴訟の例**］（1）人権法の「生きる権利」など，実体のないお題目に過ぎないと見る向きもあろうが，2001 年 5 月には，バーミンガム市の市営老人ホームに住んでいる 89 歳の婦人が，老人ホーム 30 棟全部の民営化計画を知り，住み慣れた居住空間だけでなく，そこで献身的に介護に当たっているスタッフを失うことは，ホームの老人 900 人の生存権を奪うことになると主張し，市の計画は「1998 年人権法」の第 2 条違反であるという訴えを起こした．（2）同じ 5 月に，夫と共にロンドンの法律事務所に勤めていた 36 歳の女性 *solicitor である Sally Clark は，獄中から欧州人権裁判所に無罪を訴える手続きを開始した．彼女は 1999 年に生後 11 週間の次男 Christopher を，そして 14 カ月たたぬうちに今度は生後 7 週間の 3 男 Harry を，同じ乳児突然死で亡くした，と主張．おそらく医師の通報で，彼女は逮捕され，2 人の子供を殺した罪で有罪とされ，上告審でも敗れた．第一審で有罪の決め手になったのは，裁判所における小児科学専門の元大学教授の，「豊かな家庭の幼児が 2 人，こういう説明のつかない自然死を遂げる確率は 7300 万分の 1 に過ぎない」という証言であった．これについて，*The British Medical Journal* は「数学的な誤りに基づく有罪判決」だと批判したという．控訴院で判決が覆らなかったところを見ると，陪審は(筆者が新聞記事では知り得ない)なにか強力な証拠をつかんだのかもしれないが，サリー・クラークも，やはり弁護士である夫も，全くの冤罪だと言って容疑を強く否定している．(1)(2) の場合とも，ストラスブールの欧州人権裁判所が訴えを受理するかどうかさえ不明だが，人権法も人権条約も絵に描いた餅ではなく，生きて機能する可能性が大きいのである．(3) 1990 年にビールで有名な Guinness が Distillers 社を 26 億ポンドで買収したとき，のちに the “Guinness Four” と呼ばれるようになった 4 人のギネス関係者——Anthony Parnes, Ernest Saunders, Gerald Ronson, Jack Lyons——は不法な操作によって株価の高値を維持し，やがて有罪判決を受けた．しかし，第一審の陪審が読んだ取り調べ記録は，貿易産業省の複数の調査官が「発言しないと 2 年間の刑に処する」と 4 人を脅して「自白」させたものだということがわかった．ストラスブールの欧州人権裁判所は，この事件を受理して，黙秘権の侵害であると認めた．4 人は連合王国に「1998 年人権法」が制定されたので，国内の控訴裁判所で汚名を晴らすことにした．しかし，彼らを有罪に追い込んだ the Serious Fraud Office (重大詐欺特捜局 ⇨ CROWN PROSECUTION SERVICE) は，2001 年 6 月 7 日に再審は不必要だと主張することを決め，the *Criminal Cases Review Commission (the CCRC: 刑事事件審査委員会) と対立している．4 人のうちジャック・ライアン(1916-　．大物の経営コンサルタントで，芸術振興活動にも大きな貢献があったとして，ナイトの

称号を受けたこともある)は，スイスの病院で膀胱がんの手術を受けたあと，何度も心臓発作を起こしており，司法に不公正があったとすれば，再審を急がねばならぬが，重大詐欺特捜局の干渉で，2001 年の 6 月中に予定されていた 4 人に対する the *Court of Appeal (控訴院) の上訴審は秋まで延期されることになった．特捜局の言い分は，いったんこの水門を開いてしまうと，「人権法」を口実にした上訴が数限りなく起こされて収拾がつかなくなるというものである．[追記] 2002 年 1 月にギネスの 4 人の上訴は棄却された．◆欧州人権裁判所の判決については EUROPEAN COURT OF HUMAN RIGHTS の項を，その他に関しては EUROPEAN CONVENTION ON HUMAN RIGHTS の項，および巻末の「1998 年人権法」の解説を参照.

Human Rights Commission, the 《英》「人権委員会」 ⇨ EQUAL OPPORTUNITIES COMMISSION

human smuggling ＝ HUMAN TRAFFICKING

human tissue 《英》「人体組織; 臓器」英国では，1961 年の the Human Tissue Act および 1986 年の the Corneal Tissue Act (角膜組織法) によって，臓器移植などの医療目的や医学の研究教育のために，死んだ人の組織の一部を摘出または切除するのには，本人があらかじめ書いた承諾書が必要，または，本人が最後の病気中に 2 人以上の証人の前で口頭で承諾していることが条件になる．それに違反した body parts scandal については ALDER HEY SCANDAL の項を参照． ⇨ HUMAN ORGANS

human trafficking 《主に米》＝ international trafficking in persons 「人間の密輸」 alien smuggling や people trafficking, human smuggling とも言う．奴隷的な労働，売春などを目的にして外国から貧しい人々を密入国させ，人身売買する犯罪行為．CIA が 1999 年 11 月に完成し，2000 年 4 月に発表した 79 頁に及ぶレポートによれば，米国には過去 2 年間で 10 万人が流入し，女性と子供だけでも毎年約 3 万人が，アジア，ラテンアメリカ，東欧などから密入国させられている．国別ではヴェトナム，中国，メキシコ，ロシア，チェコが(その順番で)最も多い．2000 年 12 月に発表された別の調査報告によれば，1997 年に 5 万人の女性と子供が米国に奴隷として売られ，世界ではその年に 70 万人が奴隷として売られた．連邦政府が起訴し得たのは 250 人の犠牲者にかかわるケースだけ．悪徳業者は，au pair girl, sales lady, waitress などの募集広告で人々をだまし，カモになった人々が米国に着くなり，売春業者などに売る．*The U.S. News & World Report* (1-15-2001) によれば，この種の密輸と人身売買で得られる黒い金は 70 億ドルにのぼる． ⇨ SLAVE TRADE REPARATIONS

Hungerford massacre, the 《英》「ハンガーフォードの虐殺(事件)」 1987年8月20日バークシャー州の町ハンガーフォードで起きた虐殺事件. 銃器マニアのMichael Ryanが精神錯乱に陥り, 自分の母親も含め無差別に16人を射殺, 14人に負傷させたあげく自殺した. バークシャー・ダウンズと呼ばれる丘陵地帯にある, 絵に描いたような小さな美しい田舎町で発生した事件だけに, 国民に与えた衝撃はいっそう大きく, 政府も同年9月20日には, 犯人が使用したのと同じタイプの自動火器の販売と使用を禁止することに決めた.

hung jury 「評決不成立」 ⇨ JURY

hunt saboteur 《英》「狩猟妨害活動家」 従来のキツネ狩り (*fox-hunting) をはじめ, いわば余暇を楽しむための狩猟で野生動物を殺すべきではないという考えに立ち, 狩りを阻止しようと活動するグループに属する人. 彼らは狩りが行なわれる場所に結集して, 直接に妨害行為に出る一方で, 街頭キャンペーンも行なっている. この活動は1990年代に入ってから一般に知られるようになった. ⇨ ANIMAL ABUSE; ANIMAL LIBERATION FRONT; ANIMAL RIGHTS

I

Immigration Acts 「移民法」《米》米国政府が移民に制約をもうけたのは 1882 年が初めてで，連邦議会は犯罪者，精神障害者，病人，いわゆる文盲，アナーキスト，暴力革命を扇動する者，および中国人の移民を阻止した．1924 年の移民法では，出身国別の割当制度（quota system）を初めて採用し，アジア，アフリカ，南欧，東欧からの移民を制限した結果，年に 15 万 7000 人足らずの移民のうち，12 万 7000 人は北欧および西欧出身者に限られた．この人種差別は 1965 年の法改正で撤廃され，年間 17 万人（西半球からは 12 万人），1 国については 2 万人までという大枠だけが定められた．すでに米国市民である人々の身内と，特別な技術や技能の持ち主には優先権が認められた．1980 年の the Refugee Act（亡命者法）では，5 万人の亡命者を含み，移民の総数は 32 万人までと決められた．また，すでに米国に住んでいるメキシコなどからの不法移民は恩赦（*pardon）を受けた．

1990 年改正の移民法では，25 年ぶりに大改革が行なわれ，毎年の移民総数は 67 万 5000 人に引き上げられた．共産党員や全体主義政党の党員は入国できないことになっているが，実際には政治的信条による差別は行なわれなかった．◆1991 年から 98 年までの米国への移民のうち，出身国別で最も多いのはメキシコ（25.1% で 193.3 万人），次がフィリピン（5.7% で 43.4 万人），次が旧ソ連（5.1% で，38.6 万人）である．2001 年 7 月に米国政府の移民帰化局（the *Immigration and Naturalization Service）が持っている非合法移民の国別推計は 1996 年10 月のもので，それによれば，メキシコ 270 万，エルサルバドル 33.5 万，グアテマラ 16.5 万，カナダ 12 万，ハイチ 10.5 万，フィリピン 9.5 万などで，総計約 500 万人だったが，2001 年には 700～800 万人になっているだろうとのこと．◆2001 年7 月に，ブッシュ II 大統領は，非合法移民のうちメキシコ人だけ 100 万人に永住権を与える方針を明らかにし，他の不法移民や，民主党議員から，不公平だという不満の声があがっている．（この案は 9 月の同時多発テロ［⇨ WORLD TRADE CENTER, THE TERRORIST ATTACKS ON THE］発生で，実施が見送られている．）◆2001 年 9 月下旬，反テロリズムを唱えるブッシュ II 政権は，主としてアラブ系の移民を強く制限するために，移民法を改正し，国内外であらゆる手段を尽くして，移民を希望する者や不法移民を企んでいる者についての情報を収集する権限を，捜査当局および移民帰化局に与えるという法案を作成した．特に当局による電話盗聴には裁判所の許可は不要にするというので，the *American Civil Liberties Union（アメリカ自由人権協会）のような人権団体はもちろん，右翼団体からさえ抗議の声が挙がっている．⇨ ANTITERRORIST LAW; IMMIGRATION JUDGE

Immigration and Naturalization Service, the 《米》「移民帰化局」略は (the) INS. 1891 年に創設．司法長官 (the *Attorney General (1)) の指揮下にあり，全国 3 つの地域，33 の地区，21 の国境パトロール地点，およびバンコク，メキシコシティ，ローマの 3 市に司令部を置いている．一定の条件を備えた者に移民や帰化の許可をするほか，国境警備隊 (the U.S. Border Patrol) と協力して不法な越境を防ぎ，緊急避難してきた者を保護し，密輸出を取り締まり，越境者や密輸入者を逮捕するなどが主な役目である．2000 年 4 月にフロリダ州の町でキューバの少年 Elian Gonzalez をかくまっていた親族の家を武装部隊で急襲し，少年を保護したのは INS の隊員たちであった．◆2001 年 9 月の同時多発テロ (⇨ WORLD TRADE CENTER, THE TERRORIST ATTACKS ON THE) のあと，INS による取締りはいっそう強まるに違いない．⇨ IMMIGRATION ACTS; IMMIGRATION JUDGE

immigration judge 《米》「移民裁判官」 司法省には移民帰化局とは別に the Office of the Chief Immigration Judge（首席移民裁判官事務所）があり，そこに約 210 名の移民裁判官が所属し，国内約 40 個所で，移民許可や移民法違反の裁判をし，違反者の強制送還や，亡命の許可などを独自に決めている．判決に不服のある者は，15 名のメンバーと法律問題助言者から成る the Board of Immigration Appeals（移民問題上訴審議会）に訴えることができる．◆移民裁判は公開が原則だが，証人その他の関係者に危険が及ぶとき，および公共に利益のためにぜひとも必要な場合には，非公開にすることも認められている．ところが，2001 年 9 月 11 日のテロ (⇨ WORLD TRADE CENTER, THE TERRORIST ATTACKS ON THE) のあと，首席移民裁判官の指示，および John *Ashcroft 司法長官のテロ対策強化策によって，移民裁判官は移民裁判をほとんどすべて非公開で行なってきた．9 月 21 日から年末まで，560 人以上が非公開裁判にかけられたが，理由があいまいであり，それは公開の裁判を保障する憲法第 6 補正に違反している疑いがある．⇨ IMMIGRATION ACTS; IMMIGRATION AND NATURALIZATION SERVICE

immunity (1)「不逮捕[非訴追]特権」⇨ DUE PROCESS OF LAW (2)「証言

責任の免除」⇨ EVIDENTIARY PRIVILEGE; SOVEREIGN IMMUNITY; USE IMMUNITY

impeachment 《米》「弾劾(だんがい)」 ⇨ PRESIDENT; 憲法第 1 条第 2 節 5 項，第 3 節 6 項，第 2 条第 4 節，第 3 条第 2 節 3 項

imprisonment 「拘禁」 刑務所に収監されるという意味だけではなく，官憲によって身体の(行動の)自由を奪われることをも意味することに注意. 警官が通行人に「そこから動くな」と命じるだけでも，ある状況のもとでは false imprisonment (不法監禁) になり得る. ⇨ FALSE

inadmissible 「(自白や証拠が)認められない」 裁判所が証拠として受理できない，の意. ⇨ DUE PROCESS OF LAW [デュープロセス無視の例 1]

inadvertent discovery 《米》「偶然の発見」 職務執行中の警察官が目の前で偶然に発見した証拠で，一般には *plain view doctrine (明視の法則) によって，令状なしに押収できる. ⇨ EXCLUSIONARY RULES [例外を設ける試み]; INEVITABLE EVIDENCE

in banc 「全裁判官の合議で」 ⇨ EN BANC

in camera 「非公開で」 [インカムラ] と発音される原語は，in a chamber を意味するラテン語. 傍聴人や，新聞やテレビの記者の立ち入りを許さず，裁判官だけが(時に裁判官のオフィスで)証言を聞く場合に使われる. 国の安全保障に関する問題や，子供に関係する性的な事件は，よく非公開で裁判が行なわれる. 2001 年 11 月に連合王国が立案したテロリスト裁判の法案では，容疑者は高等法院の判事によって非公開で行なわれるというので，市民の自由の運動家たちは「欧州人権条約」(the *European Convention on Human Rights) 違反だと言って反対していた.

incarceration 「投獄; 監禁; 拘禁」 ⇨ PRISON

incorporation doctrine [theory], the 《米》「組み込み理論」 憲法の the *Bill of Rights (2) (権利章典) のうち第 1～8 補正は連邦政府を規制する(国民を連邦政府の不法から護る)ものと解釈されていたが，第 14 補正第 1 節のデュープロセス (*due process of law) 条項によって，第 1～8 補正は州政府を規制する(つまり，国民を州政府の不法から護る)ものにもなったという考え. 連邦最高裁判所は，デュープロセス条項が第 1～8 補正のすべてを取り込んでいると多数で判断したことは一度もなく，そのうちで第 2，第 3，第 5 の一部(大陪審に関する規定)，および第 7 を除く特に重要な補正だけは州その他の自治体を規制できると解釈している. これを (the total incorporation doctrine に対して) the *selective incorporation doctrine という. ◆レーガン大統領の腹心で，司法長官(在任: 1985-88)でもあった Edwin Meese III をはじめ，権利章典の州法への組み込みに強く反対する人々の多くは，それが州の固有の権利を侵すと思い

込んでいるらしい. ⇨ FRANKFURTER, FELIX

independent agent 《米》「独立行政機関」 連邦の内閣(the Cabinet (1))を構成する省からは独立した行政機関. 例えば, the Environmental Protection Agency (環境保護庁 ⇨RESOURCE CONSERVATION AND RECOVERY ACT), the Federal Trade Commission (連邦通商委員会 ⇨ OFFICE OF FAIR TRADING), the Federal Reserve Board (連邦準備制度理事会 ⇨ FEDERAL RESERVE SYSTEM) など.

Independent Counsel 《米》「独立検察官」 1978 年, Watergate 事件のあとにできた the *Ethics in Government Act (政治倫理法) によって, 政府高官や選挙運動責任者の不正を調べるために, 司法長官が必要と認めれば, 判事 3 名から成る特別法廷によって独立検察官を選定してもらえるようになった. ニクソン大統領はかつて司法長官が任命した特別検察官 (Special Prosecutor) を解任した (⇨ SATURDAY NIGHT MASSACRE) が, 今度はそれができない仕組みになっていた. 周知のように, Kenneth Starr 独立検察官は, クリントン夫妻の知事時代の不正容疑を調べる目的で任命されたにもかかわらず, 大統領の犯罪を暴いて弾劾裁判に持っていくために, 莫大な予算を使い, 公正を疑われる方法で証拠を収集したが, 結局, 上院の裁判でクリントンは無罪と判決された. 連邦議会は 1999 年 6 月 30 日で独立検察官制を廃止したが, スターほか 4 人の独立検察官は捜査を続行した. スターが辞任すると後任者 Robert Ray が選任され, 今度はそのレイが「大統領の任期が切れたらクリントンを起訴する」と言い続けた. しかし, クリントン夫人の Whitewater 事件など一連の疑惑については証拠不十分で, 2000 年 10 月に訴追を断念した.

independent source 《米》「独立の証拠」 不当な逮捕や捜索とは無関係に, しかし, やはり令状なしに得られた [発見された] 証拠. ⇨ EXCLUSIONARY RULES

indeterminate sentence 《米》「不定期刑」 判決のとき, 該当する犯罪について法律が定めている最大刑の範囲で, 最短では何年, 最長では何年とだけ決める刑. 実際の刑期は parole board (仮釈放審査委員会) がのちに定める. 仮釈放が許可される年になったあとは, 残りの刑期が免除される可能性は大いにある. ⇨ DETERMINATE SENTENCE

index crimes; index offenses 《米》「指標犯罪」 The *FBI が *The *Uniform Crime Reports* で使用している (米国で多く発生する重大な) 刑事犯罪の分類. willful homicide (故意の殺人), forcible rape ([法定強姦以外の] 強姦), *robbery (強盗), *burglary (不法目的侵入), *aggravated assault (加重暴行), *larceny (窃盗), *motor-vehicle theft (自動車窃盗), arson (放火) の 8 種類である.

Indian reservations 《米》「インディアン保留地」 北米先住民 (Native Americans) の子孫であるアメリカインディアン，エスキモー，および Aleuts (アレウト人) などに米国政府から与えられている土地で，33 州に 542 ある．Nations や tribes などと呼ばれている先住民は約 550 グループあり，人口の総計は約 120 万人．うち 100 万人が保留地に住む．保留地はオクラホマ州のほか，アリゾナ，ニューメキシコ両州などの米国南西部と，カリフォルニア州に多く，人口が 10 万人以上の部族は Cherokee (チェロキー)，Navajo (ナヴァホ)，Chippewa (チペワ)，および Sioux (スー)．現在は石油やウラニウム鉱石の産地になっている保留地もあるが，概して不毛の砂漠が多い．◆保留地に住むインディアンは所得税を支払う必要がなく，州法に従う義務もない．警察や裁判も部族独自で運営していることが多い．警察官の制服やパトロールカーは，旅行者が見ただけでは州警察のものと見分けがつかない．ギャンブルは禁止という保留地がほとんどだが，近年はカシノを開いて収益を挙げているインディアン保留地が増えてきた．保留地を管理するのは連邦政府の the Bureau of Indian Affairs (インディアン問題局) で，1824 年に戦争省の一部として創設されたが，1849 年に内務省 (the *Department of the Interior) に移管された．その職員の多くがインディアンである．⇨ AMERICAN INDIAN MOVEMENT; AMERICAN INDIAN TRUST FUND; 憲法第 1 条第 8 節 3 項

indictment 「起訴状」 発音は [インダイトメント] に近い．⇨ BILL OF INDICTMENT; COURT PROCEDURES (2); GRAND JURY

industrial spy 「産業スパイ」 ⇨ ECONOMIC ESPIONAGE

inevitable evidence 《米》「必然的な発見(物)」 警察官が憲法第 4 補正で禁じられている不当な逮捕や捜索によらなくても，いずれ発見される証拠で，これが *plain view doctrine (明視の法則) に合っているなら，令状なしに押収できる．しかし，警察官がバスの網棚に置いてあったバッグに手を触れることによって発見した物品は証拠にならない．これについては EXCLUSIONARY RULES の項を参照．⇨ INADVERTENT DISCOVERY

in forma pauperis 「インフォーマ・ポーパリス; 訴訟援助」 ⇨ LEGAL AID; 憲法第 6 補正の解説

information (1) 《米》「略式起訴状」 起訴するか否かを大陪審 (*grand jury) の審査を経ないで決める郡などで，検察官が独自に裁判所に提出できる起訴状．ただし，死刑相当の犯罪の場合は受理されない．⇨ COURT PROCEDURES (2)

(2) 《英》「訴追請求書」 警察官や一般人が事件の内容と容疑者名を書いて *magistrate (マジストレート; 治安判事) に提出し，逮捕状や召喚状を発行してもらうもの．また，「告訴状」の意味にもなる．これは警察がマ

ジストレートに事件の詳細を述べる書類で，それが裁判の第一歩になる．

infraction 《米》「違法行為；軽犯罪」 契約違反や義務違反の意味でも用いられるが，文字通りの「軽罪」を意味することが多い． ⇨ MISDEMEANOR

injunction 「差止め命令」 もともと *equity 上の救済方法で，裁判所が被告に一定行為の禁止や，逆に一定行為の実行を命じたりする．違法行為の停止命令は prohibitory injunction と呼ばれる．反対に，例えば，河川に大量のごみを不法投棄した会社に川の原状を回復するよう要求するような命令は mandatory injunction (作為的差止め命令) と呼ばれる．詳細は EQUITY の項を参照．

inner city 「インナーシティ；都市のスラム」 都市の人口密集地域で，しかも，失業者や貧しい少数民族の人が多く住み，犯罪率が高い．この地域にスラムのイメージが結びつくようになったのは 1960 年代からだが，当初は英米共に政府はほとんどなにも手を打ってこなかった．1980 年代の後半からようやく再開発が始められ，商工業の活性化や教育施設の改善が図られるようになった．

innocent 「明白に有罪である；(真犯人逮捕やアリバイなどで)身の潔白が証明された；犯意や悪意が全くない；(購入物などが)犯罪がらみであることを全く知らない」 not guilty (無罪) はふつう「被告の刑法違反が証拠によって完全には証明されていない」(⇨ BEYOND (A) REASONABLE DOUBT) という意味の評決で，被告が完全に潔白だという判断だとは限らない．しかし，無罪判決を受けた者は，どんな疑いが残っていても，法律上は完全無罪の人と同じである．罪状認否の際に被告が "Not guilty" と申し立てるのは，「あくまで裁判で争う」という意思表明で，黙秘している被告に代わって裁判官がそう言うこともある． ⇨ GUILTY

Inns of Court, the 《英》「法曹学院」 ロンドンに 14 世紀初期からあって，現在も *barrister 団の元締めとして活動している Lincoln's Inn, the Inner Temple, the Middle Temple, Gray's Inn という 4 つの，それぞれ独立した自治組織の総称．Inn というのは，昔そこが地方の法律家を泊める宿屋だったから． ◆イングランドとウェールズのバリスター(また，一般にその経験者から選任される上位裁判所の裁判官)を志望する者は，ふつう Gray's Inn にある Inns of Court School of Law (通称 the Bar school) で教育を受け，同校にある the Council of Legal Education (法学教育評議会) の資格試験に合格しなければならない(他の方法は BARRISTER の項を参照)．いったんバリスターになったら上記 4 つのインのいずれかに所属する． ◆北アイルランドの法曹界に入る者は the Honourable Society of the Inn of Court of Northern Ireland に所属して資格を得る．スコットランドの場合には，the *Faculty of Advocates（スコットランド弁護士会）に所属して資格を得る．⇨ ADVOCATE ; BAR ; SOLICITOR

insanity 「精神障害；心神喪失」 1843 年に起こった英国の殺人事件(Daniel M'Naghten という男が，異常な幻覚に襲われて Sir Robert Peel の秘書を殺害したが，無罪になった事件)に由来する M'Naghten Rules (マクノートン準則) によれば，人は精神異常を理由に法的な自己防衛をすることができる．自己防衛のためには，犯罪の時点で精神障害があって，自分がとっている行為の様相や目的を知らなかった(悪いことをしているという意識がなかった)，または，日ごろは，それが違法であることを承知しており，実行はしなかったに違いない，ということを証明する必要がある．ほかの点では正気でも，犯行当時，異常な幻覚に襲われたことが証明されれば，無罪を主張できる．人は，法的には，精神異常と証明されるまでは正気(善悪を判別する理性を持っている)と見なされる．ある人は insane だが善悪を判断する能力はある，というのは矛盾した言い方である．もし重大な犯罪をおかした者が重い精神障害と証明されたならば，裁判官は無罪を宣告し，被告を精神病院に(英国なら *Broadmoor などに，内務大臣の退院許可が下りるまで)収容しなければならない．よく問題になるのは，飲酒や麻薬で一時的に正気を失って犯罪を起こす場合である．1997 年に英国で，大量の酒を飲んで車を運転し，逮捕されたときに，insanity を理由にして第一審で罪を免れた X という者がいた．しかし，控訴審では，the defense of insanity が認められるのは，*mens rea (犯意) の有無が問われる場合のみであり，こういう *strict liability の罪では精神異常の抗弁は認められないとして，X は有罪とされた．麻薬の場合もそうだが，酔った状態で異常な行動に出る自分の習癖を知りながら大量の酒を飲んだ人の犯罪が，精神異常のせいだとして免責されることはあるまい．米国の多くの裁判所は the American Law Institute's *Model Penal Code* (1962) を基準にしているようだが，日本と同じで，なにをもって精神異常とするか，善悪を判断する能力をどう見極めるのか，裁判に耐える能力をどうやって判定するのか，などについての完璧な基準はない．米国の(たぶんほんとうの)精神異常者による怪奇な事件については GEIN, EDWARD の項を参照.

Institute of Legal Executives, the 《英》「法律専務協会」⇨ SOLICITOR

institutionalised racism 《英》「組織的な人種差別」 1993 年に起こった the *Lawrence case に対する首都警察 (the *Metropolitan Police Service) の怠慢に関する内務大臣への調査報告書(1999 年)に出てきた言葉で，「個人レベルから，組織(特に警察組織)に浸透した人種差別」の意味．報告は首都警察の組織全体を糾弾しているのではなく，そういう「腐敗病菌 (corrosive disease)」が組織を侵していると指摘している．⇨ PAKI BASHING

instructions 《米》「説示」 裁判の最終段階で，陪審に向かって裁判官が事件の概要，証拠の評価で注意すべき点，法律上の問題点などを説明すること．(jury) charge や jury instructions とも言う．《英》では summing up (または summing-up) と呼ばれる．⇨ CHARGE (2); CLOSING ARGUMENT

裁判官の説示に誤りが含まれていると，*due process of law の原則に違反しているので，裁判をやり直す必要が生じる．カリフォルニア州の Bruce Morris という男(犯行当時 28 歳)は，1985 年に，便乗させてくれたヴァンの運転者を，ヴァンを盗むために石や棒で殴って殺した罪で 87 年に死刑を宣告された．一審の裁判官は陪審への説示のなかで，陪審はモリスを死刑または「仮釈放の可能性のない終身禁固刑 (life in prison without the possibility of parole)」に処することしかできない，と口頭で数回述べた．ところが，陪審に渡された説示書にはタイプミスがあり，“without” が “with” になっていた．そのために陪審は，この凶悪犯人が仮釈放される可能性があると信じ，それを恐れて死刑の評定を下した，という可能性がある．モリスは上訴を望まず，むしろ死刑になることを望んでいたが，2001 年 12 月 6 日に，連邦第 9 巡回区控訴裁判所は 3 名一致の判決で，裁判のやり直しを命じた．◆説示に関連した別の重要な判決については ABU-JAMAL, MUMIA の項を参照．

instrument 「(法律的な)文書」 契約書，遺書など．banking instrument と言えば，証券，小切手，為替証書，約束手形など，正当な保有者に額面どおりの支払いを公的機関が約束している文書のこと．

integrated bar 《米》「強制加入制法律協会」 ⇨ BAR ASSOCIATION

integration 「統合」 *money laundering の第 3 段階．

intellectual property rights 「知的所有権」 著作権のほか，商標権，特許権，工業意匠権 (industrial design rights), 半導体集積回路の設計特許，植物品種改良の特権，営業秘密権など．国連は 1967 年のストックホルム条約に基づいて，70 年に the World Intellectual Property Organization (WIPO: 国際知的所有機関) を設立し，特許，発明，実用新案，意匠，商標などの保護に乗り出している．1999 年 11 月 29 日には the Intellectual and Communications Omnibus Reform Act of 1999 (1999 年知的・情報通信包括改正法)が連邦議会で成立し，2000 年 11 月 29 日から実施された．これによって，特許出願中の発明技術は(以前であれば，特許が取れるまで公開されなかったのに)出願日から 18 カ月を経過する

と一般に公開される. ⇨ COPYRIGHT ; PATENT

intelligence 「諜報活動; 情報収集活動」 (1)《英》連合王国には, 1994年の the Intelligence Services Act (情報サービス法) に基づいて, 国家安全保障と, 外交と, 国民の安全にかかわる情報を収集する次のような機関がある. 本部はいずれもロンドン市にある.

① The GCHG = the Government Communications Headquarters (政府情報伝達本部). これは上記の 1994 年情報サービス法に基づいて, 外務省の管理下に置かれ, 国家安全保障, 国の経済の安定, および重大な犯罪の防止のために必要な情報を政府の諸機関に発信するほか, 各省や軍に, また鉄道, 電力など重要な施設の責任者に, 安全保障に関する助言や助力を提供する.

② The Secret Intelligence Service (機密情報局). やはり 1994 年の情報サービス法に基づいて設置された. 外務省の管轄下で, 'C' と呼ばれる局長 (the Chief) が指揮をとる. 政府の安全保障と諸政策を守るのが主目的. 通称は *MI6 [エムアイシックス] で, 詳細は同項参照. ① と ② の機関によって被害を受けた者は the Intelligence Service Tribunal という行政審判所に調査と賠償を求めることができる. これは政府とは独立した機関で, 女王が任命する 3 名の経験豊かな法律家が裁判官をつとめる.

③ The Security Service (保安局). 1989 年の the Security Service Act (保安法) によって設置. 外国によるスパイ活動, テロリズム, 国会転覆を含む破壊活動, 武器の拡散, 経済的な脅威などから国民を護る. 通称は *MI5 [エムアイファイヴ] で, 詳細はその項を参照. この機関によって被害を受けた者は the Security Service Tribunal (裁判官は女王が任命した 3～5 名の法律家) に訴えることができる. これらのほかに, 刑事犯罪情報の収集組織などがある.

(2)《米》米国の主な情報機関は,

① The *CIA = the Central Intelligence Agency (中央情報局). CIA の長官は the United States Intelligence Board (合衆国情報部) という重要な情報交換機関の長でもある. その他については CIA の項を参照.

② the NSA = the National Security Agency (国家安全保障局). CIA と連携し, 電子技術を駆使して情報の信号化や解読につとめる.

③ 陸海空軍の情報部. 陸軍では G2, 空軍では A2, 海軍では the ONI (= the Office of Naval Intelligence) と呼ばれている.

④ The Bureau of Intelligence and Research (the I & R: 情報収集調査局). 国務省にあって, 政治だけでなく, 経済, 科学, 社会問題などにかかわる情報を集めて分析し, 将来を予測する.

⑤ The Defense Intelligence Agency (the DIA: 国防情報局). 国防省

にあり，同盟国と敵対国との国防能力を探る.

⑥ The *FBI = the Federal Bureau of Investigation (連邦捜査局). FBI の項を参照

ほかに，財務省，エネルギー省，the *Drug Enforcement Administration (麻薬取締局) などが情報収集機関を持っているが，the Office of *Homeland Security (国土安全保障局) にも設置されたはず. スパイの活動については ESPIONAGE の項を参照.

intelligent-design theory 《米》「知的デザイン説」 ⇨ CREATIONISM

inter alia 「なかんずく; とりわけ; 主として」 among others を意味するラテン語で，判決文でよく使われる. 人を指す場合は inter alios (= among other persons) が使われる.

Interception of Communication Act 1985, the 《英》「1985 年通信傍受法」 ⇨ EUROPEAN COURT OF HUMAN RIGHTS

interests of justice 《英》「法的公正の問題」 控訴裁判所は下位裁判所の判決にこれ(証拠の扱いなどの問題があって，判決が *safe ではないと考えられる事実)がある場合には，再審を開始できる.

intergovernmental immunity doctrine, the 《米》「政府間免責特権の法理」 各州政府と連邦政府間で認められている免責特権で，最も顕著なのは *McCulloch v. Maryland* という 1819 年の連邦最高裁判所判決で始まった納税の免責. その判決で，州政府は州内にある連邦の諸機関に対して課税してはならないと命じた. のちに連邦政府も州の諸機関に課税してはならないという判決が下された. 州内にある連邦の不動産に対する課税も原則として許されない. 州が経営するアルコール飲料専売店のように，政治と直接には関係のない事業に対して連邦が課税することは認められる.

intermediate appeal court; intermediate court; intermediate court of appeal 《米》「中間上訴裁判所」 第一審裁判所 (*trial court) と最高裁判所との中間に位する. 最高裁判所が処理しきれないほど多くの上訴が行なわれるので，これが設置されるようになった. 現在は，ほとんどの州にある.

Internal Revenue Code of 1986, the 《米》「1986 年内国歳入法典」 略は *the IRC*. 連邦税に関する法規のすべてを集大成した 6000 頁にも及ぶ複雑難解な大法典で，1939 年にできたあと，54 年に改訂され，86 年には the *Tax Reform Act (租税改革法) によってまた大きく変えられ，あらゆる連邦税――法人税，個人の所得税，固定資産税，(酒税のような)消費税，固定資産税，贈与税など――の定義を示す. また，社会保険を維持するための税制，個人年金プランに必要なファンドの諸条件，アルコール，たばこ，火器製造にかけられる税金の上限なども定めている.

Internal Revenue Service, the 《米》「内国歳入庁; 国税庁」 略は the IRS. 1862 年の法律によって設立された, 財務省の大きな部局. もろもろの連邦税法を執行し, 毎年 1 兆ドルをはるかに超える歳入(個人と法人の所得税, 社会保障税, 法人税, 酒たばこを除く物品にかかる税, 贈与税など)を, できるだけ強制手段を執らずに徴収するが, 悪質な脱税には厳しい処置をとる. ⇨ CAPONE, AL ; REVENUE OFFICER

International Court of Justice, the 「国際司法裁判所」 略は the ICJ. 通称は the World Court. 国連の主要な常設司法機関. 1945 年に国際連盟時代の the Permanent Court of International Justice (常設国際司法裁判所) を継承したもの. オランダのハーグにある. 裁判官はすべて国籍の違う 15 名で, 任期は 9 年. 3 年ごとに 5 名ずつが国連総会および安全保障理事会で改選される. 日本人の裁判官は 76 年から 3 期連続で小田滋がつとめ, 任期は 2003 年 2 月 5 日まで. 裁判所は国連諸機関の求めに応じて法律上の勧告をするほか, 国際法, 条約, 慣習に従って, あるいは (当事者の合意がある場合には) *ex aequo et bono で (= according to what is equitable and good; 衡平と善に従って; フェアーな解決法に従って) 国際紛争に判決を下す. 判決は拘束力を持つ. 個人や企業は裁判の当事者にはなり得ない. また, この裁判所の裁判管轄権限を認めない紛争当事国を, その同意なく訴訟の相手国にすることもできない. ただし, 一定の事項に関する法律的な紛争について国際司法裁判所の強制管轄を承認する「選択条項受諾宣言」をした国どうしならば, 一方の当事国の告訴によって裁判を開始することができる.

[**わが国だけは例外と言う米国**] 米国は 1948 年にこの選択条項受諾宣言をしたが, 米国の国内問題と判断する紛争については例外だという規定を設けた. しかし, ニカラグア事件(1979 年に政権の座を奪った民族解放戦線, サンディニスタ党に対して, 81 年以来, レーガン大統領が密かに the *CIA を使って the Contras (コントラ) という反政府組織を支援し, 政府転覆を謀ると同時に, ラテンアメリカ全域に米軍を展開しようとした事件)の管轄権判決で 1984 年 4 月に米国が敗訴したため, 米国は 85 年 10 月に, あと半年で上記の宣言を無効にすると国連事務総長に通告した. ◆国際司法裁判所は 2001 年 6 月 27 日に 14 対 1 で, 米国政府は, アリゾナ州が 1999 年に死刑に処したドイツ生まれの兄弟が持っていた国際的な権利を侵害したと断定し, 今後この種の有罪決定について再考するよう命令を発した. その兄弟 Walter and Karl LaGrand は 1982 年にアリゾナ州の銀行経営者を殺したかどで死刑の判決を受けた. その間, 州も連邦政府も在米ドイツ領事に対して, 兄弟の逮捕の事実も, 罪状も知らせなかった. これは「領事官は, 留置, 勾留, または拘禁されている派遣国の国民

を訪問し...弁護士をあっせんする権利を有する」云々という「領事に関するウィーン条約」違反であるとして，ドイツ政府が国際司法裁判所に訴えていたのである．米国政府はただちに条約違反を認め，謝罪をしたが，国際司法裁判所は今後は単なる謝罪ではすまないと警告している．人権に関する米国政府の対応には根本的にゆがみが見える．ウォルター・ラグランドが死刑に処せられる前日，米国政府の法律顧問とも言うべき the *Solicitor General (法務総裁) は連邦最高裁判所に対してわざわざ書面で「国際司法裁判所の命令や指示は拘束力を持たない」と述べた．世界諸国がそれを国連軽視と呼ぶのは無理からぬことだろう．♦上記の判決のあと，米国の司法省は類似のケースがいくつあるか把握していないと述べた．ドイツの外務省は，米国にはドイツ人の死刑囚だけで 4 人いると発表している．⇨ NUCLEAR WEAPONS

International Criminal Court, the 「国際刑事裁判所」 1998 年 7 月にローマで開かれた国連外交会議で設立を決定．所在地はオランダのハーグ．この裁判所が管轄権を持つのは (1) 集団殺害，(2) 人道に反する犯罪(殺人，奴隷的労役，重大な性的暴力，国際的な拉致や監禁，人種差別などを含む)，(3) 戦争犯罪(非軍事施設への攻撃や，人質を取ることを含む)，(4) 侵略，である．常勤裁判官はすべて国籍の違う 18 名だが，必要に応じて増員されることもある．任期は 9 年で，3 分の 1 が 3 年ごとに改選される．♦約 120 国の代表が上記の会議に参加．2000 年 10 月中旬までに 114 カ国がそれに調印し，14 カ国が批准した．60 カ国が批准すれば発効するが，それまでさらに 3 年を要すると見られている．英国，フランス，ロシアは早い時期に調印し，カナダは批准までしているが，中国など 7 カ国が調印をためらっている．米国は国防省の抵抗で足踏みしていた．国際刑事裁判所は各国の刑事裁判システムを補完するものであり，司法制度がよく機能している国やその国民がそこで裁かれることはあり得ないが，30 万人を海外派兵している米国は，自国の軍人や公務員が国際法廷に引きずり出される可能性を極度に恐れているのである．しかし，クリントン大統領は 2000 年 12 月 31 日の日曜日に，共和党および国防省の強硬な反対を押し切って上記の条約に署名した．共和党の首脳は退任直前のクリントン大統領の行為に憤慨しているが，同大統領の署名によって，米国が国際刑事裁判所の規則に変更を加えることが容易になったと見る向きもある．2001 年 8 月，連邦上院の共和党は，国際刑事裁判所への米国の参加を明白に拒否しない限り，ブッシュ II 大統領が支払うと約束した国連分担金の支出は—それも，滞納額の約半額である 5 億 8200 万ドルさえ——認めないと息巻いている．⇨ U.N. CONVENTION AGAINST TRANSNATIONAL ORGANIZED CRIME

internet, the 「インターネット」 これを使ったポルノの伝達や，犯罪の一部については COMMUNICATIONS DECENCY ACT と PEDOPHILE の項を参照．著作権については COPYRIGHT の項を参照．

interposition 《米》「(州による)連邦介入拒否」 ⇨ STATES' RIGHTS; 憲法第6条第2項の解説

interpretivism 《米》「解釈主義」 法律の素人にとっては極めて不可解な用語．司法審査に当たる連邦最高裁判所は，憲法に明記してある，あるいは憲法制定過程で議論された，あるいは憲法が疑いなく黙示している規範のみを適用すべきだという考えを指す．つまり，時代の変化に伴って(憲法の起草者たちが全く考えもしなかったであろう)解釈――例えば憲法第1，第3，第4，第5，第9補正によってプライバシーの権利が保障されているという解釈――を持ち込むべきではないという考えである．同じ解釈主義でも the *original intent (起草者の意図) をよく推量すべきだという考え (loose construction) と，憲法の文言だけに忠実であるべきだという考え (strict construction) とに分かれている．解釈主義に対立するのは non-interpretivism (非解釈主義) で，裁判所は憲法に明文の規定がなくても，変化する時代の要請に従って，新規範を作ってもよいという立場であり，リベラルな *judicial activism はその立場をとってきた． ⇨ CONSTITUTIONAL CONSTRUCTION; FOUR CORNERS; MODERNIST

interstate rendition 《米》「国内での引渡し」 ⇨ EXTRADITION

IRA, the 《北アイ》 = the Irish Republican Army 「IRA; アイルランド共和派軍」 よく「アイルランド共和国軍」と訳されるが，実際にはアイルランド共和国が非合法としている秘密組織．つまり，北アイルランドを連合王国から切り離してアイルランド共和国に併合したいと熱望するカトリック信者たちの一部から成る私兵組織 (paramilitary organization) である．1919年に独立運動を進める地下活動を始め，1921年の the Anglo-Irish Treaty で アイルランドの北部が独立を妨げられたことに憤慨して，the *Black and Tans と戦い，敗れたのちも反英抵抗運動を続けた．*Sinn Féin 党と親密な関係にある． ◆1969年にIRAから一部が離脱して，the Provisional IRA (暫定IRA) と名乗って，北アイルランドのプロテスタント，英国軍，一般市民などへの暴力的なテロ活動を始めた．The *Good Friday Agreement (聖金曜日の合意) の実行を最も妨げてきた集団だが，かげでこれを支持するカトリック勢力があるらしい．他方，プロテスタント側のテロも同様に無差別で陰惨であった．

[武装解除] IRAは2000年5月にようやく武器を使用不能の状態に置くと発表し，国際的な監視のもとで武器をどこか容易には持ち出せないところに隠したようだが，破壊はしなかったので，the Ulster Unionist

Party の党首 David Trimble は約束違反だとしてIRAに抗議し，2001年7月1日に北アイルランド自治政府の首席大臣(首相)を辞任した. ◆IRAは同年8月7日に，カナダなど中立国による「検証可能な形で」武器を使用不能にするという案を国際委員会に通告したが，連合王国政府および北アイルランドのプロテスタント政党の態度が冷たいというので，1週間後にあっさり提案を撤回し，またもや膠着状態に陥った. ◆北アイルランド政府のプロテスタント政党は活動を停止し，連合王国は北アイルランドの自治を一時停止すると決意した. その矢先に事態は一転し，IRAが大量の銃，弾薬，爆発物を廃棄したことを確認したと，10月23日に中立的な国際委員会(責任者はカナダの元将軍である John de Chastelain)が発表した. シン・フェイン党の党首 Gerry Adams が IRA を強く説得した結果であるが，その裏には連合王国，アイルランドの政府，米国を含む国際委員会の粘り強い交渉があった. IRA としても，国際テロリストの汚名を浴びて，アイルランド系米国人などからの支援を失うことを恐れたのであろう. これで，トリンブルが北アイルランド政府の首席大臣に再任されることは確実と見られていたが，党内に抵抗勢力があって再任問題は宙に浮いている. ◆「真のIRA」(the *Real IRA) だけは武装解除 (decommissioning) の気配を全然見せていない. ⇨ HATE GROUPS (3); NORTHERN IRELAND

IRS, the = INTERNAL REVENUE SERVICE

Irvine, Lord (1940-)《英》= Alexander Andrew Mackay Irvine「ロード・アーヴィン」 英国の政治家. グラスゴー大学とケンブリッジ大学で学んだ *barrister であり，1992年から影の内閣の the *Lord Chancellor (大法官) を経て，97年に *Blair 政権の大法官になった. 1987年に一代貴族としての baron の爵位を得た. ブレア首相の親しい友人.

Irving, Clifford (1930-)《米》「クリフォード・アーヴィング」 米国の出版詐欺師. スペインに住むフリーランスのノンフィクション・ライターであったが，妻 Edith および友人の Richard Suskind と共謀し，ジャーナリズムの前に決して姿を見せないなぞの大実業家 Howard Hughes (1905-76) の「自叙伝」をでっちあげ，McGraw-Hill 社からヒューズに支払う76万5000ドル分の小切手を預かって，Helga R. Hughes という偽名を使っていた妻イーディスにスイスでそれを現金化させた. もちろんマグローヒル社は，あらかじめ複数の専門家に原稿の筆跡鑑定を依頼していたが，アーヴィングとサスキンドは雑誌に載ったヒューズの手紙を丹念に研究し，そっくりの字で原稿を書いていたので，だれも偽物とは見破れなかった. ヒューズ自身はそれを全くのでっち上げだと言ったが，そのとき原稿料はすでにアーヴィングらのものになっていた. スイスの銀行が慣例を破って，イーディスによる小切手の現金化を暴露したので，アーヴィングらは逮捕された．アーヴィングは1972年3月に連邦犯罪で2年半の禁固刑を受けたが，実際には17カ月で釈放された．

Irving, David (1938-　)《英》「デイヴィッド・アーヴィング」 英国の自称歴史家．ヒトラーは1943年までユダヤ人の大量処刑のことを知らなかったとか，アンネ・フランクの日記は偽物だなどと書いた *Hitler's War* (1977) や，ヒトラーの腹心ゲッペルスの伝記など30冊余りの本を公にした．それらと，英国，ドイツ，オーストリアなどでの多数の講演で，第二次世界大戦中のドイツ軍によるユダヤ人大量虐殺は事実無根，あるいはきわめて誇張されたもので，アウシュヴィッツ強制収容所跡にあるガス室は戦後にポーランド人が造ったものだと主張し続け，ネオナチを勢いづかせた．彼は，Penguin Books から出た米国の学者 Deborah Lipstadt (Emory 大学の現代ユダヤ学およびホロコースト研究の教授)の著書 *Denying the Holocaust; the Growing Assault on Truth and Memory* (1993) によって自分の主張を否定され，名誉を毀損されたとして99年にリップスタット教授とペンギン社を訴えた．2000年1月から始まった the *High Court of Justice (高等法院) での裁判でアーヴィングは4月に敗訴し，5月上旬に裁判費用15万ポンドの支払いを命じられたが，本人に支払い能力がないので，破産を宣告された．この裁判は裁判長の職権によって陪審 (*jury) なしに行なわれた．学問的な論争の軍配を陪審員に預けるのはとても無理だからである．

Isle of Man, the 《英》「アイル・オブ・マン；マン島」 イングランドとアイルランドの中間，the Irish Sea (アイリッシュ海) にある――マン島レース (the Isle of Man Auto-Cycle Union Touring Trophy) で有名な――大きな島で，昔はノルウェー領．1266年からスコットランドの領地になったが，1765年に英国王の支配を受けるようになった．現在も *Crown Dependency (国王保護領) で，元首はエリザベス2世である．英国の領土でありながら連合王国の一部ではなく，the Tynwald という名の議会を持ち，独自の法制度と貨幣と税制を持っている．人口は7万1700人 (1999年)．首都は Douglas. 住民の所得税が安く，最高税率は20%．非居住者が島内に所有する会社には法人税がかからないし，非居住者は利子・配当に課税されないので，多くの企業がここをタックスヘーヴン (tax haven) に利用している．連合王国と違って EU には加盟していないので，税金面で EU の決定に縛られることはない．EU がこれに強い不満と持っていることについては CHANNEL ISLANDS の項を参照．

issue preclusion 《米》「すでに否定された争点での再審禁止」 ⇨ COLLATERAL ESTOPPEL

J

Jack the Ripper 《英》「切り裂きジャック」 英国の殺人事件の犯人 ⇨ Yorkshire Ripper

jail 「刑務所; 拘置所」 米国の jail はまだ裁判を受けていない容疑者や，裁判中の刑事被告人を勾留する郡保安官事務所および市警の「留置場」という意味と，重大犯罪 (*felony) よりは軽い罪 (*misdemeanor) で，ふつう半年未満，時には 1 年未満の禁固刑を受けた犯人を収監または拘置する「郡刑務所」という意味と，両方ある．州刑務所の収容能力が限界を越えたときなど，重罪犯人が郡刑務所に収容されることもあり得る．州刑務所に収容される犯罪者の刑期は 16 カ月以上という場合が多い．米国の受刑者は 1970 年には 20 万人以下であったが，1998 年には 120 万人が *prison (刑務所) に，そのほか約 50 万人が local jails (郡と市の拘置所) に収容されていた．ただし，英米共に，日常的には prison も jail と呼ばれることが多い．

James Bulger case 《英》「ジェイムズ・ブルジャー殺人事件」 英国の少年による幼児惨殺事件． ⇨ Bulger murder ; European Court of Human Rights

Japanese American Cases 《米》「日系アメリカ人事件」 1942 年に大統領命令 (*executive order) 9066 で，「軍事地域」(アラスカを含む太平洋沿岸の全域)に住んでいた日系人 12 万人(うち 7 万人は米国市民)に対する夜間の外出禁止，同地域への立入禁止，ユタ，アリゾナ州などのキャンプへの強制収容が行なわれたが，それにかかわる(特に連邦最高裁判所の)裁判．具体的には，① 夜間外出禁止令の合憲性を問うた *Hirabayashi v. United States* (1943) [裁判官の全員一致の判決 (9—0) で Gordon Hirabayashi は禁固 3 カ月の有罪が確定]; ② 米国生まれ，サンフランシスコ育ちの日系米国人 Fred Korematsu が強制移転命令に従わず，有罪判決を受けて上訴した *Korematsu v. United States* (1944) [6—3 でコレマツの禁固 5 年の刑が確定]; ③ 同様の事件である *Ex Parte Endo* (1944) (⇨ ex parte) の 3 件．いずれも多数意見を書いたのは，のちに自由人権派と呼ばれるようになった (Hugo L. Black を初めとする)裁判官たちであったが，憲法第 5 補正のデュープロセス (*due process of law) 条項を厳密に守らず，政府および軍部による意図的な誤情報を鵜呑みにして，沿岸防衛が国家にとってきわめて重大な利益になると決めてかかる，という法正義に反する判断を下した．1980 年代に入って議会の調査で誤りが明らかになり，連邦裁判所は有罪判決を取り消した．議会はまた 1988 年 8 月 4 日に，「日系米人強制収容補償法」を賛成 257，反対 156 票で可決し，生存していた被害者 6 万人に公式な謝罪をし，各人に 2 万ドルの賠償金を支払うことを決めた(レーガン政権は 89 年 8 月になってもその補償金の支払いを実行しなかったが)．◆強制移住を合憲とした *Korematsu v. United States* の多数意見に対して，のちにニュルンベルク国際裁判所の合衆国選出首席検事をつとめた Robert H. Jackson (1892–1954) 裁判官は，反対意見 (*dissenting opinion) のなかで，軍部と大統領は将来二度とこんな "extraconstitutional action" (憲法逸脱行為) をやってはならぬと，強い警告を発した．

J.D. 《米》「JD」 *law school の卒業生が受ける基本的な学位．

Jehovah's Witnesses 「エホバの証人」 1870 年に Charles Taze Russell がペンシルヴェニア州で組織したキリスト教の教派が前身で，1884 年に the Watch Tower Bible and Tract Society of Pennsylvania となり，1931 年に現在の名になった．米国の信者は 97 万人強．英国の信者は約 13 万人．教会は長老制をとっているが，エホバの証人である各自が自分の牧師だという立場を基本にしている．聖書に書いてあることはすべて真実だと信じ，ハルマゲドンの戦いと終末が近づいていることを熱心に説く．キリストはまもなく世界の悪をすべて滅ぼし，14 万 4000 人の信仰深い者だけが天に昇って，キリストと共に天上の楽園を支配する，という．信者は日本を含む世界各地に Kingdom Halls (天国の会館) を持ち，115 カ国語の *The Watchtower* (ものみの塔) を配って積極的に伝道している．◆輸血を禁じているのが特徴のひとつ．日本の最高裁判所は 2000 年 2 月 29 日の「エホバの証人輸血訴訟」で，信者である子供に親の承認を得ることなく輸血したのは違法だとの判決を下したが，この種の判決は英米でも当然のことと見なされている．◆2000 年 6 月，世界各地から集まった「エホバの証人」のリーダー 12 人は，ニューヨークの会議で，「生死にかかわりのある場合に輸血を受けても破門 (disfellowship) の対象にならない」という注目すべき方針転換を決定した．

エホバの証人は憲法第 1 補正に保障されている権利と自由を確保するために，これまで(特に言論の自由に関する)多くの訴訟を起こし，その大半で注目すべき判決を得た．公立学校の生徒が，宗教的良心のゆえに国旗への敬礼を拒否できるという連邦最高裁判所の判決 *West Virginia State Board of Education v. Barnette* (1943) については，FRANKFURTER, FELIX

の項を参照．責任者の住所氏名を隠したまま宣教(や選挙運動や商品宣伝など)を行なう自由について，彼らが起こした訴訟(*Watchtower Bible and Tract Society v. Stratton, Ohio*)の最終的な判決は，おそらく2002年に連邦最高裁によって下される．⇨ ANONYMOUS POLITICAL SPEECH

Jennings, Elizabeth 《米》「エリザベス・ジェニングス」 差別と戦った米国の黒人女性 ⇨ PARKS, ROSA

Jersey 《英》「ジャージー島」 英仏海峡にある the *Channel Islands のうち最大の島．薄茶色の乳牛と繊維製品でジャージーの名はよく知られている．英国の *Crown Dependency(国王保護領)で，the State of Jersey という独自の政府を持つ．首府は St Helier. 居住者の所得税は最高20%，非居住者の所得税はゼロ．酒・たばこの税も低く，value-added tax (VAT: 付加価値税)はない．EU 加盟国は1999年6月末で空港での duty-free サービスを廃止したが，ジャージー島は EU に加盟していないので，ジャージー空港ではパスポートなしに入国した英国人が無税で商品を買うことができる．

joint and several liability 「連帯責任債務」 債権者は連帯責任を有する者を，グループとしても，あるいは個々にでも，訴えることができる．債務者はそのうちのひとり(法人でもよい)が賠償を命じられたとしても，共同でそれを負担する．ただし，そのひとりが(他の者に支払い能力がないなどの理由で)全額負担すると言えば，他の者の責任は免れる．⇨ DEEP POCKETS

JonBenet 《米》「ジョンベネ」 殺された6歳の少女．初動捜査の拙劣さが招いた難事件のひとつ．歌や踊りが得意な金髪の美少女としてもてはやされていた JonBenet Ramsey は，1996年のクリスマスの翌日に，コロラド州ボウルダー市の広壮な自宅の地下室で死体になって発見された．見つけたのは父親．死体の状況からして，殴られたあと首を絞められたらしい．初動捜査の不手際で，法医学的に犯罪を証明するものが押収されなかったせいもあって，ジョンベネが暴行を受けていたという報道と，実はそうでないという説とがある．母親の Patsy Ramsey は，(コンピュータ関連会社の経営者である)夫 John がジョンベネの死体を発見する前に，「娘を無事に帰してほしければ11万8000ドル用意せよ」という手紙を裏階段で発見したと警察に話している．雪のなかに靴のあとが見えない，外部からの犯行にしては脅迫状の書き方や要求金額が不自然，などなどの理由で，その後ジョージア州アトランタ市の近郊に転居した両親が疑われた．ラムジー夫妻は身の潔白を主張し，真犯人についての情報に高額の懸賞金を払うと約束している．郡の大陪審は13カ月も審議したが，物証がないのでだれひとり起訴できなかった．結局，ボウルダー郡の Alex Hunter

検事長は「捜査は決して終わっていないが」と断りながらも大陪審を解散させた．事件の 5 年後，ボウルダー市の警察は未だにラムジー夫妻を疑っている．しかし，数年前にハンター検事長から捜査協力を依頼されたコロラド州エルパソ郡のベテラン捜査官 Lou Smit は，状況を克明に再検討したあと，外部の者が侵入して少女を殺したと判断し，いつまでもラムジー夫妻ばかりを標的にする警察の捜査には協力できないと言って，18 カ月でボウルダーから去った．事件の前夜，ラムジー家のドアは(その近所の家のほとんどがそうであるように)ロックされていなかったという．◆一般に *murder (謀殺) の場合には時効はない．⇨ STATUTE OF LIMITATIONS

Josie 《英》「ジョシー」 1998 年に連合王国で大きな話題になった少女，Josephine Russell のこと．1996 年 7 月 9 日に，9 歳であったジョシーは，カンタベリー市からそう遠くない Chillenden 村を医師である母親 Lin (45 歳) と妹 Megan (6 歳) といっしょに下校中，金目当てと思われる男によって母親と妹を惨殺され，自分も目隠しされて木に縛られ，ハンマーで頭を殴られて 9 個所の脳挫傷を負った．犯人はこの少女が死んだと思ったらしく，逃亡したが，返り血を浴びているのを(犯人の)自宅近くで発見され，警察に通報された．Michael Stone という当時 38 歳の男が容疑者として逮捕され，第一審で終身刑 3 回という刑を受けたが，the *Crown Court (刑事裁判所) はその判決に疑問を抱いて，2000 年 2 月にいったん原判決を却下し，ストーンの身柄は拘束したまま，2001 年 8 月に再審を開始するよう命じた．ジョシーはカンタベリーの病院で奇跡的に体力を回復し，1998 年 10 月には犯罪の状況を 20 時間も冷静に話して，そのビデオを裁判所に提出した．

マイクル・ストーンの再審にあたったノッティンガム刑事裁判所は，陪審にストーンが一審で有罪になったことを知らせなかった．物証の乏しい事件にもかかわらず，陪審は 2001 年 10 月に 10 対 2 で彼を有罪と評決し，裁判官は第一審と同じく終身刑 3 回という重い刑を言い渡した．現在北ウェールズに住んでいるジョシーはそれを聞いて，短く “Oh, that's good.” と言ったそうだ．14 歳の彼女はウェールズの学校で 13 歳のクラスに入っており，明るく振舞っているが，重傷の後遺症のせいで，今後ある程度の知能障害を免れないという．⇨ RETRIAL

JP ＝ JUSTICE OF THE PEACE

J.S.D. 《米》「法学博士」 論文博士と課程博士とがある．⇨ LAW SCHOOL (1)

judge 「裁判官」 (1)《英》イングランドとウェールズでは *barrister または *solicitor として少なくとも 10 年の経験を持った法律家が the *Lord

Chancellor (大法官) によって下記の裁判官に任命される. 現在は大多数がバリスターの出身である. (軍の法務官については JUDGE ADVOCATE の項以降を参照.)

① **The Lord High Chancellor of Great Britain; the Lord Chief Justice**「大法官」 the *House of Lords (貴族院) と the *Privy Council (枢密院) 司法委員会の首席裁判官, および the *High Court of Justice (高等法院) 大法官部と the *Court of Appeal (控訴院) の名目上の長. ⇨ LORD CHANCELLOR

② **The Lord *Chief Justice of England and Wales**「イングランドおよびウェールズ首席裁判官」 高等法院女王座部の首席裁判官. 控訴院刑事部の事実上の首席裁判官でもある. 裁判官としては大法官に次ぐ地位. 2000 年に Harry Kenneth Woolf (Lord Woolf of Barnes; 1933–) が女王によって任命された.

③ **The *Master of the Rolls**「記録長官」 控訴院民事部の事実上の首席裁判官. 2000 年に Nicholas Addison Phillips (Lord Phillips of Worth Matravess; 1938–) が女王によって任命された.

④ **The President of the Family Division of the High Court**「高等法院家族部長官」 1999 年に初めて Elizabeth Butler-Sloss (1933–) という女性が女王によって任命された.

⑤ **The Lords of Appeal in Ordinary**「貴族院裁判官; 常任上訴貴族」 貴族院の the *Law Lord のこと.

⑥ **The Vice-Chancellor of the Chancery Division of the High Court**「副大法官」 高等法院大法官部の事実上の首席裁判官.

⑦ **The Lords Justices of Appeal in the Court of Appeal**「控訴院裁判官」

⑧ **High Court judges**「高等法院の通常の裁判官 (puisne judges)」 名目的な首席裁判官は大法官. 女王座部の裁判官は the *Crown Court (刑事裁判所) の裁判も担当する.

⑨ ***circuit judges**「巡回裁判官」 1971 年に創設. 10 年以上バリスターまたはソリシターの経験がある者, または 3 年以上 *recorder の経験のある者のなかから任命され, *county court (3) (州裁判所) で民事を, 刑事裁判所で(高等法院の裁判官や recorder と共に)刑事事件を審理する. 定年は 72 歳だが, 75 歳までの延長は可能.

⑩ ***recorders**「レコーダー」 その下に assistant recorders がいる. 1971 年に創設されたパートタイムの裁判官.

⑪ **district judges**「地区裁判官」 比較的軽い事件を審理する州裁判所の裁判官.

⑫ **stipendiary magistrates**「(ロンドンの *magistrates' court などの)有給マジストレート」 MAGISTRATE (1) の項を参照.

⑬ **tribunals**「(各種行政審判所)の所長」 必ずしも法律家とは限らない. その判決に不満な者は高等法院や枢密院司法委員会に上訴できる. ⇨ SEPARATION OF POWERS (3)

(2)《米》米国では, 連邦裁判官は大統領が指名し, 連邦上院の承認を得て任命する. *state courts (州裁判所) の判事は知事が任命することもあるが, 多くの場合は州民によって公選される. 英国と違って, 公選判事の場合, たいてい党派性が強い. ◆1988 年には the *United States Supreme Court (連邦最高裁判所) の裁判官が 9 人, the *Court of Appeals (控訴裁判所) の裁判官が 168 人, bankruptcy judge (破産裁判所) の裁判官が 280 人, *magistrate judges が 284 人で, 連邦裁判官の合計は 1316 人であった. 1990 年に 1 万 5642 の州裁判所で働いている州の裁判官は 2 万 8658 人であった. そのほか, 米国の裁判官については憲法第 3 条第 1 節の解説を参照. ⇨ DISTRICT COURT; SEPARATION OF POWERS (1)

judge advocate 《英》「法務官」 経験豊かな *barrister や *solicitor のなかから the *Lord Chancellor (大法官) によって任命された法務将校で, the *Judge Advocate-General の指揮のもとで, 軍の法務について助言し, 軍法会議 (court-martial (2)) で裁判官あるいはその補佐役をつとめる. ⇨ JUDGE ADVOCATE OF THE FLEET

Judge Advocate-General, the 《英》「上級法務官」 ハイフンは使わないこともある. *judge advocate と同様に, the *Lord Chancellor (大法官) によって任命された陸軍, 海軍, または空軍の最上級法務官で, 軍のあらゆる法律問題について助言を与えるほか, 軍法会議 (court-martial (2)) の裁判長になる.

Judge Advocate of the Fleet, the 《英》「海軍法務官」 英国海軍の *judge advocate.

judgment on the merits 《米》「公正な審理に基づいた判決; 本案判決」 ⇨ DECISION ON THE MERITS; MERITS

judicial activism 《米》「司法積極主義」 略は activism. (特に連邦最高裁判所の) 裁判官が, 司法の限界とされていたものを踏み越え, 州法や連邦法に対する違憲判決を頻繁に下すことによって, 自分たちの理想を事実上の法律にしてしまうこと. しばしばリベラル派の裁判官に対する批判のなかで使われる語だが, 例えば, F. D. ローズヴェルト大統領のニューディール政策をたたきつぶそうとした Charles Evans Hughes 首席裁判官らのような保守派による積極主義 (activism) というものもある. The Warren Court (⇨ WARREN, EARL) の **Brown v. Board of Education of*

Topeka, Kansas (1954, 55) 判決や，プライバシーの権利を認めた **Roe v. Wade* 判決 (1973) などは，司法自己抑制 (*judicial self-restraint) 主義者に言わせれば，憲法を拡大解釈して法の上に法を立てた liberal activism であり，立法府の権限を侵しているということになる．⇨ AVOIDANCE; INTERPRETIVISM; JUDICIAL REVIEW

judicial review 《米》「司法審査(権)」 連邦あるいは州の法律や行政が，あるいは the *Court of Appeals (控訴裁判所) の判決が，あるいは法律で任命された人や組織の行為が，合衆国憲法に照らして合法か否かを判断する連邦最高裁判所の権限，および，その審査行為．最高裁にその権限(憲法解釈の最高の権限)があることは，1803 年の歴史的な判決 **Marbury v. Madison* で明らかにされた．各州の最高裁判所も，その裁判権の及ぶ範囲では司法審査の権限を持つ．⇨ CONSTITUTION; JUDICIARY ACT OF 1789; UNITED STATES SUPREME COURT

judicial self-restraint 《米》「司法の自己抑制」 1936 年の連邦最高裁判所判決 *United States v. Butler* の Harlan Fiske Stone 裁判官による反対意見 (*dissenting opinion) で初めて使われた言葉．*judicial activism が非難やからかいの意を含むことが多いのに対して，肯定的な意味で使われることが多い．その考えは最高裁の歴史と共に古い．要するに，3 権分立 (the *separation of powers (1)) の共和国では，新しい理想は(個々の具体的な事件を解決すべき)裁判所によってではなく，立法によって実現させるべきだという理念．つまり，ある法律が明らかに憲法に違反している場合には違憲判決を出してもよいが，法律が裁判官の理想に反しているからといって違憲とするのは越権だという考えで，例えば Louis Dembitz *Brandeis 裁判官(在任：1916–22)はその立場をとっていた．⇨ AVOIDANCE; INTERPRETIVISM

judiciary (1)「(政府の)司法府」(2)「裁判組織，裁判所」(3)「裁判官」 ⇨ SEPARATION OF POWERS

Judiciary Act of 1789, the 《米》「1789 年裁判所法」 議会は憲法第 3 条第 1 節の規定に基づいて，この法律によって，連邦最高裁判所よりも下位の裁判所として，*circuit court (巡回裁判所) と *district court (連邦裁判区裁判所; 連邦地裁) を創設した．また，*state courts (州裁判所) の最終判決が憲法に違反している疑いがある場合は，連邦最高裁判所が司法審査 (*judicial review) をする権限を認めた．連邦に司法長官 (the *Attorney General (1)) を置いたのもこの法律である．

jurisdiction (1)「裁判所の[官庁の]管轄権」(2)「法域」いわば裁判所の守備範囲で，ある裁判所が判断を下すことを許されている法体系(あるいはその部門)，また，相手の人物など．personal jurisdiction と言えば

「人的裁判権」で，米国の刑事事件であれば，被告が犯罪をおかした州に住んでいる場合にそれがあると言えるが，近年は被告の立場を考え，その領域内に少しでも関係してきたことを最低条件としている．⇨ MINIMAL CONTACTS DOCTRINE ♦*United States courts (連邦裁判所) の場合は，特定地域に限らない事件を扱うことも多いし，だいいち，裁判主権者 (*sovereign) にとっては米国の全部が法域であるから，被告が住んでいる州の *district court (連邦裁判区裁判所; 連邦地裁) だけが the *original jurisdiction (第一審裁判権) を持つとは言えない．♦連邦裁判所が，本来なら裁判権を持たず，*state courts (州裁判所) に任せるべきなのに，いま審理している事件と深くかかわりがあるので，二度手間を省く便宜主義もあって，例外的に裁判権を認められることがある．それは *ancillary jurisdiction (付帯的[付随的] 裁判権) と呼ばれる．

juris doctor 《米》「JD」 米国の *law school (法科大学院) で 3 年間の教育訓練を受けた者が，卒業と同時に受ける学位．doctor of law とも呼ばれるが，Ph.D. のような博士号ではない．1969 年から，ほとんどのロースクールが LL. B. (= the bachelor of laws) に代わってこれを与えるようになった．⇨ JURISPRUDENCE

jurisprudence 「法学」 ラテン語の *jus* (right, law) と *prudentia* (wisdom) が語源で，法律の学問，あるいは法律の深い専門知識を意味する．法体系，法哲学，比較法学，法歴史学などの理論的研究(法理学)と，特定分野の法律の解釈研究などがある．♦doctor of jurisprudence は *juris doctor を意味することと，論文博士 (doctor of the science of law) を意味することがある．

jury 「陪審」 *grand jury (大陪審) に対して *petit jury; petty jury とも言う．陪審員 (jurors) は証拠(証人の証言を含む)が，(合衆国憲法の言葉を借りれば「合理的な疑いを一片も差し挟めぬほど」)被告の有罪を証明しているかどうかの「事実」を判断するのであって，(米国の数州を除けば) 法律上の判断はあくまで裁判官の職責である．大陪審については GRAND JURY のほか，COURT PROCEDURES (2) (5) の項も参照されたい．

(1)《英》[**陪審裁判における被告人の権利**] イングランドとウェールズでは，軽犯罪以外は陪審によって裁かれるというのが，被告人の権利である．刑事事件では 12 人，民事事件では 8 人が陪審員団を構成する．スコットランドでは重大な事件に限り陪審による裁判が行なわれる．陪審員の人数は民事の the *Court of Session で 12 人，刑事の the *High Court of Judicature で 15 人で，評決は多数決による．♦(米国でも同じだが)判決に高度な専門知識を必要とする場合や，陪審員の全員が裁判に予断を持っていると判断される場合など，裁判長が職権で陪審制をとらぬと決めることもある. ◆2000 年 10 月以来, 連合王国政府は経費と時間を節約するために, 比較的軽い容疑での陪審裁判を大幅に減らす法案を準備しており, もしそれが通れば, 毎年 7 万件を受理している the *Crown Court (刑事裁判所) の裁判のうち, 約 3 分の 2 (主に窃盗罪) は, ひとりの裁判官と 2 人の *magistrate だけで審理される. 民事もひとりの裁判官と 2 名の *assessor (裁判所補佐人) によって審理される. この案には多数の法律家と人権活動家が猛反対している.

[陪審員の選任] 陪審員は少なくとも 13 歳から英国(国王保護領 [*Crown Dependency] を含む)に 5 年以上住んでいる 18 歳以上 70 歳までの(軍人, 警察官, 法律の専門家, 聖職者, 精神異常者, 英国の刑務所で長期収監されていた者を除く)人から無作為に選ばれる. 公訴官と弁護士は陪審員候補者に異議を申し立てることができる. 陪審員は特別の事情がない限り, 通常(休日を除いて)10 日から 2 週間それをつとめる義務を負う. ◆英国の陪審員は "I swear by Almighty God that I will faithfully try the defendant and give a true verdict according to the evidence." (私は誠実に被告を裁き, 証拠に基づいて正確な評決を下すことを全能の神にかけて誓います) という(米国では考えられないほど宗教色の濃い)宣誓を行なう. ⇨ PEREMPTORY CHALLENGE; VOIR DIRE

[陪審員に被告の前歴を知らせてよいか?] 2001 年 7 月に, 連合王国政府は, 陪審に刑事被告人の前科を知らせるよう提案する構えだが, 裁判官, 弁護士, 法律学者の多くは, それが陪審に予断を与え, 証拠に基づく公正な裁判の代わりに,「このタイプの被告なら, こういう罪を犯すのも当然」という決めつけがなされると憂慮している. それは the *Human Rights Act 1998 の第 6 条(公正な裁判条項)に違反するおそれがある. ただし, 当面の事件が被告の前の犯罪と酷似している場合や, 被告が前の事件で無罪になった場合は, 過去の事実を告げてもよいと考えられている. ⇨ JOSIE

[評決] 陪審員は双方の主張を十分に聞いたあと, the jury room に引き下がって意見を交換し, 審議が終わったら再び法廷に入り, 陪審員が互選した *foreperson (陪審員代表) が裁判長に結果を答申する. 評決は陪審員全員一致というのが伝統であったが, 1967 年から, もし陪審員が 11 人以上いるなら, 10 人以上の多数決で, またもし陪審員が 10 人なら 9 人の意見が一致すれば, 裁判長は多数意見に沿った判決を下すことができる (⇨ ARCHER, JEFFREY; JOSIE). さもなければ, 裁判は新しい陪審員団によってやり直される. 評議が実質 2 時間以内で終わった多数決の答申は無効とされている. ◆スコットランドでは not proven という評決を下すこともできるが, その場合, 刑事被告人は無罪放免となる.

[**陪審制の問題点**] 1987年に創設されたthe Serious Fraud Office（重大詐欺特捜局 ⇨ CROWN PROSECUTION SERVICE）の局長Rosalind Wrightによれば，イングランドとウェールズの重大な，あるいは複雑な詐欺事件(fraud cases)の裁判は平均6カ月を要する．それだけの期間陪審をつとめられる人は失業者と退職した老人くらいのものだが，事件の性格上，経済問題などに全く無知な人ではつとまらない．その点は何年も前から指摘されており，特別な訓練を受けた(あるいは資格試験を受けた)陪審員を選ぶなどの代替案が出されていたが，ライト局長は2001年3月に，この種の事件では陪審制をやめて，被告が裁判官だけによる裁判か，裁判官および専門知識を持つ裁判所補佐人による裁判かを選べるようにすべきだと主張している．

(2)《米》[**陪審員の数**] 陪審は連邦裁判所では陪審員12人で構成される．33の州の刑事裁判では，*felony（重大犯罪）でなければ，11人以下の陪審を認めているが，最低6人は必要である．民事裁判では連邦でも州でも6人の陪審で足りる．国の場合，人種構成をその地域の住民の人口構成に合わせるよう調整するために時間をかけることが多い．事件の内容についてあらかじめ強い意見を持った候補者は，裁判官によって除かれる．

[**陪審員の選任**] 米国では陪審員候補者の人種構成や性別が公正な裁判と深いかかわりを持つことが多い．よく知られているように，公民基本権運動が定着するまで，南部諸州では白人男性以外は陪審員になれず．そのために多くの黒人の容疑者が不公正な裁判で犠牲になった．現在では，陪審団は裁判区の地域住民の人種構成を反映しなくてはならない．基礎リストには選挙人登録名簿がよく使われるが，*county court（郡役所; 保安長官事務所）にある運転免許のリストも使われる．陪審員になるのは市民の義務だが，米国民でない者，その土地に住んで間もない者，英語を自由に使えない者，かつて重大犯罪で有罪となった者，医師，弁護士，教育者，牧師，また陪審員になることが大きな負担になる者は，その義務を免除される．裁判所の書記官は義務遂行が可能な市民のなかからアトランダムに候補者を選び，陪審員候補リスト(venire)を作成する．裁判官は彼らに裁判所への出頭を命じ，公正な判断ができるかどうかを調べる．これを*voir dire（陪審員予備審問）と呼ぶ．原語の意味はto speak the truthである．事件の内容にもよるが，裁判官と検察官と弁護士が，この予備審問に数日かけることもある．候補者の知的能力のほかに，彼らが事件や被告に対する不当な予断ないし偏見を持っていないかが問題になる．極端に強い政治的あるいは宗教的な信念の持ち主は排除されるだろう．裁判中に病気や事故で義務を果たせない陪審員や，事件に関して偏見を抱いているこ

とが判明して忌避される陪審員があり得るので，通常は予備陪審員（alternate jurors）が何人か選ばれる．陪審員は事件に関して法廷の内外で意見を述べることを禁じられるし，テレビを見たり新聞を読んだりすることさえ禁じられることがある．公平無私な陪審員団が構成できないという理由で裁判が延期されることや，陪審なしで行なわれることがある．また，犯罪が行なわれた地域から離れた裁判所で陪審裁判が行なわれたという例もある．すべて，被告人の利益のためである．⇨ PEREMPTORY CHALLENGE

［責務の期間］ 陪審員は伝統的に 1 カ月間その義務を果たすことになっており，週日には毎日裁判所に出頭するのが通例であったが，近年は，良質の陪審員を常時確保するために，ひとつの事件の裁判だけ，あるいは数日だけ，陪審員をつとめるという方式も導入されている．

［陪審裁判を受ける権利には例外もある］ 合衆国憲法第 3 条第 2 節 3 項には「弾劾事件を除いて，すべての犯罪の裁判は陪審によって行なうべきものとする」とあるし，憲法第 6 補正にも「いかなる刑事訴追を受けた被告人も……公正な陪審が公開で行なう迅速な裁判を受ける権利」を持つと明記してある．にもかかわらず，上記のように陪審制をとらぬことはよくある（⇨ BENCH TRIAL）．少年裁判所で審理を受ける未成年者も陪審裁判を要求する権利を持たない．州によっては，被告が成人であっても，飲酒運転（*drunk driving）など，刑が 6 カ月未満の petty offence（軽度の *misdemeanor; また州によってはミスディミーナー以下の軽犯罪）で訴えられた者は，上記の憲法上の権利を与えられない．民事訴訟でも，係争額が少ない場合，*equity 訴訟で差止め命令（*injunction）を求める場合，また離婚訴訟などでは，陪審裁判を受けられない州が多い．

［評決］ 陪審員は双方の主張を十分に聞いたあと，the jury room に引き下がって意見を交換し，審議（deliberation）が終わったら再び法廷に入り，陪審員が互選した *foreperson（陪審員代表）が裁判長に結果を答申する．評決（*verdict (1)）は陪審員全員一致というのが伝統であったが，1967 年から，もし陪審員が 11 人以上いるなら，10 人以上の多数決で，またもし陪審員が 10～12 人なら 9 人の意見が一致すれば，裁判長は多数意見に沿った判決を下すことができる．もっとも，州法で多数決が認められているのはルイジアナ州とオレゴン州だけである．連邦最高裁判所は，*state courts（州裁判所）の陪審員が 6 人の場合には全員一致の評決を下さなくてはならないと定めている．*United State courts（連邦裁判所）では，有罪にせよ無罪にせよ，陪審団が全員一致で下さなければなければならない．◆死刑の評決は連邦でも州でも軍法会議（*court-martial (1)）でも，陪審全員の意見が一致したときのみ下すことができるが，軍法会議

で，5人の陪審員だけで死刑を決める現行制度の改革の動きについては，DEATH PENALTY の [概要] と [米国の場合] を参照.

[評決不能] 米国の州裁判所では，陪審員団の意見がどうしても一致しない場合は hung jury (評決不成立) になり，新たな陪審員団によって裁判が行なわれる．これが繰り返されるようなら，裁判長は mistrial (評決不能) を宣告して，拘束されている被告を釈放する.

[陪審制の問題点──過大な賠償金] 米国ではここ数年，陪審が──特に，たばこや薬品製造などの大企業に──被害者への過大と思われる賠償金の支払いを命じる傾向があるとして批判の的になっており，上位裁判所の控訴審でその額が大幅に削られるという事例が急速に増加している．傷害および契約に関する連邦控訴審で賠償金の減額を認められたのは，1987 年には 20% 足らずであったが，2000 年には 40% 近くにも達している．これでは陪審裁判の意味がないと批判する市民が多い反面，公正さを保つためにはやむを得ないという学者たちもいる．ブッシュ II 大統領は陪審制裁判に批判的だから，それを抑制する方向に連邦裁判所を誘導するだろうと言われている．◆2001 年 3 月 22 日に連邦最高裁判所は 5 対 4 で，職場で差別を受けたと訴える労働者に対して，雇用主は(陪審制裁判ではなく)プライベートな仲裁を強制してよいという判決を下した．陪審による〈過大な〉賠償金の支払い決定を避けるためである．会社にとっては大きなコスト・ベネフィットになるし，大きな組合に属している労働者にとっても，これまで仲裁裁定を問題解決の方法として利用してきたから，あまり問題ではない．しかし，仲裁ではその費用を当事者双方が折半することになっているだけに，無力な労働者は，単に自己の主張を調停者に聞いてもらうだけで数千ドルも負担しなければならぬ可能性が生じる．(陪審制裁判では，原告の弁護士は勝訴の場合のみ費用を受け取り，裁判に負けたら無料にするというのがふつうである.)

[陪審裁判の数は減っている] 米国では陪審制での裁判は急速に減少している．連邦裁判所の刑事裁判で見ると，1988 年に陪審員が評決を下した事件は全体の 10.4% であったが，2000 年には 4.3% に減っている．連邦の民事裁判では 1962 年に 5.4% が陪審の評決に終わったが，2000 年に評決まで行ったのはわずか 1.5% であった．ひとつの理由は裁判に時間がかかり過ぎて，有能な陪審員をそろえるのが困難だということ．もうひとつは，陪審制だと民事事件の賠償金が異常に高額になって，上訴審でそれが大幅に減額されるケースが多いこと．そういう無駄をなくすために，消費者，製造業者，小売業者をめぐる争いの多くは途中で示談に持ち込まれることが多くなった.

justice (1)「公正の原理；(公正な)裁判；法秩序；法に基づく正義；法；

司法制度」 ここに挙げた意味が文脈で明らかな場合には，単に「正義」と訳しても差し支えない．justice には，大義のために実力で悪をバッサリ斬る，という日本的なイメージや，ブッシュ II 大統領が好む西部劇的なイメージよりも，冷静に公平さを求めるという基本イメージがある．中世からある Justice (「正義の女神」と呼ばれているもの) の具象化は，もの静かな女性で，目隠しをしており，右手に剣を持ち，左手には公正さの象徴である秤を掲げ持っている．もともとギリシャ神話の Themis という法律・秩序・正義の女神のイメージだが，英国では 14 世紀ごろのタロー・カードの 1 枚に描かれており，女神という宗教色は薄れた．◆宗教の信者ならば，神による完全な法正義(公正さ)の実現を信じられるかもしれないが，現実の犯罪の実体と，それについての裁判を見る限り，完全な公正さはあり得ない．立法や司法に当たる人々は証拠を秤にかけて「相対的な公正さ」を可能な限り追及する．独裁者や全体主義者に限って，「完全な正義」という神話を表看板にして，悪しき法を(もっとひどい場合は，正義の戦いや聖戦という名の戦争への参加の義務を)民衆に押しつけようとする．⇨ LAW ; OLD BAILEY (2)「裁判官; マジストレート」⇨ MAGISTRATE (1)

justice of the peace 「治安判事」 略は JP. (1)《英》 = MAGISTRATE (1) (2)「無給マジストレート」パートタイムの下位裁判官．有給マジストレート (stipendiary magistrate ⇨ MAGISTRATE (1)) との違いに注意．(3)《米》米国でも，地方の町の店頭などで，少額請求や婚姻など，比較的軽い民事と刑事の事件を扱う，いまでは数少ないパートタイムの裁判官の意味．*magistrate judge とは違うことに注意．⇨ MAGISTRATE (2)

justiciable 「(事件が)司法判断を受けるに適している」 事件の両当事者に ripeness (成熟性——単なる抽象的な，あるいは将来起こりそうな対立ではなく，目の前に具体的な争いがあること) や *standing (当事者に訴えの利益があること) がはっきりしており，「訴訟要件の欠如」(⇨ MOOT) が指摘されていない，political question (本来，立法府が解決すべき問題) (⇨ POLITICAL QUESTION DOCTRINE) ではない，などが必要条件．特に連邦裁判所は，そういう要件を備えている事件だけを審理する．

just satisfaction 「公正な(賠償などの)処置」 ⇨ EUROPEAN COURT OF HUMAN RIGHTS

K

kangaroo court 「つるしあげ裁判」 (1)《英》1999 年 9 月の英国の新聞には，北アイルランドで，アイルランドへの統合を求めるカトリック教徒(Republicans) も，英国の一部であることを求めるプロテスタント信者(Loyalists ⇨ HATE GROUPS (3)) も，敵側の住民(特に 18 歳未満の少年)に対して kangaroo court justice を行なっているという記事が載っていた．要するに「リンチ」である．(2)《米》米国でこの語の主要な意味は，郡刑務所や郡拘置所などの内部で，牢名主のような受刑者とその仲間が，他の(多くの場合，新入りの)受刑者に〈刑罰〉や〈罰金〉を科したりするために行なう「疑似裁判」のこと．「おまえはここに無断で侵入した」とか，「おまえには鼻が 2 つある」といった理不尽な罪状で裁判を始めることが多い．建前としては，その犯人だけでなく，これをそそのかしたり，知っていて放置した警務保安官，警察官，看守等も処罰される．米国でこの語は「独裁者や過激な政治集団などが行なう不公正な裁判」をも意味する．なぜカンガルー裁判と言うのか，諸説あるけれども，正確な理由はわからない．

Kefauver investigation, the 《米》「キーフォーヴァー委員会の調査」州際通商にかかわる犯罪を調査する 5 名から成る上院特別委員会が 1950–51 年に実施した組織犯罪調査の通称．民主党の上院議員 Estes Kefauver (1903–63) がその委員長であった．委員会はニューヨーク，シカゴ，ニューオーリンズなど米国各地を回り，地方政治家，警察官，官僚，Frank *Costello を含む the *Mafia のボスたちなどを召喚して証言を求めたが，その模様はテレビで報じられ，国民の関心が高まった．証言を求められた者の多くが憲法第 5 補正を盾にとって，自己負罪を避けるために証言を拒否した(これを taking the Fifth [憲法第 5 補正を活用する; 黙秘権を行使する] と言う)にもかかわらず，地下組織の犯罪と，政界・官界および警察の腐敗が続々と判明した．コステロは途中で証言を拒否して 18 カ月の刑を受け，その後も脱税事件で有罪判決を受けて勢力を失った．アイルランド生まれのニューヨーク市長 William O'Dwyer (1890–1964) は，コステロや(のちに国外追放となった) Joe Adonis といったマフィアのボスと結託していたことを暴かれて失脚した．委員会は司法省に組織犯罪取締りの部局を設けること，ギャンブルと麻薬の取締りを強化することなど，多くの改革を提案した．組織犯罪やマフィアは米国に存在しないと，何年間も言い続けていた the *FBI が重い腰を(多少とも)上げたのは，この調査のあとである． ⇨ HOOVER, J. EDGAR

Kennedy, Anthony McLeod (1936-)《米》「アンソニー・マクロイド・ケネディ」 連邦最高裁判所裁判官(在任: 1988-)．カリフォルニア州サクラメント市の富裕なカトリック教徒の家に生まれた．1958 年にスタンフォード大学を，61 年にハーヴァード大学ロースクールを卒業．弁護士を経て，65 年から the University of the Pacific の憲法学の教授になる．77 年に連邦第 9 巡回区控訴裁判所の裁判官に任命され，400 以上の判決を書いた．有能な判事だという評判だが，3 権分立 (the *separation of powers (1))，少数民族，男女の性差別について余りにも保守的だという批判を浴びた．1988 年にレーガン大統領は(もともと保守派だが，中道寄りであり，*affirmative action の推進に積極的であった) Lewis Franklin Powell, Jr. 裁判官の後任として——超保守的で高慢に見えた Robert H. Bork および，人間的信頼性に欠ける Douglas Ginsburg の任命承認を上院によって拒否されたのち——ケネディを任命した．共和党を支持する保守主義者で，州権 (*states rights) 尊重主義者でもあり，彼の判決はほとんど William *Rehnquist 首席裁判官や Antonin *Scalia 裁判官と同意見であるが，Sandra Day *O'Connor 裁判官と同様，憲法第 1 補正に関しては超保守派と意見を異にすることもあるので，「浮動する中道派」と評されることもある． ⇨ FALG BURNING; FREEDOM OF SPEECH; SEPARATION OF CHURCH AND STATE

Kevorkian, Jack (1928-)《米》「ジャック・キヴォーキアン」 米国の元病理学者．通称 Dr. Death. アルメニアからの移民の子供としてミシガン州のデトロイト市で生まれた．麻酔薬を点滴し，一酸化炭素を吸入させる装置 (death machine) を作り，1990 年以来 130 人以上の末期難病患者の自殺を幇助した．96 年までに *manslaughter 容疑で 3 度裁判を受けたが，いずれも無罪．97 年の裁判も(異例なことだが)検察側からの申し出によって評決不能 (mistrial ⇨ JURY (2)) になり，やはり無罪になった．1998 年 9 月 1 日に自殺幇助を *felony (重大犯罪) とするミシガン州の法律が発効したが，キヴォーキアンは 9 月 17 日に，筋萎縮性側索硬化症を患う 52 歳の男性を本人の意思に従い，今度は初めて致命的な薬物を注射することによって〈安楽死〉させ，その場面を収めたビデオテープは 11 月 22 日に CBS テレビで放映された．そのため殺人罪で逮捕されて有罪の判決を受けた． ⇨ DOCTOR-ASSISTED SUICIDE; SHIPMAN, HAROLD FREDERICK

kidnapping 「誘拐; 略取」 語源は子供(kid)を盗む(nab; nap)こと. 昔は子供を略取して国外に移送することを意味したが, なぜか *misdemeanor の扱いを受けていた. 現在は, 力ずくで, あるいは甘言でだまして, 人(子供とは限らない)を連れ出し, 監禁し, 身代金を要求したり, より重大な犯罪をおかそうとしたりすることで, *felony (重大犯罪) と見なされる. 身代金要求の罪や child-stealing を kidnapping とは区別して, よりいっそう重大な犯罪と見なす場合もある. ◆連合王国では, 16 歳未満の子供を, その親や保護者が本人の承諾を得ないで国外に連れ出すことを, 現在は (kidnapping ではなく) child abduction と呼ぶ. ⇨ ABDUCTION

King, Jr., Martin Luther (1929–68)《米》「マーティン・ルーサー・キング」 米国の公民基本権運動の指導者. ジョージア州アトランタ市の出身. 同市の Morehouse College と, the University of Boston および神学校で学び, 父親と同じくバプテスト教会の牧師になった. アラバマ州モントゴメリーの市バスの人種差別に Rosa *Parks が抗議行動をとったとき, the Dexter Avenue Baptist Church の牧師であった 26 歳のキングは, 382 日に及ぶバス・ボイコット運動を指導し, 彼のガンジー的な非暴力抵抗運動に社会の注目が集まった. 生涯に 20 回逮捕されたが, 1963 年にアラバマ州バーミングハム市でデモ中に暴力的な警察によって逮捕され, 勾留中に書いた手紙 "Letter from a Birmingham Jail" は非暴力の黒人革命を説いた書として有名. 3 カ月後のワシントン大行進における "I have a dream" の演説は歴史に残るものだろう. 新しい公民基本権法 (⇨ CIVIL RIGHTS ACTS) が生まれた 1964 年にノーベル平和賞を受賞. 1965 年にはセルマ = モントゴメリー行進の, 66 年にはミシシッピ行進の先頭に立った. The Southern Christian Leadership Conference (⇨ NAACP) のリーダーとして, 南部だけでなく, 北部(特にシカゴ)でも人種差別撤廃と貧困撲滅の戦いを展開. ヴェトナム戦争に反対して, 一部の政治家からは憎しみを買った. 晩年は, 尋常の手段では人種差別がなくならないことにいらだっている様子だったという. 1968 年 4 月 4 日に, キングはテネシー州メンフィス市の the Lorraine Motel でライフル銃によって暗殺された. 犯人とされた James Earl Ray は 1998 年 4 月 23 日に肝臓と腎臓の病気で死亡. キングの夫人 Coretta Scott King (1927–) も, マーティン・ルーサー 3 世(現在, 牧師)など彼の息子たちも, レイの生存中から, 事件は the *FBI の陰謀で, レイは真犯人ではなかったと主張し続けているが, 司法省は 2000 年 6 月に, すべての陰謀説には根拠がなかったとして捜査を打ち切った. ◆1986 年, 連邦議会は(有力な上院議員であった Jesse Helms など右派の猛烈な反対を押し切って)1 月の第

3月曜日を Martin Luther King, Jr.'s Birthday として連邦休日に定めた. 50州のうち最後まで抵抗していたサウスカロライナ州は2000年になって，ようやくその日を州の休日にした. ⇨ CONFEDERATE FLAG; HOOVER, J. EDGAR

King, Rodney 《米》「ロドニー・キング」 暴力警察の被害者. ⇨ LAPD

Korematsu v. United States 《米》「コレマツ事件(判決)」 ⇨ JAPANESE AMERICAN CASES

Ku Klux Klan, the 《米》「ク・クラックス・クラン」 略は the KKK; the K.K.K.. ギリシャ語の kukulos (= circle) と英語の clan を結びつけたもの. もともとは南北戦争末期の1866年にテネシー州で結成された社交クラブの性格の強い秘密結社だったが，やがて解放奴隷を迫害する多くの組織のひとつになった. 例の白いフードは彼らが初めて使った. この結社は数年でいったん解散したが，1915年にジョージア州アトランタ市の伝道師 William J. Simmons が the Invisible Empire, Knights of the Ku Klux Klan という組織を作り，白人プロテスタントの優位を唱えて，特に南部で勢力を拡大し，黒人，ユダヤ人，カトリック信者を攻撃した. 彼らのリンチによる暗殺は1500件にのぼると推定されている. これも内紛などのせいで，表向きは1944年に解散したが，65年以来また勢力を伸ばして公民基本権拡大運動を妨害している. 近年はイングランドにも同じ名の組織が生まれ，スコットランドやウェールズのナショナリストを仲間に誘おうとしている. 彼らによれば，英国のメンバーは2800人とのこと. 標的はユダヤ人，黒人，アジア人である. ◆米国における彼らの罪と罰の1例は BIRMINGHAM CHURCH BOMBING CASE, THE 1963 の項を参照. ⇨ CROSS-BURNING ; HATE GROUPS (1) (2); HOOVER, J. EDGAR

L

Labor Management Relations Act of 1947, the 《米》「1947 年労使関係法」 通称は Taft-Hartley Act. それまでの the *National Labor Relations Act of 1935 (全国労働関係法: 通称 the Wagner Act) に代わるもので, 労働者の組織権や団体交渉権は継続して認めているものの, 労働組合側に有利な closed shop (組合員以外の労働者を雇用しないという労働協約の締結) を禁止し, 労働者が組合に入らない権利を保障し, union shop (非組合員が一定期間内に労働組合に加入しなければ, 会社は必ず解雇するという, 組合側に有利な労働協約の締結) は, 州がそれを合法とし, かつ, 労働者の大半が投票でそれを認めた場合にのみ有効とする. それはまた, 労働組合は 60 日間の予告を置かないとストライキに入れないと決め, ストライキが国民の健康と安全に脅威を与える場合は連邦政府が差止め命令を発することができると規定し, 組合による政治献金を規制し, 組合役員の共産党との関係を禁止するなど, 労働組合にとって締めつけの厳しい法律であった. こういう規制は the Landrum-Griffin Act の通称で知られる the Labor-Management Reporting and Disclosure Act of 1959 (1959 年労使報告情報公開法) によってさらに強まった. この法律は組合員の秘密投票の権利, 組合集会での言論の自由, 不当労働行為を犯した組合を訴える権利を認めるなど, 労働組合員の権利憲章という一面もある. しかし, それは組合に対して, その諸規定と財政についての詳細な報告を労働長官に提出することを義務づけ, 組合資金の不正使用を連邦犯罪とし, 共産主義者や有罪歴のある者が組合役員になることを禁じ, secondary boycott (第二次ボイコット: 組合が争議の相手である使用者に痛手を与えるために, 使用者と取引のある企業の商品不買運動をすること) を禁止するなど, 組合運動の発展を著しく制約するものであった. 共産主義者を組合役員から排除する規定は, 1965 年の *United States v. Brown* の最高裁判所判決によって 5 対 4 で a *bill of attainder であるから違憲とされたが, その他の規制は現在も生きている.

Labour Party, the 《英》「労働党」 Tony *Blair までの政権の移り変わりについては CONSERVATIVE PARTY の項および付録「連合王国の首相(第二次世界大戦後)」を参照. ブレアが率いる新しい労働党 (the New Labour)の基本理念を象徴する言葉は the Third Way (第 3 の道; 第 3 路線)である. 首相のほか, Gordon *Brown 財務大臣, Lord *Irvine 大法官, John Prescott 副総理, David *Blunkett 教育・雇用大臣(肩書きは 1997 年第 1 次組閣時)などがその推進役であった. 保守主義や New Right ではもちろんなく, さりとて伝統的な労働党の社会主義でもない「第 3 の道」で, 20 世紀初頭の自由党 (Liberal Party) 政権の進歩的リベラリズムに近く, new progressivism (新進歩主義) とも呼ばれている. 基本理念は, 国民共通の利益のために政府が積極的に関与すること. ただし, 教育, 職業訓練, 保険, 公共運輸などのサービスの全部を政府が直接提供するという従来の社会主義的な手法は見直し, 例えば, 退職年金を基本的には民営化する. 公共事業には保守党政権以来の "internal market" (内部市場) の原理を生かし, 信頼性と効率性と経済性とに優れた業者に発注する. 収入の均等化以上に, 国民の教育や職業能力といった有形無形の資産の形成を図る. 人間相互の尊敬, 親の責任, 製造業者の責任, 税金の適正な負担, 環境保全などを重視した社会の形成に努める.

ブレア政権の功績は非常に大きい. 特に北アイルランド問題の沈静化に粘り強く取り組んで一定の成果を得たこと (⇨ NORTHERN IRELAND), スコットランド, 北アイルランド, ウェールズへの思い切った分権を実施したこと (⇨ DEVOLUTION), 大きな抵抗にもかかわらず, 貴族院の大改革に着手して, ほとんどの世襲貴族から立法権を奪ったこと (⇨ HOUSE OF LORDS), 「欧州人権条約」(the *European Convention on Human Rights) の国内法化に成功したこと, のいずれをとっても, ブレアが指導する(庶民院で圧倒的多数を占める)労働党でなければなし得なかったことと言えよう. ◆ブレア政権は「第 3 の道」に徹して, 民営企業の活性化を図り, 国家予算をできるだけ削って黒字財政を築くことに成功し, 失業率も当初より低下した. しかし, 公共投資を抑え過ぎたために, 医療保険制度, 初等・中等教育, 交通運輸などの面で国民のあいだから強い不満が出ている. 特に保険医療への不満は爆発寸前で, 手術まで 1 年も 2 年も待ちきれぬために, 欧州大陸で手術を受ける人が増えたので, 政府は 2001 年 9 月から EU 加盟国その他の外国での手術にも国民健康保険が使えるようにと政策変更を余儀なくされた(その裏には the *European Court of Human Rights [欧州人権裁判所] による, 外国での保険医療を許可すべきだという勧告的な判決があった). 2001 年 6 月の総選挙で圧勝したとはいえ, 国民はブレア首相にしばらく改革の時間を与えただけである. 国民の期待に応えるには大きな財政出動が必要だが, それが赤字財政を招くことは避けられない. まず医療保険制度の再建, 交通運輸の抜本的な改善(半民営化), 総選挙後 2 年以内に行なわれるであろうユーロ参加に関する国民投票の成功，北アイルランド紛争のいっそうの沈静化など，ひとつひとつの課題を着実に解決するという地道な努力が必要だろう．◆ブレア首相の「第 3 の道」を批判する the Old Labour は，労働者階級を選挙地盤としている国会議員のなかに多い．2000 年 6 月に(労働党に盾突いて除名されながら)史上初めてロンドン市長に公選された Ken Livingstone や，労働党の中産階級路線に反対して 2000 年 1 月に非閣僚である国防大臣 (Defence Minister) を辞任したリヴァプール市出身の Peter Kilfoyle，文化大臣 (Culture Secretary) Chris Smith，国際開発大臣 Clare Short などがその中核だが，あまり勢いは見られない．ひとつには Liberal Democrats (自由民主党) が労働党左派の地盤に食い込んでいるためで，2001 年総選挙でも，自由民主党は議席を 46 から 52 に伸ばした．労働党にとっては侮れないライバルである．げんにブレアの〈右傾化〉に憤慨している草の根の労働者たちのかなり多くが，2001 年 7 月の段階で，自由民主党に鞍替えすることをにおわせていた．

laches 「消滅時効」(ラッチェズは，「怠慢」を意味する古いフランスから派生した語の英語読みで，単数扱い.)事件が発生してからあまり長期間を過ぎると，加害者として訴えられた者は証人や証拠物をそろえて裁判所に提出することが困難になるので，法律は(怠慢な)被害者による出訴の期間を何年以内と制限し，それを過ぎると時効にする．⇨ STATUTE OF LIMITATIONS

LAPD, the 《米》＝ the Los Angeles Police Department「ロサンジェルス市警察」 1991 年にロサンジェルス市警の白人警官たちが Rodney King (1966–　) という(素行のよくない)黒人を警棒でめった打ちにしているビデオが公開され，裁判で陪審が彼らを無罪にしたことがロス暴動の引き金になった．うち続く不祥事に対する世論の批判を浴びて，LAPD は体質改善を公約したが，いまだに自浄作用は不完全なままである．1999 年にある警官が(ヒスパニック系の市民が多い) Rampart 地区警察署内の証拠保全用のロッカーからコカインを盗んだ．彼を取り調べた結果，20 人以上の警官が，そのコカインを非行者のポケットに入れて脅迫する，不当に逮捕する，非武装の若者に発砲するなどの違法行為を働いていたことがわかった．2000 年 1 月末までの過去 3 年間で，こういう不良警官が不当に逮捕した者の数は 99 人に達したという．

larceny (1)「窃盗」《米》 その権利を持たぬ者が，不法な手段で他人の所有物(通常は動産だが，現在は不動産の場合もあり得る)を盗み――本来の所有者がそれを使用する権利を奪い――自分が利用したり，他人に転売(譲渡)したりすること．横領 (*embezzlement) や，偽計を用いての盗み，偽小切手の使用などを含めることもある．自動車の窃盗のように，ある一定金額(例えば 100 ドル)以上のものを盗むと grand larceny (grand theft : 重窃盗) とされ，*felony (重大犯罪) として重く罰せられる. ⇨ BURGLARY; MOTOR VEHICLE THEFT; ROBBERY

(2)《英》イングランドとウェールズでは the Theft Act 1968 (窃盗法) で，larceny という犯罪名の使用は廃止され，the crime of theft に統一された.

law 「法律」 the law と言えば，政府(民主主義国においては，国民から公選された議員から成る立法府)が定めた社会秩序の原則，および，それを生かすための社会的ルールの総体. ただし，イングランドとウェールズの法律の多くは *common law (古来からの慣習を裁判所が認め，それに基づいた判例を以後の裁判の規範として定着させたもの)であった. 現在，the Law of England と言えば，イングランドとウェールズのコモンローと成文法の両方を指す. 法は国家や自治体権力によって執行されるが，国民はその行き過ぎについて，公正な裁判所による救済を求める権利を持っている. 裁判所は，法律を侵したと疑われた者に対して，公開の裁判によって，その証拠を吟味し，陪審や裁判官が確実に有罪と判断した場合に限って刑罰を与える.

[法のカテゴリー] 法律は国際法と国内法とに分けられるが，両者は無関係ではない. 現在の連合王国では，「欧州人権条約」(the *European Convention on Human Rights) が国内法化されているだけでなく，国内の最高裁判所(貴族院)の判決が the *European Court of Human Rights (欧州人権裁判所) によって(即時，直接にではなくても)実質的に覆されるという時代が来ているのである.

国内法は *public law (公法) と，国家や州の政府が直接は利害関係に関与しない個人間の *private law (私法) とに分けられる. 公法は憲法，行政法，および刑事法. 私法は契約法，不法行為法，家族法，会社法などなどである. 米国の国内法は連邦法と州法とから成り，もし同一分野について，連邦と州との法律があるときには，常に連邦法のほうが優位に立つ. ただし，近年の連邦最高裁判所など連邦裁判所は，憲法上の重大な問題にかかわるとき以外は，できるだけ州法を尊重する傾向にある ⇨ ABSTENTION DOCTRINE; BURFORD ABSTENTION; COMITY; YOUNGER ABSTENTION

[民事法と刑事法] *civil law のうち「民事法」と訳すのが適切な法律は，個人どうしの権利と義務とにかかわる. 代表的なのは(物品やサービスの売買から預金や投資に至るまで実に膨大な範囲にまたがる)商法であり，一般消費者にとって特に大事なのは ① 契約法 (law of contract) と ② 不法行為法 (law of tort) であろう. 商取引で権利や利益を侵害された者は，不法行為法によって unliquidated damages (不確定額の損害賠償)

(⇨ LIQUIDATED) を請求できる．また，③ 財産法; 物件法 (law of property) は，動産，不動産，有価証券などに関する権利義務を定めた法律．ほかに ④ 相続法 (law of succession [inheritance]) や ⑤ 家族法も市民生活と深いかかわりを持っている．いずれも提訴するのは国家権力を代表する検察官や公訴局ではなく，被害を受けたと信じる一般市民である．◆ 公法である criminal law (刑事法) は，(表向きは民事法と同じように) 私人としての個人が私人に被害を与えただけであっても，公共の平和と安全を護るべき国家(米国では，また州)の法律に対する犯罪と見なして，国家(州)による刑罰を科す．例えば，沖縄の基地周辺で米国軍人が日本人少女をレイプしたのは，日本の国法を侵犯したことにほかならず，(被害者である少女ではなく)日本国政府の検察官が起訴し，裁判で事実が証明されたならば，日本国刑法による刑罰を科す．刑事法以外の public law には，*constitutional law (憲法および憲法諸法) と *administrative law (行政法) などがある．

[実体法と手続き法] 政府および市民の権利，義務，責任などを規定し，その変更，廃止などの可能性をも明示している法律を substantive law (実体法) と呼ぶ．これに対して，刑事犯罪の訴追の方法(逮捕状請求から判決言い渡しまで)を規定したり，民事法における権利主張の方法を規定したりする法律は procedural law (手続き法) と呼ばれる．⇨ COURT PROCEDURES

law clerk 「法律書記; ロー・クラーク」 連邦裁判所などで，裁判官を補佐して，法律や判例を調査する(通常は *law school を出たばかりの若い有能な)法律家．連邦最高裁判所にも判事を補佐するロー・クラークがおり，そこで実力をつけて，のちに同裁判所の裁判官になった人も珍しくない．

Law Commission, the 《英》「法律委員会」 1965 年の法律によって設立された委員会で，法務当局の諮問に応じるだけでなく，自主的に法律の問題点を洗い出し，その近代化を図る．2001 年現在，同委員会が考えている大きな改革は，*double jeopardy の原則の変更で，刑事事件でいったん無罪になった者に不利な，強い新証拠が見つかった場合に再審 (*retrial) が行なわれる道が開かれるかもしれない．⇨ LAWRENCE CASE

law enforcement officer 「法の執行官」 警察官，保安長官，警務保安官など．英国では首都警察 (the *Metropolitan Police Service) に 1963 年に創設された the Drug Squad (麻薬取締部) (⇨ DRUG) に属する警察官を指すことが多い．⇨ WARDEN

law firm 《米》「ロー・ファーム; 弁護士事務所」 大きなビルを専有するほど大規模なものもあるが，そのファームは会社法人というよりも，2 人

ないし数人の個人 (partners) によって経営されている.

law lord, the; Law Lord, the 《英》「貴族院裁判官; 常任上訴貴族」『英米法辞典』など一般の訳は「法律貴族」. 総称は the Law Lords. 正式には the Appellate Committee of the House of Lords (貴族院上訴委員会) と呼ばれる連合王国の最高裁判所の裁判官であり, the *Lord Chancellor (大法官) と 11 人の Lords of Appeal in Ordinary (常任上訴貴族) から成る. すべて, 控訴院判事など, 上位裁判所の判事を(北アイルランドでは弁護士を)15 年以上経験したベテランの法律家で, 大法官が候補者を選び, 首相が指名し, それに基づいて国王[女王]が任命する. これまでは女性が任命されたことはない. 貴族でなかった者には一代貴族 (Baron) の称号が与えられ, 貴族院議員として討論や裁決に参加できる. ♦貴族院裁判官が扱う事件は年に 50 件くらいで, 民事がほとんどであり, 刑事事件は 5 件くらいに過ぎなかったが,「1998 年人権法」(the *Human Rights Act 1998) が制定されてから取扱い件数は増えているかもしれない. The Law Lord の制度が変わる可能性については HOUSE OF LORDS の最後のほうを参照.

law martial = MARTIAL LAW

Law Officers of the Crown, the 《英》「英国政府法務官」 イングランドとウェールズでは the *Attorney General (3) (法務総裁)および the *Solicitor-General (法務副総裁), スコットランドでは the Lord Advocate (検事総長) と the Solicitor-General のこと. いずれも 1997 年の the Law Officers Act によって, 政府や, 大臣その他の ministers に対して法律問題について助言をする.

Lawrence case, the 《英》「ロレンス事件」 1999 年に, *hate crime に関して首都警察 (the *Metropolitan Police Service) に組織的な怠慢があったとして大問題になった事件.

1993 年 4 月に Stephen Lawrence という, 建築家を志していた非行歴のない 17 歳の黒人の高校生が, ロンドン市南部の Eltham (昔から人種差別のあった地区) のバス停で, 見知らぬ白人たちによって, 黒人差別の暴言を浴びせられ, ナイフで刺し殺された. 26 件の別々の情報によって, 事件から 2 日以内に, 5 人の不良高校生(当時 16〜17 歳の白人)の犯行であることが判明したが, 首都警察は故意に初動捜査を怠り, 証拠品を押収しなかったので, 5 人がのちに逮捕されたとき, the *Crown Prosecution Service (公訴局) は証拠不十分で起訴できなかった. ロレンスの両親が 1996 年に, 3 人の容疑者に対する私人による訴追 (⇨ PROSECUTION) を行なったが, やはり証拠不十分で請求は却下され, その 3 人は無罪とされ, *double jeopardy の原則で, この殺人事件での再訴追はできないことになった．他の2人に対する訴追はそれ以前の段階で却下されている．

◆The Lawrence Five と呼ばれる5人の容疑者（Neil Acourt, Jamie Acourt, Luke Knight, Gary Dobson, David Norris）は，1999年になっても，ぜいたくな服装をして高級車を乗り回し，凶器をちらつかせてエルサムや Greenwich（グリニッジ）あたりの市民に脅威を与えていた．デイヴィッド・ノリスの父親 Clifford Norris は南ロンドンのギャングのボスで，警察とのコネがうわさされており，受刑中であるにもかかわらず5人をかげで操っていると信じられている．

The Daily Mail 紙は1997年2月に5人の写真を公表して "Murderers" という大見出しをつけた（*The Sunday Telegraph* [2-7-99] も同様）．そのせいもあって，英国全体に警察不信が広がり，事態を重く見た Jack *Straw 内務大臣は（それまでの首都警察の内部調査が不公正であることを認めて）Sir William Macpherson という元判事ら5人に調査を依頼し，その報告を1999年2月に受理した．マクファースン報告は，捜査の遅れの裏に首都警察の「組織的な人種差別（*institutionalised racism）」があったとして，警察長官の責任を指摘し，人種差別犯罪に対する抜本的な対策と，ダブルジェパディ禁止の見直し（新しい有力な証拠が現れれば，いったん無罪とされた容疑者を再起訴できるようにする）を提言している（⇨ LAW COMMISSION）．英国の警察による不法や不手際については BIRMINGHAM SIX, BLAKE CASE, BRIDGEWATER THREE, GUILDFORD FOUR, TOTTENHAM THREE などの項目を参照されたい．

その後，ロレンス5人組のうち，デイヴィッド・ノリスとジェイミー・アコートは，他の1名と1999年4月にケント州 Swanley 市で窃盗を働き，逮捕されて起訴された．2000年4月にはアコート兄弟が事件当時住んでいた家の裏庭からロレンス殺害の犯行に使われたと思われるナイフとバールが発見された．2001年2月には，別件で調べられたニール・アコートの車のなかから凶器（伸縮可能な金属製の棍棒）が発見され，ニールは50時間の community service（⇨ COMMUNITY SERVICE ORDER）と100ポンドの罰金の支払いを命じられた．警察は（現行法で5人の起訴は不可能と知りながらも）なお，捜査を続行している．

ロレンスの両親は（法律によって，首都警察という組織を被告とした訴えはできないので）42人の警察官を相手どって裁判に訴えたが，面目をさらに失墜することを恐れた首都警察が示談を求め，両親が要求する50万ポンドの要求に対して32万ポンド（ざっと5700万円相当）の賠償金を支払うことで2000年10月に話がついた．一般の予想よりも大きな金額であり，今後，冤罪事件にからんで警察への賠償金請求が増えるだろうと言われている．

law school 「ロースクール; 法科大学院」 (1) 《米》たいがいは大学に付設された大学院レベルの法律家養成機関で，卒業まで3年というのがふつう．学生のほとんどは法律実務の資格と州の司法試験での合格を目的とするが，一部は法律研究者の道を歩む．ロースクールを卒業すると J.D. (*juris doctor; doctor of jurisprudence; doctor of law) という学位を受ける．ドクターとは言うものの，それは論文を審査されて得る，あるいは特別の課程を修了して得る博士号 (J.S.D. = Doctor of Juridical [Juristic] Science; Doctor of the Science of Law) とは違う．J.D. と同じく doctor of law と呼ばれる LL.B (法学博士) は，現在の米国では名誉博士号である．ロースクールをいったん卒業したあと，1-2年そこでさらに学ぶ者は LL.M. (法学修士) の学位を与えられるが，実務弁護士の志望者はふつうこれを取らない．◆米国では毎年 LSAT (=Law School Admissions Test) という一般学力および思考力のテストを受けてロースクールに入る希望者が約7万7000人いる．実際の入学者は2000年の秋で4万3518人．2001年の新学年度には，女性の入学者が50%を超えたようである(1960年にはわずか4%に過ぎなかった)．◆公認されている174のロースクールのうち，イェール，スタンフォード，ハーヴァード大学のロースクールは常に全米のトップと見なされており，ニューヨーク，コロンビア，シカゴ，カリフォルニア大学バークリー校のロースクールも超一流と評価されている．◆阿川尚之著『アメリカン・ロイヤーの誕生――ジョージタウン・ロー・スクール留学記』(中公新書，1986年) は米国のロースクールで学び，難関であるニューヨーク州のロイヤーの試験に合格した著者(現在は慶應義塾大学教授)の経験を名調子で語ったものであり，この辞典では簡略にしか(あるいは無知ゆえに全く)扱えなかった多くの重要な事実(例えば，*law firm や，*ABA Model Code of Professional Responsibility* [⇨ AMERICAN BAR ASSOCIATION] のことなど)がわかりやすく紹介されている．ぜひ一読されたい．

(2) 《英》英国で法律の実務家になる方法，および the Bar school のことなどは BARRISTER と SOLICITOR, INNS OF COURT, LAW SOCIETY OF ENGLAND AND WALES, LAWYER の項を参照されたい．

Law Society of England and Wales, the 《英》「イングランド・ウェールズ法律協会; ソリシター協会」 1845年の勅許によって設立された，もともとは法律知識促進の会．北アイルランドにも別にある．1974年の the Solicitors Act によって，現在は *solicitor 志望者の教育と訓練および資格試験を実施している．ソリシターになるためにはその試験に合格し，協会が発行する資格証明書を持たなければならない．◆2001年2月に，前年の3月までこの協会の副会長であった Kamlesh Bahl (1956-)

という女性が，協会には根強い女性差別と人種差別があると主張して裁判に訴えた．キャムレッシュ・バールは 1993 年から 98 年まで the *Equal Opportunities Commission の委員長をつとめた大物の法律家だけに，それを否定する側の協会はロンドン市内の最有力なソリシター事務所の応援を得て，彼女の主張には全く根拠がないと反論している．

law term 《英》「開廷期」 The *High Court of Justice (高等法院) の vacations (閉廷期) を除く 1 年 (a legal year) を 4 つに分けたもののひとつで，単に term とも言う．昔は the Hilary term, the Easter term, the Trinity term, the Michaelmas term と呼ばれていたが，1873 年の法律によって，term の代わりに sittings が用いられる．⇨ EASTER SITTINGS; HILARY SITTINGS; MICHAELMAS SITTINGS; TRINITY SITTINGS

lawyer 「ロイヤー；法律家」《米》では「法律実務の有資格者」の意味で，裁判官，検察官，弁護士，法律学者を含む法律の専門家を意味する．そのうち実務についている弁護士 (practicing lawyers) は，米国には 80 万人以上いて，これは日本の 45 倍だと言われている．《英》ではふつう *legal profession に従事している人 (*barrister と *solicitor) たちを意味する．

layering 「積み重ね」 マネーロンダリングの第 2 段階． ⇨ MONEY LAUNDERING

leading question 「誘導尋問」 ふつう，質問のなかに期待する答えが入っている．証言を進めさせるためにどうしても必要な場合，相手が子供の場合，言語障害者の場合などのほかは許されない．ただし敵性証人 (*adverse witness) に対する反対尋問など，認められるケースもある．

Lee, Wen Ho 《米》「ウェン・ホー・リー」 スパイ容疑を受けたロスラアモス国立科学研究所の核物理学者 ⇨ FBI

legacy 「(人的財産の)遺贈」《米》では bequest がよく使われる．イングランドとウェールズでは，だれでも遺言で自分の財産(現金や動産)を好きなように遺贈することができる．ただし，子供は the Inheritance (Provision for Family and Dependents) Act という法律によって，物的財産(不動産)の遺贈 (devise) を受ける資格を持っている．

legal aid 「訴訟援助」 英米共に，政府から補助金を得て，経済的に恵まれない人の法律相談を引き受けたり，訴訟費用(特に弁護士を雇う費用)を援助したりする制度や，全国的な非営利組織がある．すべてを公費負担にするやり方を in forma pauperis (ラテン語で，in the form of a pauper の意) と言う．pauper は「生活保護を受ける人」を意味する．⇨ GIDEON V. WAINWRIGHT; PRO BONO PUBLICO; 憲法第 6 補正の解説

legal fiction 「法的擬制」 法律がうまく働くように，便宜上〈事実〉を

想定すること．会社に法人格（corporate personality）を認めるのも法的な虚構である．

Legal Practice Course 「(*law school の)司法実務課程」 ⇨ SOLICITOR

legal profession 「法職」 資格を得てつく法律の専門実務．《英》ではふつう *barrister と *solicitor とを指す． ⇨ LAWYER

legal resources 「法源」 sources of the law とも言う．裁判所が必ず適用すべき法的基準．条約，制定法，判例，重要な習慣など．著名な学説の一部は法源に準じるものと見なされている．イングランドとウェールズにおいて，判例の重さの順位は以下のとおりである．

① The Court of Justice of the European Communities.（欧州連合裁判所）による（人権条約を含む）諸条約の解釈についての決定．これは連合王国のあらゆる裁判所を束縛する．（⇨ EUROPEAN COURT OF JUSTICE）

② The *House of Lords（貴族院）の the *Law Lord（貴族院裁判官）たちによる判決．これは他のあらゆる裁判所の上に立つが，貴族院そのものを束縛するとは必ずしも言えない．

③ The *Court of Appeal（控訴院）の the Civil Division（民事部）（⇨ SUPREME COURT OF JUDICATURE）の判決．これは the *High Court of Justice（高等法院），the *county court (3)（州裁判所），Divisional Courts（合議法廷——高等法院の 3 人の裁判官による控訴審），およびそれ自体の判決を束縛する．

④ The Court of Appeal の the Criminal Division（刑事部）の判決．これは the *Crown Court（刑事裁判所）および *magistrates' court（マジストレート裁判所）を，またたぶん高等法院の the Queen's Bench Division（女王座部）をも束縛する．控訴院の刑事部がそれ自体の過去の判例から外れた判決を下すことはまれにある．

⑤ The Queen's Bench Divisional Court（高等法院女王座部裁判所）の判決．これはマジストレート裁判所と，一般にはそれ自体とを束縛するが，刑事裁判所を束縛するものではない．

⑥ The High Court of Justice（高等法院）の判決．これは州裁判所を束縛するが，他の高等法院の裁判官の判決を束縛するものではない．同一種類の事件の判例が2つある場合は，新しい判例に従うべきだとされている．

刑事裁判所の判例は十分に報告されておらず，したがってマジストレート裁判所を束縛することはなさそうである．◆イングランドとウェールズの判例は全部で 40 万を越えていると言われる．コンピュータが発達した現在でも，検索には多くの時間が費やされる．

Legal Service Ombudsman, the 《英》「法務オンブズマン」 ⇨ SO-

LICITOR

legislation (1)「(議会による)立法」(2)「法律; 成文法」 ⇨ SEPARATION OF POWERS

legislative courts 《米》「立法裁判所; 第 1 条裁判所」 連邦最高裁判所, the *Court of Appeals (連邦控訴裁判所), *district court (連邦裁判区裁判所; 連邦地裁) と, the *Court of International Trade (国際貿易裁判所) は, 憲法第 3 条に基づいて創設されたので,「第 3 条裁判所」(Article III courts) あるいは「憲法裁判所」(⇨ CONSTITUTIONAL COURTS) と呼ばれている. これに対して, 憲法第 1 条第 8 節 18 項の "the necessary and proper clause" (必要にして適切条項) に基づく裁判所は「第 1 条裁判所 (Article I courts)」あるいは「立法裁判所 (legislative courts)」と呼ばれる. the *Court of Appeals for the Federal Circuit (連邦巡回控訴裁判所), the United States Tax Court (租税裁判所), the *Court of Appeals for the Armed Forces (軍事上訴裁判所) も第 1 条裁判所である. 連邦地裁のうち, グアムなど, 50 州以外にある自治領の裁判所 (territorial courts) もそれに属する. ([Article IV courts] 自治領裁判所は, 第 4 条 3 節 2 項に基づくものだから,「第 4 条裁判所」と呼ぶこともある.) 第 4 条裁判所の裁判官には永年在職権 (lifetime tenure) がないが, 第 3 条裁判官と同様に, 職務に精励する限り, 退職を強制されないようである. 連邦裁判所については, UNITED STATES COURTS の項も参照.

Lemon test, the 《米》「レモン・テスト」憲法第 1 補正が禁じている「宗教の establishment (護持) にかかわる法律の制定」について, 1971 年 7 月に連邦最高裁判所が *Lemon v. Kurtzman* 事件の判決(実は同種の 3 つの事件に対する判決)で示した基準. この事件は州(ペンシルヴェニアとロードアイランド)が, secular な(つまり, 特定宗教に偏らぬ)教育を行なっている私立の初等・中等学校(特にカトリック系の学校)に補助金を出すという法律を, 納税者の一部が第 1 補正違反として訴えたもの. ペンシルヴェニア州の *district court (連邦地裁) は州法を合憲とし, ロードアイランド州の連邦地裁は州法を第 1 補正違反と判断した. 上訴を受けた連邦最高裁判所は, ペンシルヴェニア州の私立学校助成に関する法律を (Thurgood *Marshall 裁判官は不参加だったので) 8 対 0 で, ロードアイランド州の教員の給与補助に関する法律を 8 対 1 (Byron White 判事のみ反対) で, 第 1 補正違反につき違憲という判決を下した. それによれば, 州法が第 1 補正に照らして合憲であるためには, ① 非宗教的な立法目的 (a secular legislative purpose) を持つこと, ② その法律の原則あるいは主要な効果が, 宗教を推進するものでも抑制するものでもないこと, ③ その法律は, 政治が宗教と過度のかかわりを持つことを避けていること,の 3 原則が必要であるとした．この原則は，最高裁そのものによってその後 15 年くらい守られてきたが，1980 年代の半ばから最高裁判事のあいだに，それは米国の歴史を否定し，余りにも宗教を敵視した基準だという批判が強まった．私立学校への一定の助成を「違憲とは言えない」とした *Agostini v. Felton* 事件判決(1997)を含む近年の最高裁判決から推測すれば，*Rehnquist, *O'Connor, *Scalia, *Kennedy, *Thomas の 5 人の判事(カトリックの教育を受けた人が多い)は，やがてこれに代わる――特定の教派には偏らぬが，宗教系の私立学校への公費助成に対してもっと積極的な――基準を打ち出す可能性がある．

Lennon, John (1940–80)《英》「ジョン・レノン」 ビートルズのリズム・ギター兼ヴォーカリスト．1969 年に前衛アーティストであるオノ・ヨーコと結婚後，ビートルズから脱退し，夫婦で the Plastic Ono Band を結成し，「平和のためのベッドイン」など平和運動と結びついた芸術活動に乗り出した．75 年に息子 Sean (ショーン) が誕生してからは育児に専念した．1980 年，アルバム *Double Fantasy* を発表して音楽活動を再開するが，同年 12 月 8 日の夜 11 時ごろ，外出先からヨーコといっしょにマンハッタンの自宅(高級マンション the Dakota) に帰ってきたところを，待ち伏せしていた熱狂的なファン Mark David Chapman (当時 25 歳) の 38 口径の連発ピストルによって 5 回撃たれ，病院に運ばれる途中で出血多量のために死亡した．チャップマンは午後 4 時半，夫婦がダコタから出てきたとき，レノンの新作アルバム『ダブル・ファンタジー』にレノンのサインをもらっていた．警官が駆けつけたとき，チャップマンはサリンジャーの小説『ライ麦畑でつかまえて』を読んでいたという．彼は自分がレノンと同等の才能を持っていると思い込んでいたらしい．1981 年 8 月にチャップマンが受けた刑は「20 年ないし終身の禁固」で，ニューヨーク州法によって 2001 年には *parole (仮釈放) 申請の権利が初めて認められた．The New York State Board of Parole (州仮釈放審査委員会) は，チャップマンが模範囚であったことは認めながらも，“your most vicious and violent act” (最も悪らつで暴力的な行為) を強い口調で非難し，法の権威を尊重するために申請を却下した．第 2 回の仮釈放申請は 2002 年 10 月となる．

libel and slander 「名誉毀損」 通常は，文書，図画(とが)，映像によるものを libel，口頭によるものを slander という．後者の場合は実害の証明がないと，賠償金を請求することが困難だろう．著名な政治家や有名人についての名誉毀損めいた表現は可罰的な犯罪とは見なされないことが多い．*defamation もほぼ同じ意味で使われる．詳細は ACTUAL MALICE の項を参照．

Liebeck v. McDonald's Corporation 《米》「マクドナルド・ホットコーヒー事件」 米国では有名な訴訟. Stella Liebeck は元デパートの店員で, 事件当時 79 歳の婦人. 1992 年, ドライブ中にニューメキシコ州アルバカーキー市のマクドナルドのドライブインで 49 セントのコーヒーを注文し, 出てきたコーヒーに砂糖を入れようと思ったが, プラスチックのふたがどうしても開かない. 仕方がないので, 両膝でカップをはさんで無理やりふたを取ろうとすると, セ氏 85 度以上という異常に高温のコーヒーがどっと噴き出て, リーベックの内股とそけい部に 2, 3 ヶ所火傷を負わせた. 裁判沙汰を好まぬ彼女は, 800 ドルの治療実費と多少の慰謝料をマクドナルドに要求したが, にべもなく断られたので, 腹を立てて裁判所に訴えた. 最初のうち, たった 1 杯のコーヒーがこぼれたくらいで, と軽く考えていた陪審は, 写真に撮られたリーベックのやけどのむごたらしさに驚くと同時に, 最初から最後まで「申し訳なかった」のひとことさえ発しないマクドナルド側の高慢な態度に憤慨し, 94 年 12 月 2 日に, マクドナルドに 290 万ドルの賠償金を払わせるのが妥当と回答した. うち 270 万ドルは懲罰的な賠償 (⇨ PUNITIVE DAMAGES) というわけである. さすがに裁判官は, 賠償金を 64 万ドルに減らした. 他店よりも温度が 10 度くらい高いコーヒーを年に 10 億カップも売っていたマクドナルドはショックを受け, これ以上の裁判沙汰を避けるために, 法廷外での示談に持ち込んだ(和解金額は不明). 米国で不法行為法の改正 (tort reform) が急速に進んだひとつのきっかけが, このコーヒー事件であった.

lie detector 「うそ発見器」 polygraph とも言う. インタビューのあいだに真実を隠そうとすると生じる生理的な反応(血圧や脈拍の変化など)を記録する. 米国の裁判所では通常その結果を信頼の置けぬものとして, 証拠価値を認めない. ◆刑事裁判の被告にとって有利なうそ発見器の記録が裁判所によって斥けられ, 被告が有罪にされたこともあった. その被告——1920 年に首都ワシントンで Robert Brown という医師を射殺した疑いをかけられた若い黒人 James Alphone Frye——は終身刑を宣告されたが, 3 年後に真犯人が現れたので, 無罪釈放になった. ◆1998 年 3 月 31 日に連邦最高裁判所は, うそ発見器は, 歯を食いしばったり, かかとを床に強く押しつけたりすればごまかせるという司法省の主張を認め, その証拠能力を否定した. 事件は, 1992 年に覚醒剤使用や無断欠勤などで, 軍法会議 (*court-martial (1)) によって有罪を宣告されたカリフォルニアのある空軍兵にかかわる. その兵士はうそ発見器で有利な結果が出たので, 軍法上訴裁判所 (the *Court of Appeals for the Armed Forces) に上訴した. その控訴裁判所は米国の裁判の慣例を破って, うそ発見器の検査結果を被告に有利な証拠として採用したので, 司法省が最高裁に上訴した. ◆

2001 年 11 月にはペンシルヴェニア大学の神経心理学教授らが，MRI (磁気共鳴映像) の機械とコンピュータを使用した大脳の神経スキャンという方法で，ごまかしのきかないうそ発見ができることを学会で発表したが，装置が大きく高価なので，実用化するとしても遠い先の話だろう.

limitation of actions 「時効」 ⇨ STATUTE OF LIMITATIONS

liquidated 「(負債を)精算した; (会社が)倒産した」 などの意のほかに，「(債務金額などが)確定された」という意味があることに注意. liquidated damages は，「契約時にすでに約定されている損害賠償額」や「(弁済すべき未払い額に，罰として加えられる)定額損害賠償」の意であり，unliquidated は「(損害賠償額などが)未確定の」という意味. unliquidated claim は「金額未確定の損害賠償を請求する権利」を意味する. ⇨ LAW ([民事法と刑事法] の項)

litigation 「訴訟(の維持)」 単に「訴訟; 裁判」の意味にも使われるが，厳密には訴訟 (*action; suit) そのものよりも，その(特に民事の)訴訟を続けることを意味する. 複数形も可.

Littleton massacre, the 《米》「リトルトン事件」 1999 年 4 月 20 日にコロラド州デンヴァー市郊外の平和な中産階級住宅地域であるリトルトン市の Columbine High School で，the *Trench Coat Mafia という学内グループ(米国ではこういうグループを clique と呼んでいる)に属していた (いずれも窃盗で逮捕されたことのある) Erick Harris (18 歳) と Dylan Klebold (17 歳) がパイプ爆弾など 30 以上の強力な爆発物を学校内外に仕掛けたほか，TEC-DC9 (⇨ GUN INDUSTRY) というセミオートマチックのハンドガン 1 丁，銃身を短くしたショットガン 2 丁，Hi-Point 9mm carbine で，約 900 発の銃弾を発射した. 多くはねらい撃ちで教員 1 人，生徒 12 人(うちひとりは黒人)を殺したあと，警務保安官に追いつめられて自殺した. 負傷者は 23 人であった. 彼らがネオナチ風の行動をとっていたこと，Goth ファン (1980 年代後半に，パンクロックに代わって流行したロックミュージックを Goth と言い，その熱狂的なファンが米国に多く現れた) であり，殺人を美化するような映画，音楽，テレビゲームに興味を抱いていたこと，黒人や運動部員を憎んでいたこと，ハリスの日記によれば 1 年前から襲撃を準備し，犯行日をヒトラーの誕生日である 4 月 20 日と決めていたこと，同じハリスが事件の前日に書いた手記によれば，学校だけでなく，周辺の住宅地も襲い，大量殺人を果たして(できれば，ハイジャックした飛行機をニューヨーク市に墜落させて)自殺するつもりであったこと，などが判明した. こういう向こう見ずな若者が，自分でも説明しがたい激情と自殺願望に駆られて，ハイジャックした飛行機を(操縦技術がなくても)人口密集地に墜落させる可能性は否定できまい. ♦2002

年1月に，15歳の少年がセスナ機をフロリダ州タンパ市の銀行ビルに激突させた．本人以外に死傷者はいなかったが，小型機でも大量殺人は起こり得たのではあるまいか．

米国では1998年だけで，学校の暴力事件の死者は43人おり，うち33人は銃で殺されている．1996年には4643人の未成年が銃で死んでいる(うち2866人は殺され，1309人は自殺し，残りは暴発事故など)．当時のクリントン大統領は，21歳未満の者がハンドガンを入手できないようにするなどの規制策を発表したが，市民が銃で自衛する権利や，ハンティングの権利を制限する姿勢は全く見えない．⇨ GUN CONTROL

The *National Rifle Association of America の会長である Charlton *Heston は，学校に武装した警備員がいればリトルトン事件は防げたはずだと言ったが，全米の学校の73%に警備員が常駐しており，コロンバイン高校にも武装した警務保安官が1名いて，インターネットで殺人を予告していたハリスの言動に1年前から注意していたし，事件当日も2人の銃撃に応射しているが，生徒たちを護ることはできなかった．全米には5200万人の生徒がいる．彼らを同種の事件から護るために，いったい何万人の武装警備員を雇う必要があるのだろうか．

Lloyd's 《英》「ロイズ保険協会」 旧名は the Corporation of Lloyd's of London で，1997年からは Lloyd's が正式名称．しかし，従来からの通称である Lloyd's of London がいまでも一般に使われている．17世紀のコーヒーハウスの経営者 Edward Lloyd (?–1730?) が創業者だと言われる．建前としては保険「会社」ではなく，Names と呼ばれる個々の保険引受人 (underwriters) が構成する協会であり，the Council (引受人その他から選ばれた12人と，評議員会自体が任命してイングランド銀行の承認を得た8人とを含む，計28人から成る評議員会) が運営の助言者となっている．だが，実際には，資本の80% は (2002年1月の時点で) 933社になった企業メンバーから得ており，評議員会の会長 (Chairman) が独裁的な経営権を握っている．かつては米ドルに換算して100万ドル相当以上の資産を持った者だけがネームズ(引受人)になれると言われていたが，現在は25万ポンド (60万ドル) 以上の資産家で，厳重な審査に通れば引受人になれる．

［無限引受け責任の原則］ ネームズには実業家はもちろん，政治家も，米国の連邦最高裁判所の裁判官も，日本人もいる．彼らは全国に108ある Syndicates (保険引受け機構) に属している．ネームズは投資額に応じて利潤を得るが，シンジケートに雇われているわけではなく，法的に正当な保険金の請求を受けた場合，個々人が自分の家屋敷から装身具まですべて売却してでも支払う義務を負っている．ロイズは世界各国の保険会社の

再保険を引き受けるだけでなく，補償額の上限を設けない「無限引受け責任原則」に基づいて，1906年のサンフランシスコ大地震(数百万ドル)や，1912年の Titanic 沈没事件(400万ドル相当)をはじめ，宇宙開発から女優の脚に至るまで，あらゆるものの保険を引き受けてきた．ネームズにはロイズ自体が再保険をかけているからと安心させていたし，事実，ロイズの信用は長く揺るがなかった．しかし1980年代に大規模な事故，災害，金融機関の倒産などが相次ぎ，1988～91年の累積赤字額だけでも63億ポンド(980億ドル)にのぼった．1988年に3万3000人いた無限引受け責任のネームズは93年に約2万人に，2002年1月には約2490人に減少した．自殺したネームズもいる(ロイズが認めている自殺者は通算7人だが，AP通信では過去数年だけで約30人)．英国有数の資産家 Camilla Parker Bowles (皇太子の愛人) も90年代に35万ポンド(6000万円以上)を失ったらしい．イングランド銀行は改革を試みて CEO を送ったが，議長 Peter Green の独裁を崩すことには失敗した．

[ネームズによる訴訟] 1999年に北米を襲ったハリケーンの被害に対する保険9億3000万ポンドの支払いなど，1996年以来またもや40億ポンドの損失をこうむったネームズは，ロイズの評議員会からだまされたと主張している．ロイズは1969年以来，アスベスト(石綿)による病気の補償金を払うべき製造会社から巨額の保険を要求されていたのに，それをネームズ候補者には隠して投資を勧めていたというのである．米国人24人を含む230人以上の原告たちは，33人のロイズの役員に対して1億5000万ポンドの賠償を要求し，ロンドンの the *High Court of Justice (高等法院) で2000年2月末に集団訴訟を起こした．◆ロイズ評議員はいかなる不正もないと主張し，その訴訟を乗り切る方針である．

[テロリズムのショック] 次にやってきた試練が，ニューヨークの同時多発テロ (⇨ World Trade Center, the terrorist attacks on) で，世界貿易センタービルとそれに突入したジェット機2機の保険を(他社と共同で)引き受けていたネームズは，(他社が引き受けていた再保険による還付を受けても)13億ポンドという，ロイズ始まって以来の巨額の保険金を支払わなければならない．協会それ自体は企業会員のおかげで存続するだろうが，日本円にしてたぶん50兆円近くの赤字をかかえる協会が新たな保険引受人を得るのは容易ではあるまい．◆2001年9月のテロ被害を含めると，世界の保険業の年間損失額は300～580億米ドル相当に達すると言われている．

[根本的な変革へ] ロイズの会長が2002年1月17日に発表した計画によれば，ロイズはネームズによる無限責任制という313年続いた伝統を破って，個人引受人の場合はすべて有限責任 (limited liabilities) 制に変

えるらしい．約 900 社の企業メンバーの役割がいっそう大きくなるようだ．

Lockerbie bombing, the 《英》「ロッカビー航空機爆破事件」 1988 年 12 月 21 日に，ロンドン経由でニューヨークに向かう Pan-Am 747 型定期旅客機がテロリストによって爆破され，スコットランド南西部の小さな町ロッカビーに墜落し，日本人銀行員 1 名を含む乗員乗客 259 人全員と，地上にいた 11 人とが死亡した事件．1991 年 11 月には容疑者 2 人(いずれも秘密情報将校と見られる，事件当時 36 歳と 32 歳のリビア人 Abdel-Basset Ali as-Megrahi と Al-Amin Khalifa Fahima) が特定されたが，リビアの政治指導者 Muammar Gaddafi 大佐は身柄の引渡しを拒否．国連は同国に貿易上の制裁を加え，その一方で連合王国の外相と米国の国務長官は妥協的措置として，容疑者をオランダのハーグで 3 人のスコットランド人判事によって裁判することを 1998 年 8 月に提案した．それを仲介した南アフリカの Nelson Mandela 大統領の努力もあって，結局リビアのカダフィ大佐もそれを呑み，99 年 4 月 5 日にようやく容疑者 2 名をオランダの国連当局者に渡した．彼らはアムステルダムの近くにある Zeist という元米軍の空軍基地に拘置され，基地内の元軍病院でスコットランドの法律を適用して，最初にスコットランドのシェリフ裁判(地裁)の裁判官 (*sheriff (3)) が審問し，2000 年の 2 月から 3 人のスコットランドの刑事最高裁判所 (the *High Court of Justiciary) の判事が本格的な裁判を行なうことになった．やむを得ない事情なので，陪審は置かれなかった．スコットランドの裁判所が重大な刑事裁判を陪審なしで行なうのは空前のことだった．きわめて異例の国際的な取り決めの結果，容疑者が到着した時点から裁判が終了するまで，上記の基地は臨時に連合王国領となり，スコットランドの裁判管轄下に置かれた．◆予審は 99 年 12 月に開始された．被告は機内への爆発物持ち込みを否定し，被告弁護人たちは，殺人，殺人の共謀，航空安全の法規違反の 3 つの容疑のうち，共謀はスコットランドの法律が及ばないところでなされたはずだと主張した．

殺人事件に関しては，連合王国として最も長期にわたり，最も費用のかかるこの裁判は 2000 年 5 月 3 日にようやく始まり，2001 年 1 月 31 日に結審した．アブデルバセット・メグラヒ被告は有罪で，終身刑，アルアミン・フヒマ被告には無罪が言い渡された．メグラヒの弁護団は上訴した．連合王国政府は裁判費用 (7 億米ドル相当) と遺族への賠償金をリビア政府に求めた模様だが，被告たちの無罪を主張し続けているカダフィがそれに応じる気配は全くない．スコットランドの法学者(大学教授)のなかにも，状況証拠だけで 1 名を有罪にしたのは不公正であり，控訴審で無罪になる可能性が大きいと言う者がいる．

loose [liberal] construction; broad interpretation 《米》「憲法や法律の拡張解釈」 ⇨ CONSTITUTIONAL CONSTRUCTION ; INTERPRETIVISM

Lord Chancellor, the 《英》＝ the Lord High Chancellor「大法官」イングランドとウェールズのあらゆる裁判官の長(米国の司法長官 [the *Attorney General (1)] に当たる内務大臣との相違は HOME OFFICE の項を参照). すぐ下に位するのは the *High Court of Justice (高等法院) の the Queen's Bench Division (女王座部) の長である the Lord *Chief Justice of England and Wales である. 大法官は首相の助言に基づいて国王[女王]が任命する. the Lord Chancellor's Department の長として内閣の一員であり, the *Privy Council (枢密院)の司法委員会の首席裁判官であり, the *House of Lords (貴族院) の議長であり, (最上位裁判所としての)貴族院の首席裁判官でもある. また, 法務オンブズマン (the Legal Service Ombudsman ⇨ SOLICITOR) の任命権者でもあり, その他, 上位および下位の裁判官の任命に大きな実権を握っている. また裁判制度の統括や民事法の改善にも関わる. The *Court of Appeal (控訴院) と高等法院の the Chancery Division (大法官部 ⇨ HIGH COURT OF JUSTICE) の裁判長でもあるが, 貴族院の首席裁判官職とともに現在, 実際にその職務に就くことはない. その理由については, EUROPEAN CONVENTION ON HUMAN RIGHTS や SEPARATION OF POWERS (3) の項を参照. ⇨ CHANCERY

Lord Chief Justice, the ＝ CHIEF JUSTICE OF ENGLAND AND WALES

Lord Lieutenant, the 《英》「国王[女王]名代」⇨ SHERIFF (2)

Lord of Appeal in Ordinary 《英》「常任上訴貴族」 ⇨ HOUSE OF LORDS; LAW LORD

lower court 「下位裁判所」 控訴裁判所あるいは最高裁判所が必要と認めれば, 判決を再審する第一審や第二審の裁判所. ⇨ TRIAL COURT

Lucas, Henry Lee (1936-)《米》「ヘンリー・リー・ルーカス」 連続殺人事件の犯人とされている隻眼(せきがん)の浮浪者. テキサス州の出身. 家庭内暴力のせいもあって非行少年になり, 成人してからも毎年 1 年の大半を刑務所と精神病院で過ごした. 1975 年に出所, 退院してからは,「強盗殺人をし放題だった」と本人はうそぶいていた. 1980 年にフロリダ州の刑務所で Ottis Toole (1996 年に肝硬変で死亡) という元浮浪者と知り合い, 出所後は 2 人で連日のように押し込み強盗を働いた. 83 年にトゥールは, 2 年前に 6 歳の男の子 Adam Walsh をさらって殺したとフロリダの警察に自白し, アダム行方不明の報道に心を痛めていた多くの国民に衝撃を与えた. が, 警察は数週間後にあらゆる容疑を取り下げた. トゥールが精神病患者だと確信するに至ったからである. 一方, 殺人容疑で逮捕されたルーカスは次から次へと止めどなく犯罪を自白した. 自力で 69 人,トゥールの助けを得て別に 20 人くらいの男女を殺したというのである．のちに *Texas Rangers の取調べに対しても，さらに多くの罪を自白したばかりでなく，冷酷非情で無気味な犯行(集団的拷問，なぶり殺し，十字架刑，肉のそぎ落としなど)の詳細を述べたてた．全国の警察はルーカスが多数の未解決殺人事件の犯人ではないかと疑ったが，果たせるかな，ルーカスはそれらの犯行も自供し，犯人でしか知り得ないような「事実」を語った．1983 年には 19 の州が 210 の殺人事件をルーカスの犯行と断定．その後，ルーカスは日本やスペインでの事件を入れると 600 人以上を殺したと自白した．ところが，Hugh Aynesworth という新聞記者が *The Dallas Times-Herald* 紙の連載記事で，ルーカスの自白は途方もないうそだと暴露した．すると，ルーカス自身も，警察が薬物を使って自白を強要したのだと言って，犯行時のアリバイを主張するようになった．結局ルーカスは 1984 年に 9 件の殺人事件で合計 210 年の禁固刑と 6 回の終身刑を受け，別に 1 件の the “Orange Socks” slaying と呼ばれる殺人事件で死刑を宣告された．オースティン市の北のハイウェーにオレンジ色のソックス以外はなにも身につけていない女性の死体が放り出されており，ルーカスの自供によって，彼がその女性をレイプしたあと首を絞めて殺したと断定されたのである．1998 年 6 月 26 日，当時のテキサス州知事ブッシュ II は(彼としては全く異例のことだが)この有罪判決には疑いが残るとして，死刑を終身刑に減刑した．ルーカスはもともと頭が狂っていたのだとか，ミュンヒハウゼン症候群にかかっていたのだと言われる．常識から判断して，取調べの段階から入念な精神鑑定が必要だった．

Luciano, Charles “Lucky” (1897-1962)《米》「チャールズ・ラッキー・ルーシアーノ」 一般にはルチアノと言われているが，ここでは米国式の発音に従う．一見スマートで，右ほおの傷跡がトレードマークであった the *Mafia の首領．ラッキーというあだ名は，若いころ，車を使った命がけの脱出ゲームで生き残れたから．シチリアのパレルモ市生まれで，本名(ファーストネーム)は Salvatore．1906 年に 9 歳で家族と共に米国に渡り，10 歳で早くも多くの子分を持つ不良グループのリーダーになった．1916 年には多くの殺人で警察が内偵していた the Five Points Gang の有力なメンバーであり，少年時代からの仲間 Meyer Lansky (⇨ Costello, Frank) や，Vito Genovese (⇨ Costello, Frank) や，Frank *Costello などと共に地下暗黒街を牛耳っていた．彼は(映画「ゴッドファーザー」で描かれたような)ファミリーの家長を無条件に敬愛するシチリア風の伝統を嫌い，ただひたすら金もうけだけを狙った．20 年代の後半に自分が属したファミリーの首領 Giuseppe Joe the Boss を射殺し，ニューヨーク・マフィアで第 2 位の座についた．ボスのボスと言われるトップの座にあったのは Salvatore Maranzano (1868–1931) で，マランザーノはその地位を守るために，密かにルーシアーノと Al *Capone の暗殺を企んだが，ルーシアーノはそれを察知し，殺される寸前に，子分を使ってマランザーノを暗殺し，旧時代のマフィアを事実上つぶした.

新しい犯罪組織の事実上の大ボスになったルーシアーノは，古い民族的な伝統をかなぐり捨てて，酒の密造，密売，売春，麻薬，ギャンブル，保護料の強要，労働組合組織の妨害などで，あくどく稼ぎまくった. 1936 年に彼は Thomas E. Dewey という有能な特別検察官(のちにニューヨーク州知事になった人)の努力によって，組織売春の疑いで逮捕され，その罪ではかつてない 30 年ないし 50 年という長期刑を受けた. しかし，ルーシアーノは獄中からシンジケートの指揮をとっていた. 1946 年には戦時中のニューヨーク市のマフィア鎮圧に功績があったというので，仮釈放を許され，イタリアに強制送還された. 彼はその後もキューバに潜行し，マフィアのライバルたちと戦い，腹心の子分どもを通じて組織のもうけの大部分を受け取っていた. しかし，米国政府の命令で，再びイタリアに送還された. その後は健康を害し，何度も心臓発作で倒れ，1962 年にナポリの空港で心筋梗塞のために死亡した.

lump sum damages 「一括払い補償[賠償]金」 例えばある人が交通事故や医療事故で完治は困難と思われる障害を負ってしまった場合，裁判所は加害者や医師側などに対してその人への巨額の補償金(日本円に換算すると億単位の額もそう珍しくない)の支払いを命じていたものだが，現実には，本人がまもなく死亡して家族がそれを相続する，あるいは本人が傷害を負ったまま予想以上に長い期間療養を続ける，といった不合理が生じている. 2001 年 12 月に，イングランドの the *Master of the Rolls (控訴院長官) は，この習慣を廃止して，structured settlements (逐年払い方式) の採用(正しくは十数年ぶりの復活)を提唱し，受け入れられる見通しである. この方式だと，犠牲者は生きているあいだ(どんなに長生きしても)年金のように毎年一定額の補償金を受け取ることができ，その遺族が棚ぼた的な収入を得ることはない. ◆それまで，あらゆる年金のうち一括払いでなかったものは，英国では全体の 5 ないし 8% に過ぎなかった.

M

McCarthyism 《米》「マカーシズム」 共和党の連邦上院議員 Joseph R. McCarthy (1908–57) およびその先駆者や追随者による，権力を乱用し，脅迫や偽計を用いたヒステリックな反共産主義工作(いわゆる赤狩り)を意味する．何回もピューリッツァ賞を受賞した (*The Washington Post* 紙専属の) 風刺漫画家 Herbert L. Block (1909–2001．ペンネームは Herblock) が皮肉を込めて造った語．

マカーシーはウィスコンシン州の出身．ミルウォーキー市の Marquette 大学を卒業して法律家(弁護士および巡回裁判所判事)になり，第二次世界大戦に海兵隊員(情報担当の大尉)として参戦し，1946 年に連邦上院議員になった．1950 年 2 月 9 日にウェストヴァージニア州で，国務省の政策担当者のなかに 205 人の共産主義者がおり，自分はその名簿を持っている，と公言して世間を驚かせた．以来，彼は上院で反共攻勢のリーダーを自認するに至った．それより前，1947 年 3 月にはトルーマン大統領の命令で，連邦職員の思想調査が義務づけられ，同じ年には the *House Un-American Activities Committee (下院非米活動調査委員会) が映画演劇界などの粛正に乗り出し，1948 年にはハリウッドの映画人のブラックリストが作成された (⇨ HOLLYWOOD TEN)．映画「チャプリンの独裁者」(1940) でヒットラーの独裁政治を痛烈に風刺したチャーリー・チャプリンは，非米活動調査委員会で "I'm not a Communist. I am what you call a peacemonger." と証言し，1952 年に (4 人目の妻で，劇作家ユージーン・オニールの娘である) Oona と共に米国を去り，スイスに移住した．1948 年には国務省の高官 Alger Hiss (1904–96) が，10 年前に機密文書を共産党スパイ組織に渡したという疑いをかけられ，連邦議会での証言を拒否すると，2 度にわたる裁判の末，スパイ容疑については証拠不十分であるにもかかわらず，1950 年に 5 年間の禁固刑に処せられた．

[**ローゼンバーグ事件**] Julius Rosenberg (1918–53) とその妻 Ethel (1915–53) は，原子爆弾の機密をソ連の副領事に渡したかどで裁判にかけられ，最後まで潔白を主張したにもかかわらず 1953 年に死刑に処せられた．これも赤狩りの一環で，the *FBI が証拠をでっちあげたという疑いがいまなお拭えていない——息子たちが FBI の文書を検討したうえで，

法的措置をとる可能性はまだ残っている.

[ダシール・ハメット] 探偵小説作家ダシール・ハメット(1894-1961)は1950年代に，非米活動調査委員会に対して，共産主義者であるか否かの回答を拒否したために投獄された. 30年以上にわたって彼のパートナーであった劇作家リリアン・ヘルマン(1905-84)も，同委員会から「ハリウッドに共産主義者の友人や知己がいるはずだ」という詰問に対して断固として回答を拒否したために，(なぜか投獄は免れたが)創作活動の停止を余儀なくされた.

[本格的な赤狩り] 一方，国外では，1949年に中華人民共和国が成立し，ソ連と共に対米敵視政策をとり始めた. マカーシーは，「トルーマン政権は非愛国的な官僚の助言に従ったからこそ中国を失ったのだ」と主張し，1950年に朝鮮戦争が始まると，本格的な国内の赤狩りを開始した. 彼は上院の小委員会委員長として国内の共産党活動について150以上の調査をし，連邦公務員，映画演劇関係者，作家のほか，実業人や大学教授まで赤狩りの犠牲にした. ハーヴァード大学の教授で，*American Renaissance* (1941), *The Achievement of T. S. Eliot* (1947) などの名著で知られる F. O. マシーセン (Francis Otto Matthiessen, 1902-50) が自殺したのも，非米活動調査委員会に喚問されたせいだと言われている.『セールズマンの死』(1949) で世界に認められたアーサー・ミラー(ユダヤ系ドイツ人の子供で，ユダヤ教徒であった)は，1956年に2人目の妻マリリン・モンローと英国旅行を計画し，旅券を申請したところ，前年から左翼思想家としてマカーシズムの標的になっていたので，非米活動調査委員会の喚問を受けた. 彼は1940年代に知己であった共産党員作家の名を明かすよう強要されたが，証言を拒否したために500ドルの罰金と30日間の禁固刑を科せられた(58年の上告審で無罪になったが). *The Crucible*(『るつぼ』，1953) でミラー自身が描いた集団ヒステリーの状況下で，彼が『セールズマンの死』の演出家エリア・カザンや，ダンス振付師 ジェローム・ロビンズのように節を曲げることがなかったのは，さすがと言うべきだろう.

[軍への攻撃] 調子に乗ったマカーシーは，1954年に，軍内部に共産主義が浸透していると主張したが，4月から6月17日まで全国にテレビ中継された上院聴聞会で，軍や国務省に共産党員が巣くっているという主張の根拠を示すことができず，窮地に陥った. 上院は彼を67対22で譴責し，マカーシー自身による赤狩りは終わった.

McNabb-Mallory rule 《米》「マクナブ・マロリー準則」 *McNabb v. United States* (1943) および *Mallory v. United States* (1957) という2つの連邦最高裁判所判決で確立された刑事訴訟法上の原則. 被逮捕者を遅滞な

く *magistrate judge または裁判官の前に連行しなければ，勾留中の自白を証拠として認めることはできないというもの．遅滞なくというのは，逮捕して 6 時間以内という意味だが，距離がありすぎるとか，交通が不便だといった合理的な理由があれば例外が認められる．⇨ OMNIBUS CRIME CONTROL AND SAFE STREETS ACT OF 1968

McNaghten Rules, the ＝the M'Naghten Rules ⇨ INSANITY

Mafia, the 《主に米》「マフィア」 別称は the Mob, the Syndicate, Cosa Nostra (our thing; our affair の意) など．もとはシチリア島出身の犯罪者の集団．語源はイタリア語で「いばりくさること」の意だとか，古いアラビア語で「隠れ家」の意であるとか言われる．メンバーは Mafiosi あるいは Mafiosos と呼ばれる．米国では 1890 年代にイタリア移民によるマフィア組織が根を張って，反社会的な活動を続けていたが，1920 年代にイタリアでベニト・ムソリーニ首相がマフィア根絶を図ったため，より多くのメンバーがニューヨークに流入し，折からの禁酒法のもとで，既存のギャングと手を結び，あるいは彼らと覇権を争って，酒の密造・密売などで利益を得た．ほかには，麻薬，ギャンブル，売春，保護料という名目の金銭のゆすり，ニューヨーク市のごみ収集や清掃業の事実上の独占などで勢力を伸ばした．

マフィアは全米の大都市(ボストン，フィラデルフィア，シカゴ，セントルイス，ニューオーリンズ，ラスヴェガス，サンフランシスコ，ロサンジェルスなど)に 5000 人のメンバーを擁し，24 のファミリーに分かれている．その指導者は Godfather あるいは don (<dominus ＝ Lord) と呼ばれる．◆ニューヨーク市のマフィアのメンバーは 5 つのファミリーに属している．彼らのほとんどは表向き敬虔なカトリック教徒であるのに，組織の維持と拡大のためには冷酷な殺人を平然とやってのける．かつては警察も，ニューヨーク市当局も，買収されたり脅迫されたりで，なかなか手が出せなかったし，the *FBI も J. Edgar *Hoover の方針でマフィアの組織を温存していた．が，1930 年代に Al *Capone や Charles "Lucky" *Luciano が逮捕されたり，第二次世界大戦以後，ボスの座を争う激しい内紛が生じて一部が自滅したり，Rudolf W. Giuliani (ジュリアーニ) 市長 (在任: 1994–2001) の強硬な犯罪撲滅策が功を奏したりして，表面的には勢力が弱まっているように見える，しかし，最近はコンピュータ利用の知的犯罪で組織を強化しているらしい．

現在，ニューヨーク市で活動を続けているマフィアのファミリーのなかで最も強力なのは the Genovese Family で，かつて Charles "Lucky" *Luciano, Frank *Costello, および Vito Genovese (⇨ COSTELLO, FRANK) の支配下にあった．現在のメンバーは 225 人で，ドンは Vincent "Chin"

Gigante (2001 年末には連邦裁判所で服役中) である. FBI は 27 カ月に及ぶ隠密捜査の末, 3 人の capos (支部長) を含む 73 人を労働組合資金の横領, 新聞社の給料の窃盗など, 1998 年から 2001 年までに 1400 万ドル以上を着服した容疑で逮捕し, 12 月 4 日に起訴した. ジェノヴィーズ・ファミリーがそれによってどれくらい弱体化したかは, だれにもわからない. ⇨ GOTTI, JOHN

magistrate 「マジストレート」 (1) 《英》 1327 年に conservators of the peace (治安維持官) として初めて任命された裁判官が, 現在では magistrate あるいは justice of the peace (JP: 治安判事) と呼ばれている. 1992 年からは the *Lord Chancellor (大法官) によって任命され, ふつう 2 週間に 1 日くらい裁判所に出かけるパートタイムの裁判官で, 法律の専門教育を受けていない. The Lord Lieutenant (国王[女王]名代 ⇨ SHERIFF (2)) や大都市の委員会によって推薦された有識者が選ばれ, 短期の講習を受け, 3 人ひと組になって, 裁判所書記官 (the clerk to the justices) と呼ばれる経験 5 年以上の *barrister または *solicitor の専門的な助言を受けながら, 自分たちの判断で判決を下す. 1999 年 1 月 1 日の時点で 3 万 260 名いた. 彼らは出廷のために必要な経費を支給されるが, ふつう裁判官としての報酬は受けない.

マジストレートが扱うのは比較的軽い犯罪容疑で, イングランドとウェールズの刑事裁判の 98% は *magistrates' court (マジストレート裁判所) で行なわれる. 陪審制ではないが, やや重い犯罪容疑の場合, 容疑者は the *Crown Court (刑事裁判所) で陪審裁判を受ける権利を持っている. その場合, マジストレートは予審判事の役割を果たす. また被告は, マジストレート裁判所の判決に不服があれば, 刑事裁判所に上訴できる. 検察側または被告側が(事実ではなく)法の適用だけに不満な場合は, 刑事裁判所に要求して *case stated (または stated case) という「法律問題記載書」を書いてもらい, ふつう 3 名の裁判官から成る the *High Court of Justice (高等法院) の the Queen's Bench Divisional Court (女王座部裁判所) の判決を求めることができる. マジストレートはまた, ある程度は民事裁判を指揮することもあり, 許認可などの事務を扱うこともある. ⇨ SUMMARY OFFENSE

[有給マジストレート] 一般のマジストレート (lay magistrate) とは違って, stipendiary magistrate (有給マジストレート) は専任の裁判官である. 少なくとも 7 年間バリスターまたはソリシターを経験した者のなかから(ふつう大都市の諮問委員会の推薦を受けた者が)大法官によって任命され, 年間 7 万ポンド余りの給与を支払われる. ロンドンには他の大都市の 4 倍に当たる 40 人の有給マジストレートがいて, 特に metropolitan stipendiary magistrate (首都有給マジストレート) と呼ばれている.

［**スコットランドと北アイルランド**］ スコットランドにおいて軽度の刑事犯を裁判するのは約 4000 人の *justices of the peace (2) (無給のマジストレート) で, グラスゴー市においてのみ有給マジストレートが裁判をする. 北アイルランドのマジストレートは法律の専門家で, 1999 年 8 月には 937 人いた. 17 歳未満の容疑者を裁くときは, マジストレート 1 名と有識者 2 名(うち 1 名は必ず女性)がひと組になる.

(2) 《米》米国にも法律の素人である町の有力者がパートタイムの *justice of the peace (3) として店頭などで軽罪の公開裁判をすることがある. その数は 1.5～2 万人と見られているが, ごく小さな町に限られる. これも一般に「治安判事」と訳されているけれども, *magistrate judge とは格も権限も違う.

magistrate judge 《米》＝United States magistrate judge「マジストレートジャッジ」 一般には「治安判事」と訳されている. 1990 年以後は judge をつけるのが正式. 法律の専門家のなかから *district court (連邦裁判区裁判所; 連邦地裁) の判事によって選ばれ, 比較的小さな刑事・民事事件を扱う. 専任(97 年で 406 名)は任期 8 年, パートタイマー(同, 85 名)は任期 4 年. 95 年に彼らが扱った事件は 52 万件近くにのぼった. 連邦地裁判事の扱う事件の倍以上である. ⇨ MAGISTRATE (2)

magistrates' court 《英》「マジストレート裁判所」 駐車違反, 免許証不携帯, 信号無視程度の交通違反や, こそ泥, 万引きなど, 比較的軽い犯罪の容疑者を陪審なしで即決的 (summarily) に裁判する. その管理者は 1992 年に, 内務省から the *Lord Chancellor (大法官) に移された. 裁判は 2 人から 7 人の *magistrate (1) によって行なわれ, ひとつの罪に対して 6 カ月未満の禁固または 5000 ポンド以下の罰金を科す. 法廷では, 裁判官席に 2 人以上のマジストレートが, その前の一段低い席に裁判所書記官 (the clerk to the justices) が座る. マジストレートと向き合って座るのは検察官と弁護人で, 被告はふつう書記のずっと横の席からマジストレートの横顔を見る位置に座る. マジストレート裁判の判決に不服があれば, the *Crown Court (刑事裁判所) に上訴できる. ⇨ PRIMA FACIE CASE

Magna Carta; Magna Charta 《英》「マグナカルタ」 (The Great Charter [of Liberty] を意味するラテン語. 定冠詞をつけることもある.) 1215 年 6 月 15 日にイングランド王ジョン(在位: 1199-1216)が, 聖職者, 諸侯, および臣民に与えた 63 カ条から成るラテン語の特許状. (まだ教皇の支配化にあった)イングランド教会の選挙の自由, 課税には一般評議会の同意が必要, 自由人の同輩による裁判, ある種の不動産に関する裁判は陪審制とすること, 国王の代官による裁判を禁止することなどを約束している．主としてロンドン商人保護のための文書であった．9 週間後には教皇の干渉で無効とされたが，1216 年，1217 年，1225 年に復活・修正された．連合王国の憲法の骨格のひとつと見なされているが，21 世紀以後，連合王国民の人権と自由を実質的に保障するのは「1998 年人権法」(the *Human Rights Act 1998) である．

Magnuson-Moss Act, the 《米》「マグナスン・モス法」 1975 年の連邦法で，消費財に対する *warranty (担保責任; 瑕疵(かし)担保) の基準を明らかにしている．その責任は単純明快な言葉で消費者に知らせなければならない．

Maguire Seven, the 《英》「マグワイア・セブン」 The *IRA のために爆弾を製造した容疑で捕らえられ，1976 年に投獄されたマグワイア家の 6 人と，ほかひとりのアイルランド人．その 6 人は the *Guildford Four のひとり Gerry Conlon の親戚であった．のちに，the *Crown Prosecution Service (公訴局) から裁判所に提出された証拠品がにせ物とわかり，7 人は 1991 年に無罪放免となった．警察の不法や不手際を示す事件のひとつ．⇨ Birmingham Six ; Blake case ; Bridgewater Three ; Chicago Seven ; Lawrence case ; Tottenham Three

mailbox rule, the 《米》「郵便箱のルール」 契約の提案 (offer) は，それが相手の郵便受けに配達された時点で受領されたものと見なされる，というルール．A が B 不動産屋に，あなたの言うとおり，あのアパートを 5 万ドルで買うという申し出を郵便で送り，それが B の郵便受けに配達されると，契約が成り立ってしまい，A があとで 5 万ドルの件は撤回すると言っても遅すぎるかもしれない．郵便が合理的な伝達手段である場合にのみこのルールは適用される．そして，申し込み撤回の手紙については，このルールは適用されない．

mail fraud 《米》「郵便利用の詐欺」 これは連邦法違反となり，重い罰を科せられる．米国の大統領選挙中に，ブッシュ II 陣営の政治広告を担当していた Juanita Yvette Lozano (当時 30 歳) は，(たぶん民主党を「はめる」目的で) 2000 年 9 月にブッシュのビデオテープと戦術書などを Maverick Media という自分の会社から盗んで，ゴア陣営の民主党下院議員 Tom Downey に送った．ダウニーは陰謀のおそれがあるとにらんで，中身を見ることなく小包を捜査当局に引き渡した．ブッシュ側にもゴア側にも大きな実害があったとは思えないが，2001 年 5 月に，ロザノは郵便利用の詐欺で起訴された．テキサス州オースティン市の連邦地裁の裁判官は彼女に，10 年以下の禁固刑，プラス 6 年未満の保護観察 (*probation) つきの仮釈放 (*parole)，50 万ドル未満の罰金に処せられる可能性があると告げたそうだ．

maintenance 「離婚扶養料」 近年は英米共に *alimony の代わりにこの語がよく使われる.

Major, John 《英》「ジョン・メージャー」 連合王国の前首相. ⇨ CONSERVATIVE PARTY

majority opinion, the 《米》「(連邦最高裁判決における)過半数の意見」 ⇨ OPINION OF THE COURT

Malcolm X (1925–65)《米》「マルコム X」 元の名は Malcolm Little. ネブラスカ州オマハ市出身の黒人. 少年時代から麻薬ほしさに押し込み強盗を繰り返し, 1946 年に投獄されたとき, 獄中で *Black Muslim に改宗し, たぶん 52 年に the Nation of Islam から(永久にわからないアフリカの先祖の姓の象徴として) X という姓を与えられた. 1953 年に出所してからブラック・ムスリムの先頭に立って黒人の独立を訴え, 多くの賛同者を得た. しかし, 64 年にメッカを訪れたのをきっかけに「人類はすべてわが友」と宣言して暴力肯定をやめ, the Organization of Afro-American Unity (アフリカ系アメリカ人統一機構) の綱領を発表した. そのため, ブラック・ムスリム内部に抗争を引き起こし, ニューヨークの演説会場で反対派によって暗殺された.

malice (1)「犯意」 正当な理由もなく, 違法行為によって他人を死に至らしめ, あるいは負傷させ, あるいは他人の財産に損害を与えようとする意図または願望. (2)「人権侵害の意図」憎悪, 嫉妬などに駆られて, 他人の権利や生命の価値を自分勝手に無視すること. ◆正当化できるような理由も口実もなく犯された殺人や危害行為の, 性格や結果から当然推測される犯意を implied malice, legal malice, malice in law (擬制犯意) と呼ぶ. ⇨ ACTUAL MALICE

malice aforethought 「予謀」 正当化できる理由も口実もなく犯された加害行為において, 行為者があらかじめ時間をかけて故意に抱いたと証明できる, あるいはそう合理的に推定できる犯意. また, あらかじめ計画して行なった人権無視. それがあった殺人は *manslaughter (予謀なき殺人) ではなく *murder (謀殺) と見なされる.

malpractice 「専門家による過誤」 特に医療過誤と弁護活動の過誤を意味することが多い.

malum in se 「マラム・インセイ; コモンロー犯罪」 原語は evil itself を意味するラテン語. それ自体が文明社会においては(特に法的規制を待つまでもなく)当然に非道徳で危険と見なされる行為. 殺人, 放火, 強盗など, *felony (重大犯罪) のほとんどすべてがこれ. 法律家はこれを「自然犯」と訳している.

malum prohibitum 「マラム・プロヒビタム; 法定犯」 wrong because it is prohibited を意味するラテン語. 常識的には危険とも非道徳的とも言えないが, 制定法や慣習法で定められた規則に違反する行為. 見通しのいい, 交通量のきわめて少ない高速道路で法定速度を超えて運転する行為がその例.

Man, the Isle of ⇨ ISLE OF MAN

mandamus 「職務執行命令」 原語は we command を意味するラテン語. 裁判所が, 下位裁判所や行政機関に, 法が定めた正当な職務を果たすよう命じるもの. ⇨ MENS REA

mandatory injunction 「作為的差止め命令」 ⇨ INJUNCTION

mandatory life sentence 《英》「(重大犯罪の犯人に内務大臣が科する)強制的終身刑」 ⇨ EUROPEAN CONVENTION ON HUMAN RIGHTS; MANDATORY SENTENCE

mandatory sentence 《英》「強制的判決」 法律用語として他の意味もあるが, 現在イングランドとウェールズでは, 重大な犯罪をおかして有罪となった者に内務大臣が科す刑, (犯人が成人であれば) mandatory life sentence (強制的終身刑 ⇨ EUROPEAN CONVENTION ON HUMAN RIGHTS) を意味する. ⇨ BULGER MURDER

manslaughter 「予謀なき殺人」法律家はふつう「故殺」とか「非謀殺」という訳語を使っている. 相手の挑発に乗って激怒し, あるいは異常に興奮し, 我を忘れて人を殺してしまうのは voluntary manslaughter (故意故殺) と呼ばれ, 米国の多くの州で第 1 級重罪 (the first-degree offense) とされる. これに対して(第 2 級または第 3 級犯罪となる) involuntary manslaughter は定義が難しいが, 人命尊重に必要な法的義務を無視または軽視した――*felony (重大犯罪) とまでは言えない――不法行為によって人を死に至らしめたもの. 病気, 異常な精神状況などから責任能力が低下している場合, あるいは自殺の過程での予謀なき殺人, 過剰な自己防衛による殺人などがこのカテゴリーに入るだろう. 自動車やボートの無謀な運転による殺人もたぶんここに入る. イリノイ州では無謀運転による殺人を reckless homicide (未必の故意による殺人) と呼んでいる. 注意義務違反 (*negligence) による非謀殺(過失致死)は, negligent homicide や negligent manslaughter と呼ばれる (⇨ NEGLIGENT). それは情状酌量の余地 (mitigating factors) があるにしても, やはり重大な不法行為であり, 合法的な行動をしていた人が思いもよらぬ不運な事故で他人を殺す結果になった *excusable homicide (免責される殺人) とは根本的に異なる. ⇨ MARCHIONESS DISASTER; MURDER

Manson, Charles (1934-　) 《米》「チャールズ・マンソン」 カルト・リーダー. ティーンエージャーである売春婦の子供としてカリフォルニア州に生まれた．まともな教育を受けたことがなく，非行，犯罪を重ねて何度も刑務所に入ったが，口先がうまく，セックスと，LSD などの麻薬と，ロック・ミュージックをえさに自分の “family” を作って，メンバーに自由な性愛と麻薬とを享楽させ，サンフランシスコやロサンジェルスのヒッピーの指導者を，いやそれ以上に救世主を気どっていた．彼は Helter Skelter という(自分のファミリーの)バンドを率いて音楽界に入る野心を持っており，歌手 Doris Day の息子で演奏家でもある Gary Melcher がそのチャンスを与えてくれることを期待した．マンソンはファミリーのメンバーに，メルチャーがかつて住んでいた豪邸にいる者全員を惨殺するよう命じた．そうすればメルチャーが自分の力を思い知って，音楽界に入る機会を与えると思ったらしい．1969 年 8 月 8 日，ロサンジェルス市に近い豪邸で，26 歳で妊娠中の女優(監督ローマン・ポランスキの妻) Sharon Tate とその友人 4 人が銃とナイフと棍棒で惨殺された．犯人のひとり Charles “Tex” Watson は犯行の最中に “I am the devil and I have come to do the devil's work!” と叫んでいたという．その 2 日後にはスーパーマーケットの裕福な経営者夫妻 Leno and Rosemary La Bianca も残忍な手口で刺殺された．この殺人にはマンソン自身も加わっていたが，犠牲者を知っていたわけではなく，ビートルズの “Helter-Skelter” を聞いているうちに発作的に人を殺したくなった，とあとで告白している．双方の現場には，犠牲者たちの血で “Pig,” “Rise,” “War” や，誤ったつづりの “Healter Skelter” という語やスローガンが書き残されていた(マンソンに言わせれば，ヘルタースケルターは——「あわてふためくこと」という通常の意味ではなく——「黒人が蜂起して，マンソン一家だけを除く白人を皆殺しにする，という宿命」を意味する)．上記の両事件の犯人はみな逮捕され，10 カ月に及ぶ長期裁判の結果，首謀者たちは死刑を宣告されたが，たまたま連邦最高裁判所が死刑を違憲とした (⇨ DEATH PENALTY) ので，終身刑に切り替えられ，マンソンは現在，ロバート・ケネディを暗殺した Sirhan Sirhan と同じく the Corcoran State Prison に収監されている．

Mapp v. Ohio 《米》「マップ事件判決」 1961 年の連邦最高裁判所判決．合衆国憲法第 4 補正が禁じている「不法な逮捕，捜索，押収」によって得られた物や情報などは，連邦裁判所におけると同様に，州裁判所においても第 14 補正第 1 節の *due process of law 条項に違反するというもの．マップというのは，オハイオ州クリーヴランド市の自宅に大量のわいせつ文書を隠していたというので起訴され，有罪判決を受けた男の姓．州の最高裁は，警察官たちの強引な捜索も押収も違法だとしながら，押収品の証拠としての価値を認めたが，連邦最高裁はその判決を覆した．これに関しては EXCLUSIONARY RULES (1) の項を参照．

Marbury v. Madison 《米》「マーベリ事件判決」 1803年に下された連邦最高裁判所のきわめて重要な判決. 最高裁はこの判決によって, *judicial review (司法審査) の権限を確立した.

1801年2月に(初代と2代目の大統領が属していた)連邦主義者党は, 大統領選挙でも国会議員選挙でも敗北を喫した. しかし, 勝った民主共和党の大統領ジェファーソンと国会議員とが実際に就任する3月4日まではかなりの間があった. 連邦主義者たちはその間を利用して, 自党の支持者42名を(首都の)コロンビア特別区 (the *District of Columbia) の治安判事に選んだ. 彼らは退任する2代目のアダムズ大統領によって任命され, 3月3日, ぎりぎりのところで上院の承認を得た. 翌日, 第3代大統領に就任したジェファーソンは, アダムズ政権の国務長官 John Marshall が, 時間不足のために, 治安判事の一部に封蠟つきの任命書を交付しそこねていたことを知った. 連邦主義 (*federalism) を嫌うジェファーソンはただちに新国務長官 James Madison に対して, 残りの任命書17通の交付を中止せよと命じた.

任命書を受けられなかった者のひとり William Marbury はマディソン長官に, もし大統領命令 (*executive order) に背くとしても, 任命書を交付すべきだと訴えた. 彼にとって都合のいいことに, 議会はこの種の不満は連邦最高裁判所に直接訴えてよいという法律を通していたし, ジェファーソンの政敵であるジョン・マーシャルがアダムズ大統領によって最高裁の首席裁判官に任命されていたので, 勝訴はまちがいない, とマーベリは確信した.

しかし, 2年後の判決で, マーベリは敗北した. 裁判所はマーベリが治安判事になる資格を持っていることは認めたし, 政府が法的な責任を怠った場合, その被害をこうむった者に弁償するという原則も認めた. しかし, マーシャル裁判官は, マーベリが任命書の交付を最高裁に要請したのは誤り, というよりも, 憲法の規定に反してそれを許す法律 (the Judiciary Act of 1789) を通した議会が誤りをおかしたと判断した. こうして判決は法律を違憲とし, 将来も最高裁が違憲審査をする道を開いた. 実際には1857年の **Dred Scott v. Sandford* まで違憲判決は1件もなかったが.

Marchioness disaster, the 《英》「マーキオネスの惨事」 1989年8月20日に テムズ川で団体客約150人を乗せた遊覧船 the Marchioness (女性の侯爵または侯爵夫人の意) が, 朝早くロンドン塔の近くで Bowbelle という浚渫(しゅんせつ)船によって追突され, 数分以内に沈没した事件. 乗客はある若いビジネスマンの誕生を祝うために出かけるところであった. 溺死者は51人に及んだ. 1987年に起きた別の連絡船事故に関する裁判では, もし加害者側である会社の責任者が突き止められた場合には「法人による予謀なき殺人」(corporate manslaughter ⇨ MANSLAUGHTER) として会社の責任を問うことができる，という判決が下っていた．事件から 10 年後の 1999 年 8 月，被害者の遺族は会社による賠償を要求し，政府は生存者からの事情聴取を開始した．

Mareva injunction 《英》「マリヴァ差止め命令」 ⇨ EQUITY

markup 「法案の最終審議」 立法府の委員会が法案をセクションごとに検討して，最終案を煮詰める (marking up する)．この語には「利ざや」など，別の意味もある．

marshal 《米》(1) = UNITED STATES MARSHAL (2) ニューヨーク市など一部の市の「法律執行官」 (3) 一部の市が任命する「警察署長」，また，まれに「消防署長」．西部劇に出てくる marshal はたいてい (1) だが，(3) の市警察署長の場合もある．

Marshall, Thurgood (1908–93) 《米》「サーグッド・マーシャル」 黒人として初の連邦最高裁判所裁判官(在任: 1967–91)．メリーランド州ボルティモア市に奴隷の孫として生まれた．メリーランド大学で法律を学ぼうとしたが，黒人なるがゆえに入学を許可されず，首都の(連邦政府から財政支援を受けて主として黒人を教育している) Howard 大学のロースクールを卒業し，ボランティアとして地元の the *NAACP のために働き，小学校教員の給与が白人と黒人とで極端に差別されていることなどの是正に取り組んだ．NAACP の専従になってからは，ミズーリ州のロースクールが白人のみを入学させている現状を正すよう連邦最高裁を説得した．弁護士としての彼の努力の最大の成果は，1954 年 5 月 17 日の **Brown v. Board of Education of Topeka, Kansas* 事件の判決であった．1961 年，マーシャルはケネディ大統領によって連邦第 2 巡回区控訴裁判所(ニューヨーク市)の判事に，65 年にはジョンソン大統領によって the *Solicitor General (連邦法務総裁) に任命され，67 年に連邦最高裁判所の裁判官に任命された．1972 年に，当時の州法が定めていた死刑にはあいまいな点が多いとして，死刑を違憲とするなど，重要な判決が少なくない． ⇨ MEREDITH CASE

martial law 「戒厳令」 また，law martial とも言う．国が侵略を受けたり，内乱が生じたり，大災害が起きたりして，通常の法律 (*civil law (3)) の執行ができなくなった場合，米国であれば大統領または州知事の命令で，連合王国なら国王[女王]の命令で，軍が裁判権から陸海の交通や港湾の管理までの統治権を握る．軍の命令は一般の法律よりも優先され，裁判所の代わりに軍の裁判機関が機能する．その場合には，the writ of *habeas corpus (人身保護令状) を求める権利が停止される可能性がある．南北戦争中にリンカーン大統領は南部諸州と境界諸州(合衆国から脱退していなかった南部の奴隷州)に戒厳令を敷いた．20 世紀には，1941 年 12 月 7 日の真珠湾攻撃のあと，F. D. ローズヴェルト大統領が(これは行き過ぎであったが)ハワイ州を戒厳令下に置いた．⇨ 憲法第 1 条第 8 節 11 項の解説

Master of the Rolls, the 《英》「控訴院長官」 略は MR. もとは the *Chancery (大法官裁判所) の記録 (rolls) の保管責任者であった．1881 年から the *Court of Appeal (控訴院) 民事部の事実上の首席裁判官(名目的には，控訴院の長官は the *Lord Chancellor [大法官] が兼任)で，枢密院 (the *Privy Council) の議員 (councillor) でもある．イングランドとウェールズの司法府では大法官および the Lord *Chief Justice of England and Wales (高等法院女王座部首席裁判官 (⇨ JUDGE (1)) に次ぐ第 3 の地位．⇨ SOLICITOR

MDMA 「MDMA」 麻薬の一種で，*ecstasy の別名．⇨ DRUG

mediation 「和解調停」 紛争当事者のなかに中立の第三者が介入して，話し合いでの解決を促すこと．仲介者は説得役であって，自ら解決案を作ってそれを押しつけることはしない．*arbitration (仲裁) の場合なら，当事者は仲裁者の決定に従うことにあらかじめ同意するから，強制仲裁も可能である．

Megan's law 《米》「ミーガン法」 その名称は，1994 年にニュージャージー州で起きた，7 歳の少女 Megan Kanka に対するレイプと首絞め殺人の事件から来ている．ミーガンの隣の家に住んでいた犯人 Jesse Timmendequas に幼女暴行の逮捕歴が 2 つもあったことがきっかけで，この犯罪防止法ができた．法律の内容は，常習的性犯罪者から子供を守るため，そういう危険人物の住所，犯罪歴，郡検事長が判定する再犯の可能性の大きさ，などなどの情報を，州当局が(具体的には警察署が)住民に伝えて，地域ぐるみで監視していくことを目指している．1994 年にニュージャージー州で初めてミーガン法ができたあと，99 年までに 50 州のすべてがなんらかの形で地域への警告制度を持つようになった．ニューヨーク州のミーガン法は 1996 年 1 月に施行されたが，3 月 21 日に連邦地裁は「公開条項は裁判で定められた量刑以上に本人を罰するもので，違憲」という判決を下した．しかし，同州の連邦高裁は 97 年 8 月 22 日に 3 判事一致で合憲の判断を下した．ニュージャージー州のミーガン法も，96 年に連邦地裁で違憲とされたが，フィラデルフィア市の連邦控訴裁判所は 97 年 8 月 20 日に合憲の判決を下した．

[連邦でも] クリントン大統領も世論に押されて，96 年 5 月 17 日に連邦ミーガン法とも言える犯罪防止の新法に署名した．「各州は連邦からの資金援助を受ける条件のひとつとして，登録の必要な特定の人物に関し

て，地域住民を護るためのなんらかの情報提供制度を設けなければならない」というもの．ニューヨーク州の法律だけでなく，この種の法律は受刑者のプライバシー権を侵すし，社会復帰の道を閉ざすおそれがあるし，憲法で禁じている「事後法」(*ex post facto law) の疑いもある．なお，ミーガンを殺したティメンデカスは 1997 年 6 月に死刑の宣告を受けた．⇨ CHILD ABUSE; CIVIL COMMITMENT; PREVENTIVE DETENTION; SARAH'S LAW; SEXUAL PREDATOR

Melissa 《米》「メリッサ」 コンピュータの macro virus (マクロウイルス，すなわち，一度の命令で同じ作業を多数回繰り返すウイルス)の一種で，1999 年 3 月にマイクロソフト社の Visual Basic というプログラミング言語を利用し，マイクロソフト・プログラムのなかで大量の自己増殖をさせて(具体的には，狙ったコンピュータのアドレスに侵入し，1 回に 50 もの同一メールを発送させることによって)，AP 通信，ロッキードマディソン，デュポン，コンパックなどの本社や英国の銀行などにも大きな損害を与えた．ほどなく FBI がニュージャージー州のネットワーク・プログラマーである David L. Smith を容疑者として逮捕した．公共通信の妨害という州法違反容疑で，有罪と決まれば 40 年未満の禁固と 48 万ドル以下の罰金刑を受ける可能性がある．メリッサはスミスがフロリダ州で知っていたトップレスダンサーの名前だという．毎日 5 億をはるかに超える E メールが発信されている現在，第 2，第 3 のメリッサを防ぐ方法が早急に求められている．◆2000 年 5 月 4 日から，メリッサよりはるかに感染力の強い Love Bug (ILOVEYOU メール) が世界各地に広がり，同日だけで(米国の国防総省のものを含む) 4500 万台のコンピュータが被害を受けた．犯人はマニラのコンピュータ専門学校で学んだ 23 歳のフィリピン人と見られていたが，有罪は立証されなかった．◆また 2001 年 9 月には Nimda (ニムダ) ウィルスが猛威をふるった．これは米国内の報道機関や大学，官庁のサイバーに次々と感染した．メールやサイトを開くだけで感染してしまうために，被害は大きく広がった．9 月 11 日の同時多発テロ (⇨ WORLD TRADE CENTER, THE TERRORIST ATTACKS ON THE) の直後に発見されたため，サイバーテロではないかと色めくマスコミもあった．FBI はニムダの名称 "W32Nimda" を曲解．逆から読むと，「admin (政府) 2 (to) 3W (第三次世界大戦)」だとして，「政府が第三次世界大戦へ」と解釈，同時多発テロに関係したサイバーテロとして捜査を開始した．しかし，これはまったくの勘違いであることがすぐに判明した．ウィルスの名称は最初に発見したウィルス対策ソフトメーカーがつけることもあるが，大半は CARO (Computer Anti-virus Research Organization) という米国のコンピュータ・ウィルス研究組織が名づける．CARO はニムダが感染するとサーバーのハードディスク内に自身のコピーである“ADMIN.DLL”を作成することに注目した．しかし，admin はインターネットでは「ネット管理者」を表すので，コンピュータユーザーの混乱を招くことをおそれ，逆から読んで Nimda の名称にしたと言われる．

Member of the European Parliament 「欧州議会議員」 略は MEP または Euro-MP. 北フランスのストラスブールにある EU の議会である the European Parliament（欧州議会）の議員．議会の各種委員会はブリュッセルで開かれ，管理本部はルクセンブルクにある．1958 年から 79 年まで，議員は加盟国の国会議員のなかから選ばれていたが，79 年以後は 5 年ごとに各国国民の直接選挙によって選出されている．連合王国とアイルランドでは 87 名——イングランド(9 区で，定員 71 名)，ウェールズ(1 区で 5 名)，スコットランド(1 区で 8 名)，アイルランド(3 名)——が，国会議員とは別に比例代表制で選ばれる．1999 年には 6 月 1 日が投票日であった．候補者個人ではなく，党に投票することもできる．連合王国およびアイルランド共和国の 21 歳以上の国民はすべて被選挙権を持つ．現在のところ，議員の給与は各国によって，その国の国会議員の給与に応じた額が支払われる．加盟国の MEPs の給与を統一するという案も検討されている．

memorandum decision 「メモランダム判決」 理由（*opinion）を挙げずに(例えば「申立ては却下する」といった)結果だけを述べる判決．常に *per curium（全員一致の判決）である．

mens rea 「メンズリア; 犯意」 guilty mind を意味するラテン語から．犯意は犯罪構成の重要な要件のひとつ．ある行為が刑法上違法であることを知りながら，あえてそれを行なう意思を言う．過度の注意義務違反（*negligence）によって犯罪が生じた場合にも「メンズリア」があったと見なされる——これを法律学者たちは「故意過失」と言う．精神に異常のある場合にはメンズリアがあったとは認められないので，ふつうは犯罪を構成しない． ⇨ INSANITY ; MALUM PROHIBITUM

Meredith case, the 《米》「メレディス事件」 ミシシッピ州に生まれ，米国空軍で下士官(最後は軍曹)として 9 年間勤務し，ジャクソン州立大学という黒人の大学の 2 年度に在学していた James Meredith (1933-) が，1960 年にオクスフォード市にある(当時は白人だけしか受け入れなかった)州立のミシシッピ大学に入学を希望したところ，黒人だというだけで拒否された．彼は the *NAACP で積極的に活動していた黒人女性 Myrlie Evers-Williams のすすめで，当時 the NAACP Legal Fund の会長であった Thurgood *Marshall に 1961 年 1 月に手紙を送ったところ，関心があるので，もっと詳しいことを知らせよという返事を得た．マーシャルの努力が実り，1962 年 9 月 3 日に，連邦地裁はミシシッピ大学に対して，ジェイムズ・メレディスの入学を許可せよという判決を下した．極端な差別主義者であった Ross Barnett 州知事はさっそくテレビで，その判決を阻止するとして，“We must. . .stand up like men and tell them [= the federal government], ‘Never.’” と言明し，同州選出連邦上院議員 James O. Eastland など地元の政治家の大半は知事に拍手を送った．数日後，州都ジャクソン市で行なわれた大学フットボール試合のスタジアムでも，知事がアジ演説をすると，観衆がそろって “Never, Never, Never, Never, N-o-o-o Never.” と叫ぶありさまだった．9 月 30 日，連邦政府はメレディスの入学を強行することを決意．バーネット州知事はひそかにケネディ大統領に電話して，「連邦軍が銃を構えて州にメレディスの入学許可を強制する形をとってくれませんか」と頼んだが，大統領は拒絶し，知事にメレディスの無条件即時入学を約束させた．その日の午後，123 人の連邦警務保安官，97 名の連邦刑務所看守，そして知事の指揮下にある 316 名の州警察官が大学の管理棟の前に集まり，騒然とするなかで，知事は「連邦司法長官からメレディスを受け入れるよう要請を受けた」と言った同じ口から，「連邦政府の諸君，諸君はこの偉大な国民の憲法を破壊しているのだ」と，ののしりの言葉を吐いた．その後，ケネディ大統領のテレビ演説が行なわれたにもかかわらず，州側の抵抗はやまず，結局，大統領は夜半にメンフィス市から連邦軍数百名をオクスフォード市内に派遣．10 月 1 日の朝には，騒乱で 106 名の連邦警務保安官を含む数百人が重軽傷を負い，2 人が死亡．学生約 50 人を含む約 200 人が逮捕された．午前 7 時 55 分，メレディスはようやく静かになった管理棟で入学登録をすませ，9 時から政治学専攻の学生として「アメリカ植民の歴史」の授業に出た．在学中さまざまな嫌がらせを受けたが，支援者と連邦保安官によって護られながら 1963 年夏に大学を卒業．卒業式に着たガウンには “Never” というバッジを逆さまにしてつけていた．卒業後，彼はナイジェリアで研究を続け，帰国してからは公民基本権運動に従事した．

merits 「(訴訟の)実体」 法律論，法的な手続き，裁判の形式などと区別して，事件の事実(証拠)のことを言う．法律家は「本案」とも言っている．通常は法の適用や，法手続き，下位裁判所の判断などだけを審理する上位裁判所が judgment on the merits を始めると言えば，その裁判所が(本来なら第一審で行なうべき)事実審に踏み込むこと．*summary judgment (真の争点がないので陪審の評定によらず，裁判官が，ふつうは書類のみを審理して下す判決) に際して，もし裁判官が証拠を丹念に調べた結果を述べることがあるとすれば，それも judgment on the merits と呼ばれる．⇨ DECISION ON THE MERITS

Metropolitan Police Service, the 《英》「首都警察; ロンドン警視庁」 ふつう the Metropolitan Police と表記され，複数扱い．略は the Met. 通称は *Scotland Yard で，いわれはその項を参照．1829 年に内務大臣 Robert Peel が，それまでの Bow Street runners (Bow Street Police の「走り回るおまわりさん」)に代わるものとして近代的な首都警察を創設した．1890 年に新設された新庁舎 New Scotland Yard もやはり「スコットランドヤード」の名で市民に親しまれた．1966 年に ウェストミンスター市 の Victoria Street のそばに移転し，新住所は New Scotland Yard, Broadway になったが，一般には相変わらず「スコットランドヤード」や the Met や the Yard と呼ばれている．

[**機構**] 首都警察は内務大臣および首都警察委員会の監督下にある．人種問題に絡む冤罪事件が余りにも多くて，内部改革を迫られている (⇨ INSTITUTIONALISED RACISM) けれども，ここの the CID (= the Criminal Investigation Department: 刑事捜査部．俗称は the Murder Squad) と，その下部組織のひとつで，重大犯罪の現場に急行する the Flying Squad (特捜部) の有能さには定評がある．長官は the Metropolitan Commissioner と呼ばれ，他の 50 人余りの地域警察本部長 (*chief constable) よりはるかに格が高い．ロンドンの経済の中心地であるシティには別に the City of London Police (⇨ CITY) という小さいが重要な警察組織があり，この両警察は企業の詐欺を捜査する the Fraud Squad (企業犯罪捜査部) を共同で編成している．なお，1881 年に作られた the Bow Street Police Station は，2000 年に工費 1000 万ポンドで首都警察博物館に改造された．

Mexico City policy, the 「メキシコシティー政策」 妊娠中絶を進める組織には米国の補助を与えないというレーガン大統領の政策で，1984 年にメキシコシティーで開かれた世界人口会議で発表された．ABORTION の項で述べたブッシュ II 大統領の政策はそれを踏襲したもの．

Michaelmas sittings, the 《英》「マカルマス [マイケルマス] 開廷期」 the *High Court of Justice (高等法院) の 4 つの開廷期のひとつで，10 月 1 日あるいは 2 日から 12 月 21 日まで．8 月と 9 月は休廷で，10 月の初めが the legal year の初日になる．⇨ EASTER SITTINGS; HILARY SITTINGS; LAW TERM; TRINITY SITTINGS

MI5 《英》 = Military Intelligence, section 5「MI5」 正式には the Security Service (保安局) と呼ばれている政府機関．MI5 はその旧称だが，実際にはいまも使われている．内務大臣の監督下で，連合王国内のテロリズム，破壊活動，反民主主義の策謀，スパイ活動，武器の密輸や密売などを警察や税関と協力して防止する．MI1 から MI4 までの組織は存在しない．

⇨ MI6

military court of inquiry 《米》「軍査問会議」 ⇨ COURT OF INQUIRY

military law 《米》「軍法」1950 年に初めて陸海軍および沿岸警備隊の the *Uniform Code of Military Justice（三軍統一法典）が国会で制定された．これは戦時と平時に軍人が遵守すべき軍律を列挙するだけでなく，違反者に対する *court-martial (1)（軍法会議）の手続きを詳細に規定し，*due process of law が守られるよう配慮しているが，それでもまだ不足だというので，国会は 1968 年の the Military Justice Act（軍事裁判法）および，83 年の三軍統一法典改正で，被告の権利が侵されぬよう，裁判に対する地域軍司令官の支配や関与の禁止，弁護権の保障，上訴中の被告の仮釈放（*parole）などを規定した．勤務時間以外に米国内で犯罪をおかした軍人は民間人の裁判官による裁判を受けることが許される．1983 年に法改正で，軍事裁判に不満のある者が連邦最高裁判所に上訴する道が開けたが，通常は the *Court of Appeals for the Armed Forces が最終審．
⇨ MILITARY TRIBUNAL

military tribunal (1)《米》「特別軍事法廷」 この辞典では，混同されやすい軍法会議（court-martial）と区別するために「特別」をつける．

［**第二次世界大戦中**］ 政治家や国民が冷静な判断を失いがちな非常時にこそ，裁判の公正さを保つというのが，米国憲法（特に権利憲章）の起草者の基本理念のひとつであった．にもかかわらず，F. D. ローズヴェルト大統領は第二次世界大戦中に，戦争法に違反して合衆国の沿岸警備ライン内に侵入した敵（外国人）は，特別軍事法廷で裁くべきだという宣言を発表した．連邦最高裁判所は夏期休暇中の 1942 年 8 月 8 日に開いた *Ex parte Quirin* 事件の判決で，8 対 0 でその宣言が合憲だと認めた．同裁判所は，個々の事件については通常の裁判所がその合憲性を審査する権利があるとしたが，そこにどういう意味があるのか理解するのは困難である．クィリム事件というのは，1942 年 6 月 13 日から 17 日にかけて，ドイツの潜水艦から私服に着替えて，工場，橋梁，ターミナル駅などの破壊のために，ロングアイランドとフロリダ海岸に泳ぎ着いて，まもなく沿岸警備隊によって逮捕され FBI に引き渡された 8 人のドイツ軍人に対する裁判であり，陪審制をとらない特別軍事法廷は 1 カ月以内における全員の死刑を判決した．うち 2 人は，仲間の情報を FBI に提供したというので大統領から減刑され，48 年にドイツに送還された．ほかの者は即刻死刑で，8 月 8 日，わずか 1 時間のうちに 6 人とも電気椅子で処刑された．被告たちは裁判中に *habeas corpus（人身保護令状）の発行を求めたが，軍事法廷は当然のごとくそれを拒否した．

日本陸軍の大将，山下奉文(ともゆき)（1885–1946）はフィリピンで降伏後，戦争法に違反して捕虜および民間人に残虐な行為をさせたという嫌疑で，駐フィリピン米軍の特別軍事法廷で裁判を受けた．その間に弁護側はデュープロセス (*due process of law) の原則が守られていないという訴えを起こした．山下の処刑後に開かれた *In Re Yamashita* (1947) の連邦最高裁判所の多数意見(6 名)は特別軍事法廷に裁判管轄権があることを認めただけで，被告の権利に関しては判断を避けたが，2 名の裁判官はデュープロセスの原則を彼の裁判でも適用すべきであったと強く論じた．

[テロリストを裁くために] 2001 年 11 月に，John *Ashcroft 司法長官と Donald Rumsfeld 国防長官は，テロリズムの容疑者や対テロ戦争の捕虜(いずれも外国人)を，キューバ東南端のグアンタナモ米海軍基地内など，国外で開く特別軍事裁判所で，陪審もなく，傍聴者も入れず，全く非公開で裁判するという基本原則を発表した．この特別軍事法廷では，大佐級の裁判官 3 名のうち 2 名が合意すれば死刑の判決を下すことができる．軍法会議では，勾留期間の制限，弁護人との相談の自由，人身保護令状の請求など，被告の人権は守られているし，裁判官全員の意見の一致がなければ死刑判決は下せない．上記の基本原則によれば，捕虜にした外国人には，起訴されるまでは弁護士に会う権利さえ認めない．それは人権侵害ではないかという法学者，ジャーナリスト，さらには(異例なことだが)カーター元大統領の強い批判に対して，ブッシュ II 大統領が出した答えは，「相手は米国に戦争を仕掛けたのだ．自由の破壊者に自由の法廷 (the forum of liberty) を利用させるわけにはいかない」である．アシュクロフト長官も 2001 年 12 月 6 日の上院司法委員会で，政府の反テロ政策に批判的な人々について，「自由が失われるという幻想 (phantoms) によって平和を愛している人々を脅かす者どもは，テロリストを助けるだけ」だし，「彼らは米国の敵に弾薬を送っているに等しい」と公言した．これに対して *The Washington Post* (12-7-2001) の社説は，「政府への反対意見を表明する自由を擁護することこそ，司法長官の職責だ」と反論した．*The New York Times* と CBS テレビの世論調査(12 月 11 日発表)でも，テロリストを裁くには特別軍事法廷がよいと答えた人は全体の 40% と意外に少なく，50% の人は(公開される陪審制の)通常の裁判所 (civil court) のほうがよいと答えている．⇨ ANTITERRORISM AND EFFECTIVE DEATH PENALTY ACT OF 1996

[国際世論に屈して軌道修正] ラムズフェルド国防長官は，国内外の強い世論に押されて，特別軍事法廷を公開する(記者の傍聴を許す)，2 対 1 では死刑宣告を出せないようにするなど，重要な方針の転換を決めた．新年早々の「ニューヨーク・タイムズ」の社説は，それは一歩前進だが，特別軍事法廷に証拠に基づく厳正公平な裁判は期待できないので，容疑者は

捕虜としてではなく，刑事犯罪の容疑者として連邦地裁で裁くべきだという持論を重ねて主張した．米軍が 2002 年 1 月にアルカイダの兵士 20 人をグアンタナモ海軍基地に収容したとき，27 時間の飛行中，彼らを拘束具で縛り，ずきんをかぶせ，おりに入れていた．ラムズフェルド国防長官は，彼らを「捕虜」ではなく「不法戦闘員 (unlawful combatants)」として扱うし，国外の軍事基地には米国の法律は及ばない，と言明した．捕虜ならば1949 年のジュネーブ条約で細かく規定されている人道的な保護を受けるし，相手国の敵対行動が終了した時点で解放されるが，米国政府はそういう配慮を払う意思が全くない．連合王国のストロー外務大臣はさっそくパウエル国務長官に電話をして，アルカイダ兵を国際条約に従って扱うよう要請した．

[ムサウイの裁判] 同時多発テロ事件 (⇨ WORLD TRADE CENTER, THE TERRORIST ATTACKS ON THE) の共犯者として連邦政府が初めて起訴した Zacarias Moussaoui (1964-) の容疑は，アシュクロフト司法長官が(たぶん国際世論を慮った)司法省の実務者たちの強い進言を受け入れて，連邦地裁で審理されることになった．ただし，「ニューヨーク・タイムズ」(12-12-2001) によれば，司法省の実務者も，死刑判決を最も下しそうな(国防総省に近い)ヴァージニア州アレグザンドリア市の地裁を選んだ．かつてリベラル派の副大統領候補として話題になった Joe Lieberman 上院議員は，連邦地裁での裁判は「危険 (risky) だ」と述べた．陪審員の安全や，秘密情報の漏えいを恐れての発言かと思ったら，地裁だと無罪になるおそれがあるからだという．◆ムサウイは 2001 年 8 月 16 日に移民法 (*Immigration Acts) 違反容疑でミネソタ州ミネアポリス市で逮捕された．両親はモロッコ出身だが，フランス生まれのフランス育ちであり，駐米フランス領事が可能な限りの保護を与える．フランス政府は，大陪審で起訴が決まるとすぐ，米国政府に対して死刑を適用しないよう要請した．ムサウイは，テロリズム，航空機の乗っ取り，航空機の破壊，大量破壊のための武器使用，米国の連邦公務員の殺害，米国の財物破壊のそれぞれ共犯者として起訴されたが，うち 4 件の最大刑は死刑，2 件の最大刑は終身刑である．◆スペインや連合王国の政府は，「欧州人権条約」(the *European Convention on Human Rights) の精神と規定に基づいて，米国でのテロ事件の関係者を逮捕しても，死刑判決を下す可能性のある米国に送ることは拒否すると言明している．

(2)《英》そういう連合王国でも，*Blunkett 内務大臣が作った反テロ新法案 the Antiterrorism, Crime and Security Bill (テロリズムおよび犯罪の防止，ならびに安全保障の法案) によれば，テロの容疑者は *in camera (非公開) で裁判される．捜査段階でも，容疑者の人権尊重を軽視し，勾留には裁判所の許可を得るといった基本的な義務の一時停止(棚上げ)がいくつもある.「欧州人権条約」は国家の非常時に限ってそういう一時停止を認めているが，the *House of Lords (貴族院) は現状から見て，それは行き過ぎた人権侵害だと強く反対し，2001 年 12 月には法律の制定を阻んでいた. ⇨ DEROGATION

Milk, Harvey 《米》「ハーヴェイ・ミルク」 暗殺された米国の同性愛者. ⇨ GAY RIGHTS MOVEMENT ; HOMOSEXUALITY

Miller v. California 《米》「ミラー事件判決」 1973 年の連邦最高裁判所判決. ミラーは成人向けの写真や文書を通信販売していた業者. **Roth v. United States* 判決 (1957) と同様に，州のわいせつ図画(ずが)取締法は表現の自由の原則を冒すものではないことをまず明らかにしたうえで，① 現代の地域社会の基準に照らして，全体としてとらえた問題の文書や絵画等が，平均的な人間の色情 (prurient interest) をそそる，② その文書等に適用される州法で具体的に定義された性行為 (sexual conduct) を，明白に刺激的 (offensive) な形で描写している，③ 全体としてとらえたその文書等が，重要な文学的，芸術的，政治的，あるいは科学的な価値を欠いている場合においてのみ，わいせつであるとした. 国の一律の基準でなく，「地域社会の基準に照らして」というところに，連邦最高裁ができるだけ州裁判所の判断に任せようとする基本姿勢がうかがえる. ③ の基準は 1966 年の連邦最高裁判決 (*Memoirs v. Massachusetts*) で「償いとなる社会的価値を全く欠く」となっていたのを改めたもの. ⇨ OBSCENITY

minimal contacts doctrine, the 《米》「最小の関係の原則」 州民でない人を州裁判所で裁くには，その人がその州となんらかの正式な(法律上の)関係を持っている，あるいはせめてその州内で，最小限度の活動を続けてきたことが必要だという原則. ⇨ JURISDICTION (2)

minor 「未成年者」 連合王国では 18 歳未満. 米国では州によって異なり，21 歳未満とする州もあるが，おおむね，選挙権を与えられる 18 歳で成人となる. ⇨ AGE OF CRIMINAL RESPONSIBILITY

minor infraction; minor offense 《米》「軽犯罪」 ⇨ MISDEMEANOR

Miranda warnings 《米》「ミランダ警告」 1966 年の *Miranda v. Arizona* 事件に対する連邦最高裁判所の判決によって義務づけられた警告. 逮捕権を持つ官憲が，被疑者や現行犯の犯人を逮捕するとき，その当人に示さなければならない. その内容は，“You have the right to remain silent. Any statement you do make may be used as evidence against you. You have a right to the presence of an attorney. If you cannot afford an attorney, one will be appointed for you prior to any questioning if you so desires.” (あなたには沈黙を守る権利があります. あな

たの供述はあなたに不利な証拠として使われる可能性があります．あなたには弁護士の立会いを求める権利があります．もし弁護士を雇う経済的な能力がなく，かつあなたが希望するならば，いかなる尋問にも先立ってあなたのために当局が弁護士を任命することになります)である．この警告を与える義務は Miranda rules と，警官が携帯するこの警告書は Miranda card と呼ばれる．◆ Ernesto Miranda は，アリゾナ州フィーニックス市で銀行員から 8 ドルを盗んだ容疑で逮捕された(犯行当時 22 歳の)男性．警察での面通しの際に，若い女性が「この人が私を誘拐してレイプした」と警官に訴えた．ミランダは最初容疑を否定したが，2 時間に及ぶ厳しい取り調べの末，自白書を書き，署名した．連邦最高裁判所は 1966 年 6 月 13 日の判決で，ミランダは尋問を受けているあいだ弁護士と相談する機会を与えられなかったので，警察は憲法第 6 補正に違反しており，その自白書は証拠にならないと判断した．そして，以後は容疑者の逮捕前に上記の警告を発するよう命じた．◆ミランダは自白に証拠能力がないとされたにもかかわらず，結局レイプの罪で 20〜30 年の刑を受け，やがて仮釈放 (*parole) を許されたが，1975 年にフィーニックス市のバーでけんかに巻き込まれて殺された．

(2)《英》連合王国でも警官は，人を逮捕するときに，“You are not obliged to say anything, but whatever you say will be taken down in writing and may be given in evidence.” と警告すべき義務を負っている．最後に “against you” という語は入っておらず，無実を証明する証拠として採用する可能性も暗示されている．

miscarriage of justice 「法正義の流産；司法の不公正」 ふつう「誤審」と訳されているが，それが常に正しい訳とは限らない．例えば，Human Rights Act 1998 の項([訴訟の例](3))に例示した the *Guinness Four に対する英国政府の取り調べの方法も，miscarriage of justice の典型的なもののひとつである．

misdemeanor 《米》「ミスディミーナー」 法律の専門家はたぶん例外なく「軽罪」という訳語を使用しているが，誤解を招きかねない．日本で言う軽犯罪 (minor offense; minor infraction) とは限らず，麻薬の所持など，いわば中等度の犯罪を指すことも多い．具体的には，郡の刑務所に 1 年未満(たいがいは 9 カ月未満)収監される程度の罪を言う．罪の程度に応じて，serious misdemeanor とか petty misdemeanor などと言うこともある．州刑務所に 1 年以上収監されるような罪は *felony (重大犯罪) と呼ばれる．◆英国では 1967 年の the Criminal Act (刑事法) によって，felony と misdemeanor との区別は廃止された．

MI6 《英》＝ Military Intelligence, section 6「MI6」 正式には the Secret Intelligence Service (秘密情報局) と呼ばれている政府機関で，*MI5 と同じく，現在 MI6 は通称に過ぎない．外務大臣の監督下で，海外での政府の安全保障，防衛，経済政策などをサポートする．007 の映画から想像できるように，局員たちは諜報活動や危険な工作にも従事するが，1990 年代前半からそういうスパイ工作は激減しているらしい．かつては完全に秘密組織であったが，近年は局長 (Director-General) の人事が公表されている．⇨ INTELLIGENCE; OFFICIAL SECRETS

misprison of felony 「重大犯罪隠匿罪」 ⇨ ACCESSORY

mistrial 「評決不能」 ⇨ JURY (2); KEVORKIAN, JACK

M'Naghten Rules, the 《英》「マクノートン準則」 ⇨ INSANITY

modernist 《米》「モダニスト」 憲法解釈において，起草者の意図以上に，現代の社会的，経済的，政治的，文化的な変化を重視する立場 (modernism) を支持する法学者や裁判官など．⇨ INTERPRETIVISM; ORIGINAL INTENT

money laundering 「マネーロンダリング; (犯罪による収益の) 資金洗浄」 麻薬の大量販売，大規模な売春組織，賭博などの不法行為で得た金，あるいは国外に逃亡する独裁者などが持ち出した国家資金などを，銀行預金や美術品などに換えて，出所がわからないようにして，刑事訴追や税金を免れること．米国では連邦犯罪である．もともとニューヨークの the *Mafia が，犯罪で得た資金を表向き経営していた laundry (コインランドリー) の収益と言って the *Internal Revenue Service (内国歳入庁; 国税庁) をごまかしていたところからこの名が生まれたという説がある．預金者名をごまかした不正資金 (dirty money) の預金は，スイスの銀行や，カリブ諸島の銀行，英国の the *Channel Islands の銀行などはもちろん，ロンドンの有名銀行でさえ平然と受け入れており，OECD (the Organization for Economic Cooperation and Development) が反省を促している．例えばナイジェリアの前の独裁者 Sani Abacha 議長とその家族が横領した (米ドル換算で) 40 億ドルの国家資金のうち 3 億ドル以上が 2000 年 10 月現在で英国の銀行に預金されているが，連合王国の内務省は刑事裁判が始まっていないことを理由に，実態調査に乗り出してもいない，と *The Financial Times* (10-20-2000) の社説は強く批判していた．

マネーロンダリングの第 1 段階は，不正な手段で得た現金の出所を隠して，アシのつかない，それでいて移動可能な銀行小切手にすること．それは **placement** (プレイスメント) と呼ばれている．最も大胆な手口は銀行をまるごと買収することである．しかし，多くの場合，捜査当局の目をごまかすために，ボスは子分を使って多数の銀行に少額ずつの預金口座を作らせる．これは (米国のテレビアニメに出た，あくせく働くこびとの人形に因んで) smurfing (スマーフィング) と呼ばれている. 第 2 段階は **layering** (積み重ね) と呼ばれる. これは洗浄された資金を, その総額も, 出所も, 持ち主 (launderer) も, 行き先も隠したまま, 犯罪捜査当局や税務当局の管轄の及ばないところ(たいがいは外国)へ持ち出して, 積み重ねていくのである. 伝統的に用いられたのは, 課税や規制のほとんどないオフショア・センターに名目だけの会社を作って, そこに金を分散して送ること. 捜査当局の手が及んでも, そういう架空会社は別の国や, 別の警察管下にある全く別の会社であるかのようなふりをする. 株式や商品市場に金が回ることもあり, これまた所有者の存在を隠してしまう. 近年この第 2 段階でよく用いられるのは, インターネットによる送金で, これは送り主が無名性を保ったまま, 少額ずつ遠隔操作で行なうことができる. 送り先は自分の(しかし他人名義にした)クレジットカードでもよい. 仕上げの第 3 段階は **integration** (統合) と呼ばれる. すっかり洗浄された金を堂々と取引に使うのである. いずれの段階でも, 捜査当局の追究が絶対不可能になるわけではあるまいが, 各国の政府と国際的な金融機関がこの問題を軽視していると, 巨額のダーティーマネーは拡大し続けて, 経済と社会秩序を危うくするだろう. 麻薬の場合, 米国で 600 億ドルと見られる取引額の大部分が資金洗浄され, 例えばメキシコならドルで, コロンビアならペソで生産者や流通業者に送られ, それが麻薬の供給資金だけでなく, 不正な政治資金や, 武器密売買などに使われている. ドラッグ・マネーに関しては DRUG の項を参照.

[**ロンドンが最悪か?**] EU 諸国のなかで両替商についての規制がないのは連合王国だけである(というより, サッチャー首相が 1979 年に規制を外したと言うほうが正しい). 2001 年 9 月 30 日に同国政府が発表したところによれば, 毎年, 連合王国では 30〜40 億ポンド分の金(かね)が両替されるが, その 65% (最大だと 26 億ドル) が麻薬密売業者やテロ組織のダーティーマネーで, これは全欧州で最悪と見られている. ◆ダーティーマネーの資金清浄に対する刑罰は厳しい. Ussama el-Kurd という Notting Hill の両替商人は, 犯罪者たちの 7000 万ポンドの古いポンド紙幣を, オランダのギルダー, ドイツのマルク, スペインのペセタなどの新札に替えた罪で, 14 年の禁固刑と 100 万ポンドの罰金という刑を受けた. 今後, 500 ユーロのような高額紙幣が洗浄用に利用されるおそれは濃厚である. ◆従来, *solicitor が資金洗浄や外国送金を助けたり, それを知っていて黙っていたケースが多かったようだが, 2001 年 10 月 1 日から the *Law Society of England and Wales の新方針で, そういう悪徳弁護士は職を失う可能性がある.

Moors murders 《英》「ムーア殺人事件」 1965 年までにイングランドで

行なわれた一連の残虐な殺人事件. The Moors Murderers と呼ばれている犯人は Ian Brady (1938–) とその愛人 Myra Hindley (1942–) で, 65 年 10 月に逮捕された. マンチェスター市の近くに住んでいた David Smith という素行のよくない 17 歳の少年が, 妻の姉であるマイラ・ヒンドリーを車でアパートに送っていったとき, スミスの親友でもあるイアン・ブレイディーが, 同性愛者の少年を(サディズムと殺人の方法とをスミスに教えてやると言って)スミスの目の前で殺害した. スミスの通報を受けた警察が捜索をしたところ, ブレイディーらの犠牲になった人たちは少なくとも 4 人(10 歳から 17 歳まで)であり, うち 2 人の死体は, イングランド北部, スコットランドとの境界から南に伸びる the Pennines (ペナイン山脈) の一部である荒涼たる Saddleworth Moor で発見された. 4 人のうちひとりは 14 歳の少年で, 1963 年 11 月に犯人たちのアパートで性的な暴行を受けた直後に殺害された. 同年 12 月には 10 歳の少女が遊園地で誘拐され, 同じアパートで無理やり裸にされた. ブレイディーは少女のポルノ写真を撮り, 必死で助けを求める少女の悲鳴を録音した. 裁判の過程でそういった事実を知らされた国民は大きな衝撃を受けた. ムーア地帯での捜索は 20 年後にも行なわれたが, 他の死体は発見されなかった. 死刑は廃止されていたので, 1966 年に 2 人の犯人は終身刑の判決を受けた.

マイラ・ヒンドリーは脳動脈瘤を患っているし, 獄中で回心し, キリスト教徒になったというので, Longford 伯爵 (Frank Packenham, the 7th Earl of Longford. 1905–2001) などが当局に釈放を訴えた. ロングフォード伯爵は熱心なカトリック教徒で, 特に 1970 年代にポルノ撲滅や, テレビや映画の道徳規制に熱意を燃やした人で, ヒンドリー釈放運動のおかげで Holy Fool というあだ名をつけられた. ⇨ VISITOR

1999 年 10 月から 2000 年 1 月までニューヨークの the Brooklyn Museum of Art で開かれた “Sensation” という展覧会に展示された絵のひとつ “Myra” (Marcus Harvey の 1995 年の作品)はヒンドリーの顔(実に冷たい目に特徴がある)を描いたもので, 大勢の子供の手形(掌紋)を使っており, 1997 年に英国の the Royal Academy で展示されたときにも多くの人に衝撃を与えた. 1999 年 10 月には, ロンドンの the National Portrait Gallery で開かれた Faces of the Century に, 1966 年に収監されるときの(パトカーに乗った, やはり冷たい目の)イアン・ブレイディーの写真が展示され, 話題になった. ◆収監中の犯人ブレイディーは, 全く悔恨の情を見せていないが, 自殺を図って(信じ難いことだが, 新聞報道によれば 164 日間も!)絶食した. 2000 年 3 月にリヴァプールの裁判所がそれを禁止し, 獄中の病室で看守が食事を強制 (force-feeding) した——それは違法で，人権蹂躙(じゅうりん)だ，と弁護士たちは主張しているが．◆この犯人たちが受けた終身刑の判決と，それが「欧州人権条約」違反だという疑いについては European Convention on Human Rights の項を参照.

moot 「ムートである; 争訴性がない[を失っている]」 (1) すでに(他の裁判所の判決や，新しい法律によって)解決ずみなので，もはや重要性を失い，改めて判決を下す意味がない(したがって，裁判所が事件として取り上げない). (2) 訴訟が長引いて，被害救済を求める原告の立場が変わってしまい，いまさら裁判所が判断を下しても，原告の利益にはならないので，訴えを斥ける．◆ただし，ある特定の事件が争訴性を失っても，それと同じような事件が繰り返される可能性が大きく，それについての法的判断を下しておいたほうがよい場合には，裁判所は事件をムートにしない．有名な **Roe v. Wade* 事件において，妊娠中絶権を主張した "Roe" は，長引く裁判の過程で中絶の機会を失ってしまったが，連邦最高裁判所はそれをムートにせず，その後の同様の事件の裁判において重要な先例となる判決を下した．◆訴えを起こされた側が，裁判を避けるために自発的に加害行為をやめた場合，それでも加害行為はまた続けられる可能性が大きいと合理的に判断された場合には，裁判官は事件をムートにしない．当事者のそういう逃避の試みは voluntary cessation of illegal acts と呼ばれる.

moot court 「模擬法廷」 英米の *law school で用いられる重要な教育訓練の方法のひとつ．law school (1) の項で紹介した阿川尚之著『アメリカン・ロイヤーの誕生』69 頁以下を参照.

Moran, George "Bugs" 《米》「ジョージ・"バッグス"・モーラン」 米国のギャングのボス．⇨ Capone, Al

motion to dismiss 「訴え却下の申し立て」 ⇨ demurrer

motor vehicle theft 「自動車窃盗罪」 世界のあらゆる犯罪のなかで，最も金になるのは (1) 麻薬密輸，(2) 有害廃棄物の不法投棄，次いで (3) 自動車泥棒だと言われる．自動車の窃盗で犯人が年間にもうける金額は欧米で 90 億ドル，米国だけで 80 億ドルなどと言われている．近年は非行少年による joy ride のための盗みよりも，組織犯罪集団による窃盗と，メキシコ，中国，ロシアなどへの(1997 年だけでも約 20 万台にのぼった)密輸出が主である．米国では毎年 100 万件以上(1991 年の 170 万件がピークであった)の被害届が出ているが，逮捕された成人の犯人は 10 万人をやや上回る程度であり，そのうち *felony (重大犯罪) と見なされる者は 2 万人足らずである．米国で自動車窃盗が最も多発するのは (*U.S. News & World Report* [7-14-1999] によれば)マイアミ市，ジャージーシティ(ニュージャージー州)，フレスノ市(カリフォルニア州)，メンフィス市，ニューヨーク市の順である．狙われた車はホンダ・アコード，トヨタ・カムリ，オールズモービル・カットラス，ホンダ・シビック，フォード・マスタングの順. ◆自動車窃盗に対する米国の刑罰は一般に軽くて，前科3犯以下の者が中古車を盗んでも，留置さえしない州がある. ただし，高価な自動車を盗むと重大犯罪になる. ⇨ LARCENY

multi-disciplinary partnership 「複数専門職の共同経営」 だが，実際には「弁護士と公認会計士との共同事務所経営」の意. 2001年10月の段階で，英国では the *Office of Fair Trading (公正取引庁) がそれを認める構えを見せているが，反対も強い (⇨ ONE-STOP SHOPS). 米国では the *American Bar Association が2000年に共同経営案をつぶした. The Big Five と呼ばれる5大会計事務所 (⇨ ENRON BANKRUPTCY) も法律家の進入を阻止する構え. 欧州ではオランダなどが強く反対している. 2001年7月10日に，the *European Court of Justice (欧州司法裁判所) の *Advocate General (首席法務官) である Philippe Leget は，共同経営の禁止は自由競争を阻害するものだとして，警告を発した. 同裁判所の15人の裁判官による審理は2001年秋に開始された.

municipal court 《米》「都市裁判所」 一部の都市や町に設けられた，比較的軽い罪を審理する裁判所. 治安判事 (*justice of the peace (3)) の都会版と言われることがある. 20世紀の初期には政治ボスのポリティカル・マシーンで，市裁判所の裁判長や職員はボスによって選ばれた. 当然の成行きとして，贈収賄が横行し，政治がらみの犯罪はボスの意のままに処理された. その名に値する事実審など行なわれなかったらしい. 現在は地方条例違反だけを扱うことが多い.

murder 《米》「謀殺; 殺人」 実行以前から抱いていた犯意 (*malice aforethought) に基づいて行なう殺人. 特に人を殺す計画や意図 (premeditation) があったと認められた場合，手口が非常に残虐な場合，また，誘拐，レイプ，強盗，放火，カージャックなどの重大犯罪をおかす過程でなされた場合を the first-degree murder (第1級謀殺) として重く罰する州が多い. felony-murder (重大犯罪をおかす過程での謀殺) とも呼ばれる. この場合，例えば放火犯人が，「住人を焼死させる意図は全くなかった」と主張しても，第1級謀殺罪を適用されるのがふつう. 日ごろから相手を憎む気持ちが強かったが，計画的でなく発作的な殺害に及んだ場合には second-degree murder (第2級謀殺) になるだろう. やけになった人や，心のすさんだ人が，日ごろから敵意を持っている人々に(ねらい撃ちではなく)やみくもに発砲して，あるいはバイクを暴走させて人を殺したといった場合は deprived-heart murder といって，第2級謀殺(あるいは，州によっては第3級謀殺)と見なされるであろう. 第2級でも，第1級謀殺の前科があると，*parole (仮釈放) のない終身刑に処せられることがある.

［**胎児殺しは殺人か**］ 米国には，医療行為中の医師でない者が，妊娠している女性の同意を得ないで故意に胎児を殺すと，第1級謀殺の罪に問われる州(例えばカリフォルニアやテキサス)があるけれども，全米で半数近くの州が胎児を(それを殺せば殺人罪になるという意味での)「人」とは見なしていない．ウィスコンシン州では出産の日に自分のおなかのなかの胎児を殺す目的で大量の酒を飲んだ妊婦が殺人の疑いで逮捕され，裁判にかけられたが，同州で胎児は「人」とは見なされないという理由で(1999年5月28日の控訴審判決で)無罪になった．フロリダ州最高裁は1996年に，自殺を図った妊婦が自分の腹にピストルを撃って胎内の子供を殺した事件について，殺人罪は成り立たないという判決を下した．ところが，サウスカロライナ州だけは，「もし胎外に出しても生きていけるような胎児は人間である」という1997年に制定された州法を持っている．1999年，妊娠中に crack cocaine を吸った Regina McKnight という24歳の女性が8カ月で死産したとき，彼女は殺人で逮捕され，その州法によって2001年5月に12年の刑に処せられた．連邦最高裁判所がその上告を受理するかどうか，あるいは受理したうえで **Roe v. Wade* 判決(1973)をさらに形骸化するのか，だれにも予測は立たない．⇨ CAPITAL PUNISHMENT; DEATH PENALTY; MANSLAUGHTER

Murder Squad, the 《英》「首都警察・刑事捜査部」の俗称．⇨ METROPOLITAN POLICE SERVICE; SCOTLAND YARD

N

NAACP, the 《米》＝the National Association for the Advancement of Colored People「全国有色人種向上協会」(略の発音は[エヌダブルエイスィーピー]に近い) 平和主義者であったボストンの法律家 Storey Moorfield (1845–1929) らが 1909 年に創立. アフリカ系アメリカ人(黒人)の公民基本権の確保(選挙権の獲得, 住宅や雇用や乗り物などの差別撤廃, 公立学校教育の平等, 裁判の公正など)のために先頭になって, しかしあくまで合法的な手段で戦ってきた組織. メリーランド州 ボルティモア市に本部があり, 会員は 50 万人以上.

これと並んで平等権の獲得のために活躍した主な組織は CORE (the *Congress of Racial Equality: 人種平等会議) と, Martin Luther *King, Jr. が指導した SCLC (the Southern Christian Leadership Conference: 南部キリスト教指導者会議), および SNCC (the Student Nonviolent Coordinating Committee [のちの the Student National Coordinating Committee]: 全米学生非暴力調整委員会) など. CORE は Howard 大学 (⇨ MARSHALL, THURGOOD) を卒業した若き神学者 James Farmer (1920–99) がガンジー (Mohandas Gandhi) の非暴力抵抗運動に感銘を受けて, 1942 年にシカゴで創立. 最初の仕事はシカゴ市南部の White City というスケートリンクでの黒人排斥を撤廃させることであった. CORE は次第にニューヨーク, フィラデルフィア, ピッツバーグ, デトロイト, ロサンジェルスへと広がり, やがて南部にも浸透し, 有名な *Freedom Riders の運動に発展した. SCLC はキング牧師によって 1957 年に創設され, メンバーのほとんどは黒人の牧師であった. 1968 年にキング牧師が暗殺されたあと, 同志の Ralph Abernathy 牧師 (1926–90) が議長になったが, 会の指導力は目に見えて衰えていった. SNCC はノースカロライナ州 Raleigh 市(現地の発音は[ローリー]よりも[**ラ**リ; **ラ**レー]に近い)の黒人と白人の学生によって創設され, 上記のすべての組織と同じように非暴力抵抗運動を試みた. 牧師や黒人エリート層に働きかける SCLC と違って, 特に教会に通う老人, あるいは一般の高校生や大学生との対話を重視した. この両者は反目し合うこともあったが, 南部の諸都市では, NAACP とも協力して差別撤廃のために貢献した. 1966 年に, Stokely

Carmichael (カーマイクル, 1941-98) は SNCC の会長になったが, 翌年に脱退して, しばらく *Black Panther Party の党員になり, キング牧師らの非暴力抵抗運動を鋭く攻撃した. やがて彼はアフリカ人 Kwame Toure と名乗るようになり, あらゆる黒人の祖国はアフリカだと諸外国にまで説いて回った. その後, カーマイクルはウガンダに住み, 同国の軍事独裁に対する革命を企てたとして逮捕されたが, 数日後に釈放された.

National Crime Squad, the 《英》「全国犯罪対策本部」 イングランドおよびウェールズの各警察本部では対処できない重大犯罪の防止および捜索に当たる組織で, 1997 年の警察法で創設. 本部長 (Director General) は警察本部長レベルの人が任命される. PEDOPHILE の項で述べる幼児性愛の国際組織の一斉摘発にはこの本部が活躍した.

National Drug Control Policy, the Office of 《米》「全国麻薬対策本部」 ⇨ DRUG ENFORCEMENT ADMINISTRATION

National Guard, the 《米》「国民防衛軍」 一般には「州兵」あるいは「州軍」と訳されている. 憲法第 3 条第 8 節 15 項と 16 項に記されている the Militia (ミリシア; 政府が予算を出す「国民義勇軍」で, 一般には「民兵」と訳されている)の現代版で, 米国の多種多様な予備軍のなかでは最大の実戦力を持っている. 平時においては州知事の, または自治領の総督の指揮下にあり, 大きな紛争や災害など, 州の非常時に招集される. 国の非常時にあっては大統領(または議会)の指揮下に入り, 正規軍として(湾岸戦争のときのように)海外に派兵されることもある.

国民防衛軍は 37 万人以上(うち将校は 4 万人以上)の the Army National Guard (国民防衛陸軍) と, 約 11 万人(うち将校は 1 万 3000 人強) の the Air National Guard (国民防衛空軍) から成る. 国民防衛陸軍は 50 州とコロンビア特別区 (the *District of Columbia), およびプエルトリコ, グアム, ヴァージン諸島の総計 2200 の都市にあり, 全米の陸上兵員の 55% (実戦力の約 3 分の 1)を占めている. 通常兵器のほかに戦車やヘリコプターを備えている. 国民防衛空軍は 177 カ所に 89 の航空部隊と 1500 の支援部隊を持つ. 輸送機だけでなく, 戦闘機や爆撃機も持っており, 全米の空軍力の約 3 分の 1 に相当する. 連邦政府は国民防衛軍のために毎年 100 億ドルの予算を計上している. 州や自治領は, 訓練や兵器庫の建設などのための予算を組んでいる. ◆国民防衛軍の軍人は年に連続 15 日以上の訓練(州外で正規軍といっしょに行なわれることもある)と, 毎月 1 回, 週末にも訓練を受ける. 訓練中と招集時には給与が支払われ, 20 年以上国民防衛軍に属した者には, 60 歳になると退職年金が支払われる. ◆上記のとおり, 国民防衛軍の現有兵員は約 48 万人だが, 2000 年 1 月現在, 予備役軍人を含めると 87 万人になる. 陸軍だけで言えば, 正規軍が(冷戦終了後に3分の2まで減少して)48万人弱になったのに対して，国民防衛陸軍と予備役軍との合計は56万人を越え，国防省は(特に外国での医療，警察，民政の部門では)後者に頼らざるを得ない．◆1990年から91年までの湾岸戦争では，国民防衛軍と予備役軍の計26万5000人以上が派兵された．朝鮮戦争以来は division (師団) 単位で国民防衛軍が海外派兵されることはなかったが，2000年2月には the Lone Star Division (the Lone Star はテキサス州の異名) と呼ばれる第49機甲師団の軍人のうち男女700名がボスニアに派遣されてNATO軍(米軍)の指揮下に入り，9カ月近く平和維持活動をした．国民防衛軍に属している者は，たとえ本業が忙しくても，そうした命令に服従する義務がある．

2001年9月11日の同時多発テロ (⇨ WORLD TRADE CENTER, THE TERRORIST ATTACKS ON THE) のあと，ブッシュII大統領は国民防衛軍および予備役軍に属する5万人に招集を命じ，主としてニューヨーク市の治安維持に当たらせた．⇨ NORTH AMERICAN AEROSPACE DEFENSE COMMAND

National Health Service, the 《英》「国民健康保険(制度)」 略称は the NHS. 連合王国では，保健省の管理下にあるイングランドのNHS機構(8地域に支部がある)と，スコットランドおよびウェールズの各保健省，北アイルランドの保健社会サービス省が，全国民の健康保健の責任を持つ．高齢者と障害者は，自治体やボランティア組織によって援助を受ける．1990年の法律で，イングランドとウェールズの健康保険は internal market (内部市場) という競合体制によって支えられてきた．ヘルスケアを providers (供給者) と purchasers (購入者) とに分けて，互いに有利な取り引きをさせるのである．地域の保健機構 (health authorities; health board) と，その機構から毎年の予算を与えられる fundholders (保健予算の使用権を持つ医師) と呼ばれる開業医 (general practitioners; GP) は，ケアサービスの購入者として，患者に必要なケアの程度を判断して，最も適当と思われる供給者(病院，また病院の主任医師 [consultant], 救急車サービス，検査機関，地域保健所など)を選ぶ．それら供給者(主に病院)は購入者に必要と認める治療などのサービスを施して収入を得る．イングランドとウェールズのあらゆる開業医 (GP) の半数以上がファンドホールダーであり，健康保険医療を行なう病院 (NHS hospitals) の全部が NHS Trusts (NHS 信託病院) として，ファンドホールダーの希望するサービスを提供している．この売買は手続きが面倒で，予算もかかるし，ファンドホールダーがいつも優位に立つという弊害が出てきた．

常に最大の問題は，医師，看護婦，ベッドの不足から生じる入院待ち，手術待ちの期間の異常な長さである．連合王国政府は1997年にNHS予算の削減と，保険医療制度の改革を提案した．それによれば，内部市場制度は廃止され，NHS 信託病院，医療関係者(医師，看護婦，助産婦，検査技師など)は各地の “Health Action Zone” (健康活動ゾーン) のなかで，自治体ないしコミュニティーや企業などと協力して，最善の医療介護体制 (primary health care) を作り上げる．予算は(従来どおり)税金，the National Health Insurance (国民健康保険)，および，特定の治療とサービスの代価でまかなわれる．NHS の規定以上の治療を希望する患者は，全額自費で開業医の診断を受け，紹介された病院に行って自費で治療を受けることができる．◆2000 年になってブレア首相は，10 年間かけてより抜本的な改革をすると公約し，それに必要な予算も出すと言明．それは NHS の存亡を賭けたものになるだろう．◆市民の側は長い入院待ち(重い病気でも 2 年というのは珍しくない)に業を煮やし，近年は欧州大陸の国で手術を受ける者が増えてきた．ブレア政権はそれに NHS の保険を適用することを拒否してきたが，the *European Court of Justice (欧州司法裁判所) の判決(不当に長く手術を受けられぬ患者には EU 加盟国での手術を認めるべきである)に従って，2001 年秋から保険の適用を認めると約束し，すでに実行している．⇨ LABOUR PARTY

National Labor Relations Act of 1935, the 《米》「1935 年全国労働関係法」 略は the NLRA. 通称は(提案者であったニューヨーク選出の民主党上院議員 Robert F. Wagner の姓から) the Wagner Act. 農業労働者などごく少数の例外はあるが，大多数の労働者の組合組織の権利と，団体交渉権とを認め，それに対する使用者の干渉を禁じた．使用者側が，勝手に御用組合を作ることや，組合を結成する労働者を解雇することも禁じられた．労働組合の歴史において画期的な法律であったが，いわゆる the Taft-Hartley Act (= LABOR MANAGEMENT RELATIONS ACT OF 1947) によってすっかり骨を抜かれてしまった．

National Rifle Association of America, the 《米》「全米ライフル協会」 略は the NRA. 1871 年創立．かつて会員数が 350 万人になったこともあるが，1998 年夏には 280 万人に減り，2000 年にはまた 300 万人に増えている．銃は神が与えたもうた自衛の手段だと公言し，憲法第 2 補正を盾にとって銃規制に強く反対しており，1998 年6 月には Charlton *Heston を会長に選んで，体制を建て直している．協会は 8 頁に及ぶ「敵」のリストを作っている．リストには，銃規制に積極的であった故ジャック・レモン，レナード・ニモイ，リチャード・ウィドマーク，ハーマン・ウォーク， the AFL-CIO (the American Federation of Labor-Congress of Industrial Organizations)，Bell Atlantic, A & M Records など，数百の人と組織の名前がある．⇨ GUN CONTROL (1); 憲法第 2 補正の解説

National Security Act, the 《米》「国家安全保障法」 1947 年に制定. これは the National Security Council (NSC: 国家安全保障会議), the Central Intelligence Agency (the *CIA: 中央情報部), 国防長官, the Joint Chiefs of Staff (JCS: 統合参謀本部), 重要な国防と情報のシステムとその責任者とを生み出した. 合衆国空軍もこの法律で創設された. ⇨ HOMELAND SECURITY, THE OFFICE OF

National Treatment Agency, the 《英》「国立治療庁」 英国の麻薬依存者治療機関. ⇨ DRUG (1) [薬物の分類]

Native Americans 《米》「アメリカ先住民, また, その子孫」 ⇨ AMERICAN INDIAN MOVEMENT ; AMERICAN INDIAN TRUST FUND ; INDIAN RESERVATIONS ; 憲法第 1 条第 8 節 3 項の解説

natural justice 「自然的正義」 ⇨ EQUITY

natural law 「自然法」 施行範囲が限られている国や自治体などの成文法とは違って, 全人類に通用する普遍的な道徳律で, 人間社会の平和, 安全, 幸福のために必ず守るべきもの. 宗教的な考えの持ち主ならば, 人間が作った法よりも先に, 神が作った法だと信じている. 自然法によって与えられた権利は natural rights (自然権) と呼ばれる. 米国では, 英国の哲学者 John Locke (1632–1704) の思想を通じて「独立宣言」の基本思想になった.

negligence 「ネグリジェンス; 注意義務違反; (不法行為としての)過失」 われわれが日常使う意味での「過失」(不注意ゆえの誤り)と必ずしも同義ではなく, 義務違反である. つまり, その時その場に必要な——そして, 法律や規則で明確な基準が示されている——注意義務を怠り, だれかに, あるいはなにかに被害を与えた, あるいは与えるおそれがある行為を言う. ゴルフ場で, 前の組がまだ同じコースでプレーしているのに, 後ろのプレーヤーがドライバーで球を打つのは, criminal [culpable] negligence (刑事犯罪となるネグリジェンス) ではないとしても, 明らかにルール違反としてとがめられるべき行為である. 親が自家用車のなかに乳児を置いたまま店で買い物をするのは, 保護者の義務に違反しているし, 本来ならば重大な危険が予測できたはずだから gross negligence (重大な過失) と見なされるだろう. (もっとも, 注意義務違反はすべて重大な違法行為だから, その一部をわざわざ gross だとして区別するのは適当でない, という考えもある.) もしその車を焼けつくような炎天下に駐車して子供が脱水症状を起こして死亡した場合ならば, negligent homicide (過失致死) どころか *manslaughter (予謀なき殺人) と見なされるかもしれない. ⇨ ACTUAL MALICE ; CONTRIBUTORY NEGLIGENCE ; NEGLIGENT ; WRONGFUL BIRTH ACTION; WRONGFUL DEATH; WRONGFUL LIFE ACTION

negligent 「過失による」 これが一般の訳だが，「注意義務に違反した」の意味で使われ，しばしば「無責任極まる」という訳が当てはまる．GUN CONTROL の項に出てきた無責任な銃の販売 (negligent marketing) というのは，「銃が犯罪歴のある者によって購入されるのを防ぐ」という注意義務を(売り手が)怠ったという意味である．酒に酔った者に車を貸すとか，少年に銃を預けたりする無責任な行為は，negligent entrustment (注意義務違反の委託) と見なされるだろう．⇨ negligence

negotiable instruments 「流通証券」 為替手形，小切手，約束手形，株券，社債などで，それを持参した者に，明記してあるとおりの額の現金を支払うと約束する証券．小切手や手形では振出人の署名が必要．negotiable は「流通性のある；裏書きなどによって所有者を変えることのできる」の意味．流通証券を裏書きや交付によって適法に所有する者を holder と言う．⇨ COMMERCIAL PAPER

new (judicial) federalism 《米》「ニューフェデラリズム」 ⇨ FEDERALISM

New Left, the 《米》「ニューレフト」 1957 年に英国で起こり，1960 年代の初期に主として米国の大学に広まった公民基本権運動，および，反戦から大学改革までの一連の反体制活動と，その担い手である知的な若者たち．マルクス・レーニン主義に基盤を置く従来の左翼運動とは違って，米国の自由平等と民主主義の理想の実現を目指した．指導的な役割を果たしたのは the SDS と略される the Students for a Democratic Society (民主的な社会を求める学生たち) で，彼らは南部では the SNCC (= the Student Nonviolent Coordinating Committee: 全米学生非暴力調整委員会 [のちの the Student National Coordinating Committee] ⇨ NAACP) と共闘した．The *Chicago Seven の Rennie Davis は SDS の the National Director であり，Tom Hayden は創設者のひとりであった．しかし，暴力革命が必要だと信じる仲間もおり，その一部は "the Amerikkkan empire" the *Ku Klux Klan 的なアメリカ帝国) の転覆を謀る Weathermen (Weather Underground のメンバー) というテロリスト集団になり，かずかずの爆破事件を起こしたが，1982 年に装甲車を盗もうとして警官と警備員計 3 名を殺した罪で Kathy Boudin など指導者たちが逮捕された．マリファナや LSD の流行，Bob Dylan に代表されるフォークミュージックの復活，the Grateful Dead をはじめとする反戦平和ミュージックなど，ヒッピー世代の反体制文化 (counter culture) はニューレフトの運動と密接にかかわっている．

newly discovered evidence 「新たに発見された証拠」 陪審による評決の前から存在していた被告にとって有利な証拠が，評決のあとで発見された場合，第一審で有罪になった被告は再審（*retrial）を請求できるだろう．反対に，検察側が，いったん無罪になった被告を新証拠が出たからといって上訴することは憲法第5補正の *double jeopardy の原則に違反するので許されない．しかし，2000年以後，英国の司法界ではそれを許す考えが広まっている．⇨ LAW COMMISSION; LAWRENCE CASE

New Right, the 《米》「ニューライト」 民主党を支持した労働運動の指導者でありながら，保守的な共和党の指導者になったレーガン元大統領によって代表される右寄り路線．強力な国防，自由経済，公立学校での祈禱（the *school prayer）の強制などを唱え，銃の規制（*gun control），妊娠中絶（*abortion (1)），人種差別撤廃のためのバス通学（*busing）などに反対する．⇨ RELIGIOUS RIGHT

New Scotland Yard 《英》「首都警察(の庁舎)」 ⇨ METROPOLITAN POLICE SERVICE; SCOTLAND YARD

new trial 「再審理」 ⇨ RETRIAL; TRIAL DE NOVO

New York Times Co. v. Sullivan 《米》「ニューヨークタイムズ対サリバン事件判決」 ⇨ ACTUAL MALICE (2)

Nichols, Terry 《米》「テリー・ニコルズ」 オクラホマシティ爆破事件の共犯者．⇨ OKLAHOMA CITY BOMBING

no-fault divorce 「無責離婚」 ⇨ DIVORCE

nolle prosequi 「刑事事件の訴えの取り下げ」 原語(英語式の発音は[ナリプロセクァイ])は be unwilling to prosecute を意味するラテン語．米国では検事が裁判官の許可を得て行なう．イングランドとウェールズでは法務総裁（the *Attorney General (3)）が決定する．後者の場合，理由を告げる必要はない．ただし，英米共に，原告が同じ事件で，同じ被告を改めて起訴することはあり得る．

nolo contendere 「不抗争の答弁」 原語(英語式の発音は[ノーロゥコンテンデリ])は I will not contest it. を意味するラテン語．罪状認否の際に "No contest."（争いません）と言うこと．はっきりと有罪を認めたわけではないが，どのような判決にも服しますという意思表示だから，最初から負けを覚悟した姿勢である．

NORAD = NORTH AMERICAN AEROSPACE DEFENSE COMMAND

North American Aerospace Defense Command, the 《米》「北米大陸防空総軍司令部」 略は NORAD．主要な基地はコロラド州にある．米国空軍の一部で，2001年10月の時点で，26の基地にジェット戦闘機100機を備えている．かつては外国機の潜入を防ぐのが主要な任務であったが，ニューヨークの貿易センタービルへの自爆テロ（⇨ WORLD TRADE CENTER, THE TERRORIST ATTACKS ON THE）の際に対応が遅れたとして批判されて以来，ハイジャック対策に力を入れており，NORAD の司令官はやむを得ない場合にはハイジャックされた飛行機を撃墜する権限を与えられている．⇨ NATIONAL GUARD

Northern Ireland 「北アイルランド」 通称は Ulster や the Six Counties. 1800 年にイングランドと併合させられたアイルランドが 1921 年に独立したとき，連合王国にとどまった．人口約 170 万人．住民の 50.6% はプロテスタント，38.4% はカトリック信者である．アイルランド全体で見ると，カトリックとプロテスタントの割合は 4 対 1 となる．かつてアイルランドではカトリック教会と(プロテスタントである)長老派教会とが結束して，イングランドの支配や，アングリカン教会である the Church of Ireland (アイルランド教会) の押しつけに抵抗したものだが，20 世紀の末ごろにはカトリックと長老派教会員のうち過激な人々だけが血なまぐさいゲリラ戦を演じ，アイルランド教会の会員 (約 35 万 5000 人) はおおむね抗争に無関係である．公立学校は 1260 校あり，もちろん宗教的な差別はしていないが，カトリック信者の子供とプロテスタント信者の子供とが共学しているのは 2000 年に 43 校しかなかった．⇨ SCOTLAND; WALES

［**分権**］ 北アイルランドには一定の自治が認められており，1972 年までは独自の地方議会 (provincial parliament) が存在したが，カトリックとプロテスタントの (the *Troubles と呼ばれる) 血なまぐさい抗争によって議会の機能は停止した．ブレア労働党政権の自治拡大 (*devolution) 政策，および 1998 年4 月の the *Good Friday Agreement (聖金曜日合意) によって，北アイルランドの政治は立法行政の面でも地方自治の面でも，かなり独立性を高めつつある．1998 年6 月に実施された北アイルランド新議会 (the Northern Ireland Assembly) の総選挙では最初の議員 108 名が決まり，独立派の *Sinn Féin 党からも 6 名が当選した．議員のうち 12 名 (シンフェイン党員は 2 名) が新執行委員会 (事実上の北アイルランド内閣) を構成するはずであったが，シンフェイン党に近い疑似軍事組織 the *IRA が武装解除をしないので，Unionists (親英派) が強硬に行政府の組織に反対した．しかし，最大与党 the Ulster Unionist Party (the UUP: アルスター統一党; 議席 28) 党首で，新内閣の the First Minister (首席大臣; 首相) に決まっていた David Trimble が米国の元上院議員 George Mitchell のあっせんでシンフェイン党党首 Gerry Adams と粘り強く交渉した結果，UUP は IRA が武装解除のために連絡調整委員を出すことを条件に妥協し，99 年11 月 29 日に連立内閣の組閣が実現し，30 日には連合王国議会が地域への分権を 318 対 10 という圧倒的多数で可決した．執行委員会 (新内閣) には，かつて IRA テロ活動指導者であった Martin

McGuinness が教育相として入り，一部から抗議の声が挙がったが，連合王国議会はこれを冷静に受け止めた．北アイルランド議会と執行委員会とは，それまで連合王国政府の 6 つの北アイルランド関係部局が負ってきた責任の大半を担うことになった．具体的には，文化，教育，保健，環境，農業などであり，予算はもちろん，裁判制度の枠組み，(1921 年以来駐留している) 1 万 3000 人の連合王国軍の指揮，警察，刑務所などは，連合王国の議会 (the Westminster Parliament) の立法権と，同国行政府の下に置かれる．ウェストミンスター議会には，これまでどおり北アイルランドからも議員が選挙される．北アイルランド議会の所在地は首都ベルファースト市の外れにある Stormont で，議事堂は壮大な宮殿風の建物である．北アイルランドの裁判制度はイングランドおよびウェールズとほぼ同じ．

［**和平政策**］ 1916 年の the Easter Rising (イースター蜂起) の指導者 Patrick Pearse は「ここにアイルランド共和国の独立を宣言する」と公言して，英国軍によって捕えられ銃殺されたが，革命の同志であった Eamon De Valera は IRA と共に英国軍と戦い，全アイルランドを共和国にすると主張して政党 Fianna Fáil (フィアナ・フォイル) を結成し，英国との困難な折衝ののち，北アイルランドを除く地域の独立を獲得して，その大統領になった．デヴァレラが自ら起草したアイルランド憲法には北アイルランド (Ulster) はアイルランド共和国の一部であると明言されていた．聖金曜日合意から始まった北アイルランドの和平政策の進展に伴って，アイルランドの Bertie Ahern 首相は 1999 年11 月末に，同国憲法からその条項を正式に削除した．世界でもまれなほど思い切った憲法改正である．◆連合王国の Peter Mandelson 北アイルランド大臣は 2000 年 2 月に，IRA が武装解除を始めないので，北アイルランド自治政府の機能を停止し，英国政府による直接統治を実施すると発表した．しかし，IRA は同年 5 月 6 日に初めて国際監視下での武器不使用の意思を表明し，6 月に自治政府が復活した．トリンブル首席大臣がアルスター統一党の対 IRA 強硬派を粘り強く説得した成果でもある．しかし，トリンブルは IRA などが，いつまでも武器不使用の実効ある処置をとらないことに抗議して，2001 年 7 月 1 日に首席大臣を辞任した．それ以後の急転直下の和平工作については IRA の項を参照．⇨ TERRORISM (1)

notifiable offence 《英》「(当局に) 通告義務のある刑事犯罪; 重い犯罪」もともと notifiable は，市民が伝染病などを保健所などに「通告すべき」という意味．notifiable offence は被害者や目撃者が警察署に届ける義務のある犯罪という意味から転じて，「the *Crown Court (刑事裁判所) で裁判されるのが妥当な」という意味でも使われる．殺人，放火はもちろん，2歳未満の子供を置き去りにすることもそれに当たるし，自殺幇助や，非合法の妊娠中絶手術など，他人が目撃しにくい犯罪でも notifiable offence と呼ばれることがある．

no true bill 《米》「不起訴決定状」 ⇨ GRAND JURY

NRA, the ＝ NATIONAL RIFLE ASSOCIATION

NSPCC, the 《英》＝ the National Society for the Prevention of Cruelty to Children「子供の虐待を防ぐ全国協会」 1884年に創設された英国の奉仕組織で，5万人のボランティアが24時間休みなく電話相談に応じ，ソーシャルワーカーと協力して適切な対策を講じる． ⇨ CHILD ABUSE; CHILDLINE

nuclear weapons 「核兵器」 The *International Court of Justice (the ICJ: 国際司法裁判所) は1996年7月8日の(国連総会を諮問機関とする)勧告的意見で，「国連憲章第2条4項(武力による威嚇と行使)に反し，第51条(自衛権)の要件を満たさないような，核兵器による威嚇や核兵器の使用は違法である．[中略]核兵器の威嚇・使用は武力紛争に適用される国際法の規則，特に人道法の原則や規則に一般に違反するであろう」と述べている——もっとも，国家の存亡にかかわる極限状況での核兵器の使用の是非については確定的な結論が出せない，としているが．

英国では1997年9月に，Reading (レディング) 刑事裁判所で，核施設のフェンスを切断した市民4人が，核は違法だというICJの司法判断に基づいて無罪となった．同じレディングの裁判所は核施設のフェンスを撤去した市民2人を有罪にしたが，直ちに釈放し，裁判長は忌まわしい核兵器が早く廃絶されることを望むと述べた． ◆2000年11月，スコットランドの the *High Court of Justiciary (刑事最高裁判所) は，99年6月にグラスゴー市の北西50キロあたりにある湖で原潜の隠密航行を研究する音響施設を金づちなどで壊し，器物損壊と盗みの疑いで逮捕された女性3人の裁判を開始した． ◆2001年1月にマンチェスター刑事裁判所の陪審は，英国北部の Barrow という海軍基地に停泊中の原潜を金づちでたたいて壊そうとした女性2人が，「(核廃絶の)行動を起こさない政治家に代わり，核戦争を止めた」と主張するのを認め，2人を無罪にした． ◆米国ワシントン州の郡裁判所は1999年6月に，軍の基地内でデモ活動した反核運動のメンバーを無罪とした．陪審は，国内法よりも国際法が優先することを認めたという．[この項は朝日新聞(2-2-2001 および 2-7-2001)に負うところが大きい.]

nuisance 「迷惑行為; 生活妨害行為」 意図的であれ，無自覚であれ，平和な日常生活を長時間にわたって妨害するすべての行為．特に土地や家屋の使用を妨げる行為を指すことが多い．public nuisance は地域社会一般の平穏な生活に迷惑や危険や，著しい不便を与える行為で，たいがいは条例で禁止されており，違反者は処罰される．道路の通行妨害や，町なかで危険物を製造する，あるいは悪臭や騒音や煙などを放つ工場を経営することもそれに当たる．⇨ ABATEMENT

nullification ⦅米⦆「ナリフィケーション；連邦法実施拒否」 ⇨ STATES' RIGHTS

O

obiter dictum 「ディクタム; 傍論」 原語は thing said by the way (ついでに言われたこと) を意味するラテン語. 英語式の発音は [オ(ウ)ビターディクタム] に近い. 単に dictum とも言う. 複数形は obiter dicta. 判決の際に述べられた意見だが, 肝心の判決の理由を語った部分ではないので, 拘束性もなく, 判例にもならない. しかし, 貴重な意見として, のちに尊重される可能性はある. ⇨ RATIO DECIDENDI

objection 「異議」 裁判中, 相手側の手続きや弁論が不当であるとして, 裁判官に中止命令などの裁定を求めること, また, その異議の内容.

obscenity 「わいせつ性」 (1) 《米》 **Roth v. United States* 判決と, それを修正して, serious literary, artistic, political, or scientific value があればわいせつとは見なされぬ可能性を示した **Miller v. California* 判決の定義を参照. ただし, ミラー判決は「償いとなる (redeeming) 社会的価値を全く欠くもののみ」をわいせつとする考えは斥けているし, わいせつ性の判断を各州の裁判所に任せている. 連邦最高裁による *Pope v. Illinois* 判決 (1987) においては, serious literary, artistic, political, or scientific value があるかどうかの判断は a local standard ではなく, the *reasonable man の基準に従うべきだと判示された. これでわいせつの定義がかえってあいまい性を増したとの見方がある. (2) 《英》 1959 年の the Obscene Publications Act によって,「全体として, それ [あるいはその一部] を——あらゆる状況から見て——閲覧または聴取するであろう人々をおそらく堕落または腐敗させる傾向のあるもの (小説, 演劇, ショー, 写真, 絵画, コンピュータ画像など), またはその明白な単位要素」をわいせつであるとする. 電話の会話もわいせつ性があると判断されることがある.

Occupational Safety and Health Act, the 《米》「職業安全健康法」 1970 年に制定. 略は the OSHA. 職場の安全を保ち, 労働者の健康を守ろうとの目的で作られた連邦法で, 具体的な安全基準を作り, その実行を監視する. そのために, 労働省内に the Occupational Safety and Health Administration (the OSHA) が創設された. ボストン, ニューヨーク, デンヴァー, サンフランシスコなど全国 10 都市に OSHA の支部がある.

O'Connor, Sandra Day (1936–　) 《米》「サンドラ・デイ・オカナー」

連邦最高裁判所裁判官(在任: 1981-). 旧姓は Day. テキサス州エルパソ市で生まれた. 祖父も父親もアリゾナ州の大牧場主だが, 幼いころは電気も水道もない家で暮らし, 父親から西部人らしい自助精神を教えられると同時に, 連邦政府に対する懐疑心も養われたという. 16 歳でハイスクールを卒業するという秀才であった. スタンフォード大学を出たあと, 1952 年に同大学のロースクールを卒業し, ロースクールの学友であったジョン・オカナーと結婚. アリゾナ州の郡検事, 弁護士, 州法務次官, アリゾナ州上院議員などを経て, 1974 年から同州の裁判官となる. 1981 年 9 月にレーガン大統領によって連邦最高裁の史上初の女性裁判官に指名された. 就任後は州権 (*states' rights) に対する連邦政府の干渉を排除しようと努力してきた. 公民基本権運動, 政教分離 (the *separation of church and state) の原則, 死刑廃止などに強い疑念を抱いているようだが, オカナーがよく a floating moderate (浮動する中道派) と評されるのは, William *Rehnquist, Antonin *Scalia, Clarence *Thomas といった折り紙つきの保守派とは違って, 中道寄りの姿勢を見せることがあること, 特に **Roe v. Wade* 判決 (1973) の原則に表だって反対していないからであろう. オカナーは先例拘束を破ってロー判決を覆すよりも, 州による「女性にとって不当な負担 (*undue burden) にならぬような」規制によって, 妊娠中絶の道が狭まることを期待しているように見える. 連邦最高裁判所は 2000 年 6 月 28 日に, *partial-birth abortion(不全出産型中絶) を刑法犯とするというネブラスカ州の州法を——妊娠している女性の健康を考慮した例外を設けていないという理由で——5 対 4 で違憲と判断した. オカナー判事は多数意見に賛成. 州法は女性の権利に対して「不当な負担」を課しているというわけである. しかし, 裏返せば, "health exception" さえ設けておけば, 州は妊娠中絶を禁止できるという立場とも見える. いずれにせよ, 最高裁の中道・リベラル派の判事たちは, ふつう, オカナー判事が左に寄ったときだけ 5 対 4 で多数派になることができる. 2001 年 7 月に, 現在の死刑制度に対する疑念を公の席で明らかにした. 死刑廃止論に傾いたとは言い切れないが, 欧州諸国からの批判を深刻に受け止めているようで, 今後の判決が注目される. ⇨ DEATH PENALTY; FLAG BURNING; LEMON TEST; PREEMPTION (2)

Office for the Supervision of Solicitors, the 《英》「ソリシター監督局」 ⇨ SOLICITOR

Office of Fair Trading, the 《英》「公正取引庁」 略は OFT. 1973 年の the Fair Trading Act に基づき, 消費者を不公正な商取引から守るために監視活動を行なう. EU の競争原則を尊重して, 独占, あるいは独占的な企業合併, 談合などを取り締まる. 2001 年秋にはカルテル取締りのいっそうの強化のため，予算を 500～1000 万ポンド増やし，調査員を 100 名増員した．⇨ CARTEL ◆米国では 1914 年の法律に基づいて作られた the Federal Trade Commission (連邦通商委員会) がこれに当たる．委員は 5 人で，大統領が任命する．この委員会のルールに違反した悪質な企業は連邦裁判所で裁かれる．

Office of Homeland Security, the ⇨ HOMELAND SECURITY, THE OFFICE OF

official secrets 「国家機密」 国家の安全保障にかかわる秘密．(1)《英》英国では外国の利益のためならもちろん，そうでなくても，国の秘密を探ったり保持したり，利用したりすることは犯罪になる．国家機密は一連の the Official Secrets Acts (国家機密法)(1911-89) によって保護されており，特に 89 年法は，いかなる秘密を盗んだら犯罪になるかを具体的に明記している．◆1991 年から *MI6 の見習い諜報官であった若い英国人 David Tomlinson は，適性を欠くというので 95 年に解雇されたあと，在任中に知り得た秘密を本にしてオーストラリアの出版社に売ろうとしていることが発覚し，97 年の国家機密法違反で有罪になり，1 年間投獄された．出獄後イタリアに住んでいるトムリンスンは MI6 の(かなりフィクションも混ざっているらしい)秘密をロシアの情報機関 KGB の支援を受けて，*The Big Breach* という英文の本にしてモスクワで出版した．ロンドンの *The Sunday Times* がその主な内容を連載しようとしたところ，政府から差し止めを命じられた．「サンデータイムズ」は裁判を起こして，差し止め解除と，「トムリンスンの情報のうち，『サンデータイムズ』その他の国内紙ですでに公表されたもの以外は印刷しない」という 1996 年の自社の約束からの解放を求めた．2001 年 1 月 25 日に the *Court of Appeal (控訴院) の 3 名の裁判官 (うち 1 名は控訴院長官 [the *Master of the Rolls]) は，問題の情報がいったん公にされた (“once it was in the public domain”) あとならば，その内容を連載記事にしてもよいとの判決を下し，政府側の敗訴となった．判決は，ある種の国家機密の保持以上に言論の自由を重視したものだが，保守的な新聞は英国のスパイ活動 (*espionage) が歯止めなく暴露されてしまうと憤懣を漏らしている．◆*MI5 に関しても，その内情を暴露した本の著者 David Shayler が国家機密法違反で 2001 年 4 月に裁判にかけられた．

(2)《米》米国でも，国家安全保障に関する機密を漏洩することは各種のスパイ活動取締法によって犯罪とされている．また，秘密諜報官の名前を明かすとか，通信傍受によって得られた秘密情報を他に漏らすことなどを取り締まる刑法もある．連邦政府には毎年 800 万ずつの秘密文書があるそうだが，2000 年 10 月に，そういう政府の秘密文書その他の資料を，その権限を与えられていない公務員や元公務員が他人に漏らした場合, *felony (重大犯罪) として罰金および禁固3年までの刑に処するという法律 (the Fiscal 2001 Intelligence Authorization Bill: 通称 the Anti-Disclosure Law) がアラバマ州選出の共和党上院議員 Richard Shelby から提案され, the *CIA や Janet *Reno 司法長官の支持を得て上下両院を通過した. しかし, クリントン大統領は憲法第1補正で保償された言論の自由をより重んじ,「民主主義が機能するために必要な情報を国民が得る権利を擁護する」ために, 11月4日に拒否権 (*veto) を発動した.

Oklahoma City bombing, the 《米》「オクラホマシティー爆破事件」20世紀においては, 米国で最も多くの犠牲者を出した爆破事件. 1995年4月19日に, 米国市民から武器を奪おうとする連邦政府 (⇨ GUN CONTROL (1)) に敵意を持つ主犯 Timothy McVeigh (発音は〔マク**ヴェ**イ〕に近い. 犯行当時27歳で, 湾岸戦争で Bronze Star という勲章を授与された旧軍人) が, トラックに積んだ爆発物でオクラホマシティーの連邦ビル (the Alfred P. Murrah Federal Building) を爆破し, 168人が死亡, 500人以上が負傷した. マクヴェイは事件の1時間半後に州内で, 銃の不法所持容疑で州のパトロール警察によって逮捕され, いったん保釈されるところであったが, 犯人の似顔絵に似ているというので再逮捕され, FBI に引き渡された. マクヴェイは事件については黙秘しながらも, *Waco での the Branch Davidians に対する連邦警察の襲撃を非難し, オクラホマシティー事件の死者のうち未成年が19人いたことについて,「危険な連邦政府を倒す革命」に当然伴う被害 (collateral damage) に過ぎないとうそぶく始末だった. 1997年8月に *district court (連邦裁判区裁判所; 連邦地裁) で死刑の判決を受けた. 死刑は2001年5月16日に執行される予定であったが, FBI が56の地方支局のうち46支局に放置されていた捜査資料3135頁を──97年の裁判が始まる前にマクヴェイの弁護士と検事に開示 (⇨ DISCOVERY) すべきであったのに──開示していなかったという大失態に気づき, John *Ashcroft 司法長官は死刑執行日を6月11日に延期せざるを得なかった. その後も約900頁の未公開の証拠が5月下旬に発見されたが, 司法長官はその全部が無価値なもので, マクヴェイの有罪を覆す可能性はゼロだと主張. 一方, マクヴェイの弁護士は, 新たに提出された資料のなかには, FBI が第2の犯人 (John Doe No. 2) を捜索している様子がうかがわれるので, 再審を要求すると主張した. しかし, マクヴェイ自身は(例えば *The Houston Chronicle* 紙への投書で)あくまで単独犯を主張し, 上訴や再審請求の意思はないと言い続けた. ⇨ BIG ONE; VENUE

[第2の男?] John Doe No. 2 (“John Doe” は仮名) は, 事件を起こした

トラックに乗っていた，と言う者たちがおり，その目撃証言から似顔絵が作られた．その似顔絵にそっくりなのが Andreas Strassmeir という元ドイツ軍の将校で，白人優位主義者であり，マクヴェイと同じように連邦政府の腐敗を激しく攻撃していた．シュトラスマイアはオクラホマ州の Elohim City というネオ・ナチ・コミュニティで防衛隊長の役を担っており，マクヴェイの襲撃もエロヒム・シティを基地にしたのではないかと FBI は疑ったようである．本人はそれを否定し，ドイツに帰国して身を隠している．彼とのインタビューに成功した *The* (*London*) *Times* (6-8-2001) の 2 人の記者は，まだ突き止められていない疑問が多いと書いているが，マクヴェイの死刑でシュトラスマイアの存在は事件の単なる「脚注」に終わったわけである．

[**死刑執行**] 薬物注射によるマクヴェイの死刑は 2001 年 6 月 11 日の朝，インディアナ州 Terre Haute (テレホート) 市の連邦刑務所で執行された．その現場には刑務所の関係者のほか，事件の犠牲者の遺族および生存者 10 人と代表取材の記者 10 人が立ち会い，執行の様子はオクラホマシティーに集まった別の遺族ら 232 人にも有線テレビで中継された．⇨ DEATH PENALTY

[**共犯者ニコルズ**] 爆弾の原料は硫安 (ammonium nitrogen) 製で，製造にかかわった共犯——マクヴェイのかつての軍隊仲間——の Terry Nichols は事件当日オクラホマシティーにはいなかったが，1998 年に入ってから，共謀と，故意によらない殺人 (involuntary manslaughter ⇨ MANSLAUGHTER) の罪で「仮釈放なしの終身刑」という判決を受けた．2001 年には無罪を主張して上訴中であったが，連邦最高裁判所は同年 6 月 4 日に，FBI が証拠の一部を開示しなかったのは問題であるとして，司法省に対して再審請求に対する判断を 30 日以内に下すよう指示した．

Old Bailey, the 《英》「オールドベイリー; 中央刑事裁判所」 ロンドンの the *City の Old Bailey Street にある the *Central Criminal Court (中央刑事裁判所) の通称．その項で説明したとおり，中央刑事裁判所そのものが現在ではロンドンの the *Crown Court (刑事裁判所) の通称に過ぎない．bailey は，ローマ時代の防壁内のスペースを意味する語．新聞の見出しでは，the Old Bailey という通称のほうがよく用いられる．これは英国で最もよく話題になる刑事裁判所であり，重大犯罪の容疑者を裁く．比較的軽い刑事事件は *magistrates' court で審理される．オールドベイリーは 1539 年に創設された．現在の建物は 1902 年に取り壊された Newgate Prison (ニューゲート刑務所) の跡地に建てられたもので，1905 年に完成．屋根はドームで，その上に両腕を大きく広げた Justice のブロンズ像 (⇨ JUSTICE) がそそり立つ．公正の象徴であるジャスティス像が左手に持つ秤は公平な裁きを，右手の剣は重罪人を罰することを表す．ジャスティス像はだれにもえこひいきをしないという意味で，ふつう目隠しをしているが，この像にはそれがない．

Old Bill, the 《英》「警官」 ⇨ BOBBY

Omagh bombing, the 《北アイ》「オマー爆破事件」 1998年8月15日の午後，北アイルランド西部の町 Omagh（正しい発音は[**オ**ウマ]に近い）の中心部にあるショッピングセンター近くで起こった爆破事件．同日に行なわれたカーニバルに参加した多数の子供を含む29人が死亡し，370人が重軽傷を負った．北アイルランド紛争にかかわる単発の事件としては，最も悲惨なもの．英国とアイルランド政府が98年4月に合意した北アイルランド和平に反対するカトリック側の過激派「真の IRA (the *Real IRA)」が犯行を認め，武力闘争の終結を声明．容疑者のひとり Michael "Mickey" McKevitt（51歳）が逮捕され，アイルランド共和国の新テロ対策法（⇨ TERRORISM (1)）によって2001年3月に起訴された．別に，1972年以来，武器不法所持で逮捕されたり脱獄したり，米国で the Irish National Liberation Army のために機関銃を購入して5年の刑を受けたりした「真の IRA」のメンバー Colm Murphy（2002年に49歳）を捕らえられた．

彼らの裁判は2001年秋にダブリン市の特別刑事裁判所で（陪審制によらないで）始められ，爆破事件にかかわった犯人としてはマーフィーがただひとり2002年1月下旬に有罪となり，14年の刑に処せられた．別に Liam Campbell という39歳の農民も逮捕され，同じ裁判所で「真の IRA」のメンバーであるという理由だけで，2001年10月の末に5年の禁固刑に処せられた．主犯たちは未逮捕である．

Omnibus Crime Control and Safe Streets Act of 1968, the 《米》「1968年犯罪防止および街路の安全性に関する包括法」 警察による盗聴を禁止したが，裁判官からの令状が得られた場合に限って，電話による，あるいは盗聴器による盗聴を可とした．また，*McNabb-Mallory rule を廃止することを狙ったが，マクナブ・マロリーの原則はその後も守られている． ⇨ WIRETAPPING (1)

one-stop shops 《主に英》「ワンストップ・ショップス」 元の意味は，そこに行けばほとんどすべての用が足りる大型ショッピングモールだが，法律関係では *multi-disciplinary partnership と同じ意味で使われる．すなわち，得意な分野の違う *barrister どうしが，あるいはバリスターと *solicitor とが，あるいは彼ら弁護士と公認会計士とが共同で事務所を持つこと．便利そうだが，市民による自由な選択を阻む一種の独占だとして，例えば the Lord *Chief Justice of England and Wales（高等法院女

王座部首席裁判官 ⇨JUDGE (1)) はそれに強く反対している.

opening statement 「冒頭陳述」 正式の事実審理に先だって，両当事者(米国の刑事事件ならば検察官と被告人の弁護士)が事件の概要，双方の主張の要点などを，陪審団の前で明らかにすること.

open prison 《主に英》「開放刑務所」 脱獄を防ぐ施設(外壁など)があまり厳重ではない，あるいは受刑者が構内を自由に散歩できるような刑務所で，英国では category 'D' prisoners (⇨ PRISONER) を収容する. ⇨ PRISON CAMP

opinion 《米》「意見」 上位裁判所が下す判決の理由説明. ⇨ OPINION OF THE COURT

opinion of the court, the 《米》「法廷意見」 連邦最高裁判所の判決のうち，裁判官の過半数が結論にも，その理由にも賛成したもので，判例としての意味が大きい. ⇨ PLURALITY OPINION

oral argument 《米》「口頭弁論」 通常は控訴審で，弁護士が裁判官を説得するために行なう.

Orange marches 《北アイ》「プロテスタント信者の示威行進」 ⇨ ORANGE ORDER

Orangemen 《北アイ》「オレンジメン」 プロテスタント信者の秘密結社のメンバー. ⇨ ORANGE ORDER

Orange Order, the 《北アイ》「オレンジ団[党]」 1795 年にアイルランド北部で(一説によれば Freemasonry の一派によって)結成されたプロテスタント教徒の反カトリック秘密結社. the Orange Society とも言う. 1690 年の the Battle of the Boyne (ボインの戦い) でカトリック教徒であった英国王ジェイムズ 2 世に勝った William of Orange (オランダのオレンジ王家出身の英国王ウィリアム 3 世)の名に因む. メンバーは Orangemen と呼ばれている. ボインの戦いの勝利を記念する北アイルランドの祝日 (7 月 12 日の Orangemen's Day) を中心に，北アイルランドで行なわれる戦闘的なプロテスタント信者による示威行進は Orange marches と呼ばれており，カトリック信者に脅威を与えている. オレンジメンによる同様の示威行進はスコットランドでも行なわれている.

Orange Society, the ＝ ORANGE ORDER

organ transplant 「臓器移植」 ⇨ ALDER HEY SCANDAL ; HUMAN TISSUE

original intent 《米》「(法律の)起草者の意図」 憲法解釈論議でよく使われる語. originalists は，憲法はその起草者の意図に沿って解釈されるべきだと主張し，起草者たちの論文や書簡などを参考にして，個々の裁判官の信念や偏見やイデオロギーによってゆがめられない客観的で公正な判決を期待する. もちろんそれに対しては，国民の多数の意思を反映した法律について，たまたま意見を書き残したごく少数の起草者の解釈だけが正しいとするのは誤りで，起草者たちも，彼らの解釈が永久に固定されることを期待してはいなかっただろう，と主張する人々もいる．後者の多くは *modernists と呼ばれる．そのひとりである(連邦最高裁判所の) William *Brennan, Jr. 裁判官は，「憲法は，あたかもきょう批准されたかのように解釈されなければならない」と主張した．それは，起草者の意図を無視あるいは軽視することを意味するのではなく，起草者が予見できなかった現代社会の要求に応えることもまた重要だと言っているのである． ⇨ CONSTITUTIONAL CONSTRUCTION; FOUR CORNERS; INTERPRETIVISM

original jurisdiction, the 「第一審[事実審]裁判権」 控訴裁判所の裁判権は appellate jurisdiction (上訴管轄権) と呼ばれる．ただし，控訴裁判所が誤った一審判決を破棄して *trial de novo を行なう場合は，上訴審というよりも，あくまで第一審のやり直しである．米国の連邦最高裁判所の第一審裁判権については，憲法第 3 条第 2 節 2 項の解説を参照． ⇨ JURISDICTION ; PRIMARY JURISDICTION

Osprey, the 《米》「オスプリ」 オスプリはミサゴ(fish hawk: 広げた翼の両端が白い)の意だが，ここでは特殊な軍用機 (V-22 Osprey) を指す．ボーイング社のヘリコプター部と Textron Inc. の Bell Helicopter unit とが共同製作している．それは tiltrotor aircraft という，主翼の両端に回転翼がまるで竹とんぼのような形で垂直についており，機体を垂直に上昇させる．上昇後は回転翼の主軸が傾き，水平飛行が可能になる．米国の海兵隊はノースカロライナの基地にこれを持っているが，2000 年に 3 機が墜落し，26 人の隊員が死亡した．にもかかわらず，機体整備の責任者であったオスプリ大隊長の Odin Leberman 中佐が，彼の 241 人の同僚および上司からの圧力もあって，試験飛行の回数や整備状況に関して長らく虚偽の報告をしていた疑いがあり，連邦議会と国防総省は 2001 年 1 月に調査を開始した．チェイニー副大統領は価格が高すぎるとしてオスプリ購入に賛成していないが，共和党議員の多くが支援しているので，海兵隊は 400 億ドルの予算でオスプリを 360 機購入する計画を撤回しようとしない(海軍および空軍も 98 機を購入する計画を持っている)．しかし，国防総省は 2001 年 3 月に海兵隊航空部司令官 (Fred McCorkle 中将) とその副官のコンピュータ・データを押収した．米軍としては近年最大の刑事事件に発展する可能性がある反面，政治的な圧力によってもみ消される可能性も小さくない． ◆[追記] 2002 年に入ると，予想どおり，軍は墜落の責任者 2 名を裁判抜きで譴責するにとどめ，同年 4 月からオスプリの試験飛行を行なって，やがては数百機を海兵隊に配備すると決定した．奇妙なことだが，それを発表した国防次官は，「未解決の問題が多々あり，安全性にもまだ確信が持てない」と告白していた．もし順調にいったとしても，オスプリが実用化されるのは 2, 3 年先のことだろう．

Oswald, Lee Harvey (1939–63)《米》「リー・ハーヴィ・オズワルド」ケネディ大統領を暗殺したとされる容疑者．公式には単独犯とされているが，陰謀説は尽きない．1957～58 年に海兵隊の下級士官として厚木基地に滞在．情緒不安定で奇行や自殺未遂を繰り返した．59～62 年にソ連に亡命．さらにキューバへの亡命も望んでいた．そのため，彼は the *CIA の工作員であるとか，逆に KGB と関係があるとか，さまざまな憶測がなされた．暗殺事件があったとき，彼はダラス市の the Texas School Book Depository という倉庫に勤めていたので，通信販売で購入したライフルを持って，その建物の 6 階の窓から大統領を狙撃することは困難ではなかった．事件のあと，彼はライフルを木箱に隠し，自宅に戻ってピストルを持ち出した．ダラス市警の J. D. Tippit が不審尋問すると，オズワルドはピストルの銃弾 4 発撃ち込んでティピットを殺し，映画館に逃げ込んだところを逮捕された．本人は大統領暗殺も警官殺しも一貫して否認したが，発見されたライフルには彼の掌紋がついていた．2 日後の 63 年 11 月 24 日，オズワルドは留置場の前で，生中継のテレビカメラが構えているなか，ケネディの熱烈な崇拝者であったという Jack Ruby (1911–67) によって射殺され，永遠に口を封じられた．ルービーは殺人罪で有罪となったが，再審を待っているあいだに，肺がんで死んだ．◆大統領を狙撃したと思われる第 2 の犯人については，SECOND GUNMAN ON THE GRASSY KNOLL の項を参照．⇨ ZAPRUDER FILM

overbreadth 《米》「過度に広範な法」 よく the First Amendment overbreadth の形で使われる．憲法第 1 補正が保障する表現の自由を規制する州法が余りにも広範にわたっている (overbroad である) と，人々に萎縮効果 (chilling effects——1965 年の *Dombrowski v. Pfister* 事件判決で初めて使われた語．⇨ DOMBROWSKI DOCTRINE) を及ぼし，彼らは刑罰を恐れるあまり，憲法で保障された権利や自由を大なり小なり捨ててしまうおそれがある．その種の法律が有効か否かについては，個々の場合に議論があるだろうが，市民はそれを「文意があいまい (vague) な法律」と同様に，憲法に違反した無効な法律だと主張することができる．

override 《米》「(議会が，大統領の拒否権を)乗り越える」 ⇨ VETO；憲法第 1 条第 7 節 2 項の解説

overrule (1)「(申立てや異議を)却下する」 (2)「(判決を)根本的に覆す」 同じ裁判所が，あるいは上位裁判所が，前の判決が拠って立っていた法律的原則を否定する，したがって，その判決を無効にする．こうして否定された判決は判例としての価値を持たない．

P

PAC = POLITICAL ACTION COMMITTEE

paedophile = PEDOPHILE

Paki bashing 《英俗》「パキ・バッシング」 主にイングランドの人種差別主義者(白人)によるパキスタン人およびアジア人一般への暴力. 1960年代から始まったが, 警察はしばしば見て見ぬふりをしていた. The *Lawrence case で批判された警察の *institutionalised racism は1990年代にいきなり始まったわけではない. ⇨ HATE CRIME (2)

palimony 「同棲をやめる男女の一方が他方に財産分与として支払う金」 ⇨ ALIMONY

Palmer Raids 《米》「パーマー司法長官による赤狩り」 ⇨ ESPIONAGE

panel 「パネル」 (1) 陪審員団の候補者として召喚された人々のグループ, またそのリスト. ⇨ JURY (2) (控訴裁判所で)判決を下す裁判官のグループ. ただし, 全員一致の場合にはパネルとは言わない.

Pankhurst, Emmeline (1858-1928) 《英》「エミリン・パンクハースト」 英国の戦闘的な女性参政権運動家. マンチェスター市出身で, 20歳のとき40歳の革新的な弁護士 Richard Pankhurst の妻になり, 5人の子供を産んだが, 息子2人は夭折(ようせつ)した. 1898年に夫が急死し, 生活が苦しくなる. 1903年に the Women's Social and Political Union (女性の社会政治同盟) を結成. 2年後から, 有能な戦術家になった長女 Christabel と共に, 女性の参政権獲得のため, 暴力(投石, 放火, 器物損傷など)も辞さない活動を展開し, 例えば1912年だけでも12回収監された.

米国では(奴隷廃止運動でも知られる) Susan B. Anthony (1820-1906) および Elizabeth Cady Stanton (1815-1902) が1869年に設立した the National American Woman Suffrage Association (全米女性参政権協会) などの運動が実って, 1920年8月の憲法第19補正の発効によって, 政治における男女平等が確立された. だが, 英国で20歳以上の女性に選挙権が与えられたのは, パンクハーストが亡くなる1928年であった.

pardon 「恩赦」 国の元首あるいは国会が, また, 米国の州法違反者に対しては州知事が, 与える刑罰の赦免と権利の回復. 恩赦は有罪者だけでなく, 訴訟手続き中の者に与えられることもある. 米国の大統領は憲法第3

条第2節1項によって恩赦の権限を与えられており，司法省には the Pardon Attorney (恩赦担当官) という役職がある．The Office of Pardon Attorney (恩赦局) に恩赦を請願する受刑者や国外逃亡者などは，訴追や有罪判決を受けたあとかなり長期 (for a substantial period of time) にわたって素行がよかったという条件が必要であり，かつ，社会のために何か貢献したことが期待される．ただし，大統領は司法省の助言を求めることなく，だれに恩赦を与えても差支えない．◆米国の州知事は年に合計約2000の恩赦を与えている．その見返りとしてわいろを受け取った疑いが何度も浮上しているが，証明は困難である．◆英国では内務大臣の助言により，国王[女王]または議会が恩赦を与える．国王[女王]が与える恩赦は royal pardon と呼ばれる．◆全面的な赦免は free pardon と呼ばれ，それを与えられた者の有罪判決そのものも無効とされる．それは控訴によって有罪判決が破棄 (*quashing) されたのとは意味が違うけれども，一般には同一視されている．クリントン大統領退任直前の恩赦の問題については CLINTON, BILL と QUID PRO QUO の項を参照.

parens patriae 「パレンス・パトリーイ；後見人としての国[州]」 原語は parent of his country; country as parent を意味するラテン語．子供や精神障害者などで，保護者がおらず，法的な自衛能力を持たない者の健康，福祉，安全などを保護する国の(米国では主に州の)政府．被後見人に相続人がいない場合は政府が遺産を受け継ぐ.

parental responsibility 「親の責任」 未成年，特に刑事罰を適用されない年齢の子供が犯罪をおかして他人に被害を与えたとき，その原因の一部が親の保護・監督責任の怠慢にあるとしたら，応分の代償を払うべきだという考え．2001年には，米国の42の州に，なんらかの形で親の責任を問う法律がある．そのうち17の州では親に刑事罰を加えることがある．最も厳しいのはカリフォルニア州で，親としての監督を怠った者には1年未満の禁固刑，および[または]2500ドルの罰金が科せられる．アーカンソー州のように，親または保護者が「親の責任トレーニング・プログラム」に参加することを義務づけている州もある．⇨ AGE OF CRIMINAL RESPONSIBILITY; CHILD ACCESS PREVENTION LAWS; GUN CONTROL (1)

Parkhurst Prison 《英》「パークハースト刑務所」 1838年からイギリス海峡の the Isle of Wight にある刑務所．長期刑を受けた男性が収容されている.

Parks, Rosa (1913-) 《米》「ローザ・パークス」 米国の公民基本権運動の先駆者のひとり(黒人)で，“the mother of the civil rights movement” と呼ばれている．1955年12月5日の夕方に，デパートのお針子をしていた当時42歳のパークスは，アラバマ州モントゴメリー市の市営バスで，「ニグロは座るべからず」と決められていた前部座席に座り，白人から責められても動かなかった．白人の運転手が "Well, I'm going to have you arrested." (逮捕してもらうぞ)と脅したとき，彼女は "You may go on and do so." と答えた．逮捕されたあと，夫の Raymond は "The white folks will kill you, Rosa." と言って，それ以上の抵抗をやめさせようとしたが，彼女は法廷で差別的な法律に強く抗議し，14 ドルの罰金刑を科せられた．市営バスの前部座席に座って逮捕された黒人女性はほかにもいたが，彼女の勇気と冷静さは際立っており，それに感動した市内の黒人たちは，Martin Luther *King, Jr. や，Jo Ann Robinson というアラバマ州立大学の英米文学教授(黒人女性)などの指導で，毎日 4 万人の黒人が乗っていた市営バスのボイコットを始め，381 日間も徹底的に乗車を拒否した．毎日，職場まで往復 30 キロ以上を歩いた人たちさえいた．連邦最高裁判所は 1956 年 11 月 13 日に，市営バスの座席の差別は違憲であるとの判決を下し，その 37 日後，判決文がモントゴメリー市に送られ，ボイコットは勝利のうちに終了した．パークスは 1957 年に白人のしつこい嫌がらせを避けるためにミシガン州に移り住んだ．クリントン大統領は 1996 年に the Presidential Medal of Freedom (大統領自由栄誉賞)を彼女に授け，99 年 6 月には連邦議会が米国市民にとって最高の栄誉である the Congressional Gold Medal (議会ゴールドメダル)を彼女に授けた．モントゴメリー市の Troy State University は敷地内に the Rosa Parks Library and Museum を建て，2000 年 11 月に開館した．

公共の乗り物における人種差別と戦った勇気ある黒人女性はローザ・パークスが最初ではない．1854 年に Elizabeth Jennings という黒人の学校教師が，ニューヨーク市の市役所前から 6 丁目の(いまの the East Village の)教会に行こうとして，白人専用の乗り合いバス(馬が引くもの)に乗ったところ，乗務員によって力ずくで降ろされ，憤慨してバス会社(ブルックリンの the Third Avenue Railway Company) を相手に訴訟を起こし，当時としては珍しく成功した．事件を取り上げてジェニングズを弁護したのは Chester A. Arthur (1829-86) という若いリベラルな弁護士で，のちに第 21 代米国大統領になった．William Rockwell という，(当時はニューヨーク市とは別であった)ブルックリン市の巡回裁判所裁判長は，1855 年 2 月 22 日から始まった裁判で，公共の輸送機関は「人種にかかわりなく，正常なあらゆる人 (all respectable persons regardless of race) を乗せて運ぶ義務がある」という判決を下した．いまの公民基本権の基礎を築く画期的な判決であった．⇨ CIVIL RIGHTS ACTS

Parliament Act, the 《英》「議会法」 ⇨ CROWN COURT ; HOUSE OF LORDS ([庶民院優先の原則] の項)

parole 「仮釈放」 仮釈放なしの終身刑を受けた受刑者を除き，刑務所内での生活が規則正しく，更正の可能性が高いと思われる者に，(米国なら連邦や州の，英国なら内務相への諮問機関である) the parole board (仮釈放審査委員会) あるいは the corrections board (矯正指導委員会) が条件を決めて刑期終了前に釈放し，保護観察 (*probation) のもとで生活させること．条件を守らなかった者は，もちろん再度刑務所に収容する．服役中の態度がよかった受刑者を(例えば親が危篤だといった場合に)「短期出所」させる意味で使われることもある．◆仮釈放委員会は受刑者や弁護士などからの申請を受けたあと，本人の受刑中の態度や更正の可能性を調べ，検察官とも相談のうえ決定を下すが，仮釈放を認められるのは大目に見ても全体の 10% 台だと思われる．◆米国のヴァージニア州は，州法改正によって，1995 年 1 月 1 日以後に禁固刑を受けた者に対する仮釈放を認めていない．終身刑ならば，原則として死ぬまで刑務所に拘留する．ただし，高齢者の *geriatric parole が認められることはある．有期長期刑の場合，受刑者の態度が長年にわたって特によければ，刑期の 15% までを短縮することはあり得る．また，94 年末までに入所した者の仮釈放は今後も認められる．⇨ HORTON, WILLIE

partial-birth abortion 《米》「不全出産型妊娠中絶」 1997 年から米国の連邦議会で大きな問題になった中絶法．医学用語では intact dilation and extraction (無傷子宮頸管拡張牽引法，略は d and e) と呼ばれる．妊娠後期の胎児を部分的に胎外に出し，まだ子宮内にある頭部を手術ばさみで割って，内部の組織を機械で吸引して死に至らしめる．生存可能な(妊娠後期の)胎児を完全に胎外に出して絶命させると，憲法第 14 補正第 1 節で保障されたデュープロセス条項 (*due process of law) に違反して，生命を保護されている「人」を殺したことになるので，母体を救う必要のあるときだけ，医師はよくこの方法をとる．もちろん，中絶反対論者はこれに強く反対しているが，クリントン大統領は，妊婦の生命または健康に危険がある場合にはそれを認めるべきだとして，1997 年 3 月，議会の(圧倒的多数による)禁止法制定に拒否権 (*veto) を発動した．まだ「人」ではない胎児を殺しても罪にならないウィスコンシン州でさえ，不全出産型妊娠中絶は違法であり，その州法は現在のところ，連邦最高裁判所でも合憲と見なされている．◆連邦最高裁判所は 2000 年 6 月 28 日に，この中絶法が合憲(それを禁じたネブラスカ州の法律が違憲)という重要な判決を 5 対 4 で出した．⇨ ABORTION ; ANTI-ABORTION MOVEMENT ; ROE V. WADE

patent 「特許(権)」 米国では，憲法第 1 条第 8 節 8 項に従って，連邦政府が個人に与えるもので，期間は一般に 17 年．申請から特許取得まで 18

カ月から 3 年くらいかかる．商務省には the Patent and Trademark Office という機関があって，あらゆる特許と商標を保護管理し，それについての情報を可能な限り公開している．◆英国でも特許は，政府が法律に従って，審査のうえ与える．期間は通常(申請の時から起算して)20 年である．

米国には現在，120 万くらいの特許が機能を果たしている．そこでのひとつの問題は，the doctrine of equivalents（等価物の法理）と言われるもので，それによれば，特許を得た者 A は，他の人 B の発明品等々が A の特許申請書に明記してある詳細と多少は違っていても，それと等価物であれば，特許侵害として訴えることができる．お化粧直し程度の新しさを装って新特許を獲得する者を防ぐ手段である．◆ドイツの機械会社 Festo AG のニューヨークにある子会社 Festo Corp. は，日本の焼結金属工業株式会社の米国の子会社 SMC Corp. がフェストの商標登録されたデザインを侵害していると，12 年にわたって訴え続けているが，2000 年 11 月の連邦控訴審で，フェスト側が敗訴した．裁判官は，特許の所有者や申請者が，特許取得の過程で内容を変更した場合，その部分については「等価物の法理」を適用させることはできない，と言ったのである．これでは，ずるい模倣屋（copycats）の思いのままではないか，とフェストの弁護士は憤慨している．フェストは，特許申請の過程で内容を変更するのはざらにあることで，この判決が認められれば，特許権所有者は大損害をこうむるという上訴申請書を 2001 年に連邦最高裁判所に提出した．最高裁は 6 月 18 日に，この問題を審理すると決定した．どういう条件のもとでなら，新発明品が等価物を超えたものと認められるのか，近く答が出るだろう．
⇨ COPYRIGHT; INTELLECTUAL PROPERTY RIGHTS

Patients' Rights Bill, the 《米》「患者の権利法案」 米国の上院で，2001 年 6 月上旬に多数派に転じた民主党が(共和党の一匹オオカミである John McCain 上院議員と手を組み，共和党の穏健派を取り込んで)通過を図っている法案．これまでは HMOs（健康維持機構）や民間の健康保険会社の不当な医療制限によって，患者の病状が悪化した，あるいは患者が死亡した場合，そういう機関を裁判に訴えることはできなかったが，この法律によって連邦や州の裁判所での訴訟を可能にするというもの．2001 年 6 月 29 日に法案は 59 票対 36 票で上院を通過して下院に送られた．ブッシュ II 大統領は，両党のあいだでなされた妥協(例えば，被保険者である従業員は，保険金を払っている企業の経営者の保険運用に不満でも，その経営者が医療計画に直接かかわっていなければ，訴えることができない)を評価しながらも，このままでは訴訟の大ラッシュが起こり，保険料の値上げにつながるとして，拒否権（*veto）を発動する構えを見せている．

patrial right 《英》「子や孫の居住権」 両親または祖父母のいずれかひとりが英国人である〔であった〕がゆえに与えられる，連合王国内に居住する権利．patrial はそういう権利を認められた者の意だが，やや古めかしい語になってきた．

payola scandal, the 《米》「レコード業界リベート事件」 1950年代の終わりごろから，レコード製造会社が米国各地のディスクジョッキー(DJ)にわいろその他の特別な利益を与えることによって，特定のレコードを放送させて，ヒットチャートの順位を高めた事件．連邦上院による調査がなされ，the World's Oldest Teenager と呼ばれ，rock 'n' roll の普及に大いに貢献した DJ である Dick Clark (1929–　) と，彼の同僚 Alan Freed は，(執行猶予つきの)禁固刑と罰金刑を受けた．フリードは所得税法違反の容疑を受けているさなかに(たぶんアルコール依存症で)病死した．

pedophile; 《英》 paedophile 「幼児性愛(犯罪)者」 まだ the *age of consent に達していない子供を性愛の対象にする者．幼児性愛は pedophilia と呼ばれる．1997年の the Sex Offenders Act (性犯罪法)には，連合王国の国民または居住者が外国で未成年者と性交するのも犯罪になると明記されている．◆最近特に問題になっているのは，インターネットによる幼児(大半は 10～15 歳で，男の子を含む)の異常な写真の配送で，2001年2月までに，その方面では世界最大と思われる犯罪集団の一部が有罪判決を受けた．The Wonderland Club というその国際組織は(米国，英国，ドイツ，ノルウェー，フランスからオーストラリアに至るまで)13カ国の200人以上の男で構成されており，インターネットで性的にあからさまな75万枚の写真を(時には赤ん坊をレイプする場面を)仲間に送っていた．会員にはコンピュータ技術者が多く，彼らは5重の遮断方式で，一般のネット使用者が立ち入れないようにし，秘密を守るために wonderland の代わりに wOnderland という綴りを使うほど細かい細工をしていた．内部の者から情報を得て仲間入りを希望する者は，厳重な審査を受けるほか，1万枚の新しい *child abuse の写真をトレードする必要がある．捜査は1996年の4月に米国のカリフォルニア州で始められ，逮捕者のうち，大学教授を含む6人のメンバーがのちに自殺した．1998年9月に3つの大陸で Operation Cathedral という一斉摘発作戦が行なわれ，107人が逮捕され，うち50人がのちに有罪となった．2001年2月現在で，22人が判決を待っている．しかし，被害を受けた子供たち1236人のうち，身元が判明したものはわずか17人(うち6人が英国籍)だけで，残りは未だに性的な被害にあったり，殺されたりしているおそれがある．
⇨ OBSCENITY; PORNOGRAPHY

カトリックの聖職者(⇨ CATHOLIC CHURCH)による幼児性愛罪の数が多

いことは，かねてから人々に奇異の念を与えていた。いつまでも絶えないこの問題を，もはや放置できないと見たローマの教皇庁は，2002 年 1 月に，疑惑を持たれた聖職者を非公開の宗教裁判にかけ，この種の問題は今後(各司教管区ではなく)教皇庁が直接管理すると決めた旨を教会内部のニューズレターに発表した。しかし，宗教裁判で有罪と認められた聖職者を民間の検察の手に委ねるとは言っていない．これを報じた *The New York Times* (1-9-2002) は，新政策は問題の聖職者を守るのが主目的であって，犠牲になった子供たちへの配慮が欠けているのではないかと批判している．◆2000 年にテキサス州ダラス市の司祭が複数の少年たちを相手に幼児性愛の罪を犯した．司教管区の責任者はその事実を把握しながら，ひた隠しにしていた。しかし，結局は警察沙汰になり，司祭は裁判で有罪となり，少年たちには 1 億 2000 万ドルの賠償金が支払われた．一部の司教管区は，こういう巨額の賠償金支払いに頭を抱えて，教皇庁に善処を要請したらしい．◆司祭たちの問題は *U.S. New & World Report* (2-11-2002), pp. 24-25, p. 57 で詳しく報じられている．

[**大規模な摘発**] 米国の郵政省と，30 人の the Internet Crimes Against Children Task Forces (児童に対するインターネット犯罪を取り締まる機動部隊) とは，1999 年にテキサス州フォートワース市の Thomas Reedy および Janice Reedy 夫妻が経営する Landslide Productions のウェブサイトが，性行為をしている子供のビデオを 25 万人に配信して 140 万ドルをもうけていたことを突き止め，その後もおとり捜査を続けて，2001 年 8 月上旬までに 37 州で，144 回の捜査を行ない，100 人を逮捕した．ほかに，ロシアとインドネシアの 5 つの国際 webmasters によるチャイルド・ポルノ犯罪を発見したが，まだ犯人を逮捕するに至っていない．顧客を含めて，米国人の犯人は今後も増大する見通しである．上記のトマス・リーディは 2001 年の 8 月 6 日に計 1335 年の禁固刑を，妻のジャニスは 14 年の禁固刑を宣告された．英国の場合，the Criminal Justice and Public Order Act (刑事裁判・社会秩序法) による刑は約 2 年で，実際に収監されるのは 1 年程度．同じ罪を重ねた場合には，問題の写真を持っているだけで最大 5 年の刑を，写真を自分で製作し，配送したならば，最大 10 年の刑を受ける可能性がある．⇨ MEGAN'S LAW; SARAH'S LAW; SEXUAL PREDATOR

pendent jurisdiction 《米》「付随的裁判管轄権」 連邦裁判所は，本来ならば裁判管轄権を持たない州の問題 (nonfederal issue) であっても，憲法問題 (*federal question) を含む提訴事件に密接に絡んでいる場合には，その一環として審理をしてよいという法理．⇨ ANCILLARY JURISDICTION

Pendleton Act, the 《米》「ペンドルトン法」 ⇨ CIVIL SERVICE ACT

penitentiary 《米》「刑務所」 特に重罪犯人を収容する大きな刑務所. ⇨ ALCATRAZ; BIG ONE

penumbra theory, the 《米》「半影理論」 ⇨ PRIVACY

per curiam 《米》「パー・キュリアム; 裁判官の全員一致の判決」「裁判所による」(by the court) を意味するラテン語. per curiam opinion は, 裁判官の全員(時には過半数)が無署名で発表する意見. 2000 年 12 月 4 日に連邦最高裁判所は, 大統領選挙の開票の時期と方法に関するフロリダ州最高裁判所の判決は, 州法を逸脱している疑いがあるとして, 州最高裁に対して明確な説明を求めるパー・キュリアムを発表した. *The New York Times* の Linda Greenhouse 記者はその前日に, 連邦最高裁が政治的な内部分裂をさらけ出さないよう, 全員一致で却下 (*dismiss as improvidently granted) する可能性が大きいと予測していたが, ほぼそのとおりになったわけである. しかし, 選挙結果が決まる最終段階では, 連邦最高裁判所裁判官の党派性があからさまに出て, 裁判所の公正性が疑われる結果になった. これについては UNITED STATES SUPREME COURT の項[政治問題に関して中立か]を参照. ⇨ BRANDENBURG V. OHIO; MEMORANDUM DECISION

peremptory challenge 《米》「理由を告げない陪審員忌避」 裁判官や検事, 弁護士などには, 陪審員候補者のうち公正さが期待できない者を忌避する権利がある. 例えば被告の弁護士が, *voir dire のあと, 裁判官に特定の候補者を忌避する理由を告げ, もっともな理由と認められれば受け入れられる. これが *challenge for cause (理由つきの陪審員忌避) だが, そのほかに, (米国であれば)連邦裁判所でも州裁判所でも, 民事でも刑事でも, ある一定数までは理由を告げることなく忌避する権利も認められている. 何人まで理由なしに忌避できるかは, (やはり米国の場合)連邦法, 州法, 裁判諸規則で細かく規定されている. 例えば, 1 年以上の刑に処せられる可能性のある連邦の刑事事件では, 検察側が忌避できるのは 6 人まで, 被告側が忌避できるのは 10 人までである. ただし, 1986 年以来, 被告がある人種に属しており, 検察側がそれと同じ人種の陪審員候補を片っ端から忌避しているという事実を明確に述べ, 裁判長が納得したならば, その種の人種的偏見に基づく忌避は禁じられる. 90 年代には, 被告と同じ性 (gender) の候補者を忌避し続けるのはかまわないのか, といった問題も生じており, 今後議論は続きそうである. ⇨ JURY (2)

perjury 「偽証」 false swearing とも言う. 特に裁判所において, 宣誓または確約のもとで, 故意に虚偽の供述を行なうという犯罪. Jeffrey *Archer (第一審で禁固 4 年) の場合もそうだが, 裁判官や陪審を意図的にだまそうというもので, 刑罰は重い.

personal injury (1)「個人の権利侵害」 財産権への侵害を除く，人格権の侵害など，精神的，心理的な被害を与えたものを含む. (2)「人身被害」 注意義務違反(*negligence)や不法行為(*tort)による傷害で，賠償請求の対象になる．多いのは自動車事故による傷害.

personal jurisdiction 「人的裁判権」 ⇨ JURISDICTION

petitioner 「上訴人」 例えば連邦最高裁判所に再審(*retrial)や救済(*remedy)を陳情する人．*plaintiff (原告)と同じ意味で使われることもある． ⇨ APPELLANT

petit jury 「小陪審」 大陪審(*grand jury)に対して，通常の陪審．発音は[ペティジューリ]に近い． ⇨ JURY

petty offense 《米》「軽犯罪」 ⇨ JURY (2); MISDEMEANOR

Philby, Kim 《英》 = Harold Philby「キム・フィルビ」 英国のスパイ. ⇨ ESPIONAGE

Phillips v. Martin Marietta Corp. 《米》「フィリップス判決」 雇用における性差別を公民基本権違反とする判決． ⇨ REED V. REED

physician-assisted suicide 「医師の助けを借りた自殺」 ⇨ DOCTOR-ASSISTED SUICIDE

pindown 《英》「押さえ込み矯正法」 1980年代に，いわゆる問題児を収容するホーム(矯正施設)で，一部のソーシャルワーカーたちが行なった(矯正の名を借りた)虐待．少年や少女にパジャマ以外は一切の私物を与えないで長期間監禁したり，他人との対話を禁じたり，食べ物をろくに与えなかったり，精神的な後遺症を与えるほど無意味な作業を強制したりした．その結果，ひとりの少女が自殺を企てたことから社会問題になり，the *Crown Court (刑事裁判所)はこの種の〈矯正法〉を違法として厳禁した． ⇨ CHILD ABUSE

placement 「プレイスメント」 マネーロンダリングの第1段階． ⇨ MONEY LAUNDERING

plain meaning rule, the 「明白な意味のルール」 法律や契約書を解釈するときに，もしその文言が明瞭であるならば，文言の表の意味を受け入れるべきであって，他の歴史的な文書や，他人の証言などによる解釈を求めてはならないというルール．逆に，法律や契約書の文言にあいまいな点があっても，表面の文言の最も単純明快な意味を受け入れるべきで，立法の複雑な過程をたどるなどして，むずかしい解釈を持ち込んではならないという原則． ⇨ FOUR CORNERS

plaintiff 「(民事訴訟の)原告」 刑事裁判では，原告に当たるのは検察官である． ⇨ COURT PROCEDURES; DEFENDANT; PETITIONER

plain view doctrine 《米》「明視の法則」 警察官が正当な職務執行中

に，目の前に明らかに存在しているものが犯罪の証拠になると確信した場合には，令状がなくても押収できるという理論．あくまで *exclusionary rules（証拠排除の法則）の例外であり，扱いに慎重さが必要である．1990年の連邦最高裁判所の判決（*Horton v. California*）によれば，*inadvertent discovery（警察官の目の前で偶然，はっきりとした形で発見された証拠）があったからといって，ただちに明視の法則が適用されて，令状なしの押収が合法化されるとは限らない．⇨ INEVITABLE EVIDENCE

plea bargaining 「司法取引；答弁の取引」 ⇨ COURT PROCEDURES (7)

pleading 「訴答」 民事訴訟で，裁判に先立って，両当事者が争点を明らかにするために提出する書類．また，そういう書類を交換する手続き．

plea of not guilty 「無罪の答弁」 罪状認否手続きで，被告人が答弁を拒否したときも（有罪ではなく）無罪の答弁をしたと見なされる．連邦刑事訴訟法によれば，こういう場合，裁判官が代わりに無罪の答弁をする．⇨ COURT PROCEDURES (6); INNOCENT

Plessy v. Ferguson 《米》「（1896年の）プレッシー対ファーガソン事件判決」 ⇨ BROWN V. BOARD OF EDUCATION OF TOPEKA, KANSAS

plurality opinion 《米》「（判決における）比較的多数の意見」 連邦最高裁判所の判決で，過半数とまでいかないが，比較的多数の者の一致した意見．ある結論が6対3で出ても，その判決の理由が（6のうち）4対2に分かれたとする．4人の意見は法廷意見（the *opinion of the court）とまではいかないが，plurality opinion である．この場合，majority opinion はなかったことになる．⇨ FURMAN V. GEORGIA

pocket veto 《米》「ポケット拒否権」 ⇨ VETO; 憲法第1条第7節2項の解説

police force 「警察力」 国家や自治体が維持する，特別の教育を受けた police officers（警察官）の集団で，公共の平和と秩序と安全とを維持し，市民に法律を遵守させ，犯罪を予防し，犯罪者を捜査し逮捕する．

(1)《米》米国の警察は市警のほか，主として幹線道路のパトロールや運転免許などの責に当たる州警察，市の管轄外を担当する郡の警察（deputy sheriff: 警務保安官），アメリカインディアンの保留地（*Indian reservations）にある部族の警察，大学の職員でありながら警察権を持っている campus police などがある．ハリケーンや洪水の災害時など，市長，州知事，郡の保安長官（*sheriff (1)）などが合意すれば，彼らの指揮下にある諸警察の協力は可能だが，犯罪捜査での協力はパトカー用無線の周波数が違うとか，予算上の制約があるなど，容易ではない．◆ある州の警察は（現行犯追跡中など特別な場合を除けば）他州に入って捜査活動などしてはならず，2州以上にまたがる犯罪に関しては the *FBI が捜査や容疑者逮捕に当たる.

(2)《英》イングランドとウェールズの警察は, 内務大臣の指揮下にある首都警察 (the *Metropolitan Police Service) および the City of London Police (⇨ CITY) のほか, 41 の警察区 (police areas) に分かれている. 各警察区には要員 16 名から成る警察本部があり, 各 1 名の警察本部長 (the *chief constable) がその指揮をとる. スコットランドの警察本部長は the chief officer と呼ばれている. ◆北アイランドを除く連合王国の警察官は, 特に危険な状況でなければピストルなどの銃器を持たないというのが, 彼らの誇る伝統であった. しかし, 2000 年 10 月にノティンガム市の警察が発表したところでは, 同警察は市当局の要請を受け, 凶悪犯罪に対処するために初めて常時銃を携行し, 逮捕率を上げている. ⇨ BOBBY

police power 《米》「ポリースパワー; (州の)統治権力」 複数形も可能. 各州がその州の住民の健康, 安全, モラル, および公共の福祉を護ったり推進したりするために——さらに広く公共の利益のために——本来行使できる権能で, 郡や市町村に委任されることもある. 連邦政府のポリースパワーというものもあり得る. 文脈によっては「警察権力」と訳して通じることもある. 『英米法辞典』には「福祉権能: ポリス・パワー: 規制権限」の 3 つの訳が与えられているが, 「福祉権能」は正しい訳であろうか? 原語は主として, プライバシーの権利に対して州や郡などの立法府が合理的に課す規制を意味しており, 都市の zoning (地域土地利用規制) はその代表的なもの. それは憲法第 10 補正によって州に留保された権限のひとつとされている. 州に留保された権限そのものを police power と呼ぶ人もいる. ⇨ 憲法第 1 条第 8 節 3 項の解説

political action committee 《米》「政治活動委員会」 略は PAC. 同じ理想なり利害関係なりを共有する立候補者のために政治献金を集める組織. 元来は第二次世界大戦中と戦後の労働運動のなかから生まれた組織だが, 現在は労組, 企業, 利権団体, イデオロギー組織などが PAC を作り, 自前の基金を, あるいは(ダイレクトメールで)一般市民から集めた金を, 候補者に献金する. 献金額は 1 選挙サイクルにつき 1 万ドルまでというように決められており, 収支は連邦選挙委員会に報告しなければならない. しかし, 集めた金をいったん政党本部に献金し, 政党本部から支部に(例えば, 地域住民の選挙登録推進活動費として)支給する場合, 実際には特定の候補者に 5 万ドルや 10 万ドルといったヤミ献金がなされるであろうが, 連邦や州の規制を受けない. こういう法の網をくぐった裏金を soft money と言う. またこの方法で多額の選挙資金を集める方法は fat cat contribution と, また大金を出す人(主に資本家)は fat cat と呼ばれている. 2002 年には早い段階で個人献金(大統領選と予備選で各 2000 ド

ルまでになる)と共に改正され，ソフトマネーは禁止される見込み．⇨ Ethics in Government Act; Federal Election Campaign Act

political question doctrine, the 《米》「政治問題の法理」 裁判所は，自分で適正な司法判断を下す基準も方法も持っていない政治問題は取り上げず，立法府あるいは行政府に委ねるべきだという考え．連邦裁判所は伝統的にそういう法理が3権分立 (the *separation of powers) の原則を支えると信じて，例えば，連邦議会や州議会の議員定数配分の問題 (政治問題)に司法判断を下すことを控えてきた．◆1959年にテネシー州メンフィス，ナッシュヴィル，ノックスヴィル3市の住民数名が，「人口が急増している都市に比べて，農村出身の政治家がいちじるしく有利になっているテネシー州の議席配分は憲法違反だから，再配分がなされるまで選挙を差し止めてほしい」と，ナッシュヴィル市の連邦地裁に訴えた．(訴えられた側のひとりは Joseph C. Carr というテネシー州州務長官であった.) 連邦地裁は，それは政治問題だから憲法第3条第2節1項が連邦裁判所に与えている権限を超えるとして，審理を拒否した．それに対して，都市部の人々が連邦最高裁判所に上訴．同時にケネディ大統領のもとで法務総裁 (the *Solicitor General) に任命されていた Archibald Cox (⇨ Saturday Night Massacre) も，最高裁に上訴した．1962年3月26日の the Warren Court (⇨ Warren, Earl) による有名な *Baker v. Carr* 判決は，「この不均衡な定数配分は，憲法第14補正第1節の平等保護条項 (the equal protection clause) に違反している」という明快な判断を下し(6対2)，同州に再配分を命じた．その後の判決で，他の諸州も「都会でも農村でも1票の重みは同じ」という原則で定数配分をやり直すことを強制された．それは画期的な判決であり，連邦裁判所が司法判断を下す範囲を大きく広げた．しかし，上記の判決によって「政治問題の法理」がすっかり消えたわけではない．今後も，外交問題，条約問題，宣戦布告の問題，大統領選挙の問題，移民問題などなどに関して，連邦裁判所が判断を大統領や立法府に委ねることは十分にあり得る．

polygamy 「重婚; 一夫多妻」 同時に2人以上の配偶者を持つこと．たいがいは一夫多妻の形をとる．同じ重婚でも，*bigamy は，有効な結婚が続いているのに，夫または妻の生存中に他の男または女と正式に結婚することで，犯罪であり，無効である．一般にポリガミー(一夫多妻)はバイガミーとは違って，現在の配偶者が夫の重婚を納得している．末日聖徒基督教会(いわゆるモルモン教)が1890年に連邦政府の圧力に屈して一夫多妻の習慣を廃止したのち，主流から離れた2万5000から3万5000人の守旧派のモルモン教徒がそれを続けている．◆ユタ州ソールトレーク郡に住む David Ortell Kingston (逮捕された1999年に32歳)もそのひとり．

1000 人のメンバーを持ち，西部 6 州に 1 億 5000 万ドルの資産を持つキングストン一族の会計主任であるキングストンは，まだ 16 歳の——the *age of consent(合意年齢)に達していない——姪を 15 人目の妻にして肉体関係を結んだことなどで逮捕，送検された．彼はソールトレーク第 3 連邦地裁で，近親相姦および少女との性交で 1999 年 7 月 9 日に有罪とされ，5 年の禁固刑連続 2 回(それぞれの罪の最大刑)の刑罰と，罰金 1 万ドル(これも最大の額)および裁判費用の支払いを命じられた．デイヴィッド・キングストンの家から実家に逃げ帰った少女を殴った父親(デイヴィッドの兄) John Daniel も 28 週間の刑を受けた．◆ユタ州プロヴォスト市に住む元モルモン教の宣教師 Tom Green (当時 52 歳) は 5 人の妻を持っており，2001 年 8 月 24 日に多重婚の罪で 5 年の禁固刑を受けた．グリーンはまた，彼の 7 人目の子供をみごもる妻 Linda Kunz と 1986 年に結婚したが，そのときリンダは 13 歳であったから法定レイプを犯したことになるとして，裁判を受けており，刑期はさらに延びる見込み．◆政財官や教育のリーダーがほとんど全てモルモン教徒であるユタ州では，2000 年 5 月に，一夫多妻の犯罪を摘発するため，および，その「違法である悪習」の犠牲になった女性や子供の救済施設(シェルター)を作るために 50 万ドルの予算を計上する法案を 28 対 1 で通過させて下院に送った．だが，下院の一部はこの法案を「魔女狩り」だと言って批判していた．一夫多妻を悪徳として強く非難している現在のモルモン教徒のなかにも，(親が一夫多妻であったために)兄弟姉妹が 30 人以上いるという高齢の信者がかなりいるのである．

polygraph 「うそ発見器」 ⇨ LIE DETECTOR

pornography 「わいせつ文書」 性行為のあからさまな描写によって，もっぱら性的な欲望に訴える印刷物，絵画，写真，映画，コンピュータ映像など．米国でそれが違法であるか，合衆国憲法第 1 補正で保護されるかは，現在は主として州裁判所の判断によるが，**Miller v. California*(1973)の連邦最高裁判所の判決に示された基準が重視される．英米とも，違法性のある文書等の販売，販売目的の所持，郵送は犯罪になる．⇨ OBSCENITY

Porton Down 《英》「ポートン・ダウン」 ウィルトシャー州ソールズベリ・プレイン近くにあった 7000 エーカーの化学防衛施設．1916 年に対独戦争で使用する毒ガスなどの化学兵器の製造に使用された．第一次世界大戦後，および第二次世界大戦後にも，人道上の理由で研究を中止しようという提案があったが，軍当局はそれらを無視し，1950 年代と 60 年代に，かぜの新治療法を試すという名目で兵士たちを施設に入れ，神経ガスや化学薬品で人体実験をした．警察は 1999 年になってようやく the

Offences Against the Person Act (身体攻撃取締法 ⇨ BRAIN DEATH) 違反として本格的な捜査に乗り出したが，2001 年 8 月に，関係者のほとんどが死亡したので真相解明は困難だと告白している．

Portsmouth defence, the 《英》「ポーツマス式弁明」 他人に傷害を負わせた男が，有罪を認めながらも，情状酌量を求めるために，「相手から同性愛関係を迫られたから，やむを得ずそれを実力で排除した」と主張すること．イングランド南部の港湾都市ポーツマスには海軍基地があるだけに，その論法がまかり通ったらしい．

positive discrimination 《英》「前向きの差別」 ⇨ REVERSE DISCRIMINATION (2)

power of attorney 「委任状」 また letter of attorney とも呼ばれる．通常は当事者本人が生存中，またそれを必要としている期間(多くの場合は本人が旅行で不在中に)のみ，事業，物品の売買，遺産の処理など特定の件に関して特定の人 (attorney) に代理権を与えることを証明した書類．本人が心身の能力を失ったあとまで代理権を継続させるという指示を与えた文書は durable power of attorney と呼ばれる．本人でさえ代理権を停止させることのできない irrevocable power of attorney というものもある．

prayer 「請求; 救済申し立て」 訴状や苦情申立書のなかで，原告が(もともとは *equity の)裁判所に求めた救済 (*remedy) 内容，賠償金 (*damages)，差止め命令 (*injunction) など．

precedent 「先例; 判例」 すでに下された判決で，その後，裁判官が(特に米国の同じ州の裁判所においては)同種の事件を審理するときに従うべきものとされる．一般に，判例を覆すことができるのは，その判例を下した裁判所である．◆現在の連邦最高裁判所で，判例を覆すことにためらいを抱かないと公言しているのは Antonin *Scalia 裁判官だけ．⇨ STARE DECISIS

predatory acts (of sexual violence) 《米》「(常習犯による)性的な暴力行為」 ⇨ SEXUAL PREDATOR (1)

predatory pricing 《米》「略奪的 [独占的] な価格設定」 ⇨ ROBINSON-PATMAN ACT

predicate offenses 《米》「RICO 法を適用される重大犯罪」 ⇨ RICO

preemption; pre-emption 《米》 (1)「(株主が持ち株数に応じて持っている)新株の先買権」 (2)「連邦法の絶対的優位性」『英米法辞典』は「(連邦法による)専占」という訳を示している．ある分野における連邦の法律は(憲法第 6 条の規定によって)国の最高法規であるから，州はそれと矛盾する，あるいはそれを越えるような法律を作ってはならないという法理. 2001 年 6 月 28 日に，連邦最高裁判所の多数意見(Sandra Day *O'Connor 裁判官が発表)は，マサチューセッツ州の学校周辺におけるたばこの広告に関して，“federal law on cigarette advertisements preempted regulations on outdoor and point-of-sale advertising”(たばこの広告に関する連邦法は，戸外および店頭の広告を規制した[州法の]諸規定に対して排他的な優先性を有する)と述べ，同州の法律は連邦法の枠を越えているので無効だとした. ⇨ SMOKING

prejudice 「法的な不利益(をもたらす判断)」という意味があることに注意. ⇨ DISMISSAL WITHOUT PREJUDICE; PREJUDICIAL ERROR

prejudicial error 「(裁判官の)偏見に基づく誤り」『英米法辞典』には「不利益な誤謬」とある. 裁判官が訴訟当事者の一方に偏見(敵意や同情など)を抱き，その相手にとって不利な(あるいは逆に有利な)判決を下すこと. そういう判決は上訴審で覆される可能性が大きい. ⇨ DISMISSAL WITHOUT PREJUDICE

preliminary hearing 《米》「予備審問」 *magistrate judge クラスの裁判官が，被疑者には公判に付するに足る *probable cause (相当な理由) があるかどうか確かめるために行なう手続き. もし相当な理由があるということになれば，被疑者は大陪審 (*grand jury) に送られる. ⇨ COURT PROCEDURES (1)

preponderance of evidence 「証拠の優越」 ⇨ BEYOND (A) REASONABLE DOUBT

presentment 「(大陪審による)告発」 ⇨ ACCUSATION

President, the 《米》「大統領」 アメリカ合衆国では大統領だけが行政執行権を持つ. 大統領は(上院の同意を得て)連邦公務員，外交官，最高裁判所を含む連邦裁判所の裁判官，連邦検事などを任命する権限を持ち，立法府に対して拒否権 (*veto) を行使することができる(議会がそれを覆す方法はあるけれども，成功することはまれである). 大統領は陸海軍，および連邦軍に編入されたときの国民防衛軍 (the *National Guard) の総司令官 (the Commander in Chief) である. 憲法で言う陸海軍には空軍と海兵隊も含まれると解釈されている. ◆宣戦布告の権限は大統領ではなく，連邦議会に与えられている. 大統領は(病気などで統治能力を失った場合は別として) “high crimes and misdemeanors” (⇨ MISDEMEANOR) を犯して連邦下院から弾劾訴追 (impeachment) され，上院議員の 3 分の 2 以上の多数によって有罪宣告を受けたとき以外は罷免されない. 1939 年に法律によって大統領府 (the Executive Office of the President; the EXOP) が設置されて以来，予算，経済政策，国防などに関する大統領の実質的な権限は大幅に拡大し，場合によっては閣僚以上に側近の意見が入れられるようになった. ⇨ CABINET (1); 憲法第 1 条 2 節 5 項, 同第 3 節 6 項, 第 2 条 4 節の解説

[**選挙**] 大統領は 4 年ごとに総選挙で——形式上は the *Electoral College (選挙人団) によって——選ばれる. 再選は可能だが, 現在の憲法のもとでは 2 期を超えて大統領になることはできない. 各州の選挙人の数は, その州の連邦上院および連邦下院の合計数と同じだが, 首都ワシントンのコロンビア特別区 (the *District of Columbia) にも 3 名が割り当てられているので, 全国の合計は 538 人である. 各州の一般投票で過半数を得た大統領・副大統領候補の政党がその州の選挙人を独占するという勝者総取り制 (winner-take-all system ⇨ ELECTORAL COLLEGE) があるから, カリフォルニアのように人口の多い(したがって下院議員の, ひいては選挙人の多い)州で勝つことが, 候補にとって非常に重要なことである. これは第 3 政党にとってはきわめて不利な制度である. その他の詳しいことは巻末の合衆国憲法第 2 条を参照されたい. ⇨ EXECUTIVE PRIVILEGE

presidential immunity 《米》「大統領免責特権」 ⇨ CLINTON V. JONES

presidential primary 《米》「(大統領選挙) 予備選挙」 党のボスだけによる権力政治を抑えるため, 1905 年にウィスコンシン州が先駆けて採用した方式で, 11 月の総選挙に先立って, 各州で大統領候補を, また州によっては(大統領と副大統領の正式候補を決定する)党大会に参加させるべき代議員を, 一般市民が投票で決める. 州の代議員として党大会に出席した者が, その州の予備選で 1 位になった者を大統領候補者として投票する義務に縛られるか否かは, 州によって違うが, 総じて代議員はその義務 (the binding rule) に縛られていない. ◆市民があらかじめ自分の党を登録しておき, その党に属する候補だけに投票できる方式は closed primary あるいは direct primary と呼ばれ, 有権者が自分の所属政党や支持政党とはいちおう無関係に投票できる(全米で約 30 の州で行なわれている)方式は, open primary や cross-over primary, あるいは beauty contest primary と呼ばれている. 2000 年 2 月のニューハンプシャー州予備選では, 選挙民の 30% を超える無党派層が登録に縛られず, 共和, 民主両候補のいずれかに投票していた.

[**コーカス方式**] 予備選挙は, 合衆国の半分以上の州とコロンビア特別区では州の党大会(これも primaries と呼ばれる)の形で行なわれる. 残りの州では選挙区ごとの caucus (コーカス; 党員集会) や党支部大会, 党委員会などの形をとる. コーカスは議会内部の諸集会(例えば女性議員集会, 黒人議員集会)でも使われる語なので, 紛らわしいから, 議会では convention を使うことが多くなった. 伝統的に 1 月か 2 月に他州に先駆けて行なわれ, 選挙戦の行方を左右すると言われるアイオワ州の予備選挙はコ

ーカス方式で行なわれ，各党とも 2487 の自治体選挙区における党員の投票結果を電話で集計して，支持候補を選ぶ.（正確に言えば，もう少し複雑で，党員集会では，州の党大会に出る代議員候補を選び，のちに州大会で下院議員の選挙区単位の代議員を選び，そこからまた党全国大会に出席する代議員を選ぶことになる.）

2 月に行なわれるニューハンプシャーの予備選挙も大統領選挙にとっては運命を左右する重要なものである．そこでは党員登録をしていない有権者も投票することができる.（2000 年の場合，アイオワの党員集会で民主党の Bill Bradley 候補が劣勢だと知ったニューハンプシャー州の無党派層の大半は，ブラッドリーを見限って，ブッシュ II 候補と対立している共和党の John McCain 候補に投票する，という現象が起こった.）◆共和党は winner-take-all (⇨ ELECTORAL COLLEGE) システムをとっており，最多数の票を得た候補を支持する代議員だけが党大会に出席できるが，民主党は大統領候補の獲得票数によって大会に派遣する代議員の数を分ける．◆党大会の代議員は基本的には選挙区ごとに選び，州の党大会では大統領候補のいわば人気投票 (beauty contest primary) だけをする州もある．ミシガン州がそのひとつである.

[**スーパーテューズデイ**] 党全国大会に最大の数の代議員を送る大票田の予備選は，初期のアイオワ，ニューハンプシャー両州の場合と同様に注目される．特に 3 月(年によってずれることがある)に行なわれるオハイオ州，ニューヨーク州のほか，テキサス，ジョージア両州を初めとする南部の予備選挙(計 13)は “Super Tuesday” と呼ばれて重要視されている．これはまた Southern Primaries とも呼ばれる．◆予備選挙で重要なことは，一般の期待をどこまで上回るかである．票数で対抗馬に勝っても，その差が期待外れならばかえってマイナスであり，逆に票数で 2 位，3 位に終わっても，期待を大きく上回っていれば，その後の選挙戦に弾みがつく．予備選挙は莫大な費用とエネルギーと時間を使って行なわれるのであり，その過程で大統領候補者は急速に淘汰され，党全国大会は事実上決まった候補者の激励会と党勢高揚の場になる可能性が大きい.

presidential succession 《米》「大統領の後継者」 合衆国憲法の規定によって，大統領が執務不能に陥ったときは副大統領がその職務を代行し，もし大統領が死亡したときは副大統領が大統領になる．万一その双方が死亡した場合には，1947 年の the Presidential Succession Act によって，下院議長，互選された上院臨時議長，国務長官，財務長官，国防長官，司法長官，内務長官，農務長官，商務長官，労働長官，保健社会福祉長官，住宅都市開発長官，運輸長官，エネルギー長官，教育長官，退役軍人長官の順番で後継者になる権利を持つ．各省長官の後継順位は，その省が創設

された年によって機械的に決められている. ⇨ 憲法第 2 条第 1 節 6 項, 第 25 補正の解説

presumption of innocence 「無罪の推定」 人はだれでも, 一片の合理的な疑いさえ差し挟む余地がないほど有罪だと証明されぬ限り, 無罪と見なされるべきだという重要な考え. ⇨ BEYOND (A) REASONABLE DOUBT

presumptive death 「推定死亡」 ⇨ DEATH

pretext arrest 「別件逮捕」 より重大な犯罪容疑の証拠 (*evidence) を得るために, 容疑者を軽罪の容疑で逮捕すること.

preventive detention 「予防拘禁」 精神異常や麻薬中毒などで, 本人や他人に危害を加えそうな犯罪者あるいは犯罪容疑者を, 裁判開始まで裁判長命令で拘禁する(あるいは強制入院させる)こと. 刑期を終えた常習性犯罪者の再犯防止のための拘禁についても用いられる. 後者の場合は人権上の問題が生じるおそれがあるけれども, 医師の診断書を提出させたり, 弁護人の承認を得るなど慎重な手続きを踏めば合憲とされることがある. ⇨ CIVIL COMMITMENT; SEXUAL PREDATOR

price discrimination 《米》「(市場独占のための)価格格差」 ⇨ ROBINSON-PATMAN ACT

primacy approach, the 《米》「州憲法第一主義」 個人の権利の源泉は第一に州憲法にあるのだから, 州裁判所の裁判官は, (セーフティネットとしての連邦憲法を適用する前に)まず州憲法を適用すべしという考えで, メイン, ニューハンプシャー, オレゴンの 3 州で採用されており, 他州にも広まる傾向が見える. 現在, もっと広く受け入れられているのは, 個人の権利の源泉が連邦憲法にあるという考えである. もうひとつ, ヴァーモント州で採用されている考えは the *dual sovereignty doctrine と呼ばれており, 個人の権利を護るために, 判決の根拠を連邦憲法と州憲法とから同時に得るのがよいとする.

prima facie case 《英》「事実審が必要と認められる事件」 prima facie [プライマ・フェイシィ]は at first view を意味するラテン語. 『英米法辞典』は「一応有利な事件」と訳している. 訴訟当事者の一方(原告)にとって一見有利な証拠 (prima facie evidence) があり, *summary trial ではなく正式の陪審裁判で相手側の反論を聞くに価すると公訴官が認めた事件. 相手が積極的に反証しなければ[できなければ], その証拠は重要な意味を持つ. ◆イングランドとウェールズの *magistrates' court では, マジストレート (⇨ MAGISTRATE (1)) が the *Crown Prosecution Service (公訴局) によるプライマ・フェイシィの判断を認めたときには, 容疑者を the *Crown Court (刑事裁判所) に送る. ⇨ summary offence

primary 《米》「大統領選予備選挙」 ⇨ PRESIDENTIAL PRIMARY

primary jurisdiction doctrine, the 《米》「第一次裁判管轄権の法理」 行政機関の専門家による審査が必要な賠償請求などについて，裁判所が自己抑制して，賠償の要否や金額を決める第一次審査権を行政審判所に与えるほうが賢明だという法理．the *original jurisdiction との違いに注意．
⇨ EXHAUSTION OF REMEDIES

primary purpose rule, the 《英》「主目的ルール」 欧州連合(EU)非加盟国の市民が連合王国に入国する目的で，英国人と偽装結婚している，あるいはそうしようと企んでいる場合，連合王国移民局の係官はその者の入国を拒否できるという規則．これは主としてバングラデッシュ，インド，パキスタンからの入国者を制限するために利用されたが，人種差別(*racial discrimination)だとして，1997 年に Jack *Straw 内相(当時)が廃止した．しかし，保守党の指導者たちはその再導入を主張している．

Prime Minister, the 《英》「(連合王国政府の)首相」 通常は the *House of Commons (庶民院) の多数党の指導者である議員が国王[女王]によって任命される．首相は連合王国政府 (the Crown) の首席大臣であり，閣議の議長であり，the First Lord of the Treasury (財務首席大臣) であり，the Minister of Civil Service (公務担当大臣) でもある．首相は国の元首ではないが，重要な外交では連合王国を代表する．俸給は 1997 年以来 11 万 6339 ポンドに据え置かれていたが，2001 年 6 月の総選挙のあと一挙に 16 万 3418 ポンド(日本円でざっと 3000 万円相当)に引き上げられた．⇨ CABINET (2); CONSERVATIVE PARTY; LABOUR PARTY; PRESIDENT; SOVEREIGN

principal 「主犯」 現場での犯罪実行者のことで，やはり現場にいて，その実行を助けた者は principal in the second degree (第 2 級正犯) と呼ばれる．「共犯」という紛らわしい訳をつけられた *accessory との相違に注意．

prison 「刑務所」 **[懲役と労働の義務との違い]** 「刑務」の場所というと，そこに入れられた受刑者がすべて「懲役刑」を強制されるかのようだが，英米では，通常は「禁固刑」を科せられている．ただし，米国では少なくとも 29 の州に，身体強健な *prisoner は労働に従事すべきだという州法がある．連邦刑務所の受刑者も働く義務を負う．最近その労働は，高度な技術を要する製造やサービスを含むようになった．その売上げは，刑務所の経費の足しにもなり，受刑者の収入にもなる．昔の雑役では日当 80 セントくらいにしかならないところを，月額 100 ドルくらい稼ぐと，罰金の支払い，被害者への弁償，あるいは出獄時の当座の生活費に充てることができる．受刑者は気晴らしにもなるし，金にもなるというので，この種の労働を歓迎しているようだ．近年は刑務所の労働が prison industry として注目を浴びている．連邦刑務所局 (the U.S. Bureau of Prisons) が，1934 年から経営している連邦刑務所産業 (Federal Prison Industries; the FPI. その商品のブランド名は Unicorn) は，97 年に連邦政府向けの商品を 5 億ドル分以上製造したという．◆米国で受刑者に本人の意思に反する強制労働を科することは，憲法違反ではない．訓練キャンプ (*boot camp (2)) と呼ばれている未成年犯罪者用の施設では厳しい日課が強制させられる．受刑者を道路建設など野外労働に従事させる施設 (industrial farms や road camps と呼ばれる) もある．このごろは下火になったが，1990 年代に南部の一部の郡で(囚人の足をくさりでつないで，野外作業に従事させる) *chain gang 制度が復活した．しかし，これらは例外で，一般に受刑者に与えられる労働は軽いものである．⇨ 憲法第 13 補正の解説

[受刑者の数] 米国では 1900 年 1 月 1 日に，連邦，州の刑務所 (prison)，郡や市の刑務所 (*jail) などに収監されていた成人は 5 万 7070 人であったが，2001 年 8 月に発表された司法省の統計によれば，2000 年末に州刑務所に収容されていた者は 123 万 6476 人，連邦刑務所に収容されていた者は 14 万 5416 人で，計 138 万 1892 人．郡や都市の拘留施設および少年用の施設に収容されていた者を含めると 207 万 1686 人であった．それでも，1972 年以来，上昇の一途をたどってきた収容者数に，前年比わずか 0.5% とはいえ，初めて歯止めがかかったという．連邦と州の受刑者で相変わらず多いのは，20 歳代 (20～29 歳) の黒人男性で，同年齢層のあらゆる黒人の 9.7% が獄中で暮らしていた勘定になる．ヒスパニックの同年齢の男性の場合は，全体の 2.9% が受刑者．白人だと，多いのはやはり 20 代の男性で全体の 1.1% が受刑者であった．

[州の予算を食う刑務所] 受刑者は 28 年ぶりに増加率を下げたというが，それが減少して困るのは，テキサス州，カリフォルニア州などでもうけている民営の刑務所である．しかし，Corrections Corp. of America など，民営刑務所の経営者は，犯罪者の急な減少はないと楽観しているようである．逆に，各州当局は，(麻薬犯罪者を収監する代わりに，教育施設に入れるとか，早期仮釈放を促すなどの措置にもかかわらず)急増してきた受刑者の数に悲鳴を上げている．州は過去 10 年間に 52 万 8 千人を新たに収容する刑務所の建物を造ったが，その費用だけで 264 億ドルかかった．連邦と州の刑務所の維持費に要する費用，および受刑者の衣食住をまかなう費用は，400 億ドルを超えると推定されている．⇨ ALCATRAZ; BIG ONE; KANGAROO COURT

prison camp 《米》「プリズン・キャンプ」 比較的信頼の置ける受刑者 (特に連邦政府の被用者であった者) を収容して教育するところ．

prisoner 「受刑者」 英国では受刑者を個人個人の危険度に応じて，4 つ

のカテゴリーに分ける．category 'A' prisoners は非常に危険で，脱獄したら公衆に危害を加えそうな者．category 'B' は 'A' ほどではないが，やはり注意深く脱獄を防ぐ必要のある者．category 'C' は脱獄のおそれはなさそうだが，*open prison (開放刑務所) に収容することはできない者(例えば DUE PROCESS OF LAW の項に出てきた Stephen Downing という受刑者)．2001 年に有罪になった Jeffrey *Archer が最終的に収監されるのは，カテゴリー C の受刑者が収容される (Newport の) Camp Hill だろうと言われている．category 'D' は安全度において信頼できるので，開放刑務所に収容できる者である．

prison governor 《英》「刑務所長」 *prison officer と同義でも使われる．米国では刑務所長をたいがい *warden と言う．

prison officer 《英》「刑務所職員」 もちろん看守も含まれる．医師やチャプレン (chaplain: 受刑者の心のケアに当たる司祭などの聖職者) は別扱い．

prison visitor 《英》「刑務所訪問者」 ⇨ VISITOR

privacy, the right of 「プライバシーの権利」 英国ではなにがプライバシーの権利かを規定した法律はなかったが，「1998 年人権法」(the *Human Rights Act 1998) の第 8 条に，いかなる人も自己のプライベートな生活を尊重される権利を有する，という文言が入っているので，今後次第に議論が活発になると思われる． ◆米国では，Louis Dembitz *Brandeis が弁護士時代に友人と共著で "The Right to Privacy" (1890) という論文を書いたことでもわかるように，プライバシーという概念は 100 年以上前からある．しかし，それが憲法で護られる権利という考えは，1965 年の *Griswald v. Connecticut* 事件の連邦最高裁判所の判決で初めて表に出てきた．避妊具の使用を禁じるコネティカット州法を無効としたこの判決のなかで，William O. Douglas 裁判官は，いくつかの基本的な権利の保障によって，具体的には憲法第 1，第 3，第 4，第 5，第 9 補正によって，penumbra (月の半影部分) のような「プライバシーの領域」が作られていると述べた．有名な **Roe v. Wade* 判決 (1973) では，この半影理論 (penumbra theory) の代わりに，プライバシー権は第 14 補正第 1 節の *due process of law 条約で保護されているという考えが提出されている．例えば，公人(有名人)の個人生活をどこまで報道することが許されるのか，同性愛 (*homosexuality) の男性どうしが自宅で肉体関係を持つ権利はいつまで否定されるのか，女性は妊娠中絶 (*abortion) を選択する自由と権利を持っているのか，人は安楽死 (euthanasia ⇨ DOCTOR-ASSISTED SUICIDE) を選ぶ権利があるのかなどの難問のほか，さまざまな電子機器の発達やインターネットの普及で，予想もつかなかったプライバシ

ー侵害が生じているだけに，ここ数年間の連邦最高裁の判決をよく見定める必要がある．⇨ 憲法第 9 補正の解説

private law 「(公法に対する)私法」 例えば，契約，財産，離婚，不正行為に関する法律．⇨ LAW; PUBLIC LAW

private prosecution 《英》「私人訴追」 警察力を持たないが，犯罪容疑者について証拠を握っている一般市民(私人)に与えられている訴追権．1979 年に認められた．警察や公訴局が怠慢な場合に効果を挙げることがあるけれども，実際の例は少ない．通例は *solicitor の助言と，裁判所の許可を得て行使する．警察権力の助力は期待できないが，もし犯人が捕まり，訴追が受理されたならば，必要経費の一部は政府から支払われる．国を代表する the *Attorney General (3) (法務総裁)は，いつでも私人訴追を中止させる権限を持つ．⇨ CROWN PROSECUTION SERVICE; PROSECUTION

privilege 「証言拒否の特権」 ⇨ EVIDENTIARY PRIVILEGE

Privy Council, the 《英》「枢密院」 略は (privy councillor [枢密院議員] も) (the) PC. 国王に対する助言者の組織だが，現在はほとんど形式的な存在．閣僚の全員，政府の高官，英国や the *Commonwealth の有名人などから成り，原則として終身職．473 人の議員のうち皇族は the Duke of Edinburgh と the Prince of Wales の 2 人．北アイルランドにはまた別の枢密院があり，議員は 15 人．⇨ JUDGE (1); VISITOR

probable cause 「相当な理由」 ある人を犯罪の容疑者と見なして，捜索や逮捕に踏み切る前に，警察官は，理性のある人が納得できるような，客観的な情報や，否定しがたい状況証拠 (circumstantial evidence ⇨ EVIDENCE) などを必要とする．ある人間が以前にそれとよく似た罪を犯した，といっただけの情報では不十分である．捜索や押収も，踏み込んでみればなにか出てくるはず，というのではなく，なにがどこにあって，それが捜査にどう役立つかについて，およその見当がついていなければならない．⇨ PRELIMINARY HEARING

probate court 「検認裁判所」 ⇨ WILL

probation 「保護観察」 裁判所が，比較的軽い刑事犯罪で有罪になった者(1 年未満の刑を受けた，特に青少年)の刑の執行を停止または猶予し，あるいは短期間だけ刑務所に収容したあと probation officer (保護観察官) の指導監督のもとに置いて，本人の更正と社会復帰を図ること．⇨ PAROLE

pro bono; pro bono publico 「プロボノ」 for the public good を意味するラテン語．経済的に恵まれない人のために弁護士が無料で奉仕すること．⇨ LEGAL AID

procedural due process 「手続き的デュープロセス」 政府が人の自由や財産を奪うに先だって，憲法で定めた手続きを守ること. ⇨ DUE PROCESS OF LAW; SUBSTANTIVE DUE PROCESS; 憲法第 5 補正の解説

procedural law 「手続き法」 ⇨ LAW

products liability; product liability 「製造物責任」 消費者や，その近くにいた人に危害を加えた，あるいは健康の障害を与えた商品の製造者や販売者は賠償の責任を負う. ただし，消費者はその商品が，購入した時点で欠陥を有していたこと，また，それを通常の目的のために，無理なく使用したことを明らかにしなければならない. ⇨ BATTERY

Professional Skills Course, the ⦅英⦆「司法実務最終課程」 ⇨ SOLICITOR

pro forma 「形式上の[便宜的な]措置」 ⇨ COURT PROCEDURES (6) ◆ pro forma invoice は「商品発送前にバイヤーに送る見積書」のこと.

Profumo Affair, the ⦅英⦆「プロヒューモ事件」 1963 年の初夏，ハロルド・マクミラン首相が率いる保守党政権の戦争省の大臣であった John Dennis Profumo (1915-) は，Christine Keeler (1942-) という娼婦と何度も肉体関係を持ったことを——最初は庶民院で否定していたが，キーラー宛てに書いた手紙を新聞で暴かれたために——告白せざるを得なかった. キーラーは在英ソ連大使館付けの海軍将校 Eugene 'Huggy Bear' Ivanov とも関係していた. イワノフは *MI5 からソ連のスパイと見なされていたので，大問題になった. 調査が進むと，政界上層部と売春婦，および犯罪者たちとの複雑な絡み合いが暴露された. 中心人物は Stephen Ward という(ウィンストン・チャーチルやエリザベス・テーラーなど)有名人に指圧療法をしていた整骨医で，これが保守党の上層部を相手に売春のあっせんをしていた. イワノフはウォードに頼んで，米国が核弾頭ミサイルをいつ西独に提供するのかを聞き出そうとした. ウォードはキーラーにプロヒューモから情報を盗ませようとした，と疑われている. プロヒューモは機密を漏らしたことはないと主張する. イワノフは本国に呼び戻されて解任された. ウォードのほうは，「自分は MI5 の機関員で，イワノフのスパイ行為を暴くのが目的だった」と証言. MI5 はもちろんそれを否定. おまけに，ウォードの裁判に出頭した 140 人の証人(その多くは売春婦)は矛盾だらけの証言をした. 裁判の最後の日にウォードは大量の睡眠薬 (barbiturates) を服用して昏睡状態に陥り，8 月 3 日に死亡. 陪審団はウォードの有罪を決めていたが，評決を言い渡すことができなかった. 3 カ月後にマクミラン政権は崩壊し，次の選挙では労働党が大勝した. 12 月にキーラーは別の裁判で，偽証と司法妨害で 9 カ月の刑を言い渡された. プロヒューモは政界を引退後，女優である夫人 (Valerie Hobson) と

離婚することもなく，ロンドンのイーストエンドでボランティア活動に専念し，(まことに不思議なことに)1975 年には女王から the Commander of the Order of the British Empire という勲位を与えられた．イワノフはプロヒューモ家から機密文書を盗んだことを 1992 年に告白し，94 年にモスクワで死んだ．ウォードが二重スパイであったらしいなど，なぞが多い複雑怪奇な事件だが，政府が関係書類の公開を拒んでいる現在，真相解明は不可能だろう．

Prohibition 《米》「禁酒法」 1919～33 年に米国で施行された法律．その時代を the Prohibition Era と呼ぶ．禁酒運動はピューリタン的傾向の強いプロテスタント系米国人のあいだで 19 世紀以来熱心に繰り広げられ，州ごとに禁酒が定められていたが，禁酒を規定した憲法第 18 補正が各州で承認され，酒類の製造・運搬・販売が一切禁止されるようになった．フーヴァー大統領はこれを the Noble Experiment (高貴なる実験) と呼んだ．しかし，逆に酒の密輸や密造が盛んに行なわれるようになり，the *Mafia による組織犯罪を生み出す皮肉な結果を招いた．この時代に酒を出すもぐりの酒場は speakeasy と呼ばれて繁盛し，飲酒の習慣はかえって広まった．法を遵守させるための費用もふくれ上がり，政治家や警察官は買収され，結局この禁酒法は大衆の支持を失い，共和党政権から民主党の F. D. ローズヴェルトに政権が移ったあと第 21 補正第 1 節によって廃止された．⇨ DIAMOND, JACK "LEGS"

proof beyond (a) reasonable doubt 「合理的な[まともな]疑いをいささかも差し挟む余地のない証拠」 ⇨ BEYOND (A) REASONABLE DOUBT ; REASONABLE DOUBT

Proposition 13 **[以下，Propositions は住民投票が実施された年月の順に並べる.]**《米》「プロポジション 13」 1978 年 6 月 6 日にカリフォルニア州の住民投票で可決され，州憲法を補正した．提案者は Howard Jarvis と Paul Gann で，固定資産などの財産税に上限を設け，州の税収を 70 億ドル削減させることに成功．30 以上もの州に影響を及ぼす(富裕な中流階級による)大きな税金革命であった．

Proposition 8 《米》「プロポジション 8」 1982 年 6 月にカリフォルニア州の住民投票で可決され，州の刑法に組み込まれた提案．27 項目に及ぶ重大な罪に関しては検察と被告側との司法取引 (plea bargaining) を禁じるというもの．⇨ COURT PROCEDURES (7)

Proposition 187 《米》「プロポジション 187」 1994 年 11 月，カリフォルニア州の住民投票で賛成 60% を得て可決されて，州憲法に組み込まれた．不法移民に対する保険医療，公共住宅の貸与，公立学校教育，食料援助等の公共サービスの停止をうたった提案であり，このために義務教育を受けられなくなった不法移民は 27 万人に達した．この提案の底流には，「移民の多くは，機会ではなく，権益を求めて来たに過ぎない」という，白人中産階級の反移民感情がある．ロサンジェルス連邦地裁は 1997 年にこれを憲法違反と判断した．99 年 7 月 29 日に Gray Davis 州知事(民主党)は，これ以上法的には争わないと決定し，プロポジション 187 は事実上無効になった．しかし，連邦議会は 96 年 7 月の立法で，プロポジション 187 の趣旨を生かすような決定をしている．すなわち，the Welfare Reform Act of 1996 は，今後の不法移民には 5 年間福祉サービスをしない，また，米国籍を取ろうとしない現在の合法移民に対しても food stamps (食料クーポン)，Medicaid (主に低所得者のための健康保険)，その他の福祉サービスを停止することなどを決めている．

Proposition 200 《米》「プロポジション 200」 1996 年にアリゾナ州の住民投票で可決された提案で，麻薬犯人を投獄する代わりに，州の費用で治療するというもの．州としては，全米で最初の試みであり，効果は上がっているという．⇨ DRUG; PROPOSITION 36

Proposition 209 《米》「プロポジション 209」 カリフォルニア州の住民投票で，1996 年 11 月に賛成 54% 対反対 46% で州憲法の補正条項になった．就職，大学入学，政府の工事契約などで，女性や少数民族に優先権を与えることを禁じたもの．人権団体など反対派は違憲訴訟に持ち込み，サンフランシスコ連邦地裁が差止め命令 (*injunction) を下したので，施行は棚上げされた．同年 12 月に，司法省はこのプロポジションが違憲だという見解を発表した．しかし，サンフランシスコの連邦高裁は 1997 年 8 月 28 日にこの憲法補正を合憲と判断し，連邦最高裁判所もこれを取り上げないと決めたので，新法は約 9 カ月ぶりに発効ということになった．⇨ AFFIRMATIVE ACTION; BAKKE CASE; HOPWOOD V. TEXAS

Proposition 227 《米》「プロポジション 227」 1998 年 6 月にカリフォルニア州の住民投票で可決され，州憲法を補正することになった提案で，州内での多言語使用政策の廃止を求めるもの．ヒスパニックの多い地域の教育は打撃を受けている．⇨ VOTING RIGHTS ACT

Proposition 21 《米》「プロポジション 21」 2000 年 3 月 7 日にカリフォルニア州で実施された州民投票．カリフォルニア州は少年犯罪が増えているわけではなく，逆に 1990 年から 98 年までのあいだに *felony (重大犯罪) は 30% (殺人犯は 50%)減っているにもかかわらず，未成年犯罪を厳しく罰するというもので，14 歳から 17 歳までの重罪犯人は成人として裁判し，16 歳以上の有罪者は，(日本の少年院や少年刑務所に相当する施設に 25 歳まで収容するというこれまでの制度をやめて)一般の州刑務所に入れるという提案．裁判官が自己裁量で，犯人を治療または保護施設に入れるという権限も制約される．投票の結果，「プロポジション 21」を支持する人は 60% を越えた．

Proposition 22 《米》「プロポジション 22」 カリフォルニア州が 2000 年 3 月 7 日に実施した 20 の住民投票のひとつで，同性愛者どうしの結婚を認めないというもの．"Only marriage between a man and a woman is valid or recognized in California." がその全文．他州で認められた同性愛者のカップルも結婚をしているとは見なさない．もっとも，同性愛者どうしの結婚を正式に認めている州は(彼らの *civil union を 2000 年に公認したヴァーモント州をも含めて)ひとつもない．この住民投票の前に，連邦議会と 30 の州が同性愛者の結婚を事実上禁じる法律を成立させている．カトリック教会，(カリフォルニアに 74 万人の信者を持つ)モルモン教会，南部バプテスト連盟ももちろんプロポジション 22 を支持したが，興味深いことに，米国聖公会, 長老派教会，ユナイテッド・メソディスト教会，クェーカーズ，ユニテリアンズはそれに反対を表明した．投票結果は，提案に賛成が 61%，反対が 39% で，カリフォルニア州憲法が補正される結果になった．これで同州での同性どうしの結婚は禁止される．ただし，2001 年には同性カップルの domestic partners としての権利が新たに認められた．この事実，および同性愛カップルの権利を認めたヴァーモント州の最高裁判決については HOMOSEXUALITY の項を参照．

Proposition 36 《米》「プロポジション 36」 2000 年 11 月 7 日に実施され，是認されたカリフォルニアの州民投票で，暴力的でない麻薬犯罪者ならば，投獄させる代わりに 1 年間治療を受けさせ，そのあと半年保護観察 (*probation) するというもの．これによって毎年 3 万 7000 人が投獄を免れるはずである．⇨ DRUG ; PROPOSITION 200

Proposition 38 《米》「プロポジション 38」 2000 年 11 月 7 日に実施されたカリフォルニアの州民投票で賛成 29% 対反対 71% の大差で否決された提案で，school voucher (スクール・ヴァウチャー；学校券) を州が支給するというもの．投票の結果，支給されないことになったスクール・ヴァウチャーとは，貧困家庭の子供が，レベルの低い公立学校から私立学校または宗教系学校に転校することを可能にするように，連邦政府や州政府が親に支給する金券のこと．2000 年 10 月の段階で，5 つの州で実施されていた．◆共和党のブッシュ II は 2000 年に，3 年間続けて州の成績基準に達しなかった公立学校の生徒が私立学校や宗教系学校に転校できるよう，連邦政府が親に 1500 ドルの学校券を支給すると公約し，大統領就任後もなおそれを教育改革の目玉にする意図を明らかにした．選挙中，民主党のゴア候補は，連邦予算が(宗教系を含む)私立学校に支払われる政策に強く反対し，教育改善策として 100 万人の教員の新規増員を公約した．

ブッシュ候補は教員増に反対し，2070 校ある charter schools (その一部は私企業が経営) を倍増すると公約した．米国全体の初等・中等学校生徒の 75% は公立学校に通っており，共和党の政策は公立学校の切り捨てだという批判が強かった．2000 年 11 月の住民投票で，ミシガン州でも学校券支給の提案は反対 69% で否決された．◆スクール・ヴァウチャーの合憲性については連邦最高裁判所が近く判断を下すはず．

Proscribed Organisation Appeal Tribunal, the 《英》「非合法組織上訴審判所」 2001 年にできた裁判所．非合法と認定された組織が，不満を内務大臣に訴えても聞き入れられなかったとき，ここに上訴できる．

pro se 「プロシー」 for himself を意味するラテン語．「自分が(弁護士に頼まないで)自分を」弁護する，というときに用いる．

prosecution 「犯罪訴追(手続き)」 刑事事件において，容疑者(被告人)を裁判所に出頭させて，起訴状に書いてある容疑について有罪か無罪かを決定する手続き．英国で訴追にあたる検察官は the Director of Public Prosecutions (公訴局長官)，またはその部下の Crown Prosecutors (公訴官) である．しかし，英国では，もともと国家権力による怠慢や，官憲どうしのかばい合いを防ぐために，私人による犯罪訴追も可能．⇨ COURT PROCEDURES (6); CROWN PROSECUTION SERVICE; PRIVATE PROSECUTION

Provisional IRA, the 《北アイ》「暫定 IRA」 ⇨ IRA

Provisions of Oxford 《英》「オクスフォード条例」 ⇨ EQUITY

pseudonym 「偽名」 裁判の原告は，時によっては，プライバシー権を守るために，偽名を使うことを許可される．

public defender 《米》「公選弁護人」 貧しい刑事被告人のために，連邦政府や州政府が公費で雇う弁護士．⇨ ASSIGNED COUNSEL; LEGAL AID; 憲法第 6 補正の解説

Public Enemy No. 1 《米》「民衆の敵ナンバーワン」 1933 年から 34 年にかけて 11 カ月のあいだに，イリノイ，インディアナ，オハイオの諸州で 20 回近く銀行強盗を働き，10 人を殺したギャングの(首領ではなく)一員 John Herbert Dillinger (1903-34) のことを，司法長官 Homer Cummings がそう呼び，the *FBI が総力を挙げて逮捕を目指した．もともとは 1923 年に Al *Capone の暗黒支配と戦ったシカゴの犯罪対策委員長 Frank Loesch の造語だと言われている．ディリンジャーはいったん逮捕拘禁されたが，(一般に信じられている伝説によれば，洗濯板をナイフで削って作った木銃で看守を脅して)脱獄し，顔の整形手術を受け，ガールフレンドといっしょに映画を見に行ったところを FBI 捜査官に見つかり，映画館の前で銃撃され，救急病院で絶命した．FBI がその後だれかを公式に Public Enemy No. 1 と呼んだことはないが，“10 Most Wanted Criminals [Fugitives]" のリストはしばしば公表している.

public footpath 《英》「パブリック・フットパス; 散策用公道」 都市地域にもあるが, 多くは田園地帯を散策するための歩行者専用公道で, 私有地である放牧場や畑地のなかに通じている場合も少なくない. 1932 年に成立した法律(執行は 1934 年 1 月 1 日から)により, 歩行者は 'the right of way' (歩く権利) を認められてきた. この公道は英国全土で 22 万 5 千キロメートルに達している. 要所要所にはそれを示す道標柱 (signpost) が立ち, 'Public Footpath' と記してある. また, 政府の陸地測量部による地図 (the Ordnance Survey map) では, この道は赤い点線で示してある. ◆2000 年 1 月に, ブレア政権は footpath の路線を変更する権利を地方自治体に委ねる案を示した. しかし, 一方では地主から, 他方ではハイカー, バイク走行者, 昔ながらの馬車を楽しむ団体などから猛烈な反対が寄せられ, 撤回を余儀なくされた. 今後変更されるのは, フットパス利用者が歩行[走行]中に死傷した場合の地主の責任がこれまでよりも軽くなることだけ.

public law 「公法; 一般法」 (1) 国や州などの国民, 州民全体にかかわる法律. つまり, 憲法を中心とする, 国家体制の基幹となる法律 (*constitutional law), 行政法, 刑法など. (2) (local law つまり, 特定地域に適用される個別の法律に対して)一般法; 全国法. (3) 個人の財産や人間関係を律する私法(*private law) に対して, 国家と国家, 国家と個人との関係を規制する法律. 例えば, 公務員法や警察官の職務を明らかにした法律. (4) 主権を持った国家間の国際法. ◆一般に法案が国会を通過すると a public law (一般法, または session law [会期別法律])になる. 米国では, 連邦議会を通過して大統領が署名したほとんどの法律(また, 州法の一部)を Public Laws と呼び, 番号をつけて整理する. 例えば "Public Law No. 102–34" と言えば, 第 102 国会で通った 34 番目の一般法律という意味である. それらの会期別法律は **Statutes at Large* (2) の第 1 部として, また主題別には *The *United States Code* としてまとめられる. ⇨ LAW

public nuisance 「公衆への迷惑行為」 ⇨ ABATEMENT ; NUISANCE

Public Order Act, the 《英》「公安維持法」 1986 年に the Riot Act (騒擾(そうじょう)取締法)に代わって制定された法律. 1980 年代初期に起こった Toxteth (リヴァプール 市の中心部) や Brixton (ロンドン市南部) での暴動に対応して, 集団の活動を制圧する権限を警察に与えた. これによって, violent disorder (暴力騒擾罪: 3 人以上が集合して暴力を行使すると脅かす犯罪), threatening behaviour (威嚇行為), disorderly conduct (治安紊乱行為) などが新たに犯罪とされた. さらに 1994 年には the

Criminal Justice and Public Order Act（犯罪取締り・公安維持法）が施行された.

puisne judge 「(首席ではない)裁判官; 通常の裁判官」(最初の語の発音は[ピューニ]に近い) イングランドとウェールズにおいては「the *High Court of Justice（高等法院）の裁判官」の意味でよく使われる.

Pullman abstention 《米》「プルマン回避の原則」 ⇨ BURFORD ABSTENTION

punitive damages 「懲罰的損害賠償」 加害行為が特に悪質である場合に, 被害者に損失補塡の賠償金 (compensatory damages) に加えて支払われる賠償金. exemplary damages, vindictive damages, また《米俗》で smart money とも呼ばれる. 裁判所は, 同じ加害行為を繰り返すおそれのある悪質な企業(例えば米国の大きなたばこ製造会社)に懲罰的損害賠償の支払いを命じることがある. それはしばしば, 他の同質の企業による類似の加害行為を防ぐ意味も持っている. ◆連邦最高裁判所は 1996 年 5 月 20 日に珍しく懲罰的損害賠償が過大だという判決を下した. アラバマ州の Dr. Ira Gore, Jr. という医師が 4 万ドルで BMW の新車を買ったところ, 車体の小さな傷を隠すためにペイントの塗り重ねがなされていることを発見し, BMW に 400 万ドルの損害賠償を請求した. その結果, アラバマ州最高裁判所は 1993 年に懲罰的損害賠償として 200 万ドル(2 億 3000 万円相当)の支払いを BMW に命じた. この *BMW v. Gore* 事件を取り上げた連邦最高裁は, その賠償金の額(実際の損害額の 500 倍)が合理的な範囲をいちじるしく超えている (grossly excessive) として, 5 対 4 で無効とし, 裁判をアラバマ州に差し戻した. だが, 懲罰的損害賠償においてなにが公正で合理的かという議論は, 被害がもし人の健康や安全にかかわるものであればきわめて複雑なものになるので, 今後も延々と続くだろう. ⇨ DAMAGES; LIEBECK V. MCDONALD'S CORPORATION; SMOKING

Q

Qaida; Qaeda = AL-QAIDA

QC = QUEEN'S COUNSEL

qualified privilege 「限定的な[条件つきの]免責権」 (1) *defamation (名誉毀損) の裁判において，A の言説が B の名誉を傷つけていたとしても，A に *actual malice (2) (現実の害意) がなければ，A は名誉毀損の罪から免れるという権利. ♦連合王国の the *Court of Appeal (控訴院) による *Dr Loutchansky v Times Newspapers Ltd and Others* 事件の判決 (2001 年 12 月 5 日)によれば，新聞記者 A が(犯罪者と疑われる) B の名誉を著しく傷つける情報を記事にし，その情報が事実であると法廷で証明できるだけの証拠を持っていなかったとしても，もし記者 A および新聞社が，読者(言論の自由を重んじる民主主義社会の民衆)の知る権利 (interests) に応えるために報道する義務 (duty) を自覚している場合，また，新聞社側がその情報を正しいと誠実に判断した場合には，限定的免責特権が認められる. したがって，B は A に謝罪を要求できない. 上記のような判断基準は the duty-interest test (義務と関心の基準) と呼ばれる. 報道の義務があったか否かは裁判所が判断する. 従来，その義務は，もし報道しなければ legitimate criticism (法的に正当な批判) をこうむったであろうようなケースにのみ認められる，とされていたが，上記の控訴院判決は，新聞社が「責任をもって」正しいと判断した場合には，報道の義務があったと認められる，と軌道修正した. なお，A が免責権を認められたからといって，事実と証明されなかった記事によって名誉を傷つけられた B が損害賠償の権利を失うとは限らない. (2) 訴訟において，ある限定的な状況では，相手側に情報を与えないでよいという特権.

quango 《英》 = quasi-autonomous non-governmental organization 「クワンゴー; 準独立政府機関; 特殊法人」 英国の法律家 Anthony Barker (1947-) の造語らしい. もともとは(英国ではなく)米国の中立的な準政府機関を指す語であったが，現在は，英国の政府が「金は出すが口は出さない」外郭組織(準独立機関)を意味する. 労使紛争の調停機関である ACAS (the Advisory Conciliation and Arbitration Service: 勧告調停仲裁委員会) はそのひとつ. 1994 年に (the Arts Council of Great

Britain が改組されて)創設された Arts Council of England (イングランド芸術振興基金)は文化・メディア・スポーツ省から予算をもらって，主要な芸術団体の財政的な補助をしているが，やはりクワンゴーであり，政府は芸術団体の性格や芸術作品の質について一切干渉をしない. 1999–2000 年に政府が組んだ予算は 2 億 1880 万ポンド. 同様の振興基金はウェールズ，スコットランド，北アイルランドにもある. The *Equal Opportunities Commission もクワンゴーである.

quantum meruit 「クォンタム・メルイット; 提供役務相当金額(の請求)」 クォンタム・メルイットは as much as he has deserved を意味するラテン語で，契約違反者や，やむなく契約を結べなかった相手に，提供した物資やサービスに相当する合理的な金額の支払いを求めるもの. やや古めかしい表現だが，the theory of quantum meruit (クォンタム・メルイット法理: 事件になった当事者間に明らかな契約はなかったが，被告 A がかつて原告 B から物資や役務の提供を受け，それを断っていなかった場合には，B にそれ相当の代価を支払うべきだという原則) という語は現在の契約法でも使われる. ⇨ QUASI CONTRACT; UNJUST ENRICHMENT

quashing 「(判決や評決の)破棄」 ふつう，控訴裁判所による第一審裁判所判決の無効宣言を意味する. quash される判決はたいがい *due process of law の原則から外れたもの，特に証拠 (*evidence) の扱いに問題のあるもので，英国でそういう判決は unsafe だと言われる. ⇨ PARDON; RETRIAL; REVERSE; SAFE

quasi contract 「準契約」 不正行為を行なった(あるいは，意識せずに相手に迷惑をかけてしまった)人が不当利得 (*unjust enrichment) を得るのを防ぐために，かつて裁判所がとった救済策. よく使われる例だが，意識を失った人 A に緊急治療を施した医師 B が，自分のサービスにふさわしい報酬 (*quantum meruit: 提供役務相当金額) を得られない場合，法は「もし A がしっかりした意識を持っていたら B と交わしたに違いない」契約を結んだものと仮定して，正当な報酬の支払いを A に求める. contract implied in law; implied-in-law contract; constructive contact とも呼ばれる. 現在，裁判所はふつう準契約よりも，原状回復 (*restitution) 命令を用いる. quasi の発音は [クェイザイ] に近いが，[クワージ; クェイサイ; クワーシ] でも可.

quasi-legislative 「準立法権限を与えられた」 行政機関の一部が法律に準じる規則を作る権限を与えられている，という意味. その権限は一種の裁判権(行政審判権)をも伴っている. 後者は quasi-judicial power と呼ばれる.

Queen, the 《英》「女王」 ⇨ COMMONWEALTH; SOVEREIGN

Queen's Bench Division, the 《英》「高等法院女王座部」 ⇨ HIGH COURT OF JUSTICE

Queen's [King's] Counsel 《英》「勅撰弁護士」 略は QC [KC]. 特にすぐれた弁護士であることを表す栄誉称号で, *barrister として 10 年以上実務経験のある者のうち, 毎年 30 人くらいが the *Lord Chancellor (大法官) によって選ばれ, 女王[国王] からそれを授与される. 連合王国政府が当事者の一方である裁判で弁論する資格も与えられる. シルクのガウンを着用し, 法廷では bar (バー; 裁判官席とその他の者[被告人, 弁護士, 傍聴者など] とを隔てる柵(さく)) の内部で弁論する特権を持つ. 一般のバリスターは stuffed gown というラシャ(毛織物の一種)のガウンを着用する.

Queen's evidence 《英》「国側の証拠」 to turn Queen's evidence で, 「犯罪を自供したのち, (the *Crown Prosecution Service [公訴局] との取引で)刑の減免を見越して, 共犯者に不利な証言をする」の意. 女王でなく国王の時代なら King's evidence と言う.

quid pro quo 「対価; 見返り」 利益供与を受けるためのわいろの意味で使われる. 原語は one thing for another を意味するラテン語. クリントン大統領が退任の直前に, (脱税, 詐欺など 50 余りの容疑についての起訴を免れるために) 17 年前にスイスに逃れた実業家 Marc Rich に恩赦 (*pardon) を与えた. これは, マーク・リッチの前夫人であった Denise Rich がクリントンに寄付した多額の金, 特に大統領記念図書館設立費用の一部 45 万ドルの見返りではないかと疑われ, ニューヨークの連邦検事が 2001 年 2 月中旬に調査を開始した. それを報じた *The New York Times* の見出しには "U.S. Attorney Seeks Evidence of Quid Pro Quo" とあったし, 2 月 17 日にインターネットで発表したクリントン自身の弁明にも "There was absolutely no quid pro quo." という言葉が使われていた.

quotient verdict 《米》「平均額評決」 ⇨ COMPROMISE VERDICT

R

racial discrimination 「人種差別」 人種，国籍，皮膚の色，同一国内の民族，先祖の民族などの違いに基づく差別や虐待．これに宗教上の排他主義が加わると，人権侵害のうち最も陰険で根の深いものになる．1960年代から公民基本権運動の盛り上がりと共に，先進国社会の表舞台からは姿を消す傾向が見えてきたものの，裏では未だに執念深く続けられている．米国では **Brown v. Board of Education of Topeka, Kansas* (1954) 判決によって人種差別は憲法違反だという大原則が確立し，1964 年以来の公民基本権法(the *Civil Rights Acts)に具体的な防止策が盛り込まれた．英国では人種差別は the Race Relations Act 1976 にも，「1998 年人権法」(the *Human Rights Act 1998) にも違反している．

［**警察当局の人種差別**］ 人種差別は，それを取り締まるべき警察によっても組織的に行なわれてきた．なかでも，米国のニューヨーク市警とロサンジェルス市警，英国の首都警察 (the *Metropolitan Police Service) による度重なる人種差別は目に余るものがある．首都警察の場合は，1999 年に「組織的な人種差別 (*institutionalised racism)」があったという公式報告によって，抜本的な改革を迫られた．The Police Complaints Authority (警察行政不服審査機構) が 2000 年 11 月に発表したところによれば，1999 年中に英国の警察による人種差別に遭ったと申し立てた者の数は 579 人で，前年より 248 人も多かった．同年 11 月の首都警察の発表によれば，過去 2 年間で，人種差別に基づくと思われる事件で犠牲になった黒人は 3916 人から 7949 人に，白人は 3000 人から 6620 人に増加している．

［**最高額の賠償金**］ 米国で人種差別にかかわる最大の裁判は 1999 年 4 月に Coca-Cola 社の黒人従業員から提訴された．コカコーラ社には昔から露骨な階級制度があり，その最低層と決められた黒人は，給与，昇進，勤務評価の面で白人従業員と比べて大きな差別を受けていた．同一業種で，黒人は白人よりも平均 2 万 6000 ドルも年俸が低かった．会社側は最初のうち差別を否定していたが，2000 年 11 月に原告との示談に応じて，2000 人にのぼる少数民族従業員の給与不足分(ひとり平均 4 万ドル)，教育訓練費，福利厚生施設費などとして，1 億 9250 万ドルという過去に例

のない巨額の解決金を支払うことに同意した．それだけでなく，重役会は今後，外部から人材を得て雇用平等推進委員会を作り，裁判所から例外を認められぬ限り，その委員会の勧告に従うことを約束した．会社側がこういう異例の示談に応じたのは，もし何年も裁判を続ければ，そのあいだにコークのイメージと販売量とが下落すると見たからに違いない．

racket 「ゆすり；詐欺による多大な金銭の横領；組織的な非合法活動」 ⇨ RICO

Racketeer Influenced and Corrupt Organizations Act of 1970, the 《米》「1970 年暴力支配・腐敗組織取締法」 略は RICO．詳細は RICO の項を参照．

racketeering (1)「恐喝」 脅しや暴力によって金銭を横領する，あるいは有利な立場を獲得すること．(2)「暴力グループによる(殺人をも含む)不法行為」 組織犯罪 (organized crime) の一種．⇨ RICO

Ramsey, JonBenet (1990–96)《米》「ジョンベネ・ラムジー」 自宅の地下室で殺された金髪の少女．⇨ JONBENET

Ramspeck Act, the 《米》「ラムスペック法」 ⇨ CIVIL SERVICE ACT

rape 「レイプ; 強姦」 多くは男性が女性に対して，相手が合意していないことを知りながら力ずくで性交すること．肛門性交を含む．相手の女性が同意年齢(米国では州によって異なるが，ふつう 14 歳)に達していなければ，あるいは相手との年齢差が余りにも大きい場合には，たとえ相手が同意の意思を示したとしても statutory rape (法定強姦) として罰せられる．同意年齢については AGE OF CONSENT の項を参照．

ratio decidendi 「レイシオ・デシデンダイ; 判決理由」 原語は reason for decision を意味するラテン語．裁判官が判例を参考にしながら，これこそ判決の最も重要な理由だとして論じる部分．それ以外の部分は things said by the way という意味で *obiter dictum (傍論) と呼ばれる．

Real IRA, the 《アイル・北アイ》「真の IRA」 The *Good Friday Agreement に参加した the *IRA をアイルランド統一の目的から逸脱した裏切り者と見なして，分派活動をしているテロ集団．1998 年 8 月の the *Omagh bombing では犯行声明を発表．2001 年 3 月 4 日にロンドン西部の the BBC Television Centre の玄関前に停車中のタクシーに爆弾を仕掛け，それを爆発させて建物を大破した事件，同年 4 月 4 月中旬にロンドン北西部の郵便局を重さ 1 ポンドの高性能火薬によると思われる爆破で破壊した事件も真の IRA の仕業らしい．2001 年 4 月半ばに，アイルランド共和国の国家警察は 20 人以上のメンバーを逮捕勾留しているが，証拠不十分でなかなか起訴できない．オマー爆破事件の容疑者起訴については OMAGH BOMBING の項を参照．⇨ TERRORISM

reapportionment 《米》「選挙区の線引きの変更; 選挙区の議員定数変更」 ⇨ REDISTRICTION

reasonable doubt 「合理的な疑い」 本辞典では一般に受け入れられているこの訳を使用するが, 厳密に言えば, a rational doubt (合理的な疑い) や a doubt based [founded] on reason (理性に基づく疑い) と必ずしも同義ではなく, 「まっとうな人間」(⇨ REASONABLE MAN) に近ければ有罪の結論を出せないと考えるような事実や状況を意味する. あくまで公正であろうと努力している陪審員が, 証拠や状況を検討したのち, 被告は有罪だという結論を出すのに少しでもためらいがあれば, それが理性ではなく, 経験に基づく直感による疑いであっても, reasonable doubt (まっとうな人間の疑問) だと言える.

reasonable man 「リーズナブル・マン; 正常な人間」 reasonable person とも言う. 『英米法辞典』が示している 2 つの訳語の一方は「通常人」だが, 実はわれわれが日常接している通常の市民ではなく, 理想類型 (ideal type) としての「まっとうな人間」を意味している. すなわち, 社会的行動をとるにあたって, 正常な知性, 常識, 判断力, 注意力, 公正さ (justice) などを十分に持っている人のこと. 現実に生きている特定の人間の判断力などの欠陥を指摘するときに, 基準として持ち出される. ⇨ OBSCENITY; REASONABLE DOUBT

rebuttal 「反証」 裁判で, 相手側の主張に反論すること.

recognizance 「正式誓約書」 例えば, 仮釈放 (*parole) を許された者が, 行動を慎み, かつ決められた期日に出廷することを裁判所に誓う文書. ⇨ COURT PROCEDURES (4)

record 「正式の裁判記録」 テープやフィルムによるものも含まれる. 採用された, また採用されなかった証拠や証言, 適用法律についての意見など, 可能な限りあらゆる関係書類と物件を収めている. こういう記録を保存している裁判所は court of record と呼ばれる. 米国の上位裁判所のすべてと, イングランドの州裁判所がそれである.

recorder 「レコーダー」 (1) 《英》 第一審裁判官で, *barrister または *solicitor として 10 年以上(たぶん実際には 15 年以上)の経験のある者の申請を受けて, the *Lord Chancellor (大法官) が推薦し, 名目的には国王[女王] が任命する. 通常は, 申請から採用まで何年もかかる. 採用された者は最初 2, 3 年は assistant recorder として, その後は正式のレコーダーとして, イングランドとウェールズの the *Crown Court (刑事裁判所) の, あるいは the *county court (3) (州裁判所) の非常勤裁判官となる. ふつう, 裁判官は在任中に弁護士として活動することを許されないが, レコーダーは年に 20 日だけ法廷に出るパートタイムの裁判官だから, あいている時間はバリスターあるいはソリシターの業務を遂行できる. レコーダーの任期は 3 年間. 再任されて, レコーダーを 5 年以上続けると上位裁判所の裁判官 (*circuit judge (2)) になる道が開けるので, これは一種の登竜門と言える. (2)《北アイ》北アイルランドの州裁判所の裁判官.

recusation; recusal 「忌避」 訴訟当事者と利害関係があるとか, 事件について予断や偏見を持っているなど, 公正な裁判が期待できない裁判官や陪審員を, その裁判に関しては一時的に解任すること. 裁判官が訴訟当事者となんらかの関係を持っている場合など, 自発的に(その裁判に限って)職務を停止することがある. それも recusation と呼ばれる. The *Enron bankruptcy で John *Ashcroft 司法長官はエンロンの会長から政治献金を受けていたので捜査への関与を自ら辞退した. これも recused himself と表現された.

redirect examination 「再直接尋問」 訴訟当事者の一方である A が申請した証人に対して, 相手側 B が反対尋問をしたあと, A の弁護士が(その証言が A にとって有利であることを明らかにするために)行なう再尋問. ⇨ DIRECT EXAMINATION

redistriction 《米》「選挙区線引きの変更」 reapportionment とも言う. 米国では 10 年ごとの国勢調査 (*census) のたびに行なわれる. 各州は必ず 1 名の連邦下院議員を選出できるが, 住民の多い州の連邦下院議員の数は, 人口によって機械的に決められる. 各州の選挙区の線引きは, ハワイ, ワシントン, アイダホ, アリゾナ, ニュージャージーの 5 州では, 専門の委員会が決める. 残りの州では, 州議会と州知事にその権限がある. 例えば, 州選出連邦下院議員が 2001 年にインターンの女性(行方不明)との不倫を認め, 再任を断念した(であろう)カリフォルニア州では, 州議会が民主党に有利なように選挙区の線引きを変更する見通しである. 2 大政党の勢力が拮抗している州では, しばしば裁判所(ふつう, 控訴裁判所の 3 人の判事)が決定権を持つ.

Reed v. Reed 《米》「リード事件判決」 1971 年の連邦最高裁判所判決で, 女性差別の州法を違憲とした. 具体的には, 遺産相続の管理人の地位に男性(死んだ息子 Richard の母親 Reed ではなく, 離婚した父親 Reed) を優先させた州法を憲法第 14 補正第 1 節の平等な保護条項 (the equal protection clause) 違反と判断した. ◆同じ 1971 年に, 未就学児童がいるために就職を拒否された Ida Phillips という女性が, 同じく未就学児童のいる男性を採用していた Martin Marietta 社を the Civil Rights Act of 1964 (⇨CIVIL RIGHTS ACTS) の Title VII 違反として訴え, 最高裁の *Phillips v. Martin Marietta Corp.* 判決で勝訴した. 性差別に対する, それぞれ最初の重要な判例である.

Regents of the University of California v. Bakke 《米》「バッキ事件判決」 1978年の最高裁判所の判決. ⇨ BAKKE CASE

Rehnquist, William Hubbs (1924-) 《米》「ウィリアム・レンクィスト」 1972年に最高裁判所裁判官に就任. 1986年から首席裁判官. ウィスコンシン州ミルウォーキー市生まれ. スタンフォード大学とハーヴァード大学を卒業し, 1951年にスタンフォード大学ロースクールを卒業. 連邦最高裁判所裁判官の事務所で働く. 当時彼が書いた覚え書きは, *Plessy v. Ferguson* (1896) 判決の *separate but equal の原則を擁護していた. その後, アリゾナ州フィーニックス市で16年間弁護士業を営み, 地元政界の有力者と交友を深めた. 1972年にニクソン大統領によって連邦最高裁判所裁判官に任命され, 司法においては州権 (*states' rights) を重視し, the Burger Court では最も保守的な裁判官と言われた. 86年にレーガン大統領は彼の保守性を高く買って, 連邦最高裁判所首席裁判官に任命した. レンクィスト裁判官は, 1960年代以後のリベラルな最高裁判決とは大きく違って, 各州は個人の刑事裁判に当たって, the Bill of Rights (権利章典; 合衆国憲法第1～10補正) に縛られる必要はなく,「基本的な公正さ」に従って個人を扱えばよいとの立場をとっている. 具体的には, 憲法第14補正によって刑事被告人の権利を護るよりも, 治安維持のための警察権行使を擁護することが多い. 未成年や精神薄弱者に対する死刑もためらわない. 妊娠初期における中絶の権利(プライバシー権)を事実上認めた **Roe v. Wade* (1973) 判決について, 彼は司法の立法府への干渉だとして反対意見を述べた. そのほか, *affirmative action の推進に逆行する判決が多い. 1999年の連邦上院によるクリントン大統領の弾劾裁判では公正に裁判長の役割を果たした. ⇨ CHICAGO V. MORALES; FEDERALISM; GAY RIGHTS MOVEMENT; SCHOOL PRAYER

religious education 「宗教教育」 (1) 《米》米国の公立学校(特にハイスクール以下)では, 特定宗教にかかわる教育は憲法第1補正違反である. 連邦議会は1999年6月に, 公立学校が校内にモーセの十戒を掲げることを実質的に認める法律を通過させたが, 連邦最高裁判所によって違憲と判断される可能性がある. ◆クリントン大統領は1999年12月19日に, 公立学校はもっと宗教組織と協力して, 宗教を教えると同時に, 祈りたい生徒にどうすればよいかを教えなくてはならないという, 異例のガイドラインを発表した. もちろん, 学校にいる宗教家がその機会を利用して生徒に改宗を説得してはならないとも言っているが, 小さなコミュニティでは, そこの主要な教会の影響力が生徒に及ぶことは確実で, 特定の教会の聖職者が祈禱の方法を教えるとなれば, 必ず合憲か否かの議論が起こるだろう. ⇨ CREATIONISM; SCHOOL PRAYER

(2) 《英》イングランドとウェールズのすべての公立学校は，キリスト教を主体とした(しかし，連合王国内に信者の多い他の主要な宗教をも勘案した)宗教教育を義務づけられている．ただし，親はその授業に子供を欠席させる権利を持っている．北アイルランドの公費助成を受けている学校でも，主要な教会が是認した教育方針に従って宗教教育を施さねばならない．スコットランドでは 14～16 歳の生徒を教育するカリキュラムのなかに宗教が含まれている程度である(スコットランドでは，ほとんどの初等・中等学校が公立).

Religious Freedom Restoration Act, the 《米》「宗教の自由再建法」略は the RFRA．1993 年に Orrin Hatch と Edward Kennedy という，通常は全く違う立場の連邦上院議員がスポンサーになって制定した法律で，連邦と州の政府，および郡，都市などの自治体は，有無を言わせぬほど強いその利益(例えば公衆の健康を守る，あるいは刑務所の保安を確保すること)がない限り，宗教活動に制約を課してはならないし，やむを得ない場合にも最小の規制にとどめるべきだ，というのがその骨子であった．しかし，連邦最高裁判所は 1997 年 6 月 25 日の *City of Boerne v. Flores* 判決において，6 対 3 でこの法律は(州や郡や都市に干渉する場合には)違憲であると判決した．宗教活動に特権を与えていること，連邦議会が本来なら司法府が判断すべき領域にまで踏み込んでいること，また，管轄権の外にある州や郡などへの指示を与えていることなどが違憲の主な理由である．現在，最高裁の判事たちの多くは(古い意味での)連邦主義(*Federalism)者ではなく，連邦と州などとの the *separation of powers (3 権の分立) を尊重すべきだと考えている．

religious right, the 《主に米》「宗教的右派」 米国の共和党または独自の政治組織を支持するキリスト教の聖職者，特に televangelist と呼ばれるテレビ伝道師たち，あるいは原理主義 (*fundamentalism) 的なキリスト教道徳を教育の場に持ち込もうとしている評論家など．彼らは特に，妊娠中絶 (*abortion) を禁止すること，憲法補正によって公立学校における祈禱(⇨ SCHOOL PRAYER) を強制すること，同性愛(*homosexuality) 者や少数民族への(彼らが言う)優遇策を廃止すること，連邦政府による銃規制 (*gun control (1)) を進めないこと，などを主張している．大統領候補としてよく名乗りを上げていたテレビ伝道師 Pat Robertson (1930-　) はそのひとりで，彼が創始した the Christian Coalition (キリスト教徒連合) は第 3 政党や，地方レベルの共和党を支援していた．ロバートスンは 2001 年の反テロ戦争で米国民がこぞって愛国主義を礼讃すると出番を失い，やがてキリスト教徒連合から引退した．◆やはりテレビ伝道師のひとりで，1979 年，保守的な政治家を支援するために the Moral Majority を創始した Jerry Falwell (フォールウェル, 1933-) は, 1999 年 1 月に, この世の終末に現れる反キリストはおそらくいま生きているし, それはユダヤ人の男性に違いないと言って物議をかもし, あとで謝罪した. 彼は同月, 自分が発行する新聞の社説に, *Teletubbies* (BBC の人気幼児番組) のキャラクターのひとつ Tinky Winky は体が紫色でゲイが好む色をしているし, 男の子なのにハンドバッグに似た magic bag を持っているが, それはティンキーの同性愛傾向を示すものだと書いて, 常識ある人々のひんしゅくを買った. ◆ルイジアナ州バトンルージュ市のテレビ伝道師 Jimmy Swaggert (1935-) は 1988 年に売春婦と関係したことを暴かれ, テレビで謝罪したが, 相変わらずテレビ説教を続けている. ◆Jim Bakker (ベイカー, 1940-) は, 伝道活動のために全国から送られた多額の献金を着服したとして 1989 年に 45 年の禁固刑に処せられ, 実際には 5 年で出獄できたが, すっかり信用を失った.

relinquishment 《米》「(連邦裁判所の) 裁判権の放棄」 州裁判所への裁判権の委譲. ⇨ ABSTENTION DOCTRINE

remand 「突き返す(こと)」 (1)「差戻し」上位裁判所が, さらに事実審を尽くすことを求めて, 事件を第一審裁判所に差し戻すこと. (2)「再拘束」被疑者が, 裁判前の一時釈放の条件を破った場合などに, 再び留置場や刑務所に拘置されること.

remedy 「救済(手段)」 裁判所が与える救済手段としては, 損害賠償金 (*damages), 原状回復 (*restitution), 差止め命令 (*injunction) などがある.

removal; removal of (a) case 《米》「(州裁判所から連邦裁判所への) 移管」 被告が起訴されて 30 日以内に, 例えば「自分の事件は州法よりも, 公民基本権法 (the *Civil Rights Acts) にかかわるものだ」と主張して, (より有利な判決を得られそうな) 連邦裁判所に移管を願い出ること.

rendition 「犯人引き渡し」 ⇨ EXTRADITION

Reno, Janet (1938-) 《米》「ジャネット・リーノウ」 米国の政治家. 1993 年に, 米国では女性として初めて司法長官 (the *Attorney General (1)) になり, 2001 年に退任した. コーネル大学で化学を, ハーヴァード大学のロースクールで法律を学び, 1963 年に生家のあるフロリダ州で弁護士資格を取って, 同州の法曹界で指導的な地位につくに至った. 司法長官時代は, クリントン大統領の偽証疑惑, ゴア副大統領の不正献金疑惑, *Waco 事件, Microsoft 社の独禁法違反容疑 (⇨ SHERMAN ANTITRUST ACT), 少年 Elian Gonzalez のキューバ送還 (⇨ IMMIGRATION AND NATURALIZATION SERVICE) など, かずかずの難問題を処理してきた. パーキンソン病を患っているが, Jeb Bush 現知事と争ってフロリダ州知事の座を

狙っている. ⇨ DEATH PENALTY (1) [連邦の死刑] の項; OFFICIAL SECRETS

reprieve 「刑の一時執行停止(執行延期)」 米国では大統領と州知事が, イングランドでは国王[女王]および裁判所が, 恩赦 (*pardon) の権限とは別にその権限を持っている. 受刑者の死刑執行寸前に, 再審 (*retrial) の可能性を確かめるために与えられることが多い.

Republican (1)《米》「共和党員」 = REPUBLICAN PARTY (2)〖豪〗「共和国主義者」オーストラリアは英国の国王ないし女王を元首とせず, 完全に独立国となって, 大統領制を敷くべきだと主張する人. (3)《北アイ》北アイルランドが連合王国から離別し, アイルランド共和国と合併すべきだと主張する人(ふつうカトリックの信者).

Republican Party, the 《米》「共和党」 米国の 2 大政党のひとつ. 別称は the Grand Old Party (GOP) で, シンボルはゾウ. 現在でも 2 大政党を単純には色分けできないが, ケネディ兄弟, ジミー・カーター, クリントンによって代表される「リベラルな民主党」と, レーガン, ブッシュ親子によって代表される「保守的な共和党」に分極化したのは, ウィルソン大統領のころ, いやもっと遅く, 1940 年代後半からと見られている.

[**共和党が民主党になった?**] 最初の共和党は, 1791 年に the Federalist Party (連邦主義者党) に対抗して作られた. 南部(主にヴァージニア州)の裕福な農場経営者の利益を代表し, 中央集権よりも州権 (*states' rights) を尊重するトマス・ジェファーソンが指導した共和党は, のちに the Democratic-Republican Party に改組され, 1828 年に民主党 (the Democratic Party) になった. ◆新しい共和党は 1854 年に, 奴隷制に反対するリベラルな Whigs (ウィッグ党) と(ジェファーソンに反対する)アンドルー・ジャクソン(1767-1845)の平民主義を受け継ぐ民主党員とが連合して組織し, 1860 年にエイブラハム・リンカーンを大統領に当選させた. それ以来, 米国の政治はおおむね共和党が支配し, F. D. ローズヴェルト (FDR) の前に民主党から大統領に当選したのはグローヴァー・クリーヴランドとウッドロー・ウィルソンの 2 人だけにとどまった. FDR のニューディール政策がめざましい成功を収めたあとは, 逆に民主党が優勢であったが, 第二次世界大戦中とヴェトナム戦争中に, 「強い大統領」を求める国民は共和党の大統領(アイゼンハワーとニクソン)を選んだ. 弱者と庶民の味方であったリンカーンの時代と違って, 近年の共和党は大エネルギー資本, 裕福な白人, 力の外交などを代表し, 「小さな政府」を唱えながらも, (大企業への税金は低くするが)国防に大きな予算を投じ, 福祉と教育と少数民族対策などをなおざりにしているとの批判がある. もっとも, 米国の北東部には, リンカーンの理想を追う進歩的な共和党員がわずかながらいる. 民主党のクリントンが大統領であった時代, 共和党は議会

で多数を占めていたけれども，税制，外交政策，環境政策などでクリントンに主導権を奪われていた．2001 年にブッシュ II は，大統領に当選してすぐ，保守色のきわめて強い閣僚を任命し，クリントンの外交諸政策や環境政策を急速に覆し始めた．そのために中国やロシアだけでなく，EU 諸国からも孤立し，中東和平の仲介者としての指導力さえ失っているように見えた．ブッシュ II のもとで国民の 9 割が団結するに至ったのは，皮肉にもイスラム過激派によるテロリズム (*terrorism (2)) の結果であった．

[民主党の場合は] 上記のジャクソンは 1828 年に the Democratic Party を名乗り，貴族主義に反対と言いながらも，奴隷制度には賛成していた．南北戦争以後，民主党は主として南部で白人だけの政党になる誤りを犯した．しかし，1948 年の党大会で，のちの副大統領 Hubert H. Humphrey (1911-78．ミネソタ州出身) などの努力で方向転換し，公民基本権擁護の姿勢を打ち出した．それは大きな犠牲を伴った南部黒人の公民基本権拡大運動とあいまって，ジョンソン大統領の時代に the Civil Rights Act of 1964 (⇨ CIVIL RIGHTS ACTS) と the Voting Rights of 1965 (⇨ VOTING RIGHTS ACT) という形で結実した．民主党は一般にリベラルな政党と見られているが，南部に強い地盤を持つ民主党の議員のなかには非常に保守的な人もいる．超保守で知られる John *Ashcroft 司法長官の任命を 2001 年 2 月に承認した上院議員のうち，8 人は民主党員であった．◆2001 年にようやく決まった連邦上院では，2 大政党が 50 対 50 で拮抗し，チェイニー副大統領が(可否同数の時に) casting vote を握ることになったが，2001 年 5 月 24 日に，ヴァーモント州出身の James Jeffords 上院議員が――ブッシュ II 大統領のミサイル防衛構想，超大幅減税，妊娠中絶権の否定，司法の右翼化，教育予算の大幅(3000 億ドルもの!)削減，エネルギー政策，環境政策などをとても支持できないとして――離党して無所属になることを表明した．その結果，上院が単に 49 対 51 になるだけではなく，共和党の大物が握っていた軍事，財政，外交など，あらゆる委員会の委員長の座に民主党議員が座ることになった．さらに，(辞職すれば共和党の議席が減ってしまうので，病弱ながらどうにか議員職を続けていた)サウスカロライナ州の Strom Thurmond 上院議員 (2001 年 12 月 5 日で 99 歳)と，ノースカロライナ州の有力な上院議員 Jesse Helms (1921-　) も，引退を余儀なくされている．ブッシュ II 大統領がもくろんでいた連邦最高裁のいっそうの保守化には歯止めがかかったかのように見えるが，2001 年 9 月 11 日に発生した同時多発テロ (⇨ WORLD TRADE CENTER, THE TERRORIST ATTACKS ON THE) による危機意識が高まっているので，また数名の民主党上院議員がブッシュ II の政策に賛成する可能性が大いにある．

res judicata 「リース・ジュディケイタ; 既判力」 judged matter を意味するラテン語. 判決が持っている最終的な拘束力. ⇨ DECISION ON THE MERITS

Resource Conservation and Recovery Act, the 《米》「資源保護再利用法」 1976 年制定の連邦法. 略は the RCRA. The Environmental Protection Agency (the EPA: 環境保護庁) に, 危険な廃棄物の処理(廃棄物の貯蔵施設, リサイクル施設の建設や, 処理業者に認可を与えることなど)のシステムを構築する権限を与えた. 州は EPA の指示と助成金のもとで, そのシステムを実現させなければならない. ある種の危険物資は生産から消滅まで, この法の下で管理される.

respondent (1)「(*equity 訴訟の)被告」 (2)「被上訴人(appellee)」 ⇨ APPELLANT

restitution 「原状回復; 不当な利益の返還」 契約法で通常は, 被告 A が得た *unjust enrichment (不当利得) を原告 B に戻すだけでなく, B の経済状態を A による不当行為の前の状態に戻すこと. ⇨ QUASI CONTRACT

retainer (1)「弁護士委任契約」 (2)「(委任契約の際に, 弁護士に支払う)第 1 回目の報酬」 特定のサービスに対する報酬, あるいは, 包括的なサービスを期待しての報酬.

retrial 「再審」 正式には new trial (再審理) と言う. JURY (2) の項で述べた hung jury (評決不成立) の場合には, 同じ裁判所の裁判官が新しい陪審団に再度の事実審を命じることができる. また, 控訴裁判所は, 民事の場合, 第一審裁判所の裁判官と陪審から(または裁判官だけから), 証拠の扱いが不適切であった, 陪審の評決に問題があった, 有罪となった被告に有利な新証拠が発見されたなどの理由で上訴されたとき, 再び裁判をすることができる. 刑事事件では, 第一審裁判での被告が無罪を訴える場合や, 検察あるいは被告が量刑は不当だと訴えた場合に, 控訴裁判所が再審を認めることがある. イングランドとウェールズでは, 控訴裁判所が *interests of justice ありとした場合に――つまり, 公正な法の観点から判決に問題があり, 介入が必要だと見なした場合に――認められる. イングランドとウェールズでは, かつては有力な新証拠が発見されたときだけ再審が認められていたが, 1988 年の the Criminal Appeal Act (刑事控訴法) によって, interests of justice による控訴が認められたのである.

[**再審の例**] 英国ケント州 Gillingham 市の失業者 Michael Stone (1960-) は, 1996 年 7 月に同州 Chillenden の近くで, 人けのない footpath (⇨ PUBLIC FOOTPATH) を歩いていた 6 歳の少女 Megan Russell (6 歳) とその母親 Lin Russell (45 歳) をハンマーなどを使って殴り殺し, Megan の姉 *Josie (9 歳) をもハンマーで殴り殺そうとした容疑で逮捕さ

れ，the Maidstone Crown Court で 98 年 10 月に終身刑 3 回 (three life sentences) という判決を受けたが，the *Court of Appeal (控訴院) は 2001 年 2 月にその判決を unsafe (証拠不十分 ⇨ SAFE) と見なして破棄 (*quashing) し，ストーンの身柄は拘束したまま，同年にバーミンガム市での再審を認めた．事実審でストーンが有罪となったのは，1997 年にカンタベリの同じ拘置所に収容されていた Damien Daley という男がストーンから犯行の模様を聞いたと証言したからである．さらに，やはり同じ刑務所に拘置されていた Barry Thompson という男がストーンから，「あの子[ジョシーのこと]についてはへまを演じたが，おまえが相手ならあんなへまはやらない」と言われたと陪審団に話した．裁判官はこれらをストーンの自白と同等の証拠力があると陪審に説示 (*charge (2)) した．トムスンはのちに新聞記者に対して「法廷でうそをついた」と白状しており，the *Crown Court (刑事裁判所) もそのことを認めている．控訴院の Ian Kennedy 裁判長ほか 2 名の裁判官は，トムスンには証人としての信頼性がないし，彼の証言がなければ，陪審はデイリーの証言を疑った可能性があると判断したのである．◆この事件は新聞雑誌がセンセーショナルに書き立てたために，国民のあいだにマイクル・ストーンへの憎しみが高まっており，陪審員が予断を持つので公正な裁判ができないとの疑いもあった．しかし，控訴院は事件発生から 3 年近くたち，それについての人々の記憶が薄れたころなら，新たな裁判官が公正な陪審を選ぶことができると判断した．◆再審での有罪判決については JOSIE の項を参照．

[ダブルジェパディとの関係] 英米とも，刑事事件で被告が無罪になった場合は，*double jeopardy の原則に従って，たとえ新証拠が発見されても検察が再審を要求することはできない．しかし，英国では，*DNA 鑑定の結果など，有無を言わせぬほど強い新証拠が出た場合には，無罪とされた者を新たな裁判にかけるための法律改正が the *Law Commission (法律委員会) で検討されており，遠からず実現する可能性がある．⇨ TRIAL DE NOVO

revenue officer 《米》(1)「徴税官」(2)「税務調査官」 Eliot Ness (⇨ CAPONE, AL) のように，密造酒取締まりなど，脱税行為を調査・摘発する財務省の内国歳入庁 (the *Internal Revenue Service) の職員 (G メン)．犯罪捜査権や逮捕権を持っている．

reverse 「(下位裁判所の判決を)覆す; 破棄する」 破棄して独自の判決を下す場合と，下位裁判所に差し戻すことがある．後者の場合，裁判官を替えるよう指示されるのがふつう．⇨ QUASHING

reverse discrimination (1)《主に米》「逆差別」 差別をなくすための *affirmative action によって，少数民族など弱者と見られていた人々が格別に優遇され，その分だけ白人や男性や健常者などが機会を失うという見方．⇨ BAKKE CASE (2)《英》「差別の是正」特定グループに対する過去の政治的，法的，社会的な差別政策を是正するために，過去とは逆方向の政策をとることで，positive discrimination（前向きの差別）とも呼ばれる．要するに平等化を目指すアファーマティヴアクションと同義であり，被害者意識を持つ米国の白人がふつうに言う「逆差別」とはまるで違う．

reversible error 「再審請求の理由となる（重大な）誤審」『英米法辞典』によれば「破棄理由となる誤り」．*error は裁判官による手続きその他の誤りで，その度が過ぎていると，不利をこうむった側は上位裁判所に訴えて再審[判決無効の宣告]を求めることができる．「修正できる程度の誤り」と誤解しないこと．⇨ RETRIAL

revisionism; Revisionism 「修正主義」元来，政治，宗教的な主義主張，教義についての，修正主義的な立場を指す語．従来の歴史を（ふつう右寄りの立場から）否定して，リベラルな歴史観を批評するのも「修正主義」で，holocaust-denier (⇨ IRVING, DAVID) も revisionist と呼ばれていた．1980 年代以降の，日本の経済力上昇に伴う日米関係の質的変化を受けて，楽観的な対日姿勢に対し，その修正を強く求める立場をも指す．日本では Japan-bashing と呼ばれることが多かった．

RICO 《米》= the Racketeer Influenced and Corrupt Organizations Act of 1970「RICO; 1970 年暴力支配・腐敗組織取締法」連邦法のひとつ．麻薬を密輸入するシチリア系の the *Mafia，地元の政府機関にたかる腐敗した政治家，テロリスト等々による組織的なゆすり，たかり，詐欺，売春，麻薬取引，大規模脱税工作などに，各州の州法だけでは対応できなくなったので，the Organized Crime Control Act of 1970 の一環として，組織犯罪に連邦法の網をかけたもの．非常に複雑で難解な法律だが，あえて単純化するなら，RICO が狙う犯罪は次の 4 種である．① 恐喝や，不法な借金取立てなどで獲得した資金で，州際通商や外国貿易にかかわる企業を設立，買収，運営すること．② 同様の不正な資金で，なんらかの組織（enterprise）を買収し，運営すること．③ その組織の幹部やメンバーが恐喝や借金取り立ての行為に参加すること．④ 上記の 3 種の行動に対する規制を妨害しようと共謀すること．◆上記の enterprise は，暴力団を含むあらゆる集団，組織，会社，または個人を指す．◆RICO が指定する犯罪は，「恐喝罪で起訴されていることがあらかじめ想定されている」という意味で predicate offenses（RICO 法を適用される重大犯罪）と呼ばれ，9 カテゴリーの州法犯罪と 26 の連邦犯罪から成る．殺人，爆発物の不正所有，麻薬密輸，わいろ，買収，郵便，電信，証券詐欺などである．

◆この法律は暴力団による資金獲得を防ぐのに効果のある法律だが，1994 年の連邦最高裁判所判決（*National Organization for Women v. Scheidler*）によって，妊娠中絶手術を行なう医師に脅しをかける暴力的な集団は，経済的な利益を目的としてはいなくても，この法律に違反する，と判断された．◆連邦政府は 1999 年 9 月に，たばこは無害だと宣伝をして売り続けたたばこ業界は，マフィアの犯罪行為に匹敵するとして，このRICO を適用し，Philip Morris や R. J. Reynolds などのたばこ大資本（⇨ SMOKING）をワシントンの連邦地裁に提訴した．喫煙にかかわりのある病気のせいで米国政府が負担している年間推定 200 億ドルを賠償せよというのである．

RICO pattern 《米》「リコ適用犯罪」 前項の RICO に列挙してある重大な犯罪を 10 年以内に 2 回またはそれ以上行なうこと．この場合，犯人は特に厳しく罰せられる．

right of way, the 《英》「通行権;（交差点での）優先通行権」 ⇨ PUBLIC FOOTPATH

right to die 「死ぬ[自殺する]権利」 ⇨ DOCTOR-ASSISTED SUICIDE

ripeness 「（事件の）成熟性」 ⇨ JUSTICIABLE

road rage 「ドライバーの激怒」 渋滞や，他人の車による走路妨害などによってかんしゃくを起こしたドライバーが，常軌を逸した言動に走り，他人に迷惑や被害を及ぼすこと．◆2000 年 12 月 4 日に，O. J. *Simpson は自宅のあるフロリダ州マイアミ市に近い道路を，子供たちを乗せてスポーツ・ユーティリティ・カーで走行中，赤信号を無視した．うしろからそれを見た Jeffrey Pattinson（当時 55 歳）というドライバーが警笛を鳴らし，ライトを点滅させて注意すると，激怒したシンプソンは車を止め，パティンソンの車に乗り込んで彼のめがねを奪い，彼のひたいを力ずくで押さえつけながら，「たしかにおれは信号を無視した．だからどうした．おれたちを殺す気か」と（パティンソンに言わせれば「気が狂ったように」）怒鳴ったという．盗み（*larceny）と暴行（*battery）の容疑で逮捕されたシンプソンの裁判は 2001 年 10 月にマイアミ・デード郡裁判所で開かれ，結局は無罪の評決が下ったが，路上で激怒したあげく盗みを働くと *felony（重大犯罪）になるので，シンプソンもし有罪となれば，2 年以上 16 年までの刑に処せられるだろうと言われていた．

robbery 「強盗」 犯罪現場で，そこにいる被害者に暴力を用いて，あるいは被害者に恐怖を与えて，その所有物を盗むこと．窃盗犯人が凶器を持っていたり，使ったり，盗みの過程で被害者の身体を傷つけたり，傷つけるという恐怖を与えたり，放火やレイプなど特に重大な犯罪（*felony [of the first or second degree]）をおかす，あるいはその脅しを与えた場合は

robbery になる．凶器を持って，あるいは被害者を傷つけて窃盗を働くのは aggravated robbery (加重強盗罪) として特に重く罰せられる．⇨ LARCENY

Robinson-Patman Act, the 《米》「ロビンソン・パットマン法」 1936 年の連邦法で，同じ商品や製造物，原料などの価格を地域や買い手によって変えること (price discrimination: 価格格差)，その他，ビジネス競争の妨害を禁じている．違反すれば刑事罰の対象になる．競争相手を市場から閉め出すために価格を(時には原価より低く)抑えるのは predatory pricing (略奪的[独占的] な価格設定) と呼ばれ，特に厳しく罰せられるし，外国貿易の場合なら国際条約によって報復関税の適用を受けるだろう．⇨ CLAYTON ANTITRUST ACT ; SHERMAN ANTITRUST ACT

Roe v. Wade 《米》「ロウ事件判決」 妊娠中絶 (*abortion)，およびプライバシーに関する 1973 年の連邦最高裁判所のきわめて重要な判決．pro-life (胎児の生命擁護) 派と pro-choice (出産するか否かの選択は女性固有の権利だという主張) 派とが，賛否をめぐって激しく議論を続けているが，この判決は憲法が保護するプライバシー権を認め，州法が「母体を救うため以外の妊娠中絶禁止は禁止する」という漠然とした形で，この権利を侵すのは憲法第 14 補正第 1 節違反だとした．ただし，妊娠期間(約 9 カ月) の最初の 3 分の 1 (the first trimester) を過ぎている場合，そして母胎の生命や健康に格別の危険がない場合に州が介入することは認めている．妊娠第 3 期における中絶は，母体を救う必要がある場合を除いて，州法によって禁じられる．

事件名にある Wade とは，テキサス州ダラス 郡の検事長(在任: 1951–87) であった Henry Wade (1915–2001) のこと．(Jane) Roe は原告の女性の匿名で，Jane Doe (男性なら John Doe) と共に裁判ではよく用いられる．この事件のロウはのちに Norma McCovey という本名を明かした．ウェートレスであった彼女は裁判が長引いたために中絶ができず，未婚の母となり，生まれた子供を直ちに養子に出し，1995 年には 180 度転換してプロライフ主義者になった．◆この判決のあと，母体の危険を救うために必要な場合以外は，妊娠中絶に連邦の予算を使ってはならない，あるいは公立病院の医師が中絶手術をしてはならない，などの最高裁判決が下されたが，そのあいだでも，2000 年 6 月 28 日の 5 対 4 の最高裁判決でも，ロウ事件判決の骨格はかろうじて維持された．(その判決では，*partial-birth abortion を禁じているネブラスカ州の州法が女性に *undue burden を強いるものとされたのである．) ただし，ブッシュ II 大統領が意図している最高裁判事の保守化が進めば，ロウ事件判決が覆る可能性は大きい．⇨ ANTI-ABORTION MOVEMENT; O'CONNOR, SANDRA DAY

Roth v. United States 《米》「ロス事件判決」 わいせつ文書は憲法第1補正が保護する言論出版の範囲には入らないとする1957年の連邦最高裁判所の6対3の判決．わいせつ文書・図画(とが)の販売や広告を禁止するカリフォルニア州法の合憲性を争う *Alberts v. California* と併合して判決が言い渡された．判決を書いた William *Brennan 判事は，「償いとなる社会的重要性を最小限度であろうと保有している思想は——非正統的な思想，論議の的になる思想，さらに，一般の風潮からすれば不快な思想ですら——すべて完全に保障される．ただし，それらの思想がより重要な法益の領域を侵害するという理由で排除さるべき場合は，この限りではない．憲法第1補正の歴史は，償いとなる社会的重要性をいささかも含まないわいせつ文書は排斥すべきだと，暗に認めているのである」と述べ，さらに，わいせつとは，「そのもの[文書，絵画などのマテリアル]全体の主要なテーマが，現代の地域社会の基準に照らして，通常の人間の色情をそそるか否か」によって判断されるとしている．

上訴人の Samuel Roth という出版業者が，ニューヨークの連邦地裁から連邦最高裁まで敗訴して禁固刑を受けたのは，わいせつ文書の郵送を禁じた1873年の the Comstock Law に違反したからである．Anthony Comstock (1844–1915) はコネティカット州出身の食料雑貨店の店員だったが，偏執狂的な社会純潔主義者で，「不道徳な」本の小売店主を片っ端から告発して評判になり，警察から検閲官のような権限を与えられた．彼は1872年に悪徳撲滅委員会を結成し，翌年その代表として連邦議会に請願し，わいせつ文書の郵送を禁じる連邦法(Title 18, Chapter 71, Obscenity; Section 1471, Mailing obscene or crime-inciting matter) を制定させることに成功した．コムストック法はその法律のニックネームだが，正式の法律文献でも使われるようになった．この悪法によって規制の対象になった(あるいはなりかかった)文書の著者はウォルト・ホィットマン，マーク・トウェイン，バーナード・ショーから，シンクレア・ルイス，シオドア・ドライサー，D. H. ロレンスまで実に多い．バーナード・ショーは comstockery (コムストック狂) という新語を造って一矢を報いた．⇨ MILLER V. CALIFORNIA; OBSCENITY

rotten apple theory 《米》「くさったリンゴの理論」 警察の腐敗は，大だるに入った健全な多くのリンゴのなかにあるごく少数のくさったリンゴのようなものという見方．しかし，1950–51年の州際通商にかかわる犯罪の上院による調査——テネシー州選出の民主党上院議員 Estes Kefauver が5人委員会の長だったので the *Kefauver investigation と呼ばれている——によって，警察が the *Mafia などと組織的かつ恒常的に結びついているという多くの事実が明らかにされて以来，今日に至るまで，大都市の警察の腐敗が少数のくされリンゴと言えないことは明らかである.

Royal fish 《英》「王室の魚」 英国では野生動物と森林に関する法律 (the Wild Creatures and Forest Laws Act 1971) によって, 海浜に打ち上げられた, あるいは海岸のすぐ近くで捕獲されたクジラとチョウザメは国王[女王]の所有物となる.

Royal Ulster Constabulary, the 《北アイ》「王立アルスター警察隊」 略は the RUC. 1922年に創設された北アイルランドの警察部隊. 英国軍と協力して治安に当たっている. 過去30年の the *IRA との戦いで, RUC の警察官302名が死亡し, 8500名が負傷し, なんと70名が自殺を遂げた. 当然 IRA が目の敵にしているだけでなく, 隊員の92% がプロテスタントだということもあって, カトリック信者の住民のあいだで評判がよくない. ブレア政権は1998年の the *Good Friday Agreement (聖金曜日の合意) に基づき, 元香港総督であった Chris Patten に改善策を検討させ, 1999年9月に答申を得た. それによれば, 組織の名前を the Northern Ireland Police Service とする, 警察本部に the Union Jack を掲げない, アイルランドの象徴である王冠, シャムロック, ハープを含むバッジを他のものに変える, 隊員の半数をカトリック信者から任命する, 隊員を現在の1万3000名から7500名に減らすという思い切ったものであった. 北アイルランドのプロテスタント信者はもちろん, イングランドの保守派もそれに猛反対したので, 名称やシンボルの変更は不可能と思われたが, 2001年12月に, シンボルは上記の3つに松明(たいまつ), オリーブの枝, *Justice 像の秤(はかり)を加えることが決まった. 新名称もほぼ提案どおり “the Police Service of Northern Ireland” となり, カトリック信者の隊員が増員されることになった.

Ruby, Jack 《米》「ジャック・ルビー」 米国の犯罪者. ⇨ OSWALD, LEE HARVEY

Ruckus Society, the 《米》「ラッカス・ソサエティー」 先進国主導による世界経済の画一化 (*globalization) に反対する, カリフォルニア州バークリー市を本拠にする New Radicals とも呼ばれる若者の集団. ruckus は騒乱の意. ⇨ ANTIGLOBALISTS

rulemaking; rule-making 《米》「規則制定」 行政機関が the Administrative Procedure Act (行政手続き法) に従って規則を作ったり変えたりすること. 正式の規則制定 (formal rulemaking; rulemaking on the record) となると, 必要な調査や説明や, 聴聞会での意見聴取などで時間と費用が必要になる.

rule of four, the 《米》「4名同意のルール」 連邦最高裁判所が上訴を受理するには9人の裁判官のうち4人が同意しなければならぬ[しさえすれ

ばよい]という規則. ⇨ CERTIORARI; UNITED STATES SUPREME COURT

rule of law, the 「法の支配」 個人, 集団, そして政府でさえ, 法の前には平等であり, その支配に服するべきで, 政府が裁判をしないで人に刑罰を与えることは誤りだという原理. その法は全国民にとって平等のものでなくてはならず, 公務員だけ有利になるような法律や裁判制度があるとすれば, 法の支配の原理から外れてしまう. 軍人の犯罪を軍人だけで裁き, それだけに, 実はかばい合いの傾向があると言われている米国の軍法会議 (*court-martial (1)) などは, 連邦議会で民主的に決められた制度ではあるが, 疑問の余地がありそうだ. ◆捕えたテロリストに自由の法廷 (the forum of liberty) は利用させないと言明したブッシュ II 大統領の立場は,「法の支配」の原理から遠いと言えよう. ⇨ military tribunal (1)

S

Sacco and Vanzetti case, the 《米》「サッコ・ヴァンゼッティ事件」 イタリア生まれの2人の米国人，Nicola Sacco (1891–1927) と Bartolomeo Vanzetti (1888–1927) との冤罪と思われる事件. 1920年4月15日に，マサチューセッツ州 South Braintree の製靴工場で2人の強盗が1週間分の給与1万5776ドルを強奪し，会計主任ほか1名を殺して車で逃走した. その容疑者として逮捕されたのが，別の靴工場で働くサッコと，魚の小売業者ヴァンゼッティで，2人に共通するのは無政府主義を信奉するイタリアからの移民ということだけで，強盗罪の決め手になる証拠はなかった. 1921年に彼らは裁判にかけられた. 2人を dagos (イタ公) や sons of bitches と呼ぶほど人種的偏見に満ちた裁判長 Webster Thayer は，裁判の前，同僚の判事に向かって，"I'll show them and get those guys hanged." (目にもの見せたうえ，つるし首にしてやる) と言ったという. 彼は確たる証拠もないのに，1927年4月29日，2人に死刑判決を下した. 裁判中に，ソ連やファシストのイタリアを含む外国政府は公正な裁判を要求し，アルバート・アインシュタイン，トーマス・マン，ジョン・ドスパソス，エドナ・セントヴィンセント・ミレー，キャサリン・アン・ポーター，そして不公正の犠牲者であったあのドレフュス (Alfred Dreyfus) も裁判所を批判し，のちに連邦最高裁判所裁判官に任命される Felix *Frankfurter もセイヤー判事を雑誌で非難した. しかし，すべてはむなしく，2人は8月22日の夜半に電気いすで処刑された. ◆1977年，マサチューセッツ州の Michael Dukakis 知事(民主党)は上記の裁判のかずかずの誤りを認め，かつセイヤー判事を批判する公文書をサッコの孫に手渡したが，州の共和党員たちは「州の司法制度を混乱させた」と言ってデュカキスを激しく攻撃した.

safe 《英》「確実な」 法律用語としては，判決が確実な証拠に基づいており，被告が上訴しても上位裁判所で覆るおそれがない，の意味で使われる. 証拠不十分なのに下された評決は unsafe verdict と呼ばれる.

Saint Valentine's Day Massacre, the 《米》「聖ヴァレンタインデーの惨劇」 ⇨ Capone, Al

San Quentin 《米》「サンクェンティン」 1852年に開設されたカリフォ

ルニア州の刑務所．サンフランシスコ市の北からゴールデンゲート・ブリッジを渡って，車で1時間ほど北に行ったところにある．非常に警戒厳重で，重罪犯人が収容されている．⇨ ALCATRAZ; BIG ONE

Sarah's law 《英》「セアラ法」*pedophile (幼児性愛者) の住所氏名を，同一地域の親たちに知らせるという法律の構想．もし成立すれば，米国の *Megan's law と似たようなものになるだろう．

[セアラの悲劇] Sarah Payne は8歳の少女であったが，2000年7月1日にウェストサセックス州最南部の Kingston Gorse という町に住んでいた祖父母の家の裏から姿が見えなくなり，16日後に20キロ以上離れた田舎で裸の死体となって発見された．捜査の結果，Roy Whiting という41歳の日雇い建設労働者が容疑者として逮捕されたが，2度の取調べのあと，証拠不十分で釈放された．のちにワイティングは車の窃盗とスピード違反の容疑で再逮捕され，セアラ事件の犯人として起訴されたが，頑として幼児性愛や幼児殺害の罪を認めなかった．イーストサセックス州 Lewes (ルーイス) 刑事裁判所は2001年12月10日に，ワイティングの車のなかで発見された少女用のトレーナーに付着していた1本の毛髪の *DNA 鑑定を決め手として，ワイティングに終身刑を科した (⇨ WHOLE LIFE TARIFF)．弁護側は，その髪の毛は警察がセアラの自宅から押収したくしについていたもので，警察署内でトレーナーに付着したと主張し，the *Crown Prosecution Service (公訴局) もそれを否定しなかったので，結果はもつれるかと思われたが，陪審は全員一致でその証拠を受け入れた．陪審員たちは評決を下したあと初めて，ワイティングが1995年にも幼児の誘拐と性愛の罪で3年の刑を受け，30カ月で出所を許されていたという事実を知らされた．それは公正な裁判の常道とされてきたが，裁判官が似たような事件で前科があることを陪審に告げることは，今後大いにあり得る．◆1986年に the "Babes in the Woods" (森の中の子供たち) と呼ばれる事件があった．イーストサセックス州ブライトン市の公園で，Nicola Fellows と Karen Hadaway という少女が絞殺され，ニコラの場合は殺害の前にもあとにも性的な暴行を受けていた．サセックス警察署はその犯人もワイティングではないかと見て，2002年にも捜査を継続している．

[セアラ法は市民を暴徒にする?] 英国には前から幼児性愛犯罪で有罪とされた者は，出獄後も住所を警察に届けなければならないという法律があった．1997年には，その住所氏名を周辺地域の親に知らせるという法律ができかけたが，犯罪者を地下にもぐらせるおそれがあるというので，廃案になった．◆2000年8月に，発行部数410万という日曜新聞 *The News of the World* (*NoW*) が，幼児性愛の犯歴のある者11万人の氏名と

顔写真を順次掲載するとして，最初の 2 回分を発表した．しかし，それによって人違い襲撃の事件が生じた．警察と，前歴者厚生団体と，良心的なメディアは，前歴者の顔写真の発表は犯罪防止に役立たないどころか，人権侵害になるとして猛反対し，このキャンペーンはついに中止された．◆ところが，*NoW* の編集長 Rebekah Wade（女性）は 2001 年 12 月中旬に，the Sex Offenders Act（性犯罪者法）に違反した幼児性愛者 4 人の氏名と顔写真と犯歴などを 8 頁にわたって公表した．今度は the *Metropolitan Police Service（首都警察）から依頼されたし，John Prescott 副総理までがそれを是認したという．良識ある人々や，英国を代表する新聞は，この魔女狩りに再び反対し，もしどうしても必要ならば，危険人物を裁判所命令で強制入院させる，あるいは長期拘留するという法的措置を講じるべきだと主張している．◆2001 年 12 月 21 日の夜，マンチェスター市の郊外で，1970 年代から 80 年代にかけて 2 人の男の子を相手に幼児性愛の罪を犯したとされる George Crawford という（視力をほとんど失った）64 歳の男が，自宅で頭部を強打されて死んでいた．クローフォードはたまに盲導犬を連れて散歩をするとき，人々から悪しざまにののしられ，困惑しきっていたと言われる．近所では評判のよかった彼が実はいまわしい過去を隠していたのだとしても，リンチは正当化できない．セアラ法は市民の一部を暴徒化させて，この種のリンチへと誘うおそれが十分にあるのではないか．⇨ CHILD ABUSE; SEXUAL PREDATOR (2)

SAS, the 《英》「SAS; 英国空軍特殊部隊」 The Special Air Service の略．モットーは "Who Dares Wins."（勇敢な者が勝つ）である．1941 年に北アフリカ戦線で従軍していた David Stirling 中尉が 66 名の隊員で編成し，敵（ドイツ軍）の背後に潜り込んでゲリラ戦を展開した．隊員のうち帰還できたのが 22 名という決死の作戦の勲功を認められ，部隊は 42 年 10 月に the First Special Air Service という連隊に昇格された．イタリア戦線やノルマンディーでも枢軸国軍を苦しめた．1945 年，終戦と共に解散したが，47 年に the 21 SAS 連隊として復活．マレー半島，オマーン，ボルネオ，北アイルランドなどに派遣され，主として反共産主義活動に従事した．1980 年 5 月 5 日にはイランの過激派によって占領されていたロンドンのイラン大使館に突入して，大使館員たちを救出した．◆99 年にもシオラレオネで，反政府勢力の拠点を急襲し，人質の英国軍人など 7 人を全員救出した．アフガニスタンの北部同盟 (the Northern Alliance ⇨ TALIBAN) はかねてから SAS の指導を受けていたと言われる．2001 年には対テロリズム戦争でアフガニスタン南東部の洞窟攻撃を命じられ，数名が戦死したと言われる．⇨ SPECIAL FORCES

Saturday Night Massacre, the 《米》「土曜の夜の惨劇」 1973 年 10

月 20 日の政界での出来事. Watergate 事件に絡んで，大統領執務室内で録音されたテープを提出するよう連邦最高裁判所から命じられたニクソン大統領は，それを拒絶する決心を固めた. 彼は特別検察官 Archibald Cox (⇨ POLITICAL QUESTION DOCTRINE) から命令に従うよう助言されると，司法長官 Elliot Richardson にコックスを解任するよう指示した. リチャードソン長官と William Ruckelshaus 副長官はその指示を無視して辞任. コックス解任の責務は Robert Bork という the *Solicitor General (連邦法務総裁) に押しつけられ，ボーク総裁はニクソンの意に従った. 国民を憤慨させたこの土曜日の悪あがきは，すべてニクソンと(のちに NATO 軍最高司令官やレーガン政権の国務長官になった) Alexander Haig 首席補佐官とが共謀したものと言われる. ⇨ INDEPENDENT COUNSEL

Saturday night special 「サタデー・ナイト・スペシャル」 短銃. ⇨ GUN CONTROL (1)

SBS, the 《英》 = Special Boat Squadron 「特殊船舶隊」 ⇨ SPECIAL FORCES

Scalia, Antonin (1936-) 《米》「アントニン・スキャリア」 連邦最高裁判所裁判官(在位: 1986-). ニュージャージー州トレントン市に生まれた. 父親はイタリアからの移民で，Brooklyn College でロマンス語を教えていた. 両親と同じようにカトリック信者である本人は，首都にあるカトリック系のジョージタウン大学を出て，1 年間スイスの大学に学び，1960 年にハーヴァード大学のロースクールを卒業. 67 年までオハイオ州クリーヴランド市の弁護士事務所で働いたあと，ヴァージニア大学ロースクールで教職に就いた. 71 年から 77 年まではニクソン，フォード両大統領のもとで，政府の法律関係の仕事に従事し，その後，シカゴ大学ロースクールで教え，82 年にレーガン大統領によってコロンビア特別区の連邦控訴裁判所裁判官に任命された. 86 年にはやはりレーガン大統領によって (Warren E. Burger 裁判官に代わって首席裁判官になる) William *Rehnquist 裁判官の後任に任命された.

スキャリア判事は「私の親がアメリカに移民することを夢見たときには，奴隷制度などとうに終わっていたのだから，奴隷の子孫たちに特別の救済をする必要を感じない」とか,「妊娠中絶の権利など，憲法のどこにも書いてない」と大胆にも公言する超保守派である. また，憲法の解釈に当たって，起草者たちの意図を考慮するのは愚かだと考えている. 連邦最高裁判所がそのメンツを保つために判例を重視する姿勢をも軽べつしている. ⇨ CHICAGO V. MORALES; CREATIONISM; EXCLUSIONARY RULES; FLAG BURNING; GAY RIGHTS MOVEMENT; PRECEDENT

school district government 《米》「学区自治体」 郡，市，タウンから独立した学区単位の自治体. 1942 年には 10 万以上あったが，95 年には 1 万 5000 以下に減っている. それでも全米の自治体の約 18% を占めていた. 州法の規定に従って，主に初等・中等の公立学校の運営に当たることになっており，そのための徴税権を持っている. 学区内の住民によって公選された評議会員が住民の固定資産税を基にして税率を定める. ただし，ニューハンプシャー州では州の最高裁判所が，学区 (school district) ごとに住民の固定資産を基準にして学校予算を組むことは(学区によって貧富の差があるので)不公平であり，違憲だという判決を 1997 年12 月に下した. ◆英国の the local education authority (the LEA: 地方教育管理局) の場合は，同じように不動産を課税基準にした *council tax を徴収しているが，各 LEA が各学校に交付する金額は均等である.

school prayer 《米》「(公立)学校での祈禱」 州が強制する公立学校での祈禱を違憲とする *Engel v. Vitale* 事件判決が下された 1962 年以来，米国の(州の援助を受けている)初等・中等学校では，祈禱は，たとえ教派色がなくても，また，生徒の不参加を認めている場合でも，すべて禁止されている. ◆テキサス州の教育委員会は，ハイスクールの生徒がフットボールの競技開始の前にスタジアムで(生徒主導で)お祈りを捧げることを認めていたが，2001 年 6 月 19 日の連邦最高裁判所の判決は，それを禁止すべきだと 6 対 3 で判断した. 憲法第 1 補正の「宗教の護持 (establishment) 禁止条項」に違反するというのがその理由である. William *Rehnquist 首席裁判官は，多数意見は「公的生活内におけるあらゆる宗教的なものに対する敵意に満ちている」としてその判決に反対，Antonin *Scalia, Clarence *Thomas 裁判官もそれに同調した. テキサスなどの州議会と，連邦議会の議員の大多数は公立学校における祈禱や黙想の必要を力説しているし，世論調査でも，国民の 3 人に 2 人は公立学校生徒の祈禱に賛成である. 連邦議会は憲法補正によって公立学校での祈禱を導入したがっているが，最高裁が立場を変える可能性は現在のところまだ小さい. ◆ルイジアナ州 West Monroe 地区の教育委員会は，1976 年以来，学校での黙想を指導していたが，次第にエスカレートして，1999 年からは毎朝マイクで祈禱を放送するよう学校に指示していた. 2000 年 6 月に連邦地裁はそれを違憲とした. 教育委員会は上訴していたが，2001 年 12 月 11 日に，アトランタ市の連邦第 5 巡回区控訴裁判所は 3 対 0 で地裁の判決を正しいと認めた.

[アラバマ州などの反抗] 1997 年に，アラバマ州の公立学校では Fob James 知事の命令で，始業前に生徒が主導でお祈りと聖書の朗読をしていた. 参加したくない生徒は教室の外に出て待っていればよいとされてい

たが，実際には参加を強制されていた．明らかに憲法違反で，連邦政府はそれを禁止させたが，ジェイムズ知事はかえって反抗の姿勢を見せ，1998 年 5 月には，始業前 1 分間の黙想 (quiet meditation) を義務づける法律にサインした．◆ジョージア州では法律によって，生徒は始業前に 2, 3 秒の黙想をする．カリフォルニア，ユタ，メインの各州では，生徒が授業のある時間帯に，校外にある私立の宗教クラスに参加することを許している．SEPARATION OF CHURCH AND STATE (1) の項で，キリスト教集団の放課後の活動が連邦最高裁判所によって(2001 年 6 月に)認められたことを紹介したが，長い目で見ると，これが学校での祈禱強制への突破口になる可能性は否定しきれない．なお，公立学校での祈禱を認める憲法補正は，上下両院で 3 分の 2 の賛成と，38 州の州議会による承認が必要である．

[**フロリダ州の方法は認められた**] フロリダ州 Duval 郡の 15 の公立ハイスクールでは，1992 年に，連邦最高裁の判決に従って，聖職者が卒業式に開式の祈りと祝禱をする儀式を廃止したが，1993 年に，最上級生が友人のあいだから〈チャプレン〉を選び，彼[彼女]が卒業式の最初と最後に「瞑想のため」または「霊感を得るため」の短いメッセージを語ることを許した．これは憲法第 1 補正に反する強制的な祈禱にほかならないとして，1998 年に生徒と親たちの一部が訴えたが，第 11 巡回区控訴裁判所は 2 度にわたってそれが合憲であると判断した．連邦最高裁判所は 2001 年 12 月 10 日に，上訴を受理しないことに決めたので，このフロリダ方式の graduation messages は他の州にまで広がる可能性がある．

[**大学の場合は**] 州立のインディアナ大学ブルーミントン校では，卒業式で教派色のない 2 つの祈りを捧げる習慣がある．1995 年に同大学の法学教授(カトリック教徒)と学生ひとり(無神論者)が，大学は憲法第 1 補正をおかしているとして連邦地裁に裁判を起こした．地裁も控訴裁判所も彼らの主張を斥け，連邦最高裁判所は 1997 年 10 月に上訴を受理しないと決定した．大学生の場合，セレモニーに参加しない自由が十分にあるし，なにか影響を押しつけられるという可能性が小さいからである．大学でも，特定宗教の祈禱ならば禁止されたであろう．⇨ RELIGIOUS EDUCATION (1)

school voucher 《米》「スクール・ヴァウチャー；学校券」 ⇨ PROPOSITION 38

Scopes trial, the 《米》「スコープス裁判」 別名は the Dayton trial または the Monkey trial. 1925 年，テネシー州では新しい法律 the Butler Act (バトラーは議員立法したキリスト教原理主義者 [John Washington Butler] の姓) によって，公立学校で人間が下等動物から進化したと教えることは違法とされた．同年 10 月 10 日から，同州デイトン市のセントラル・ハイスクールでフットボールとバスケットボールのコーチをしながら物理化学と数学を教えていた John T. Scopes が，州が公認した教科書を使って 3 人の高校生に進化論を教えることにした．デイトン市教育委員長の George W. Rappelyea が，沈滞している同市を全米の話題の中心にしようと画策してスコープスをそそのかしたのである．その結果，スコープスは逮捕され，バトラー議員らの原理主義者たちと，the *American Civil Liberties Union（アメリカ自由人権協会）とがバトラー法の合憲性について激しく争うことになり，ラペリアの思惑どおり，デイトン市は全国の注目の的になった．結局，陪審はわずか 9 分の審議でスコープスを有罪とした．翌年，州最高裁判所は法手続きに問題があるという理由でスコープスを無罪にしたが，バトラー法は 1967 年まで有効とされた．最大でも罰金 100 ドルという一見小さな事件だが，米国の裁判史に残る重要な憲法問題裁判であった．⇨ CREATIONISM; FUNDAMENTALISM

S corporation 「S 法人」 ⇨ CORPORATION

Scotland ＝ The Kingdom of Scotland「スコットランド王国」 連合王国のなかで最も異質な province で，丘陵と山岳が多く，夏以外の気候は厳しい．首都はエディンバラ．人口は約 510 万人(2001 年)．住民の多くはアイルランド人やウェールズ人と同様にケルト民族で，その気質と文化的伝統とを受け継ぎ，イングランド人の風俗習慣になかなか溶け込まない．4 世紀前，イングランドのエリザベス女王が死んだあと，スコットランドのジェイムズ 6 世が 1603 年にジェイムズ 1 世として即位したことからも明らかなように，両国間の王室の交流は昔からあったが，両国が政治的に統一して Great Britain になったのは 1707 年である．しかし，統一後も，スコットランドの制度はイングランドのそれと大きく異なる．例えば法律制度だが，スコットランドでは，Lord Advocate（法務総裁）の指揮下に行なわれる刑事訴追は，イングランドとは違って，政治から完全に独立している．裁判について言えば，スコットランドは 6 つの sheriffdom（シェリフ管区; 裁判区）に分かれ，それぞれに sheriff principal（管区シェリフ長; 高等裁判所長）がいる．各 sheriffdom は複数の sheriff court districts（シェリフ裁判区; 地裁）に分かれ，そのそれぞれに 1 名以上の *sheriff (2)（裁判官）がいる．刑事裁判の陪審は 15 名で構成される．重大犯罪以外の罪を法律の専門家ではない約 4000 人の justice of the peace (⇨ MAGISTRATE (1)) が裁判するところは，イングランドや *Wales と似ている．ただし，同じ容疑でも，グラスゴー市ではそういう治安判事ではなく，stipendiary magistrate（有給マジストレート ⇨ MAGISTRATE (1)）が裁判する．これまたイングランドおよびウェールズと違って，刑事事件で the *High Court of Justiciary (刑事最高裁判所) の判決に不満があっても，連合王国の最上位裁判所である the *House of Lords (貴族院) に上訴することはできない(民事事件ならば可能だが). 刑事訴追できる容疑者の最低年齢は 8 歳で，連合王国のなかでは目立って低い. ただし，イングランドやウェールズと違って，少年を成人と同じ裁判所で裁くことはない. ⇨ AGE OF CRIMINAL RESPONSIBILITY (2); COURT OF SESSION

[地方分権の結果] 1997 年の住民投票で可決されたブレア政権の分権 (*devolution) 構想によって，(連合王国の課税率の上下 5% 以内の増減税の立法さえ含む)権限の大きなスコットランド議会 (the Scottish Parliament) が創設されることになり，1999 年 5 月に(日本の小選挙区比例代表制とよく似た方式の)総選挙が行なわれた. 議席は労働党 56，独立派のスコットランド民族党 35，保守党 18，自由民主党 17，緑の党 1，スコットランド社会党 1，無所属 1 で，労働党は自由民主党と連立して多数を占めた. スコットランド政府の初代首席大臣 (the First Minister) に任命されたのは労働党の庶民院議員 Donald Dewar (1937–2000) であった. 2001 年末までにはエディンバラの Holyrood に新議事堂が完成すると言われていた. 連合王国の国会の組織は変わらないが，スコットランド関係で扱う問題は，国防，外交，総合的な経済と金融政策，雇用，社会保障などに限定される. ◆スコットランドの新議会が直面する大きな課題のひとつは土地問題で，12 世紀以来わずか 600 人の(資産家の外国人を含む)地主が全土の半分を所有している(特に 21 人の貴族が全土の 12% を所有している)という現状をどう打破するかが注目されていた. 2002 年にはいよいよその改革が始まり，私有地の一部はすでに国有地化されている. ◆スコットランドには北アイルランド (*Northern Ireland) ほど民族問題での暴力沙汰は起こっていないが，一部のプロテスタント信者による反カトリック感情は根強い.

Scotland Yard 《英》「スコットランドヤード」 The *Metropolitan Police Service (首都警察; ロンドン警視庁. 略は the Met) の通称.

[通称のいわれ] もともとは 1829 年から 1890 年まで No. 4 Whitehall Place にあった首都警察本部と総監執務室の通称. そこは Great Scotland Yard という広場と背中合わせになっていたので，スコットランドヤードという通称が生まれた. スコットランドヤードというのは，その広場の隣に the Royal Palace of Whitehall (17 世紀の大火で焼失) という宮殿があり，イングランド滞在中のスコットランド王の居城やスコットランド大使館として使われていたのでそう呼ばれた，というのが定説であった. しかし，1970 年代に首都警察の高官が古文書を丹念に調査し，そこは中世の初期に Scott という人の所有地であったから Scotland Yard と呼ばれる

ようになったという新説を発表し，首都警察もそれを信用しているようである.

[ニュー・スコットランドヤード] 1890 年に首都警察は the Embankment の the Norman Shaw Building という建物に移った．それでもニュー・スコットランドヤード，あるいは単にスコットランドヤードの名前で親しまれた．1967 年にはウェストミンスター市に移転し，新住所は 10 Broadway, London SW になり，こちらをニュー・スコットランドと呼ぶ人々もいるが，一般庶民からは相変わらずスコットランドヤードと呼ばれている.

[首都警察の組織] 首都警察は公選されたロンドン市長の指揮下にあるが，総監の任命権など，大きな権限は内務大臣に握られており，首都警察委員会の監督も受けている．ここの the CID (= the Criminal Investigation Department: 刑事捜査部．俗称は the Murder Squad) と，その下部組織のひとつで，重大犯罪の現場に急行する the Flying Squad (特捜部 ⇨ SWEENEY TODD) との有能さには定評がある．スコットランドヤードという名前で一般市民が思い浮かべるものは，たぶんめざましい働きを見せていた CID のことだろう．ただ，近年は警察官の不法行為や無能が目立ち，特に the *Lawrence case で首都警察はかなり評判を落とした．総監は the Metropolitan Commissioner と呼ばれ，他の 50 人余りの地域警察本部長 (*chief constable) よりはるかに格が上．その他は METROPOLITAN POLICE SERVICE の項を参照．ロンドン中心部のシティーの警察については CITY の項を参照.

Screwdriver 《英》「スクリュードライバー」 ネオナチ集団. ⇨ BLOOD AND HONOUR

SEALs 《米》「シールズ；海軍特殊部隊」 Sea-Air-Land teams の略．第二次世界大戦の frogmen (潜水工作隊員) の伝統を受け継いだエリート部隊．カリフォルニア州 Coronado 市で訓練を受ける．1966 年からヴェトナム戦線で Brown Water Navy (褐色のメコン川を護る海軍) と呼ばれた船舶部隊を援助して奇襲を敢行した．16 人の小隊で行動することが多い．2001 年，対テロ戦争の最終局面で，アフガニスタンの洞窟を攻撃するために出動したと伝えられる. ⇨ SPECIAL FORCES

search and seizure 《米》「捜索と抑留」 憲法第 4 補正が禁じている，警察官による令状なしでの捜索と身柄の拘束の意味でも用いられる．ただし，相手がいますぐ犯罪をおかすと判断される合理的な理由があれば，これも例外的に許される．◆カリフォルニア州の裁判官は仮釈放する受刑者 (麻薬犯罪者が多い) に対して，「仮釈放中に令状なく自宅を捜索することに同意する」という書類にサインさせていた．2000 年に連邦第 9 巡回区控訴裁判所は，その捜索で発見されたものは，本人の新しい犯罪の証拠にはならないと判断した．しかし，2001 年 12 月 10 日の連邦最高裁判所の全員一致の判決は，仮釈放中の者の自宅を令状なしで捜索した場合でも，そこで見つかったものは新たな犯罪の証拠として受理できる，という新しい判断を示した． ⇨ STOP AND FRISK

SEC, the ＝ SECURITIES AND EXCHANGE COMMISSION

second-degree murder 《主に米》「第 2 級謀殺」 ⇨ MURDER

second gunman on the grassy knoll, the 《米》「草の丘にいたもうひとりの狙撃犯人」 ケネディ大統領暗殺事件(1963 年 11 月 22 日)の真犯人，または暗殺共謀者のひとりのこと．the first gunman とは，the *Warren Report で単独犯と断定された Lee Harvey *Oswald のことである．そのオズワルドは 24 日にダラスの留置場前で Jack Ruby というナイトクラブの経営者によって射殺された．郡保安長官 (*sheriff (1)) の目の前でそんな事件が起きたのは余りにも異常であり，事件の複雑な真相を知っているオズワルドの口を永遠に封じるための(政府秘密機関による?)殺人という疑いが広まった．まもなくジョンソン大統領が連邦最高裁判所の Earl *Warren 首席裁判官に調査を依頼した．10 カ月後，ウォレン委員会は，米国科学アカデミーの科学者の調査によっても，陰謀があったという証拠はないという結論に達したが，国民の多くは今なおウォレン報告に疑惑を抱き続けている． ◆2001 年 3 月下旬に発行された，英国の Forensic Science Society (法科学学会) の季刊機関誌 *Science and Justice* に掲載された D. B. Thomas という米国政府機関の科学者による(同学会の審査を経た)論文によれば，連邦下院の the House Assassinations Committee (暗殺調査委員会) の委嘱を受けた科学者たちは――事件当時，パトロール警察官がうっかりスイッチを切り忘れたために――録音された銃弾の音を高度の音響技術を駆使して分析した結果，オズワルドがダラス市のテキサス教科書会社倉庫の 6 階の窓から 3 発目を撃ったわずか 1.7 秒後に，草の丘の頂上から発射された別の 1 発があったと結論づけた．著者トマスは，その銃弾が(おそらく犯人が周到に計算していたとおり)近くの建物に当たって跳ね返り，大統領に命中した可能性が 96% あると信じている．どちらの弾が大統領を殺したにせよ，2 人の犯人がいたらしい．だとすれば，大統領暗殺の陰謀があったと言えるわけで，ウォレン報告の信憑性はますます揺らいでいる． ⇨ ZAPRUDER FILM

Secret Service, the U.S. 《米》「連邦シークレットサービス」 財務省に所属する機関で，1865 年，リンカーン大統領が最後の閣議で創設を認めた．通貨や証券偽造の捜査が主目的で，ウィリアム・マキンレー大統領が暗殺された 1901 年からは，正副大統領の身辺警護，またのちには，大統領経験者，主要な正副大統領候補者，正副大統領就任予定者，大統領の直系の家族(特に 16 歳未満の子供)，また，(1971 年からは)国賓と，外国を訪問する政府代表の警護も主要な任務になった．ホワイトハウスや首都の外国公館の警備も担当する．通貨や証券やカードの偽造取締りのほか，コンピュータ利用の詐欺も捜査の対象にしている．国内に約 200 の支部を持ち，国外に 12 の地区オフィスを持つ．1980 年の要員は(30 年前の 5 倍に当たる)1552 名で，年間予算は 1 億 5700 万ドルに達した．より新しい情報は wefrite (http//www.treas.gor/usss/index.shtml) で得られる．

Section 28 《英》「第 28 節(問題)」 Clause 28 としている新聞もある．英国の the Local Government Act (地方自治法)の第 28 節で，自治体の議会や教育委員会が公立学校で同性愛 (*homosexuality) を肯定するような決定を下すことを禁じている．“The local authorities shall not promote the teaching in any maintained school of the acceptability of homosexuality as a pretended family relationship.” (教育委員会は，いかなる公立学校においても，同性愛を家族関係の可能な形として認めるような教育を進めてはならない)がその全文である．ブレア政権は 2000 年 1 月に，新しい自治法案 (the Local Government Bill) からこの第 28 節を削除することを提案し，労働党議員のほとんどはその政府案に賛成しているが，保守党の庶民院議員と，労働党員も含む貴族院議員の大半と，その他の党の議員は政府案に抵抗し続けている．政府が第 28 節を削ろうとする主な理由のひとつは，同性愛傾向のある生徒がいじめに遭うのを教師が防止できるようにするため，もうひとつは the *European Court of Human Rights (欧州人権裁判所) の意向に沿うためである．イングランド教会もカトリック教会も第 28 節削除に反対を表明している．保守党の有力議員で，党内の数少ない中道左派の Shaun Woodward (1958–　) は，「自分には同性愛の友人が大勢いる」と言ってその削除を支持したために，ただちに保守党のロンドン代表 (spokesman) の職を解任された(もともと EU と Euro 嫌いの William Hague 党首[当時]に盾突いていたのが解任のほんとうの理由らしいが)．◆貴族院は 2000 年 2 月に 210 対 165 の大差で政府案を否決したが，ブレア首相は少数者に対する不公平と戦うために，第 28 節削除の努力は続けると語った．

Securities Acts 《米》「証券法」 1929 年以来の大不況のあとで，投資者保護を目的に制定された主として 2 つの法律．ひとつは，証券を発行する会社は the Federal Trade Commission (連邦取引委員会 ⇨ Office of Fair Trading) に登録したうえ，関連する情報をすべて公開すべきだという 1933 年の the Securities Act で，もうひとつは，公正な証券取引の具体策を規定した 1934 年の the Securities Exchange Act (証券取引法).

いずれも the *Securities and Exchange Commission (証券取引委員会) がその執行を管理する.

Securities and Exchange Commission, the 《米》「証券取引委員会」 略は the SEC. 証券市場の合法性と公正性を確保するために，情報を開示し，国内と国際的な市場や投資を規制し，電力会社，ガス会社などの商行為を監視し，消費者保護の観点から破産企業を救済するなど，多くの責任を負った政府の独立機関. 準司法機関であり，法に違反した企業や個人を連邦裁判所に訴えることができる. 1934 年の the Securities Exchange Act に基づき，同年 7 月に創設. 5 人の委員 (Commissioners) は大統領によって任命され，そのひとりが the Chairman になる. ⇨ ENRON BANKRUPTCY; SECURITIES ACTS

sedition 「反政府運動の扇動」 (1) 《英》国王[女王]，王子，および彼らの後継者，政府，英国の憲法，英国議会などに対して憎悪や軽べつを植えつけるような(文書や口頭の)言論，国王の臣下のあいだに不和を生じさせるような言論，国王の臣下のうち異なる階級のあいだに敵対感情をあおるような言論など. ◆英国における国王[女王]に対する敵対行動は treason と言う. (2) 《米》政府に対するスパイ活動，破壊・妨害活動，転覆工作，またそれらをあおる行動，出版，言論など. *McCarthyism 時代の反米活動取締り諸法も sedition legislation であり，the *Smith Act はその典型的なものであった. treason (国家反逆罪) との区別は常に明確とは言えないが，米国の treason の場合は，憲法第 3 条第 3 節 1 項で定義してあるように，アメリカ合衆国に対する敵対行動，またはその援助であり，同一の容疑に対する 2 人の証言，または公開裁判での自白がなければ有罪とはならない. それにひきかえ sedition のほうは，厳密な定義も，証拠に関する規定もない. 州に対する敵対行動を treason としている州法もある. 奴隷制に反対した John Brown (1800–59) は，州に対する敵対行動 (treason) のゆえに死刑になった唯一の人である. ⇨ ESPIONAGE; SEDITION ACT OF 1918

Sedition Act of 1918, the 《米》「反政府活動取締法」 1798 年に the *Alien and Sedition Acts (外国人および反政府活動取締法) という 2 年間の時限立法があったが，それと同じように，本来ならば憲法第 1 補正で保障されている政府批判の自由をも取り締まる法律. この法律は，合衆国政府だけでなく，憲法，国旗，軍の制服などについて反抗的なこと，あるいは軽べつするようなことを言ったり書いたりするだけで，1 万ドルの罰金または 20 年以上の禁固刑，またはその両方を科するという厳しいもので，言論の自由を著しく侵害していた. この法が禁じる公務員に対する誹謗は *New York Times Co. v. Sullivan* の連邦最高裁判所判決 (1964) (⇨

ACTUAL MALICE) によって憲法第1補正違反とされた. ⇨ ESPIONAGE; SEDITION; SMITH ACT

Seditious Conspiracy Law, the 《米》「反政府活動共謀取締法」 ⇨ WORLD TRADE CENTER BOMBING

selective incorporation doctrine 《米》「選択的組入れ可能の原理」 憲法第1～8補正は連邦政府に対する規定だが, 第14補正第1節(デュープロセス条項 ⇨ DUE PROCESS OF LAW) によって州にも適用できるとする考え. 第1～8補正のすべては第14補正によって州法に組み入れられている, あるいは組み入れられるべきだという考えは the total incorporation approach (全面的組込み原則) と呼ばれるが, 連邦最高裁判所が多数でこれを認めたことはない. ⇨ INCORPORATION DOCTRINE

Selective Service System, the 《米》(1)「選抜徴兵制度」 (2)「平時従軍登録制度」 米国政府は南北戦争から第二次世界大戦まで数百万人の国民を軍に招集した. 兵員急募の必要に迫られた第一次世界大戦中の1917年5月18日に, 議会は the Selective Service Act (選抜徴兵制度) を通過させ, 21歳から30歳までのすべての米国人男性が地域の徴兵局に登録することを義務づけた. 第一次世界大戦中に2400万人が登録し, 280万人が招集された. 平時における選抜徴兵制度が確立したのは1940年で, これは48年に改正された. ヴェトナム戦争時代に, この法律のもとで発行された招集令状を多くの青年が無視し, カナダに逃れる者も多かった. 連邦最高裁判所は1918年の前例を持ち出し, 招集による軍役は憲法第13補正が禁じている "involuntary servitude" (本人の意志に反する強制労働) ではなく, "involuntary but supreme and noble duty" であり, 選抜徴兵法に違反した者は罰せられるべきだという判決を下した. 連邦議会は, ヴェトナム戦争への批判が広がった1973年に, 軍が国民を強制的に招集する制度を廃止したが, ニクソン大統領は選抜徴兵制度を復活した. しかし, カーター政権のもとで(英語名は同じだが)「従軍志願登録制度」が生まれた. その制度によって, 18歳6カ月から(1960年以後に生まれた者は18歳から)26歳までの米国の男性市民, および同年齢の米国居住者のすべて(例外は軍人, 外交官, 移民ではない外国人など)は, (通常は郵便局に)住所氏名を登録する義務を, ひいては, 政府が必要と認めるときには訓練を受けたり, 軍隊勤務を果たしたりする義務を負っている. しかし, 従軍を義務づけられることはない. ⇨ AMNESTY (3)「選抜徴兵局」 国家経済を勘案したうえで, 必要な軍の兵員と外交要員とを用意するための政府機関. 本部はヴァージニア州アーリントン市にある.

self-executing 「自力で執行できる」 法律や条約や判決などを, 別の法律や, 裁判所の特別な命令などがなくても執行できる, の意.

self-incrimination 「自己負罪」 自分が有罪であることを告白する，あるいはそれと同じ意味を持つ証言その他の言動．米国では，容疑者にそういう言動を強制するのは憲法第 5 補正違反である．イングランドとウェールズでもそれは刑事証拠法違反となる．

Senate, the 《米》(1) = the United States Senate「連邦上院」 定員は 100 人．全米の 50 州から各 2 名の議員を選ぶ．任期は 6 年だが，2 年ごとに 3 分の 1 の議員を改選するよう，任期の始まりをずらしてある．議長は副大統領．合衆国全体にかかわる予算，外交，軍事，司法，保健，運輸などの重要問題では，下院以上に大きな責任を持つ．また，大統領が指名する連邦最高裁判所裁判官とそれ以下の連邦裁判官，連邦の高官などは(上院の会期中には)上院の承認がないと任命されない．大統領，副大統領，政府高官，連邦裁判官などの弾劾が下院で決議されたときは，上院議員全員が弾劾裁判官となる．◆上院が承認しないと大統領が任命できない高官の数は，2001 年には，内閣関係の行政職で 360 人，独立機関のコミッショナーなどを含めると 494 人だと言われている．ひとりひとりについて，the *FBI による入念な身辺調査と委員会での徹底的な適性審査が行なわれ，資産も公開されるので，非常に時間がかかる．2001 年 6 月段階でさえブッシュ II 政権の，国連大使や，準閣僚級を含め，全体の 5 分の 4 が承認されておらず，へたをすると 2002 年 3 月ごろにまでずれ込むのではないかと言われていた．連邦裁判官の場合は，保守・リベラルの政治的な綱引きで特に時間がかかる．与党が少数であったクリントン政権のもとでも，多数の連邦高裁の裁判官が空席になったままだった．(2)「(州の)上院」

Senate of the Inns of Court and the Bar, the 《英》「インズオブコート連合評議会」 The *Bar (バリスター団) の統括組織として 1974 年 7 月に設立された．The *Attorney General (3) (法務総裁)，the *Solicitor-General (法務副総裁)，the Council of Legal Education (法学教育評議会) の議長，裁判官代表(24 人)，各 Inn (⇨ INNS OF COURT) の Hall の代表(12 人)，*barrister の代表(39 人)を含む 90 人のメンバーから成り，バリスターの教育，資格認定，職業倫理の向上などを図っている．この組織は 1894 年に創設された the General Council of the Bar of England and Wales (略して the Bar Council) という「バリスター団連合評議会; バリスター評議会」の責務の大半を 1974 年に受け継いだ．その評議会は 1987 年に改組され，インズオブコート連合評議会のメンバーの一部が評議員になって，イングランドおよびウェールズのバリスターの職業倫理や法学教育などを指導している．

senatorial courtesy 《米》「上院の儀礼」 大統領がどこかの州の連邦地

裁判事，連邦保安官，連邦の高級職員などを任命するとき，自分と同じ州出身の与党議員がいれば，その議員たちの了承をあらかじめ受けておくべきだ，という非公式の慣習．もしそうしないと，上院は当の候補者の承認を拒否するのがふつう．courtesy は大統領が上院に頭を下げることではなく，上院がわずか 1, 2 名の議員のリーダーシップに従って統一行動をとることを意味している，という説がある．

sentencing guidelines 《米》「量刑基準」 過去の大量の判決から，犯人の犯行状況，背景，犯罪の性格などの要因と量刑との相関関係を統計的に調査したもの．裁判官が同一状況での同一犯罪に同程度の刑罰を科すために参考にする資料．

separate but equal doctrine, the 《米》「分離すれども平等，の原則」
⇨ BROWN V. BOARD OF EDUCATION OF TOPEKA, KANSAS

separation of church and state, the 「政教分離」 (1)《米》合衆国憲法第 1 補正が明記している原則．

[憲法上の大原則] 植民地時代には――ニューヨーク邦とヴァージニア邦とを除いては――プロテスタントのキリスト教徒でなければだれも公務に就けなかった．また，各邦は独自の公定宗教を維持し，かつ保護していた．植民の最初のいきさつからして，政治と教会とは不可分と思われていた時代に，あえて政教分離を主張したトマス・ジェファーソン(1743–1826)を初めとする建国の父たちの先見性は，この国がその後多くの宗教的文化を背景とした移民を受け入れるだけに，高く評価されている．キリスト教の伝統は，貨幣に刻んである(また連邦議会内にも記されている) "In God We Trust" のモットーや，クリスマスを公定休日にすることなど，各所に色濃く残っている．特に南部諸州では，原理主義者 (⇨ FUNDAMENTALISM) たちの宗教的信条と保守的な政治信条とが結合して，公立学校における進化論の教育を阻害するという問題を生じている (⇨ CREATIONISM)．しかし，連邦最高裁判所は，これまで公教育，行政，司法などの場に宗教の影響が及ぶことをできるだけ排除してきた．もちろん，そのことは宗教活動の自由と矛盾するものではない．

[ブッシュ II 政権での変化] クリントン大統領は 1997 年 8 月に，連邦職員が机上に聖書やコーランを置くこと，イスラム教徒の女性であれば，頭からスカーフをかぶること，クリスマスに事務所に花輪を飾ることなどを許可するという指針を発表した．◆ブッシュ II 大統領は 2001 年 1 月 29 日に the White House Office of Faith-Based and Community Initiatives (「信仰に基づく新プログラム，および地域社会の新プログラムを推進するホワイトハウス事務局」)を設立する大統領命令 (*executive order) に署名した．事務局長はペンシルヴェニア大学政治学教授の John DiIullio（ディィリューリオウ）. これは教会の宗教活動を連邦が財政支援するものではないが，米国に大きな社会問題がある場合には，まずキリスト教，ユダヤ教，イスラムなど宗教団体の力を借りる，というブッシュII大統領の持論から出ている．大統領は，薬物依存，アルコール依存，ホームレス，ギャングによる暴力，家庭内暴力などと取り組む諸宗教の団体が連邦政府から多額の援助を得る道を開いた，との見方もある．ブッシュIIが選挙中に公約した思いやり政策の連邦予算は，10年間で239億ドルであった．そのうち新プログラム推進に支払われる予算が大きければ，また，新プログラムの宗教色があまり強ければ，特定の宗教団体の護持に手を貸すものとして，憲法第1補正違反に問われる可能性がある．実際には，テロ対策のあおりもあって，当初の案より縮小した予算で始めるようである．

［**最高裁も変化?**］ 2001年6月11日に，連邦最高裁判所は注目すべき判決を下した．ニューヨーク市のある教育委員会に対して，公立学校の校内で the Good News Club（福音クラブ）という少年少女向けのキリスト教組織が放課後に集会を開くことを禁じてはならない，というものであった．公立学校が宗教活動にその場を提供することは，かつては憲法第1補正の the establishment clause（宗教護持禁止条項）に違反するとしてきびしく禁止されていたが，近年は徐々に規制が緩和されている．なお，上記の判決は William *Rehnquist, Sandra Day *O'Connor, Antonin *Scalia, Anthony *Kennedy という保守派に，中道リベラル寄りと見られていた Stephen *Breyer 裁判官が加わって，Clarence *Thomas 裁判官の意見を支持したもので，John Paul *Stevens, Ruth Bader *Ginsburg, David *Souter の3判事がそれに反対した．⇨ SCHOOL PRAYER

(2)《英》連合王国では，国王［女王］が公定宗教の信仰の擁護者であり，特にイングランド教会に対しては，さまざまな法律で，その財政運営の方法さえ含めて，政府が面倒を見ている．公式行事にもキリスト教色が強い．しかし，同国政府はイングランド教会とスコットランド教会という2つの公定教会（the *Established Church）を維持するために国民の税金を投入する政策はとっていない．イングランド教会の指導者が立法や行政に直接，具体的な影響力を及ぼしているわけでもない．プロテスタント教会員でなければ庶民院議員になれないという規制はとうに排除された．ルーテル教会を国教ではなくしたスウェーデンのように，イングランド教会を連合王国の公定教会から外そうという動きは(すぐには国民の支持を得られないであろうが)教会内部や政府部内にさえある．

イングランドには国家の補助を受けて運営しているカトリック系およびイングランド教会系などの宗教学校が(全体の2万5000校のうち)約

7000校ある．2001年末に，ブレア首相は教育における宗教学校の役割を増大させる方針を立てたが，*The Economist* 誌(12-8th-14th-2001)は2つの記事で，宗教学校は貧しい生徒を受け入れない，ほかの理由でも人種問題を深刻にさせる，教育水準が平均すると state schools よりも低い，教派の違う生徒に対する公平さが期待できない，などの理由を列挙して，珍しく強い口調で「危険だ」(“Tony Blair's plan to hand over more state education to religious organisations is dangerous”) と批判していた．

separation of powers, the 「3権の分立」 フランスの法学者モンテスキュー(1689-1755)が『法の精神』(1748)で提唱した理論で，市民の自由を擁護するためには，国家の権力である立法 (legislation) と，行政 (executive power)，司法 (judiciary power) を分離すべきで，同一人物がその権限を2つ以上兼ね備えてはならない，というもの．

(1)《米》合衆国憲法は3権の分立を明白に規定しており，checks and balances の考えはうまく働いているように見える．しかし，連邦でも各州でも，公選される行政や司法関係の候補者がそれぞれ支持政党を明らかにし，党の力関係によって当落が決まるケースが多い．もっと深刻な問題は，大統領が任命する(最高裁を初めとする)連邦裁判官で，これは連邦上院の多数党の意向が強く反映する．もし特定政党が何期にもわたって上院の多数を占めていると，一方に偏った連邦最高裁判所裁判官が任命されてしまう──任命した大統領の期待に背いて独自の立場を貫く裁判官(例えば，現職の David *Souter 判事)が多少はいるけれども．2001年1月にようやく決着をみた大統領選挙は，連邦最高裁判所の裁判官9人が，その政党的な立場で5対4に分かれてブッシュII に有利な判決を下した結果であり，公正ではなかった，という厳しい批判がある．◆各州の裁判官，司法長官など，公選の役職にも，特別利益団体の意向や，政党色が強く出る可能性がある．米国50州のうちで，39の州では州最高裁判所の裁判官は公選されるが，それに当選するためには莫大な選挙資金が必要である．過去10年ないし15年で，選挙に必要な資金が6〜7倍に跳ね上がった州もあるという．逆に，自分たちにとって都合の悪い裁判官を落選させるための運動資金も集められる．それらの金は政党色の強い組織，弁護士，弁護士を依頼する有力な企業や資産家たちによって寄付されている．そこに当然党利党略が働くし，裁判の判決にも影響するだろう．司法の独立がこういうところから崩れる可能性は否定できない．

(2)《米》連邦と州の権限の分離．最近の連邦最高裁判所は連邦の権力と州権 (*states' rights) とのバランスを計って，権限の多くを州に委ねている．⇨ RELIGIOUS FREEDOM RESTORATION ACT

(3)《英》連合王国では，3権分立の原則が守られていない．the *House

of Lords (貴族院) は立法府であると同時に司法府でもある．行政府(政府)の高官は(米国の場合とは違って)ほとんど国会議員である．特に目立つのは the *Lord Chancellor (大法官) の存在で，これは閣僚の一員でありながら，貴族院議長であり，枢密院司法委員会の首席裁判官であり，最上位裁判所としての貴族院の首席裁判官であり，(少なくとも名目上は) the *Court of Appeal (控訴院) や the *High Court of Justice (高等法院) などの長であるし，上位および下位の裁判官の任命に大きな実権を握っている．司法に対する行政の介入を阻止し続けている the *Council of Europe (欧州会議) が，やがてこれを真正面から問題にすることは十分考えられる．それを意識してか，大法官は現在，控訴院や高等法院で裁判長の座につくことはない．⇨ European Convention on Human Rights

sequestered (1)「(財産の，一時的な)差し押さえを受けた」(2)「(財産を裁判所によって)強制管理された」(3)「(陪審が，最終評決まで)外部から隔離された」陪審をホテルなどに隔離する jury sequestration は，*common law 時代にはごくふつうの習慣であったが，近年はかえって弊害が生じるという意見もあるので，あまり行なわれない．sequester のラテン語の語源は *sequestrare* で，「問題になっている土地を第 3 者に信託する」の意.

Serious Fraud Office, the 《英》「重大詐欺特捜局」⇨ Crown Prosecution Service

service 「送達」(= service of process) 告発状，召喚状，令状などを正式に当事者(特に民事事件の被申立人や証人)に手渡す，または郵送すること.

session law 「会期別法律」⇨ public law (4)

setoff; set-off 「相殺」加害者とされた被申立人が「こちらこそあなたからは，別の件で金銭的損害を受けている」と主張して，賠償金の帳消しや減額を要求すること．ふつう金銭的損害について用いる．英国では金(かね)以外の損害(例えば精神的な負担など)は相殺されない.

settlement 「和解; 示談」ほかに，不動産の所有権を売り手から買い手に移すことをも意味する．後者の売買に関する金銭的な問題(例えば抵当権の設定)は，すべて a settlement sheet に明記される.

severability rule; severability doctrine 《米》「可分性の法理」裁判所は，ある法律のうち違憲の部分を無効として排除しながらも，残りの部分を有効と認めてもよい，という原則．連邦最高裁判所がある法律の主要部分を違憲と判断しても，その法律全部が無効にされるわけではない．⇨ Communications Decency Act

Sex Discrimination Act, the 《英》「性差別防止法」主に雇用，給与，

昇級などで，男女の性差あるいは婚姻関係の有無などによって生じる不平等を排除するための法律で，1975 年に制定．1986 年法もある．米国の場合と違って，性的嫌がらせの具体的な定義や説明はないが，差別行為としてのセクハラは判例およびこの法律で取り締まられる．⇨ EQUAL RIGHTS AMENDMENT; REED v. REED; SEXUAL HARASSMENT; SINGLE-SEX CLUB

sexual harassment 「性的な嫌がらせ; セクハラ」 米国では 1986 年の連邦最高裁判所判決 (*Meritor Savings Bank, FSB v. Vinson*) によって，職場，教育機関などにおける性的な嫌がらせ(性的な関係を迫ることはもちろん，体に触れること，性的な言葉の使用，ジョーク，思わせぶりな言動，性的な写真や絵を見せることなども含む)は the Civil Rights Act of 1964 (⇨ CIVIL RIGHTS ACTS) の第 7 条に違反する性的差別になる．1993 年の連邦最高裁判決で，被害者が賠償請求をする場合に，「深刻な心理的障害」があったと証明する必要はなく，職場などでの環境が敵対的，または虐待的であることを明らかにすれば十分だとされた．1998 年 6 月の 3 つの事件に対する連邦最高裁判決は，① 従業員が敵対や虐待を受けず，日ごろ厚遇されていても，セクハラの賠償を求めることができる，② 企業など組織の最高責任者は，こういう問題に対する強い対策を講じていない限り，組織内で起こったセクハラに対して責任を問われる，③ セクハラの被害者は(単に親や友人ではなく)，それに関して決定権を持つ者に通報しなければならない，と定めた．学校の生徒の場合，通告を受けた責任者(教育委員会の長)がそれを故意に無視した場合，生徒はそのことを証明する必要がある．③ の通告責任については，市民のあいだに反対意見が強く，法の改正を要求する声が挙がっている．

［**生徒どうしのセクハラ**］ 1999 年 6 月の *Davis v. Monroe County* 事件の判決で，連邦最高裁判所は，ジョージア州 Forsyth 市の公立小学校に通う 10 歳の女子児童が，1993 年に半年間にわたって同級生の男子児童からしつこい性的ハラスメントを受けたことを，学校の責任者たちがもし知っていて “deliberate indifference” (故意の無関心) を装っていたとするならば，賠償金を払う責任を負うとした．Davis というのは女子児童の母親の姓．判事 5 人の多数意見は，連邦からの援助を受けている学校で「あまりにも度が過ぎていて，しつこくて，客観的に見て不快であり，被害者の教育を受ける権利を阻害するような性的ハラスメントがなされた場合にのみ」学校は賠償責任を負う，と言うのである．判事 4 人の少数意見は，「……場合にのみ」と制限をしたとしても，教育委員会はこの判決の結果として，恐るべき数の裁判で責任を問われるだろう，と警告した．ある調査によれば，全米の生徒の 81% が校内でなんらかのセクハラを経験したと回答している．◆カリフォルニア州では 2000 年から，連邦，州

などの公的資金を受けたあらゆるレベルの学校で，同性愛者に差別や嫌がらせをする行為は法律で罰せられることになった. ⇨ DAMAGES; GAY RIGHTS MOVEMENT; HOMOSEXUALITY

sexual predator 「暴力的性犯罪の常習者」 (1)《米》カンザス州は州法で，悪質な常習的性犯罪者を，刑期が終わったあとでも精神病院に強制収容してよいという法律を作った. 連邦最高裁判所は 1997 年 6 月 23 日に *Kansas v. Hendricks* の判決でその法律を 5 対 4 で合憲と認めた. 反対の裁判官のうち 3 人も，精神に異常があり，暴力的な性犯罪をおかすおそれのある者を裁判所命令で強制入院 (*civil commitment) させることには反対していない. この判決の直後に，ニューヨーク州もカンザス州と同じような法律を作った. 他にも続々と似たような州法が作られている. ⇨ MEGAN'S LAW; PREVENTIVE DETENTION

[**一時去勢も**] カリフォルニア州では，2 回以上の性犯罪歴を持つ仮釈放者に対して，一定の期間だけ性ホルモンの分泌を抑える薬物を投与する法律を 1997 年 1 月から施行した.

(2)《英》連合王国の内務省は，子供を性犯罪から保護するために，性犯罪で有罪の判決を受けた元受刑者の住所などを地域の学校などに通知する方針を 1997 年 8 月に決めた. それは the *High Court of Justice (高等法院) が 7 月に，性犯罪者の情報を地域社会に提供したノースウェールズ警察の措置を正当と認めたのを受けたもの. The Sex Offenders Act (性犯罪者法) によれば，30 週間以上の刑を受けた受刑者の所在地は本人が死ぬまで，6 週間以上 30 週間未満なら 10 年間，6 週間未満なら 7 年間，警察のコンピュータに登録される. ⇨ PEDOPHILE; SARAH'S LAW

Sheppard case, the 《米》「ドクター・シェパード事件」 1954 年 7 月 4 日，オハイオ州クリーヴランド市の裕福な整骨医「ドクター・サム」ことSamuel Sheppard (1924–70) が妻の Marilyn (当時 31 歳で，妊娠中) を殴り殺したとされた事件. 容疑者シェパードは "bushy-haired stranger" が侵入して妻を殺害し，妻を救おうとした自分もその暴漢によって強打されて失神したと主張したが，ある病院の若い女性医療技師との情事が発覚したこともあって，終身刑を宣告された. 新聞雑誌や (Perry Mason で有名な) ミステリー作家 E. S. Gardner などは冤罪(えんざい)の疑いが濃いと主張. 新任の弁護士が 1966 年に再審に持ち込み，そこでは無罪が確定した. ドクター・サムはその後，獄中の彼への手紙で知り合った女性と結婚したが，68 年にその妻が，出所後ドラッグや酒におぼれている夫との生活に身の危険を感じるとして離婚訴訟を起こした. シェパードはその後プロレスラーになったが，46 歳で肝臓病のため死亡した. ◆この事件は ABC のテレビ番組 "The Fugitive" (1963–67) やハリソン・フォード主演の同名の映画(1993)に素材を提供した. 1998 年に死亡した他の事件の殺人犯 Richard Eberling が, 生前, 受刑者仲間にマリリン・シェパードを殺したのはおれだと告げた. このエバーリングはかつてシェパード家の窓拭きとして雇われていた人物であった. シェパードの息子 Sam Reese Sheppard は父親を有罪に追い込んだ Cuyahoga 郡検事長の責任を問う訴訟を起こした. ドクター・サムこそ "the No. 1 murderer" だと確信している検察側は 99 年 8 月に, 裁判を延期し, マリリンの遺体を掘り出して体液の *DNA 鑑定をすることを決定した. 息子のほうも 2 年前に父親の遺体を掘り出して DNA 鑑定をしてもらったが, 裁判の結果, 検事長の勝ちに終わった. ⇨ A6 MURDER

sheriff; Sheriff (1) 《米》「保安長官; 保安官」 郡(*county (1))の法律執行責任者. 知事が任命するハワイ州とロードアイランド州以外では郡ごとに公選される. 副保安官 (deputy sheriff) のほか, 多数の(大都市を抱えた郡では何百人もの)警務保安官(deputy)がその下で働く. 保安長官はまた郡の裁判所や刑務所の管理と警備, 交通パトロール, 警察活動のほか, 郡住民の生活全般にわたる幅広いサービスを提供する責任者. ほとんどは警察署長の経験者である. ⇨ JAIL; UNITED STATES MARSHAL

(2) 《英》「シェリフ」 各州に置かれた国王[女王]名代であって,「州長官」という訳は適当ではあるまい. 10 世紀からある州の役職で, 昔は大きな権限を持つ軍の高官であったが, 16 世紀の半ばから文官になり, 軍事面は各州の the Lord Lieutenant (これも国王名代) が担当するようになった. 現在, 一般には High Sheriff と呼ばれているこの職は名誉職で, 国王によって任命され, 国王など皇族の来訪, the *High Court of Justice (高等法院) の裁判官の来訪などに際して歓迎の儀式を司り, 国会議員の選挙のときには returning officer (選挙管理官) として, 州内各選挙区の投票結果を報告する. 同じく国王名代である Lord Lieutenant は元高級将校で, 国王の来訪に際して予備役軍人を指揮して歓迎するとか, 新任される *magistrate の推薦権を持つ, などというところがシェリフと違う.

(3) 《スコ》「裁判官」 スコットランドは 6 つのシェリフ管区 (sheriffdom) に分かれ, それぞれ裁判長官 (sheriff principal) がいる. 各裁判管区の下に地裁管区 (sheriff court district) がある. その他は SCOTLAND の項を参照.

(4) 《英》ロンドンの「シェリフ」 これは 12 世紀からあった公選の州長官の名残りで, 一種の名誉職として 2 名が任命される.

sheriffdom 《スコ》「シェリフ管区; 裁判区」 ⇨ SCOTLAND; SHERIFF (3)

Sherman Antitrust Act, the 《米》「シャーマン反トラスト法」 1890

年に制定された独占禁止法. 市場における競争力を制限または停止させる複数企業による協定(価格カルテル, 生産・販売制限カルテルなど)やその共謀を禁止し, 州際通商や外国貿易を自由化させる. 米国内での通商のいかなる部分も独占を許さない. それらの規制を連邦政府(司法省)が管理し, 違法があれば連邦裁判所による差止め命令 (*injunction), 罰金, 禁固刑などで対処する. 違法によって被害を受けた個人は, 訴訟によって3倍の賠償金 (treble damages) を受ける道が開かれた. 1895年と1910年に, 連邦最高裁判所から問題点を指摘されたので, 議会はなにが違法行為かをより明確にした the *Clayton Antitrust Act を1914年に制定し, 同年に the Federal Trade Commission (連邦通商委員会 ⇨ OFFICE OF FAIR TRADING) を創設して, 独占排除が効率的に行なわれるようにした.「より明確にした」とはいうものの, 個別のケースについては, 現在でも, 大統領, 司法長官, 連邦地裁, 連邦最高裁などによって解釈が大きく分かれることがある.

[マイクロソフトの例] 1999年11月5日に, Bill Gates (1955-) が会長であった Microsoft 社はワシントンの連邦地裁によって, パソコン基本ソフト市場で巨大なシェアを持ち, そのシェアは高い参入障壁によって守られ, 顧客はウィンドウズの代替商品を持ち得ないことを主な理由として,「独占」という事実認定をされた. 同裁判所は2000年4月3日に, マイクロソフトの市場占有率は基本ソフトで95% に達するだけでなく, パソコンメーカーやインターネット・プロバイダーに自社ソフトの組み込みを強いたとして, 独禁法違反の判決を下した. 司法省と財務省は, マイクロソフトが基本ソフト部門と応用ソフト部門とを別会社にする案を立て, 6月7日には連邦地裁が同社に, 政府案に沿った企業分割を命じた. 1980年代の AT & T 分割以後例のない大規模な企業分割には, 学界や消費者, また, 大資本の一部から行き過ぎだという批判があった. 2001年6月, ワシントンの連邦高裁は7名全員一致の判決で, マイクロソフトの商法が一部独禁法違反であることを認めたものの, 企業分割は行き過ぎだとして, (判決後に高圧的な放言をした裁判官を外した)連邦地裁に再審理を命じた. John *Ashcroft 司法長官は立場上, 連邦高裁がマイクロソフトの独禁法違反を認定したことを歓迎したものの, 共和党政権がクリントン政権と同じように厳しく独禁法を運用するかどうかは疑問と見られていた. 果たせるかな, マイクロソフトを訴えていた司法省は, ワシントンの連邦地裁の意向を受けた形で, 2001年11月2日に同社との和解を発表した. 司法省とマイクロソフトとが合意した和解案によれば, マイクロソフトは, 基本ソフトであるウィンドウズにライバル会社の応用ソフトを搭載しやすくする, ウィンドウズのプログラム情報を一部公開して, 他社が

公平な条件のもとで商品開発できるようにする，ウィンドウズの卸売り価格が他のパソコンメーカーに圧力にならぬようにする，という．ただし，マイクロソフトを独禁法違反で訴えていた18の州政府のうち，マサチューセッツ，カリフォルニアなど6州くらいが2002年に入ってもまだ裁判を続行する可能性がある．別に，ブラウザー市場を奪われたNetscape(AOL傘下)も2002年にマイクロソフトと裁判で争う予定.

Shipman, Harold Frederick (1946-)《英》「ハロルド・フレデリック・シップマン」 白いあごひげを蓄えた一見穏やかなファミリー・ドクターだが，英国で最も凶悪な連続殺人事件の容疑をかけられ，1999年10月に彼が住む広域マンチェスターのHyde市でその裁判が始まった．シップマンは1975年に開業した当時，pethidine(ペチジン)という鎮痛剤の麻薬依存者になった．彼はそれを特にとがめられることなく医療を続け，地域では評判がよかったが，実は殺人の常習犯人であることが判明した．裁判の結果，シップマンは，1995年5月から98年7月までに，49歳から81歳までのひとり暮らしの女性患者15人を(公訴官によれば「生死をコントロールする力をエンジョイするために」)モルヒネ注射で殺した罪で，2000年1月31日に終身刑を15回という判決を受けた．当時，the *Crown Prosecution Service(公訴局)は他の136件の殺人容疑も取調べ中と報道されたが，2001年6月の報道では，the *High Court of Justice(高等法院)の Janet Smith 裁判官が少なくとも486人の死因を調査するという．それは捜査のためだけでなく，the *Criminal Injuries Compensation Authority(刑事犯罪被害者補償機構)が犠牲者の遺族に最低1万1000ポンド(最高はおそらく3万2000ポンド)を支払うことになっているので，犠牲者の正確な数を把握する必要があるからだ．犠牲者の数は660人に上るという説もあり，そうなると，遺族への補償金は700万ポンドでもまだ足りないだろう．♦シップマンは，1998年6月に死んだ女性患者が彼に40万ポンド相当の不動産を遺贈する旨の遺書を偽造した罪でも4年の刑を言い渡されたが，ほかには財産横領の目的で患者を殺した証拠は見つかっていない．

英国史上，戦場以外で，ひとりが15人も殺したと(自白した例はあるが)実証された例はない．William Burke という男は1828年ごろ，少なくとも16人を殺したと言われるが，彼が医師に売った死体の一部は墓場から盗んだものであった．1976年から81年にかけて，the *Yorkshire Ripper が殺した女性は13人であった．⇨ KEVORKIAN, JACK

shot from the grassy knoll, a 《米》「草の丘から発射された1発の銃弾」 ⇨ SECOND GUNMAN ON THE GRASSY KNOLL

shotgun charge 《米》「ショットガン説示」 ⇨ ALLEN CHARGE

shout "fire" in a crowded theater 《米》「満員の劇場で火事だっと叫ぶ」（正しくは, "falsely shouting fire in a theater and causing a panic."）. 連邦最高裁判所裁判官 Oliver Wendell *Holmes, Jr. が 1919 年の判決で示した意見から. 憲法第 1 補正は満員の劇場で火の気もないのに「火事だっ!」と叫ぶたぐいの言論の自由を保償してはいない. ⇨ ANTHRAX; BRANDEIS, LOUIS DEMBITZ; CLEAR AND PRESENT DANGER

Simon Wiesenthal Center, the 《米》「サイモン・ウィーゼンタール・センター」 米国の反ユダヤ活動監視委員会. サイモン[シモン]・ウィーゼンタール(1908-　)はオーストリア・ハンガリー帝国時代にポーランドで生まれたユダヤ人. 建築家であったが, 1941 年から 43 年までナチスの強制収容所に入れられた. 一度は脱走したが, 再び捕らえられ, 1945 年に米軍によって解放された. 妻とは再会できたが, 家族と親族 89 人がナチスの犠牲になったことを知る. その後オーストリアで, ユダヤ人を迫害した旧ナチ党員の逮捕と告発のために証拠書類の収集につとめ, それが 1959 年, ゲシュタポ長官 Adolf Eichmann（アイヒマン）の逮捕につながった. 61 年にはウィーンにユダヤ人書類センターを開設して, 現在までナチ・ハンティングを続けており, 1944 年 8 月 4 日にアンネ・フランクを逮捕したゲシュタポの将校 Karl Silberbauer など, 1000 人以上の戦争犯罪人の正体を明らかにした. 78 年に創設された米国のウィーゼンタール・センターはロサンジェルスの West Pico Blvd に本部を持ち, 37 万 5000 世帯が会員だという. センターには the Museum of Tolerance が付設されている. このセンターは企業などでのユダヤ人差別に強力な抗議と法廷闘争を展開することで知られている. 1999 年には, 日本長期信用銀行と「ユダヤ系金融資本」とを関連づけた日本の週刊誌に対して, ユダヤ人に対する誤った認識を広めるものだとして強く抗議し, 週刊誌を発行する出版社が(異例のことだが)誌面だけでなく, 主要な新聞や, インターネットのウェブサイトで正式に謝罪をした. また, 1995 年にも別の日本の出版社が発行していた月刊誌が同センターの強い抗議によって廃刊に追い込まれている.

Simpson, O. J. (1947-　)《米》= Orenthal James Simpson「O. J. シンプソン」 全米フットボールチーム Buffalo Bills の名ランニングバックとして輝かしい記録を残し, のちに映画俳優やスポーツ解説者としても有名になった. 1994 年 6 月 13 日に, ロサンジェルス郊外の高級住宅地で前妻 Nicole Brown Simpson と彼女の顔見知りである男性(レストランの従業員)とが殺害されたが, シンプソンはその容疑者と見なされ, 17 日に高速道路を車で逃走したあげく逮捕された. 1995 年 10 月 3 日, 黒人 9 人, 白人 2 人, ヒスパニック 1 人から成るロサンジェルス連邦地裁の陪審は,

*beyond (a) reasonable doubt と言える証拠がないとして無罪の評決を下した．その後，新証拠(犯罪現場に残されていた足跡と一致するイタリア製の靴「ブルーノマグリ」をはいた本人の写真多数)が現れ，97 年 2 月には民事裁判で，被害者の不法な死 (⇨ WRONGFUL DEATH) に責任があるとして，計 3350 万ドルの賠償金支払いを命じられ，98 年 11 月には 2 人の子供の養育権を認めないという控訴審の判決も受けた．しかし，2000 年になって，子供の養育権はシンプソンに与えられた．◆米国では憲法第 5 補正の the rule against *double jeopardy (再度の危険禁止項目) によって，刑事事件の被告に無罪判決が下されたあとは，新証拠が出ようと，本人が自白しようと，検察側がやり直し裁判を求めることはできない．⇨ RETRIAL; ROAD RAGE

single-sex club 《英》「男性[女性]専用のクラブ」 ロンドンには特に多い gentlemen's club は，上流階級人，富裕なビジネスマン，保守的な政治家などがくつろげる，しかし金のかかる社交の場である．最も古い White's や Carlton Club が超一流とされている．そこでは女性はメンバーになれない．英国のゴルフクラブ 2000 のうち 70% も男性専用である．ブレア政権は(男女差別を禁じる) the *Sex Discrimination Act (1975, 1986) の適用除外となっていた私営のシングルセックス・クラブに対して，異性を受け入れるような法的措置を講じる基本方針を 1999 年 12 月に決めた．これに対して保守派は，民間や個人の権利に対する恐るべき侵害だとして猛反対している．政府も水泳プールだけは単一の性に限定することを認める模様．

Sing Sing 《米》「シンシン刑務所」 ニューヨーク市のかなり北にある住宅地 Ossining 市にある州の刑務所で，かつては厳しい訓練で知られ，多くの重罪犯人がここに投獄された．1969 年以来の正式名称は the Ossining State Correction Facility だが，多くの人々はまだ Sing Sing と呼んでいる．初代刑務所長 Elam Lynds (1784–1855) の受刑者に対する冷酷無情さは全国に知られ，おかげでシンシン村の人々は村名を(先住民がつけた地名である)オシニングに変えた．1919 年に所長に任命された Lewis Edward Lawes (1883–1947) は，21 年間にわたる所内の改革と，受刑者の社会復帰の努力で有名．全米の刑務所長でこれほど高く評価された人は珍しい．

Sinn Féin; Sinn Fein 《北アイ》「シンフェイン党」 党名はアイルランドのゲール語で「われわれ自身」を意味する．北アイルランドの連合王国からの独立，およびアイルランド共和国との合併を目指す政党．1902 年創立で，最初は反税運動など非暴力の方針であったが，1916 年の反乱のころから強硬路線をとるようになった．The *IRA と友好関係を結び，“the political wing of the IRA" と言われている．北アイルランドのテロのうち，カトリック側からの攻撃の裏にはほとんど常にシンフェインがいると見られていたが，1990 年代半ばから党首 Gerry Adams (ジェリー・アダムズ，1948-　) は平和的な話し合いを提案し始め，97 年 10 月には平和交渉を促進するために来たブレア首相と会って握手をした．the *Good Friday Agreement (聖金曜日合意) によって，この党も北アイルランド新政府に参加している．北アイルランドのプロテスタント信者の多くは，シンフェインを相変わらず暴力的な IRA と一体と見なしているが，IRA は，アダムズ党首の説得で，2001 年 10 月 23 日に武器を廃棄したと発表した．IRA の項を参照．⇨ NORTHERN IRELAND

16th Street Baptist Church Bombing, the 《米》「16 丁目バプテスト教会爆破事件；1963 年バーミングハム教会爆破事件」 ⇨ BIRMINGHAM CHURCH BOMBING CASE

skinhead 「スキンヘッド」 たいがいは社会的に落ちこぼれた若い白人男性で，頭髪を剃って丸坊主になり，ネックレス，ブレスレット，イヤリングなどを身につけ，目立つ入れ墨をしている．英国では 1960 年代に現れて市民に恐怖感を与えた．もともと極右傾向が強かったが，近年ははっきりとネオナチを名乗っている者が多い．集団で示威運動をしたがるのも特色．⇨ BLOOD AND HONOUR; HATE GROUPS

slander 「(口頭による)名誉毀損」 ⇨ LIBEL AND SLANDER

slave trade reparations; slavery reparations 「奴隷貿易に対する賠償金」 アフリカ諸国は 2001 年 9 月に国連がスポンサーとなって南アフリカ共和国の Durban で開かれた「人種差別，外国嫌い，およびそれらに基づく非寛容」に関する国際会議で，旧植民地を支配していた国々に対して，かつての奴隷貿易を人道に反する犯罪と認めて多額の賠償金を支払うよう要求した．国連人権コミッショナーである Mary Robinson 前アイルランド大統領もこれを支持した．しかし，英，仏，スペイン，ポルトガルなどは，それを経済支援を引き出す戦術と見ていることもあって，要求に応じる姿勢を見せていない．連合王国政府のスポークスマンは，奴隷貿易が人類史上恐るべき悲劇であったとは認める一方で，「しかし，それは当時，いかなる国際慣習法に反したものでもなかった」と言ってのけた．米国政府はもっと強硬で，もし賠償金問題を討議しようというのなら，われわれはアフリカへの経済援助から手を引くと言っている．その底には，奴隷貿易を非難するのなら，アラブの奴隷貿易商人が東アフリカや中央アフリカから 1 世紀ものあいだ人間の密輸をしてきたことになぜ触れないのか，という憤懣もあるらしい．◆米国の連邦政府は第二次世界大戦中の日系米人強制抑留に対して，その生存者に賠償金を払ったことがあ

る (⇨ JAPANESE AMERICAN CASES). また，同戦争中のホロコースト時代に強制労働に従事させられた被害者たちが，欧州諸国から賠償金を受けたこともある．それらは被害者本人への賠償であり，奴隷の子孫たちがそれだけの理由で金を受け取るのとは根本的に異なる，という識者の指摘もある．

sleaze issue 「みだらな事件」 米国では，大統領選挙で(ビル・クリントンの立候補よりもずっと前から)，bimbo eruption (いかがわしい女の続出) と共に，有力政治家のスキャンダラスな男女関係についてよく使われた語．英国ではそれより広く，政治倫理を無視した事件についてもよく用いられる．近年では保守党の政治家 Jeffrey *Archer の売春にからむ偽証事件，元閣僚の Jonathan Aitken や庶民院議員の Neil Hamilton らが Mohammed al-Fayed に買収されたあと，アルフェイド自身によってその事実を暴露され，名誉毀損の裁判で敗訴した事件 (⇨ CASH FOR QUESTIONS) はその典型的なもの．

small arms and light weapons 「小火器と小型武器」 正確な定義はないが，1997 年来，国連では「ひとりの人間が発射，管理，運搬できるあらゆる武器」の意味で使ってきた．ピストル，急襲用ライフル，機関銃，擲弾(てきだん)筒，臼砲(きゅうほう)，小型ミサイルの一部などで，合法的なものだけで，世界に 5 億以上あるという．米国憲法第 2 補正の解説で触れたとおり，国連は 2001 年 7 月に初めて，違法な小型武器密輸への対策会議を開いたが，米国が反対したので，小型武器の所有と輸出を禁じるという案は封じ込められてしまった．◆連合王国は 2000 年に 17 億ポンド(3 兆円相当以上)の武器(大型武器と軍用機を含む)を海外に輸出した．貿易産業省の正式の許可を得て，アンゴラ，コロンビア，スリランカ，インドなどに送ったのである．⇨ GUN CONTROL

small claims court 《米》「少額請求裁判所」 文字どおり少額(最高限度は 1000～1500 ドル程度で，カリフォルニア州では 5000 ドルまで)の弁償金などを争うときに訴えを受理する州の裁判所で，手続きが簡単であり，裁判官が直接，原告および被告の本人に質問して審理を進めるので，たいがい一日で片づく．日本の少額訴訟と違って弁護士は雇えないが，それだけ費用が節約できる．裁判手数料は 5 ドルから 40 ドル程度．無断で欠席すればおそらく敗訴になる．最近は客から未払いの代金を取り立てようとする店主が盛んに利用している．

smart gun 《主に米》「スマートガン」 ハイテク技術を用い，銃の所有者本人でなければ発射できないように工夫してある銃．クリントン大統領は，2001 年 10 月から執行される予算案のなかに，このスマートガンの開発，および犯罪に使われた銃や銃弾から犯人を特定する方法の開発を盛

り込んだ. ⇨ GUN CONTROL (1); GUN INDUSTRY

smart money 《米俗》「スマート・マネー」 (1) *punitive damages (懲罰的損害賠償) の別称. (2) (インサイダー取引などで)有利に運用できた金.

Smith Act, the 《米》「スミス法」 正式には the Alien Registration Act of 1940 (1940 年外国人登録法). 提案者はヴァージニア州出身の下院議員 Howard W. Smith. 1798 年の the *Alien and Sedition Acts 以来の, そして平時に制定された最初の sedition law (反政府活動取締法) である. これは単に, 外国人の登録を毎年義務づけるだけではなく, 軍の士気を衰退させようとしたり, 政府を暴力で転覆することを教えたり, 提唱したり, そういう活動を促すような情報を与えたり, それらの活動にかかわる組織に事情を知って加入したりした者を厳しく取り締まる法律で, ナチやファシストもその標的だったはずだが, 実際に痛い目にあったのは米国の共産党の指導者だけだった. ◆2000 年 10 月に 90 歳で病死した米国共産党の議長 Gus Hall (もともとフィンランド系で, 本名は Arvo Gus Halberg) と 11 人の党中央委員幹部は 1948 年に, 「米国政府を暴力で転覆する陰謀を働いた」という根拠のない理由で起訴された. この事件——*Dennis v. United States* (1951)——の裁判中に, ホールなど被告たちは言論に関する *clear and present danger の原則を適用するよう求めたが, 控訴裁判所(主に Learned Hand 裁判官)も連邦最高裁判所の Frederick Moore Vinson 首席裁判官も, 定義があいまいなだけにかえって厳しい grave and probable danger (重大な危険が発生する可能性のある場合) という原則を採用して, 被告たちが有罪だという下位裁判所の判決を認め, ホールは 8 年間連邦刑務所に収監された. この事件を含め, 全部で 141 人がスミス法違反で起訴されたが, 1957 年以後, 連邦最高裁判所は, より明確な暴力行使をそそのかした証拠がある場合にだけこの法を適用する方針をとったので, 投獄されたのは 29 人にとどまった. この法律は 2002 年のいまもなお合憲性を失ってはいない. ⇨ SEDITION (2); SEDITION ACT OF 1918

smoking 「喫煙」 医学の専門家によれば, たばこは麻薬と同じ習慣性を持ち, 一般の喫煙者が考えている以上に毒性が大きく, 肺がんの最大の原因であるのみならず, 食道がん, 諸種の心臓血管病, 呼吸器疾患などの主原因になっている. WHO (世界保険機構) は, このままだと現在生きている世界の人々のうち 5 億人が喫煙や受動喫煙のために死ぬだろうと警告している. にもかかわらず, 世界の喫煙者は増える一方で, 1999 年には 11.5 億人と推計されていた. 同年のたばこの売り上げは過去最大の 82 億ドルになった.

[**英米人の喫煙**] 米国では喫煙者が減少傾向にあるものの，未成年男女の喫煙者はむしろ増えている．成人の喫煙者は 4800 万人と見られているが，18 歳未満でたばこを常習的に吸う者は毎日 3000 人ずつ増えている．たばこに起因すると見られる病気で死ぬ者の数は毎年 3 万人(死者総数の 20%)にのぼっている．◆1999 年，英国人の 28% が常習喫煙者であり，これは米国の 23% よりも多い．イングランドの女性のうち喫煙者は 29% (米国の女性では，成人の 22%)で，男性の場合と同様に，1980 年代よりもやや減る傾向が見られた．

[**Big Tobacco の問題**] The Big Tobacco と呼ばれている英米資本のたばこ製造大会社は，Philip Morris (Marlboro が全米で売れ行きナンバーワン), R. J. Reynolds (Winston や Camel で有名), Brown & Williamson, Liggett Group, および Lorillard 社．これらは，1997 年まではいかなるたばこ訴訟にも負けたことがなかったが，クリントン大統領時代に盛り上がった消費者運動，医学界の警告，および(肺がんなどたばこに起因すると見られる病人の治療に支払った Medicaid [低所得者用の健康保険 ⇨ SOCIAL SECURITY ACT (1)] の費用をたばこ会社が負担すべきだという，1996 年から始まった)州の訴訟によって，一転して守勢に回った．1998 年 11 月に，上記の 5 グループは 46 の州と the Master Settlement Agreement (基本的解決合意) という協定を結び，それらの州に対して，民事訴訟ではかつて例のない 2060 億ドルという巨額の和解金を払ううえ，広告と販売法を自粛することを約束した．にもかかわらず，2001 年 3 月発表の連邦通商委員会 (the Federal Trade Commission ⇨ OFFICE OF FAIR TRADING) の調査結果によれば，その 5 グループは，協定締結のあと 1 年以内に 82.4 億ドルという空前の巨額を投じて，主として若者をターゲットにした広告を雑誌などに出している．◆2001 年 6 月 6 日には，ロサンジェルスの州裁判所の陪審がフィリップ・モリス社に対して，肺がんを患う 56 歳の証券ブローカー Richard Boeken に――たばこの毒性について 50 年間うそをつき通してきた罰として――554 万ドルの医療費補塡の賠償金 (compensatory damages ⇨ DAMAGES) に加えて 30 億ドルの *punitive damages (懲罰的損害賠償) を支払うよう命じた．ひとりの被害者に対する賠償金としては史上最高の額である．ボークンは 13 歳のときからフィリップ・モリスのたばこを毎日 2 箱ずつ吸っていたという．たばこ業界は 2000 年にもフロリダ州の集団訴訟で 1460 億ドルという巨額の懲罰的損害賠償金の支払いを命令されている．ただし，これらが上訴審でも認められるかどうかは疑問．◆1999 年 1 月には連邦政府(司法省)が，Medicare (健康保険の一種 ⇨ SOCIAL SECURITY ACT (1))，退役軍人基金その他で患者治療のために支出した税金の賠償(たぶん数千億ドルに

のぼる)を求めて訴訟を起こすと決定した．たばこ会社が，その製品によって毎年数十万人を病死させていると自覚しながら，情報を隠し，より安全な製品の開発を故意に遅らせた，と判定されたならば，前代未聞の賠償金の支払いが予想される．これについては RICO の項も参照．

［**戦術の転換**］ 1999 年 10 月 13 日，全米のたばこ市場の 53% を占めるフィリップ・モリス社は，インターネットのホームページで，たばこは肺がん，心臓病，肺気腫その他の重大な病気の原因になるという "overwhelming medical and scientific consensus" (医学者および科学者の圧倒的な見解の一致) があること，また，たばこには習慣性があることを認めた．このインターネット作戦は，青少年の喫煙防止を含む，同社の社会奉仕事業への国民の理解を得るのが目的だというが，司法省や自治体による大規模な訴訟の矛先を少しでもかわしたいというのが本音だろう．◆フィリップ・モリスは上記の 30 億ドルの賠償金支払いを命じられた 2001 年 6 月 6 日からわずか 1 週間後に，たばこ販売を the *Food and Drug Administration (the FDA: 連邦食品薬品局) が規制するのは当然だと公表して，R. J. Reynolds などの競争相手だけでなく，社会一般を驚かせた．

［**最高裁とブッシュ政権とがブレーキ**］ それより前，連邦最高裁判所は 2000 年 3 月 21 日に，「FDA には，たばこを有害薬物として規制する権限がない」という判決を 5 対 4 で下し，クリントン政権に大きな打撃を与えた．そのときフィリップ・モリス社は 4 年にわたる法廷闘争で勝利したと喜んでいた．それがわずか 1 年 3 カ月後に FDA の介入を認めたのは，マールボロのブランドが完全に定着しているという自信，および，ブッシュ II 政権下では，多少の揺れがあるとしても，ビッグ・タバコの経営は確実に安泰だという見通しから来ているに違いない．巨額の政治献金と無関係であろうか．◆連邦最高裁判所は 2001 年 6 月 28 日に，学校および運動場の周辺 300 メートル以内に嗅ぎたばこと葉巻の広告看板を出してはならないというマサチューセッツ州の州法を，連邦法によるたばこの広告規制法を越えているし，表現の自由を侵害しているので違憲だと断じた．この判決も 5 対 4 で，裁判官が保守派と中道・リベラル派の対立を示すことになった．⇨ PREEMPTION (2) ◆ブッシュ II 政権は，あらゆる輸入たばこに 4 年間で段階的に 40% までの関税を課すという韓国の政策を，断固として阻止する方針を 2001 年 6 月に決めた．WTO (世界貿易機構) のガイドラインに沿ったこの種のたばこ輸入制限に対して，一度も干渉をしなかったクリントン政権とは大きな違いである．

［**販売方法の改革が必要か**］ かつて連邦政府の FDA の長官を 6 年つとめ，2001 年以降はイェール大学メディカルスクールの dean (医学大学院長) である小児科医兼法律家 David Kessler (1951-　) は，長年にわたっ

てたばこ産業の内情を調査したうえ，麻薬（“a deadly addictive drug” ⇨ DRUG）にほかならぬたばこは，利潤を生む会社が売るのではなく，国の専売にする，または議会が特に許可した非営利企業に製造販売を委ねるべきだと，2001 年 1 月に出版された著書のなかで主張している．非現実的な提案かもしれないが，妊婦，幼児，青少年，老人などの健康を守ろうとする人々はそれを強く支持している．

［**女性の喫煙**］ 喫煙や受動喫煙（夫や職場の同僚などによる喫煙で吐き出された煙を吸うこと）は特に妊娠中の女性に深刻な不健康をもたらし，乳幼児に喘息などの病気を引き起こす可能性もある．2000 年の全世界の女性喫煙者は推定 2 億人だが，2025 年には 6 億人になるだろうと WHO は予測している．喫煙に起因する肺がんは，米国女性の死因のナンバーワンである．世界で喫煙に起因すると推定される死者は，毎年 400 万人いるが，うち 50 万人は女性である．公衆衛生院の David Satcher 長官が 2001 年 3 月 27 日に発表した報告によれば，米国の女性の 22% がたばこを吸い，そのせいで肺や心臓の病気がここ半世紀のうちに激増している．女性の肺がん死の件数は 1960 年から 30 年間で 400% 増加し，80 年代の半ばに乳がんで死ぬ件数を越えた．4 年制大学を卒業した女性の喫煙者は 11.2% だが，9 年から 11 年の学校教育を受けただけの女性の喫煙者は 32.9% に達するという．

smurfing 「スマーフィング」 ⇨ MONEY LAUNDERING

social conservative 《米》「社会的保守主義者」（著者の知る限りでは）1990 年代の半ばからよく使われている語で，単に理念的な保守主義者ではなく，妊娠中絶（*abortion）反対，銃規制（*gun control）反対，公立学校での祈禱（*school prayer）の推進など，具体的な社会改革計画を積極的に推進する保守的な人（特に政治家）のこと．⇨ RELIGIOUS RIGHT

Social Security Act, the 「社会保障法」（1）《米》社会保障制度を創設するために 1935 年に制定され，何度も改訂されている．米国の社会保障制度は，「神と議会とが創造した最も複雑な政策」と言われるが，骨格としては the OASDI（the Old Age, Survivors and Disability Insurance: 高齢退職者，遺族，障害者のための保険）と Medicare（65 歳以上の高齢者，身体障害者，末期腎臓病患者のための健康保険）が主なもの．失業保険，TANF（the Temporary Assistance for Needy Families: 貧困世帯一時救援プログラム），Medicaid（主に低所得者のための健康保険），Food Stamp（食料クーポン），退役軍人手当などは厳密な意味での「社会保障」には入らない．こういう狭義の社会保障だけでも連邦総予算の 36% に達する．1999 年 2 月と 2000 年 1 月にクリントン大統領は，今後 15 年間に見込まれる 4 兆 4000 億ドルの黒字のうち 2 兆 7000 億ドルを社会保障費に回して，少なくとも2055年までは赤字転落を防ぐ考えを表明した．これに対して，共和党は，財政黒字を税金の一律10%カットに回し，社会保障は民営化せよと主張した．現実には，景気の急速な減退と対テロ戦用の軍事費増大のせいで，社会保償制度の将来はますます見えにくくなっている．

(2)《英》英国でも社会保障予算は総予算の30%を占める．その50%は退職した高齢者，42%は貧困者と心身の障害者，残り8%は孤児や，知能，身体などに問題を持った未成年者にかかる費用である．政府は(米国でも同様だが)労働できる年齢と健康の持ち主を社会保障の対象から外したり，うその申告をして保障金をせしめたりする犯罪(被害額は年40億ポンド)を防いだりすることで，予算の膨大化を防いでいる．◆英国で高齢者というのは男なら65歳，女なら60歳だが，2010年4月から10年間で，段階的に双方とも65歳に統一する．退職高齢者の基礎年金は週に64.70ポンド(夫婦では103.40ポンド)で，収入に応じた付加年金がこれに加わる．

sociological jurisprudence 「社会学的法学」 法を，象牙の塔に閉じ込もった論理の学ではなく，社会現象の影響を受けながら動いている実践の学としてとらえる．ハーヴァード大学教授であった Roscoe Pound (1870–1964) が提唱し，連邦最高裁判所の Louis Dembitz *Brandeis 裁判官や Benjamin Cardozo 裁判官がその影響を受けた．

soft money 《米》「ソフトマネー；裏金」 ⇨ POLITICAL ACTION COMMITTEE

Soledad Brothers, the 《米》「ソレダッド・ブラザーズ」 1970年ごろ，カリフォルニア州ソレダッド市の州刑務所で，マルクス主義的革命の必要を説いた3人の黒人受刑者 (George Jackson, Fleeta Drumgo, および John Cluchette). ⇨ DAVIS, ANGELA YVONNE

solicitor 《英》「ソリシター；ソリシタ」 (主アクセントは[リ]にある.) 1873年以来の正式名称は Solicitor of the Supreme Court.

[**弁論権**] 個人や法人の法律上の助言者であると同時に，the *Supreme Court of Judicature (最高法院) で弁論を行なう *barrister の訴訟手続きを行なうのが主要な職務である．かつては上位裁判所での弁論を許されていなかったから，「事務弁護士」と訳されていた．しかし，1971年から段階的に上位裁判所での audience (弁論権) を与えられた．特に，1990年の the Courts and Legal Services Act (裁判所および法律業務法) によって，*magistrates' court (マジストレート裁判所) または *county court (3) (州裁判所) での弁論の経験があり，かつ資格試験に合格したソリシターは the *High Court of Justice (高等法院) での弁論を許されることになった．1994年から98年末までに，730人のソリシターが高等法院

での弁論の資格を獲得した．また，1999年の the Access to Justice Act (1999年公正裁判促進法）という法律によって，ソリシターはバリスターと同じく，完全に法廷弁論権を与えられることになり，2000年から，そのための特別な教育訓練が開始された．◆ソリシターにはマジストレート裁判所，および民事事件だけを扱う州裁判所での弁論権は最初から与えられていた．

［ソリシターの人数］ イングランドおよびウェールズには，2000年に，約7万5000人のソリシターがいて，the *Law Society of England and Wales (イングランド・ウェールズ法律協会）に所属し，その管理のもとにある．

［バリスターとの上下関係］ ソリシターは建前としてはバリスターと同格であり，その教育も同一にすべきだという公的な勧告が何度もなされているが，事実上はバリスターのほうが優位にあるとの固定観念は失われておらず，教育訓練や組織もかなり違う．詳細は BARRISTER の項を参照．

［ソリシターになるには］ ソリシター志望者は，(実質的にはソリシター協会とでも言うべき）イングランド・ウェールズ法律協会の，または北アイルランドやスコットランドの法律協会が行なう教育と資格試験を受けて，the *Master of the Rolls (控訴院長官）の認可を受けなければならない．実際には，大学（または大学院）の法学部を卒業し，1年間の the Legal Practice Course (the LPC: 司法実務課程）を受ける．その授業料は約6000ポンド（約108万円）．法学を専攻しなかった者は1年間にわたって，憲法・行政法，刑事法，契約法，不法行為法など6科目くらいの主要な法律科目を学び，the Common Professional Examination (共通司法予備試験）を受け，それに合格した者が司法実務課程に進む．この実務課程は1990年代初期までの the Law Society Finals という教育課程と違って，文字どおり実務を重んじるものであり，裁判の見学や法律文書の作成はもちろん，簿記会計などビジネスコースも充実している．これが終わると，ソリシター事務所や，日本の検察庁に当たる the *Crown Prosecution Service (公訴局）などで（有給で）雇ってもらって，2年間さらに訓練を受け（⇨ ARTICLED CLERK)，司法実務課程の仕上げである20日間の the Professional Skills Course (司法実務最終課程）を受け，そのあとでソリシターとして登録される．ただし，その資格を得たあとも，一定期間はなお教育コースを受けるよう要求される．◆ほかに，法律事務所の（弁護士資格を持たない）専門職員 (legal executives) が特別の試験を受け，the Institute of Legal Executives (法律専務協会）の fellow になったのち，上記の司法実務課程を受け，2年間の実務訓練を経て，さらに最終試験を受けてソリシターの資格を受ける道も開けている．◆経済的に豊かな者で

ないと実務課程を受けられないので，近年では，学生が 4 年間の法学部課程と 1 年間の実務課程とを 1000 ポンドの授業料だけで受けられるようにしている大学が少数ながらある．◆ソリシターの資格を得た者を受け入れてくれるソリシター事務所は，イングランドとウェールズに 8700 くらいあるが，資格を得たばかりのソリシターを受け入れるには数が不十分なため，有資格の「ソリシター浪人」が多く，彼らの多くは公訴局，政府の出先機関，商社などに就職する．

［**収入**］ ソリシターの収入は千差万別で，街の小さなソリシター事務所で働く若いソリシターの年収は日本円で 300 万円程度か．一方で，高等法院の弁論や不動産売買の手数料で 1 億円相当くらいの年収を得ている超有能なソリシターもいるようである．不動産所有権譲渡 (conveyance) の法的手続きは 1985 年までもっぱらソリシターの仕事であったが，同年と 1990 年の法律改正で，銀行など他の licenced conveyancers (不動産譲渡権有資格者) もこれを行なうことができるようになり，ソリシターは利益の大きな業務を独占できなくなった．そこから上位裁判所での弁論権の拡大を要求する声が高まったのである．

［**ソリシターの過失責任**］ 依頼者がソリシターに正当な謝礼を支払わない場合，ソリシターは訴訟を起こすことができる．バリスターは訴訟によって弁護報酬を要求する権利を認められていない代わりに，弁護活動に関して過失責任を問われることがない．ソリシターも 1990 年の法律改正で，法廷での弁論については過失責任を問われることはないが，依頼人との契約違反，職務怠慢などについて過失責任を問われることがある．

［**苦情処理**］ ソリシターの監督と，依頼人からの苦情の処理とは，主として法律協会の責任である．同協会はかつて the Solicitors' Complaints Bureau (ソリシター苦情処理部) を設けて，仕事の遅れや過大な手数料といった苦情を処理していたが，処理の遅れが目立つようになったので，1996 年に the Office for the Supervision of Solicitors (ソリシター監督局) を創設し，99 年の「公正裁判促進法」でも法律協会の監督権を強めた．しかし，基本的にソリシターたちの利益を計る協会がメンバーの不法や過失を公正に処理することにはどうしても無理が生じる．そこで議会は，上記の 1990 年の「裁判所および法律業務法」で the Legal Service Ombudsman (法務オンブズマン) がソリシター，バリスターおよび不動産譲渡権有資格者を監督するという制度を作った．オンブズマンは，上記の「公正裁判促進法」によって，内部審査で解決しない問題についてソリシターや法律協会に賠償金を支払わせることができる．

Solicitor General, the 《米》「連邦法務総裁」『英米法辞典』は「訴務長官」と訳しており，朝日新聞もそれを使っていたが，「訴務」というのは日本語として通じにくいのではあるまいか．英和辞典の一部に「司法次官」とあるのは誤り．連邦政府の法律問題の助言者であり，司法長官 (the Attorney General (1)) を補佐して，連邦政府が矢面に立つ訴訟において政府の主任弁護士の役割を負うほか，連邦最高裁判所に対する政府の上訴責任者となる．一般に最高裁は上訴された事件の 97% を斥けるが，連邦法務総裁の上訴はその 80% を受理する．ただし，連邦政府が被告となる事件は少なくないので，法廷では複数の副法務総裁 (Associate Solicitors General) のひとりが政府の弁護士をつとめることが多い．最高裁の裁判官はしばしば，連邦政府が直接関与しない事件について連邦法務総裁の助言を得る．そのせいもあって，連邦法務総裁は 10 人目の最高裁判事 (the 10th justice) の異名を奉られている．◆連邦法務総裁は連邦最高裁判所に出頭するとき，ダークグレーのモーニングコートと縞のズボンを着用する習慣がある．◆2001 年 5 月 24 日にブッシュ II 政権の連邦法務総裁として上院の承認を受けたのは Theodore Olson (1940-　) という "a rightist ideologue" (*The Los Angeles Times*) であった．カリフォルニア大学バークリー校で法律を学んで弁護士になり，のちに共和党の中堅幹部になり，司法長官補をつとめた人．上院司法委員会では賛成・反対が 9 対 9 で決着をみず，上院本会議でようやく僅差で承認された．民主党は同じ日に Jim Jeffords 共和党議員が共和党を離党すると発表したので，ここでは鷹揚なところを見せて，強硬な反対をしなかった．◆州でも，「州司法長官」の下に州政府の法律顧問兼主任弁護士である「州法務総裁」を置いているケースが多い．⇨ SOLICITOR-GENERAL

Solicitor-General, the 《英》「法務副総裁」 法務総裁 (the *Attorney General (3)) を補佐する (*barrister の経験のある) 庶民院議員．スコットランドには別に Solicitor-General for Scotland がいる．⇨ LAW OFFICERS OF THE CROWN; SOLICITOR GENERAL

Solicitors' Complaints Bureau, the 《英》「(The *Law Society of England and Wales にかつてあった) ソリシター苦情処理部」 ⇨ SOLICITOR

Son of Sam 《米》「サノブサム；サムの息子」 もと郵便配達員で，補助警察官でもあった連続殺人犯 David Berkowitz (1953-　) のあだ名．バーコウィッツは 1976 年 7 月から 77 年 8 月まで，ニューヨーク市内で 8 回にわたり，合計 13 人の男女(主として駐車中の車内にいた髪の長い若い白人女性)に Bulldog と呼ばれる 44 口径の連発ピストルで計 31 発の弾丸を撃って，6 人を殺し，7 人に重傷を負わせた．彼は逮捕される前に「サムの息子」と名乗って，同市の新聞に投稿していた．サムという人物に命じられて犯行に及んだというのである．サムというのは，たまたまバーコウィッツの隣に住んでいた罪のない人の名前であった. のちに, バーコウィッツは悪魔(demons)の指図に従ったのだと主張するようになり, それを知った市内の若い女性の多くがパニックに陥り, 犠牲になった女性と同じ髪の色や長さを避けるようになった. 街では自警団が組織され, 市長は the *National Guard (国民防衛軍)の出動要請も考えていると発表した. いくつかの新聞のセンセーショナリズムは必要以上に恐怖をあおった. 彼が逮捕されたのは, 最後の犯行の11日後, 1977年8月11日であった. 犯行は3つの郡で行なわれたので, それぞれの郡の裁判所で有罪判決が申し渡された. 3人の裁判官のそれぞれが25年ないし終身禁固の判決を下し, そのすべてが「より重い刑に処したい」との心情を表明したが, 州法によって, 量刑の累積は30年未満に制限された (⇨ CUNCURRENT SENTENCES). 犯行時25歳のバーコウィッツは54歳になれば釈放されるわけである. ◆やがて, 裁判所も犠牲者の家族も同意のうえで, バーコウィッツの伝記を作ることになった. Lawrence Kausner という者が著者となって, 15万ドルの印税や調査費を得るほか, 協力者にも報酬を払って, なお本と映画で上がる(おそらく1000万ないし1100万ドルにのぼる)利益を裁判所やチャリティ基金を通じて, 犠牲者の遺族に弔慰金として支払うという計画であった. しかし, バーコウィッツは断固としてその計画への協力を拒否した. 報酬をもらうあてがなかったことが主原因であろうが, 本人は「人々がその映画を見ればまた人殺しをしたがり, 殺したあとでまた映画を作り, また人殺しを増やして, また……」と, もっともらしい理由を挙げていた. ニューヨーク州議会も1977年に the *Son of Sam law を作って, 犯罪者がその犯罪について公表することによって利益を得ることを禁止した.

Son of Sam law 《米》「サノブサム法」 どこの州議会が作ったものであれ, 犯罪者がその犯罪の真相なるものを(書物や映画などで)公表して利益を得ることを禁じる法律. ⇨ SON OF SAM

Sotheby's 《主に英》「サザビーズ」 ロンドンの New Bond Street にある美術骨董品の競売会社. 1774年に創立. 競争相手の Christie's と同様に, ニューヨークにも大規模な店を持っている. 1955年に創業した米国のサザビーズ社は, クリスティーズ社と談合して手数料を不当に高く設定しているとして, 1997年から独禁法違反で司法省による取り調べを受けていた. かつて他の同業者は, 絵画や希覯本(きこうぼん)などの売り手から取る手数料をオークションによる販売額の2% あるいは1% にまで下げていたものだが, 両社は1993年ごろ, それを談合で10% に設定し, 年に1200～1800万ポンドの不当利得をもくろんだ. 米国の司法省が内偵していることを知ったクリスティーズ社は, 1999年12月24日に経営最高責任者

Christopher Davidge (1929- . 英国オリンピック界の大物として知られる) がサザビーズ社との談合の記録を捜査官に渡し，CEO の職を辞任することで赦免を得た．米国では，反独占共謀の一方の当事者が有罪を認め，捜査に実質的な強力をすると，刑事罰を免れる可能性が大きい．他方，サザビーズ社のほうは終始しらを切っていたためにかえって窮地に陥った．2000 年 2 月には，司法の矛先をいくらかでもかわすことを狙って，Alfred Taubman (1924-) という(ショッピングモール界の帝王でもある)ミシガン州出身の会長と，イェール大学出身で，1979 年以来サザビーズ社で働き，「米国の芸術世界では最も力を持つ女性」とか，the Terminator とか呼ばれるようになった Diana D. Brooks (1950- . 通称 Dede) 社長とが引責辞職したが，時すでに遅く，トーブマンの起訴は免れなかった．◆2001 年 12 月 5 日に，ニューヨーク市マンハッタン連邦地裁の陪審は，トーブマンが，クリスティーズの Anthony Tennant (1930-) 会長(かつて the Guinness Group の会長で，ナイトに叙せられている英国人)と共謀し，1993 年から 99 年まで反トラスト法に違反し，手数料として少なくとも 4 億ドルを不正に入手したとして，トーブマンに有罪を評決した．刑は 2002 年 4 月 2 日に決められる予定だが，3 年の禁固刑および 35 万ドル以下の罰金と見られている．ただし，*The* (*London*) *Times* (12-6-2001) はなぜか罰金を 10 億ドル以上と見込んでいる．いずれにしてもトーブマン側からの上訴は必至である．◆ブルックスは検察側の証人になって，談合当事者であったことを証言し，すべてトーブマンの命令に従ってやったことだと主張した．◆上記とは別に，サザビーズ社は共謀の件で有罪を認め，4500 万ドルの罰金の支払いを命じられている．検察側は，それ以上の罰金がサザビーズ社を破産に追い込み，クリスティーズ社の独占を許すことになるのを恐れているらしい．◆上記のとおり，米国の司法当局はクリスティーズ社を赦免したが，裁判所は上記のアントニー・テナント前会長の逮捕状を発行している．もっとも，英国では手数料の高値設定は刑事犯罪ではなく民事問題なので，連合王国政府がテナントを犯人として米国に引き渡す権利も義務もない．テナント自身はサザビーズ側との談合を否定しているが，関係者に言わせれば，彼こそが事件の中心人物であった．英国の the *Office of Fair Trading (公正取引局) も独自に談合の捜査を行なっているので，さらに進展が見られるかもしれない．⇨ CARTEL; CLAYTON ANTITRUST ACT; ROBINSON-PATMAN ACT; SHERMAN ANTITRUST ACT

source of the law 「法源」 ⇨ LEGAL RESOURCES

Souter, David H. (1939-) 《米》「デイヴィッド・H・スーター」 連邦最高裁判所裁判官 (在任: 1990-). マサチューセッツ州 Melrose 市生まれ．ニューハンプシャー州の司法長官，高裁判事，最高裁判事を歴任し，1990年7月に，William *Brennan 裁判官の後任としてブッシュI大統領から連邦最高裁の裁判官に任命された．共和党員であるスーターは，リベラルなブレナン裁判官に代わって，5人目の強固な保守派になると考えられていた．朝日新聞(7-6-91 夕刊)は彼を2人の中道派に対する7人の保守派の一員と見なし，「ブッシュ大統領が無名に近いスーター判事を送り込み，保守優位は動かぬ形成になった」と報じている．事実，最初のうちスーター裁判官の判決は超保守派の William *Rehnquist 首席裁判官と同意見であることが多かった．しかし，スーター裁判官はもともと，リンカーン大統領を支持し，奴隷解放に熱心であったニューイングランド共和党員たちの子孫であり，Thurgood *Marshall 裁判官を尊敬し，政治に宗教を持ち込む共和党右派に反対であり，南部や西部の州権 (*states' rights) 尊重論者に対しても懐疑的である．現在では，人種問題についても，憲法第1補正の尊重についても，リベラル派の裁判官のひとりと見なされており，保守的な人々からは失望を買っている．⇨ SEPARATION OF POWERS (1)

sovereign 「主権(者)」 国または州の主権(最高の権威[者])．米国では，連邦裁判所と州裁判所とではその主権者が違うので，事実上は同じ事件で被告が無罪になった場合でも，再度その被告を主権の異なる裁判所に起訴することは可能である．⇨ DOUBLE JEOPARDY (1); DUAL FEDERALISM

Sovereign, the 《英》「国家元首」 中世の英国において，王の言葉はすなわち法であり，その意味で国王[女王]が主権者(国家元首)であった．その名残りを引いて，現在の連合王国でもエリザベス2世が元首である．現在の国王[女王]の重要な国事のひとつに，議会で与党の予算案を首相に代わって説明することがある．国王[女王]はそこで自分の意思はいっさい表明せず，もっぱら与党が用意した原稿を読むだけである(女王のクリスマス演説などでは，多少の個人的な感想が述べられるが)．⇨ CROWN; SOVEREIGNTY OF PARLIAMENT ◆米国の場合は，国民が the sovereign power (代議制を通じて行使する立法の権限) を持っている．独立宣言で明らかにされたこの考えは popular sovereignty と呼ばれる．

sovereign immunity 「主権者の免責特権」 元来は中世のイングランドにあった，the *Crown (国王[女王]) はその言動に対して責任を問われることはないという考え (the Crown immunity [privilege]) から出ている．

(1) 《米》米国では，最高の権威を持つ連邦政府と州政府とは——その同意があれば別だが——裁判所に訴えられることがないという原則．詳細は憲法第11補正の解説を参照．ただし，米国の the *Federal Tort Claims Act (連邦不法行為請求法) は，政府機関の不法行為によって損害を受けた市民が連邦政府を相手に訴訟を起こすことを初めて認めた．政府機関による discretionary function（法律で許された範囲内で，良識に基づいて自由裁量を働かせた行為）や軍事上の義務を果たしていた場合の被害についての訴えは受け付けられない． ⇨ ABSOLUTE PRIVILEGE ◆州は他の州，あるいは連邦政府からの訴えに対して主権者の免責を主張することはできない．連邦政府は，本来ならば州に対する訴訟を許されていない市民（州民）の利益を代表して，州が不法に労働基本権を侵しているといった訴訟を起こすことができるし，州はそれを受けて立たなければならない．◆州の公務員は合衆国憲法に違反した場合に，連邦裁判所で裁かれることがある．もちろん，それは連邦が州を裁くということにはならない．◆日本政府が多少絡む訴訟については ALIEN TORT CLAIMS ACT の項を参照．

(2)《英》英国でも，the Crown Proceedings Act 1947（1947 年国王訴訟手続法）によって，米国と同じように，政府機関（政府が給与を支払う公務員その他の職員）による不正行為について市民が政府を訴える道を初めて開いた．

sovereignty of Parliament, the 《英》「国会の最高権威」 独立国家としての連合王国で最高の権威を持つのは，名目的には元首である国王［女王］だが，実際にはそれ以上に，法を制定する国会である．Henry Herbert, 2nd Earl of Pembroke（1534–1601）は "A parliament can do any thing but make a man a woman, and a woman a man."（国会は男を女に，女を男にすること以外なら，どんなことでもできる）と言ったと伝えられるし，英国で最も有名な法律家のひとり William Blackstone（1723–80）は "What Parliament doth [=does], no power can undo it."（いかなる権力も国会の行為を覆すことはできない）と言っている．

Special Air Service, the ＝SAS

special constables 《英》「特別警察官」 通称は Specials. ニックネームは hobby bobbies. 1831 年の the Special Constable Act によって，2 名の *magistrate が合意すれば，治安維持のために特別警察官を任命できる．これは正規の警察官を補助するボランティアで，特別な任務に必要な経費と制服は支給されるが，原則として無給．しかし，容疑者を逮捕する権限を与えられている．第二次世界大戦後の人手不足の時代など，1 万 5000 人を越えたこともあったが，2000 年 1 月の段階で，the *Metropolitan Police Service（首都警察）では男性が約 1000 人，女性が 400 人．その 98% は白人だが，少数民族出身者を増やす方針である．ただ，22 週間の訓練を受け，毎週 4 ないし 8 時間勤務するのが条件だから，よほど時間に余裕のある人でないとつとまらない．階級は Chief Commandant（総指揮官，［以下すべて制服のバッジに］銀筋 4 本），Area Commandant

(地域指揮官，銀筋 3 本)，Divisional Officer (地区長，銀の線章 2 本)，Sub Divisional Officer (地区長補，銀の線章 1 本)，*Constable (巡査，地区名と番号) に分かれる．総指揮官を統括するのは地域の警察本部長である．特別警察官は責任の軽いアルバイト警官だとか，ストライキ対策の雇われ警官と見られることもあったが，命がけで活躍した特別警察官も多く，英国の警察にとっては不可欠の存在である．⇨ WARDEN (2)

Special Forces, the 「特殊部隊」 The Special Operations Forces とも Commandos とも言う．密林，山岳，要害堅固な海岸の崖など，通常戦が困難な場所での偵察や，ゲリラ戦，奇襲作戦などのために特別な訓練を受けた少数精鋭の部隊．ヴェトナム戦争で有名になった米国陸軍の *Green Berets (グリーンベレー)，the Delta Force (テロ対策部隊)，the 75th Rangers, the SOF (＝the Special Operations Force)，米国海軍の *SEALs，米国空軍の Air Forces Special Operations Command，さらに英国空軍の the *SAS，英国海兵隊の the SBS (＝Special Boat Squadron: しばしば SAS と共同作戦を展開する) などが代表的．2001 年 11 月ごろから，上記の部隊のほとんどが *al-Qaida 掃討戦に参加した．

special hospital 《英》「特別病院」 ⇨ BROADMOOR

special master 《米》「特別補助裁判官」 裁判所が特別の場合に任命する法務官．連邦最高裁判所が第一審裁判を持つケースでは，実際の審理を担当して助言するのはこの補助裁判官で，補助とはいえ，その多くは連邦裁判所裁判官を経験したベテランである．⇨ 憲法第 3 条第 2 節 2 項の解説

specific performance 「特定履行」 ⇨ EQUITY

spy 「スパイ」 ⇨ ESPIONAGE

standing; standing to sue 「スタンディング; 訴訟当事者の適格性; 訴えの利益」 裁判で争訴の当事者になる資格．国や州の法の支配下にあって，意図的な不法行為による被害を現実に受け，公正な裁判が行なわれれば被害に対する救済や賠償が受けられると確信する者ならば，standing がある．ただし，「現実の被害 (an injury in fact)」を具体的に証明するのは必ずしも容易ではない．◆1969 年に Walt Disney Enterprises, Inc. は政府の許可を得て，カリフォルニア州の the Sequoia National Forest にある Mineral King Valley に巨大なスキー場，レクリエーション施設，ホテル，道路などを建設する計画を立てた．これに対して，環境保護運動で有名な the Sierra Club は，その会員が自然のままのミネラルキングを楽しむ権利を奪われるとして，建設を許可した政府の内務長官を訴えた．連邦最高裁判所は 1972 年の *Sierra Club v. Morton* 判決で，会員がミネラルキングを利用したことを証明できないシエラ・クラブにはスタンディングがない，と 4 対 3 で判断した．しかし，この判決は，経済的な被害を

受けた者だけでなく，美観保護，動植物の保護，レクリエーションの場の保護などを訴える者でも，もし実害があった(あるいは明らかにあり得る)場合にはスタンディングを認めるという画期的な決定を含んでいた.

stare decisis 「先例拘束性(の原理)」 原語は to stand by things decided / standing by the decision を意味するラテン語で，英語としては[ステアリー・ディサイシス]のように発音される. いったん下された判決は，先例として，のちの同様な事件の判決を拘束するというこの原理は，法の安定性を保つためにきわめて重要である. 連邦最高裁判所が目に見えて保守化したわりには，極端に変化した判決を下さないのは，この安全弁のおかげだろう. 妊娠中絶 (*abortion) に関する最高裁の重要な判例である *Planned Parenthood v. Carey* (1992) で，中絶手術に反対と思われる裁判官を含む多数派が，**Roe v. Wade* (1973) 判決と同じく，胎児の viability (母体外生存の可能性 ⇨ VIABLE) のない妊娠第2期 (the second trimester) までの妊娠中絶手術を是認しているのは，その例である. ⇨ PRECEDENT

state-appointed attorney 《米》「州の公選弁護人」 訴訟の費用も払えないほど貧しい刑事被告のために，州裁判所が公費で雇う弁護人. GIDEON v. WAINWRIGHT の項で述べたように，被告はそれを断って自分で自分の弁護をすることもできる. ◆2001年7月20日に，フロリダ州デイトナビーチ市の巡回控訴裁判所で，米国では珍しい女性の連続殺人犯人が，州の公選弁護士を解雇するよう裁判長に願い出た. 被告 Aileen Wuornos (45歳) はフロリダ州で街娼をしていた1989年と90年に，6人の中年男性を殺し，92年に死刑を宣告された. 弁護士は，彼女が男たちに襲われ，身の危険を感じたときだけ自衛のために相手を殺した，と主張して再審 (*retrial) を求めていた. これはテレビ映画 *Overkill: The Aileen Wuornos Story* の主題になり，また，2001年にサンフランシスコで上演されたオペラの素材にもなった. しかし，ウォーノスは上記の裁判で，「私はずっとうそをついていた. 実は，男たちから金を盗んで，憎しみを込めて殺したし，放っておけば，もっと人殺しをしただろう」と告白した. 彼女はさらに，「人々の税金を使って公選弁護士を雇うのは無駄だから，解雇して，私を一日も早く死刑にしてほしい」と訴えた. 弁護士は精神鑑定の必要があると主張しているが，裁判官はウォーノスにはそういう決断を下す能力がある旨を，フロリダ州最高裁判所に伝える，と本人の前で言明した. ⇨ ASSIGNED COUNSEL

state courts 《米》「州裁判所」 合衆国憲法には州裁判所の規定はない. それぞれの州には，juvenile court (少年裁判所) のほか，事実審を行なう *district court (2) (州地区裁判所; 州地裁)，the *Court of Appeals (控訴裁判所)，さらに，the *Supreme Court (3) (最高裁判所) がある．その名称は州によってかなりまちまちであり，例えばニューヨーク州では，比較的軽い罪や係争金額の低い民事や，家庭問題などを扱う多くの名称を持った大小の裁判所が 1710 あり，district court と称するものは 2 つの郡にしかない．同州で *felony (重大犯罪) や主要な民事を扱う事実審裁判所は 12 の the Supreme Court (最高裁判所) と 57 の *county court (2) (郡裁判所) である．控訴審は主に 4 つの Appellate Divisions of the Supreme Court (州最高裁判所控訴部) で行なわれ，最終審は控訴裁判所で行なわれる．

全米の州の裁判所で扱う事件は年間 9000 万件以上に及ぶが，そのうち控訴裁判所に持ち込まれるのは 1% 強であり，州の最高裁判所が扱うのはそのまた 3 分の 1 程度に過ぎない．連邦地裁でも，毎年扱う事件は 50 万件程度であるが，上告されて連邦控訴裁判所が扱うのはその 1 割にも達しない．連邦最高裁判所が取り上げるのは，年にせいぜい 200 件どまりである．

states' rights 《米》「州権」 合衆国憲法の制定作業中から，連邦の中央政府に強力な権限を与えるべきだという連邦主義者と，各邦の固有の権限を尊重すべきだという——ジェファーソンによって代表される，南部の農業資本家を中心とする——反連邦主義者との対立が激しく，それは南北戦争を経て，21 世紀まで延々と続いている (⇨ FEDERALISM)．今日でも南部と西部に州権尊重の政治家が非常に多い．彼らは憲法第 10 補正に言う「合衆国に委任されず，各州に留保されている」権利を広く解釈するだけでなく，憲法解釈において州の利益を優先する．つまり，連邦政府や連邦議会の権限を強化するような憲法解釈をできるだけ排除する．近年の連邦最高裁判所も裁判官の過半数が州権尊重論者であり，例えばわいせつ文書の取締りを連邦政府ではなく，州に任せるべきだと主張したり (⇨ MILLER V. CALIFORNIA)，家庭内暴力は連邦犯罪ではなくプライベートな犯罪だとして，州の裁判所で審理することを求めたりしている (⇨ DOMESTIC VIOLENCE)．◆公民基本権運動が盛んであった 1960 年代や 70 年代に，南部の多くの州知事が nullification (連邦法実施拒否) を唱えて連邦政府と対立した．連邦法のうち，憲法に違反していると解釈したものはその州内で施行を停止できる，という考えである．また，連邦の要求や行動が憲法に合致していないと州が判断するときには，その州内での連邦の要求ないし行動を無効にできるという考えもあった．それは interposition ([州による] 連邦介入の拒否) と呼ばれる．◆ブッシュ II 大統領は，地方分権 (⇨ DEVOLUTION (2)) の公約を守るために，2001 年 9 月に，近く連邦政府に州権拡大を促進する機関を設けると発表した．一部の市民は，これによって公民基本権への圧迫が強まり，貧困者へのセーフティ・ネットが弱まると批判している．⇨ PRIMACY APPROACH; 憲法第 6 条第 2 項の解説

status crime 「犯意なき疑似犯罪」『英米法辞典』は「状態犯罪」と訳している．昔の英国では，浮浪者暮らし (vagrancy) は犯意 (*mens rea) を伴った不法行為 (wrongful deed) と見なされていた．いま，だれかがやむを得ぬ理由でホームレスであることは刑事犯罪とは言えないだろう．麻薬常用は犯罪だが，重病の治療で習慣性の薬物を使用し，薬物依存症になった患者は，犯意がないのだから，犯罪をおかしたとは言えない．こういう疑似犯罪行為に対して刑罰を与えることは，米国では憲法第 8 補正違反になる．⇨ STATUS OFFENSE

status offense 《米》「不良行為」 常習的な飲酒や喫煙など，成人が同じことをやっても犯罪にはならないが，未成年が繰り返すと少年裁判所で処罰または訓戒処分を受ける可能性のある行為．⇨ DELINQUENT (1)

statute of limitations 「出訴期限法; 消滅期限」 民事，刑事を問わず，被害者は事件発生の時からある一定期間(例えば，米国で土地所有なら 12 年，契約なら 3 年，刑事事件なら 6 年，英国では一般に 6 年)以内でなければ訴訟を起こすことができないという法律．ただし，原則として謀殺 (*murder) には出訴の期限限定がない．limitation of actions と言えば「時効」の意．⇨ ADVERSE POSSESSION; LACHES

Statutes at Large (1) 《英》「英国法律全集」 国会が制定した一般法律 (*public law) を成立順に集めた法令集で，1587 年以来 19 世紀まで何度か私的に出版された．現在有効な法律を集めたものは *The Statute Book* と呼ばれる．(2) 《米》「合衆国法律全集」連邦議会が制定した法律と，議会決議とを会期別に集めた公式の法令集．2 部から成り，第 1 部は一般法律 (public law)，両院合同決議を，第 2 部は個別法律 (*private law)，両院共同決議(合同ではないが，全く同一主旨の決議)，憲法補正案，大統領命令などを収載している．主題別の法令集は *The *United States Code* として出版されている．

statutory rape 「法定強姦」 rape in the second [third] degree; criminal sexual conduct in the second degree とも呼ばれる．⇨ AGE OF CONSENT; RAPE

stay 「(訴訟手続きの)一時停止」 例えば控訴裁判所は，ある容疑者の上訴を取り上げるかどうか審議しているあいだ，その容疑者を被告とする下位裁判所の裁判や，判決の執行を一時停止させることができる．

staying access 《英》「(離婚訴訟などで養育権を喪失した親が)一定の短い期間だけわが子と同居する権利」

stay of execution 「裁判所命令による，強制執行[死刑執行]の一時停止」 民事でも刑事でも，被告が上位裁判所に上訴した場合，裁判官は本人に保釈金を積ませて(あるいは保釈金保証書を提出させて)，身柄を一定の期間だけ自由にするのがふつう．米国の連邦最高裁判所では，(9 人いる裁判官のうち)最低 4 人の裁判官が，控訴審の判決を審査すると投票で決めたときだけ，この一時停止が認められる．判決が覆る可能性が少しでもあり，一時停止をしないと申請者に対して取り返しのつかぬ被害を及ぼす可能性がある，というのが，申請受理の条件である．連邦最高裁判所の裁判官がなんらかの事情で偶数の 8 人，あるいは 6 人でしか機能できなくなった場合の一時停止の判断については疑問がある．これについては，UNITED STATES SUPREME COURT の項の [9 人制度の問題点] 内の Napoleon Beazley の事件を参照.

stem cell research 《米》「幹細胞研究」 ブッシュ II 大統領は最初，幹細胞の研究にきわめて消極的であったが，このままでは他の国々(特に英国)に医薬分野で大きな差をつけられるという学界からの圧力に抗しきれず，2001 年 8 月 9 日に，胚幹細胞の研究に連邦予算を計上するという妥協案を示した．主として，ドナーが生殖の目的で創ったが，余剰となった胚(embryos) から得られる幹細胞について研究を許可するというのである．(ドナーへの金銭的な謝礼などは禁止される．) ほかに，日本の医科大学が亡くなった患者の献体を使って，神経幹細胞の分離培養に成功したように，遺体の細胞培養も認められるのであろう．米国には幹細胞の株 (line: 自己増殖を続ける幹細胞のコロニー) が 10 株未満しかなく，他はオーストラリア，シンガポール，インド，イスラエル，スウェーデンなどにあると言われている．大統領は世界に現存している約 60 株の幹細胞に限って研究を認めると言っているが，米国の学者たちは，実際に 60 株あったとしても，私企業に抑えられていて，利用できないのではないかと，疑問を呈している.

[**パテントの問題**] ヒトの胚から幹細胞を分離して培養した最初の研究者はウィスコンシン大学の James Thomson 博士だと言われている．同大学の the Wisconsin Alumni Research Foundation (the WARF: 学友研究財団) および，その付属機関である the WiCell Research Institute は，トムソンの幹細胞およびその採取法を U.S. patent 6,200,806 という特許を獲得して，製薬で有名な Geron Corporation や，大学の研究所などに提供している．WARF は，米国内で独占的に幹細胞の販売権を持っているだけでなく，ヨーロッパでも特許権を申請中である．ブッシュ II 大統領が連邦予算から幹細胞研究の費用を補助するといっても，各研究機関が自由に資料を手に入れられるわけではない． ⇨ HUMAN CLONING;

PATENT

Stevens, John Paul (1920-)《米》「ジョン・ポール・スティーヴンズ」 連邦最高裁判所裁判官(在任: 1975-). シカゴ市生まれ. 第二次世界大戦中には海軍軍人であった. ノースウェスタン大学で法律を学んだのち, 連邦最高裁の Wiley Rutledge 裁判官の書記となり, やがて弁護士を開業し, 反トラスト法(*antitrust acts)の専門家となって, ノースウェスタン大学およびシカゴ大学のロースクールの準教授になる. 1970 年から連邦控訴裁判所裁判官を 5 年間つとめたあと, フォード大統領によって最高裁判所裁判官に任命された. 独立独歩の人で, 中庸派と見なされているが, 人権や福祉の問題では弱者の側に立つことが多く, 性差別の解消にも熱心である. 州権 (*states' rights) 尊重論者とは対立しており, リベラル派と見なされることが多い. ⇨ BRADY ACT; FLAG BURNING

stipendiary magistrate 《英》「有給マジストレート」 ⇨ MAGISTRATE (1)

stipulation 「訴訟上の合意」 訴訟の両当事者の代理人(検事と弁護士)のあいだで交わされた合意書. 特に手続きを簡略にしたり, 事実の争点を減らしたり, 証人を制限したりすることによって, 裁判が長引くことを防ぐ.

Stone, Michael 《英》「マイクル・ストーン」 英国の殺人容疑者. ⇨ JOSIE; RETRIAL

stop and frisk 《米》「停止捜検」 警察権を持った者が, 不審者を停止させ, その体を上から下まで軽くたたいて, 武器携帯の有無をすばやく調べること. *Terry v. Ohio* (1968) の連邦最高裁判所判決で, Earl *Warren 裁判官は, それが憲法第 4 補正違反 (⇨ SEARCH AND SEIZURE) のおそれありと認めながらも, 相手が警察官自身や他の人々にとって危険だと疑う相当の理由がある場合には合憲である, と判断した. 同年の *Sibron v. New York* 事件の判決では, frisk する(衣服をたたくようにして隠し持っているものを調べる)行為は, 武器を押収するためなら合憲だが, 犯罪の証拠を発見するのが目的であるとすれば違憲だと判断した.

Straw, Jack (1946-)《英》 = John Whitaker Straw「ジャック・ストロー」 連合王国の政治家(労働党員). イングランド北部の貧しい下層中産階級の家に生まれる. 母親は教員. 州の奨学金を得てパブリックスクールを出たのち, Leeds 大学を卒業. 1961 年には早くも労働党に入党し, 69 年には the National Union Students の会長に就任するほど筋金入りの左翼学生であった. 秀才で, 実務能力も抜群であり, 1971 年に the *Inns of Court のロースクールを卒業して司法試験に全国第 3 位の成績で合格, 72 年から *barrister となり, Islington 市会議員をつとめたこともある．79 年から庶民院議員．97 年からブレア内閣の内務大臣として，the *Human Rights Act 1998 の制定，the *Lawrence case や the *Bulger murder の後始末，警察の組織的な人種差別 (*institutional racism)，チリのピノチェット元大統領事件 (⇨ HOUSE OF LORDS の [最高裁判所としての貴族院] の項参照) などなど，実に多くの難問題と取り組んできた．21 歳の時に結婚した妻とは，5 歳の娘が心臓病で亡くなってまもなく別居し，31 歳のとき離婚．1978 年に結婚した現夫人の Alice (Elizabeth) Perkins (1949-) はオクスフォード大学出身で，結婚前から長く公務員をつとめ，2000 年 10 月に the Head of Civil Service Corporate Management (市民サービス法人管理長官) に任命され，連合王国で最高給を支払われる 2 人の上級公務員のひとりになった．彼女の年俸は 12 万 6452 ポンドで，夫の年俸よりも 3 万ポンド多い．ストロー夫妻の息子 William は 1997 年 12 月，17 歳のとき，女性ジャーナリストに麻薬を売って警察から補導されたし，内相の弟も少女にみだらな行為をしたというので新聞種になった．だからといってストローが内相として不適任と批判する向きはあまりなかった．人柄のせいだろう．◆ジャック・ストローは 2001 年 6 月の内閣改造で外務大臣に起用された．前任者 Robin Cook よりもユーロ問題で慎重な姿勢を買われたからだと言われている．

strict [narrow] construction 《米》「(憲法の) 厳密な解釈」 ⇨ CONSTITUTIONAL CONSTRUCTION; INTERPRETIVISM

strict liability 「厳格責任; (製造物に関する製造者の) 無過失責任」 absolute liability とも言う．ふつうは重大な傷害を引き起こした事件で問われる責任．例えばダイナマイトを使った爆破作業による過失事故は，作業者やその雇い主に *mens rea (犯意) がなくても，厳しく責任を問われる．麻薬を外国から持ち帰った場合，本人がそれを麻薬だと知らなかった場合にも厳罰に処せられる可能性がある．明らかな犯意を証明しがたい駐車違反などの軽罪でも，無過失責任を問われることがあり，たいがいは罰金刑を科せられる．

strict scrutiny 《米》「厳格な審査」 憲法第 14 補正の the equal protection clause (平等保護条項) に照らして，ある法律が人々やその行動を不平等な形で分類していると疑われるとき，その法律が合憲であるか否かを厳密に審査する必要があること．性別や，嫡出・非嫡出にかかわる分類は，それが公の重要な利益に実質的なかかわりを持っているかどうかの高度な審査 (heightened scrutiny) が必要だが，それ以上に，特定の人種 (例えば黒人) を対象とした法律では，その分類が──国民の健康や安全など──公の必要不可欠な利益 (*compelling (state) interest) に密接にかかわる場合のみ，合憲と判断される．⇨ SUSPECT CLASSIFICATION; UNITED

States v. Carolene Products Co.

subject matter jurisdiction 「分野別の裁判管理権」『英米法辞典』には「事物管理権; 事物裁判権」とある. 州の裁判所は民事でも刑事でも扱う general jurisdiction (一般的裁判管轄権) を持っているが, 連邦地裁のなかには, 特許関係だけ, 軍内部の事件だけ, あるいは租税関係だけなど, 分野別の裁判所 (specialized federal courts) がある (⇨ legislative courts). subject matter とは, そういう特定の連邦裁判所が守備範囲にしている事件のカテゴリーを言う.

sub judice 「訴訟継続中である; サブ・ジュデイス」 元は under a court を意味するラテン語.

subpoena 「召喚状」(発音は[サピーナ]に近い) ⇨ summons

subpoena duces tecum 「サピーナ・デューシーズ・ティーカム」 裁判所が発行する令状 (*writ) で, 証人に, 裁判に関係のある特定の書類 (証拠)を持って裁判所に出頭するよう命じるもの. 原語は under penalty you shall bring with you を意味するラテン語. 逮捕令状と違って, 容疑事実を明記する必要はない. ⇨ summons

substantive due process 「実体的デュープロセス」 法律がその目的にきちんと合致しているか, またそれが人の基本的な権利を十分に尊重しているか, が問われること. ⇨ due process of law; procedural due process; 憲法第 5 補正の解説

substantive law 「実体法」 ⇨ adjective law; law

suicide 「自殺」 (1)《英》英国では the Suicide Act 1961 が制定されるまでは犯罪であった. 現在でも他人の自殺を幇助するのは重大な犯罪 (*notifiable offence) である. 自殺志願者に頼まれて, それを幇助した者に対する最大刑は 14 年の禁固刑である. 2001 年に不治の病に冒されている Mrs Pretty という 42 歳の女性は, 夫に自殺幇助を依頼するに当たって, 裁判所を通じて the Director of Public Prosecutions (公訴局長官 ⇨ Crown Prosecution Service) に夫を有罪にしないでほしいと嘆願した. 2001 年 12 月上旬に貴族院の *law lords たちは, その願いは「1998 年人権法」(the *Human Rights Act 1998) に違反するとの判断を示した. プリティ夫妻は the *European Court of Human Rights (欧州人権裁判所) に上訴する意向らしいが, 彼らの主張が認められる可能性はたぶんあるまい. (2)《米》米国でも *common law では自殺は *felony (重大犯罪) であったが, 現在, 法でそう規定している州は少ない, 自殺幇助については一致した考えがないけれども, 犯罪と見なすべきだという意見が強いようである. ◆生命保険を購入後, 一定の期間(多くは 2 年間)以内に自殺した場合には, 保険会社はふつう保険の支払いを拒否できる. ⇨ doctor-as-

SISTED SUICIDE

summary judgment 「事実審抜きの(勝訴)判決」 *pleading (訴答), *discovery (情報開示), *affidavit (宣誓供述書) などを検討した結果，事実に関して真の争点がないと判断された事件(要するに，被告が抗弁するだけの証拠を持っていないと原告側が見極めた事件)や，その一部について，裁判長は(被告が正式裁判を求めなければ)陪審による事実審を省略してこの判決を言い渡すことができる．◆《英》イングランドとウェールズの裁判官は，詐欺，名誉毀損，検察官による不当な起訴，冤罪などが絡む事件では，この種の判決を下すことができない．⇨ MERITS

summary offense [offence] 「略式起訴による刑事事件」 indictable offense [offence] (正式起訴状による刑事事件) に対して，比較的軽い事件を言う．◆《英》イングランドとウェールズでは，バイクを夜間無灯火で走らせる，公共の場所で物乞いをするなどの成人による軽犯罪容疑は summery offence として *magistrates' court で裁かれる．⇨ PRIMA FACIE CASE

summary trial 《英》「陪審によらない事実審理」 *magistrates' court の略式起訴による裁判．⇨ PRIMA FACIE CASE; SUMMARY OFFENSE

summing up; summing-up 《英》「(陪審に対する，裁判官の)説示」 ⇨ CHARGE (2); CLOSING ARGUMENT; INSTRUCTIONS

summons 「召喚令状」 ふつうは被告として裁判所へ出頭するよう命じるもの．同じ召喚状でも subpoena (発音は[サピーナ]に近い) は裁判所が証人として裁判所に出頭するよう命じるもので，正式には subpoena ad testificandum [サピーナ・アド・テスティフィカンダム] と呼ばれ，それを無視すると罰を受ける．⇨ SUBPOENA DUCES TECUM; WRIT

super-complaint 《英》「スーパー告発」 消費者団体が，業者による悪質な自由競争妨害行為を the *Office of Fair Trading (the OFT: 公正取引庁) にこのカテゴリーで告発すると，OFT は早急に対応策を講じなければならない．どういう違法行為にスーパー告発できるかは，2001 年夏以後の法律で決まる．⇨ CARTEL

Superfund, the 《米》「スーパーファンド；有害廃棄物除去資金」 1980 年の the Comprehensive Environmental Response, Compensation, and Liability Act (the CERCLA: 環境問題の対策，補償，および責任に関する包括法) の通称．16 億ドルの基金を the Environmental Protection Agency (the EPA: 環境保護庁) に与え，土地や河川などから有害廃棄物の除去に当たらせる．不法な廃棄を行なった責任者は，連邦政府によって起訴され，有罪と証明されたら，政府が使用した基金の賠償を要求される．現実には「犯人」の多くは破産していたり，姿をくらませたりしているので，基金は1986年と91年に増額され，100億ドルを超えているはず．その基金捻出のために，化学工業会社や石油会社から税金を徴収している．1996年のEPAの調査によれば，7000万人の米国人が有害廃棄物質サイトから6.4キロメートル以内で生活している．EPAは年に1200以上ある汚染個所のうち，各州で特にひどいところだけ選んで，1年間だけ，または200万ドル分だけ応急処理するが，あまりにも数が多いので第2次策が全くとれない実状である．州のワースト5は，ニュージャージー，ペンシルヴェニア，カリフォルニア，ニューヨーク，ミシガン．

Supermax 《米》「スーパーマックス」 米国の刑務所 ⇨ Big One

Supreme Court, the (1)《米》「連邦最高裁判所」 ⇨ United States Supreme Court (2)《英》「最高法院」 ⇨ Supreme Court of Judicature (3)《米》「(州の)最高裁判所」ただし，ニューヨーク州の場合，the Supreme Courtは第一審を司る下位裁判所であり，最上位裁判所(州の最高裁)はthe Court of Appealsと呼ばれている(⇨ state courts)．メイン州とマサチューセッツ州の最上位裁判所はthe Supreme Judicial Courtと呼ばれている．

Supreme Court of Judicature, the 《英》「最高法院」 連合王国で米国の連邦最高裁判所に当たるのは，この最高法院ではなく，the *House of Lords(貴族院)である．ただし，貴族院は米国の連邦最高裁と同様に，上訴された事件のうち，法律解釈上きわめて重要な意味を持つごく少数の事件を取り上げるに過ぎない．英国の最高法院というのは，the *High Court of Justice (the Queen's Bench Division, the Chancery Division, the Family Divisionから成る高等法院)と，the *Court of Appeal (控訴院)，および the *Crown Court (刑事裁判所)の総称である．高等法院の民事の判決に不満のある者は，控訴院のthe Civil Division (民事部)に上訴できる．刑事裁判所の判決に不服があれば，控訴院のthe Criminal Division (刑事部)に上訴できるが，*case stated (2) (法律問題記載書)によって法律問題の裁定を求めるときは高等法院のthe Queen's Bench Division (女王座部)のthe Divisional Courtに訴える．

Supreme Judicial Court, the 《米》「(メイン州とマサチューセッツ州の)最上位裁判所」 ⇨ Supreme Court (3)

surety (1)「保証人」(2)「保証金」(3)《主に英》「(身元引受人が払う，あるいは払うと確約する)保釈金」 (2)と(3)は現金や小切手でなく，約束手形や，不動産の登記証書などのこともある．

Surgeon General, the 《米》「公衆衛生長官」 米国の保健福祉省の次官クラスで，the Public Health Serviceの責任者．正式にはAssistant Secretary for Health and Surgeon Generalの肩書きを持つ．特別な制服を

着用することがある．米国のたばこのパッケージには，必ず公衆衛生長官による警告文が印刷されている．

suspect classification 《米》「疑いのある分類」 suspect class もほぼ同じ意味に使われる．法律が人々を人種別，国籍別，性別，年齢別，貧富の別など，さまざまに分類するとき，そこに法のもとでの平等という憲法第14 補正の規定に反する差別が入り込むおそれがある．連邦最高裁判所の司法審査はその疑いを厳密に検討し，公の利益のためにどうしても必要な場合(⇨ COMPELLING (STATE) INTEREST) を除いては，疑わしい分類を「不平等につき違憲」と判断しなければならない．**United States v. Carolene Products Co.* (1938) の有名な脚注 4 の最後のパラグラフで，Harlan Fiske Stone 裁判官は，"discrete and insular [religious, national, or racial] minorities" (分離され，[宗教的，国家的，人種的に]孤立した少数者) を対象とした法律は違憲ではないか，特に厳格に審査する必要がある，と示唆している．「人種」はほとんど常に疑わしい区分であり，厳格な審査が必要であると考えられている． ⇨ STRICT SCRUTINY

Sweeney Todd 《英俗》「スウィーニー・トッド」 Cockney (ロンドンの下町っ子) お得意の押韻スラング (rhyming slang) のひとつで，the *Metropolitan Police Service の the Flying Squad (特捜班) の意．[スクォッド]と[トッド]が韻を踏むというわけ．もともとスウィーニー・トッドは 18 世紀英国の大衆文学の主人公で，19 世紀半ばに George Dibdin-Pitt の芝居で(のちには映画やミュージカルでも)有名になった理髪師(架空の人物)の名．客をかみそりで切り殺し，その肉をミートパイを作る食肉加工業者に売る．

T

Taft-Hartley Act, the 《米》「タフト・ハートレー法」 ＝LABOR MANAGEMENT RELATIONS ACT OF 1947

taking the Fifth 《米》「憲法第 5 補正を活用する；黙秘権を行使する」 ⇨ KEFAUVER INVESTIGATION

Taliban; Taleban, the 「タリバーン」「学生; 知識を求める者」を意味するペルシャ語系パシュトゥー語 *talib* または *taleb* の複数形で，「(イスラームの)神学生たち」転じて「神学生による改革集団」のこと. 1979 年から 89 年 2 月までのソ連軍によるアフガニスタン侵攻のとき，アフガニスタンからパキスタン西部に避難していた保守的な神学生 30 人くらいが自発的に結成したグループがその前身. それはやがて戦闘的な政治集団になってソ連軍を撃退させることに成功し，パキスタン政府から支持を得た. 1994 年に，対ソ連軍との戦いで(片目の視力を失うほか，数回の負傷をしながら)英雄的な活躍をしたと言われる伝道者 Mullah Mohammed Omar (2001 年 10 月に 42 歳: ムラーとは「知識を授ける者」という敬称) の指導で，「タリバーン」と名乗り，アフガニスタンの南東部に主な拠点を据えた. ソ連軍撃退の功績に加えて，それまでの貧困と(下記のクーデター後の)政治的腐敗がひどかったせいもあり，パシュトゥン民族(アフガニスタンの人口 2583 万人の 38% を占める最大の民族で，スンニ派に属し，1747 年以来アフガニスタンを王政のもとで支配していた)を中心とした秩序ある国家を造ろうというオマールの呼びかけは広く受け入れられ，タリバーンは数カ月で大勢力になり，アフガニスタンの国土の 8 割は彼らの支配下に置かれた. しかし，バーミアンの大仏を爆破した行為が象徴的に示すとおり，彼らの信仰はきわめて排他的で，人権への配慮に欠けていた. 男性はひげを剃るどころか，短くするだけで刑罰を受け，盗みを働くと腕をたたき斬られ，女性は皮膚のごく一部を見せるだけで厳罰に処せられ，初等教育以上の学校に行くことは厳禁された. 女性はまた，教員，助産婦などごく限られた職業しか与えられず，夫を失ったあとでさえ労働で日当を稼ぐことを許されなかった.

[米国による攻撃] 米国政府は最初のうち，パキスタン軍事政権の協力を取りつけるために，タリバーンが Osama *bin Laden の身柄を引き渡

すなら，その政権の転覆を謀ることはしないし，アフガニスタンに新政府を作る意図もないと言明した．しかし，最高指導者オマールは，ビンラディンを見捨てることを拒否した．ビンラディンがタリバーンの客人だからではなく，タリバーンこそビンラディンに養われてきたからだと言われる．ブッシュII大統領は，実は最初から北部同盟（the Northern Alliance）と手を結び，特殊部隊（*Special Forces）をアフガニスタンに送り込んでタリバーンを壊滅させ，アフガン新政権を擁立したいと考えていたようだ．

［敵対する北部同盟］ 北部同盟は，アフガニスタンの国土の約10%——北東部(タジキスタンの南)——を実効支配していた，反タリバーンの一点だけで結ばれた寄り合い所帯で，1992年から96年までアフガン統治に参加しているあいだ内紛が絶えなかった．5勢力から成ると言われていたが，現在は，タジク人が中心になったイスラム協会が数の上では優位に立ち，これにウズベク人を中心にするアフガニスタン・イスラム運動，およびハザラ人を中心にするイスラム統一党が加わって，3派3民族から成ると見られている．かつてソ連軍をゲリラ戦で撃退した有能な司令官Ahmad Shah Massoud（またはMasoud: マスード: タジク民族出身者）が指導者であったが，彼は2001年9月9日に，タリバーンの自爆テロによって，49歳で死亡した．まとめ役を失った北部同盟は，パシュトゥン民族と折り合いが悪く，パキスタンからも警戒されているので，単独ではタリバーンに代わる政権の担い手になれない．そこで，同盟と，反タリバーン勢力の指導者たちは，前アフガニスタン国王を担ぎ出し，国連主導という形で各民族が参加する新政府の樹立を模索し始めた．前国王Zahir Shah(2001年10月に86歳)はパシュトゥン民族出身で，1933年に王位について，おじ2人の助言に従って大過なく国政を行なってきたが，1973年7月，病気療養のためにイタリアを訪問中に，いとこであるMohammad Daoud首相が起こしたクーデターで失脚し，そのままローマに亡命した．パシュトゥン民族の多くはザヒール・シャーの擁立に賛成だが，対ソ連戦争時における前国王の冷淡な態度に強い不満を持っている人々も少なくない．◆タリバーンは戦闘爆撃機やミグ戦闘機を持っていたが，2001年10月から始まった米軍の空爆により，たちまちそのほとんどを失った．地上兵力は約5万．北部同盟はヘリコプター数機を持つだけで，空軍力はなく，地上兵力も1万5000人足らずだが，マスードの死後は，ロシアが同盟を軍事的に支援したらしい．◆米国のチェイニー副大統領は2001年11月14日に，タリバーンは政権の能力を失ったと言明した．

［タリバーン以後］ 2001年12月初旬，タリバーンがアフガニスタンで

の戦闘力をほぼ失った時点で，北部同盟と，ザヒール・シャー元国王支持派のローマ・グループ，弱小のペシャワル・グループ，キプロス・グループという 4 派のアフガニスタン代表者会議がドイツのボンで開かれ，ローマ・グループの Hamid Karzai (ハミド・カルザイ: パシュトゥン人の族長の息子で，43 歳) を暫定行政機構の議長(首相格)に選び，やがてはシャー元国王を元首とし，そのもとで憲法を作って，2004 年には総選挙を行なうと決めた．カルザイ政権は順調に発足し，国際的な評価も高い．はたしてシャー元国王の出番はあるのだろうか．

[**麻薬問題**] かつてアフガニスタンは世界のアヘンの 75% の供給源であった．2000 年 7 月に，タリバーンはアヘンとヘロイン製造用のケシの栽培を最終的に禁止した．それが実効を挙げていることは，国連や米国の麻薬取締り当局でさえ認めていた．しかし，それは麻薬の値段をつり上げる巧みな工作に過ぎないと見る向きもある．タリバーンは敗北寸前まで，在庫が大量にあるアヘンやヘロインの販売を黙認し，毎年 3000 ないし 5000 万ドルの収入の半分近くを吸い上げて，これを軍事費に使用していたらしい．連合王国のブレア首相は，同国に出回っているヘロインの 90% はアフガニスタンから密輸されたものだと，2001 年 10 月に国会で言明した．◆タリバーン壊滅後，ケシの栽培は再び増えているとの情報がある．

taxpayer lawsuit; taxpayer suit; taxpayer's suit 《米》「納税者訴訟」 一市民である納税者が，行政官庁による公金不正使用の差止めを求めて起こす訴訟．1968 年からは連邦政府に対する訴訟も認められた．とはいえ，それは建前で，*standing (訴えの利益) がないという理由で門前払いを食わされる場合がほとんどだろう．

Tax Reform Act of 1986, the 《米》「1986 年税改革法」 一連の税改革法のひとつで，連邦税法のかずかずを大幅に改正し，膨大な the *Internal Revenue Code of 1986 を作り上げた．この改革で，高所得者が脱税に利用していた法の抜け穴がふさがれた．キャピタルゲインに対する特に低い税率は廃止され，特別利益団体や大企業を優先する政策も是正され，5 年間に企業への課税が 1200 億ドル増額される代わりに，個人と法人の所得税の最高税率は引き下げられ，400～600 万人の低所得者は税金を免除された．個人の所得税の税率はそれまで 15 段階あったが，86 年法で 15%，28%，33% の 3 つだけになり，納税者の 8 割は 15% の税率を適用され，33% の税率はごく少数の高額所得者だけに適用されることになった．

Teamsters, the 《米》＝the International Brotherhood of Teamsters, Chauffeurs, Warehousemen, and Helpers of America; the Teamsters

Union「ティームスターズ」 略称は the IBT. 1903年に創立された米国最大の労働組合. 569の支部を持ち, 組合員は140万人を超える. もとはトラック運転手の労働組合として成長したが, 現在は, 1300万人の会員を擁する the AFL-CIO (the American Federation of Labor-Congress of Industrial Organizations) の傘下にあって, トラック運転手や航空会社従業員から看護婦や漫画家に至るまで, ほとんどあらゆる職種の労働者を組合員にしている. 昔から政界や the *Mafia のボスたちとの暗い関係がうわさされ, 上層部の血なまぐさい権力争いが絶えない. 連邦政府の厳しい監視のもとに行なわれた選挙の結果, 1998年12月5日に新会長に選ばれた James P. Hoffa (1941–) はミシガン大学のロースクール出身の弁護士. 彼は, (57年に委員長になって以来, ティームスターズを強大な勢力に仕立て上げ, 組織の内外で絶大な権力をふるったあと75年に突如行方不明となった) Jimmy *Hoffa の息子で, 連邦政府の監督をはねのけて強力な運動を展開すると豪語している. 政府当局もまた, 相次ぐ内部腐敗が根絶されるまで監視を緩めないと言明している. ジェイムズ・ホッファは2000年の大統領選挙のときには民主党のゴア候補を推したが, アラスカ沿岸の油田開発を望むなど, 環境問題ではブッシュII政権に近いし, the *religious right (宗教的右派) とも親交が深い. ⇨ BUFFALINO, RUSSELL A.

temporary restraining order 《米》「緊急差止め命令」 略は T.R.O. 裁判所が, 本格的な *injunction (差止め命令) を下すか否かを決める前の段階で, とりあえず現状を維持しておくために, (原告の申し出に従って, 被告側との相談なく, つまり *ex parte で [一方的に]) 被告に短期間だけある行動を禁止する命令. 差止め命令は審理のあとで発行されるが, こちらの命令は審理の前に発せられる.

terrorism 「テロリズム」 (1) 《英》連合王国のテロ対策法によれば, 「政治, 宗教, またはイデオロギー的な自己主張を進めるために暴力を使用すること, あるいは, 暴力を使うと脅すこと」で, 北アイルランドの疑似軍事組織による破壊活動 (⇨ IRA) が典型的な例だが, 過激な rights groups (例えば, 動物虐待反対運動派) による公衆に恐怖や不安を抱かせる行為もテロリズムの範囲に入る (⇨ ANIMAL ABUSE). 連合王国の the Terrorism Act 2000 は, 同国としては最初の本格的な反テロリズム法であり, テロリスト集団を指定してその活動を禁じる権限を内務大臣に与えている. また, 外国にいるテロリストたちへの資金提供や資金集めを禁止している. 連合王国のテロ防止法については DEROGATION の項も参照. ◆連合王国の Jack *Straw 外相は, まだ内務大臣であった2001年3月に, 21の戦闘的な外国人グループをテロリスト集団として指定し, 同国に入国することを禁じた. うち16集団は中東, トルコ, およびカシミールのイスラム過激派で, Osama *bin Laden の指導のもとに(当時までで) 200人以上を殺したとされるテロ集団ももちろん含まれている. そういう集団は, もし内務大臣の措置が不法だと考えるならば, 新しく設置された the Proscribed Organisation Appeal Tribunal (非合法組織上訴審判所) に訴えることができる. ◆2001年9月のニューヨーク, ワシントンにおける同時多発テロのあと, 連合王国はテロ対策法の強化を決めた. 例えば, テロの容疑者が外国から逃れてきた場合, 逮捕して無期限に勾留できるというものだが, 人権侵害の疑いがあるというので法案は棚上げされた.

(2)《米》イスラム過激派の暴力と, 北アイルランド問題にはかねてから米国政府も神経をとがらせていた. 北アイルランドについて言えば, 米国政府は the *Good Friday Agreement (聖金曜日の合意) に反対している the *Real IRA, 32 County Sovereignty Movement (32州主権回復運動), the Irish Republican Prisoners Welfare Association (アイルランド共和国運動受刑者福祉協会), the Republican Sinn Féin (the *IRA や *Sinn Féin とは別の組織) を外国のテロリスト集団に, また, 彼らを支援する the Irish Freedom Committee (the IFC: アイルランド自由委員会) を在米のテロリスト集団に指定している. ◆米国政府は2001年10月5日に, (2年ごとに更新する)海外テロ組織の新リストを発表した. 28組織で, その多くは *al-Qaida を初めとするイスラム過激派, およびパレスチナ解放運動の諸組織で, ほかには真の IRA やオウム真理教も含まれている. 2001年9月以後はビンラディンとその信奉者による第2, 第3のテロ防止のために, 「愛国法」という新しい法律を制定し, 軍や警察を動員し, the *CIA と the *FBI の機能の強化に努めている. ◆2001年9月の, イスラム過激派による同時多発テロについては BIN LADEN と WORLD TRADE CENTER, THE TERRORIST ATTACKS ON THE の項を参照. ⇨ ANTITERRORISM AND EFFECTIVE DEATH PENALTY ACT OF 1966; ANTITERRORIST LAW; BIOTERRORISM; CHEMICAL WEAPONS; LOCKERBIE BOMBING

terrorist attacks on the World Trade Center, the ⇨ WORLD TRADE CENTER, THE TERRORIST ATTACKS ON THE

test case 「テストケース」 その結果が, 現在の, また将来のよく似た事件に影響を及ぼすであろう代表的事件の審理. 連邦最高裁判所は, 州法の合憲性を審査するために, よく似た多くの事件のなかから典型的なものをテストケースとして選ぶ. テストケースで法律問題を丹念に検討しておけば, あとの類似の事件で同じような検討を逐一繰り返さなくてすむ.

testimony 「宣誓証言」 有形の証拠物 (tangible evidence; demonstrative evidence) と同様に重要な証拠 (testimonial evidence) となる証言.

⇨ EVIDENCE

Texas Rangers 《米》「テキサス・レインジャーズ」 テキサス州警察システムの一部. 1826 年ごろ, のちのテキサス州建設者 Stephen Fuller Austin (1793-1836) がメキシコ領内の自分のコロニーに創設した. そのときには, アメリカインディアンやメキシコ人の侵入を防ぐのが目的で, 隊員の数も 20 人から 30 人程度であった. 1836 年, テキサスがメキシコから独立したあと, 無法者がはびこるワイルドウエスト時代に入り, 騎馬部隊であるレインジャーズの活動が展開された. テキサス・レインジャーズは, 南北戦争が始まったあといったん解散したが, 1874 年に再組織され, 彼らの伝説的な活動はピークに達した. 反面, その力を悪に利用する不届きな隊員も続出した. 20 世紀に入って, テキサス・レインジャーズは(黒人, メキシコ人, メキシコ系米国人 [Chicano] などに対する)人種差別や, 労働者弾圧のゆえに非難をこうむったし, 新知事の政敵に加担したというので, 全員が解雇されるという事件も起こった. (そのとき解雇を免れた唯一の隊員は, *Bonnie and Clyde の捜索に出ていた Frank Hamer であった.) 1935 年にレインジャーズはテキサス州警察のハイウェーパトロールに所属することになった. 1967 年には, 州の the AFL-CIO (the American Federation of Labor-Congress of Industrial Organizations) がレインジャーズをスト破りを助けていると言って訴え, 最高裁で勝訴した. 現在, レインジャーズなど廃止せよ, という意見もあるが, 州内では存続を当然と考える人々が圧倒的に多い.

Texas v. Johnson 《米》「国旗焼却事件判決」 ⇨ FLAG BURNING

Thatcher, Margaret 《英》「マーガレット・サッチャー」 英国の元首相. ⇨ COMMUNITY CHARGE; CONSERVATIVE PARTY

theft 「盗み」 日常語であり, 法律用語としては主に *larceny を使う.

third degree, the 《米俗》「(警察官による, 違法な)拷問; 苛酷な取り調べ」 自白を強要するために与える肉体的, 心理的な苦痛. 1890 年代から使われている語で, Freemason が第 3 級に昇格するために肉体的苦痛を伴う通過儀礼を課せられたことから来た, と言われる.

Thomas, Clarence (1948-) 《米》「クラレンス・トマス」 連邦最高裁判所裁判官 (在位: 1991-). ジョージア州の Pin Point という村で生まれた黒人. 母親は当時 18 歳であったが, クレランスにはすでに幼い姉がいた. 彼が 2 歳のとき父親が家を捨て, クラレンスと, 妊娠中の母親と, 姉と弟とは床板もないひと部屋の掘っ建て小屋で極貧のうちに暮らした. 7 歳のときその家が全焼し, 一家はサヴァンナ市に移転. クラレンスと弟は, 氷と石炭を訪問販売する母方の祖父 Myers Anderson によって育てられた. この祖父は読み書きがほとんどできなかったが, 妻と共に熱心なカトリック信者であり，教育こそ白人社会のなかで生き延びる道だと信じていた．クラレンスは祖父の計らいで黒人の修道女のいる近くの学校に通い，その後もサヴァンナの St. John Vianney Minor Seminary という少年用の神学校で学んだ．この神学校では人種差別を受けた反面，彼の心を癒してくれるアイルランド系修道女たちから影響を受けたらしい．1968年から71年まではマサチューセッツ州ウスター市の Holy Cross College で学んだ．そのころ彼は *Black Panther Party に共感し，*Malcom X などの戦闘的な黒人活動家を尊敬していた．トマスはのちに聖公会教会に移るとか，黒人の妻と離婚して白人——女性への給与を男性のそれと同じくする法律の制定に抵抗し続けたことで知られていた労働省の官吏 Virginia Lamp——と結婚するなど変わり身の激しい人で，政治的にも急転回して共和党右派の支持者になった．イェール大学ロースクール在学中も，少数民族の学生数を増やそうという黒人の学生運動から遠ざかり，「クォータ制は黒人中産階級を利するだけだ」と主張した (⇨ BAKKE CASE). 彼はレーガン大統領のもとで the *Equal Employment Opportunity Commission の委員長をつとめたけれども，公民基本権運動の諸グループと激しく対立して，保守的な黒人法律家として有名になり，たぶんそれもあって，1990年にコロンビア特別区 (*District of Columbia) 巡回控訴裁判所の裁判官に任命された．その間，26 の判決を書いたに過ぎない．それでいて1年後にはブッシュ I 大統領によって連邦最高裁判所裁判官に指名された．◆上院による公聴会の前に，以前トマスの部下であった Anita Hill (大学の法学部教授になった黒人女性) が彼からセクハラを受けたと訴え，上院司法委員会の公聴会で証言をしたが，トマスは動じる色もなく，疑惑のすべてを否定した．委員会も上院に意見を述べることを差し控えた．彼は公聴会で，妊娠中絶 (*abortion) など法律上重要な諸問題について，なんら具体的な見解を明らかにせず，したがって，矛盾を突かれることもなかった．結局，上院は52対48でトマスの就任を承認したが，こういう僅差での承認は20世紀では最初で最後であった．

トマスは黒人として最初の連邦最高裁裁判官であった Thurgood *Marshall の後任として任命されたにもかかわらず，William *Rehnquist や Antonin *Scalia 裁判官と並んで最も保守的な裁判官のひとりであり，妊娠中絶には(胎児にはだれも奪うことのできぬ生きる権利——inalienable right to life——があるという理由で) 絶対反対であり，*affirmative action にも，それが黒人の自助努力を失わせるという理由で，基本的に反対である．トマス裁判官がアファーマティヴアクションに反対なのは，白人が黒人に対して公正な態度をとることはとうてい期待できず，黒人の側が人種統合に熱意を示しても，白人から「黒人は逆差別を利用して社会進出を許っている」といやみを言われるのがおちと考えているからだ，という説があるが，それだけでは彼の心理は解き明かせない．彼はよく言えば自助努力の人で，アメリカン・ドリームを実現したわけだが，それだけに，そういう努力を怠っている黒人たちに一種の怒りと焦りを感じているのかもしれない．

three strikes and you're out laws; three-strikes laws 《主に米》「三振即アウト法」 1994年3月にカリフォルニア州議会を通過した法律，および他州の類似の法律で，career criminal sentencing laws（累犯判決法）とも呼ばれる．過去に2度 *felony（重大犯罪）をおかして有罪と判決された者は，3度目に禁固1年程度の罪をおかしただけでも終身刑または20年程度の刑を受けるというもの．1993年にカリフォルニア州で12歳の Polly Klaas が誘拐され，殺されたという事件があり，ポリーの父親 Marc Klaas が，もうひとり強盗によって射殺された少女の父親と共に，この法律の制定を働きかけた．（だが，マーク・クラースはのちにこの法律に強く反対するようになった．）カリフォルニアでは，この刑罰を受けた者の80％が暴力犯罪を一度もおかしていないのだから，1994年の州民世論調査で72％，96年の世論調査で75％が賛成したという事実のほうが問題だろう．1996年からは，ワシントン州など24州で同様の法律が施行されているが，3度目が窃盗罪程度で20年以上の刑は苛酷だという批判が出てきたし，刑務所の収容能力が追いつかない(カリフォルニア州では，1995年に「アウト」になったのが12万人だったのに，2000年にはその倍を越えた)，犯罪防止に役立ったという確かな統計がない，などの問題がある．そのため，現実には，量刑を裁判官の判断に委ねている州が多いようである．◆英国にも「三振即アウト」の語，および重罪累犯に対する特に厳しい刑罰がある．

[**憲法違反の疑いがある?**] カリフォルニア州の裁判所は，暴力犯の前歴がないヒスパニックの万引き常習犯が，3度目にビデオテープ9本(153ドル相当)を盗んだというので，禁固50年の刑を言い渡した(同州の三振即アウトでは最低刑が25年である)．2001年11月2日，サンフランシスコの連邦第9巡回区控訴裁判所は2対1で，その判決は過重な刑罰を禁じた憲法第8補正に違反すると判断した．たちまち，全国の弁護士たちは，三振即アウトを適用された約7000人の受刑者のうち，暴力犯の前歴がなく，累犯のおそれもなさそうな500人余りについて上訴をする構えを見せている．大きな問題であり，連邦最高裁判所での審理が注目される．

Till, Emmett 《米》「エメット・ティル」 米国の黒人差別の犠牲になった14歳の少年．シカゴの南部に住んでいたが，1955年8月に，いとこの

Curtis Jones といっしょに，ミシシッピ州の Money という小さな町にあるカーティスの祖父の Mose Wright (伝道師) の家で夏休みを過ごしていた．ある日，土地っ子たちの挑発に乗せられたエメットは，マニーの食料雑貨店でキャンデーを買ったあと，Carolyn という白人女性(食料雑貨店主の若い妻)に "Bye, Baby" と声をかけた――もっと大胆な言葉をかけたという説もあるが，信じ難い．黒人の男がなれなれしく話しかけるのは，当時の南部に住む白人女性にとってはレイプ (*rape) に等しい行為であった．子供たちはキャロリンがピストルを取りに行ったあいだに，モーズ・ライトの中古車で逃亡した．しかし，4 日後の日曜日に，キャロリンの夫 Roy Bryant とロイの義理の兄弟(たぶんキャロリンの兄) J. W. Milam とがモーズ・ライトの家を訪れ，無理やりエメットを連れ出し，河原でエメットを踏みつけ，殴り，頭を銃で撃ち，首の回りに有刺鉄線を巻くといった残虐な方法で殺し，死体を川に捨てた．その後 2 人は逮捕され，法廷でモーズ・ライトが(まさに命がけの勇気をふるって)エメットを連れ去ったのは彼だとロイを指差したが，全員白人の陪審団は(当時としてはお定まりの筋書きで)無罪の評決を下した．2 人は 1956 年末に *LOOK* 誌の記者に向かって得意げに「おれたちがやった」と告白した．それは *double jeopardy の原則で，いったん勝ち取った無罪判決が覆ることはないと知っていたからである．しかし 2 人とも，黒人たちの反対やボイコットを受けて店をたたみ，他の市に移転したという．

tobacco 「たばこ」 ⇨ SMOKING

tort 「不法行為」 語源は「ねじ曲がった」を意味するラテン語 *tortus*．法的な義務に違反し，その直接の結果として，他人の権利や利益を侵害すること．例えば *battery (暴行) や *defamation (名誉毀損) など．被害者は *damages (賠償金) を請求できる． ⇨ FEDERAL TORT CLAIMS ACT

Tottenham Three, the 《英》「トテナム 3 人事件」 1985 年，ロンドンの北，トテナムの the Broadwater Farm Estate (住宅やアパート群) で，警察がカリブ諸島系の黒人女性の家を捜索中に，(経緯は不明だが)その女性が死亡した．怒った若者が激しく抗議し，家や車に火を放ち，そのうちの数人が Keith Blakelock という警官を殺した．警察はその場では犯人を逮捕できなかった．しかし，87 年に 3 人の若者が逮捕され，有罪だとして終身刑を宣告された．その直後から，冤罪だと抗議する人々の運動が強まり，再審の結果，警察が 3 人に不利な証拠をでっち上げていたことが判明し，2 人は 91 年に無罪となって釈放された (3 人のうちのひとり Winston Silcott は別の罪もあったので，引き続き拘留された)．英国では (英国でも，と言うべきか)あまりにも多い警察の不祥事のひとつである． ⇨ BIRMINGHAM SIX; BLAKE CASE; BRIDGEWATER THREE; CHICAGO SEVEN;

GUILDFORD FOUR; LAWRENCE CASE

trafficking of women and children 《主に米》「女性と子供の密輸出入」 ⇨ HUMAN TRAFFICKING

Train Robbery, the Great ⇨ GREAT TRAIN ROBBERY

transactional immunity 「行為免責」 ⇨ USE IMMUNITY

treason 《米》「国家反逆罪; 州に対する敵対行動」 ⇨ ESPIONAGE; SEDITION (2); 憲法第3条第3節1項の解説

treason felony 《英》「国家反逆の大罪」 ⇨ FELONY

treasure-trove; treasure trove 「(高価な)埋蔵物」 ⇨ CORONER

Trench Coat Mafia, the 《米》「トレンチコート・マフィア」 1999年4月20日，コロラド州デンヴァー市の郊外リトルトンにある公立高校で起きた銃乱射事件 (the *Littleton massacre) は，13人の犠牲者を出し，高校内での犯罪としては史上最悪のものとなった. 犯人は同校生徒2人で，「トレンチコート・マフィア」という学内グループのメンバーだった. 常に黒いコートに身を包み，ナチスの鉤(かぎ)十字をシンボルとし，マイノリティーを差別し，学内スポーツの人気選手に冷ややかな視線を送り，暴力ビデオを愛好していたこの集団は，しばしば他の生徒に向かって，銃を向けるかのように指を差す仕草をしていた. 閑静な郊外の住宅地にある典型的な高校のなかで，中産階級の平均的と見える少年によって引き起こされたこの事件は，銃社会の異常な病理を見せつけて，全国民に大きな衝撃を与えた. ⇨ GUN CONTROL; GUN INDUSTRY

trial 「公判; 事実審理」 公開裁判所における証拠物と証言の検討，双方の弁論，陪審の評決などで，そのあとで判決が下される.

trial court 「第一審裁判所」 多くは陪審制で，民事および刑事事件の事実を争う. 物証と証言が大きくものを言う. 控訴裁判所は主に事実ではなく，第一審の法律適用が妥当であったかどうかを審理する. ⇨ COURT OF GENERAL JURISDICTION

trial de novo 「覆審; 事実審理のやり直し」 de novo hearing とも言う. de novo は anew (新たに) を意味するラテン語. イングランドとウェールズでは，*magistrates' court から上訴された比較的軽い事件が the *Crown Court (刑事裁判所) でまた改めて事実審からやり直されることがある. 米国の控訴裁判でも，裁判官が下位裁判所の事実審に大きな誤りがあると疑った場合には，それを一時無効として，事実審を最初からやり直すことがまれにある.

tribunal 《英》「行政審判所; 特別裁判所; (一般に)裁判所」 an industrial tribunal と言えば，労使問題(不当労働行為，給与問題など)だけを扱う特別な裁判所で，全国に50以上あり，7年以上の経験のある *solicitor が the *Lord Chancellor (大法官) から議長に任命され，他の 2 名とともに審理に当たる．

trier of fact 「事実認定者; 第一審の裁判官」 ⇨ FINDING OF FACT

Trinity sittings, the 《英》「トリニティ開廷期」 The *High Court of Justice (高等法院) の 4 つの開廷期のひとつ．Pentecost (聖霊降臨日) とも呼ばれる Whit Sunday (Whitsunday) はイングランドとウェールズでは Easter (2002 年は 3 月 31 日，2003 年は 4 月 20 日) のあとの第 7 日曜日 (2002 年なら 5 月 19 日) である．そのウィット・サンデーの次の日曜日は Trinity Sunday (トリニティ・サンデー) で，それに続く火曜日から 7 月末までがトリニティ開廷期である．ちなみに，オクスフォード大学では夏学期 (4 月下旬から 6 月中旬まで) を the Trinity term と呼び，ほぼ同じ時期をケンブリッジ大学は the Easter term と呼んでいる． ⇨ EASTER SITTINGS; HILARY SITTINGS; LAW TERM; MICHAELMAS SITTINGS

Troubles, the 《北アイ》「(北) アイルランド紛争」 1916 年の the Easter Rising (復活祭蜂起) 以来のアイルランド独立をめぐる政治的，社会的な騒乱を指すが，近年では特に 1968 年以来の北アイルランドにおけるテロ事件と暴力沙汰 (犠牲者は数千人に及んでいる) を意味することが多い． ⇨ NORTHERN IRELAND

true bill 《米》「正式の起訴状」 ⇨ GRAND JURY

true person doctrine 「誠実な人の原則」 誠実で，非の打ちどころのない人ならば，凶器を持った者によって突然襲われたときに，逃げようと努力した証拠がなくても正当防衛が認められるという原則． ⇨ FLEE TO THE WALL DOCTRINE

trust (1)「信託」 財産上の (契約ではなく) 取り決め．例えば，信託設定者 (settlor; granter of the trust) である A が，受益者 (beneficiary) である未成年の子供 B の将来のために，持ち株の運用を受託者 (trustee) である C に託し，B に毎年利子を手渡し，B が大学に入学した時点で株の売却益を全額 B に渡すよう依頼したとする．この場合，必要な条件は，信託の意思表明と，B への財産の移動である (遺言による信託の場合，財産の移動は A の死後に行なわれる)．受託者は財産運用で実績のある銀行や信託会社という場合が多いだろうが，個人でもよい．D が (すでに社会人である) 長男 E に持ち株を譲り，この半分はおまえの妹 F のために運用してやってくれ，と頼んだだけでも信託は成立するだろう．人の代わりに慈善事業を目的にした信託など，多種多様な形態が考えられる．(2)《主に米》「トラスト」 市場の独占を目的にした企業結合．もっと広い意味で使われることもある．例えば，大学がキャンパスの周辺に寮を作るとき，土地の売却を希望する地主をさまざまな口実でひとりだけに絞り，市場価格よりも安く土地を買って寮を建てたとしたら，反トラスト法による規制の対象になる．⇨ CARTEL; OFFICE OF FAIR TRADING; ROBINSON-PATMAN ACT; SHERMAN ANTITRUST ACT

Trustees of Dartmouth College v. Woodward 《米》「ダートマス・カレッジ理事会対ウッドワード」 1819年に連邦最高裁判所がビジネス契約の保護を確立させた重要な判決．ダートマス・カレッジはアメリカインディアンに対するキリスト教教育，および英国人の高等教育を目的として，ダートマス伯爵を初めとする英国の篤志家の寄付で，ニューハンプシャー植民地に設立された．理事はニューハンプシャー植民地総督，植民地議会の議員，聖職者など．学長は，母体となるアメリカインディアンの学校を設立した牧師の Eleazar Wheelock であった．このウィーロックの請願に基づいて，ジョージ3世がカレッジの charter (法人設立認可状) を与えた．ずっと下って1816年に共和党の知事が，政敵とも言うべき連邦主義者党が多数派である大学理事会の大幅な入れ替えを内容とする法律を通した．これに不満を抱いた理事会の多数派が，州の立法は法人設立認可状で与えられた財産を侵害するものだとして，(カレッジのではなく)州の支配下にある Dartmouth University の事務長である William H. Woodward を相手に，勅許状，大学の公印，理事会記録，会計帳簿などを引き渡せという訴訟を起こした．連邦最高裁判所の判決の結論は，法人設立認可状は憲法第1条第10節1項で言う「契約条項 (the *contract clause)」――慈善事業の寄付者と，理事と，国王との契約――であり，その契約は州の意思ではなく，創設者たちの意思によって運営されるべきだ，というものであった．この場合，州は国王の意思を継承しなければならない．したがって，設立認可状の内容に重要な変更を加えた州の法律は違憲である．その後，この判決のおかげで，企業はその契約を政府の干渉から守ることができるようになった．

Truth-in-Lending Act, the 《米》「貸付真実法」 ⇨ CONSUMER CREDIT PROTECTION ACT

Twinkie defense 《米》「トゥインキー・ディフェンス」 弁護側の証人が，刑事被告人はジャンクフードの食べ過ぎのせいで責任応力が低下していたと主張すること．Twinkie は(ここでは同性愛者という意味ではなく)子供に人気のあるスポンジケーキの商品名．Harvey Milk 暗殺事件 (⇨ HOMOSEXUALITY) の犯人はこのトゥインキー・ディフェンスによって異常に軽い刑を受けたが，現在この論法で犯罪容疑者を弁護することは認められていない．

U

Unabomber 《米》「ユナボマー」 1978 年から 95 年にかけて，カリフォルニア州をはじめ全米各地に送られた小包爆弾で 3 人が殺害され，29 人が負傷した．犯人は 1995 年に *The Washington Post* と *The New York Times* に声明文の掲載を強要し，両紙は 8 月 2 日に全文の 10% 足らずを掲載した．FBI は，ねらわれたのが主に universities と airline 会社の関係者だったので，犯人に Unabomber というコードネームをつけた．結局，その正体はカリフォルニア大学バークリー校の元数学助教授 Theodore J. Kaczynski (当時 53 歳) と判明．カジンスキは 1996 年 4 月にモンタナ州で逮捕されたが，妄想性精神分裂症と診断されたために死刑を免れ，検察当局との司法取引 (plea bargaining ⇨ COURT PROCEDURES) の結果，98 年 1 月に有罪を認めて，仮釈放なしの終身禁固刑を受けた．カジンスキは 2001 年になって，精神病と認めたのは警察の脅しによるものだから，たとえ死刑を受ける結果になろうとも再審を受ける権利を認めよ，と申し出たが，控訴裁判所はそれを拒絶した ⇨ BIG ONE

U.N. Convention Against Transnational Organized Crime, the 「国際的組織犯罪を防止する国連条約」 国際的組織犯罪に対処するために，シチリアのパレルモ市で 148 カ国の代表が集まって開いた会議で 2000 年 12 月に採択した条約．120 以上の国がこれに賛成している．3 人以上の犯罪ならば組織犯罪とされる．問題になるのは，組織による買収，会社ぐるみの犯罪，マネーロンダリング (*money laundering)，(オーストリア，スイス，リヒテンシュタイン，ルクセンブルグ，モナコなどの) 銀行による黒い金の保護など．条約加盟国は国内の銀行に対して，架空口座の開設を禁じ，犯罪捜査を妨げるような銀行法を改正することを要請する．麻薬の密売買 (⇨ DRUG)，不法な武器製造，国際的なテロ (⇨ TERRORISM)，傭兵制度などへの対策も盛られている．◆2 つの付属議定書があり，そのひとつは女性と子供を性的奴隷として，あるいは強制労働させるために密輸出入すること (⇨ HUMAN TRAFFICKING) を犯罪と見なすべきだとしたもので，賛成国は 80 カ国に過ぎなかった．第 2 は不法移民の移動を助ける組織の活動を犯罪とするもので，賛成国は 79 に過ぎない．◆現在，国際的犯罪組織はロシア，中国，イタリア，ナイジェリアなどのものが目立つが，日本の yakuza も世界で最大かつ最強力な犯罪組織と見なされている．ヤクザ組織は米国やカナダの不動産(ゴルフコースやホテルを含む)，株式などに巨額の黒い金を投資しており，近い将来には銀行や流通業に進出すると予想されるだけでなく，政財界に食い入って，政治や経済のシステムそのものを支配する可能性さえあると予測する向きもある．⇨ HATE GROUPS; MAFIA

undue burden 《米》「不当な負担」 連邦最高裁判所の Sandra Day *O'Connor 裁判官が *Akron v. Akron Center for Reproductive Health* (1983) で持ち出した基準．妊娠中絶 (*abortion) を選択しようとする女性に不当な負担を課する州の規制は，憲法第 5 補正のデュープロセス条項 (⇨ DUE PROCESS OF LAW) で保護された自由に反するという．例えば，女性は夫にあらかじめ中絶の件を知らせたという署名入りの書面を医師に提出しなければ妊娠中絶を受けられない，という (1992 年の *Planned Parenthood v. Casey* 判決で違憲とされた) ペンシルヴェニア州法の条項は，実行が困難であったり，危険を伴ったりするので，女性に不当な負担を課すものとされている．⇨ ROE V. WADE

unified bar 《米》「強制加入制法律協会」 ⇨ BAR ASSOCIATION

Uniform Code of Military Justice, the 《米》「三軍統一法典」 1950 年に制定．83 年の改正で，the *Court of Appeals for the Armed Forces (軍法上訴裁判所) の判決を連邦最高裁判所が審査する道が開かれた．⇨ COURT-MARTIAL (1)

Uniform Commercial Code, the 《米》「統一商法典」 1951 年に完成．略は the U.C.C.．販売，貸付，銀行預金，銀行による取り立て，商業証券，信用状，事業用資産包括譲渡，倉庫証券，投資証券，動産担保証券などについての法律を網羅しており，ほとんど全部の州で採用されている．

Uniform Consumer Credit Code, the 《米》「統一消費者信用法典」 1968 年に制定され，74 年に改正された．略は the UCCC．割賦販売，消費者のクレジット，少額ローンなどに関する法律をまとめたもの．

Uniform Crime Reports 《米》「統一犯罪レポート」 略は *UCR*．毎年 the *FBI が出している犯罪調査統計．⇨ INDEX CRIMES

Unionist 《北アイ》「ユニオニスト」 (1) 北アイルランドが連合王国に属することに賛成し，それが政治的にアイルランド共和国の一部になることを極端に嫌う人(プロテスタント教会信者)．(2) 上記の立場に立つ the Unionist Party (アルスター統一党) あるいは the Ulster Democratic Unionist Party (アルスター民主統一党) のメンバー．⇨ NORTHERN IRELAND

union shop 《米》「ユニオンショップ」 ⇨ LABOR MANAGEMENT RELATIONS ACT OF 1947

United Kingdom, the = the United Kingdom of Great Britain and Northern Ireland 「グレートブリテンおよび北アイルランド連合王国」 略は the UK. 一般に *Britain と呼ばれることもあるが，下記の事実に注意. The *Commonwealth の一員であり，the European Union (欧州連合) に加盟している. The United Kingdom という国名は，1707 年に the Act of Union (連合法) によってイングランドと *Scotland が統一されたときに初めて使われた. 1800 年にも the Act of Union によって *Northern Ireland が統合され，イングランド，*Wales，スコットランド，北アイルランドが連合王国を構成した. これはひとりの元首のもとに，単一の中央政府を持つ国であり，構成単位のそれぞれが独自の憲法や議会を持つ連合国ではないが，スコットランドには独自の裁判制度があるなど，連合国的な要素も持っている. 元首はエリザベス 2 世で，この女王は 2 つの公定教会 (the Church of England と the Church of Scotland ⇨ Established Church) のかしらに立つし，議会はイングランド教会に深くかかわっている. しかし，連合王国全体に及ぶ国教(政府が税金で維持する宗教ないし教会)はない.

[**連合王国と英国は完全に同一ではない**] 注意を要することだが，the *Channel Islands (チャネル諸島) と the *Isle of Man (マン島) は *Crown Dependencies (国王保護領) といって，(自発的にある程度の金を連合王国政府に払って)防衛と外交政策を連合王国に依存しているが，立法府を別に持っているから連合王国の一部ではなく，英国内の自治領である. EU にも加盟していない. しかし，どちらも英国王が支配する領土であるから，英国民はパスポートなしにこれらの諸島を訪れることができるし，そこに居住することもできる.

United Nations Human Rights Commission, the 「国連人権委員会」 1948 年 12 月 10 日 に国連の決議で設立された. 夫である大統領の死後，米国の国連代表となった Eleanor Roosevelt (1884-1962) が創設に努力し，47 年から 51 年まで委員長をつとめた. 委員は 54 カ国から 18 人が選ばれる. 「世界人権宣言」(the Universal Declaration on Human Rights) および「国連人権規約」を起草し，その後も世界各地の人権侵害の実態を調査しており，そのひとつは旧日本軍の従軍慰安婦問題であった. 1976 年には，市民の個人的な申立てを受ける人権委員会が設立された. これは国際人権 B 規約に基づくというので，B 規約人権委員会と呼ばれている. こちらのほうも，日本の警察や入国管理局の職員による虐待を指摘し，公務員による人権侵害を救済できる(政府から独立した)人権擁護機関の設置を日本政府に勧告した.

米国はローズヴェルト夫人以来，国連人権委員会で指導的な役割を果たしてきたが，米国の死刑制度，ブッシュII大統領のイラク空爆，環境政策(特に京都議定書の拒否)，the *International Criminal Court (国際刑事裁判所) 設置に関する条約に消極的であることなどに世界諸国の批判が高まり，2001年5月に行なわれた「西欧その他」ブロックの委員改選(秘密投票)では，フランス(52票)，オーストリア(41票)，スウェーデン(32票)が当選し，米国(最下位の29票)は席を失って屈辱を味わった．ほかはアルメニア，バーレーン，チリ，クロアチア，韓国，メキシコ，パキスタン，シオラレオネ，スーダン，トーゴー，ウガンダの代表が新委員に選ばれた．米国は国際麻薬統制委員会(13名)の改選でも落選した．◆2001年9月に，米国の下院はその復讐として，国連への分担金滞納分のうち，2002年に払う予定であった2億4400万ドルを——2002年に人権擁護委員会に復帰できなければ——支払い停止すると225対165で決定．さすがに米国政府は，落選問題と分担金支払い問題とを関連づけることには表向き反対している．

United States attorney 《米》「連邦地区首席検事」 ⇨ DISTRICT ATTORNEY (2)

United States Code, The 《米》「合衆国法律集」 略は *the U.S.C.*. 現在米国で使われている法律のすべてを系統立てて配列したもの．1926年に完成し，32年に改訂．以後6年ごとに改訂され，毎年増補版が発行される．全体は50編と憲法から成り，主題別に編集してある．例えば1965年の投票権法はこの法律集の第42編の1971章に収められている．専門の法律書ではそれを明らかにするために，Voting Rights Act, 42 U.S.C. §1971 (1965) と記す． ⇨ PUBLIC LAW; STATUTES AT LARGE (2)

United States courts 《米》「連邦裁判所」 連邦で最上位の裁判所は the *United States Supreme Court (連邦最高裁判所) で，これは上訴された事件のうち，「重要な連邦問題 (serious federal questions)，憲法違反と連邦法違反，および憲法解釈の誤りなど」にかかわる事件だけを審理する．米国全体で裁判は(軽い交通事故のようなものまで含めれば) 9000万件くらい行なわれている．そのうち，関係者が不当な判決だとして連邦最高裁判所に訴えるケースは年々増して，現在は7000件ほどになっている．最高裁判所はそのほとんどを却下するが，そのことは，必ずしも下位裁判所の判決を是認したことにはならない．約100〜200件以外は，下位裁判所の判決に対して「さし当たって判断をしないと判断した」だけの話で，将来，同じような下位裁判所の判決が最高裁によって覆される可能性は残されている．要するに，連邦最高裁判所は，たとえ下位裁判所の判決に不当なものがあっても，その全部を正して，訴えた者を救済する責任を果たす余裕がないのである．

連邦最高裁判所のすぐ下にある裁判機関は the United States courts of appeals (連邦控訴裁判所 ⇨ COURT OF APPEALS) で．これは全国 11 の巡回区 (circuits) に分かれており，ほかに the Court of Appeals for the District of Columbia (コロンビア特別区控訴裁判所) があって，3400 もの政府規制機関からの訴えを受理している．コロンビア特別区控訴裁判所の判事が最高裁裁判官の判事に登用されたケースは非常に多い．特別なものとしては，1982 年に法律によって新設された，特許，商標，著作権を扱う the *Court of Appeals for the Federal Circuit (連邦巡回控訴裁判所) があり，計 13 の連邦控訴裁判所に裁判官が 179 名いる．同じく 1982 年新設の The United States Claims Court (合衆国請求裁判所) は，合衆国から損害賠償を受ける理由のある者が，合衆国を被告として訴訟を起こす第一審裁判所である．裁判官は 16 名で，任期は 15 年．

控訴裁判所より下位にあるのは，全米 50 州と，首都ワシントン (DC)，グアム，プエルトリコ，ヴァージン諸島，北マリアナ諸島を含む 94 地区の United States district courts (連邦裁判区裁判所; 連邦地裁 ⇨ DISTRICT COURT) で，裁判官は 1990 年代後半に 575 名であったが，2002 年現在は 650 名くらいか．地裁判事を補助するのは任期 8 年(400 名余)または 4 年(約 90 名)の，主として中等犯罪や軽罪を担当する United States magistrate judges (マジストレートジャッジ ⇨ MAGISTRATE JUDGE) で，扱う件数は地裁判事の倍近く，年間 50 万件を超える．ほかには，控訴裁判所が任命する 325 名の破産裁判官 (bankruptcy judges) が地裁判事を補助して，年に 90 万件近くの破産事件を扱っている．

連邦最高裁判所，連邦控訴裁判所，連邦地裁と，the U.S. Court of International Trade (合衆国国際通商裁判所) は，憲法第 3 条に基づいて作られたので，「第 3 条裁判所 (Article III courts)」とか，「憲法裁判所 (*constitutional courts)」と呼ばれている．これに対して，憲法第 1 条第 8 節 18 項の “the necessary and proper clause” (必要にして適切条項) に基づいて作られた裁判所は「第 1 条裁判所 (Article I courts)」または「立法裁判所 (*legislative courts)」と呼ばれる．これらについては LEGISLATIVE COURTS の項を参照されたい．⇨ STATE COURTS

United States Law Week, The 《米》「合衆国法週報」 ルーズリーフ式で，the Bureau of National Affairs が発行．the *United States Supreme Court (連邦最高裁判所) の判決や，合衆国の新法をはじめ，*United States courts (連邦裁判所) と *states courts (州裁判所) の重要な判決文の要旨を知るのに便利．

United States marshal 《米》「連邦保安長官」 全国 94 の連邦裁判所 (*United States courts) 管轄地域にひとりずつ，大統領が指名し，上院で承認された者が任命される．任期は4年．郡の保安長官（*sheriff (1)）と同様に副保安官（総数は約2100人）を従える．映画では他州に逃亡した犯人の逮捕と護送ではなばなしく活動するが，主要な任務は連邦裁判所の令状の送達や執行，裁判所の管理，裁判官や証人の警護，囚人の護送などである．⇨ AIR MARSHAL; MARSHAL

United States Reports, The 《米》「合衆国判例集」 the *United States Supreme Court（連邦最高裁判所）の公式な判例集．

United States Supreme Court, the 《米》「連邦最高裁判所」 憲法に基づいて設立された米国の最高裁判所．これが（固定された法律の条文に縛られず，公正さと理性とコモンセンスに基づくという意味で）common-law court であることに関しては COMMON LAW の項を参照．同裁判所の裁判官（justice）は（1789年には6名と定められたが）1869年以後は9名で，うちひとりは大統領から任命された the Chief Justice（首席裁判官［裁判所長官］）で，他の8名も大統領から任命された associate justice（陪席裁判官）である．同裁判所は高裁レベルから上訴された事件のうち特に重要なものだけを選んで判決を下す．具体的には，9人の判事の投票で4票を得た事件が取り上げられる．これは the rule of four（4名同意のルール）による *certiorari（サーシオレイライ；裁量上訴受理令状）と呼ばれている．UNITED STATES COURTS の項でも述べたとおり，上訴が受理されるのは年に200件足らずで，上訴された事件のうちの3% くらいに過ぎない．しかも，裁判所が口頭で意見を述べるのは100件程度である．ただし，連邦政府の the *Solicitor General（法務総裁）による上訴を門前払いすることはまれである．最高裁が取り上げる問題は，主として憲法の解釈に絡む重要な連邦問題に限られている．その辺が日本の3審制とは大きく違う．最高裁判所が取り上げなかった下位裁判所の判決は「黙認された」と言えそうだが，正しくは「それについて直ちに是非を判断しないと判断した」だけで，のちに同じ判決を最高裁が覆す可能性は残っている．

［9人制度の問題点］ もし9人の裁判官の一部が病気などで任務を果たせなくなった場合，偶数の裁判官で判決を下さなければならぬことがある．例えば the *stay of execution（死刑執行の一時停止）だが，1985年に，Lewis Powell 裁判官が病欠しているあいだに，ジョージア州の死刑囚 Roosevelt Green の死刑を一時停止するか否かを決めるとき，票が4対4に分かれ，いずれも過半数（5票）を得られなかったので，グリーンは死刑に処せられ，裁判所の決定は一部の法律学者から批判を浴びた．◆ 2001年8月には，1994年にテキサス州で起こった銃撃殺人事件の犠牲者（John Luttig というビジネスマン．当時63歳．）の息子 J. Michael Luttig が，たまたま3人の最高裁判所判事に重要な助言や協力を与えたことの

ある連邦判事であったので，その3人は Napoleon Beazley という犯人(25歳の黒人)の死刑執行停止の申請を受理するか否かの決定に加わらなかった．8月13日に，6人の裁判官が3対3に分かれ，執行停止は拒絶され，ビーズリーは15日に処刑されることが決まった．ビーズリーは犯行時に17歳であったので，その死刑はEUの強い批判を浴びていた．連邦最高裁でさえ，犯行時未成年であった者の死刑を見直す方向で動いていた．その際に，どんな理由があるにせよ，6人の裁判官で重大な決定をしたのが公正と言えるかどうか，大きな疑問が残る．◆ところが，8月15日，ビーズリーが死刑を執行される4時間前に，テキサス州の刑事控訴裁判所は死刑執行一時停止命令を発した．連邦最高裁はそのおかげで，改めて犯行時に未成年であった者の死刑が合憲か否かの判断をする機会を与えられたわけである．これについては，DEATH PENALTY の[テキサス州で実施された死刑の一時停止]の項も参照されたい．

[司法審査権] 最高裁判所の重要な役割のひとつは，連邦や州の法律が憲法に合致しているかどうかを判断することで，これは *judicial review (司法審査; 違憲審査)と呼ばれ，1803年の **Marbury v. Madison* 判決によって，最高裁にその権限——合衆国憲法の最終的な解釈の権限——が認められた．いまひとつ，最高裁判所の重要な役割は，さまざまな法律にかかわる裁判手続き (*court procedures) のルールを定めることで，それらの規則は下記の判例集 *The United States Reports* その他に発表される．

[政治問題に関して中立か] DISMISS AS IMPROVIDENTLY GRANTED の項で述べたとおり，連邦最高裁判所は高度に政治的な問題を扱うとき，9人の判事の政治的信条ゆえに判断が分かれることを避けるために，首席裁判官の強力な指導によって全員一致の判決を下すとか，逆に全員一致で判断を回避することがまれにはある．連邦最高裁判事は，任命権者である大統領の意向に沿う必要はなく，げんに大統領の期待とは全く反対の判決を下した裁判官も少なくない．近年は重要な事件で5対4で保守的な裁判官の意見が通る傾向が目立っているが，上述のとおり，こと政治に関しては伝統的に判事たちの党派性をあからさまにしないのが原則であった (⇨ PER CURIAM)．ところが，2000年末の大統領選挙の最終段階で，フロリダ州裁判所がゴア候補の支持者の多い複数の郡における手作業での開票や再点検を命じたところ，ブッシュ側が連邦最高裁に上訴した．連邦最高裁が12月9日に下したその *Bush v. Gore* 事件の判決で，4人の判事 (John Paul *Stevens, David *Souter, Ruth Bader *Ginsburg, Stephen *Breyer) が手作業による票の点検が民主的な選挙にとって必要と認めたのに対して，5人 (William *Rehnquist, Sandra Day *O'Connor, Anthony *Kennedy, Clarence *Thomas, Antonin *Scalia) は，フロリダ州

最高裁判所の決定を差し止め，その判決の合憲性について州最高裁判所が翌日の午後4時までに説明することを要求した．選挙人選任の時期は切迫しており，票を点検する時間的な余裕はなく，ゴアの敗北はその判決で決まった．スキャリア裁判官は賛成意見のなかで，「当裁判所の多数はブッシュが成功するという実質的な蓋然性を有することを信じる」とさえ言っている．投票から1カ月以上過ぎた段階で，国民のあいだに厭戦気分が広まっていたことは事実で，その判決を歓迎する者も少なくなかったが，一方で，法律の公平な守護者としての裁判官に対する不信が広まったことも事実であり，イェール大学ロースクールの Akhil Reed Amar 教授のように，最高裁判所は公正ではない (falls short of justice) と言い切っている法律家も少なくない．2001年の春にオクスフォード大学出版局から出たハーヴァード大学ロースクールの Alan Dershowitz 教授によるこの問題の解説書のタイトルは *Supreme Injustice* であった．ブッシュ II が最高裁首席裁判官の第1候補としていたスキャリア判事は，この判決におけるむきだしの党派性のゆえに，そのチャンスを失ったと言われるが，ブッシュ II 大統領は上院の共和党が2001年6月に半数割れになっても弱腰を見せず，保守的な人物を最高裁に押し込む努力を続けるだろう．保守派の判事が任命されることを求める(妊娠中絶反対派などの)右派によるテレビ広告は2001年夏にはすでに始まっていた．

[開廷期] 1789年以来，最高裁判所の開廷期は何度も変更されているが，1917年以降，10月の第1月曜日に始まり，職務が終了するまで続くことになっている．実際には6月の下旬に閉廷される．重要な判決は6月下旬に立て続けに出されることが多い．2000-2001年度の開廷期は2001年6月28日に終わった．閉廷期でも，死刑執行差止めなどの緊急事態には，判事たちの審理が行なわれる．

[判例集] 最高裁判所の判決(裁判官の少数意見のすべてを含む)は各期末に，*The United States Reports* (合衆国判例集) という本の形で公式に出版される．例えば，ニクソン政権が *The New York Times* に対して記事差止め命令を出し，それが最高裁から違憲とされた事件は *New York Times Co. v. United States 403* U.S. 713 (1971) のように表記されるが，これは *The United States Reports* 403巻の713頁に出ている「ニューヨークタイムズ対合衆国政府事件」の1971年判決を意味している．*The* **United States Law Week* (合衆国法週報) という the Bureau of National Affairs 刊のルースリーフ式週刊刊行物にも最高裁判決が印刷される．そのほかに，商業出版社からも注つきの最高裁判決集が出版されている．上に挙げた判決検索記号のうち "U.S." の代わりに "S. Ct." とあれば，1883年創刊の *The Supreme Court Reporter* のことであり，"L. Ed." とあれば，

1882年創刊の *The Lawyers' Edition*（正式名は *The United States Supreme Court Reports, Lawyers' Edition*）のことである．その両者も，期末を待たず，判決の速報版を出している．⇨ BROWN V. BOARD OF EDUCATION OF TOPEKA, KANSAS; FLAG BURNING; MARSHALL, THURGOOD; ROE V. WADE; STRICT SCRUTINY; WARREN, EARL

United States v. Carolene Products Co. 《米》「カロリーン・プロダクツ事件判決」 1938年の連邦最高裁判所判決．連邦政府の社会経済政策に則った立法を是認しただけでなく，判決の脚注4において憲法の the Bill of Rights（権利憲章; 第1～10補正）や第14補正などを特に尊重した判決として有名（ただし，脚注の部分は多数意見ではなく，同意見の判事は4人であった)．カロリーン・プロダクツ社は連邦法に反して乳脂の乏しい脱脂ミルクを州外に販売したとして起訴された．district court（連邦裁判区裁判所; 連邦地裁）は同社による抗弁――この取締りは，法のもとでの平等保護を奪うものであるし，憲法第5補正の *due process of law（デュープロセス）条項によらずして財産を奪うものである，などという主張――を認めたので，連邦の司法府が最高裁に上告した．結論として，最高裁は脱脂ミルクについての法律の合憲性を認め，乳業会社の抗弁を却下した．◆Harlan Fiske Stone 裁判官が3パラグラフから成る脚注4で述べた意見は，その後の連邦最高裁が *judicial review（司法審査）の重点を（経済的な権利の保護よりも）権利憲章や第14補正に列挙された権利や，宗教的，民族的少数者の権利に置くことになったという意味で重要視されている．素人目で見るとひどく持って回った表現で，きわめてわかりにくい脚注だが，要するに，最高裁が合憲だという推定を働かせる余地の乏しい（したがって，違憲であるか否かを厳密に審査すべき）法律の種類を3つ列挙している．(1) 憲法の権利憲章および第14補正の特定の禁止事項に，文言上違反する法律．(2) 本来ならば望ましくない立法を阻止すべき政治的プロセスを，故意に妨げるような法律．ただし，こういう悪法は裁判所による司法審査ではなく，立法府それ自体の知恵で改善される，とストーン裁判官は見ているようである．(3) 宗教的，国家的，人種的に隔離され，孤立している少数者，つまり，一般には社会から嫌われている，あるいは恐れられている人々のグループ（⇨ SUSPECT CLASSIFICATION）を対象とした法律．もちろんストーン裁判官が指しているのは，きわめて強い公の利益（*compelling (state) interest）のために必要だと証明されない法律のことである．

United States v. Lopes 《米》「ローペス判決」 1995年の州際通商に関する連邦最高裁判所の重要な判決．⇨ 憲法第1条第8節3項の解説

unjust enrichment 「不当利得」 契約法上の用語．詐欺など，不正な

方法で得た利益(通常は金銭)であり，不当利得者は *restitution (原状回復) の責任を負う．借り手 A がうっかりして，もはや借りていない土地の賃貸し料を地主 B に払い続けた場合，もし B が事情を知っていながらその地代を着服していたら，B は原状回復の責任を負う．⇨ QUASI CONTRACT

unliquidated 「(損害賠償金などが)不確定の」 ⇨ LIQUIDATED

unsafe 「(判決が)不確実な証拠に基づく；控訴審で覆るおそれのある」⇨ SAFE

use immunity 「使用免責」 A という人が他人にとって不利な証言を求められた場合，また，A の証言で検察官が有利な事実を把握できた場合，もし A が同じ事件で *prosecution (訴追) されたとしても，その証言内容が A にとって不利な証拠とはされないというもの．◆A が証言を無理やり強制され，真実を正直に述べた場合，彼はその証言内容にかかわる犯罪行為のすべてについて訴追と処罰とを免れる．これは transactional immunity (行為免責) と呼ばれる．

V

vacate 「取り消す; 無効にする」 上位裁判所は，必要と認めたときには，下位裁判所の判決を無効にする．判決を単に覆した場合 (*reverse) は，条件をつけて下位裁判所に差し戻すこともあるが，vacate された(取り消された)判決は，最初から完全になかったも同然である．

vandalism 「ヴァンダリズム; 器物損壊; 芸術[文化]破壊行為」 悪意をもって(公共の建物や施設の，あるいは個人の財物の)損壊を故意に行なうこと．ヴァンダルとは，5 世紀にドイツのエルベ川の東から西ヨーロッパに侵入し，455 年にローマで略奪を働いた，軍事的には強力なゲルマン系部族の名．◆2001 年 6 月ごろ，米国のオレゴン州で森林破壊に反対するグループが，材木を運ぶトラックを何台も破壊した．FBI はこのヴァンダリズムを eco-sabotage とも呼んでいた．

vehicle-taking ＝ MOTOR VEHICLE THEFT

venireperson 《米》「陪審; 陪審団の一員」 venire ([ヴェナイリ]: もとは to come を意味するラテン語) は，the *common law における陪審手続き，ひいては，そこから陪審員たちが選ばれる市民グループを意味していた．venire de novo は裁判所が *sheriff (1) (保安長官) に発行する「新陪審招集令状」で，陪審の評決に矛盾があったり，余りにも不明確である，余りにもあいまいであるといった理由で判決が下せないとき，再審 (*retrial) に当たる新陪審団を編成するために発行される．

venue 「裁判地」 英米共に，裁判は事件が起こった場所(裁判区)で開かれるのが原則で，合衆国憲法第 3 条第 2 節 3 項にも，「すべての犯罪の裁判は……問題の犯罪が行なわれた州で開かれる」とあり，第 6 補正でより厳しく，事件が起こった裁判区での裁判を規定している．しかし，これは司法権者が被告に不利な裁判地を恣意的に選ぶことを防ぐための規定であり，刑事であろうと民事であろうと，訴訟当事者にやむを得ない事情があったり，証人確保のために必要であったりすれば，裁判地の変更 (change of venue) は可能である．The *Oklahoma City bombing の主犯 Timothy McVeigh の裁判は(オクラホマ州ではなく，マクヴェイとはまるで関係のない)コロラド州デンヴァー市の *district court (連邦裁判区裁判所; 連邦地裁) で開かれた．これは被告に対するオクラホマ州民の敵意が異常に強かったためで，このように裁判地が最初から，あるいは途中から，別の州に移されることはそう珍しくない.

verdict (1)「評決」 第一審における，陪審による正式の決定. 一方の当事者が立証の責任を果たせない場合，また，陪審の前に十分な証拠が提出されていないと判断された場合，裁判官は陪審に評決を指示できる. これを directed verdict (指示評決) と言う. この語は一般に，directed verdict of acquittal (裁判官の指示による無罪評決)，あるいは裁判官による無罪判決 (judgment of acquittal) と実質的には同じ意味で使われる. ⇨ BURDEN OF PROOF; JURY (2) (2)《英》「検屍官裁判所 (coroner's court) の判決」⇨ CORONER

vested interest 「確定的権利」 これまで他人のものであった財産の占有権が確定すること. 今後だれかの生死によって所有権が停止される可能性がある状態は contingent interest (未確定権利) と呼ばれる.

vested right 「不可侵の占有権; 天賦の権利」 一般には「既得権」と訳されているが，われわれが日常的に使う既得権とは違って，「無条件かつ完全な生命，自由，財産などの占有権」の意味である. その財産がたとえ売買可能な土地でも，本人の承諾がなければ，いかなる法律によっても奪えない. ただし，公共の大きな利益のためにどうしても必要なとき，議会が法律で決め，持ち主に慎重な説得をして，有償で譲り受けることはあり得る. 問題は，国家権力が「公共の利益」を大義名分にして住民の占有権を強引に奪うことだろう.

［**占有権侵害の例**］ 1966 年に英国労働党のハロルド・ウィルソン政権は，ヴェトナム戦争にとって有利な地点にある空軍および海軍の基地を必要としていた米国のジョンソン政権の要請を受け，連合王国が是非ともほしがっていたミサイル購入費用のうち 50 万ポンドの「援助資金」(*The* (*London*) *Times* (11-4-2000) ははっきりと「わいろ」と呼んでいた) を見返りとして，英領 Chagos 諸島(インド洋のはるか南にある，61 の小島から成る)の主島 Diego Garcia を 50 年間米軍に貸与することにした. 基地は 1974 年に完成し，チャゴス諸島の住民 (Ilois と呼ばれるが，れっきとした英国人)はその時までに約 2000 人全員が 1200 マイル離れた Mauritius 島に(一部は Saychelles [セイシェル] 島に)強制移住させられた. それだけでなく，1971 年に連合王国政府はチャゴス諸島を含む 100 余りの島を統治する弁務官に，諸島の治安維持を図るための法律を作る権限を与えた. その結果，島民はチャゴス諸島への帰還を禁じられてしまった. モーリシャスなどに移住した島民たちは，職もなく，スラムでの生活を余儀なくされた. 連合王国政府は国連の非植民地化委員会をごまかす手段として，チャゴス諸島をモーリシャス植民地から切り離して，新たな「連合王

国インド洋領地」とし，同島には(実際には3世代ないし5世代前から住んでいる漁民が多かったのに) 1000人のココナッツ栽培の季節労働者しかおらず，永住者はいないと虚偽の報告をした．政府内部には，「チャゴスにはカモメとごく少数のターザンと Men Friday [Man Friday は，ロビンソン・クルーソーが孤島で金曜日に発見し，のちにクルーソーの忠実な従僕になった原住民] しかいない」というメモが回されていたという．

イングランドの the *High Court of Justice (高等法院) は2000年11月3日になってようやく，その決定が原住民イロイス人の人権，および連合王国臣民としての権利を侵害する違法なものだと断定し，住民(生存者500人とその子や孫たち，計3800人)の帰島を許可した．議員時代から従来の政策に批判的であった連合王国の Robin Cook 外相[当時] はこの判決を受け入れ，控訴をしないと発表した．今後連合王国政府は住民に多額の賠償金を払い，諸島のインフラ整備や連絡船の建造および運営費用を負担するだけでなく，B-52によるイラク攻撃のために(そして2001年秋からは反テロリスト作戦でも)この基地を格別に重要視している——したがって住民の帰還と，スパイが含まれるかもしれない観光客の来島を拒絶したい——米国政府と難しい交渉を余儀なくされるであろう．(2001年11月下旬の時点で，ディエゴ・ガルシア島に島民はまだ帰れない状態である.)

れっきとした英国人である約2000人の天賦の権利が連合王国政府によって奪われていたわけで，この驚くべき事実が約30年後に裁判所によって非難されたことの裏には，「欧州人権条約」(the *European Convention on Human Rights) と「1998年人権法」(the *Human Rights Act 1998) の強い影響があったと思われる．

veto 「拒否権」 国連の5つの常任理事国は安全保障理事会 (the Security Council) で拒否権を持っているが，ここでは米国の大統領による拒否権についてのみ説明する．大統領は合衆国憲法第1条第7節2項によって，連邦上下両院を通過した法案に対して拒否権を発動する権限を与えられている．その項に記されているように，拒否する理由を書いて，法案を先に通した議員に送り返すのである．議会が大統領の拒否を覆す (override) ためには，両院でそれぞれ3分の2の多数で改めてその法案を可決しなければならないが，それはまれにしか起こり得ない．大統領が法案を受け取ってから10日間，それにサインもせず，拒否権を行使もしなければ，法案は自動的に法律として成立する．

[拒否権発動の例] 米国の議会は2000年10月に，適正に機密扱いされた政府の情報を，その権限を与えられていない連邦の公務員・職員および退職者が故意に外部に漏らした場合には，*felony (重大犯罪) として罰金

および3年以下の刑に処するという，Richard Shelby 共和党上院議員が提案した法案 the Intelligence Authorization Act for Fiscal Year 2001 (2001 会計年度情報管理法) を，公聴会にかけることもなく通過させてホワイトハウスに送った．従来の法律では，外国勢力を助けるため，あるいは米国に被害を与えるために「国防機密」を故意に外部に漏らした者が罰せられることになっていたが，新法では毎年800万部ずつにも及ぶ機密書類のひとつでも漏洩したら刑罰の対象にするというものであり，検察官はその漏洩が国家防衛を危うくすることを証明する必要がない．これには，ジャーナリズムの大半と人権運動活動家たちはもちろん，内部資料を用いて記者会見をせざるを得ない国防省の広報担当者までが反対していた．クリントン 大統領は，機密情報の漏洩が国防上の重大問題であることを認めながらも，この新法は「国家安全保障」と「国民の知る権利」とのバランスを欠くもので，憲法第1補正が保障している表現の自由，特に民主主義の根幹を成す報道の自由を侵害するおそれが大きいとして，11月4日に拒否権を発動し，法案はつぶされた．

［**ポケット拒否権**］ 議会を通過した法案に大統領が署名をしないまま10日以内に会期が終了すると，法案は握りつぶされる．それを pocket veto と言う．この拒否権は短期の休会中 (intercessional recess) には成立せず，偶数年の1月から11月ごろまで開かれる第2セッションの終了後に成立する．レーガン大統領は(新任の下院議員が就任した奇数年の1月に始まってその年の11月ごろに終わる)第1セッションが終了した段階で，エルサルヴァドルへの援助法案にポケット拒否権を発動した．連邦地裁はそれを合憲と，控訴裁判所はそれを違憲と判断したが，連邦最高裁判所は，その援助法の期限がすでに切れており，判決はだれの利益にもならないとして，この問題の最終判断を先送りした (*Burke v. Barnes* [1987]).

viability 「(胎児の)胎外生存の可能性」 ⇨ VIABLE

viable (1)「生存可能な」 胎児が出産以外の形で母体の外に出されても，人工呼吸器など生命維持装置の助けで，成長を続ける能力を持っている，という意味．名詞は viability. 米国で，3つに分けた妊娠期間の最後(第3期: だいたい妊娠20週目から24週目以後)における人工中絶を特に厳しく規制している．その理由のひとつは，母体の保護であり，いまひとつは胎児が胎外に出ても viable であるとすれば，中絶手術をする医師が人間の生命を奪うことになるからである． ⇨ ABORTION; PARTIAL-BIRTH ABORTION; ROE v. WADE (2)「(提案，計画などが)機能し得る; 実際役に立ちそうな」

Vice Chancellor, the 「副大法官」 (1)《英》 The *High Court of Justice

(高等法院) の the Chancery Division (大法官部) における事実上の首席裁判官. (2) 《米》州のエクイティ裁判所 (court of chancery) の次席裁判官. ⇨ EQUITY

Violence Against Women Act, the 《米》「女性に対する暴力対策法」 ⇨ DOMESTIC VIOLENCE

visitor 《主に英》「ヴィジター; 公式訪問者; 視察員」 公的機関から任命され, 学校や, 政府機関や, 法人施設などの視察をしたり, ombudsman のように苦情処理に当たる人. 最も一般的なのは prison visitor で, 内務大臣が任命する a board of visitors の一員. 現代の英国で最もよく知られていた刑務所訪問者は Longford 伯爵 (⇨ MOOR MURDERS) で, 彼は夫人と共に何十年間も, 監督や視察のためではなく, もっぱら友人として全国の受刑者たちの話し相手になり, 彼らを精神的に支えた. ⇨ VISITOR

Visitor 《英》「裁定官」 英国の有名大学で学生の苦情(例えば不正行為で退学になった学生の抗議)を処理する人. 女王や皇族や, 高位高官がその地位についているが, 実際の苦情処理に当たるのは枢密院議員 (*councillor (2)) である. ただし, 2001 年にはこの古い制度は廃止されて, ombudsman 制度になるようである. ◆各 College が招聘する名誉客員教授(名目上はカレッジの学長よりも上のことがある)も Visitor と呼ばれるので注意. ⇨ VISITOR

void-for-vagueness doctrine 《米》「あいまい性のゆえに無効, という理論」 刑法がひとつひとつの犯罪を一般人が理解できる言葉で明確に定義していなければ, 犯罪阻止の意味を持たないのだから, 憲法がその第 5 補正で保障する *due process of law (デュープロセス) 条項が侵されるという理論.

voir dire; voire dire 「ヴォワール・ディール; 予備尋問」 原語は to speak the truth を意味するフランス語. 裁判当事者の弁護士が陪審候補者に対して行なう尋問で, その候補者が原告や被告となにか関係を持っていないか, 彼らのいずれかに対して(人種的, 宗教的, 階級的などなどの)偏見を抱いていないか, 事件について誤情報を得ていないか, 予断を抱いていないかなどを確かめ, 不適当と考えたら裁判官に忌避を申し立てる.

voluntary bar 《米》「非強制加入制法律家協会」 ⇨ BAR ASSOCIATION

voluntary cessation of illegal acts 「不法行為の自発的な停止」 ⇨ MOOT (2)

Voting Rights Act, the 《米》「投票権法」 1965 年の法律で, 投票権を制限するための基礎学力テストや性格テストを禁止し, かつてその種のテストを行なった州や郡, および, 選挙権登録者が潜在的な有権者の 50% に達していない選挙区での選挙人登録を, 連邦の登録機関で行なうべきことを規定した．1970 年の投票権法では，あらゆる公的な選挙の選挙権を(従来の 21 歳ではなく)18 歳以上の者に与えることを定めたが，連邦最高裁判決によって，18 歳以上の選挙権付与は連邦の選挙以外では強制できない．75 年の投票権法では，ヒスパニックや少数民族の選挙権を守るために，選挙関係の文書や票を彼らの言語でも印刷するように定めた．⇨ BLOODY SUNDAY (1); PROPOSITION 227

W

Waco 《米》「ウェイコー」 テキサス州の真ん中あたりに位置する，農業と製造業の中心を成す都市．この市の名前を世界に広めたのは，同市にあった the Branch Davidians というカルト集団の本拠地を連邦警察が襲撃した事件である．自分こそメシアだと称した David Koresh (1959–93) というリーダー(かつてポップシンガーを志して失敗した男)が大量の武器を持ち，子供も仲間にして教団本部に立てこもっていると知った the *FBI が，1993 年 2 月 28 日に本部を攻撃し，失敗して警官 4 名が死亡．その後，51 日にわたってそこを包囲し，4 月 19 日に装甲車が本部内に催涙ガスを放出したところ，なかから銃撃が始まり，その直後に建物のなかで爆発が起こった．鎮火したときには 70 人のメンバー(うち 33 人は英国人)が死体となって発見された．1994 年 2 月に，カルトメンバーの生存者のうち 11 人が警察官殺害容疑で起訴されたが，証拠不十分で無罪となった．当初から，爆発はカルトメンバーによる自殺行為という見方に疑問を抱く人々がいたが，1999 年 8 月になって，司法省は FBI から現場指揮官の指令を録音したテープを押収し，FBI が爆発物を発射した疑いが濃いとして，特別検察官を任命すると決定．FBI 自体も，9 月 2 日になってようやく，軍用の砲弾を使用したことを認めた．しかし，2000 年に入って，FBI がそれを発射した証拠はないとの(英国軍による)調査報告が提出され，結局，警察側に落ち度はなかったという結論に達した．要するに真相は不明のままである．

Wagner Act, the 《米》「ワグナー法」 労使関係法．⇨ NATIONAL LABOR RELATIONS ACT OF 1935

waiver 「(自発的な)権利放棄」 契約に際して，ある権利を(その内容をよく知ったうえで)放棄 (waive) すること．証言拒否の免責特権など，特権を自ら放棄する場合にも使う．レンタカーを借りるときの collision waiver といえば，借り主(ドライバー)は自己責任で衝突事件を起こして車体を損傷しても，レンタカー会社に損害賠償金を払う必要がない(会社は損害賠償請求権を放棄する)，という契約条項．ただし，借り主がこれを受け入れるとすれば，1 日に 25 ドルとか 30 ドルとかいった高い保険料を支払わなければならない．

Wales 《英》「ウェールズ」 1536年の the Act of Union (連合法) でイングランドと政治的に合体した. 伝統的な名は Cymru (キムルー). 正式名は the Principality of Wales (Cymru) (ウェールズ公国). イングランド中部の西にあり, 山岳地帯が多い. 首都は Cardiff. 人口は約281万人. 住民は英語以外に独自のウェールズ語と, ケルト民族の文化的な伝統を持つ. 住民の19% が話すと言われるウェールズ語は公立学校の義務教育科目であり, 道路標識や放送でも用いられ, 住民が住民登録をこの言語で行なうことも自由である. ⇨ BRITAIN; NORTHERN IRELAND; SCOTLAND

[**政治・法律制度**] ウェールズの法律制度はイングランドのそれとほぼ同じ (⇨ HIGH COURT OF JUSTICE). 1999年7月に住民投票で僅差ながら支持されたブレア政権の *devolution (自治拡大) 構想によって, 議員60名の the Welsh Assembly (新ウェールズ議会) が99年5月に発足した. 議員は, 労働党28人, 独立を主張しているウェールズ民族党 (Plaid Cymru) 17人, 保守党9人, 自由民主党6人であった (2001年6月の総選挙の結果も同じ). スコットランドの場合と同様に, ウェールズ問題に関してロンドンの国会が議決する問題は狭められたが, スコットランドと違って, 税金はすべてロンドンの国会で決められる. ウェールズ議会内では英語とウェールズ語は同等に扱われる.

Walker Spy Ring, the 《米》「ウォーカー・スパイ・リング」 ⇨ ESPIONAGE

warden (1)《米》「刑務所長」 (《英》では prison governor) (2)《英》「監視官; 巡視員」 よく目立つ制帽をかぶって, 警察の指導のもとで駐車違反の取締りなどに当たる traffic wardens (交通巡視員) はすでによく知られている. *Blunkett 内務大臣は2001年12月初旬に, 犯罪率の増大にもかかわらず, 起訴に持ち込めるのが犯罪件数のうちわずか9% という現状を改善するため, 12万人の警察官を応援する多数の wardens (正式には Community Support Officers: 地域社会保護監視員」) と, Community Safety Organizations (地域社会安全組織) のメンバーを主として大都市に配備する計画を発表した. 前者はあくまで民間人だが, 官給の制服を着用し, (逮捕権はないが)「合理的な力 (reasonable force)」を用いて容疑者を勾留したり, 不審な車を止めたり, 交通違反キップを発行したりすることができる. 自衛のための武器携行も許される可能性がある. 後者はこれまでの the Neighbourhood Watch (町の自警団; 防犯協会), neighbourhood wardens (防犯巡視員), 民間警備会社の社員などの一部を国家で公認した安全組織で, メンバーは官給のバッジなどで身分を明らかにし, 交通違反を取り締まったり, ショッピングセンターなどをパトロールするが, 力を行使することも, 人を勾留することもできない. こういうパトロール隊員は数千人あるいは数万人にも及ぶ見込み．正規の警察を補助する *special constables（特別警察官）もその重要性を増し，2002 年には増強されるはずである．

War Powers Act, the 《米》「戦争権限法」 1973 年の法律．宣戦布告の権限は大統領ではなく，国会にあるという憲法の定めを具体化した法律．大統領は戦争遂行に当たって国会の意見を尊重しなければならず，海外で紛争が起きた場合には 48 時間以内に国会に報告し，もし承認が得られなければ，大統領権限で海外に派遣した米国軍を 60 日以内に引き揚げさせる必要がある．これは 1964 年 8 月にジョンソン大統領が，米国の駆逐艦が北ヴェトナムの快速魚雷船によって攻撃されたという，偽りの事実を国会で報告し，（実は 6 日前から用意してあった）the Tonkin Gulf Resolution（トンキン湾決議）を連邦上下両院で通過させ（反対は上院の 2 名のみ），10 年に及ぶヴェトナム戦争を開始したことへの反省から生まれた．当時の国会はトンキン湾決議を通すことによって，ジョンソン大統領に事実上の宣戦布告権を与えたに等しい．1973 年の戦争権限法がその後，国会および大統領たちによって厳密に遵守されたか否かは疑問である．

warrant 《米》「（裁判所が発行する）令状」 米国では，裁判官（*magistrate judge を含む）が警察官や保安（長）官に発行する許可証で，逮捕[勾引]状（warrant of arrest; *bench warrant），捜索令状（search warrant），押収令状（warrant of seizure），差押さえ令状（warrant of attachment）など，多種にわたる．

warranty 「担保責任; 瑕疵(かし)担保」 売買契約において，売り主がよい状態の商品を買い手に引き渡すという約束．完全無欠な商品を引き渡せない場合は（修理をするといった条件をつけて）limited warranty の約束をすることもできる．商品や不動産が買い手の期待どおりによいという保証も warranty と呼ばれることがある．⇨ AS IS; MAGNUSON-MOSS ACT

Warren, Earl (1891-1974)《米》「アール・ウォレン」 連邦最高裁判所首席裁判官（在任: 1953-69)．ロサンジェルス市で生まれ，サザンパシフィック鉄道会社の車両修理工であった父親が働くカリフォルニア州ベイカーズフィールド市で育てられた．当時の同市は治安が悪く，アジア人に対する人種差別がひどい町だった．学業は優秀で，カリフォルニア大学バークリー校を経て，1914 年に同大学のロースクールを卒業し，第一次世界大戦中にしばらく陸軍に入ったあと，1920 年からアラミーダ郡の検事長事務所で 18 年間働いた．うち 13 年間は地区検事として全米随一の敏腕ぶりを発揮する反面，貧しい容疑者に公選弁護人をつけてやる思いやりも見せた．1938 年に，カリフォルニア州の司法長官（*Attorney General (2)）に立候補して当選し，1942 年まで在任したあと，州知事に公選された

(在任: 1943–53). 州司法長官時代のウォレンは, 太平洋岸に住んでいた日系米国人を大統領命令に従ってキャンプに強制収容したことで知られる. そのことについて, 生前の彼は当然の義務を果たしただけと言って, 反省の色を見せなかった. 知事として人気の高かったウォレンは中央政界入りの野心を燃やし, 副大統領候補に打って出たこともある. 1952 年にはアイゼンハワーが共和党の大統領候補に指名されるよう運動して成功し, 喜んだアイゼンハワーは「もし自分が大統領になったら, 真っ先にきみを最高裁判事に任命する」と約束し, 翌年それを(ウォレンに催促された結果)実行した. *The New York Times Magazine* (7–28–1968) によれば, アイゼンハワー大統領はのちに, ウォレンを連邦最高裁判所の首席裁判官に任命したのは “the biggest damfool mistake I ever made.” (おれがしでかした最大のばかげた過ち) と言ってくやしがったという. 彼が共和党の政治家に期待していたのとは全く違うリベラルな判決の連続だったからであり, その点では, のちの Harry A. *Blackmun 裁判官や現職の David H. *Souter 裁判官と似ている.

[首席裁判官として] 1953 年 10 月に始まった the Warren Court (ウォレン・コート) が最初に取り組んだ大問題は, 前の開廷期から議論されていた公立学校における人種差別の事件であった. 米国の歴史に残る **Brown v. Board of Education of Topeka, Kansas* (1954) は, “separate but equal” の原則を破って, “separate educational facilities are inherently unequal” (人種を分離した教育施設は本質的に不平等である) と断じた. *Brown I* と呼ばれる 54 年 5 月 17 日の判決も, *Brown II* と呼ばれる 55 年 5 月 31 日の判決も 9 対 0 の全員一致であり, これは司法積極主義の勝利と言えるかもしれない. 当時から最高裁内部には, 司法積極主義者 (judicial activists ⇨ JUDICIAL ACTIVISM) と司法自己抑制主義者 (judicious self-restraints ⇨ JUDICIAL SELF-RESTRAIN) との対立があったが, ウォレン・コートの Hugo Black と William O. Douglas 両裁判官は, 「憲法は最高裁に不正を糺(ただ)す権威を与えているから, 州法や連邦法に違憲性があったら, ためらいなくそう判断せよ」という積極主義に立っており, ウォレンもその立場に立ち, やがて William J. *Brennan 裁判官がウォレンの腹心となった. 違憲の判断を下す前に立法府や行政府の立場を十分に尊重すべきだという自己抑制論に立つのが Felix *Frankfurter および Robert H. Jackson 裁判官であったが, 彼らでさえ, この問題では積極主義を支持しないわけにはいかなかった. 53 年から 54 年の冬の短いあいだにウォレンが強力な指導力を発揮して, 積極主義を推進した成果である.

ウォレンといえば, だれしもブラウン判決を思い浮かべるだろうが, 本人は, 最も印象に残っているのは 1962 年の *Baker v. Carr* 判決 (⇨ POLITI-

CAL QUESTION DOCTRINE) だと語っていたそうだ. ⇨ RACIAL DISCRIMINATION; STOP AND FRISK; WARREN REPORT

Warren Report, the 《米》「ウォレン報告書」 ケネディ大統領暗殺事件(1963 年 1 月 22 日)の真犯人は当初から Lee Harvey *Oswald だと発表されていたが, オズワルドは 11 月 24 日にダラス市の留置場前で Jack Ruby というナイトクラブの経営者によって郡保安長官の目の前で射殺された. まもなくジョンソン大統領が Earl *Warren 連邦最高裁判所首席裁判官に調査を依頼した. 10 カ月後, 報告はいかなる陰謀も見られないという結論に達した. しかし, 連邦下院は 2001 年 3 月下旬になって, 同院の調査機関から, それとは矛盾する証拠を示されたようである. 詳細は SECOND GUNMAN ON THE GRASSY KNOLL の項を参照.

Watts riot, the 《米》「ワッツ騒乱事件」 1965 年の 8 月 11 日に, 貧しい黒人が多く住んでいるロサンジェルス南西部のワッツ地区で起こった事件. 白人の警察官が黒人の飲酒運転を取り締まろうとしたのがきっかけ. 黒人側は警察の無法行為が原因だと主張しているが, 黒人の放火や強奪によって, 4000 万ドルの被害が生じただけでなく, 16 日までに 34 人が死亡し, 多数の負傷者が出た. 死者のほとんどは黒人であった. 警察官 1 万 5000 人のほか, 国民義勇軍 1 万 2000 人も出動し, 4000 人以上が逮捕された. 州知事が任命した委員会による調査の結果, ワッツにおける失業者が 30% を超えていることが主な誘因とされた.

Webster v. Reproductive Health Services 《米》「ウェブスター対母体健康サービス; ウェブスター事件」 1989 年の連邦最高裁判所判決. ⇨ ABORTION

white collar [white-collar] crime 「ホワイトカラー犯罪」 ビジネスマン, ビジネスウーマン, 公務員などによる犯罪で, 粉飾決算, 横領, コンピュータ詐欺, インサイダー取引など. The *Enron bankruptcy はこの種の多くの犯罪の結果生じたものだろう.

White House Office of Faith-Based and Community Initiatives, the 「信仰に基づく新プログラム, および地域社会の新プログラムを推進するホワイトハウス事務局」 略は the OFBCI. ⇨ SEPARATION OF CHURCH AND STATE (1)

White Wolves 《英》「ホワイト・ウルヴズ; 白いオオカミ」 テロ集団. ⇨ HATE CRIME (2); HATE GROUPS (2)

whole life tariff 《英》「仮釈放なき終身刑」 米国でもおそらく同様だろうが, 英国では殺人罪で終身刑を受けても, 実際には 10 年前後で仮釈放(*parole) を許される. 再犯の危険のある者が自由になるのを防ぐには, (精神病院に一生涯強制入院させる十分な理由がなければ)仮釈放のない終身刑を科すしかない．それは米国では裁判官が決める．英国の裁判官は，殺人犯人が 18 歳以上であるとか，特に情状酌量の余地がないなど，一定の条件がそろった場合には，終身刑を科する法的な義務を負っている．裁判官はその義務を果たしたのち，必要と考えれば内務大臣に「仮釈放のない」終身刑を科するよう要請する(大臣が量刑にかかわること自体，行政府の司法への干渉を禁じた「欧州人権条約」(the *European Convention on Human Rights) 違反だという議論はあるだろう)． ◆2002 年 1 月現在，連合王国で，死ぬまで刑務所にいると決まっているのは 23 人 (*Sarah's law の項に出てきた Roy Whiting が加われば 24 人) で，そのうち最も悪名が高いのは the *Moors Murders の犯人 2 人と the *Yorkshire Ripper だろう．

will 「遺言(いげん)(ゆいごん)」 主として，自分の死後の財産処理に関する宣言書で，死没直後の時点までは効果を持たず，変更も可能である．人的財産の処理に関する遺言は testament とも呼ばれる．ふつう遺言は本人の署名と，利害関係のない 2 人の立会人(証人)の署名があって有効なものとなる．精神的に正常な成人である本人が書いた遺言かどうか，などを検認するのは the court of probate; probate court (検認裁判所) であり，米国なら死者の不動産のある郡の裁判所がこれに当たる．イングランドとウェールズでは通常，the *High Court of Justice (高等法院) の the Chancery Division (大法官部) で重要な遺言を，the Family Division (家族部) で，あまり形式的でない遺言の検認をする．検認裁判所は財産管理の能力のない未成年の問題を扱うこともある．

Willie Horton spot, the 「ウィリー・ホートン・スポット」 大統領候補デュカキスを窮地に追い込んだ，ブッシュ I 陣営のテレビ・スポットコマーシャル． ⇨ Horton, Willie

Wilson v. Lane 《米》「ウィルソン対レイン事件」 1999 年の連邦最高裁判所判決．警察署が捜索や逮捕のために容疑者の自宅に踏み込む際，新聞記者の同行を許すのは憲法第 4 補正違反であるとした．

winner-take-all system; winner-takes-all system 《米》「(選挙の)勝者総取り制」 ⇨ Electoral College

wiretapping 「(電話の)盗聴; 傍受」 電子機器を使って個人の(通常は電話での)会話を盗聴すること．

(1) 《米》米国では約 30 年前から電話盗聴による違法な捜査が黙認されていた．例えば，コネティカット州では州内のあらゆる警察署が 1989 年までの 12 年間，警察署と外部との電話(逮捕された容疑者と家族や弁護士との会話を含む)をすべて不法に盗聴した．州政府は，それを知った住民から損害賠償を求められ，1999 年 7 月に，1700 万ドルを支払うことで和解を成立させた. ◆連邦最高裁判所は 1967 年に，警察が電話盗聴で情報を得る場合にも，憲法第 4 補正に違反しないことが条件だと判示した. その後，議会は the *Omnibus Crime Control and Safe Streets Act of 1968 (1968 年犯罪防止および街路の安全性に関する包括法) で，裁判官からの令状が得られた場合に限って，電話による，あるいは盗聴器による盗聴を可とした. ただ，国家安全保障や組織犯罪にかかわる緊急時には，裁判官による令状なしでもよい. 1978 年の the Foreign Intelligence Surveillance Act (外国諜報活動調査法) によれば，7 名の連邦地裁判事から成る非公開の the Foreign Intelligence Surveillance Court は，米国に滞在しているスパイやテロリスト容疑者の電話盗聴などについて，それを許可するかどうかを決める権限を持っている. ⇨ ECHELON; ELECTRONIC COMMUNICATIONS PRIVACY ACT

[政府がプライバシーを侵害?] 米国の司法省は 2001 年 10 月 31 日に，司法長官がテロリズム発生の疑いありと合理的に判断した場合には，裁判所の許可を得なくても，拘留者の手紙や電話通信を調査できると決定した. しかも，拘置所に収容されている起訴前の容疑者と弁護士との会話さえ盗聴器でモニターできるというのである. これは憲法第 6 補正が保障している「被告人が自己防衛のため弁護人の援助を受ける権利」の侵害だとして，自由人権団体は強く抗議している. John *Ashcroft 司法長官は，相手は「被告人」ではなく，留置場に収容されている容疑者だから問題はないとか，国家安全保障にかかわる緊急時にはこれまでも例外が認められていた，と主張するかもしれない. しかし，2001 年 9 月 11 日以後 10 月末までに，連邦政府が *Immigration Acts (移民法) 違反容疑などで逮捕勾留したアラブ系外国人など 1200 人のうちに，国家の安全を脅かすという証拠のあった者がいたとは発表されていない. もし警察や検察当局が，被拘留者と弁護士との秘密の会話からその証拠を得るつもりだとすれば，憲法の第 5 補正が保障する *due process of law (デュープロセス) 条項の原則は崩れてしまうだろう.

[音声でなく，温度を盗む] 1992 年に，自宅で強力な電灯を使って大麻を栽培し，警察に逮捕されて有罪とされた男が，警察が捜査令状もなく家の外から熱感知装置を使って捜索したのは不当だと訴えた. 連邦最高裁判所は 2001 年 6 月 11 日の判決で，その男の主張を 5 対 4 で認め，警察の不法な捜査はプライバシー侵害に当たるとした.

(2)《英》イングランドとウェールズでは，電子機器でとらえた個人的会話の内容は一般に証拠として採用されてきたが，1985 年に the *European Court of Human Rights (欧州人権裁判所) の判決を踏まえて，警察による盗聴の自由を制限する the Interception of Communication Act

(通信傍受法) を制定した.

with all deliberate speed 《米》「慎重かつ可及的速やかに」 1954 年の歴史的な **Brown v. Board of Education of Topeka, Kansas* 判決において, 連邦最高裁判所は, “separate but equal” の原則を破棄し, 公立学校における人種分離を本質的に不平等とした. しかし, 南部の多くの州はこの判決に従おうとしなかった. そこで最高裁は翌年の 1955 年に, 非協力的な学区が白人学校と黒人学校の統合を段階的に進めるよう計らった. 下位裁判所に対して, 各教育委員会がただちに合理的な人種統合政策を開始し, その後は “with all deliberate speed” で完全統合を目指すよう促せと指示したのである. ラテン語の *festina lente* (= make haste slowly) という形容矛盾 (oxymoron) に似た表現だが, 最高裁は南部諸州の強い抵抗を見越したうえで, 可能な限りのスピードを要求したのであろう. この部分は Felix *Frankfurter 裁判官が書いたものだが, フランクファーターは往時の名裁判官 Oliver Wendell *Holmes, Jr. の言葉を借りている. そのホームズも, 英国の *equity の慣行を表現しただけだと言われるが, 有名な Francis Thompson (1859–1907) の詩 “The Hound of Heaven” の第 1 部に “with. . .Deliberate speed” という表現があったことを知っていたのかもしれない. ◆公立学校の人種統合に関して, 連邦最高裁は 1969 年には「慎重かつ可及的速やかに」の立場を捨てて, ただちに実行するよう命じている. ⇨ RACIAL DISCRIMINATION; WARREN, EARL

with all faults 「(買い主が商品の品質について)売り主の瑕疵(かし)責任 (*warranty) を問わないという条件で」 ⇨ AS IS

witness 「証人」 多くの意味を持つこの法律用語の意味のひとつは「目撃者」だが, 法廷の証人は目撃した事実だけでなく, (自己やその配偶者にとって不利なことを除いては)知り得たことのすべてを宣誓のうえで供述するよう求められる.

wobbler 《米俗》「どっちつかずの犯罪」 程度によって *felony にも *misdemeanor にもなる犯罪. wobble は「うろつく」を意味する動詞.

Wolfenden Report, the 《英》「ウルフェンデン報告書」 性犯罪調査報告書. ⇨ HOMOSEXUALITY (2)

Wonderland Club, the 「ワンダーランド・クラブ」 幼児性愛者の国際組織. ⇨ PEDOPHILE

Woodward, Louise (1978–) 《英》「ルイーズ・ウッドワード」 リヴァプール市に近い Elton 村出身の英国人女性で, 米国マサチューセッツ州ニュートン市の医師 Eappen 夫妻の家に au pair (外国の家庭に住み込んで寝食の代わりに家事を手伝う若い外国人. 通例女性で, 外国語を学ぶ目的であることが多い) として住み込んでいたが, nanny (ベビーシッター)

の仕事を要求された．ルイーズは 1997 年 2 月 4 日に夫妻の次男 Matthew (生後 8 カ月)を入浴させているとき，マシューを強くゆすぶり，硬いものにわざと頭をぶつけて殺したとして逮捕，起訴され，第一審の陪審は 10 月末に the second-degree *murder で彼女を有罪とし，終身刑が妥当という評決を下した．英国ではこの評決に猛烈な抗議運動が展開された．上訴を受けた Middlesex County Superior Court の Hiller B. Zobel 裁判官は，犯意 (*mens rea) のない過失致死 (involuntary *manslaughter) だったとして，11 月に未決拘留期間と同じ 279 日の禁固刑に処し，ルイーズを直ちに釈放した．この判決は 98 年 6 月に州最高裁の上訴審でも支持され，検察もこれを受け入れた．(その後 1999 年 9 月から，ルイーズはロンドンのある大学で法律学を学んでいる．) ◆1998 年 3 月にはインド生まれの英国人で，米国カリフォルニア州サンディエゴ市のデイケアセンターで働いていた Manjit Basuta という 43 歳の女性が，おむつ交換のときにむずかる 1 歳 1 カ月の男の子を激しく揺すって，床に頭をぶつけて殺したかどで逮捕され，99 年 7 月に有罪判決を受けた．これはルイーズの事件とよく比較されながら報道された．

Workers' Compensation Acts 《米》「労働者災害補償法」 1916 年の the Federal Employees' Compensation Act (連邦被用者補償法) をはじめとする一連の連邦労災補償法．そのうちのひとつは the Black Lung Benefits Reform Act で，職業病である炭肺症で苦しむ炭鉱労働者を対象にしたものと，多くの州における労災補償法の総称．職場で受けた被害によって身体障害者となった者は the *Social Security Act (1) (社会保障法) のタイトル II によって治療費，傷害への補償，リハビリテーションの費用などを支給される．*employers' liability acts (雇用者責任法) のかつての fellow servant rule とは違って，被用者の過失による災害や事故でも補償金は支払われる．◆英国には 1897 年以来 the Workmen's Compensation Act という労災補償法があったが，現在は the *Social Security Act (2) (1975 年以来たびたび改正) がこれに代わっている．

workfare 《米》「ワークフェア」 1994 年に選出された Rudolph W. Giuliani (ジュリアーニ) ニューヨーク市長が，福祉改革の中核となる理念として導入した制度．生活保護，医療費保護などから成る「福祉」(welfare) の受給者に対して，一定の「勤労」を義務づけ，給付を労働の対価とすることによって，その精神的自立を促すとともに，勤労を通じて将来の経済的自立の基盤たる技術・技能を習得させようとする．生活保護の受給者が，市の指定する公共事業で働きつつ就職先を探す勤労体験プログラムを含む．

クリントン政権も，福祉制度の全面的見直しの流れのなかで，この方式を取り入れ，1996 年 8 月，the Welfare Reform Act of 1996 を成立させた．この結果，ニューヨーク市だけでなく全国で福祉受給者が大幅に減った反面，その賃金が不当に低い，労働条件が劣悪である，休業手当がない，休暇制度もない，危険な作業にそれと知らずに従事させられるなど，問題が続出した．◆1998 年に，福祉の受給者のうち就職した者，持続的に求職をした者，職業訓練を受けた者は 35% に達する．最高はオレゴン州で，受給者の 98.2% が週に少なくとも 20 時間働いた．モンタナ，ウィスコンシン両州でもその率は 60% を超えた．しかし，メリーランド州とノースカロライナ州では，それだけ働く者が 16% にも達しなかった．一方では，ワークフェアで働く者たちの存在が，正規の労働者たちの賃金，雇用を圧迫して，新たな失業，貧困，不公平を生み出しかねない，という事態も生じている．

World Trade Center, the terrorist attacks on the 《米》「世界貿易センターに対するテロ攻撃」 米国およびドイツでジェット機操縦の訓練を受けた 4 人を含む 19 人のイスラム過激派による自爆型の巨大テロ．2001 年 9 月 11 日，犯人たちはボストン，ニューヨーク，およびワシントン・ダレス空港発の American Airlines (AA) と United Airlines (UA) 各 2 機の双発ジェット機をハイジャックし，うち AA1 機(乗員乗客は 92 人)を，午前 8 時 46 分にマンハッタンの南にある世界貿易センターの 110 階建て北棟(1 号館) の 96 階あたりに突入させ，9 時 3 分に UA1 機(乗員乗客 65 人)を南棟(2 号館) の 80 階あたりに突入させた．2 本のツインタワーは，ほぼ満タン (AA 機の場合，2 万ガロン以上) であったジェット燃料によって爆破炎上した．カ氏 1000 ないし 2000 度と言われる高熱で外壁の鉄骨 124 本と中心部の数十本の垂直な鉄骨，および各階の床を支える鉄材が溶け落ちたために，午前 10 時近くには第 2 号館全体がその重さに耐えかねて崩壊した．あとで崩れた第 1 号館は 8 秒でほとんど跡形もなくなった．駐車場，ショッピングモール，地下鉄駅などの共同地下構造が大破壊したことにより，周辺の第 3 号館から第 7 号館までもすべて崩落した．また，犯人らは午前 9 時 40 分に，ダレス空港発の AA1 機(乗員乗客は 64 人)をワシントン市の西にある国防総省(ペンタゴン)に突入させた(死者は乗員乗客を含めて 189 人)．ニューヨーク発の 4 機目 (UA) は，首都ワシントンのホワイトハウスを狙っていた可能性が大きいが，ピッツバーグ市の南西 130 キロの地点で墜落炎上した(死者 44 人)．ノースカロライナ州から緊急発進した 2 機の戦闘機は，もし追跡に成功したら，この飛行機を撃墜する命令を受けていた．米軍機が米国の民間人の乗った飛行機を撃墜するという空前の事態が生じる可能性があったわけである．その機内の後部に座らされていた乗客のうち 3 人が地上の家族や知人にかけた最後の電話から推測すれば，乗客のひとり以上が刺殺されたあと，元ラグビー選手を含む30代の屈強な男性乗客がひそかに声を掛け合って，前方で彼らを監視していた1,2人のテロリストに向かって突進したらしい．◆ニューヨークのテロの犠牲者数は12月26日の市の発表では2940人であった．

米国政府によれば，このテロを計画・指示したのはOsama *bin Ladenで，彼は5年余りを費やして，ドイツや米国などでテロリストを養成した．9月11日の具体的な計画を立てたのは，ビンラディンの10年来の腹心で，元エジプトの警察官であったMohammed Atef (1944-2001)らしい．アテフの娘は，ビンラディンの長男と2001年1月に結婚している．そのアテフは，ケニアとタンザニアの米国大使館爆破事件の首謀者でもあったが，2001年11月中旬に米軍機によるアフガニスタン空爆により，カブール付近で死亡した．⇨ AL-QAIDA; LLOYD'S; TALIBAN; TERRORISM; WORLD TRADE CENTER BOMBING

World Trade Center bombing, the 《米》「世界貿易センター爆破事件」 1993年2月26日の正午前に，マンハッタンの南にある110階建ての世界貿易センター(ツインタワー)で起きた爆破事件．犯人は地下の車庫に(レンタカー屋で借りた)黄色いヴァンで爆発物を運び込み，4つのヒューズに点火して，同じヴァンで逃走し，その直後に重さ500キロ以上の火薬が炸裂した．鋼鉄製の梁さえ折れるような威力で，6人が死亡，1000人以上が負傷した．当時としては米国内で空前の規模のテロリズムであった．FBIの捜査により，レンタカー屋に(200ドルの保証金を返してもらおうと)ヴァンでやってきた犯人(下記のSalameh)を逮捕．その後も密告によって，国連本部や重要な橋やトンネルなどに爆弾を仕掛けようとした容疑者5人を逮捕した．主犯は1992年9月に政治亡命を求めて入国したRamzi Ahmed Yousefと判明．ユーセフはニューヨーク市に移り住んだ時点から，同時に入国を認められたMohammad Salamehと共謀して世界貿易センター爆破事件を半年がかりで計画した．資金はヨーロッパの背後組織から送られていたようである．ユーセフはパキスタンに逃亡しているところを発見されて身柄を拘束された．裁判の結果，終身刑プラス240年の刑を科せられ，共謀者たちもそれぞれ240年の禁固刑を言い渡された．◆この事件との関連で逮捕された他の10人のテロリストは，南北戦争中にできた反政府活動共謀取締法 (the Seditious Conspiracy Law) という，法律家でさえ知らぬ者が多い法律によって，米国政府に敵対したかどで有罪になり，全員が終身刑を科せられた．その犯人のひとりはSheik Omar Abdel Rahmanという盲目のエジプト人で，イスラムの聖職者であった．彼とその弁護人は上告審で，「自分は言論と宗教の自由という憲法上の権利を行使したに過ぎない」と主張したが，連邦第 2 巡回区控訴裁判所は，「言論の自由や宗教の自由は，犯罪をおかすために公開のスピーチや宗教的指導力を利用する者には及ばない」として，それを斥けた．◆上記のオマール・アブデル・ラーマンの 2 人の息子は (9 月 11 日の米国同時多発テロに直接関与した証拠はないが) Osama *bin Laden の熱心な信奉者で，数年前からテロ「戦士」の訓練にあたっていた．◆2001 年 9 月 11 日の世界貿易センタービル破壊については BIN LADEN, OSAMA と WORLD TRADE CENTER, THE TERRORIST ATTACKS ON THE を参照．⇨ TERRORISM

wrap-around amendment 《米》「一括修正(案)」 連邦議会で予算を審議するときに，最初は予算決議への賛否を上下両院に問う．それが過半数の票を獲得したからといって直ちに法律になるわけではなく，各党の指導者は(両党の出方を見極めたうえで)全面的な修正案を練って，それへの賛否を改めて両院に求める．

writ 「令状」 written の非常に古い形から，裁判官が法廷外のだれかに向かって送る多種多様な命令書または許可書を意味する．the writ of *habeas corpus (人身保護令状) はその代表的なものだが，数が多いのは保釈中の被告に出廷日時を告げ，*default (不出頭) ならば自動的に敗訴になると警告するもの．そういう令状が本人に送達されていないおそれがあるとき，繰り返して送られる令状を alias writ (第 2 令状) と言う．writ of certiorari (裁量上訴受理令状) については CERTIORARI の項を参照．◆英国では令状は 4 カ月有効である．◆現在，writ は裁判所が発行するものだが，英国の新聞にときどき，市民 A が市民 B に writ を送った (Mr A served Mr B with a writ. / Mr A issued writs against Mr B.) という表現が出てくる．これはおそらく A が B を the *High Court of Justice (高等法院) に訴える(あるいは高等法院での裁判を受けて立つ)という正式通告の意味だろう．その writ は writ of summons とか，judicial writ とも呼ばれる．◆米国では writ of summons (召喚令状 ⇨ SUMMONS) はふつう保安官 (*sheriff (1)) が当事者に届けるもので，あなたを相手に訴訟が起こされるので，何日の何時に裁判所に出頭しなさいと通告するもの．英国では writ of summons に，the *Lord Chancellor (大法官) が貴族に送る貴族院への出席要請状の意味がある．

writ of error 《英》「誤審令状」 中世から 19 世紀初めまでの英国の the *common law 訴訟において，上位裁判所が発行したもの．下位裁判所の判決や訴訟手続きに誤りがあると見て，それを再審するという通告書．第一審判決に不満な者は，当の裁判所に「自己誤審令状 (writ of error coram nobis)」という奇妙な令状の発行を請求したこともあるらしい．

wrongful birth action 「不正常出産の訴訟」 医療責任者のきわめて不注意 (*negligent) な診断，検査，情報提供，助言や，不妊手術の失敗などによって，重大な障害や欠陥を持って生まれた子供の親が起こす訴訟. ⇨ WRONGFUL LIFE ACTION

wrongful death 「不法行為による死亡」 法律学者は「不法死亡」という訳語を使っている．義務違反 (*default) や注意義務違反 (*negligence) による死，故意による殺人 (voluntary *manslaughter)，不法な行為が原因となった死などで，近親者（ふつう配偶者や遺児）は賠償金要求の訴訟 (wrongful death action) を起こすことができる．⇨ SIMPSON, O. J.

wrongful life action 「不法行為による先天性障害の訴訟」 同じ医療過誤でも，誤った医学情報の提供や，医療行為がもたらした重大な障害児出産の場合とは別で，医師の *negligence（注意義務違反）のせいで，遺伝病や染色体異常を持って生まれたケースに用いられる．子供自身が成長後に医師を訴えることもある．医師の過失がなければこんな遺伝病を持って生まれることはなかったとか，生まれないほうがよかったのに，と主張しても，医師の行為とその先天的異常との因果関係を証明することは非常に困難だし，異常を持って生きることと，（本来権利として認められていない）生まれないこととを比較して，賠償金を決めることも不可能に近いので，ほとんどの州裁判所では受理されない．⇨ WRONGFUL BIRTH ACTION

Y, Z

yakuza 《日・米》「ヤクザ」 ⇨ U.N. CONVENTION AGAINST TRANSNATIONAL ORGANIZED CRIME

Yorkshire Ripper, the 《英》「ヨークシャーの切り裂き魔」 ウェストヨークシャー州ブラッドフォード市出身のトラック運転手であった Peter Sutcliffe (1946-　) は，1975 年から 81 年にかけて 13 人の女性を次々に残忍な方法で殺害し，死体をばらばらに切断したかどで逮捕され，81 年に有罪判決を下された．1880 年代にロンドンで同じく何人もの女性を惨殺した犯人のニックネームの「切り裂きジャック」(Jack the Ripper) をまねて新聞が広く用いた呼び名．両者の共通点は，売春婦への恨みを抱いているふしがあることと，その残虐非道な手口にある．サトクリフは，自分の行為は天命によるものだと主張したが，受け入れられず，終身刑を受けた．3 年間収監されたあと，精神異常者が収監される *Broadmoor に移された．◆なお，切り裂きジャックの正体は不明とされてきたが，米国の犯罪小説家として有名な Patricia Cornwell (1956-　) が 2001 年 12 月にテレビで語ったところによれば，ロンドンでの科学的な検証の結果，真犯人は英国の印象主義画家として影響力の大きかった Walter Richard Sickert (1860-1942) に「100 パーセント間違いない」という．シッカートは 1888 年 8 月 31 日に始めた連続殺人の約 20 年後に，殺された売春婦の無気味な(しかし，検屍のときの写真に酷似している)絵を描いているそうだ．

Younger abstention; the Younger doctrine 《米》「ヤンガー原則」 *district court (連邦裁判区裁判所; 連邦地裁) は，たとえ連邦憲法の問題が絡んでいるケースでも――州に極端な害意ないし悪意が認められない限り――すでに始まっている州裁判所の訴訟手続きや審理に介入すべきではないという原則．それは the *abstention doctrine (裁判権自己抑制の原則) のうち最もよく知られているもので，1971 年に連邦最高裁判所が下した *Younger v. Harris* 事件の判決に基づく．John Harris, Jr. はカリフォルニア州の the Criminal Syndicalism Law (犯罪サンディカリズム法) によって起訴されたが，連邦地裁による *injunction (差止め命令) を求めた．それを受理した連邦地裁は同州の犯罪サンディカリズム法を違憲と判断し，州裁判所の審理を差し止めた．しかし，連邦最高裁判所は 8 対 1 でその判決を覆した．判決文を書いた Hugo L. Black 裁判官は，(1) 被告が取り返しのつかぬような被害を受けていれば別だが，この事件のような場合には，問題の州法が憲法違反だという主張は州裁判所において審理されなければならない，(2) 国の政府は州の正当な活動(司法)に立ち入るべきではない，という 2 つの理由で，連邦地裁の介入は誤りであったと判断した．この原則は一般に刑事事件に適用され，最後まで州裁判所の判断に任せることが多い．*habeas corpus (人身保護令状) の請求があった場合に連邦地裁が介入するとか，連邦最高裁判所が上訴を受けて事件を取り上げることは，建前としてあり得るけれども，実際にはきわめてまれである．⇨ BURFORD ABSTENTION

young offender institution 《英》「少年犯罪者収容施設；少年刑務所」 1988 年以来，罪を犯した 16 歳以上，21 歳未満の者を収容する刑務所兼助育施設で，イングランドとウェールズに 27 ある．在所中の成績がよいと，13 カ月後に仮釈放 (*parole) される可能性がある (⇨ CURFEW ORDER). この施設ができる前，有罪と判決された未成年(16～20 歳)は 1908 年に創設された *Borstal と呼ばれる少年刑務所に，また 1982 年からは youth custody centre (少年少女更正施設) に収容され，厳しい訓練と職業教育を受けさせられた．そのほかに 16 歳未満の非行少年少女を収容する *approved school という全寮制の学校もあったが，そちらは 1971 年から *community home になった．◆イングランドとウェールズで収監されている 18 歳以下の者は，2000 年末で約 3000 人．2000 年 11 月末に児童福祉団体が公表した調査結果によれば，1989 年から 10 年間で少年刑務所内で 18 人が自殺した．⇨ ATTENDANCE CENTRE; CHILD JAIL; YOUTH COURT

youth court 《英》「未成年者裁判所」 イングランドとウェールズの 10 歳から 17 歳までの非行者を 3 人の *magistrate (治安判事) が原則的には非公開で裁判する．14 歳未満の場合には，本人が違法かつ道徳的に悪であると知っていた場合にのみ有罪となり得る．《米》では juvenile court と呼ばれる．⇨ AGE OF CRIMINAL RESPONSIBILITY (2); YOUNG OFFENDER INSTITUTION

youth detention center 《米》「非行少年拘留センター」 ⇨ AGE OF CRIMINAL RESPONSIBILITY (1)

Zapruder film, the 《米》「ザプルーダー・フィルム」 1963 年 11 月 22 日に起きたケネディ大統領の暗殺を，ドレスメーカーの Abraham Zapruder が 8 ミリカメラで，Dealey Plaza の草に覆われた丘から見下ろす格好で撮影した 26 秒のフィルム．1975 年にテレビ放映され，全米に衝撃を与えた．1991 年にはオリヴァー・ストーン監督の映画 *JFK* で使われた．フィルムの実物は首都の国立公文書館に保管されているが，司法省は 1999 年 8 月に，ザプルーダーの遺族に対して 1600 万ドルの補償金を支払うことを決定した．⇨ SECOND GUNMAN ON THE GRASSY KNOLL; WARREN REPORT

アメリカ合衆国憲法の邦訳と解説

目　　次

第 7 節 2 項（大統領の拒否権と，それを覆す方法）
第 7 節 3 項（大統領の承認を要する命令などと，大統領の不承認を議会が覆す条件）
第 8 節 1 項（議会の権限――債務の支払い，徴税権）
第 8 節 2 項（国債発行の権限）
第 8 節 3 項（外国貿易，州際通商，およびインディアンとの貿易を規制する権限）
第 8 節 4 項（帰化規則および破産関係法を制定する権限）
第 8 節 5 項（貨幣および度量衡を定める権限）
第 8 節 6 項（連邦債券および貨幣偽造に対する処罰を定める権限）
第 8 節 7 項（郵便局と郵便道路を造る権限）
第 8 節 8 項（著作権と特許権とを与える権限）
第 8 節 9 項（各級裁判所を設置する権限）
第 8 節 10 項（重大犯罪を定義し，その犯人を処罰する権限）
第 8 節 11 項（宣戦布告，および敵国の船舶を拿捕する権限など）
第 8 節 12 項（陸上軍の創設と維持に関する基本規定）
第 8 節 13 項（海軍の創設と維持に関する基本規定）
第 8 節 14 項（陸上軍および海軍の統括および規律維持に関する権限）
第 8 節 15 項（国民義勇軍（ミリシア）の招集についての規定を設ける権限）
第 8 節 16 項（国民義勇軍（ミリシア）に関する連邦と各州の権限）
第 8 節 17 項（連邦政府所在地に関する権限，および防衛施設直轄の権限）
第 8 節 18 項（上記の諸権限を行使するために必要な法の制定）
第 9 節 1 項（奴隷輸入の禁止に対する制約）
第 9 節 2 項（人身保護令状の尊重と，その停止の条件）
第 9 節 3 項（議会が独自に科す刑罰の禁止，および事後処罰法の禁止）
第 9 節 4 項（人頭税など直接税を実施する条件）
第 9 節 5 項（州からの輸出に租税や関税をかけぬこと）
第 9 節 6 項（すべての州の港湾は，関税その他の徴税で平等であるべきこと）
第 9 節 7 項（国庫予算の支出，および決算の公表）
第 9 節 8 項（貴族制度の否定．外国の栄誉や報酬を受ける場合に必要な議会の同意）
第 10 節 1 項（州が守るべき禁止事項）
第 10 節 2 項（州が徴収する輸出入税に関する条件）
第 10 節 3 項（州によるトン税，軍の保持，外国や他州との協定および戦争の原則的な禁止）

審査を伴う公務員任命は禁止)

第7条 憲法の承認と発効

第 1 補正 政教分離・信教の自由・言論の自由・請願権
第 2 補正 武器を保有し，携帯する権利
第 3 補正 軍人を宿営させる権利の制限
第 4 補正 不当な逮捕・捜索・押収の禁止．安易な令状発行の禁止
第 5 補正 大陪審制度，2 度の危険[ダブルジェパディ]の禁止，適正な法手続き[デュープロセス]，公用徴収の制限など
第 6 補正 裁判における刑事被告人の権利
第 7 補正 民事事件で陪審裁判を受ける権利
第 8 補正 過大な罰金や，苛酷な刑罰の禁止など
第 9 補正 国民に留保された基本権
第10補正 州と国民に留保された権利
第11補正 連邦の司法権に対する制限
第12補正 正副大統領の新たな選挙方法
第13補正 奴隷制度および強制労働の禁止
第1節 (奴隷制度の廃止，および強制労働の原則的な廃止)
第2節 (この補正に関する連邦議会の権限)
第14補正 奴隷制廃止にともなう市民権の拡大と，法による平等な保護および州が守るべき適正な法手続きなど
第1節 (合衆国市民の定義，制約することを許されぬ市民の権利，デュープロセスの原理)
第2節 (下院議員の新たな被選挙権)
第3節 (国家に敵対した議員および公務員の資格喪失，ならびに彼らの復権の条件)
第4節 (国債の効力．国家反逆のために負った債務は違法かつ無効)
第5節 (この補正に関する議会の権限)
第15補正 投票権の差別禁止
第1節 (人種や皮膚の色で投票権を差別することの禁止)
第2節 (この補正に関する連邦議会の権限)
第16補正 連邦所得税の徴収
第17補正 上院議員の直接選挙
第1項 (上院の組織と，院内での議員の投票権，上院議員の被選挙権)
第2項 (欠員補充の方法)
第18補正 禁酒法
第1節 (合衆国内でアルコール飲料の製造・販売・輸送は禁止，輸出入

合，および，大統領がそれを否定した場合の措置)

第 26 補正　18 歳で与えられる選挙権

第 1 節　(18 歳以上の者に年齢を理由として投票権を剥奪または制限することの禁止)

第 2 節　(この条項に関する連邦議会の権限)

第 27 補正　連邦議員の報酬

主要な条項

anti-establishment clause, the = establishment clause 「宗教護持禁止条項」 ⇨ 第 1 補正

appointments clause, the 「任命条項」 ⇨ 第 2 条第 2 節 2 項

appropriations clause, the 「歳出予算法条項」 ⇨ 第 1 条第 9 節 7 項

bill of attainder clause, the 「立法府独断による刑罰条項」(英米法学者の訳では「私権剥奪法条項」) ⇨ 第 1 条第 9 節 3 項

coefficient clause, the 「共通作用(必要かつ適切)条項」 = the necessary and proper clause ⇨ 第 1 条第 8 節 18 項

commerce clause, the 「通商規制条項」 ⇨ 第 1 条第 8 節 3 項

commission clause, the 「職務委任条項」 ⇨ 第 2 条第 3 節

compact clause, the 「協定条項」 ⇨ 第 1 条第 10 節 3 項

confrontation clause, the 「(証人との)対決条項」 ⇨ 第 6 補正

contract clause, the 「契約条項」 ⇨ 第 1 条第 10 節 1 項

double jeopardy clause, the 「2 度の危険(ダブルジェパディ)禁止条項」 ⇨ 第 5 補正

due process clause, the 「適正な法手続き(デュープロセス)条項」 ⇨ 第 5 補正，第 14 補正第 1 節

elastic clause, the 「柔軟条項」 = the necessary and proper clause ⇨ 第 1 条第 8 節 18 項

enumeration clause, the 「人口算定条項」 ⇨ 第 1 条第 2 節 3 項

equal protection clause, the 「平等保護条項」 ⇨ 第 14 補正第 1 節

establishment (of religion) clause, the 「宗教護持禁止条項」(英米法学者によれば「国教禁止条項」) ⇨ 第 1 補正

export clause, the 「輸出条項」 ⇨ 第 1 条第 9 節 5 項

export-import clause, the 「(アルコール飲料の)輸出入条項」 ⇨ 第 21 補正第 2 節

faithfully-execute-the-law clause, the 「法律を忠実に執行する条項」 ⇨ 第 2 条第 3 節

free exercise clause, the 「(宗教の)自由活動条項」 ⇨ 第 1 補正

free speech clause, the 「言論の自由条項」 ⇨ 第 1 補正
fugitive slave clause, the 「逃亡奴隷条項」 ⇨ 第 4 条第 2 節 3 項
full faith and credit clause, the 「十分な信頼と信用条項」 ⇨ 第 4 条第 1 節
grand jury clause, the 「大陪審条項」 ⇨ 第 5 補正
guarantee clause, the 「補償条項」 ⇨ 第 4 条第 4 節
implied powers clause, the 「黙示的権限条項」 = the necessary and proper clause ⇨ 第 1 条第 8 節 18 項
import and export clause, the 「輸入・輸出条項」 ⇨ 第 1 条第 10 節 2 項
incompatibility clause, the 「非両立条項」 ⇨ 第 1 条第 6 節 2 項
Indian commerce clause, the 「アメリカインディアン通商条項」 ⇨ 第 1 条第 8 節 3 項
ineligibility clause, the 「無資格条項」 = the incompatibility clause ⇨ 第 1 条第 6 節 2 項
interstate commerce clause, the 「州際通商条項」 ⇨ 第 1 条第 8 節 3 項
interstate rendition [extradition] clause, the 「州際逃亡者引渡し条項」 ⇨ 第 4 条第 2 節 2 項
king-pin clause, the 「主軸条項」 = the supremacy clause ⇨ 第 6 条第 2 項
naturalization clause, the 「帰化条項」 ⇨ 第 1 条第 8 節 4 項
necessary and proper clause, the 「必要かつ適切条項」 ⇨ 第 1 条第 8 節 18 項
obligations of contracts clause, the 「契約上の債権債務条項」 ⇨ 第 1 条第 10 節 1 項
origination clause, the 「先決条項」 ⇨ 第 1 条第 7 節 1 項
presentment clause, the 「提出条項」 ⇨ 第 1 条第 7 節 3 項
privileges and immunities clause, the 「特権・免責権条項」 ⇨ 第 14 補正第 1 節
qualification clause, the 「(下院の被選挙権者)資格条項」 ⇨ 第 1 条第 2 節 2 項(上院議員の資格は同条第 3 節 3 項)
re-examination clause, the 「再審理条項」 ⇨ 第 7 補正
self-incrimination clause, the 「自己負罪条項」 ⇨ 第 5 補正
speech and [or] debate clause, the 「発言討論条項」 ⇨ 第 1 条第 6 節 1 項
supremacy clause, the 「最高法規条項」 ⇨ 第 6 条第 2 項
take-care clause, the = the undefined executive power clause 「大統領の非明示権限条項」 ⇨ 第 2 条第 3 節
taking clause, the 「公用収用条項」 ⇨ 第 5 補正

taxing and spending clause, the 「課税ならびに支払い条項」 ⇨ 第1条第8節1項
three-fifth clause, the 「5分の3条項」 ⇨ 第1条第2節3項
undefined executive power clause, the 「大統領の非明示権限条項」 ⇨ 第2条第3節
uniformity clause, the 「(課税)均一条項」 ⇨ 第1条第8節1項

合衆国憲法

[解説] アメリカ合衆国憲法は1787年5月25日から9月18日までペンシルヴェニア州フィラデルフィア市で開かれた憲法制定会議(最初の目的は「連合規約」の改正であった)によって，同年9月17日に制定された．その後，各邦で賛否の激しい議論があったが，1年以内に，アメリカ連合(the Confederation)を構成していた13邦のうち，憲法成立に必要な数よりひとつ多い10邦の憲法会議が承認したので，1788年6月21日に発効した．

訳文のうち«　»内はのちに改正されたので無効．〈　〉内は暫定的な措置で，現在は意味を失っている．

前文

われら合衆国の国民は*，より完全な統一国家を形成すること，法秩序を確立すること，国内の平穏を保障すること，共同の防衛力を備えること，公共の福祉を増進すること，さらに，われら自身とわれらの子孫とのために自由の恩恵を確保することのすべてを目的として，アメリカ合衆国のために，この憲法を制定し，これを確立する．**(We the People*** of the United States, in Order to form a more perfect Union, establish Justice, insure domestic Tranquility, provide for the common defence, promote the general Welfare, and secure the Blessings of Liberty to ourselves and our Posterity, do ordain and establish this Constitution for the United States of America.)

【解説】 “the People” は一般に「人民」と訳されており，それにはそれなりの歴史的，および政治哲学的な意味がある．しかし，この憲法制定の段階からは the United States という統一国家の「国民」と訳したほうがよいと思われる．その “the United States” は「合州国」とするほうが原語には忠実だが，ここでは慣用に従う．

“establish Justice” はほとんどすべての邦訳憲法で「正義を確立[樹立]し」と訳されてきたが，あまりにも抽象的で，具体的なイメージが浮かばない．この前文で他に並列された目的がすべて具体的な内容を持っているのと同じく，establish Justice も「(公正な法律の制定や裁判所の創設な

ど)法制度を確立し」という具体的な内容を含んでいる．

the general Welfare は英米法学者によってなぜか「一般の福祉」と訳されてきたが，「国民全体のための福祉」という意味で，「公共の福祉」と訳すほうがはるかに適切だろう．

第 1 条　連邦議会の立法権と 2 院制

第 1 節　(立法権は連邦議会に与えられる)

この憲法が付与するすべての立法権は，合衆国議会[以下，「連邦議会」とする]**に属する．連邦議会は参議院**[以下，「上院」とする]**と代議院**[以下，「下院」とする]**から成る．**

第 2 節 1 項　(下院の組織と，下院議員の選挙権)

下院は，各州に属する国民が 2 年ごとに選出する議員によって組織される．各州とも，この選挙に参加できる有権者は，その州の複数の立法院のうち，議員数の最も多い院の選挙権者となるのに必要な資格を備えていなければならない．

【解説】「州の複数の立法院」とあるが，現在，米国 50 州の州議会のうちネブラスカ州だけは 1 院制で，ほかはすべて 2 院制を敷いている．2 院制だから，「議員数の最も多い院」とあるのは「議員数のより多い院」という意味である．現在，下院議員の定員は 435 名．

第 2 節 2 項　(下院議員の被選挙権)

年齢が 25 歳に達していない者，合衆国市民となってから 7 年を経ていない者，選挙された時点で選出母体となる州の住民でない者は，だれも下院議員になることができない．

【解説】これは下院の “the qualification clause” ([被選挙権者]資格条項) と呼ばれている．ここに書いてある条件をすべて満たしている人は，だれでも連邦下院議員に選ばれる資格がある．各州がそれに別の資格や制限――例えば多選禁止――を加えると憲法違反になる．

第 2 節 3 項　(各州の人口計算と下院議員の人数，および直接税の徴収額)

《**下院議員の数，および直接税の徴収額は，今後この連邦を構成する各州に，その人数に比例して割り当てるものとする．各州の基礎人数は，自由人の総数――これには複数年にわたって公の役務に服すべき者** (“those bound to Service for a Term of Years”) **を含めるが，納税義務を負っていないインディアンのすべてを除く――に，自由人以外の総数の 5 分の 3 を加えることで決められる．**》**実際の人数は，合衆国における連邦議会の最初の会議が開かれてから 3 年以内に，また，その後は 10 年以内ごとに，連邦**

議会が法律で定める方法に従って行なうものとする．下院議員の数は，3万人について1名の割合を超えてはならない．ただし，各州は少なくとも1名の下院議員を選出すべきものとする．〈また，上記のような算定（enumeration）が行なわれるまで，ニューハンプシャー州には3名，マサチューセッツ州には8名，ロードアイランド・アンド・プロヴィデンス・プランテーションズ州（“Rhode-Island and Providence Plantations”）には1名，コネティカット州には5名，ニューヨーク州には6名，ニュージャージー州には4名，ペンシルヴェニア州には8名，デラウェア州には1名，メリーランド州には6名，ヴァージニア州には10名，ノースカロライナ州には5名，サウスカロライナ州には5名，ジョージア州には3名の下院議員を選出する権利が与えられる．〉

【解説】 前の《　》内は第14補正第2節および第16補正によって改正された．あとの〈　〉内は暫定処置．“those bound to Service for a Term of Years” は，主として解放奴隷を指すと思われるが，刑務所での服役者や，軍役に服している者を含んでいた可能性もある．“Rhode-Island and Providence Plantations” は余りにもしばしば誤解されてきたが，21世紀の現在でも，それがロードアイランド州の正式名称である．

「直接税」は主として固定資産税と人頭税を意味していたらしい．所得税を直接税と見なす判決が下されたのは1895年である．憲法第1条第9節4項によって，直接税は州の人口に比例して徴収しなければならない．しかし，貧富の差のある州に同一の税率を適用しても，異なった税率を適用しても，国民は不公平だと思って不満を抱くに相違ない．これについては長らく激論が戦わされたが，連邦議会は1913年の第16補正で，所得税を——それが直接税であるか否かを明らかにすることなく——国民から直接徴収できるようにした．個人および法人の所得税が連邦政府の主要な収入源になったのは，それ以来である．

「自由人以外の総数の5分の3を加える」の部分は “the three-fifth clause” と呼ばれている．

よく誤訳されるが，国勢調査（*census (1)）は（「10年ごとに」ではなく）「10年以内ごとに」実施されると書いてある．実際には1790年に始まって10年ごとに行なわれており，半分くらいの州は別に中間人口調査を実施している．下院議員の総数を435名と定めたのは1929年であり，その後，人口調査の結果を見て，州別の再配分がなされている．1980年と90年の人口調査の結果，南部の議席が増える傾向が見られた．人口の過少なアラスカ，ワイオミング，ヴァーモントの3州は上記の規定によって各1名の下院議員を送り出している．2000年の第22回人口調査の結果，アリゾナ，フロリダ，ジョージア，テキサスの4州では2名ずつ下院議員が増え，ニューヨーク，ペンシルヴェニア両州では2名ずつ減る見込み.

第2節4項（下院議員の欠員補充）

各州から選出された下院議員に欠員が生じた場合，その州の行政府の長官は，欠員補充のために必ず選挙実施の命令を発しなければならない.

【解説】 連邦下院議員の補欠選挙を実施するのは，連邦下院ではなく，州行政府の長官(州知事)の権限である. 上院議員が欠員となったら，州知事に臨時の任命権が与えられるが，下院議員の場合，そういうことはない.

◆2000年の総選挙の最中に，民主党から上院議員に立候補していたミズーリ州のMel Carnahan知事が10月16日に自家用機の墜落で死亡した. 投票用紙を印刷し直す余裕がないので，カーナハンの名は候補者として残り，11月7日の選挙でカーナハンは現職の上院議員(共和党)を破って当選ということになった. 憲法およびミズーリ州法によって，カーナハンの後を継いだ新知事Roger Wilsonが，空席となる上院議員のあとを埋める責任を負い，カーナハンの未亡人Jean Carnahanをミズーリ州選出の上院議員に任命し，対立候補であったJohn *Ashcroft前上院議員(のちに司法長官)もそれを受け入れた. ただし，カーナハン夫人の任期は2年のみ.

第2節5項（下院議員の人事権と，弾劾訴追の権限）

下院は，下院の議長その他の役員を選任する. 下院はまた，弾劾訴追を行なう権限を専有する.

【解説】 連邦下院はこれまで，大統領，上院議員，最高裁判所判事各1名を含む16名の公務員に対して弾劾手続きを行ない，うちクリントン大統領を含む13名が上院の裁判にかけられ，5名の連邦裁判所判事だけが有罪になった. “Impeachment”は「議会による強い非難決議」，あるいは「大統領や高官の罷免」を意味するという誤解を招きやすい語だが，実際には第3節6項で規定する裁判のための「起訴」を意味する. この項では連邦下院が「弾劾の専権」を持つとあるけれども，弾劾裁判の権限は上院が専有しているのである.

第3節1項（上院の構成，上院議員の任期，各議員の投票権）

合衆国の上院は，各州から2名ずつ選出される任期6年の上院議員によって構成される. «その選出は各州の立法府によって行なわれる.» 各上院議員は1票の投票権を持つ.

【解説】 この全文，特に« »内は，第17補正第1項によって直接選挙制にするよう改正された.

各州のためではなく，国民全体の利益のために奉仕すべき上院議員は，弾劾裁判の権限だけでなく，大統領が指名する連邦裁判官，外交官，上級公務員などの任命を承認するか否かという重要な権限を委ねられている．

米国の国政では，議員は原則として 1 人 1 票を行使する．大統領選挙の決選投票で，各州の複数の下院議員が州として 1 票だけを行使できる(第 12 補正参照)というのはあくまでも例外である．

第 3 節 2 項 (上院議員は 2 年ごとに 3 分の 1 を改選する)

上院議員は，第 1 回の選挙の結果に基づいて招集された直後に，できるだけ同数の 3 組に分けられる．第 1 組に属する議員は 2 年目の終わりに，第 2 組に属する議員は 4 年目の終わりに，第 3 組に属する議員は 6 年目の終わりに，それぞれ議席を失う．これは 2 年ごとに上院議員の 3 分の 1 を改選できるようにするための措置である．《辞職その他の理由で上院議員の欠員が生じながら，当該議員を選出した州議会が閉会中であった場合，州の行政府の長官は次の州議会が開会され，そこで欠員が補充されるまでのあいだ，臨時の上院議員のを任命することができる．》

【解説】《　》内は第 17 補正第 2 項によって改正されたが，州行政府の長官(すなわち州知事)による臨時任命の道はそのまま残されている．

第 3 節 3 項 (上院議員になる資格)

年齢が 30 歳に達していない者，合衆国市民となってから 9 年を経ていない者，選挙された時点で選出母体となる州の住民でない者は，だれも上院議員になれない．

第 3 節 4 項 (副大統領は上院議長となり，可否同数の時のみ投票できる)

合衆国の副大統領は上院の議長となる．ただし，可否同数の場合を除けば，表決に加わることはできない．

【解説】 副大統領は大統領が病気のときは，その職務を代行する．大統領が任期中に死亡または辞職すれば，自動的に大統領になる．それだけ重要な存在だが，憲法に規定された職務は，上院議長になることだけである．初代副大統領ジョン・アダムズは可否同数のとき 1 票を投じる権利を 20 回も行使した．2000 年の選挙の結果，上院の与野党の議席は最初は 50 対 50 であったが，2001 年 6 月上旬から共和党 49 対民主党 50，プラス無所属 1 になった．ディック・チェイニー副大統領が決定的な 1 票を投じる場面があるかもしれないが，実際には，いずれの党にもいる数人の中間派が他党の切り崩しに応じる可能性が大きい．

第 3 節 5 項 (上院が選任する他の役員)

上院は，同院の他の役員を選任する．また，副大統領が不在の場合，あるいは副大統領が合衆国大統領の職務を行なう場合には，同院の臨時議長を選

任する.

第 3 節 6 項 (上院が専有権を持つ弾劾裁判と，同裁判で有罪判決を下す条件)

上院は，下院で弾劾訴追されたすべての事件を裁判する権限を専有する.上院議員は，その目的で招集されたときには，宣誓または確約をしなければならない.合衆国大統領がこの裁判を受けるときには，最高裁判所首席裁判官が議長となる.いかなる人も，出席議員の 3 分の 2 の同意がないかぎり，弾劾裁判で有罪判決を受けることはない.

【解説】 弾劾裁判の被告となるのは，大統領，副大統領と，文官職の公務員(外交官と連邦最高裁判所以下各級の連邦裁判所の裁判官を含む)で，連邦議員と軍人は弾劾訴追されることはない. ⇨ PRESIDENT

第 3 節 7 項 (弾劾裁判の判決に制約があること. 同裁判で有罪になった者への訴追の可能性)

弾劾裁判の判決は，被告人を免官させることと，被告人の一定の権利を——すなわち，合衆国政府の名誉職に，あるいは，合衆国政府から信託または報酬を受ける職に，就任ないし在職する資格を——剥奪することとの，いずれか以上に及んではならない.ただし，この規定にもかかわらず，弾劾裁判で有罪判決を受けた者は，法律の定めによって改めて訴追され，裁判され，判決を受け，処罰される責任は免れない.

第 4 節 1 項 (州法で定めるべき，連邦議員選挙の日時と場所と方法)

上院議員および下院議員の選挙を行なう日時，場所および方法は，各州において，その立法府があらかじめ定める.ただし，連邦議会はいつでも，法律によって，それらについての規則を制定または変更することができる.《ただし，上院議員の選挙を行なう場所に関しては，連邦議会による規則の制定や変更は許されない.》

【解説】「上院議員および下院議員の選挙を行なう日時，場所および方法」は，予備選挙の日時，場所，および方法を含む.連邦議会は 1872 年に，総選挙を「11 月の第 1 月曜日のあとの火曜日」(日常業務が繁忙をきわめる 11 月 1 日を避けている) に行なうと定めた. どこかの選挙区で選挙方法に過失があったり，組織的な不正が行なわれて，選挙民の意思が正当に反映されなかった場合に，その選挙区での再投票が認められるかどうかについては規定がない. 2000 年 11 月 19 日に，フロリダ州パームビーチ郡のまぎらわしい投票用紙に関する裁判で，巡回裁判所の Jorge Labarga 裁判官は，他の州での投票結果が出たあとの再投票は対立する候補者の一方に不当な優位を与えるおそれがあるので，同一日の選挙のみが憲法起草者の意図であった(“it was the clear and unambiguous intention of the framers of the Constitution of the United States that presidential election be held on a single day throughout the United States.”)と述べたが，その判断を覆すのは困難であろう．非常に大規模な事件があったときの対策は，新たな法律によって立てるしかあるまい．

最後の「上院議員の選挙を行なう場所」は州議会のある州都のこと．《　》内は，州都の決定に連邦が干渉することを禁じる規定と解されるが，第 17 補正第 1 項で，連邦上院議員は州民によって直接選挙されると決定されたので，事実上無意味となった．

第 4 節 2 項　(議会が集会する義務と，その時期)

連邦議会は毎年少なくとも 1 回集会しなければならない．《その開会日は 12 月の第 1 月曜日とする．》ただし，同議会は法律によって他の日を指定することができる．

【解説】　本項は第 20 補正で改正された．特に《　》内は第 20 補正第 2 節によって「その開会日は 1 月 3 日正午とする」に改正された．11 月の選挙で当選した新議員が——前任者の任期が翌年 3 月まで続いていたので——実際に議席に座れるのは 1 年以上たった翌年 12 月になる，という著しい不合理を是正するためである．

第 5 節 1 項　(議員選挙に関する疑義の判断，各院の定足数，議員の出席を強制する権限)

各院は，その議員の選挙方法，選挙結果の報告，および資格についての唯一の裁判機関である．(Each House shall be the Judge of the Elections.)**いずれの院でも，議員の過半数の出席をもって，議事を行なうのに必要な定足数とする．各院は，定足数に満たない場合，そのつど 1 日限り休会して，院が定める方法によって，議員の出席を強制する権限を保有する．また，それに従わない議員に，各院が定めた制裁を科する権限も保有する．**

【解説】　連邦上下両院はかつてこの規定を悪用し，適法に選ばれた議員を，不道徳な人物だから議員の「資格」がないという理由で，第 5 節 2 項の規定によることなく，多数決で排除したことがある．連邦最高裁判所は 1969 年の判決で，このような拡大解釈を禁じた．

現在，連邦議会は奇数年(新議員の任期が始まる年)の 1 月から第 1 セッション(会期)を，偶数年の 1 月から第 2 セッションを開いている．かつて各セッションは 7 月末までに終わる慣例であったが，近年は問題が山積しているので，11 月まで続き，12 月にずれ込むことさえある．

第 5 節 2 項　(議会が作成すべき議事規則．議員の懲罰および除名の規則)

各院は，それぞれ議事規則を定め，議員の無秩序な行動を懲罰し，また，3分の2の同意があれば，議員を除名することができる．

【解説】 懲罰や除名処分は，弾劾裁判にかけられることのない議員に対する実質的な有罪判決と言えそうだが，憲法が認めている処分であって，第9節3項および10節1項にある the Bill of Attainder（裁判によらない刑罰）とは違う． ⇨ BILL OF ATTAINDER

第5節3項 （議事録の作成と公表）

各院はそれぞれ議事録を作成し，秘密を要すると判断した部分を除いて，随時これを公表しなければならない．いかなる議題であっても，各院の議員による「賛成」と「反対」は，もし出席議員の5分の1以上がそれを望むならば，議事録に記載しなければならない．

第5節4項 （会期中の閉会期間の制限と，議院の移動の禁止）

連邦議会の会期中，どちらの議院も，他方の議院の同意がなければ，3日を超えて閉会することができず，また，両院が開会している場所から他の場所へ移転することもできない．

第6節1項 （議員が受ける報酬，議員の不逮捕特権，議員の発言の自由）

上院議員および下院議員は，その職務に対する報酬を受ける．その報酬は法律によって確定され，合衆国の国庫から支出される．両院の議員は，反逆罪，重大犯罪（Felony），または公安を乱す罪を犯した場合を除けば，どのような場合でも，開会中の議院に出席中に，あるいはそこまでの往復の途中で，逮捕されないという特権を有する．議員はまた，議院内における発言あるいは討議について，他のいかなる場所においても責任を問われない．

【解説】「合衆国の国庫から支出」というのは，州の代表である上院議員の報酬は州が支払うべきだ，という考えを否定したもの．「反逆罪，重大犯罪，または公安を乱す罪を犯した場合を除けば」云々とあるが，実際には，どのような刑事犯罪を犯した場合にも不逮捕特権は適用されない，という意味に解釈されている．最後の部分は，“the speech and [or] debate clause”（発言討論条項）と呼ばれる． ⇨ ABSOLUTE PRIVILEGE; FELONY

第6節2項 （連邦議員の文官職への任命に関する制限，公務員在職者の立候補禁止）

合衆国は上院議員または下院議員を，その在任期間中に創設した，あるいは同期間中に報酬を増額した，いかなる文官職にも任命してはならない．また，合衆国のいかなる公職についている者も，その在職中は，両院いずれの議員にもなれない．

【解説】 これは3権分立（the *separation of powers）の原則から出た規

定で，“the incompatibility clause”（非両立条項）と（また “the ineligibility clause” [無資格条項] とも）呼ばれている．

第 7 節 1 項 （下院が先決すべき徴税法律案）

歳入を徴収するための法律案はすべて，下院が先決 (originate) しなければならない．ただし，上院は——他の法律案の場合と同様に——下院が決めた法律案に対する修正を提案すること，あるいは，修正を加えてそれに同意することができる．

【解説】 この条項の前半は “the origination clause”（先決条項）と呼ばれている．「歳入を徴収する」は「連邦政府の一般予算に必要な租税を徴収する」という意味である．下院による先決を重視したこの条項は，第 17 補正による上院議員の直接選挙によって意味が薄れたが，いまだに守られている．上院は下院案を大幅に修正することができるけれども，下院がその修正案を受け入れないこともある．その場合には，両院の委員会や，政党の指導者のあいだで調停工作が計られるだろう．

予算案は大統領の指導のもとに作られるが，現在の上院の規則によれば，最終予算案に大統領の署名は必要なく，賛否も上院の単純過半数で決められる．増税や減税の案も，予算案に組み込まれている限り，多数決で決められる．しかし，増税や減税だけを単独で決めようとすれば，賛成には 60 票が必要で，与野党の議席が伯仲している場合は，非常に多くの修正案が議論されるだろう．2001 年の予算案は，今後 10 年間で（ブッシュ II 大統領の当初の案 1 兆 6000 億ドルより減額され）1 兆 2500 万ドルを減税するほか，経済刺激のために緊急に 1000 億ドルを支出するという案を含めて採決され，53 対 47（5 人の民主党議員が共和党案に賛成）で，5 月 10 日に可決された．

第 7 節 2 項 （大統領の拒否権と，それを覆す方法）

下院および上院を通過した法案はすべて，それが法律となる前に，合衆国大統領に提出されなければならない．大統領は，その法案を是認したとき，それに署名する．もし承認しないときには，拒否理由を添えて，それを先に通過させた議院に返還する．その院は拒否理由の全部を議事録に記載し，法案の再討議を始める．再討議の結果，その院の 3 分の 2 の多数で通過を可決した場合，その法案は大統領の拒否理由と共に他の院に送られ，その院が同様に再討議を行なう．その院でも 3 分の 2 の多数で可決されたとき，その法案は法律となる．ただし，これらすべての場合に，両院における表決は指名された各議員の「賛成」と「反対」の表明によってなされ，法案の賛成者および反対者の氏名は各院の議事録に記載されるものとする．大統領が法案を受領してから（日曜日を除いて）10 日以内にそれを議院に返還しなけれ

ば，その法案は，大統領がこれに署名した場合と同様に法律となる．ただし，連邦議会の会期終了によって，大統領が法案を返還できない場合(unless the Congress by their Adjournment prevent its Return)，**それは法律にはならない．**

【解説】 大統領の拒否権 (*veto) と，連邦議会によるその転覆 (overriding) のルールを定めたもの．「3 分の 2 の多数」というのは，定足数に達している院の出席議員の 3 分の 2 以上 という意味であり，拒否権の転覆は事実上きわめて困難である．

大統領が署名しないまま 10 日以内に会期が終了すると，法案は握りつぶされる．これは大統領による「ポケット拒否権 (pocket veto)」と呼ばれる．ただし，法定休日など，会期中の短期休会中 (intersessional recess) にはポケット拒否権を行使することはできない．議会はポケット拒否権を乗り切る手段を持たず，必要ならば，次のセッションで新法案として最初から議論し直さねばならない．(セッションについては第 1 条第 5 節 1 項の解説を参照．)

第 1 セッションが終了した (すなわち，the intersessional adjournment に入った) 時点でポケット拒否権を行使できるか否かについては，賛否両論があり，連邦最高裁判所はまだ最終判断を下していない．第 2 セッションが終了した——すなわち，そして多くの下院議員にとっては最後の休会に入った——時点では，問題なくポケット拒否権が成立する．⇨ ADJOURNMENT SINE DIE

クリントン大統領は 1996 年 4 月に，共和党主導の議会との妥協によって，2005 年まで有効の「項目別拒否権」(line-item veto) を認められ，97 年 8 月から数十回にわたってこれを行使した．両院は，法案の特定項目を拒否する大統領の理由書を審議し，不満があれば 30 日以内に共同決議を出して，これを無効にすることができる仕組みであったが．大統領はそれに対しても拒否権を行使し得るし，これを乗り切るためには，やはり両院で 3 分の 2 の多数が必要とされていた．項目別拒否権は，特定グループに都合のいい条項 (rider) を法案のなかに割り込ませるのを防ぐ手だてとして有効だが，大統領と議会との力のバランスを大幅に変える可能性もあるので，何度か訴訟が起こされた．1998 年 2 月 12 日にコロンビア特別区 (the *District of Columbia) の連邦地方裁判所が(予算を拒否されたニューヨーク市や農業団体が提訴した裁判において)「この拒否権は，3 権分立 (the *separation of powers) の大原則に反し，権力の均衡を崩す」という理由で違憲判決を下した．連邦最高裁判所も同年 6 月 25 日に同じ理由を挙げて，6 対 3 で違憲判決を下した．

第 7 節 3 項 (大統領の承認を要する命令などと，大統領の不承認を議会が覆す条件)

上下両院の同意を必要とする命令，決議，または表決案件は――議会の会期終了に関するものを除けば――すべて合衆国大統領に提出されるべきものとする．いずれも大統領の承認を得てはじめてその効力を生じる．大統領が承認しないときは，法律案に関して定められた規則および制限に従って，上院および下院が 3 分の 2 の多数をもってこれを再び可決することが必要である．

【解説】 この項の前半は，議会が大統領の拒否権 (*veto) を回避しようとする策略を予防する規定であり，"the presentment clause" (提出条項) と呼ばれる．両院のそれぞれ 3 分の 2 以上が賛成した憲法補正(増補や修正)の決議は，大統領に提出しなくても有効である．

第 8 節 1 項 (議会の権限――債務の支払い，徴税権)

連邦議会は以下の権限を持つ．

合衆国の債務を支払うこと，また，共同の防衛力装備と公共の福祉とを目的として，租税，関税，賦課金，および間接税を定め，それらを徴収する権限 (the Power To lay and collect Taxes, Duties, Imposts and Excises). **ただし，すべての関税，賦課金，および間接税は，合衆国を通じて均一でなければならない．**

【解説】 これは "the taxing and spending clause" (課税ならびに支払い条項) と呼ばれている．この憲法では，将来漏れが生じないように，税に関しては幅広い解釈が可能な(したがって，それぞれが一部重複するような)語を並べているようである．Excises は物品の移動に伴うさまざまな課税の意味を持っているようだが，いちおう「間接税」と訳しておく．本辞典の EXCISE の項を参照されたい．

最後の但し書きは "the uniformity clause" ([課税]均一条項) と呼ばれている．これは州税が全国一率であることを規定したものではなく，連邦税の賦課において特定の州が不公平にならぬよう定めたもの．一部の連邦税の率が州によって異なることを認める余地は残されている．

第 8 節 2 項 (国債発行の権限)

合衆国の信用に基づいて金(かね)を借りる権限．

【解説】 主として連邦債(国債)発行権の規定だが，紙幣の発行にも関係がある(第 1 条第 8 節 5 項を参照)．

第 8 節 3 項 (外国貿易，州際通商，およびアメリカインディアンとの貿易を規制する権限)

外国との通商，各州間の通商，およびインディアン部族との通商を規制する権限.

【解説】 非常に重要な規定のひとつである．連邦議会は，“the interstate commerce clause”（州際通商条項）と呼ばれる本項の前半によって，州境を越えての交通運輸，商品取引，銀行の営業，電波事業などを厳しく規制し，いくつもの連邦犯罪を定めた．“commerce”は，通商，交通，運輸，通信だけでなく，製造，農業，鉱業，営業，その他一切の経済活動をも意味すると解されている．⇨ Age Discriminations in Employment Act; Agricultural Adjustment Act; commerce power

連邦最高裁判所はほとんど常に議会による法的規制を支持してきたが，1995年に珍しく，the Gun-Free School Zones Act of 1990（学区内銃規制法）を5対4で違憲と断じた．この法律は，学校から1000フィート以内で銃を所持することを連邦犯罪とするものであったが，最高裁はこの *United States v. Lopez* 判決において，議会は「学校内での銃の所持が，州際通商に実害を及ぼすということを明らかにしていない」と判断した．素人目にはわかりにくい論理だが，William *Rehnquist 首席裁判官をはじめ州権（*states' rights）尊重派の裁判官たちは，連邦議会が州際通商の規制にあたって，その *police power（国民の安全や公共の福祉を保護するために私権を規制する権限）を拡大し過ぎて，本来各州が持つべきポリースパワーを侵害していることに我慢がならなかったのかもしれない．とにかくこの判決は，議会が規制し得るのは「通商に影響を及ぼす行為」ではなく，「通商に実質的な影響を及ぼす行為（an activity that substantially affects commerce)」だと厳しく限定すると同時に，犯罪取締りや教育が第一義的には州の権限であることを強調した．

後半の“the Indian commerce clause”（インディアン通商条項）は，アメリカインディアン部族が準主権を持っていると認めた条項として，現在でも重要な意味を持っている．またそれは，州ではなく，連邦議会がインディアン部族を管理する憲法上の根拠と見なされている．インディアン部族民(現在なら，保留地に居住するアメリカインディアン)は，州法に従ったり，収税を納めたりする義務を負っていない．⇨ American Indian Movement; American Indian Trust Fund; Indian reservations

第8節4項 （帰化規則および破産関係法を制定する権限）

合衆国全体を通じて統一された帰化の規則と，同じく統一された破産関係諸法とを制定する権限.

【解説】 前半は“the naturalization clause”（帰化条項）と呼ばれる．帰化によって市民権を得た者には大統領になる資格がない．

第 8 節 5 項　(貨幣および度量衡を定める権限)

貨幣を鋳造する権限，その価値および外国貨幣の価値を規制する権限，また，度量衡の基準を定める権限.

【解説】　連邦議会は前出の第 8 節 2 項とこの項に基づいて，法定通貨 (legal tender) としての紙幣を発行する権限をも有する.

第 8 節 6 項　(連邦債券および貨幣偽造に対する処罰を定める権限)

合衆国の証券および現行貨幣の偽造に対する処罰を定める権限.

第 8 節 7 項　(郵便局と郵便道路を造る権限)

郵便局および郵便道路を建設する権限.

【解説】　連邦政府は，公共の福祉を図るという憲法の基本原則に加えて，本項に基づいて州に幹線道路の建設維持費の補助をしている.

第 8 節 8 項　(著作権と特許権とを与える権限)

学術および，有益な芸術と技術との進展を助長するために，著作者および発明者のために，その著作または発明に関する独占権を一定期間に限って保証する権限.

【解説】　独創的な著作は執筆した瞬間から保護されるとはいえ，著作権侵害で有効な訴えを起こすためには，出版後 5 年以内に著作権登録をしておく必要がある．英米で著作権は著者の死から 70 年後まで続く．学術論文のため，あるいは批評のための部分的な引用は，ふつう著作権侵害にならない．独創性を持った編集にも著作権が認められる．独創的，かつ明らかに社会的な有用性を持った発明品の製作販売権は，特許登録によって保護される．詳細は本文の COPYRIGHT および PATENT の項を参照.

第 8 節 9 項　(各級裁判所を設置する権限)

最高裁判所よりも下位の裁判諸機関を設置する権限.

【解説】　連邦裁判所についての規定で，各州の裁判所はここには含まれない．連邦最高裁判所については第 3 条第 1 節の解説および本文の UNITED STATES SUPREME COURT の項を参照.

第 8 節 10 項　(重大犯罪を定義し，その犯人を処罰する権限)

公海上の海賊行為その他の重大犯罪 (felonies)，および，国際法に違反する諸犯罪を定義し，それらを処罰する権限.

【解説】　本文の FELONY の項を参照.

第 8 節 11 項　(宣戦布告，および敵国の船舶を拿捕(だほ)する権限など)

戦争を宣言する権限，〈捕獲免許状 (Letters of Marque and Reprisal) を授与する権限〉，また，陸上および海上における捕獲に関する規則を定める

権限.

【解説】 米国では宣戦布告の権限は大統領ではなく，連邦議会に与えられている．パールハーバーへの奇襲攻撃があった直後に，F. D. ローズヴェルト大統領が命令したハワイでの戒厳令は，大統領権限から逸脱しているので違憲，と 1946 年の *Duncan v. Kahanamoku* 事件判決で判断された．ただし，大統領は宣戦布告をしなくても，最高司令官として軍事行動を命令することができる．朝鮮戦争も，ヴェトナム戦争も，湾岸戦争も，対アフガン(タリバーン)戦争も，すべて宣戦布告なしに行なわれた．

捕獲免許状は，個人に対して敵国の船舶やその物品を捕獲・没収することを許可する公文書．1812 年の対英戦争のときに，多くの武装商船がこれを得て英国の商船を捕獲したが，1856 年，それは国際法違反となった．

第 8 節 12 項 （陸上軍の創設と維持に関する基本規定）

兵員を徴募して陸上軍 (Armies) を編成し，これを財政的に支える権限．ただし，そのための歳出割当ては 2 年を超える期間に及んではならない．

【解説】 これは英国の「権利章典」(1689 年) を受け継いだ考えで，1774 年の「第 1 回大陸会議の宣言」も，平時において各植民地の合意なく常備軍を置くことは違法であると 2 度も繰り返して言明し，1776 年の「ヴァージニア権利憲章」も，平時における常備軍は平和にとって危険である，と言っている．◆米国内に史上初めて本土防衛軍が常備され，その総司令官が任命されるのは 2001 年 12 月以降である．

米国政府が戦時中に徴兵をしたのは南北戦争中が最初であり，徴兵制度は第一次世界大戦中に確立された．平時の選抜徴兵法は 1940 年から施行された．しかし 1980 年以後は，成人男性の選抜徴兵用の登録は義務づけられているものの，軍役は強制されていない．⇨ SELECTIVE SERVICE SYSTEM

Armies は「陸軍」なのか「軍隊」なのか．あいまいな点が多いが，おそらくここでも，起草者は広く解釈する余地のある語を故意に選んだのであろう．「海軍を除くすべての軍隊」と解釈すべきかもしれないが，そうだとすれば，1947 年に陸軍から独立した空軍には，本項によって自動的に「予算割当ては 2 年限り」という制限がつけられたはず．しかし，実際にはそういう解釈はなされていない．私の解釈では，Armies には，陸軍 (the Army) のほか，連邦が招集した国民義勇軍 (militia) が含まれている．「連合規約」には “land-forces” という語が使用されていたが，それと同義であろう．

第 8 節 13 項 （海軍の創設と維持に関する基本規定）

海軍を創設し，これを維持する権限．

第 8 節 14 項　(陸上軍および海軍の統括および規律維持に関する権限)

陸上軍および海軍 (the land and naval Forces) **の統括と規律維持のために必要な規則を定める権限.**

【解説】 "the land and naval Forces" を法律家は例外なく「陸軍と海軍」または「陸海軍」と訳しておられるが, 上記第 1 条第 8 節 12 項で述べた疑問が残る. "land Forces" には連邦軍に編入された国民義勇軍(ミリシア)も含まれているのではあるまいか.

第 8 節 15 項　(国民義勇軍(ミリシア)の招集についての規定を設ける権限)

連邦の法律を執行するため, また, 反乱を鎮圧し, あるいは侵略を撃退するために, 国民義勇軍(ミリシア)の招集についての規定を設ける権限.

【解説】 平時においては各州知事の指揮下にある国民義勇軍(現在は国民防衛軍 [the *National Guard], 一般には「州軍」と呼ばれている予備軍組織)を, 大統領の指揮下にある連邦軍にするための制度を作るようにという規定.

第 8 節 16 項　(国民義勇軍(ミリシア)に関する連邦と各州の権限)

国民義勇軍(ミリシア)の組織, 武装, および軍律について定める権限. 同軍の一部が合衆国の軍務に服した場合, その統括に必要な規定を設ける権限. ただし, 国民義勇軍(ミリシア)の将校を任命する権限, および, 同軍を連邦議会が定める規律に従って訓練する権限は, 各州に留保される.

【解説】 国民義勇軍は 1916 年から the *National Guard (国民防衛軍) になった. 一般には「州兵」や「州軍」と訳されているが, 古めかしい感じで, 特に航空部隊は「州兵」の名にそぐわない. 国民防衛軍に所属する者は全員, 州知事が指揮する防衛軍のメンバーであると同時に, 大統領が指揮する合衆国国民防衛軍 (the National Guard of the United States) のメンバーでもあり, 連邦軍に編入されて海外に出征を命じられることもある. 財政的にも各州ではなく, 連邦政府によって支えられている.

国民義勇軍を組織する権限を持った連邦議会が, 将校の任命に関してだけナショナル・コントロールをすべて外している.「連合規約」でも, 陸上軍の将校は各邦が任命すると規定されていたが, これを変えると, 憲法承認が困難になると考えたのであろう.

第 8 節 17 項　(連邦政府所在地に関する権限, および防衛施設直轄の権限)

特定の州が譲渡し, 連邦議会がそれを受けることによって, 合衆国政府の所在地となる (10 マイル平方を超えることのない) 地域に対して, いかなる問題に関しても, 独占的な立法権を行使する権限.

要塞, 武器庫, 造兵廠, 造船所, そのほか必要な建造物の建設のために,

それぞれの州の議会の同意を得て購入した土地のすべてに対しても，同様の権限を行使する権限．さらに，（以下，18 項）

【解説】 前半は，現在のコロンビア特別区（the *District of Columbia）についての規定．この特別区は長らく連邦議会が管理していたが，1974 年から同議会の提案に従って市制を敷いている．特別区の住民に大統領選挙の投票権が与えられたのは，1961 年であった．1970 年以後，下院に（発言権のみで投票権のない）代表が送られている．

第 8 節 18 項 （上記の諸権限を行使するために必要な法の制定）

これまで列挙した各種の権限，およびこの憲法によって合衆国政府，またその各部門，あるいは，そこで服務する公務員に与えられた他のすべての権限を行使するために，必要かつ適切なすべての法律を制定する権限．

【解説】 この条項は “the necessary and proper clause” と（また “the elastic clause” や “the coefficient clause” とも）呼ばれている．連邦議会はこの「必要かつ適切条項」によって，憲法に規定された権限内ならば，（不可欠ではなくても）有用と思われる法律を自由に制定することができる．その結果，憲法に明文化されていなかったかずかずの権限（implied powers）を表だって行使できることにもなった．そのためにこの条項を “the implied powers clause”（黙示的権限条項）と呼ぶ人々もいる．⇨ LEGISLATIVE COURTS; 第 3 条第 1 節

第 9 節 1 項 （奴隷輸入の禁止に対する制約）

〈連邦議会は，現存する各州のいずれかが受け入れることを適当と認めた人々の移住または輸入を，1808 年以前には禁止してはならない．ただし，その輸入に対しては，1 人につき 10 ドルを超えない範囲で，租税または関税を課すことができる．〉

【解説】「現存する各州のいずれかが受け入れることを適当と認めた人々」とは持って回った表現だが，要するに輸入される黒人奴隷のこと．〈 〉は暫定措置．南部諸州の強い要求に妥協して，奴隷の輸入を 20 年間は認めると決めた条項である．連邦議会は 1808 年に奴隷の輸入を全面的に禁止した．奴隷制そのものは第 13 補正で 1865 年に禁止された．

第 9 節 2 項 （人身保護令状の尊重と，その停止の条件）

裁判所に対して人身保護令状（the Writ of Habeas Corpus）**の発行を求める国民の特権は，これを停止してはならない．ただし，反乱もしくは侵略に際して，公共の安全のためにその特権停止が必要と認められた場合はこの限りではない．**

【解説】 それは裁判所が発行する令状で，身柄を違法に拘束されている疑

いのある人に裁判所への出頭を命じ，判事が警察や刑務所の責任者に拘束の合法性を証明するよう求める．判事は，もしそれが違法な逮捕や拘束であると判断したならば，当人を釈放するよう命じる．英国では 1679 年の「人身保護令状法」で「人身保護令状」の制度が始まった． ⇨ HABEAS CORPUS

第 9 節 3 項　(議会が独自に科す刑罰の禁止，および事後処罰法の禁止)

司法権を侵す処罰法，あるいは事後処罰法を制定してはならない． (No Bill of Attainder or ex post facto Law shall be passed.)

【解説】 "Bill of Attainder" は英米法の専門家によって常に「私権剥奪法」と訳されてきたが，適訳とはとても言えない．それは，議会が(本来ならば裁判所で裁かれるべき，国家反逆者などの)重罪犯人や，敵対的な人物に対して，司法手続きを踏むことなく，死刑や禁固刑に科したり，財産を没収したり，権利(公の権利を含む)や資格を奪ったりする処分を言う．相手はふつう個人だが，ある一定の条件を備えた多数の者の生活権を，国や州の議会が裁判抜きで奪うことも可能であった．会社が共産主義者と見られる社員に昇格を許さない，というような一方的な決定を a *bill of attainder と呼ぶこともある．◆1867 年の連邦最高裁判所の判決 (*Cummings v. Missouri*) で，州の公務員，教員，法律家，会社の役員，聖職者，陪審員，投票者はすべて「合衆国に対して武装して敵対したことはなく，合衆国への敵対者に，言葉のうえでも行為によっても決して追随の意思を表明したことがなく，南部同盟のシンパであったこともありません」という主旨の誓いをしなかった者には罰金や禁固刑を科すというミズーリ州(南北戦争中，連邦から離脱しなかった)の法律は，a bill of attainder および *ex post facto law だとして違憲と判断された．カミングズというのは，州が強制する誓いを拒否したまま聖職に就いていたために逮捕されたカトリックの司祭の姓．◆1946 年の *United States v. Lovett* 判決で，連邦最高裁の Hugo L. Black 裁判官は，下院非米活動調査委員会 (the *House Un-American Activities Committee) によって「非忠誠」の烙印を押されていた 3 名の公務員(氏名を明記)には 1943 年 11 月以降は給与を支払わない，とした 1943 年歳出法の付加条項を，やはり a bill of attainder だとして斥けた．ただし Felix *Frankfurter と Stanley F. Reed 両裁判官は――給与支払い停止を違憲とする部分には賛成したものの――ブラック裁判官の解釈は誤りだと言っている．

"ex post facto law" はふつう「事後法」または「遡及処罰法」と訳される．この項は，無実の被告人が有罪になるような法律や，被告人の罪がより重いものになるような法律，また，証拠の扱いを被告人にとって不利にするような法律を，事後に作ることを禁じたもの.

第9節4項（人頭税など直接税を実施する条件）

《人頭税その他の直接税は，本条の前段で実施すると定めた人口調査または計算の結果に比例するのでなければ，賦課してはならない.》

【解説】 これは第16補正によって改正された.

第9節5項（州からの輸出に租税や関税をかけぬこと）

いかなる州から輸出される物品に対しても，租税または関税を賦課してはならない.

【解説】 これは "the export clause"（輸出条項）と呼ばれる．第1条第10節2項を参照.

第9節6項（すべての州の港湾は，関税その他の徴税で平等であるべきこと）

通商あるいは徴税に関する規律によって，ある州の港湾を他の州の港湾よりも有利な立場に置いてはならない．また，ある州に入港しようとする，あるいは，ある州から出港しようとする船舶に対して，他の州での入港または出港手続き，あるいは関税の支払いを強制してはならない.

【解説】「出港手続き」というのはよくわからないが，特定の州にわいろを献上する港湾業者による有償の出港手続きのことではあるまいか.

第9節7項（国庫予算の支出，および決算の公表）

国庫からの支出は例外なく，法律で定めた歳出予算に従ってのみ行なわれる．一切の公金の収支に関する正式の決算書は，随時公表しなければならない.

【解説】 これは "the appropriations clause"（歳出予算法条項）と呼ばれる.

第9節8項（貴族制度の否定．外国の栄誉や報酬を受ける場合に必要な議会の同意）

合衆国は貴族の称号を授与しない．合衆国から報酬あるいは信託を受ける職務についている者は，だれでも，連邦議会の同意がなければ，いかなる国王，君主からも，外国からも，贈与，報酬，官職，または称号を一切受けてはならない.

第10節1項（州が守るべき禁止事項）

どの州も以下のことをしてはならない.

条約を締結すること.

同盟を結ぶこと.

州連合を結成すること.
〈捕獲免許状を授与すること.〉
貨幣を鋳造すること.
信用証券を発行すること.
金貨および銀貨以外のものを債務弁済の法定手段とすること.
司法権を侵す処罰法，あるいは事後処罰法を制定すること.
契約の権利義務をそこなうような法律を制定すること.
貴族の称号を授与すること.

【解説】〈　〉内は国際違反なので，現在は規定する必要がない.「契約の権利義務をそこなうような法律の禁止」の部分は “the *contract clause” (契約条項)，または “the obligations of contracts clause” (契約上の債権債務条項) と呼ばれている．州議会が純粋に州民全体の健康と福祉 (general welfare) のために制定する法律は，ごく一部の州民の契約義務を多少そこなっても許されるか，という問題は今後とも議論の的になるだろう.

第 10 節 2 項 (州が徴収する輸出入税に関する条件)

どの州も，連邦議会の同意がなければ，輸入品または輸出品に対して，賦課金または関税を課することはできない．ただし，自州の物品検査法を執行するため絶対に必要な課税は許される．輸入品または輸出品に対して州が課した関税および賦課金のうち必要経費を除いた純収入は，国庫に納められ，合衆国の用に供される．連邦議会はこれらに関するすべての州法を修正することができ，また規制することができる.

【解説】これは “the import and export clause” (輸入・輸出条項) と呼ばれている．州は輸出入品の量と質を検査する費用を調達するために「物品検査税」を課することができるが，それが絶対に必要か否かは連邦議会が決定する.

第 10 節 3 項 (州によるトン税，軍の保持，外国や他州との協定および戦争の原則的な禁止)

どの州も，連邦議会の同意がなければ，トン税を課すことも，平時において軍隊または軍艦を保持することも，他の州または外国と協約または協定を結ぶ (enter into any Agreement or Compact) ことも，戦争を始めることもできない．ただし，現実に侵略を受けたとき，あるいは，一刻の猶予も許されぬほど危険が迫っているときの戦争行為は，この限りではない.

【解説】「トン税」とは船舶の出入港の際などに，その積載トン数に応じて課する税のこと．“enter into any Agreement or Compact” の部分は (第 1 条第 10 節 1 項も同様だが) “the *compact clause” (協定条項) と呼ばれている．any という語が入ってはいるものの，連邦との，あるいは第 3 者となる各州との政治的な力関係が変わらない——例えば地域の犯罪防止や環境浄化などに関する——州際協定（interstate compacts）には，連邦議会の同意は不要と解されている．いったん連邦議会によって同意された州際協定は連邦法になる．

第 2 条　大統領の選挙方法，および大統領の権限

第 1 節 1 項（執行権，任期）

執行権はすべてアメリカ合衆国大統領に属する．大統領の任期は 4 年であり，同一の任期で選任される副大統領とともに，以下の方法で選挙される．

第 1 節 2 項（大統領選挙の選挙人の任命）

各州は，その立法府の定める方法によって，その州から選出できる連邦上院議員および連邦下院議員の総数と同数の選挙人（Electors）を任命する．ただし，連邦上院議員，連邦下院議員，または合衆国から信託または報酬を受ける公職にある者を，選挙人に任命してはならない．

第 1 節 3 項（選挙人の投票と，特別な場合の大統領任命方法）

《選挙人は，それぞれの州で集まり，無記名で 2 名に投票する．そのうち少なくとも 1 名は，選挙人と同じ州の住民であってはならない．選挙人は，得票者全員のリストと各人の得票のリストを作り，これに署名し，認証したうえ封印し，連邦上院議長に宛てて，合衆国政府の所在地に送らなければならない．上院議長は，上院議員および下院議員の列席のもと，すべての認証文書を開封したのち，得票数を計算する．もし最多の票を得た者の得票数が，任命された選挙人の総数の過半数であれば，その者が大統領となる．選挙人総数の過半数の票を得た者が 2 名以上いた場合，もしその得票が同数のときは，下院はただちに無記名投票によって，そのうちの 1 名を大統領に選出する．過半数に達した者がいないときは，得票者リストのうち最上位の 5 名のなかから，下院が同じ方法で大統領を選出する．ただし，この方法によって大統領を選出する場合，投票は州単位で行なわれ，1 州が 1 票を投じるものとする．この場合の定足数は，全州の 3 分の 2 から各州 1 名または 2 名以上の議員が出席することとし，大統領が選出されるには，全州の過半数の得票を必要とする．いずれの場合にも，大統領を選出したのち，選挙人の投票で次点となった者が副大統領となる．ただし，その際，同数の得票者が 2 名以上いたならば，上院が無記名投票によって，そのなかから副大統領を選出しなければならない．》

【解説】 これはすべて，第 12 補正によって改正された．選挙人については本文の Electoral College の項を参照

第 1 節 4 項 (選挙人の選任および投票日)

連邦議会は，選挙人を選任する時期を定めること，および，選挙人が投票を行なう日を定めることができる．投票日は，合衆国を通じて同じ日でなければならない．

【解説】 選挙人の選任は総選挙の年の 11 月の第 1 月曜日のあとの火曜日であり，選挙人が州の首都に集まって投票するのは，12 月の第 2 水曜日のあとの月曜日である．

第 1 節 5 項 (大統領職の被選挙権)

大統領に選ばれる資格を持つのは，生まれながらの合衆国市民〈，または，この憲法が成立した時点で合衆国市民である者〉に限る．そのほか，年齢が 35 歳に達していない者，および，合衆国内に居住して 14 年を経ていない者も，大統領職に選ばれる資格を持たない．

【解説】 現在，合衆国市民である両親の子供として外国で生まれた者にも市民権が与えられるが(⇨ 第 14 補正第 1 節)，その者が「生まれながらの合衆国市民 (a natural born Citizen)」であるか否かは，まだ明確には決められていない．

第 1 節 6 項 (大統領に事故があった場合の職務代行)

《大統領が免職されたとき，死亡したとき，辞職したとき，あるいは，その権限行使と義務遂行の能力を失ったときには，その職務権限は副大統領に委譲される．連邦議会は，大統領および副大統領が共に免職され，あるいは死亡し，あるいは辞職し，あるいは執務不能に陥ったときに備えて，その場合にどの公務員が大統領の職務を代行すべきかを，法律によって定めることができる．その公務員はこれにより，上記のような執務不能の状態がなくなったとき，または大統領が選出されたときまで，大統領の職務を行なう．》

【解説】 これは第 25 補正によって改正された．

第 1 節 7 項 (大統領が受けるべき報酬)

大統領は，あらかじめ決められている時期に，その職務に対する報酬を受ける．その額は彼の任期中に増減されることはない．大統領は在任中に合衆国から，また，どの州からも，他の報酬を一切受けてはならない．

【解説】 米国の大統領の報酬は 1969 年に年額 200,000 ドルと決められて以来ずっと同額であったが，2001 年就任のブッシュ II 大統領から 400,000 ドルに倍増された．他の国ではシンガポールが 520,380 ドル(以下いずれも米ドル相当)．日本の首相は 406,632 ドル，英国の首相は

163,939ドル，カナダが104,694ドル，中国の国家主席は3,192ドルだという（*U.S. News & World Report* [11-13-2000]による）．◆ワシントン大統領とケネディ大統領は職務に対する報酬を受け取らなかった．

第1節8項（就任に先立つ宣誓または確約）

大統領はその職務の遂行に先だって，次の宣誓または確約をしなければならない．「私は，合衆国大統領の職務を忠実に遂行し，全力を尽くして合衆国憲法を維持し，保護し，擁護することを厳粛に誓います[確約します]．」

第2節1項（大統領の職務――軍司令官となる義務，各省長官を監督する権限，弾劾を除く連邦裁判の犯罪者に恩赦を与える権限）

大統領は，合衆国の陸軍および海軍の，また，招集されて現に合衆国の軍務に服しているときの各州の国民義勇軍（ミリシア）の，最高司令官である．大統領は，行政府各部の長官に対して，それぞれの職務にかかわるどのような事柄についても，文書による意見の提出を要求することができる．大統領は，合衆国に対する犯罪について，弾劾の場合を除けば，刑の執行延期，あるいは恩赦を与える権限を持つ．

【解説】 明文では規定されていないが，大統領は空軍の最高司令官でもある．「合衆国に対する犯罪」とは連邦法違反の犯罪のこと．州法違反の犯罪者に対する刑の減免を行なえるのは，州知事だけである．大統領が恩赦(*pardon)を与えるのは，有罪判決が下ったあととは限らない．建前として，大統領は罪を犯した者が起訴される前から受刑終了まで，いつでも赦免することができる．逃亡犯人を赦免することさえ可能で，要するに，なんの制限もないし，赦免の理由を国民に公開する義務もない．ただ，大統領が不正な献金など，報酬の見返りとして恩赦を与えたことが証拠立てられたとしたら，訴追される可能性が生じるだろう．

「行政府各部の長官」から成る内閣(the *Cabinet (1))は1793年にできた．

第2節2項（大統領が上院の承認を得て行なう上級職の任命）

大統領は，上院の助言を求め，かつ，その承認を得ることによって，条約を締結する権限を持つ．この場合，出席した上院議員の3分の2の同意を必要とする．大統領は，大使その他の外交使節，領事，最高裁判所の裁判官を指名し，また――その任命については，この憲法に別段の定めがなく，法律が規定する――他のすべての合衆国公務員を指名し，いずれも上院の助言と承認とを得て，任命する．ただし連邦議会は，それが適当と判断した場合には，上級職以外の公務員を任命する権限を，法律によって，大統領のみに，または裁判所に，または各省長官に与えることができる．

【解説】 第2文以下は“the appointments clause”(任命条項)と呼ばれている．大統領も連邦議会も，連邦政府の高官をそれぞれの独断で任命することはできない．連邦最高裁判所判事を含む高官の「指名権」はもっぱら大統領にあり，その段階で上院の内諾を得る必要はない．上記の承認が必要な上級職の人数については本文の SENATE の項を参照．

第2節3項 (上院閉会中の上級公務員の任命)

大統領は，上院の閉会期間中 (during the Recess) **に公務員の欠員が生じたときは，そのすべてを補充するための任命権を持つ．ただしその任命は，次の会期の終わりに効力を失うものとする．**

【解説】 ここで言う「公務員」は，本来ならば上院の承認を得て任命すべき高官のことを指しているが，大統領はこの規定を利用して，上院ではまともに承認されない高官(裁判官を含む)を補充任命することができる．“during the Recess” の解釈はむずかしい．レーガン大統領は，1984年の議会との協定によって，30日未満の閉会中には「閉会中の任命権(the recess appointment power)」を行使しないと定めたが，ブッシュI，クリントン両大統領は，通常セッションの開会の前ならいつでもそれを行使できると主張し，上院の民主党は “the Recess” は第1セッションと第2セッションとの中間の閉会期間だけを指す，と主張している．大統領のポケット拒否権 (pocket veto ⇨ VETO; 第1条第7節2項) の場合と同様に，最高裁判所はこの問題で沈黙を守っている．

第3節 (大統領の議会に対する責任と権限，および，外国使節接受の決定権)

大統領は，連邦議会に対して，随時，連邦の状況について情報を提供し，必要かつ適時と考える施策を示して，議会が審議するよう勧告しなければならない．大統領は，非常の場合には，両院，またはどちらか一院を招集することができる．大統領は，両院のあいだで閉会の時期について意見が一致しないときには，自分が適当と見なす時期まで閉会させることができる．大統領は，大使その他の外交使節を受け入れる．大統領は，法律が忠実に執行されるよう (Laws be faithfully executed) **配慮し，かつ，合衆国のすべての公務員に職務を委任する．**

【解説】 大統領は毎年の年頭，各セッションの冒頭に「一般教書 (“the State of the Union message”)」を発表して，連邦の状況を議会に報告する．

現在は通常のセッションがほとんど1年じゅう開かれているので，非常の場合だからといって，特別セッションを招集する必要はない．また，大統領が議会の閉会の時期を定めた例は，これまで皆無である．

大使を接受する権限とともに，新しい国や政府を承認する権限も大統領にあると考えられている．これは“the take-care clause”または“the undefined executive power clause”(大統領の非明示権限条項)と呼ばれる．

最後の項は“the commission clause”(職務委任条項)と呼ばれている．すべての連邦公務員の職務権限は大統領から委任されているのである．

第4節 (弾劾裁判によって罷免される場合)

大統領，副大統領，および合衆国のすべての文官は，国家反逆罪，収賄罪，その他の重大な犯罪および非行 (other High Crimes and Misdemeanors) **について弾劾の訴追を受け，有罪の判決を受けたときは，免職される．**

【解説】 最後の“other High Crimes and Misdemeanors”について，連邦議会も連邦最高裁判所もいまだにその定義を下していないが，「重大犯罪，および軽罪」という意味ではあるまい．弾劾裁判の主旨からして，軽罪で大統領が罷免されるとは考えられない．High は Crimes だけでなく Misdemeanors にもかかっている可能性がある．“high misdemeanor”という文言は「連合規約」のなかで使われているのである．だが，それが刑事犯罪だけを指すのか，道徳上の非行を指すのか，重大な職務怠慢をも意味するのか，権力の濫用を意味するのか，確かなことは現段階ではだれにもわからない． ⇨ FELONY; MISDEMEANOR; PRESIDENT

第3条 司法権を持つ裁判所，および裁判官

第1節 (司法権の所在．裁判官の在職権および報酬)

合衆国の司法権は，ひとつの最高裁判所と，より下位の裁判所とに属する．それら下位の裁判所は，連邦議会が随時必要に応じて制定し，その権限を与えるものとする．最高裁判所および，より下位の裁判所の裁判官は，その行動が善良である限り，無期限に在職できる．これらの裁判官は，その職務に対して，あらかじめ定められた時期に報酬を受ける．その報酬は在職中減額されることはない．

【解説】 連邦最高裁判所は，上訴された事件のうち，「重要な連邦問題(serious federal questions: 憲法違反と連邦法違反，および憲法解釈の誤りなど)」にかかわる事件だけを審理する．The *rule of four (おびただしい数の上訴事件のなかで，9名の裁判官のうち4名以上が投票によって必要と認めた事件だけを審理するという規則) で選ばれた年に200件ばかりの事件の多くには，内容がよく似たものもあるので，最高裁が丹念な判決文を書くのは，その半分の100件程度に過ぎない． ◆連邦裁判官が罷免されるのは，弾劾裁判で有罪になったときだけ，と憲法で定められているが，1980年に連邦議会は，職務怠慢な裁判官に対する審査機関を設け，

退職は強制しないものの，職務停止などによって公正な裁判に差し支えがないような処置をとることにした．◆連邦最高裁判所その他の米国の裁判所については，本文の STATE COURTS; UNITED STATES COURTS; UNITED STATES SUPREME COURT の各項を参照．

第 2 節 1 項　(連邦の司法権が及ぶ範囲)

司法権は以下に列挙した諸事件に及ぶ．

この憲法のもと，あるいは，合衆国の諸法律のもとで，また，合衆国の権限に基づいて締結された条約や，将来締結される条約のもとで，それぞれ発生するコモンローおよびエクイティにかかわる事件の全部．

大使その他の外交使節，および領事にかかわる事件の全部．

海事法および海商法の裁判権にかかわる事件の全部．

《合衆国が一方の当事者である訴訟．

2 つ以上の州のあいだの訴訟．

ある州と他州の市民とのあいだの訴訟．2 つ以上の州の市民のあいだの訴訟．》

2 つ以上の州から払い下げられた，あるいは譲渡された同一の土地の権利について，同じ州の市民どうしが起こす訴訟．

ある州またはその市民と外国との訴訟．

《ある州またはその市民と，外国の市民ないし臣民との訴訟．》

【解説】《　》内は第 11 補正によって改正された．本条には連邦裁判所で扱われる事件が列挙されている．最初に挙げられているのは，憲法違反の場合．州裁判所における裁判が第 14 補正第 1 節のデュープロセス条項 (適正な法手続き ⇨ DUE PROCESS OF LAW) の規定に反している場合に，連邦最高裁判所が訴えを取り上げる根拠はここにある．外交官，公海上の事件，2 州以上にかかわる事件は，州ではなくて連邦の裁判所が扱う．テロリズム (*terrorism (2)) はもちろん，組織犯罪集団による暴行脅迫，麻薬の組織的な密輸，スパイ罪，航空機ハイジャック，電波やインターネットにかかわる犯罪，所得税の脱税，郵便物の窃盗なども現在は連邦犯罪である．

The *common law と *equity については，詳しくは本文の各項を参照．簡単に言えば，前者は英国の地域社会においてコモンセンスが結晶したもの，具体的には，不法行為に対する厳しい金銭的な損害賠償 (monetary damages ⇨ DAMAGE) をもって法的な救済を試みること．ところが，事後の損害賠償では救済にならぬという緊急の場合に，国王が(実際には大法官 [the *Lord Chancellor] が)自己裁量で緊急の強制命令，差し止め命令などで救済を許ったのがエクイティであった．

多くの場合に12人から成る米国の陪審制度（⇨ JURY (2)）は，13世紀以来の英国のコモンローの伝統を引いている．米国各州の裁判手続きや成文法も（フランス法にならったルイジアナ州は例外だが）英国のコモンローを基礎にして作られた．2州以上にまたがる事件の裁判で連邦裁判所の裁判官が用いたのも，各州のコモンローの判例であった．米国にもかつては陪審制をとらないエクイティ裁判所があったが，現在ではきわめて少数の州以外では，両者が融合しており，状況に応じた柔軟な裁判がなされている．

第2節2項（最高裁判所が扱うべき事件）

大使その他の外交使節，および領事にかかわるすべての事件，また，ある州が一方の当事者であるすべての事件については，最高裁判所が第一審の管轄権（original Jurisdiction）を持つものとする．前項に列挙した事件のうち，その他のものについては，最高裁判所は連邦議会が定める規則に従って，法律および事実の双方について上訴審の管轄権を持つものとする．ただし，連邦議会はこれに例外を設けることができる．

【解説】 連邦最高裁判所が第一審の裁判権を行使するのは，主に，沖合の石油発掘権や，水利権をめぐる2州間の争いなどで，憲法発布から1992年までに165件あったが，それ以後はゼロである．連邦最高裁判所は事実審で証拠（証言を含む）を吟味することに全く不慣れだし，上訴事件の審理で手一杯なので，(1) 1972年からは，州より小さな自治体（郡や市）にかかわる事件については第一審の管轄権（the *original jurisdiction）を行使しないという建前をとっており，(2) 避けがたい少数の重大な事件については（ベテランの裁判官をそろえた）*special masters（特別補助裁判官）に事実審を代行させてきたし，(3) 大使その他の外交使節，および領事にかかわるすべての事件，合衆国とある州との，また，ある州と他州または外国の市民との係争については，実際には連邦地裁が第一審を担当してきた．

連邦議会は，連邦最高裁判所が持つ上訴審の管轄権に例外や制限を設けることができる．もしこの権利を議会の多数党が濫用して，ある種の問題には最高裁の介入を許さないとなると，由々しき事態になるが，議会も良識の範囲内で自制をしている．

第2節3項（陪審制裁判，および裁判地に関する規定）

弾劾事件を除いて，すべての犯罪の裁判は，陪審によって行なうべきものとする．その裁判は，問題の犯罪が行なわれた州で開かれる．ただし，犯罪がどの州で行なわれたとも特定できない場合，裁判は，連邦議会が法律で指定する（ひとつの，あるいは複数の）場所で行なわれるものとする．

【解説】 第6補正でより明白に規定されているように，犯罪が行なわれた州で裁判を受けることや，陪審制の裁判を受けることは，被告人の権利であって，裁判所が強制するものではない．本文の JURY (2) の項を参照.

第3節1項 (国家反逆罪の構成要件と，有罪判決の条件)

合衆国に対する反逆罪は，武力を用いて合衆国に戦いを挑むこと，または，合衆国の敵に味方して，これに援助と便宜を与えること，のいずれかによってのみ構成される．いかなる人も，同一の明白な犯行についての2名の証人による証言がなければ，あるいは，公開の法廷における自白によらなければ，反逆罪について有罪判決を受けることはない．

【解説】 かつて共和党出身の副大統領 (1800–04 在任) であった Aaron Burr (1756–1836) は，1804 年に連邦主義者党 (⇨ FEDERALISM) のリーダーであったアレグザンダー・ハミルトンを決闘で死に至らしめたあと，南部に引きこもり，ケンタッキー州レキシントン市を本拠にして，メキシコ遠征軍の兵士を徴募した．近い将来に，広大な新領土ルイジアナを独立国にし，できればそこにメキシコも併合して，その大統領になることをもくろんだのである．ジェファーソン大統領はバーが反逆罪で有罪になるよう最高裁に強く働きかけたらしい．しかし，首席裁判官 John Marshall が主導する連邦最高裁判所は，上記の「武力を用いて合衆国に戦いを挑むこと」や「明白な犯行について2名以上の証言が必要」などの要件に照らして，バーの行動は国家反逆罪には当たらないと判断して，無罪とした．

◆多くの州も，州政府に対する反逆罪を規定している．それを適用されたのは，ハーパーズ・フェリーで反乱を起こし，ヴァージニア州法違反で 1859 年に絞首刑になった奴隷解放運動家 John Brown (1800–59) だけであろう．⇨ SEDITION (2)

第3節2項 (反逆罪に対する刑罰の制限)

連邦議会は国家反逆罪に対する刑罰 (Attainder of Treason) **を宣明する権限を保有する．ただし，国家反逆罪に対する刑罰は血統汚損** (Corruption of Blood) **に及んではならない．また，国家反逆罪に対する権利剥奪の刑** (Forfeiture) **は，当人** (the Person attainted) **の生存中に限ってのみそれを科すことができる．**

【解説】 "Attainder of Treason" は「国家反逆罪(自国に戦争を仕掛ける罪，あるいは国の敵を助ける罪)をおかした者に対する権利剥奪の刑」のこと．"Corruption of Blood" は「血統汚損」で，これは中世から 1870 年ごろまで英国にあった刑罰の一種であった．反逆罪など重大な犯罪をおかした者とその血族(子孫)の「財産や身分などの保有や，その相続の権利を停止する刑罰」のこと．ここを「血統汚損の刑罰は，当の犯罪者の生存中に限って科することができる」というように訳すと，内容にかなりの矛盾が生じる．“Forfeiture” は「財産没収」の意．“the Person attainted” は「権利を剥奪されると定められた者」の意．

第 4 条　各州間の関係

第 1 節 （他州の法律および判決を十分に信頼すべきこと）

それぞれの州は，他のすべての州の法令，記録，および司法手続きに，十分な信頼と信用を与えなければならない．連邦議会は，これらの法令，記録，および手続きの認証の方法，およびその効力について，一般の法律によって規定することができる．

【解説】「連合規約」の第 4 条の文言とほとんど同じで，“the full faith and credit clause” (十分な信頼と信用条項) と呼ばれている．どこの州の法令も，判決も，契約書も，遺言書も，不動産権利書等々も，他のあらゆる州で同じ効力を持つと定めたもの．裁判所は他州の民事事件の判決を，たとえ不満でも尊重し，それが実行されるように努力しなければならない．ただし，「十分な信頼と信用」の原則は，刑事事件には適用されない．ある州の殺人罪の最高刑が死刑だからといって，他の州も同じ罪の最高刑を死刑にしなければならぬ，というものではない．

第 2 節 1 項 （全国に共通の特権と免責権）

どの州の市民も，他の各州においても，そこの市民が持っている特権と免責権とのすべて (all Privileges and Immunities) **を，等しく享受する権利を有する．**

【解説】 これは “the privileges and immunity clause” (特権・免責権条項) と呼ばれている．他州の者を差別してはならぬという規定で，これがあるから，米国人は国内を安心して自由に旅行できる．ただし，例えば他州から転入してきた者に一定期間は投票権を与えないとか，州立大学の授業料が他州から来て 1 年未満の新入学生の場合には高くなるというような不平等は，合理的な根拠があれば認められる (そういう差別が違憲と判断されたケースについては第 14 補正第 1 部の解説を参照)．「特権」という語が使われているけれども，それは州民が本来持っている法律上の基本的な「権利」の意味である．最高裁判所は「特権と免責権」の具体的な内容をまだ明確には示していない．

第 2 節 2 項 （逃亡者を元の州に引き渡す義務）

ある州で反逆罪，重大犯罪，あるいはその他の犯罪の告発を受けた者が，法の執行から逃れ (flee from Justice)，**別の州内で発見された場合，発見し**

た側の州は，元の州の行政府長官の要求に応じて当人を引き渡し，問題の犯罪について管轄権を持つその州に移送されるよう処置しなければならない．

【解説】 他州に潜入した指名手配中の容疑者や，留置場または刑務所からの逃亡者などを，犯罪が発生した州に引き渡すこと（interstate rendition ⇨ EXTRADITION）についての規定．1987 年の最高裁判決以来，引渡しは州知事の義務になっており，その義務を怠った知事に対して連邦裁判所が引渡し命令を下すこともできるようになった．

第 2 節 3 項　（逃亡奴隷引渡しの義務）

《ある州で，その法律のもとで役務または労働の義務を負う者が，他の州に逃亡したとき，その者は，逃亡先の州の法律または規則によって，すでに負っている役務または労働の義務から解放されることはない．逃亡先の州は，その者に役務または労働を課す権利を持つ者の請求に応じて，逃亡者を引き渡さなければならない．》

【解説】 “the fugitive slave clause”（逃亡奴隷条項）と呼ばれる条項で，第 13 補正によって無効になった．

第 3 節 1 項　（新しい州の編入と，州の分離または合併）

連邦議会は，新しい州を連邦に加入させることができる．ただし，既存の州の管轄内に新しい州を形成または創設するためには，また，2 つ以上の州の合併，あるいは 2 つ以上の州の各一部の合併によって州を形成するためには，連邦議会ならびに関係諸州の議会の同意を必要とする．

【解説】 連邦に新しい州を創設するためには，州憲法の制定，住民投票による賛成の意思確認，大統領の承認，連邦両院議会の過半数による賛成が必要である．憲法のこの条項を「既成の 1 州の法の支配が及ぶ範囲内に別の州を作ることは，連邦議会や関係する州議会の意向にかかわらず許されない」と解釈するのは誤りである．例えばメイン州は，この憲法が発効してから 30 年以上のちの 1820 年にマサチューセッツ州から離れて独立州となった．ヴァージニア州の一部は 1861 年に Kanawha 州として独立し，それがのちにウェストヴァージニア州となった．ほかにも複数の例があるが，これらは，既成の州内に新たな州が作られたわけである．

第 3 節 2 項　（連邦の土地財産の処分権）

連邦議会は合衆国に属する領地，または，その他の財産を処分する権限と，それらについて必要なすべての規則および規制条項を制定する権限とを持つ．この憲法のどの定めも，合衆国の権利，または，どれか特定の州の権利を侵害するもののように解釈してはならない．

【解説】 憲法には国土拡大に関する規定がない．ジェファーソン大統領は

1803年にナポレオン1世からそれまでの米国の国土と同じくらいの面積のルイジアナ領地を1500万ドルで購入することに成功したが，それが憲法上許されるかどうかの議論に深入りせず，憲法は条約締結権を認めているという(ジェファーソンらしからぬ大ざっぱな)論法で，領土拡大を正当化した．

後半は，「連邦議会は，領地問題で特定の州に不利になるような憲法解釈や決議をしない」と定めることによって，憲法制定会議に参加した一部の邦の不安を取り除いたのであろう．

第4節 (州の共和政体の維持と，侵略や暴動からの防衛)

合衆国は，この連邦内のあらゆる州が共和政体を保持するよう保障し，あらゆる州を侵略から護る．合衆国はまた，どの州に暴動が起きたときでも，州議会，または(州議会の招集が可能でないときは)行政府の請求に応じて，その州を護る．

【解説】 前半は “the guarantee clause” (保障条項) と呼ばれているが，連邦議会や最高裁判所はこの条項の意味も，「共和政体」(常識的には主権在民と代議制を基本とする政体) の厳密な定義も，いまだに示していない．

第5条 憲法補正の方法

連邦議会は，両院の3分の2が必要と考えるときにはいつでも，この憲法に対する増補ないし修正[以下「補正」とする]を発議しなければならない．また，全国の3分の2の州の議会から請求があったときは，補正を発議するために憲法会議を招集しなければならない．いずれの場合も，発議された補正条項は，4分の3の州の議会が承認したとき，あるいは，4分の3の州の議会で開かれた憲法会議が承認したとき，この憲法の実質的な一部として効力を生じる．これら2つの承認方法のいずれをとるかは，連邦議会が提案できるものとする．〈ただし，1808年以前に行なわれる補正は，第1条第9節1項および同4項の規定に変更を及ぼしてはならない．〉また，どの州からも，その同意を得ないで，上院における平等の投票権を奪ってはならない．

【解説】 amendment は英米法の学者によってほとんど例外なく「修正」と訳されているが，正しくは「増補または改訂」の意味である．例えば，the Amendment 1 を「修正第1条」と訳すのは――それが憲法のどの部分も修正していないので――不適切であろう．この辞典では amendment を「補正」と訳す．その補正は通常，連邦議会が発議し，全国各州の4分の3以上の州議会の承認(批准)を得て行なわれる．大統領はこれに対して拒否権 (*veto) を行使できないし，州知事も干渉はできない．近年は，州議会による承認にあらかじめ 7 年という厳しい期限，あるいは緩い(延長も可能な)期限を設けることもある.

憲法補正案は，「公立学校における祈禱の承認」(⇨ SCHOOL PRAYER) をはじめ，1 万をはるかに越えるほど出ているが，2001 年末までに両院を通過した補正案はわずか 33 しかない.

条文中に「1808 年以前に」云々とあるのは，この憲法案に対する南部諸州の反感を抑えるために，奴隷輸入や直接税割当てに関する憲法改正は 20 年間はしないと念を押したもの. 最後の「上院における」云々は，各州から 2 名の連邦上院議員を選ぶという規定を変えるような憲法補正は許されない，という趣旨である.

第 6 条　国の最高法規

第 1 項（憲法採択前の債務や約定は，合衆国においてすべて有効）

〈この憲法が採択される前に契約されたすべての債務，および，同じ時期に締結されたすべての約定は，「連合規約」のもとにおいてそうであったのと同じく，この憲法のもとでも，合衆国に対して有効なものとする.〉

【解説】〈　〉内は経過措置. アメリカ合衆国は 1781 年から 89 年まで “Confederation” (連合) であったが，強力な中央政府がなかったので，経済的な地盤も弱かった. この第 6 条第 1 項は，新連邦は連合時代の債務も責任をもって引き受けると定めたもので，事実，初代財務長官アレグザンダー・ハミルトンは，独立戦争の戦費調達のための債務を国庫で引き受けることによって，連合債券を買っていた投機家を喜ばせただけでなく，合衆国には債務返済能力があることを示して，国際的な信用を勝ち得た.

第 2 項（国の最高法規としての憲法，法律，条約）

この憲法，および，この憲法に従って制定される合衆国の諸法律，さらに，合衆国の権限のもとですでに締結された，あるいは将来締結される条約は，すべて，国の最高法規とする. あらゆる州の裁判官は，各州の憲法または法律に反対の規定がある場合でも，国の最高法規によって拘束される.

【解説】これは “the supremacy clause” (最高法規条項)，あるいは “the king-pin clause” (主軸条項) と呼ばれている. 合衆国憲法，連邦法，条約などが州法に優先することは “national supremacy” あるいは “*preemption” (連邦法の絶対的優位性) と呼ばれている. 南部や西部にはいまだに州権優位論者が大勢いて，州は憲法や連邦法を州民のために解釈する独自の権限 (英語では interposition) を持つし，その権限は第 10 補正で保証されていると主張しているが，各州がてんでに憲法を解釈していたら連邦は成り立たないので，複数の連邦裁判所は interposition ([州による] 連邦

介入の拒否）はこの第 6 条によって違憲だと判断している. ⇨ STATES' RIGHTS

第 3 項 （連邦と州の議員および公務員が負う憲法支持の義務. 宗教上の審査を伴う公務員任命は禁止）

さきに挙げた上下両院の議員，各州議会の議員，また，合衆国ならびに各州のすべての行政府および司法府の公務員は，宣誓または確約によって，この憲法を支持すべき義務を負う. ただし，合衆国のいかなる官職または公共信託の職でも，その資格として宗教上の審査を課せられることはない.

【解説】 各州の公務員や裁判官も，憲法を最高法規として支持する義務を負っている. 第 1 条第 3 節 5 項，第 2 条第 1 節 8 項でも，宗教的な誓いを必要としないことが明らかであったが，ここではいっそう明瞭に政教分離（the *separation of church and state (1)）の原則が打ち出されている.

第 7 条 憲法の承認と発効

この憲法は，9 邦の憲法会議が承認したとき，その承認を与えた各邦のあいだでは，十分に確定されたものとする.

【解説】 実際には 1788 年 6 月下旬までに 10 邦が承認し，この憲法が発効した. それまで，マサチューセッツ，ニューヨーク，ヴァージニア各邦などで承認をめぐって激しい議論が行なわれ，一時は批准は無理かとさえ思われた. アレグザンダー・ハミルトン（のちの初代財務長官），ジョン・ジェイ（のちの最高裁初代首席裁判官），ジェイムズ・マジソンなどが新聞に寄稿した論文——のちに *The Federalist Papers* (1787–88) としてまとめられた——が，特にニューヨーク邦で憲法承認への道を開いた努力は高く評価されている. ただ，現実には，有力新聞社を買収して憲法論議を 1 行も報道させなかったペンシルヴェニア邦の場合をはじめ，連邦主義者たち（憲法承認派 ⇨ FEDERALISM）はかなり荒っぽい手も使ったらしい. ◆ 発効した憲法によってジョージ・ワシントンが初代大統領に選ばれ，1789 年 7 月 4 日にアメリカ合衆国政府が正式に発足した.

われらが主の紀元 1787 年——アメリカ合衆国独立第 12 年——の 9 月 17 日，参列の諸州一致の同意によって，憲法制定会議においてこれを定めた. そのことを証明するために，われわれはここに署名する.

議長 ジョージ・ワシントン（ヴァージニア州代議員）

【以下，州名と代表者の名前は省略する.】

権利章典（The Bill of Rights）
第1〜第10補正
（1789年9月25日発議，1791年12月15日成立.）

【解説】 各邦の批准会議は，憲法を承認するか否かで激論を交わした．なかでも，反フェデラリスト連合のリーダーたちは，もしアレグザンダー・ハミルトンが率いる連邦主義者党（⇨ FEDERALISM）が政権を握ったら，中央政府が強大になり，州権（*states right）と個人の権利とが侵害されてしまうという不安を抱いた．そのために，彼らは憲法に多くの修正や増補を施すよう要求した．「権利章典」（第1〜10補正）はそういう反連邦主義者の不安と不満をなだめて批准を促すために，つけ加えることが約束された．マサチューセッツ，ニューハンプシャー，ヴァージニア，ニューヨークの各邦は，その約束のもとでようやく憲法案を承認した．（ロードアイランドとノースカロライナ両邦はあくまで批准を拒否した.）補正条項は憲法発効の直後から討論され，主としてジェイムズ・マジソンによって提案された「権利章典」案が1789年にできあがった．その内容は第1補正の the [anti] establishment clause を除けば，英国の「マグナ・カルタ」(1215年)や「権利の請願」(1628年)と「権利章典」(1689年)を，またそれらの影響を受けている各植民地や，独立後の各邦の「権利章典」を受け継いだものである．連邦議会は1789年9月25日にこれを提案し，1791年12月15日に全州の4分の3がこれを承認した．ジョージア州とコネティカット州は1939年にようやく承認．◆「公民基本権」（⇨ CIVIL RIGHTS ACTS）とは，この権利章典が保障する権利にほかならない．

第1補正　政教分離・信教の自由・言論の自由・請願権

連邦議会は，宗教の護持にかかわる法律，宗教の自由な活動を禁じる法律，言論または出版の自由を制約する法律，国民が平穏に集会する権利を制約する法律，国民が苦痛の救済を政府に請願する権利を制約する法律の，いずれをも作ってはならない．（Congress shall make no law respecting an establishment of religion, or prohibiting the free exercise thereof; or abridging the freedom of speech, or of the press; or the right of the people peaceably to assemble, and to petition the Government for a redress of grievances.）

【解説】 合衆国憲法のなかでも最も重要な意味を持ち，第4および第5補正などとともに，その解釈が最も頻繁に議論されてきた条文のひとつ．

宗教に関する条項の前半は “the [anti]establishment clause” (宗教護持禁止条項) と, 後半は “the free exercise clause” ([宗教の] 自由活動条項) と呼ばれている. 日本国憲法第 20 条には,「信教の自由は, 何人に対してもこれを保障する. いかなる宗教団体も, 国から特権を受け, 又は政治上の権力を行使してはならない」とあるが, 第 1 補正の最初の部分も——単に国教樹立を禁じるだけではなく, もっと広く——いかなる宗教団体にも特権を与えてはならないという規定であり, 政治と宗教の完全な分離を定めたものである. 1962 年以来, 公立の学校でキリスト教の祈りを捧げることは連邦最高裁判所の諸判決によって厳しく禁じられている (⇨ SCHOOL PRAYER; SEPARATION OF CHURCH AND STATE).「宗教」の厳密な定義はなされていない. ◆集会を含む言論活動がどこまで許されるかはむずかしい問題だが, 連邦最高裁判所は 1919 年の判決で,「明白かつ現在の危険 (*clear and present danger)」が存在する時のみ法的に規制できると定めた. 米国ではネオ・ナチや the *Ku Klux Klan の非暴力的な言論や集会まで規制する州法は違憲とされる. 連邦最高裁判所は 1989 年に, 政府に対する抗議の意志表示の手段として国旗を焼却した事件 *Texas v. Johnson* (1989) (⇨ FLAG BURNING) について, 国旗の汚損を軽犯罪とするテキサス州の州法を, この場合に適用するのは違憲だと判断した. 判決のなかで William J. *Brennan 裁判官は,「第 1 補正の基盤となっている原則があるとすれば, それは,〈連邦政府はある思想の表現を, その思想そのものが社会によって攻撃的だとか不愉快だと見なされているという理由だけで, 禁止してならない〉ということである」と述べた. ⇨ BRANDENBURG V. OHIO; HOLMES, OLIVER WENDELL, JR.

第 2 補正　武器を保有し, 携帯する権利

よく統制された国民義勇軍(ミリシア)は自由な国の安全補償にとって必要であるから, 国民が武器を所蔵し, かつ携帯する権利は, これを侵害してはならない.

【解説】 この補正には 2 つの大きく異なる解釈がある. 従来連邦政府によって, また法律学者の大半によっても受け入れられてきた解釈に従えば, 憲法はこの補正で, 国民に武器携帯の無条件な権利を与えたわけではなく, 国民義勇軍維持のために必要な武器の所有と携行の (憲法制定前から認められていた) 権利を, 連邦政府が侵害してはならぬと規定したに過ぎない. また, 武器の所有・携帯権は国民義勇軍を維持する州に対して認めたもので, 個々人に対して認めているわけではない. そして「武器」とは, 国民義勇軍 (現在は「国民防衛軍」⇨ NATIONAL GUARD) の軍人が使

用する銃砲やサーベルのことで，暴力団員や不良少年が使うピストルやナイフなどの凶器を意味するわけではない．ハンドガン(短銃)を警察が取締まることは違憲ではない．

もうひとつの解釈は，the *National Rifle Association of America (the NRA: 全米ライフル協会)の主張によって代表される．この補正は米国民ひとりひとりが武器を所有し携行する権利を保障している，というのである．それは，「第2補正によれば，武器の所有と携帯に関しては，連邦議会や連邦政府の介入する余地はない」と言い切っている連邦最高裁判所 Clarence *Thomas 裁判官の主張と同じで，これまではあくまで少数意見であった．

しかし，2001年半ばに大きな変化の兆しが見えてきた．同年5月に John *Ashcroft 司法長官は(彼自身が会員である)全米ライフル協会に書簡を送り，そこで，「第2補正は諸州が国民義勇軍を維持するという〈集団的な〉権利を保障しているに過ぎない，と主張する人々もいるが，私はそうは思いません……．率直に私の見解を述べさせていただきたい．第2補正のテキストと当初の意図とは，明らかに，個々人が武器を所有し，携行する権利を保護するものです」と述べた．*The International Herald Tribune* (7-15-2001)に転載された *The Boston Globe* の記事によれば，ブッシュII大統領もその立場を支持しているという．もしそれが政策に反映されるとなれば，武器取締りの連邦法，州法などは軒並み憲法違反ということになるのではあるまいか．⇨ GUN CONTROL (1)

第3補正　軍人を宿営させる権利の制限

平時においては，所有者の承諾を得なければ，いかなる家屋にも軍人を宿営させてはならない．戦時においてもまた同じ．ただし，戦時中，法律の定める方法によって宿営させる場合は，この限りではない．

第4補正　不当な逮捕・捜索・押収の禁止．安易な令状発行の禁止

人が不当な捜索，逮捕，または押収を拒絶することによって，自己の身体，住居，書類，および所有物の安全を確保する権利は，これを侵してはならない．また，宣誓あるいは断定的な証言によって裏づけられた相当の理由があり，かつ，捜索する場所と，逮捕すべき容疑者の氏名または押収すべき物件の名を具体的に明記した場合を除けば，いかなる令状も発行してはならない．

【解説】 裁判でしばしば論争される重要な条項．米国の空港の税関吏が入国者のスーツケースのなかを令状もなく調べるのは正当で，警察官がバス

の網棚に置いてある一見あやしげな手荷物を調べるのは違法なのはなぜか，といった単純な疑問から始まって，無数の問題が絡んでいる．⇨ EXCLUSIONARY RULES

第 5 補正　大陪審制度，2 度の危険[ダブルジェパディ]の禁止，適正な法手続き[デュープロセス]，公用徴収の制限など

いかなる人も，大陪審による告発または起訴がない限り，死刑に相当する罪，あるいはその他の重大な罪(a capital or otherwise infamous crime)**の責任を負わされることはない．ただし，陸海軍内で発生した事件，および，戦争中あるいは公共の危険に際して，げんに軍役に服している国民義勇軍(ミリシア)のあいだで生じた事件については，この限りではない．**

いかなる人も，同一の犯罪について生命や身体の危険に 2 度さらされることはない(nor shall any person be subject for the same offence to be twice put in jeopardy of life or limb).

いかなる人も，刑事事件において自己に不利益をもたらす証言を強制されることはない．

いかなる人も，法の適正な手続きなしに，生命，自由，または財産を奪われることはない．

また，いかなる人も，正当な補償なしに，自己の私有財産を公共の用のために徴収されることはない．

【解説】 やはり非常に重要な補正で，"the grand jury clause"(大陪審条項)，"the double jeopardy clause"(2 度の危険[ダブルジェパディ]禁止条項)，"the self-incrimination clause"(自己負罪条項)，"the due process clause"(適正な法手続き[デュープロセス]条項)，"the taking clause"(公用収用条項)などを含む．DOUBLE JEOPARDY; DUE PROCESS OF LAW; GRAND JURY; SELF-INCRIMINATION の各項を参照．

多くの法律書に，大陪審は 12 人から 23 人までから成る陪審員団と書いてあるが，実際には 6 人から成る場合もある．陪審員はふつう 3 カ月間連続してその任に当たる．*felony (重大犯罪)の容疑をかけられた者を起訴するか否かを決めるのである．検察側の追及がなまぬるい，あるいは不公正だと判断されたならば，大陪審自体が捜査や告発(presentment ⇨ ACCUSATION)をすることも可能だが，実際にはほとんど例がない．審理は非公開で行なわれ，検事が提出した証拠を検討し，証人喚問を行なうなどして，容疑者を起訴するのが適当と多数決で認めたときには true bill (正式の起訴状)を提出する．少数の州を除けば，この段階で容疑者の弁護士は介入できず，法律の専門的な立場から証拠を知ることもできない．

1884年以来，多くの州では，死刑に値する罪を除いては，容疑者が大陪審を望まなければ，(また比較的軽い罪の場合には，本人の意向にかかわらず)大陪審によらず，検事が略式起訴(*information (1))をすることが可能になった．現在，あらゆる犯罪について大陪審が起訴を決定するのは，ニュージャージー，ヴァージニア，テネシー，サウスカロライナの4州だけで，ほかに14州とコロンビア特別区（the *District of Columbia）では，あらゆる重大犯罪について大陪審が開かれる．他の州では死刑に値する罪に限って開かれる(6州)，あるいは，あらゆる場合に略式起訴が認められている(25州)．O. J. *Simpson の刑事事件では，検察側は大陪審による起訴を求めたが，裁判所は，大陪審のメンバーがテレビや新聞などのセンセーショナルな報道のせいで被告に対して偏見を抱いている，という弁護側の意見を入れて，殺人事件であるにもかかわらず，略式起訴を認めた．なお，ペンシルヴェニア州では，大陪審に起訴の権限が与えられていない．連邦政府も，死刑相当の罪でなければ，略式起訴をすることが多くなってきた．

「*Magna Carta や国法によらずして life or limb を剥奪してはならない」という規定は，1628年の英国の「権利の請願」のなかにある．これに倣った第5補正の「生命や身体の危険（jeopardy of life or limb)」は，広く「刑罰一般」の意味に解されている．殺人容疑の裁判で無罪となったO. J. シンプソンは，その後の民事訴訟で莫大な額の賠償金の支払いを命じられた．それは事実上刑罰を強いられたも同然という見方ができる．そこで，ダブルジェパディの原則は刑事事件にだけ適用されると言ったほうがよいのかもしれない．日本国憲法第39条は，「同一の犯罪について，重ねて刑事上の責任を問はれない」と，わざわざ「刑事上の」という語を入れている．実質的には同一の事件でも，容疑者を2度の危険にさらすことは不可能ではない．1995年4月，オクラホマシティーの連邦ビルを爆破して168人を犠牲にした事件の主犯 Timothy McVeigh (2001年6月に死刑)は，コロラド州デンヴァー市の連邦地裁で行なわれた裁判で，11の容疑(爆発物所持と使用以外の大半は，8人の連邦職員を殺したという容疑)のすべてが有罪とされ，死刑判決を受けた．かりにその判決が終身刑であった場合，連邦検事が彼をさらに訴追することはできないが，オクラホマ州の郡検事が彼を(11の容疑には入っていなかった)民間人殺害の罪で起訴することは――裁判の主権者 (*sovereign) が違うという理由で――できたはずである．⇨ OKLAHOMA CITY BOMBING

「デュープロセス条項」は，生命，自由，財産を不当に奪おうとするものから人を守る法の定めで，それがカバーする領域は実に広く，「人の生命」とはなにか(例えば，胎児は「人」か)から始まって，「人には自殺の自由や権利があるのか」,「裁判所には事件を取り上げない自由があるのか」など，多くの論議がなされてきた．第14補正第1節の解説を参照．

デュープロセスには，*procedural due process と *substantive due process という 2 つの形がある．前者は「手続き的なデュープロセス」で，迅速で公正な裁判を受ける権利がその中心である(第6補正の解説を参照)．後者は「実体的なデュープロセス」で，議会が制定する法律そのものの公正さが問題になる．性的常習犯前歴者を病院に強制収容するという州法が実体的なデュープロセスと言えるか，というような問題は，今後もしきりに議論されるだろう．

第6補正　裁判における刑事被告人の権利

いかなる刑事訴追を受けた被告人も，当の犯罪が行なわれた州の，その現場を含む地区——あらかじめ法律によって確定されているはずの裁判区——において，公正な陪審が公開で行なう迅速な裁判を受ける権利，および，訴追の性格と理由とについて説明を受ける権利を保有する．さらに被告人は，自己に不利な証言をする者と対決 (confrontation) する権利，自己に有利な証人を得るために強制的な手続きを用いる権利，および，自己防衛のために弁護人の援助を受ける権利をも保有する．

【解説】 第3条第2節3項の規定に加えて，刑事被告人の権利をさらに明確にしたもので，第5補正の解説で簡単に説明した「手続き的なデュープロセス」の主な内容である．犯罪現場とされる地域の裁判区で裁判を受ける，また，陪審団による裁判を受けるのは，刑事被告人の権利である．もし合理的な理由があれば，そして，その場合においてのみ，被告人がその権利を放棄することは許される．◆1968年以来，半年以上の禁固刑に値するような犯罪では，陪審裁判を受けることが適正な法手続きであると見なされている．◆裁判長は，その審理に高度に専門的な知識を必要とする場合や，(2000年12月のフロリダ州セミノール郡の裁判所における不在者投票用紙をめぐるブッシュII陣営とゴア陣営との争いのように)陪審員の政治的な立場が公正な審理を妨げるおそれありと判断したときなど，陪審裁判を避けることがある．⇨ JURY (2)

陪審裁判で証拠によって有罪か無罪かを評決するのは，あくまで陪審であり，裁判長は陪審員たちが公正な判断をするよう指揮する．陪審が終身刑相当と評決したのに，裁判長がそれを乗り越えて死刑判決を与えられるのは，アラバマ，アリゾナ，インディアナ，フロリダの4州だけである．

容疑者を裁判にかけるかどうかを決める大陪審 (*grand jury) では，陪審員の数はふつう12人から23人．事実審の陪審 (*petit jury) は，連邦裁判所では12人で，評決は全員一致でなければ下せない．州の裁判では，陪審員は6人から12人で，6人の場合は全員一致で評決を下すが，それ以上の場合は，9対3とか10対2というような多数決による評決は合憲だとされている．もっとも，*felony（重大犯罪）の刑事事件を扱う裁判で，全員一致の評決を必要としていないのは，ルイジアナ州とオレゴン州だけである．全員一致が定められている場合に，陪審員の意見が割れたら，評決不能（hung jury ⇨ JURY (2)）となり，また新たに選ばれた陪審員による裁判が行なわれる．どうしても決着がつかないとか，多くの陪審員のあいだに偏見が見られる場合に，裁判長は審理無効（mistrial ⇨ JURY (2)）を宣言することができる．そうなれば，刑事被告人は無罪となり，重ねて裁判にかけられることはない．

1938年と63年の最高裁判所判決によって，連邦政府と州政府は，貧困な刑事被告人のために公費で公選弁護士（*public defender）をつける責任を負っている．もっとも，刑事被告人は——その意味をよく承知したうえでなら——公選弁護士を断わる自由を持っている．⇨ COUNSEL

なお，最高裁判所の審理を受ける者は300ドルを支払ったうえ，必要な書類のコピー40部ずつを用意しなければならないが，この場合も，貧困な者は in forma pauperis（ラテン語で，直訳すれば「貧困者のやり方で」⇨ LEGAL AID）という形で，すべてを公費負担にすることができる．実際には年に5000件くらい貧困者による請願があるが，最高裁から見て重要性のある事件は乏しく，わずか10件くらいが公費負担で審理される．

第7補正　民事事件で陪審裁判を受ける権利

コモンローに基づく訴訟において，係争金額が20ドルを超えるときは，陪審による裁判を受ける権利をだれからも奪ってはならない．陪審が裁判において認定した事実は，コモンローの規定によって再陪審を受ける場合を除き，合衆国の他のいかなる裁判所によっても再審理されることはない．

【解説】 民事裁判でも陪審制を求める権利があることを明らかにした規定．「コモンローに基づく訴訟」とは，簡単に言えば，損害賠償金を請求する連邦裁判所における民事訴訟のこと．この場合の陪審は12名でなく，6人でもよい．

後半は “the re-examination clause”（再審理条項）と呼ばれている．文面では「陪審が認めたことは再陪審によるほか，再審理されない」とあるが，1996年の最高裁判所の判決は，陪審が余りにも非常識（unreasonable）な賠償金を定めた場合には，控訴裁判所がこれを斥ける権利を持つ，と述べている．

第8補正　過大な罰金や，苛酷な刑罰の禁止など

過大な保釈金を要求してはならず，過重な罰金を科してはならない．また，残酷かつ異常な刑罰を与えてはならない．

【解説】 英国の「権利章典」(1689年) にこれと同じ規定がある．刑事犯罪容疑で逮捕された者は，殺人 (*murder)，レイプなどの重大犯罪をおかしていない，また，麻薬の常用者でなく，常習的な性犯罪者 (*sexual predator) でもないと判断された場合は，裁判が始まるまで，一時釈放されるのが常である．被疑者が貧困で，かつ逃亡のおそれがないと思われる場合は，本人に確約させるだけで (これを on one's own *recognizance と言う) 保釈することもある．被疑者が保釈金や出廷担保金証書 (bail bond ⇨ BAIL BONDSMAN) を裁判所に提出して保釈されたのに，所定の日時に裁判所に出頭しないと，その金は没収される．

民事裁判での賠償金は，法律上は罰金とは見なされない．もっとも，O. J. シンプソン事件のように，人の不法な死に責任があるとして支払いを命じられる懲罰的な賠償金は，実質的には罰金のようなもの．⇨ DAMAGES; SIMPSON, O. J.

連邦最高裁判所は1998年の判決 (*Bajakanian v. United States*) で，被告が連邦法の規定を無視して35万7144ドルの米貨を無断で外国に持ち出し，その全額を没収されたのは，本条に言う「過剰な罰金」に当たるという判決を下した．

連邦最高裁判所は1972年の判決で，ある種の犯罪には必ず死刑を科す (そのため，主として黒人と貧しい者が死刑になる) という多くの州の州法を「残酷かつ異常」なので違憲とした．そのために各州は州法を改正し，死刑が再び合法化された．連邦最高裁は，現在行なわれている方法での死刑は，適切な法手続きを経ている限り，「残酷かつ異常な刑罰」とは見なしていない．詳細は本文の DEATH PENALTY と FURMAN V. GEORGIA の項を参照．

第9補正　国民に留保された基本権

この憲法に一定の権利が列挙してあるという事実をとらえて，それは国民の保有しているその他の権利を，否定または軽視したものと解釈してはならない．

【解説】 ここで言う「その他の権利」の具体的な内容は明らかではないが，これが第1補正と第14補正と共に，人のプライバシーの権利 (⇨ PRIVACY, THE RIGHT OF) を保護していると解釈されている．憲法にプライ

バシー保護の明文規定がないからといって，州が市民のプライバシーを侵害するような法律を作ることは許されない．致命的な病気の末期にある患者が安楽に「死ぬ権利」は，憲法上保障されたプライバシー権の一部かという問題は，今後なお議論されるだろうが，これまでのところ連邦最高裁判所は否定的な見解を示しており，オランダのように安楽死を公認する気配は全く見られない． ⇨ DOCTOR-ASSISTED SUICIDE; HOMOSEXUALITY

第 10 補正　州と国民に留保された権利

この憲法によって合衆国に委任されず，またこの憲法によって各州が持つことを禁止されなかった各種の権限は，各州のそれぞれに，あるいは国民 (the people) に，留保されている．

【解説】 連邦制度の基本理念を明示したもの．ただし，「憲法によって合衆国に委任された権限」の範囲は必ずしも明確ではない．最後の “the people” は主権者という意味に捉えて「国民」と訳しておく．国民に留保された権限が具体的になにを指すのかは，連邦最高裁判所の判決もまだ明示していない． ⇨ COOPERATIVE FEDERALISM; STATES’ RIGHTS

第 11 補正　連邦の司法権に対する制限

合衆国の司法権は，合衆国のある 1 州に対して他の州の市民，あるいは外国の市民ないしは臣民が開始した，あるいは進めている，コモンローまたはエクイティに基づく訴訟にまで及ぶと解釈してはならない．

【解説】 1794 年 3 月 4 日に連邦議会が発議し，1795 年 2 月 7 日に承認完了．以下「承認完了」というのは，補正の成立に必要な数の州の承認がようやく得られたという意味で，議会内の手続きを経て正式に「成立」するのは，たいがいはそれより少しおそくなる．

第 11 補正は第 3 条第 2 節 1 項を補正し，州という主権者の免責 (*sovereign immunity) を認めたもの．連邦裁判所は，州と州，連邦政府と州，外国政府と州，インディアン部族と州などの争いの場合には，裁判管轄権を持つが，2 州以上にまたがるとはいえ，他州(あるいは外国)の市民が起こした訴訟を取り上げて，州政府の代表者や州の公務員に出廷を求めることはしない，と決めている．州政府が，訴えられることにはっきりと同意した場合は別である．相手の州政府がそれに同意しなかったら，市民はその州の裁判所に訴えを起こすしかない．ただし，市民が他の州の郡，市，教育委員会などを相手にして，連邦裁判所に訴えを起こすことはできる．また，州当局が他州の市民を相手に連邦裁判所に訴えを起こすことも可能である．

第12補正　正副大統領の新たな選挙方法

選挙人は，それぞれの州で集まって，大統領および副大統領になるべき者を選ぶため，無記名で投票する．投票される2名のうち少なくとも1名は，選挙人と同じ州の住民であってはならない．選挙人は無記名の投票用紙に，大統領として選出したい者の氏名を記入し，それとは別の無記名投票用紙に，副大統領として選出したい者の氏名を記入するものとする．さらに選挙人は，大統領候補として投票されたすべての者の氏名と各人の得票数，および副大統領候補として投票されたすべての者の氏名と各人の得票数の双方を，それぞれ別のリストにまとめ，そのいずれにも署名し，認証したうえ封印し，連邦上院議長に宛てて，合衆国政府の所在地に送付しなければならない．――上院議長は，上院議員および下院議員の列席のもとで，すべての認証文書を開封して，投票を計算する．――大統領候補として最も多数の票を得た者は，もしその得票数が任命された選挙人の総数の半分を超えているときには，大統領となる．選挙人総数の過半数の票を得た者がいない場合，下院はただちに，大統領候補として投票された者のリストのうち最上位の得票者3名以内のなかから，無記名投票によって大統領を選出しなければならない．ただし，この方法によって大統領を選出する場合，投票は州単位で行なわれ，出席議員の数にかかわらず各州が1票を投じるものとする．この場合の定足数は，全州の3分の2から，各州少なくとも1名の議員が出席することであり，大統領が選出されるには，全州の過半数の得票が必要なものとする．《下院がこのような選出権を委ねられながら，最も近い3月4日が来る前に大統領を選出しなかったときは，大統領が死亡した場合や，憲法で規定された執務不能の事態が生じた場合と同様に，副大統領が大統領の職権を行使する．》――副大統領候補として最も多数の票を得た者は，もしその得票数が任命された選挙人の総数の半分を超えているときには，副大統領となる．選挙人総数の過半数の票を得た者がいないとき，上院は，得票者のリストのうち最上位の得票者2名のなかから，副大統領を選出しなければならない．この場合，定足数は上院議員の総数の3分の2であり，副大統領が選出されるには，上院の全議員の過半数の得票が必要なものとする．ただし，憲法の規定によって大統領の職につく資格のない者は，合衆国副大統領の職につく資格もない．

【解説】 1803年12月9日に連邦議会が発議，1804年6月15日に承認完了．正副大統領の選挙の方法を規定した第2条第1節3項の補正．《　》内はさらに第20補正と第25補正によって改正された．最初の選出法では，大統領の候補として競い合っている者の一方が大統領になり，次点になった政敵ないしライバルが副大統領になるという不都合が生じた．

それを是正するために，大統領と副大統領とを最初から別に選出しようというものである．大統領候補として過半数の票を得た者がいなかった場合には，下院が上位 3 名の候補のなかから(各州 1 票の投票で)大統領を選ぶ．過半数を得られなかった副大統領候補の場合は，上院議員が上位 2 名から選ぶ．

選挙人については本文の Electoral College の項を参照．彼らは各州で最有力の正副大統領候補が属する政党から選ばれた，その州の党のリーダーたちであるから，自分の党の候補者(つまりは，投票日に州民が選んだ候補者)の名前を書くのが当然だろうが，憲法は選挙人が他党の候補者に投票することを禁じていない．

第 13 補正　奴隷制度および強制労働の禁止

第 1 節　(奴隷制度の廃止，および強制労働の原則的な廃止)

奴隷制度も，本人の意に反する強制労働も，合衆国内において，あるいは合衆国の法の支配下にある他のいかなる場所においても，存在させてはならない．ただし，適正な法手続きによって有罪とされた者の犯罪に対する刑罰としての強制労働は，この限りではない． (Neither slavery nor involuntary servitude, except as a punishment for crime whereof the party shall have been duly convicted, shall exist within the United States, or any place subject to their jurisdiction.)

【解説】 1865 年 1 月 31 日に連邦議会が発議し，1865 年 12 月 6 日に承認完了．南北戦争が終わったあと成立した第 13，14，15 補正は “Civil War Amendments” (内戦補正) と呼ばれている．この第 13 補正は，連合会議が北西部(いまのオハイオ，インディアナ，イリノイ，ミシガン各州と，ウイスコンシンおよびミネソタ州の一部に当たる地域)においてのみ奴隷制を禁じるとした 1787 年の「北西部条例 (the Northwest Ordinance)」とは異なり，全国における奴隷制の完全な廃止を宣言したものである．

国民義勇軍(ミリシア)や連邦軍の正規の軍役や，陪審員としての義務は，「本人の意に反する苦役」とは見なされていない．

英米法学者たちは，おそらく例外なく，“except as a punishment for crime” が “slavery” にもかかると解釈し，「奴隷制および自らの意に反する苦役は，犯罪に対する処罰としてその当事者に対し適正に有罪判決がなされた場合を除き……存在させてはならない」と訳している．正当な刑罰としては slavery も認められるというわけだ．原文は，正当な刑罰としては奴隷を奴隷扱いにすることができる，という「北西部条例」の文言をかなり借りているせいもあって，上記の意味に解することができなくもない．しかし，奴隷制の本質的な条件のひとつは人身売買である．本条が，「刑務所内でなら奴隷制度も例外的に許される」と規定しているとはとうてい考えられない．また，奴隷制度廃止後に，もとの奴隷を刑務所内では奴隷扱いしてもよい，という規定にも見えない．私は，奴隷制度の完全な廃止を宣言するという本条の主旨からして，“except as a punishment for crime” は “involuntary servitude” だけにかかるものと解釈して，最初の “slavery” を「奴隷制度」とし，後半を，「ただし，適正な手続きによって有罪判決を受けた者の犯罪に対する刑罰としての強制労働は，この限りではない」と訳したいし，それが起草者の意図に沿っていると考える．米国憲法を参考にしたと思われる日本国憲法第 18 条には，「何人も，いかなる奴隷的拘束も受けない．又，犯罪に因る処罰の場合を除いては，その意に反する苦役に服させられない」とある．第 13 補正の主旨もこれと同じであろう．ただし，私は第 13 補正の “slavery” が単に「奴隷的拘束」を意味するとは考えていない．

第 2 節 （この補正に関する連邦議会の権限）

連邦議会は適正な法律の制定によって，本条を執行する権限を持つ．

【解説】 最高裁判所は，1968 年に，連邦議会はこの第 2 節によって，奴隷制の名残りである黒人差別を撤廃するための法律を制定する権限を持つ，という重要な判断を下した．また，87 年の判決では，すべての少数民族の差別を撤廃する立法の権限が連邦議会にある，と判断した．

第 14 補正 奴隷制廃止にともなう市民権の拡大と，法による平等な保護，および州が守るべき適正な法手続きなど

第 1 節 （合衆国市民の定義，制約することを許されぬ市民の権利，デュープロセスの原理）

合衆国内で生まれ，あるいは合衆国に帰化して，その法の支配を受ける人はだれでも，合衆国の市民であり，同時に，その人が居住している州の市民である．どの州も，合衆国市民の特権を制約する，あるいはその免責権を制約する法律を作ることはできず，また，そういう法律を執行することもできない．どの州も，適正な法の手続きによらなければ，いかなる人の生命，自由，または財産を奪うこともできない．また，その州の法の支配下にあるいかなる人に対しても，法律による平等な保護を拒んではならない．

【解説】 1866 年 6 月 13 日に連邦議会が発議し，1868 年 7 月 9 日に承認完了．人に市民権を与えるのは，連邦議会の権限である．合衆国とその自治領で生まれた者は，たとえ不法移民の子供であろうと，旅行中の外国人

の子供であろうと，すべて米国人になれる．ただし，駐米外交官の子供として米国内で生まれた者は――合衆国の法の支配を受けないから――市民権は得られない．米国で生まれたその他の外国人の場合は，市民権を得る資格を与えられるが，二重国籍になるのを防ぐために，親がどちらの国籍にするかを選ぶ．

この第14補正第1節は，生地主義（jus soli = law of the soil）に基づいて市民権を与えているが，連邦議会はのちに血統主義（jus sanguinis = law of the blood）も採用し，国外で米国人を両親として生まれた子供には，米国の市民権が与えられることになった．片親だけが米国人である場合，その親が（14歳以後の5年間を含めて）10年間以上米国かその領土内に居住していることという条件をつけられるし，その子供も，14歳から28歳までのあいだに連続して2年間[以前の法律では5年間]米国に居住しないと，市民権を失う．

現在，米国人の妻になった外国人は，自動的に米国人になるわけではない．もしそれを希望するのなら，米国に住んで帰化手続きをしなければならない．⇨ CITIZENSHIP

準主権を認められているアメリカインディアンは，この第14補正第1節によってではなく，1924年の法律によって全員が米国人としての市民権を認められた．彼らは，この第14補正第1節によって，居住している州の住民であり，州政に参加することもできる．ただし，保留地（*Indian reservation）に住んでいる限り，州の支配を受けないし，州税支払いの義務もない．（もっとも，保留地で酒やたばこを売るインディアンの業者は，外部の者からは酒やたばこにかかる州税を取って，これを州に納めなければならない．）グアム，プエルトリコなどの自治領の住民も1924年の法律で米国の市民権を認められた．

「どの州も，合衆国市民の特権を制約する，あるいはその免責権を制約する法律を作ることはできず，また，そういう法律を執行することもできない」の部分は，南北戦争後の南部諸州における相も変わらぬ黒人差別を抑えるために規定されたもので，“the privileges and immunities clause”（特権・免責権条項）と呼ばれている．◆カリフォルニア州は，同州の豊かな福祉政策をねらって移住したがる人々を閉め出すために，同州に住み始めてから1年未満の者への福祉給与は，前の州の水準を上回らないこと，という州法を1992年に制定した．しかし，連邦最高裁判所は1999年5月17日にその法律は移住や旅行の自由を奪うし，第14補正第1節に違反するとして，7対2（反対の2人は William *Rehnquist および Clarence *Thomas 裁判官）で違憲と断じた．

そのあとの規定は，第5補正の最後の部分と同じく“the due process

clause" (デュープロセス[適正な法手続き]条項 ⇨ DUE PROCESS OF LAW) と，またその次の規定は "the *equal protection clause" (平等保護条項) と呼ばれており，いずれも少数民族の差別を撤廃する憲法上の根拠として，(特に 1960 年代以後)「特権・免責権条項」よりもはるかに重要な機能を果たしてきた．第 5 補正の「デュープロセス条項」は連邦政府を縛るものだが，この第 14 補正のそれは州政府と州議会とを拘束するものである．

有名な **Brown v. Board of Education of Topeka, Kansas* 判決 (1954, 55 年) は，公立学校における人種分離を第 14 補正第 1 節の「平等保護条項」に違反すると断じた．(州ではないコロンビア特別区 [the *District of Columbia] の公立学校での人種による分離は，第 5 補正の「デュープロセス条項」に違反するものと判断された．) 1996 年に州立ヴァージニア陸軍士官学校の男女別学が違憲と判断されたのも，やはりこの「平等保護条項」に違反していると判断されたからである．

胎児は「適正な法の手続きによらなければ，いかなる人の生命，自由，または財産を奪うこともできない」と言うときの「人」には含まれていない．1997 年の連邦議会は，「不全出産型妊娠中絶 (*partial-birth abortion)」をめぐって激論をたたかわせ，上下両院とも圧倒的多数でそれを実質的に禁止する法律を通過させたが，母体の健康のためにはそれを認めるべきだと主張するクリントン大統領の拒否権 (*veto) で法案は流れた．「不全出産型妊娠中絶」とは，妊娠後期の胎児の足をつかんである程度胎外に引き出し，まだ子宮内に残っている頭に手術ばさみで穴をあけ，その脳を機械で吸引させて死に至らせるもの．こんな異様な方法を用いるのは，胎児を子宮から全部出して絶命させた場合，もしその胎児が生存可能 (*viable) な状態にあったと判定されれば，中絶医は適正な法の手続きによらないで「人」の生命を奪ったことになるからである．◆ブッシュ II 大統領は 2001 年 7 月に，健康保険による医療は胎児をも対象にするという基本方針を決めた．エドワード・ケネディ上院議員はこれを，妊娠中絶 (*abortion) の権利を否定する搦(から)め手からの作戦と見ている．まことに皮肉なことに，レーガン大統領夫人をはじめ多くの保守的な人々が，胚性幹細胞 (stem cells) の医学的研究 (⇨ STEM CELL RESEARCH) に政府は資金援助をせよと迫っている．人の生命は受精の段階から始まっていると主張してきた John *Ashcroft 司法長官は，それをどう受け止めるのだろうか．⇨ ANTI-ABORTION MOVEMENT; HUMAN CLONING

第 2 節 (下院議員の新たな被選挙権)

下院議員は，各州の人数に比例して各州に割り当てられる．《その人数は，

各州の総人口から，納税の義務を負っていないインディアンの数を除いて計算する.» ただし，どの州においても，合衆国の大統領および副大統領の選挙人の選出，連邦下院議員の選挙，州の行政府および司法府の役職者の選挙，また，州の立法府議員の選挙のいずれかにおいて，年齢 21 歳に達しており，かつ合衆国市民である男性が――反乱に参加した，あるいは，その他の犯罪を犯したという理由がないのに――投票権を奪われたり，どのような形にせよ投票権を制限されたりした場合，その州の連邦下院議員の割当ての基礎人数は，そういう男性市民が同じ州の年齢 21 歳の男性の総数に対して占める割合に比例して，減少されるものとする.

【解説】« » 内は第 19 補正および第 26 補正によって改正された．各州の連邦下院議員の数を決める基礎となる住民数に，黒人も差別なく含めるようにとの規定．差別のあった州に対する(基礎人数を割り引いて計算するという)制裁の部分は，一度も実行されなかった．

第 3 節 (国家に敵対した議員および公務員の資格喪失，ならびに彼らの復権の条件)

かつて連邦議会の議員，合衆国の公務員，州議会の議員，州の行政府または司法府の公務員のいずれかとして，合衆国憲法を支持すると宣誓しながら，合衆国に対する暴動または反乱に加わり，あるいは合衆国の敵に援助または便宜を与えた者は，連邦上院議員にも，連邦下院議員にも，正副大統領の選挙人にもなることができず，また，合衆国の，あるいはどの州の，文武いずれの官職につくこともできない．ただし，連邦議会は，各院の 3 分の 2 の投票によって，この資格喪失を解除することができる.

【解説】南北戦争中に合衆国に敵対した南部の政治家，元連邦公務員，元軍人などに関する規定．文中に「宣誓」とあるのは，「宣誓または確約」とすべきところだろう．連邦議会は 1898 年 6 月 6 日に南部連合の指導者たちの復権を認めた．

第 4 節 (国債の効力．国家反逆のために負った債務は違法かつ無効)

法律によって認められた合衆国の公的債務は，暴動や反乱の鎮圧のための役務に対する恩給および賜金のために負った債務を含めて，その効力を疑ってはならない．ただし，合衆国も，国内のどの州も，合衆国に対する暴動または反乱を援助するために負った債務または支払い義務を，〈あるいはまた，奴隷の喪失または解放を理由とするいかなる請求をも，〉代わって引き受けたり，支払ったりしてはならない．但し書きに挙げた債務，支払い義務 (obligation)**，および請求は，すべて違法かつ無効なものとされなければならない.**

【解説】「公的債務」は合衆国が発行する公債のことだが，連邦以前の連合時代に発行した公債も有効であるとしている．後半は南北戦争中に南部連合が負った債務や，奴隷解放にともなう損失を，連邦政府が代わって引き受けることなど絶対にないと宣言したもの．“obligation” は借りた金品や役務に対して弁済をするという文書による約束で，多くの場合は公債や約束手形の形をとる．〈　〉内はすでに役割を終えている．

第 5 節　（この補正に関する議会の権限）

連邦議会は，適正な法律の制定によって，この補正条項の諸規定を執行する権限を持つ．

【解説】 連邦議会は長いあいだ，州法による差別を取り除くような立法しかできないと考えられていたが，1965 年の連邦最高裁判所の判決によって，平等な保護など，本条に記されている諸権利を積極的に推進するための法律を自由に作れるようになった．

第 15 補正　投票権の差別禁止

第 1 節　（人種や皮膚の色で投票権を差別することの禁止）

合衆国市民の投票権は，合衆国によっても，また，どの州によっても，その市民の人種，皮膚の色，あるいは，かつての強制労役の条件を理由にして，拒否されることも，制限されることもない．

【解説】 1869 年 2 月 26 日に連邦議会が発議し，1870 年 2 月 3 日に承認完了．

第 2 節　（この補正に関する連邦議会の権限）

連邦議会は，適正な法律の制定によって，この補正条項を執行する権限を持つ．

第 16 補正　連邦所得税の徴収

連邦議会は，いかなる源泉から生じる所得に対しても，その徴収額を各州に割り当てることも，人口調査あるいは人数計算に関係させることもなく，所得税を賦課し，徴収する権限を持つ．

【解説】 1909 年 7 月 12 日に連邦議会が発議し，1913 年 2 月 3 日に承認完了．

第 17 補正　上院議員の直接選挙

第 1 項　（上院の組織と，院内での議員の投票権，上院議員の被選挙権）

合衆国の上院は，各州から，その州民によって 2 名ずつ選出される任期 6

年の上院議員で組織される．上院議員は各自 1 票の投票権を持つ．各州の選挙有権者は，州の立法府の複数の院のうち，最も議員数の多い院の有権者に要求されるのと同じ資格を持たなければならない．

【解説】 1912 年 5 月 13 日に連邦議会が発議し，1913 年 4 月 8 日に承認完了．第 1 条第 3 節 1 項を改正し，連邦上院議員を州民の直接投票で選ぶことにしたもの．

第 2 項 （欠員補充の方法）

上院において，いずれかの州の代表に欠員を生じたとき，その州の行政府長官は，補充のために選挙実施の命令を発しなければならない．ただし，州の立法府は，その州の行政府に対して，臨時の任命権を与えることができる．臨時に任命された上院議員の任期は，州民が立法府の定めに従って行なう選挙によって，欠員を補充するまでとする．

【解説】「州の行政府長官」とは州知事のこと．上院議員に欠員が生じたときには，たいてい知事による臨時の任命がなされる．

第 18 補正　禁酒法

第 1 節 （合衆国内でアルコール飲料の製造・販売・輸送は禁止，輸出入も禁止）

《この補正が成立に必要な数の州の承認を得てから 1 年を経過したあと，合衆国およびその管轄権内にあるすべての領地の内部で，人を酩酊(めいてい)させる飲料 (intoxicating liquors) を，飲用を目的として製造し，販売し，あるいは輸送すること，また，その飲料を同じ目的でこれらの地に輸入すること，あるいは，これらの地から輸出することは，いずれも禁止される．》

【解説】 1917 年 12 月 18 日に連邦議会が発議し，1919 年 1 月 16 日に承認完了．いわゆる禁酒法の制定であるが，酒の購買，所持，および飲酒を禁止するとは言っていない．この補正を最後まで承認しなかったのは，ロードアイランド州とコネティカット州だけであった．結局このピューリタン的な「気高い実験」は，密造酒を製造販売する組織犯罪集団を太らせ，税収を減少させ，民衆の法律不信をつのらせるだけで，失敗に終わり，第 21 補正によって廃止された． ⇨ PROHIBITION

第 2 節 （禁酒法に関する連邦および州の権限）

《連邦議会および各州は，適正な法律を制定することによって，この補正条項を執行する共同の権限を持つものとする．》

【解説】 1920 年 1 月 17 日に国民禁酒法(提案者の名から，俗に Volstead Act と呼ばれている)が発効した．それから 13 年間，密造酒時代が続いたのである.

第 3 節　(禁酒法成立の条件)

«この補正条項は，連邦議会が各州に対してこれを発議した日から 7 年以内に，憲法が定めるとおり，必要な数の州の立法府によって承認され，この憲法の補正として成立するのでなければ，その効力を生じないものとする.»

第 19 補正　女性の投票権

第 1 項　(性別による投票権制約の禁止)

合衆国も，いかなる州も，合衆国市民の投票権を，その性別を理由として奪ったり，制限したりすることは許されない.

第 2 項　(この補正に関する連邦議会の権限)

連邦議会は，適正な法律を制定することによって，この補正条項を執行する権限を持つ.

【解説】 1919 年 6 月 4 日に連邦議会が発議し，1920 年 8 月 26 日に承認完了，成立. 米国の女性参政権運動は 1848 年から始まっている. 1869 年には Elizabeth Cady Stanton (1815–1902) と Susan B. Anthony (1820–1906) らによって，政党色の薄い the National American Woman Suffrage Association (the NAWSA: 全米女性参政権協会) が創設された (この補正は the Susan B. Anthony Amendment と呼ばれることがある). 1902 年には首都ワシントンで初の女性参政権国際会議が開かれた. 1913 年には，NAWSA から離脱した戦闘的なクェーカー教徒 Alice Paul (1885–1977) が the Congressional Union for Woman Suffrage (女性参政権議会同盟) を結成. それはのちに the Woman's Party (全国女性党) になり，党員たちはデモやハンストなどで参政権を訴え，多数が投獄された. NAWSA も新しい指導者 Carrie Chapman Catt (1859–1947) のもとで運動を展開し，1916 年から州レベルでは参政権獲得に成功した. ◆この補正が成立するまでには西部の 15 州とアラスカ準州が女性に州の完全な参政権を (12 州では大統領選挙への投票権も) 認めていた. ワイオミング州はまだ準州だった 1869 年に女性に参政権を与えていた. 1919 年に部分的な参政権さえ認めていなかったのは，ペンシルヴェニア州から南の大西洋岸諸州であった. ◆連邦議会で初の女性議員はモンタナ州出身の共和党員 Jeannette Rankin (1880–1973) で，この補正よりも前，1916 年に下院議員に当選した. 第一次世界大戦の宣戦布告に反対した 50 人の下院議員のひとりであり，1940 年には第二次世界大戦への参戦にただひとり反対して 42 年の選挙で敗れたが，68 年には 87 歳の高齢にもかかわらず，首都でヴェトナム戦争反対の行進を指導した.

参政権以外の男女平等については，後述の第 27 補正案が 1972 年に両院の圧倒的多数で発議されたものの，批准されるには至らず，廃案になってしまった. ⇨ EQUAL RIGHTS AMENDMENT

黒人の投票権(第 15 補正)の場合と違って，女性投票権の補正には表だった反対がほとんどなく，連邦議会が特別な立法をするまでもなく承認され，連邦レベルでも州レベルでも実施された. 第一次世界大戦中に女性が示した愛国的な活動が認められたからであろう. ◆《英》連合王国では 1919 年に 30 歳以上の女性に，1928 年に 20 歳以上の女性に，それぞれ参政権が認められた.

第 20 補正　大統領と連邦議員の任期，非常事態が発生した場合の正副大統領選出の規定など

第 1 節　(正副大統領および連邦議員の任期)

大統領および副大統領の任期は，かりにこの補正条項が州の承認を得て成立することがなかったとしたら満期となったはずの年の，1 月 20 日の正午に終了し，上院議員および下院議員の任期は，それぞれ同じ条件の年の 1 月 3 日の正午に終了する. 各後任者の任期は，それぞれ上記の日時に始まるものとする.

【解説】 1932 年 3 月 2 日に連邦議会が発議し，1933 年 1 月 23 日に承認完了. 1789 年以来，連邦議会議員の任期は 3 月 4 日に始まっていたが，それだと，11 月に当選した新議員は(特別会議に招集されることはあっても) 12 月に開会される通常セッションに参加できない――つまり，13 カ月後の翌年 12 月までは通常セッションに出席できず，lame duck (よたよた歩きのアヒル) であるはずの落選議員が 3 月 4 日までは居座って，与党に都合のよい法律案を通してしまう――という不合理が建国の最初からあった. この補正ではそれを是正し，それにともなって正副大統領の任期も(それまでは，慣例によって 3 月 4 日に始まるとされていたが)両院議員のそれに近づけて，1 月 20 日にした.

第 2 節　(連邦議会の集会義務と，開会の時期)

連邦議会は，毎年少なくとも 1 回集会する. その開会の時期は，法律によって別の日が指定された場合を除き，1 月 3 日の正午とする.

【解説】 前節の解説で述べた lame duck が 3 カ月以上も居座ることのないように，通常セッションの開会日を早めたもの. 連邦議会のセッション(会期)については，第 1 条第 4 節 2 項の解説を参照.

第3節 (非常事態における大統領の職務代行者など)

大統領に選出された者が，大統領の任期を開始するよう定められている時に，すでに死亡していた場合には，副大統領として選出されていた者が大統領になる．大統領の任期を開始するよう定められている時までに大統領が選出されなかった場合，または大統領に選出された者がその資格を備えるに至っていなかった場合には，その者が当の資格を備えるまでのあいだ，副大統領として選出された者が大統領の職務を行なう．連邦議会は，大統領に選出された者も副大統領に選出された者も共にその資格を備えるに至らなかった場合について，法律によって規定をし，だれが大統領の職務を行なうか，また，大統領の職務を行なう者をどういう方法で選任するかを法律で定めることができる．それに従って選任された者は，大統領または副大統領がその資格を備えるまで，大統領の職務を行なうものとする．

【解説】 大統領に当選した者がその資格を備えるに至らない，というのは，総選挙で当選しながらも，選挙人投票で過半数を得られなかった場合のことを言う．この場合，第12補正の規定により，下院が(州単位で)投票で大統領を選ぶ．その間，副大統領が大統領の職務を代行するが，副大統領も決まっていない場合に，だれが大統領代理になるかの問題を解決する条項である．正式に就任した大統領の不慮の死についての規定は，第25補正を参照．

第4節 (正副大統領選出の権限が連邦議会に委ねられたあと，候補者が死亡した場合)

連邦議会は，大統領の選出権が下院に委ねられたあと，同院が大統領を選出すべき候補者のなかに死亡者が出た場合，および，副大統領の選出権が上院に委ねられたあとに，同院が副大統領を選出すべき候補者のなかに死亡者が出た場合，いずれも法律によって規定することができる．

【解説】 連邦議会は，ここに言われているような法律を未だに制定していない．

第5節 (上記第1，2節が発効する時期)

〈第1節および第2節は，この補正条項が承認されたあとの10月15日にその効力を生じる．〉

第6節 (この補正が発効するための条件)

〈この条項は，連邦議会が州に対してこれを発議した日から7年以内に，すべての州の4分の3の立法部によって，この憲法の補正として承認されるのでなければ，その効力を生じない．〉

第21補正　禁酒法の廃止

第1節（第18補正の廃止）

合衆国憲法第18条補正は，この補正条項によって廃止される．

【解説】1933年2月20日に連邦議会が発議し，1933年12月5日に承認完了，成立．憲法の補正条項を修正した最初で，これまでのところ唯一のケースである．⇨ PROHIBITION

第2節（アルコール飲料を輸入または輸送することは，州法違反ならば禁止）

合衆国のどの州，どの領地，また，どの所有地であろうと，人を酩酊(めいてい)させる飲料を，そこで引き渡すために，または使用するために，輸送または輸入することは，それが当該地域の法律に違反している場合には，この補正条項によって禁止される．

【解説】連邦議会は，この節によって，酒類の輸送や販売の取締りを各州の決定に任せた．州はそれを全面的に禁止することもできる．しかし，連邦議会は，酒類に関する全権を州に委ねたのではなく，「州際通商条項」(憲法第1条第8節3項）と「最高法規条項」(憲法第6条第2項）によって，独自に規制する権限を持っている．

州がアルコール飲料の価格維持に関する法律を定めることは，反トラスト法違反であって，連邦議会の権限を侵すものとされている．

第3節（この補正が発効するための条件）

〈この条項は，連邦議会が州に対してこれを発議した日から7年以内に，憲法の定めるとおり，各州の憲法会議によって，この憲法の補正として承認されるのでなければ，その効力を生じない．〉

【解説】この補正だけは，州議会ではなく，州の憲法会議の承認を求めた．議会では禁酒論のタテマエを振りかざす議員の主張が通りやすいと恐れたためかもしれない．実際には，各州の党大会で有権者が意見を戦わせ，憲法会議の代表者たちは，その多数意見に従うことで，わずか10カ月以内に批准にこぎつけた．

第22補正　大統領の多選禁止

第1節（大統領の任期の制限）

だれでも，大統領の職に選出されるのは2回を限度とする．他の者が大統領に選ばれたあと，その者の任期のうち2年を超える期間にわたって大統領の職をつとめた，または大統領の職務を行なった者は，そのあと，大統

領の職に選出されるのは1回限りとする.〈ただし，この補正は，それが連邦議会によって発議された時点で大統領の職にある者には適用されない. また，この補正が効力を生じる時点で任期を全うしつつある大統領，または大統領の職務を行なっている者が，残る任期中，続いて大統領の職にあり，または大統領の職務を行なうことを妨げるものではない.〉

【解説】 1947年3月21日に連邦議会が発議し，1951年2月27日に承認完了. 大統領の3選禁止案は1788年に連邦議会に送られたニューヨーク州の憲法改正案のなかに盛り込まれていた. 結局それは成文にはならなかったが，初代のワシントン大統領以来，伝統的な不文律として守られてきた. ところが，F. D. ローズヴェルト(1882–1945)はそれを無視して3期大統領をつとめ，1944年に4期目の当選を果たし，その任期の途中で亡くなった. 以前からそれを快く思っていなかった共和党主導の議会が本条で3選禁止を決めたのである. ただし，大統領の任期は最大8年と決められたわけではない. 大統領が任期を2年近く残して死亡し，副大統領が自動的に大統領になった場合，その新大統領は任期終了後，国民から選ばれれば，さらに8年間(合計10年近く)大統領職をつとめることができる.

第2節 (この補正が発効するための条件)

〈この条項は，連邦議会が各州に対してこれを発議した日から7年以内に，憲法が定めるとおり，あらゆる州の4分の3の議会によって，この憲法の補正として承認されるのでなければ，その効力を生じないものとする.〉

【解説】 この補正は最終的には41州によって承認された. 将来，若くて有能な大統領が現れ，国民がその3選を熱望したとしても，この補正が廃止または修正される可能性はあるまい.

第23補正　コロンビア特別区の大統領選挙人

第1節 (政府所在地の大統領選挙人の人数，選出方法，および彼らの義務)

合衆国政府の所在地となっている地区は，連邦議会が指示する方法によって，次の人々を選任するものとする.

その地区がもし州であったならば選出できたはずの連邦上院議員および連邦下院議員の合計に等しい数の，大統領および副大統領の選挙人. ただし，人口の最も少ない州からの選挙人の数を決して超えてはならない. これらの選挙人は各州によって選任された選挙人に追加されるが，大統領および副大統領の選出の目的を果たすときには，ひとつの州によって選任された選挙人と見なすものとする. これらの選挙人は同地区内で集まって，第12補正に規定されている義務を遂行する.

【解説】 1960 年 6 月 16 日に連邦議会が発議し，1961 年 3 月 29 日に承認完了，成立．この補正は南部諸州では反対が多く，承認したのはテネシー州だけであった．連邦議会は，1970 年に下院に(発言権はあるが投票権のない)コロンビア特別区 (the *District of Columbia) の代表を送ることを認めた．さらに，1978 年には，コロンビア特別区からも正規の連邦上下両院議員を送れるという憲法補正を発議したが，各州の批准は得られなかった．1980 年以来，同地区の住民は州への昇格を連邦議会に要請しているが，議会がそれを押し進める気配はいまのところない．

第 2 節 （この条項に関する連邦議会の権限）

連邦議会は，適正な法律の制定によって，この条項を執行する権限を保有する．

第 24 補正　投票権を制約する不当な州法の禁止

第 1 節 （非納税者の投票権剥奪または制限を禁止）

合衆国も，また，いかなる州も，予備選挙を含む大統領または副大統領の選挙，正副大統領の選挙人を選ぶ選挙，連邦上院議員の選挙，連邦下院議員の選挙の，いずれにおいても，合衆国市民の投票権を，人頭税その他の税金を支払っていないことを理由に奪い，または制限してはならない．

【解説】 1962 年 8 月 27 日に連邦議会が発議し，1964 年 1 月 23 日に承認完了，成立．ヴァージニアなど南部の 5 州が，人頭税納付を選挙権行使の条件にして，黒人の投票を大きく妨げていた．この補正は，主に大統領選挙と連邦議員選挙について，そういう制限を禁止したものだが，1966 年の連邦最高裁判所判決は，「平等保護条項」(第 14 補正第 1 節) を適用し，各州議員の選挙でも納税を投票権の条件にする州法を違憲と判断した．

第 2 節 （この条項に関する連邦議会の権限）

連邦議会は，適正な法律の制定によって，この条項を執行する権限を保有する．

第 25 補正　不慮の事故があった場合の正副大統領の職務

第 1 節 （大統領が免職された場合，あるいは死亡，もしくは辞職した場合，副大統領が大統領になる）

大統領が免職された場合，あるいは死亡，もしくは辞職した場合，副大統領が大統領になる．

【解説】 1965 年 7 月 6 日に連邦議会が発議し，1967 年 2 月 10 日に承認完了，成立．大統領に万一のことがあったとき，その権限と義務が副大統領に委ねられることは，憲法第2条第1節6項に規定されていた．その規定は，副大統領が大統領代理になるとも読めるものであった．1841年にウィリアム・ヘンリー・ハリスン大統領が就任後1カ月足らずで死亡したとき，ジョン・タイラー副大統領はその条項の最初の適用者として大統領職を継いだが，自ら(「大統領代理」ではなく)「合衆国大統領」と名乗った．この補正条項は，そういう前例を確認するものであった．現職大統領で辞職したのはニクソン大統領ただひとりである．

大統領と副大統領が共に執務不能に陥った場合には，連邦下院議長が，それも無理な場合は，上院臨時議長が，大統領の職務を行なう．その全員が執務不能という非常の場合には，各省の長官が(設立の古い省から順番に)代理の権利と責任とを負う．⇨ PRESIDENTIAL SUCCESSION

第2節　(副大統領が職務を果たせない場合，大統領が後任を指名する)

副大統領の職に空白が生じた場合，大統領は必ず副大統領を指名する．指名された者は，連邦両院議会の過半数の確認を得たときに副大統領の職につく．

【解説】　この規定が最初に適用されたのは，のちの大統領ジェラルド・フォードであった．1973年に，ニクソン大統領の副大統領であったスパイロウ・アグニューが，メリーランド州知事時代の収賄容疑を認めて，突然副大統領の座から降りたので，ニクソン大統領は下院共和党のリーダーであったフォードを副大統領に指名した．翌年，ニクソン大統領はWatergate事件で弾劾裁判にかけられることが確実になったので，それを逃れるために辞職し，フォード副大統領が自動的に大統領になった．そこで空席になった副大統領の職を埋めるため，フォード新大統領は元ニューヨーク州知事であったネルソン・A・ロックフェラーを後任に指名した．フォードは，米国史上で，副大統領としてさえ国民の選挙を経ていない唯一の大統領になったわけである．

第3節　(大統領が執務不能を自ら認めた場合は，副大統領が職務を代行する)

大統領が，上院の臨時議長および下院議長に宛てた文書で，もはや大統領としての職務権限の行使と義務の遂行とが不能になった旨を宣告したときは，いつでも副大統領が大統領代理として，上記の権限を行使し，義務を遂行しなければならない．その期間は，大統領が改めて両議長に宛てた文書で，先のとは反対の宣言をした時までとする．

【解説】　大統領が病気のとき，執務能力の有無をだれがどうやって判断するかという困難な問題に，ひとつの答えを示したもの．もうひとつの答えは下記の第4節に示されている．

第4節 （副大統領や閣僚が大統領には職務遂行の能力なしと判断した場合，および，大統領がそれを否定した場合の措置）

副大統領と行政府各長官の過半数とが，あるいは，副大統領と，連邦議会が法律で定める別の機関の主要な役職者の過半数とが，上院の臨時議長および下院議長に宛てた文書で，大統領はその職務に伴う権限の行使も義務の遂行もできない旨を宣告したとき，副大統領は直ちに大統領代理として，上記の権限を行使し，義務を遂行しなければならない．

その後，大統領が，上院の臨時議長および下院議長に宛てた文書で，職務執行不能の事実はない旨を宣告したとき，大統領はその職務に伴う権限と義務とを再び引き受ける．ただし，副大統領と行政各部長官の過半数とが，あるいは，副大統領と，連邦議会が法律で定める別の機関の主要な役職者の過半数とが，4日以内に，上院臨時議長および下院議長に宛てた文書で，大統領にはその権限行使と義務遂行の能力がないと宣告した場合を除く．この宣告があったとき，連邦議会が――もし開会中でないときは，48時間以内にその目的で集会し――問題を決定するものとする．もし連邦議会が，文書によるその宣告を受け取ってから21日以内に――連邦議会が開会中でない場合は，招集の通告があってから21日以内に――両院の3分の2の多数で，大統領にはその職務に伴う権限行使と義務遂行の能力がないと決議したならば，副大統領は，引き続き大統領代理として，上記の権限を行使し，義務を遂行するものとする．もしこのような決議がなされないときは，大統領はその職務に伴う権限と義務とを再び引き受けるものとする．

【解説】 大統領が職務執行不能に陥ったと見られるのに，自分からはそれを連邦議会に通告しない，あるいはできない，という面倒な場合の措置が決められている．ウッドロー・ウィルソン大統領は1919年10月に脳内出血を起こして数カ月間入院したが，執務不能であることを認めず，病室に側近が入ることも拒んだ．どうやら，夫人と医師たちとが大統領の職務を代行していたらしい．この補正が成立したことで，この種の不都合を完全に防げるのかどうか疑問もあるが，そんな場合は連邦議会が特別の調査・審議機関を設立することになるだろう．

第26補正 18歳で与えられる選挙権

第1節 （18歳以上の者に年齢を理由として投票権を剥奪または制限することの禁止）

合衆国も，いかなる州も，年齢が18歳またはそれ以上である合衆国市民の投票権を，その年齢を理由として奪い，または制限してはならない．

【解説】 1971年3月23日に連邦議会が発議し，1971年7月1日に承認完了，成立．投票年齢を18歳にせよとの世論に応じ，上下両院の投票年齢が州によって異なっていること(第14補正第2節を参照)を是正して，投票権の平等を図ったもの．各州も，選挙登録などの事務が州選挙と連邦議員選挙で異なる煩わしさが省けるので，きわめて短期間に補正を承認した．

第2節 (この条項に関する連邦議会の権限)

連邦議会は，適正な法の制定によって，この条項を執行する権限を持つ．

第27補正 連邦議員の報酬

上院議員および下院議員の職務に対する報酬を変更するどんな法律も，次の下院議員の選挙が行なわれたあとでなければ，その効力を生じない．

【解説1】 1789年9月25日に提案され，1992年5月8日に承認完了．これは提案者ジェイムズ・マジソンの名にちなんで "the Madison Amendment" と呼ばれる．批准に必要な38番目の州(ミシガン州)が提案後202年以上もたって，ようやく承認し，合衆国公文書管理官による公布のあと，連邦上下両院は圧倒的な多数で，その批准が有効であると決議した．連邦最高裁判所は1921年に，ある判決のなかでわざわざこの補正案に触れ，「連邦議会は，提案された憲法補正案がその間に批准さるべき合理的な期間(a reasonable time)を定めることができる」と述べたが，その間に州の数が大きく変わった2世紀という期間が「合理的」であったと言えるのだろうか．

【解説2】 ところで，法のもとでの男女の平等を規定した「男女平等法(the ERA)」が第27補正案として1972年3月までに両院を通過して各州に発議されたが，これは承認期間(当初は1979年3月まで)を3年間延長しても，批准に必要な38州の賛成が得られず，廃案になった．その間，いったん同法案を承認した州のうち5つが承認撤回を定めた．不評であった理由のひとつは，男女平等法のために――女性差別が違法となる反面――さまざまな女性保護の特別措置までも違法になってしまうことへの不安であった．というか，保守的な南部諸州は，そういう不安をあおることによって，批准阻止に成功したと言えよう．⇨ EQUAL RIGHTS AMENDMENT

人権および基本的自由を保護するための条約(欧州人権条約)

この条約に署名した各国政府は，欧州会議(辞典本体の COUNCIL OF EUROPE の項を参照)の加盟国として，

1948 年 12 月 10 日に国際連合総会が公布した「世界人権宣言」(the Universal Declaration of Human Rights) を考慮し，

その「世界人権宣言」の目的は，そこで宣言された諸権利の普遍的かつ効果的な承認および遵守を確保することにある，という事実を考慮し，

欧州会議の目的が加盟国間のより強固な統一の達成であること，また，その目的を追求する方法のひとつが人間の諸権利 (human rights [以下，「人権」と訳す]) および基本的自由の維持，ならびに，そのいっそうの実現であることを考慮し，

世界における法正義，および平和の基礎であるそれらの基本的自由――一方では実効性ある政治的民主主義によって，また他方では，それらの基盤となっている人権の共通の理解と遵守とによって，最善の形で維持されている基本的自由――に対する深い信念を再確認し，志を同じくし，かつ政治的伝統，理想，自由および法の支配についての共通の遺産を享受している欧州諸国の政府として，「世界人権宣言」で述べられた権利の一部を一致協力して実施するために，最初の一歩を踏み出すことを決意して，

以下のとおり決定した.

第 1 条 (人権尊重の義務)

この条約を締結した国々 (the High Contracting Parties) [以下，「締約国」と訳す] は，その法律の管轄下にあるすべての人に対して，この条約の第 1 節で定義された権利と自由とを保障する.

第 1 節　権利および自由

第 2 条 (生きる権利)

1　あらゆる人間の生きる権利は，法律で保護される. いかなる人も生きる権利を意図的に奪われることはない. ただし，あらかじめ死刑の定めのある法律によって有罪とされ，裁判所の判決に従って死刑を執行される場合は例外とする.

2 生命を奪うことは，以下の目的のために絶対に不可欠（no more than absolutely necessary）な力の行使の結果であれば，本条に違反するとは見なされない.

a いかなる人であれ，その人を不法な暴力から護るため.

b 合法的な逮捕権を行使するため，または，合法的に勾留した者の逃亡を防ぐため.

c 暴動または反乱の鎮圧を目的として，合法的な行動をとるため.

第3条 （拷問の禁止）

いかなる人も拷問にかけてはならない．いかなる人にも非人間的な扱い，あるいは品位を失墜させるような扱いをしてはならず，また，そのような刑罰を与えてはならない.

第4条 （奴隷制と強制労働の禁止）

1 いかなる人も奴隷にしてはならず，いかなる人にも奴隷的な苦役を強いてはならない.

2 いかなる人にも，強制労働または義務としての労働に従事するよう要求してはならない.

3 本条の目的を果たすために，「強制労働または義務としての労働」という語句には以下のものを含めない.

a この条約の第5条の規定に基づいて科せられる抑留の通常の過程で，あるいは，その抑留から条件つきで解放される過程で，要求される作業のすべて.

b 軍事的な性格を持った役務のすべて．また，良心的軍役拒否が認められている諸国における良心的軍役拒否者の場合には，義務となっている軍役の代わりに要求される役務のすべて.

c 地域社会の生活または福祉を脅やかす非常事態または災害の場合に，人々が要求される役務のすべて.

d 市民としての通常の義務の一部を構成する作業または役務のすべて.

第5条 （自由および安全を確保する権利）

1 いかなる人も，身体の自由と安全とを確保する権利を所有する．いかなる人もその自由を奪われることはない．ただし，下記の事情があり，しかも法律で規定された手続きを経た場合だけは例外とする.

a 適正な権限を持つ裁判所から有罪判決を受けたあと，当局が合法的に抑留した場合.

b 裁判所の合法的な命令に従わないという理由で，あるいは，なんらかの法定義務の履行を確保するために必要だという理由で，人を合法的に逮捕または抑留した場合.

c 人が犯罪をおかしたという合理的な疑いに基づき，その人を適正な権限を持つ法的機関に連行すべく逮捕または勾留した場合．また，犯罪を防止するために必要であると，あるいは，犯行後の逃亡を防ぐために必要であると，合理的に判断し，合法的に逮捕または勾留した場合.

d 教育的監督を目的とする合法的な命令によって未成年者を抑留する場合．または，適正な権限を持つ法的機関に連行する目的で未成年者を合法的に抑留する場合.

e 伝染病の蔓延を防止するために人を合法的に抑留する場合．または，精神障害者，重度のアルコール依存症の者，麻薬常用者，あるいは浮浪者を合法的に抑留する場合.

f 違法入国の容疑者を合法的に逮捕または抑留する場合．また，強制退去あるいは犯罪人引渡しの手続きが進んでいる人を合法的に逮捕または抑留する場合.

2 逮捕される者には，それがだれであれ，ただちに，その人が理解できる言語で，逮捕理由および容疑事実のすべてを告げなければならない.

3 本条 1c の規定に基づいて逮捕または抑留された者は，ただちに裁判官の前に，あるいは司法権の行使を法律で認められた公務員の前に，連行されなければならない．その者はまた，妥当な期間内 (within a reasonable time) に裁判を受ける権利を有し，裁判開始まで仮釈放される権利をも有する．その釈放にあたっては，裁判所への出頭が保障されること，という条件をつけることができる．[訳注．within a reasonable time が具体的にどれだけの時間を指すかは，事件によって異なるが，一般に「被疑者が無実であったとしたら，その人の名誉が不当に損なわれない期間」と解すべきだろう．欧州人権裁判所の判決では，4 日以内という期間が示されたことがある．ただし，常にそうと決められたわけではない.]

4 逮捕または抑留によって自由を奪われた者はだれでも，その抑留が合法的であるか否かを速やかに決定するよう，また，もしその抑留が合法的でない場合には釈放を命じるよう，裁判所への手続きをとる権利を有する.

5 本条の規定に違反して逮捕または抑留された者はだれでも，賠償を強く要求する権利 (an enforceable right) を有する.

第 6 条 (公正な裁判を受ける権利)

1 いかなる人も，民事上の権利義務の決定のために，また訴追された刑事犯罪の有無の決定のために，法律で設置された公正で独立の裁判機関(*tribunal)で，妥当な期間内に(within a reasonable time)公正な公開審理を受ける権利を保有する．判決は公開で申し渡される．ただし，報道機関および公衆に対しては，以下の場合に，裁判の全部または一部を非公開にすることができる．

民主的社会における道徳，社会秩序，あるいは国の安全保障を維持するために必要な場合．

未成年者の利益のために，あるいは事件当事者の私生活保護のために非公開が必要な場合．

また，その公開が司法の権限を妨げる(*prejudice)特別な事情があって，ある程度の非公開がぜひとも必要だと裁判所が判断した場合．

2 刑事上の罪に問われている者はだれでも，法律によって有罪と立証されるまでは，無罪と見なされる．

3 刑事上の罪に問われている者はだれでも，最低限，次の権利を有する．

a 速やかに(promptly)，自分が理解し得る言語で，しかも詳細に，訴追の性格と理由とを告げられること．

b 自己弁護の準備のために十分な(adequate)時間および便益を与えられること．

c 自己弁護の機会を与えられること．あるいは，自ら選んだ弁護人(legal assistance)を通じて，自己弁護をすること．弁護人に対する十分な支払い能力がなく，司法の利益のために必要な場合は，無料の弁護を受けられる．

d 自己に不利な証言をする証人を尋問すること．または，彼らに対する尋問を要求または依頼すること．また，自己に不利な証人と同じ条件で，自己にとって有利な証人の出席，および彼らに対する尋問を要求すること．

e 裁判所で使用される言語を理解できない，あるいは話せない場合，無料で通訳の援助を受けられること．

第7条 (法律によらぬ刑罰の禁止)

1 いかなる人も，実行の時点で国内法または国際法による犯罪を構成していなかった行為または不作為(omission)を理由としては，いかなる刑事犯罪で有罪とされることもない．また，いかなる人も，刑事犯罪が行なわれた時点で適用されていた刑罰よりも重い刑罰を科せられることはない．

2 本条は，文明諸国が認める法の一般原則に従って，実行の時点で犯罪とされていた行為または不作為を理由とする裁判および刑罰をなんら妨

げる (prejudice) ものではない.

第 8 条 (私生活および家庭生活を人々に尊重させる権利)

1 いかなる人も，自己のプライベートな生活および家族の生活，自己の家庭 (home) および通信を，他人から尊重してもらう権利を有する.

2 この権利の行使については，公の機関によるいかなる干渉も許されない．ただし，国家の安全保障，公共の安全，あるいは国の経済的福祉のために，また，秩序破壊の防止または犯罪防止のために，健康または道徳の保護のために，あるいは，他の者の権利および自由の保護のために，公の機関が合法的な，しかも民主主義社会にとって必要な，干渉をする場合は例外とする.

第 9 条 (思想，良心，宗教の自由)

1 いかなる人も，思想，良心，および宗教においては自由，という権利を有する．この権利は，自己の宗教または信条 (belief) を変更する自由を含む．それはまた，礼拝において，教導 (teaching) において，実践において，また儀式 (observance) において，単独で，あるいは他の者と共同して，公にあるいは私的に，自己の宗教ないし信条を表明する自由を含む.

2 宗教または信条を表明する自由に課せられる制限は，次のものに限られる．すなわち，公共の安全のため，また社会の秩序，健康，道徳の保護のために，また，他の者の権利および自由の保護のために，民主主義社会において必要と認められ，かつ法律で規定される制限ないし制約である.

第 10 条 (表現の自由)

1 いかなる人も，表現の自由という権利を保有する．この権利は，公の機関による干渉を受けることなく，また，国境とかかわりなく，意見を持つ自由，ならびに情報および思想を受けたり伝えたりする自由を含む．本条は，国が事業者に，放送，テレビ，映画の営業許可制を強制することを妨げるものではない.

2 上記の自由の行使は，義務と責任とを伴うものであるから，国の安全保障，領土保全，あるいは公共の安全のために，秩序破壊や犯罪を防止するために，健康または道徳保護のために，他人の信用 (reputation) または権利の保護のために，秘密として受けた情報の漏洩を防ぐために，また，司法機関の権威および公平さを維持するために，民主主義社会にとって必要なものとして法律で定めた手続き，条件，制限を課せられたり，刑罰 (penalties) を科せられたりすることがある.

第 11 条 (集会および結社の自由)

1 いかなる人も，平和的な集会の自由，および，結社 (association with others) の自由を保つ権利を有する．この権利には，自己の利益の保護のために労働組合を結成し，また労働組合に加入する権利も含まれる．

2 上記の権利の行使については，国の安全保障もしくは公共の安全のために，秩序破壊や犯罪の防止のために，健康または道徳の保護のために，また，他人の権利および自由の保護のために，民主主義社会にとって必要なものとして法律で定めた制限を課する場合を除いては，いかなる制限も課してはならない．本条の規定は，国の軍隊，警察，または行政機関の構成員による上記の権利の行使に対して，合法的な制限を課することを妨げるものではない．

第 12 条 (結婚の権利)

結婚できる年齢の男女は，その権利の行使を管理する国内の法律に従って，結婚し，家族を形成する権利を有する．

第 13 条 (効果的な救済を受ける権利)

この条約が明らかにした権利および自由を侵害された者はだれでも，その侵害がたとえ公務執行者によってなされたとしても，国家機関の監視のもとで (before a national authority)，効果的な救済措置を受けることができる．

第 14 条 (差別の禁止)

この条約が明らかにした権利および自由の享受は，性別，人種，皮膚の色，使用言語，宗教，政治その他に関する意見，出身地である国または社会，少数民族との関連，財産，出生その他の地位などに基づく，いかなる差別もなしに保障される．

第 15 条 (非常事態における義務の一時停止)

1 国民の生命 (life of the nation) を脅やかす戦争または公共の非常事態に際しては，どの締約国も，状況の緊急性が確実に (strictly) 要求する限度においてのみ，この条約に基づく義務を一時停止 (*derogation) することができる．ただし，その対策は各締約国が国際法に基づいて負っている他の義務と矛盾するものであってはならない．[訳注．本文の DEROGATION の項を参照．]

2 上記の規定は，第 2 条(ただし，合法的な戦争行為から生じる死を含めない)，第 3 条，第 4 条 1，および第 7 条の停止を許すものではない．

3 義務の一時停止権を行使するどの締約国も，そのために講じた対策と，その理由とを欧州会議事務総長に対して余すところなく報告しなければならない．当事国はまた，その対策が終了し，条約の諸規定が再び完全に履行された段階で，欧州会議事務総長にその旨を報告しなければならない．

第 16 条 （外国人の政治活動に対する制限）

第 10 条，第 11 条，および第 14 条のどの部分も，締約国が外国人の政治活動に制限を課すことを妨げる規定と見なしてはならない．

第 17 条 （権利の濫用の禁止）

この条約のいかなる規定も，国，集団，または個人のいずれかが，この条約に明示された権利および自由のいずれかを破壊することを――あるいは，この条約に明示された範囲を超えてそれらを制限することを――目的とする活動に従事する権利を容認しているかのように，あるいは，その種の破壊や制限を狙った行動をとる権利を容認しているかのように，解釈してはならない．

第 18 条 （条約権の制約が許容される限界）

上記に明示された権利および自由についてこの条約が許容する制約は，条約がそのために定めた目的以外の，いかなる目的にも適用してはならない．

第 2 節　欧州人権裁判所

第 19 条 （欧州人権裁判所の創設）

この条約および条約議定書の批准国どうしの約束が確実に遵守されることを目的として，欧州人権裁判所 (the *European Court of Human Rights) [以下「裁判所」と訳す] を設立する．裁判所は常時機能すべきものとする．

第 20 条 （裁判官の人数）

裁判所は締約国の数と同じ数の裁判官によって構成される．

第 21 条 （裁判官就任の基準）

1　裁判官は，高い道徳性を持ち，かつ，高等な司法職 (judicial office) に必要な資格を有する者，あるいは，その能力を広く認められている法律の専門家 (jurisconsults) でなければならない．

2　すべての裁判官は，個人の資格で裁判所の職務につく．

3　裁判官はその任期中，裁判官の独立性，公平性，または専任職に求められる義務との両立が不可能と判断されるいかなる活動にも従事してはならない．この項の適用から生じるすべての問題は，裁判所によって決定される.

第 22 条 （裁判官の選挙）

1　裁判官は，欧州議会の議員総会によって選出される．議員総会は，締約国のそれぞれについて，その締約国によって指名され，名簿に記載された 3 名の候補者のなかから，投票で過半数を得た者を選ぶ.

2　条約批准国が新しく加わった場合，また，予期せざる事情でできた空席を埋める場合にも，裁判所の定員を充たすために，同一の手続きをとるものとする.

第 23 条 （裁判官の任期と，創設時の特例）

1　裁判官は 6 年の任期で選出される．同一人の再任は可とする．ただし，第 1 回目の選挙で選出された裁判官のうち，半数の任期は 3 年で終了する.

2　最初の 3 年間で任期が終了する裁判官は，選挙のあとただちに欧州会議事務総長によって，くじ引きで選ばれる.

3　裁判官のうち半数の任期が 3 年ごとに更新されることを，できるだけ確実なものとするために，欧州議会議員総会は，今後のどの選挙にも先立って，選出される 1 名または 2 名以上の裁判官の任期を，9 年またはそれ以下で，かつ 3 年またはそれ以上という範囲内で，6 年以外の期間にする旨を決定できる.

4　任期が 2 つ以上になる可能性があり，議員総会が本条 3 項を適用する場合，任期の割当ては，当該選挙の終了後ただちに欧州会議事務総長がくじ引きによって行なう.

5　任期がまだ終了していない裁判官の後任として選出される裁判官は，前任者の残任期間中のみ在任できるものとする.

6　裁判官の任期は，裁判官が 70 歳に達した時に終了する.

7　裁判官は，後任者が任命されるまで在任する．ただし，どの裁判官も，すでに審理を開始した事件は引き続き担当しなければならない.

第 24 条 （裁判官の解任）

いかなる裁判官も，他の裁判官が 3 分の 2 の多数決によって，その者は裁判官として必要な条件をもはや満たしていないと判断した場合を除いては，職務を解かれることはない.

第 25 条 （書記局および法務事務官）

裁判所は書記局を置く．書記局の機能および組織は裁判所規則で定める．裁判所は，法務事務官がこれを補佐する.

第 26 条 （全員法廷）

裁判所の全員法廷（plenary session）は次のことを行なう.

a　3 年の任期で，裁判所長官（President）および 1 名または 2 名の裁判所副長官を選任すること．同一人を長官または副長官に再選することはこれを妨げない.

b　一定期間のみ機能する小法廷（Chambers）を設置すること.

c　各小法廷の裁判長（Presidents）を選任すること．同一人を小法廷裁判長に再任することはこれを妨げない.

d　裁判所規則を採択すること．ならびに，

e　書記局長（the Registrar）および 1 名または 2 名以上の書記局次長を選任すること.

第 27 条 （委員会，小法廷および大法廷）

1　裁判所は，提訴された事件を審理するために，3 名の裁判官で構成される委員会，7 名の裁判官で構成される小法廷，および 17 名の裁判官で構成される大法廷（Grand Chamber）を置く．裁判所の小法廷は，一定期間のみ機能する委員会を設置する.

2　関係当事国のために選出された裁判官は，職務上当然の権利として，小法廷および大法廷の裁判官として審理に当たる．もし関係当事国のために選出された裁判官がいない場合，あるいは出席できない場合，その国によって選任された者が裁判官の資格で審理に当たるものとする.

3　大法廷の構成員はまた，裁判所長官，裁判所副長官，小法廷の裁判長，および裁判所規則に従って選任される他の裁判官を含む．事件が第 43 条に基づいて大法廷に提訴された場合，判決を下した小法廷の裁判官は――小法廷の裁判長および関係当事国のために出席した裁判官を除いては――大法廷に出席できない.

第 28 条 （委員会による不受理の宣言）

委員会は，第 34 条に基づいて提出される個人の申立てを，さらに審理するまでもなく決定できる場合に限り，投票で全員が一致したならば，受理できないと宣言することが，あるいは提訴事件のリストから削除することができる．これは最終的な決定である.

第 29 条 （小法廷による，提訴の受理可能性および実質的内容に関する決定）

1　第 28 条に基づく決定がなされなかった場合，小法廷は，第 34 条に基づいて提出される個人の申立ての受理可能性，およびその実質的な内容の当否（*merits）について，決定を下す.

2　小法廷は，第 33 条に基づいて提出される国家間の申立ての受理可能性，およびその実質的な内容について，決定を下す.

3　受理可能性に関する決定は，各件を別個に行なうものとする．ただし，裁判所が例外措置として別段の決定をする場合は，この限りではない.

第 30 条　（大法廷への管轄権移管）

小法廷に提訴された事件が，条約またはその議定書の解釈に影響を与える重大な問題を生じる場合，あるいは，小法廷に提出された問題の決定が裁判所によってすでに下された判決と矛盾する結果を生じるおそれがある場合，小法廷は，判決を下す前のいずれの時でも，大法廷に管轄権を移管することができる．ただし，事件の当事者のいずれかがこれに反対した場合は，この限りでない.

第 31 条　（大法廷の権限）

大法廷は，次のことを行なう.

a　第 33 条または第 34 条に基づいて提出された申立てについて，小法廷が第 30 条に基づいて管轄権を移管した場合，または，事件が第 43 条に基づいて大法廷に提訴された場合，それについての決定を下すこと．ならびに，

b　第 47 条に基づいて提出された勧告的意見の要請について審理すること.

第 32 条　（裁判所の管轄権）

1　裁判所の管轄権は，第 33 条，第 34 条，および第 47 条に基づいて裁判所に委ねられた，条約およびその議定書の解釈と適用とにかかわるすべての事項に及ぶ.

2　裁判所が管轄権を有するか否かについて争いが生じた場合，裁判所が決定を下す.

第 33 条　（国家間の事件）

いずれの締約国も，条約を批准した他の国が犯したと見られる条約および議定書の規定違反を，裁判所が審理するよう申し立てることができる.

第 34 条　（個人の申立て）

裁判所は，いずれかの締約国によって条約または議定書に明記された権利を侵害された被害者であると主張するいかなる人，いかなる非政府団体，また個々人から成るいかなるグループからの申立てをも受理できる．締約国は，この権利の効果的な行使をいかなる形でも妨げないことを保証する.

第 35 条 （受理可能性の基準）

1 裁判所は，一般的に認められた国際法の原則に従って，国内的な救済措置が余すところなく試みられたあとに限って，その最終的な決定が下された日から 6 カ月以内に，事件を扱うことができる．

2 裁判所は，第 34 条に基づいて提出される申立てのうち，次のものは受け入れてはならない．

a 匿名のもの．または

b 裁判所がすでに審理した，または，すでに他の国際的調査もしくは調停の手続に委ねられた事件と実質的に同一であって，それにかかわる新しい情報をいささかも含んでいないもの．

3 裁判所は，第 34 条に基づいて提出される個人の申立てのいずれかが，条約またはその議定書の規定と両立し得ない，明白に根拠を欠く，または，申請権を濫用していると判断した場合，不受理を宣言しなくてはならない．

4 裁判所は，本条に基づいて受理できないと判断したいかなる申立ても却下する．裁判所は，手続きのいずれの段階でもこの却下を行なうことができる．

第 36 条 （第三者の参加）

1 小法廷あるいは大法廷が審理するすべての事件において，自国民が申立人となっている締約国は，意見書を提出する権利，および審理 (hearing) に参加する権利を有する．

2 裁判所長官 (the President of the Court) は，司法の適正な運営のために，裁判手続きの当事者ではない締約国に，また申立人ではない関係者に，意見書を提出し，審理に参加するよう招請することができる．

第 37 条 （申立ての削除）

1 裁判所は，諸般の事情が次の結果をもたらす場合，手続のいずれの段階においても，申立てを事件リストから削除することを決定できる．

a 申立人が自己の申立ての受理を求め続けてはいない．また，

b 事件が解決した．また，

c 裁判所が確認したその他の理由により，もはや申立ての審理を継続する正当性がない．ただし，裁判所は，条約およびその議定書で明確にされた人権の尊重がそれを必要とする場合には，申立ての審理を継続する．

2 裁判所は，諸般の事情によってそうすることが正当であると判断した場合には，申立てを事件名簿に再び記載することを決定できる．

第 38 条 （事件の審理，および友好的解決の手続き）

1 裁判所は，申立てを受理できると宣言した場合，次のことを行なう．

a 当事者双方の代理人と共に事件の審理を行なうこと．また，必要があれば調査を行なうこと．関係国は，この調査を効果的に実施するために，必要なあらゆる便宜を供与しなければならない．

b 問題の友好的な解決——しかも，条約およびその議定書で定義された人権の尊重を基礎とする解決——を確保するために，裁判所を関係当事者に利用させる．

2 1b に基づいて行なわれる手続きは非公開とする．

第 39 条 （友好的解決の認定）

友好的解決が成立した場合には，裁判所は決定を下すことによって，名簿から事件を削除する．その決定は，該当する事実，および到達した解決の簡潔な記述にとどめる．

第 40 条 （審理の公開，および文書の閲覧）

1 審理 (hearing) は公開とする．ただし，例外的な状況のもとで，裁判所が別段の決定をする場合を除く．

2 書記局長 (the Registrar) に寄託された文書は，裁判所長が別段の決定をする場合を除き，公衆が閲覧できるものとする．

第 41 条 （公正な賠償金）

裁判所が条約またはその議定書の違反を認定し，かつ，当該締約国の国内法が部分的な賠償しか認めていない場合，裁判所は，もし必要であれば，被害当事者に公正な満足 (just satisfaction) を与えなければならない．[訳注．法学者によって「公正な[正当な]満足」とか「公正な精神的満足」と訳されている “just satisfaction” は，ここで具体的には「人権被害に対する正当な賠償金(および訴訟費用)の支払い」の意味である．金額としてどれくらいが正当かは，もちろん個々のケースによって異なるが，そう高額ではあるまい．かつて精神病院に強制入院された英国人に 1 万ポンド(約 180 万円相当)を支払うという判例があった．一般に，不当な逮捕監禁など，金銭的被害を伴わないケースでの賠償金は，1 万ないし 1 万 5000 ポンドあたりがめやすになると思われる．]

第 42 条 （小法廷の判決）

小法廷の判決は，第 44 条 2 の規定に従って最終判決となる．

第 43 条 （大法廷への付託）

1 例外的な事件の場合，その事件当事者のいずれも，小法廷の判決の日から３カ月以内に，事件が大法廷に付託されるよう請求できる.

2　大法廷の５人の裁判官で構成される審査部会は，当該事件が条約またはその議定書の解釈もしくは適用に影響する重大な問題を提起する場合，あるいは普遍的な重要性を持つ重大な問題を提起する場合，その請求を受理する.

3　審査部会が請求を受理した場合，大法廷は当該事件を判決（judgment）によって決定しなければならない.

第 44 条　（最終判決）

1　大法廷の判決は，最終判決とする.

2　小法廷の判決は，次の場合に最終判決とする.

a　当事者双方が事件を大法廷に付託する請求をする意思のないことを宣言した場合．または，

b　判決の日から３カ月が経過し，その間に事件の大法廷への付託が請求されなかった場合．または

c　大法廷の審査部会が第 43 条に基づく付託の請求を却下する場合.

3　最終判決は公表（publish）される.

第 45 条　（判決および決定の理由）

1　判決には，また，申立てを受理できるか否かについて宣言する決定には，理由を付さなければならない.

2　判決がその全部または一部について裁判官全員の一致した意見を表明していないとき，どの裁判官も個別の意見を開陳する権利を有する.

第 46 条　（判決の拘束力および執行）

1　締約国は，自国が当事者であるいかなる事件においても，裁判所の最終判決に従うことを約束する.

2　裁判所の最終判決は，閣僚委員会に送付され，閣僚委員会はその執行を監視する.

第 47 条　（勧告的意見）

1　裁判所は，閣僚委員会の要請に応じて，条約およびその議定書の解釈に関する法律問題について勧告的な意見（*advisory opinion）を与えることができる.

2　この意見は，条約の第１節および条約の議定書において定義された権利および自由の内容または範囲についてのいかなる問題も，また，裁判所もしくは閣僚委員会が条約に基づいて開始する手続きの結果として検討する必要が生じるであろうその他のいかなる問題も，取り扱ってはならない.

3　裁判所の勧告的意見を要請する閣僚委員会の決定は，同委員会に出席する資格のある代表者の過半数の賛成投票を必要とする.

第 48 条　(裁判所の勧告に関する管轄権)

裁判所は，閣僚委員会が提出する勧告的意見の要請が，第 47 条で定義された権限内にあるか否かを決定する.

第 49 条　(勧告的意見の理由)

1　裁判所の勧告的意見には，理由を付さなければならない.

2　勧告的意見がその全部または一部について裁判官全員の一致した意見を表明していないときは，いずれの裁判官も個別の意見を表明する権利を有する.

3　裁判所の勧告的意見は，閣僚委員会に通知される.

第 50 条　(裁判所の経費)

裁判所の経費は，欧州会議が負担する.

第 51 条　(裁判官の特権および免責権)

裁判官は，その責務を果たしているあいだ，欧州会議規定の第 40 条，およびそれに基づいて作成された協定が定める特権および免責権を行使できる.

第 3 節　雑則

第 52 条　(事務総長による調査)

いずれの締約国も，欧州会議事務総長から要請があった場合には，自国の国内法がこの条約の諸規定の効果的な実施を確保する方法について説明しなければならない.

第 53 条　(現存の人権の保護)

この条約のいかなる規定も，いずれかの締約国の法律に基づいて，あるいは，当該国が締約国となっている他のいずれかの協定に基づいて，保障されるであろう各種の人権および基本的自由を制限するものと，あるいはそれから逸脱するものと，解してはならない.

第 54 条　(閣僚委員会の権限)

この条約のいかなる規定も，欧州会議の規程が閣僚委員会に与えた権限を侵すものではない.

第 55 条　(他の紛争解決手段の排除)

締約国は，条約の解釈または適用から生じる紛争を訴状によって申し立て，それをこの条約で定める方法以外で解決するために，締約国間で有効な条約または宣言を利用することはない，と約束する．ただし，特別の合意がある場合は，この限りでない．

第 56 条　(条約適用の領域)

1　いずれの国も，批准の時に，またはその後のいずれの時にも，欧州会議事務総長に宛てた通告によって，自国がその国際関係について責任を持つ地域 (territory) の全部または一部に対して，本条の 4 に従って，この条約を適用すると宣言することができる．

2　条約は，欧州会議事務総長が上記の通告を受領したあと 30 日目から，通告のなかで指定された 1 または 2 以上の地域に適用される．

3　ただし，この条約の規定は，現地の要求 (local requirements) に妥当な考慮を払ったうえで，それらの地域に適用されなければならない．

4　本条の 1 に基づいて宣言を行なった国はすべて，宣言後のいずれの時でも，1 または 2 以上の関係地域のために，欧州人権裁判所にはこの条約の第 34 条に定める個人，非政府団体，または個人から成る集団からの請願を受理する権限がある旨を，宣言によって認めることができる．

第 57 条　(留保)

1　いずれの国も，この条約に署名する時，または批准書を寄託する時，その地域でその時に有効ないずれかの法律がこの条約の特定の規定と抵触する場合に限り，その規定について留保を付すことができる．一般的な性格を持つ留保は，本条のもとでは許されない．

2　本条に基づいて付されるいかなる留保も，関係する法律の簡潔な記述を含むものとする．

第 58 条　(脱退)

1　締約国は，自国が締約国となった日から 5 年を経過したあと，かつ，欧州会議事務総長に宛てた通告による 6 カ月の予告のあとでのみ，この条約の無効を宣言 (denounce) することができる．欧州会議事務総長は，これを他の締約国に通知するものとする．

2　1 の無効宣言は，それが効力を生じる日の前に当該締約国が犯していた，この条約に基づく義務の違反になる可能性のあるいかなる行為に関しても，当該締約国をその条約義務から免除する効果を生じるものではない．

3　欧州会議の加盟国でなくなったいかなる締約国も，同じ条件によって，この条約の締約国としての資格を失う．

4　いずれの締約国も，第 56 条によって条約の適用が宣言されたいずれの地域についても，本条1から3までの規定に基づいて，条約は無効だと宣告できる.

第59条 （署名および批准）

1 この条約は，欧州会議加盟諸国の署名のために開放しておく．この条約は，加盟国によって批准されなければならない．批准書は，欧州会議事務総長に寄託されなければならない.

2 この条約は，10通の批准書が寄託されたのちに効力を生じる.

3 その後に批准する署名国においては，批准書の寄託の日に条約の効力が生ずる.

4 欧州会議事務総長は，条約の効力発生，条約を批准した締約国名，および，その後に行なわれたすべての批准書の寄託について，すべての欧州会議加盟国に通知する.

「人権および基本的自由を保護するための条約」についての議定書[欧州人権条約第1議定書]（第11議定書によって補正されたもの）

署名　　　1952年3月20日
効力発生　1954年5月18日
1994年5月11日署名の第11議定書による補正は1998年11月1日に発効

欧州会議加盟国である，この議定書に署名した国の政府は，

1950年11月4日にローマで署名した「人権および基本的自由を保護するための条約」[以下「条約」と言う]の第1節にすでに含まれている権利と自由以外の，若干の権利および自由を集団的に実施するための措置をとることを決定して，

次のとおり協定した.

第1条 （財産の保護）

すべての自然人または法人は，その財産および所有物（possessions）[以下，単に「財産」と訳す]を平和的に享受する権利を有する．いかなる人もその財産を奪われない．ただし，公益のために必要であり，かつ，法律が定める諸条件，ならびに，国際法の一般原則に則った諸条件に従う場合はこの限りではない.

ただし，上記の規定は，ある国が国民一般の利益を考慮して，財産の使

用を規制するために必要と見なす法律を実施する権利を，また，税その他の負担金（contributions），あるいは罰金の支払いを確保するために必要と見なす法律を実施する権利を，決して妨げるものではない．

第2条（教育の権利）

いかなる人も教育の権利を否定されない．国は，教育および教導（teaching）に関して負ういかなる責務の行使においても，自己の宗教的，哲学的な信念に合った教育および教導の確保を期待する父母の権利を尊重しなければならない．

第3条（自由な選挙を行なう権利）

締約国は，立法府議員の選出にあたって，国民の意見の自由な表明を確保する条件のもとで，妥当な間隔を置いて，秘密投票による自由選挙を行なうことを約束する．

第4条（条約適用の領域）

いかなる締約国も，署名もしくは批准の時に，またその後のいずれの時にも，欧州会議事務総長に宣言を送り，自国が国際関係について責任を有する地域のうち，その宣言が指定する諸地域について，この議定書の規定を適用すると約束する範囲を記述することができる．

前項によって宣言を事務総長に送ったいかなる締約国も，以前のいずれかの宣言の条件を変更するという，あるいは，いずれかの地域についてこの議定書の諸規定の適用を終了させるという，新たな宣言を随時通知することができる．

本条に基づく宣言は，条約第56条の1に基づいて発せられたものと見なされる．

第5条（条約との関係）

締約国間においては，この議定書の第1条から第4条までの諸規定は，条約への追加条文と見なされ，したがって，条約のすべての規定がそれに適用される．

第6条（署名および批准）

この議定書は，条約の署名国である欧州会議加盟国の署名のために開放しておく．議定書は，条約の批准と同時に，またはその後に，批准されなければならない．議定書は10通の批准書が寄託されたのちに効力を生じる．その後に批准する署名国においては，その批准書寄託の日に議定書の効力が生じる．

批准書は，欧州会議事務総長に寄託され，事務総長はすべての加盟国に批准した加盟国名を通知する.

[以下(原文で 4 行)は議定書本文の扱いに関する事務的な規定なので,翻訳を省略.]

「人権および基本的自由を保護するための条約」の第 4 議定書[欧州人権条約第 4 議定書](条約およびその第 1 議定書にすでに含まれているもの以外の権利および基本的自由を確保するための議定書)(第 11 議定書によって補正されたもの)

署名　1963 年 9 月 16 日
効力発生　1968 年 5 月 2 日
1994 年 5 月 11 日署名の第 11 議定書による改正は 1998 年 11 月 1 日に発効

欧州会議加盟国である,この議定書に署名した国の政府は,

1950 年 11 月 4 日にローマで署名した「人権および基本的自由を保護するための条約」[以下「条約」と言う]の第 1 節,ならびに,1952 年 3 月 20 日にパリで署名した条約についての第 1 議定書の第 1 条から第 3 条までにすでに含まれているもの以外の,若干の権利および自由を集団的に実施するための措置をとることを決意して,

次のとおり協定した.

第 1 条 (債務不履行を理由とする抑留の禁止)

いかなる人も,契約上の義務を履行できないという理由だけで,その自由を奪われることはない.

第 2 条 (移動の自由)

1　合法的にいずれかの国の領域内にいるすべての者は,その領域内において自由に移動する権利,および自由に住居を選ぶ権利を有する.

2　人はすべて,自国を含むどの国からも自由に離れることができる.

3　1 および 2 の権利の行使については,法律に基づく制限で,国の安全保障,公共の安全,*ordre public*(公の秩序)の維持,犯罪の防止,健康もしくは道徳の保護,または,他人の権利および自由の保護のために,民主的社会において必要なもの以外の,いかなる制限も課してはならない.

4　1 で明示された権利もまた,特定の領域内では,法律に基づいて課す

制限であり，かつ民主的社会において公益のために正当化される制限を受けることがある．

第3条 （国外追放の禁止）

1 いかなる人も，自分がその国民である国の領域から，個別的な措置によっても集団的な措置によっても，追放されることはない．

2 いかなる人も，自分がその国民である国の領域に戻る権利を奪われない．

第4条 （外国人の集団的追放の禁止）

外国人の集団的追放は禁止される．

第5条 （議定書適用の領域）

1 いかなる締約国も，署名もしくは批准の時に，またその後のいずれの時にも，欧州会議事務総長に宣言を送り，自国が国際関係について責任を有する地域のうち，その宣言が指定する諸地域について，この議定書の規定を適用すると約束する範囲を記述することができる．

2 前項によって宣言を事務総長に通知したいかなる締約国も，以前のいずれかの宣言の条件を変更するという，あるいは，いずれかの地域についてこの議定書の諸規定の適用を終了させるという，新たな宣言を随時通知することができる．

3 本条に基づく宣言は，条約第56条の1に基づいて発せられたものと見なされる．

4 批准または受諾によってこの議定書が適用される国の領域，ならびに，本条によってこの議定書が適用される各地域は，第2条および第3条に言う国の領域の適用に際しては，別個の領域として扱われる．

5 本条の1または2に基づいて宣言を行なったいずれの国も，宣言後のいずれの時でも，宣言が関係する1または2以上の地域のために，この議定書の第1条から第4条までのすべて，またはいずれかについて，この条約の第34条に定める個人，非政府団体，または個人から成る集団からの請願を受理する裁判所の権限を受諾する旨を宣言することができる．

第6条 （条約との関係）

締約国間においては，この議定書の第1条から第5条までの諸規定は，条約への追加条文と見なされ，したがって，条約のすべての規定がそれに適用される．

第7条 （署名および批准）

この議定書は，条約の署名国である欧州会議加盟国の署名のために開放しておく．議定書は，条約の批准と同時に，またはその後に，批准されなければならない．議定書は5通の批准書が寄託されたのちに効力を生じる．その後に批准する署名国においては，その批准書の寄託の日に議定書の効力が生じる．

批准書は欧州会議事務総長に寄託され，事務総長はすべての加盟国に批准した加盟国名を通知する．

「人権および基本的自由を保護するための条約」の，死刑廃止に関する第6議定書［欧州人権条約第6議定書］（第11議定書によって補正されたもの）

署名　1983年4月28日
効力発生　1985年3月1日
1994年5月11日署名の第11議定書による改正は1998年11月1日に発効

1950年11月4日にローマで署名した「人権および基本的自由を保護するための条約」（以下「条約」と言う）についてのこの議定書の署名国である欧州会議加盟国は，

欧州会議の加盟数カ国で生じた思想的な進化（evolution）が死刑廃止を支持する一般的傾向を表明していることを考慮して，

次のとおり協定した．

第1条（死刑の廃止）

死刑は廃止される．いかなる人も死刑を宣告されることはなく，また，死刑を執行されることもない．

第2条（戦時における死刑）

国は，戦時中に，または，戦争の脅威が急迫している時に犯される行為に関して，法律で死刑の規定を設けることができる．その死刑は，法律で定められた場合においてのみ，かつ，法律の規定に基づいてのみ，適用される．国は，関係する法律の規定を欧州会議事務総長に通知する．

第3条（規定の棚上げは禁止）

条約の第15条は，この議定書の規定を一時停止（*derogation）することを許すものではない．

第4条（留保の禁止）

この議定書の規定については，条約の第 57 条に基づくいかなる留保も付してはならない.

第 5 条 （議定書適用の領域）[以下省略]

第 6 条 （条約との関係）

第 7 条 （署名および批准）

第 8 条 （効力発生の条件）

第 9 条 （寄託者の責務）

「人権および基本的自由を保護するための条約」の第 7 議定書[欧州人権条約第 7 議定書]（第 11 議定書によって補正されたもの）

署名　1984 年 11 月 22 日
効力発生　1988 年 11 月 1 日
1994 年 5 月 11 日署名の第 11 議定書による改正は 1998 年 11 月 1 日に発効

この議定書の署名国である欧州会議加盟国は，

1950 年 11 月 4 日にローマで署名した「人権および基本的自由を保護するための条約」(以下「条約」と言う) による若干の権利および自由の集団的な実施を確保するために，いっそう進んだ措置をとることを決意して，

次のとおり協定した.

第 1 条 （外国人の追放に関する手続的な保障）

1　合法的に国の領域内に居住する外国人は，法律に基づいて行なわれた決定による場合を除いては，追放されてはならず，かつ，次のことが認められる.

a　自己の追放に反対する理由を提示すること.

b　自己の事案が審査されること．また，

c　これらの目的で，権限のある機関に，またはその機関が指名する(単数または複数の)者の前に代理人が出頭すること.

2　外国人は，その追放が公の秩序のために必要な場合，または国の安全保障を理由とする場合，本人が本条 1 の a, b および c に基づく権利を行使する前に追放されることがある.

第 2 条 （刑事事件における上訴の権利）

1 裁判機関(*tribunal)によって有罪の判決を受けたすべての者は，その判決または刑罰を，より上位の裁判所において再審理される権利を有する．この権利の行使は，それを行使できる理由を含めて，法律によって支配される．

2 この権利については，法律が定める軽度の犯罪(offence)に関する例外を設けることができる．また，当該の者が最初から最上位の裁判所によって審理を受けた場合の例外を，もしくは，無罪の決定に対する上訴の結果として有罪判決を受けた場合の例外を，設けることができる．

第 3 条 （誤った有罪判決に対する補償）

最終判決によって有罪と決定され，その後に，新たな事実あるいは新たに発見された事実によって誤審であったことが決定的に立証され，それを理由として有罪判決が破棄され，または赦免が行なわれた場合，さきの有罪判決の結果として刑罰に服した者は，関係国の法律または慣行に基づいて補償を受ける．ただし，未知であった事実が明らかにされなかった責任の全部または一部が本人にあることが証明された場合は，この限りでない．

第 4 条 （一事不再理と，再度の刑罰を受けない権利）

1 自国の法律および刑事手続きに従ってすでに無罪または有罪の最終判決を受けた人はだれでも，刑法上の行為について，同一国の裁判管轄下における刑事手続きによって再び裁判されることも，再び刑罰を受けることもない．

2 前項の規定は，新たな，または新たに発見された事実が証拠として提出されて，または，以前の訴訟手続きに根本的な欠陥があって，事件の結果に影響を及ぼす可能性がある場合，その国の法律および刑事手続きに基づいて，事件の審理を再開することを妨げない．

3 条約の第 15 条は，本条の規定を一時停止(*derogation)することを許すものではない．

第 5 条 （夫婦間の平等）

結婚した男女は，婚姻中および婚姻の解消の際に，夫婦相互の関係，および子供との関係において，婚姻にかかわる法的なプライバシーの諸権利および責任の平等を保有する．本条は，国が子供の利益のために必要な方策をとることを妨げるものではない．

第 6 条 （議定書適用の領域）[以下，翻訳を省略]

第 7 条 (条約との関係)

第 8 条 (署名および批准)

第 9 条 (効力発生の条件)

第 10 条 (寄託者の責務)

「人権および基本的自由を保護するための条約」の第 12 議定書[欧州人権条約第 12 議定書](草稿)

この議定書の署名国である欧州会議加盟国は,

すべての人間は法の前で平等であり,法による平等な保護を受ける,という基本的な原則を尊重し,

1950 年 11 月 4 日にローマで署名した「人権および基本的自由を保護するための条約」(以下「条約」と言う)による全面的な差別禁止の集団的な実施を通じて,すべての人の平等をさらに促進する措置をとることを決意し,

差別撤廃の原則は,問題の諸方策が客観的かつ合理的に正当化できるものである限り,加盟国が十分かつ効果的な平等を促進するための方策をとることを妨げるものではないことを再確認したうえで,

次のとおり協定した.

第 1 条 (差別の全面的な禁止)

1 法律によって明示されたいかなる権利も,性別,人種,皮膚の色,言語,宗教,政治その他についての意見,出身の国または社会,国家的少数者グループとの関係,財産,出生その他の地位などのいかなる理由によっても差別されることなく,確実に享有できる.

2 人はだれも,いかなる公の機関によってであれ,上記 1 に列挙されたもののいずれかを理由として差別を受けることはない.

第 2 条 (議定書適用の領域) [以下,翻訳を省略]

第 3 条 (条約との関係)

第 4 条 (署名および批准)

第 5 条 (効力発生の条件)

第 6 条 (寄託者の責務)

1998 年人権法

憲法体系の根本的な変革──「1998 年人権法」制定までの経緯のあらまし

[以下は John Wadham と Helen Mountfield 共編 *Blackstone's Guide to the Human Rights Act 1998* (Second Edition), Blackstone Press, 2000. の 6〜11 頁の記述を参考にして飛田がまとめたもの.]

1. 連合王国は 1951 年に，同国の法律家が起草に貢献した「欧州人権条約」に署名し，それを批准した.

2. しかし，人権に関しては，政府が積極的に個人を擁護するというよりも，政府が個人の問題にできるだけ介入しないことをよしとする伝統──オクスフォード大学教授であった著名な法学者 Albert Venn Dicey (1835-1922) (⇨ COURT-MARTIAL (1)) の理論によって代表される the negative liberty ないし the negative freedom from government (政府の支配から免れる自由) の原則──が支配的であったから，「欧州人権条約」を国内法に取り込む動きは鈍かった.

3. 連合王国は，外国からの移民や亡命希望者に対する差別が初めて大きな問題になったあと，1966 年(労働党政権時代)に，個人による欧州人権裁判所への提訴を容認した. 欧州人権裁判所は，連合王国において「欧州人権条約」で定義されている基本的人権が目に余るほど侵犯されているとの判断を示し続け，国民と一部の政治家とに衝撃を与えた.

4. にもかかわらず，連合王国が「欧州人権条約」を国内法化しなかった主な理由は，同国では「法の支配」以上に「議会の主権」が重んじられていたからである. つまり同国では，法律や裁判に問題が発見された場合，(米国のように最高裁判所が司法審査で違憲判決を出すといった形ではなく)立法府がそれを正すという不動の伝統が存在していた. 「欧州人権条約」が国内法化すれば，国民が公選した庶民院議員ではなく，選挙による淘汰を受ける可能性のない裁判官が，人権に関する法律の規定や，政府の政策を条約違反と判断して，実質的にそれを無効にすることができる.

5. 1968 年に，やはり著名な法学者で，外国人差別や，官憲による人権侵害を批判し続けていた Anthony Lester (1933- ; 現在は勅撰弁護人) が，人権擁護のためにはせめて条約の国内法化をすべきだと主張し，それをきっかけに，政治家のあいだでも賛否両論が盛んに戦わされ，保守党の政治家のあいだにも「権利憲章」の制定には賛成の者が増えた.

6. 1975年に，労働党全国執行委員会は「人権憲章」案を発表したが，党員から，人権法としての法的な拘束力がないと批判された. 翌年，自由党のOulton Wade (1932-　) ほか1名の貴族院議員が，人権に関するあらゆる法律が「欧州人権条約」によって縛られるような「権利憲章」案を貴族院に提出した. しかし，法律家が政治家(議員)の頭越しに人権問題について最終的な決定を下すことには反対だという，伝統派の強い抵抗にあった.

7. 1976年(やはり労働党政権時代)に，内務省は上記のアントニー・レスターが書いた文書を発表し，条約の国内法化の必要を訴えた. 77年にスコットランドが条約の主旨に沿った人権法を作る議論を始めたのをきっかけに，「権利憲章」案は庶民院で初めて討論され，続いて貴族院にこの問題の特別委員会が設けられた. そこでは「欧州人権条約」を基盤にした「権利憲章」制定に賛成の意見が多くなった. とはいえ，それを成文の法典として認めるか否かについては議論が分かれた. 1979年5月に保守党のサッチャーが政権をとってから，かつて「欧州人権条約」の国内法化案に賛成していた保守党の若手議員までが鳴りをひそめ，同案はたびたび庶民院で握りつぶされた. しかし，上記のウェイド貴族院議員の継続的な努力もあって，1984年に107名の保守党の平議員が同案促進の署名をした. しかし，サッチャー首相はそれを無視した.

8. 1985年にDerek Walker-Smithという保守党の貴族院議員が，「欧州人権条約」の本格的な国内法化であるthe Human Rights and Fundamental Freedoms Bill (人権および基本的自由保障法案) を提案した. それは貴族院を通過し，1年後には庶民院に送られた. しかし，これまたサッチャー政権の指導部と，一部の労働党議員による反対にあって廃案になった. 理由はやはり，裁判官が政治家の領域を侵すことへの反感であった.

9. 国際社会の変化や，国内の警察の不祥事などに加えて，複数のシンクタンクによるレポートの強い影響もあって，1991年には労働党内に変化の兆しが現れ，2年後の93年10月の党大会は，人権条約の国内法化と，(人権問題の調査と，人権擁護の促進を目的にする)人権委員会の創設という大方針をたて，第2段階として具体的な「権利憲章」を起草することを決定した.

10. 貴族院では相変わらずレスター議員の提案にthe *Law Lord (貴族院裁判官; 常任上訴貴族) たちが反対し続けたけれども，彼らは「連合王国の裁判官がストラスブール(欧州人権裁判所)とかかわりなく，条約に照らして人権について解釈を下すことには反対ではない」という前向きの立場をとるようになった.

11. 1997年に労働党は選挙公約 (Manifesto) で条約の国内法化を明示し

たうえで地滑り的な勝利を収め，その結果として「1998 年人権法」がようやく成立し，それは 2000 年 10 月 2 日に発効した．

12.「欧州人権条約」と「1998 年人権法」とは(この辞典の「まえがき」にも，本文の各項にも記したように)連合王国の憲法体系に重大な変革をもたらした．おかげで，同国の王政，政治組織(例えば大法官 [the *Lord Chancellor] の地位)，司法などが根本的に変わる可能性が生じている．それに対して批判的な学者，法律家，政治家などは未だに少なくない．「まえがき」でも述べたとおり，日本で「1998 年人権法」を本格的に論じたおそらく唯一の書物は元山健，Keith D. Ewing 両氏の共著『イギリス憲法概説』(法律文化社，1999 年) で，特に，「1998 年人権法」を批判したユーイング博士(ロンドン大学キングズ・カレッジ教授)の論述はきわめて鋭く，かつ興味深い．博士は(上記の)ダイシーによる国会主権の理論を尊重し，同時に，裁判官が政治の分野を侵犯することに警戒心を抱いておられる．保守党指導部を支持する守旧派かと言えば，決してそうではなく，むしろ労働党寄りの民主的社会主義者であるらしい．博士はこう言って将来を憂える──「立法府が(それが思うところの)民主的社会の利益を促進していると考えて前進しているとき，他方で裁判官は，何が民主的社会を構成するかについての彼ら自身の別個の考え方によって，これをうち負かす切り札を切る権能を与えられるのである」(元山教授訳，102 頁)．博士は裁判官によるこういう「越権」だけでなく，人権法が個人(自然人)のみならず，法人の「人権」を認めていることにも危惧を抱いている．もし大企業が自己の「法人としての人権」をしきりに主張し始めたら──実際，そういう判例が出ているが──一般市民の自由は逆に抑圧されてしまうではないか，というのが博士の反対理由のひとつである．人権法のプラス面とマイナス面の比較衡量は決して容易ではない．今後，ユーイング博士が指摘された問題がどう扱われるのか，注目していく必要があるだろう．

「1998 年人権法」(骨子の要約)

[注．下記の別表(人権法のテキスト)に先立つ長い序文と本文には，主として法運営の技術的な説明が詳細に述べられている．以下，前半部の最も重要な部分を抄訳または要約する．]

序　文

1. 条約権 (The Convention Rights)

(1) この法律で条約権とは，以下に明示されているもろもろの権利と基本的な自由とを意味する.

(a) 条約の第2～12条および第14条.

(b) 条約第1議定書の第1～3条.

(c) 第6議定書の第1，第2条.

ただし，すべてに条約第16～18条の条件が付随する.

[以下，技術的な規定部分は翻訳を省略する.]

2. 条約権の解釈

(1) いずれかの条約権と関連のある事案に決定を下す裁判所あるいは審判所は，下記のうちいずれをも考慮に入れなければならない.

(a) 欧州人権裁判所の判決，決定，宣言，または勧告的意見.

(b) 条約の第31条によって受理された報告書に示された委員会 (the Commission) の意見.

(c) 条約の第26条または第27条2に関連した委員会の決定.

(d) 条約の第46条によって受理された閣僚委員会の決定.

(2) 本節によって取り上げる必要が生じるであろう判決，決定，宣言，あるいは，それに関する意見といういずれの証拠も，[裁判所等の]規則に従って，いかなる裁判所または審判所の手続きの際にも提出されなければならない. [以下，省略]

法

3. 法の解釈

(1) 可能な限り，主たる法 (primary legislation) とそれに付随する法 (subordinate legislation) とは，条約権の文言と両立する (is compatible with) ように解釈されるべきであり，また，両立の効果を持たせなければならない.

(2) 本節は，

(a) 主たる法および従たる法がいつ発効されても，即座に適用される.

(b) 条約権と両立しない，いかなる主法律の有効性，その機能の継続性，あるいはその執行力に影響を及ぼすものではない. [訳注. 条約と矛盾する国内法が見つかっても，ただちにその法律や，問題の条項が無効になるわけではない.]

(c) もし主法律が(非両立性の撤廃の可能性を一切無視して)従法律から非両立性を除去することを妨げるとしても，条約権と両立しない従法律の有効性，その機能の継続性，あるいはその執行力に影響を及ぼすものではない.

4. 非両立性の宣言

(1) 下記の (2) は，主法律が条約権 (a Convention right) と両立しているかどうかを決定する裁判所のいかなる手続きにおいても適用される.

(2) 裁判所は法律の規定が条約権と両立しないと確信したならば，その非両立性を宣言しなければならない.

(3) (4) [省略. 主法律によって縛られている従法律についても，(2) に準じるという規定.]

(5) 本節において「裁判所」は以下のものを意味する.

(a) 貴族院.

(b) 枢密院司法委員会.

(c) 軍法会議上訴裁判所.

(d) スコットランドでは，事実審[第一審]あるいは民事上級審に当たる場合を除いた，高等法院.

(e) イングランドとウェールズと北アイルランドにおいては，高等法院，または控訴院.

(6) 本節による条約権との非両立性宣言は，

(a) その宣言を受ける原因となった法規定の有効性，その機能の継続性，あるいはその執行力に影響を及ぼすものではない.

(b) 関係する裁判手続きの当事者を拘束するものではない.

5. 国家の介入

(1) 裁判所が非両立宣言を発するか否かを考慮しているあいだに，the Crown [訳注. 国王[女王]によって代表される国の政府] は裁判所の規則に従って，予告 (notice) を発する権利を有する. [訳注. この notice は出廷通知あるいは応訴の通知を意味すると思われる. 内務大臣など，国の代表者は裁判官に面と向かって国内法の正当性を論じることができる.]

(2) 上記 (1) が適用されるいかなる場合も，

(a) 内閣閣僚 (またはそれが任命する者),

(b) スコットランド行政府の一員,

(c) 北アイルランド大臣,

(d) 北アイルランド省,

は，裁判所の規則に従って予告を発することにより，当事者として裁判に加わることができる.

(3) 上記 (2) の予告は裁判手続きのいかなる段階でもなし得る.

(4) 上記 (2) による予告の結果，(スコットランドは例外とするが) 刑事裁判の一方の当事者になった者は，許可を得て貴族院に上訴し，裁判中に発せられたいかなる非両立宣言に対しても，それと争うことができる.

[以下，第22節まで翻訳を省略する．第6節からは，連合王国の上位裁判所や，欧州人権裁判所によって，条約権と矛盾すると判断された法律の扱いが詳しく述べられている．関係閣僚(イングランドとウェールズならば，たぶん内務大臣)は，非両立宣言を発せられた法律条項に関する上訴が成功せず，しかも，条約権との矛盾を解消すべき「有無を言わせないほど強い理由(compelling reason)がある」と判断したときには，通常の(ということは，議会に説明書類を送り，数カ月やりとりを交わしたのちに，その承認を得たうえで)命令を，あるいは緊急是正命令(emergency remedial order)を発することによって，法律を修正し，条約権との矛盾を排除することができるし，そうする義務もある．ここが重要なところであり，ここが国会主権の伝統をあくまで守ってきたかつての連合王国と大きく違うところである．]

「1998年人権法」(別表1)

[注．第1条がないなど，数字が順序どおりになっていないのは，条文を「欧州人権条約」の条項とそろえるためである．]

成立：1998年11月9日

発効：2000年10月2日

第1部　条約に基づく権利と自由

第2条 (生きる権利)

1　あらゆる人間の生きる権利は，法律で保護される．いかなる人も生きる権利を意図的に奪われることはない．ただし，あらかじめ死刑の定めのある法律によって有罪とされ，裁判所の判決に従って死刑を執行される場合は例外とする．

2　生命を奪うことは，以下の目的のために絶対に不可欠な力の行使の結果であれば，本条に違反するとは見なされない．

a　いかなる人であれ，その人を不法な暴力から護るため．

b　合法的な逮捕権を行使するため，または，合法的に勾留した者の逃亡を防ぐため．

c　暴動または反乱の鎮圧を目的として，合法的な行動をとるため．

第3条 (拷問の禁止)

いかなる人も拷問にかけてはならない．いかなる人にも非人間的な扱い，あるいは品位を失墜させるような扱いをしてはならず，また，そのような刑罰を与えてはならない．

第 4 条 （奴隷制と強制労働の禁止）

1 いかなる人も奴隷にしてはならず，いかなる人にも奴隷的な苦役を強いてはならない．

2 いかなる人にも，強制労働または義務としての労働に従事するよう要求してはならない．

3 本条の目的を果たすために，「強制労働または義務としての労働」という語句には以下のものを含めない．

a この条約の第 5 条の規定に基づいて科せられる抑留の通常の過程で，あるいは，その抑留から条件つきで解放される過程で，要求される作業のすべて．

b 軍事的な性格を持った役務のすべて．また，良心的軍役拒否が認められている諸国における良心的軍役拒否者の場合には，義務となっている軍役の代わりに要求される役務のすべて．

c 地域社会の生活または福祉を脅やかす非常事態または災害の場合に，要求される役務のすべて．

d 市民としての通常の義務の一部を構成する作業または役務のすべて．

第 5 条 （自由および安全を確保する権利）

1 いかなる人も，身体の自由と安全とを確保する権利を所有する．いかなる人もその自由を奪われることはない．ただし，下記の事情があり，しかも法律で規定された手続きを経た場合だけは例外とする．

a 適正な権限を持つ裁判所から有罪判決を受けたあと，当局が合法的に抑留した場合．

b 裁判所の合法的な命令に従わないという理由で，あるいは，なんらかの法律義務の履行を確保するために必要だという理由で，人を合法的に逮捕または抑留した場合．

c 人が犯罪をおかしたという合理的な疑いに基き，その人を適正な権限を持つ法的機関に連行すべく逮捕または勾留した場合．また，犯罪を防止するために必要であると，あるいは，犯行後の逃亡を防ぐために必要であると，合理的に判断し，合法的に逮捕または勾留した場合．

d 教育的監督を目的とする合法的な命令によって未成年者を抑留する場合．または，適正な権限を持つ法的機関に連行する目的で未成年者を合法的に抑留する場合．

e 伝染病の蔓延を防止するために人を合法的に抑留する場合．または，精神障害者，重度のアルコール依存症の者，麻薬常用者，あるいは浮浪者を合法的に抑留する場合．

f 違法入国の容疑者を合法的に逮捕または抑留する場合．また，強制退去あるいは犯罪人引渡しの手続きが進んでいる人を合法的に逮捕または抑留する場合.

2 逮捕される者には，それがだれであれ，ただちに，その人が理解できる言語で，逮捕理由および容疑事実のすべてを告げなければならない.

3 本条1cの規定に基づいて逮捕または抑留された者は，ただちに裁判官の前に，あるいは司法権の行使を法律で認められた公務員の前に，連行されなければならない．その者はまた，妥当な期間内[「欧州人権条約」第5条3項の訳注を参照]に裁判を受ける権利を有し，裁判開始まで仮釈放される権利をも有する．その釈放にあたっては，裁判所への出頭が保障されること，という条件をつけることができる.

4 逮捕または抑留によって自由を奪われた者はだれでも，その抑留が合法的であるか否かを速やかに決定するよう，また，もしその抑留が合法的でない場合には釈放を命じるよう，裁判所への手続きをとる権利を有する.

5 本条の規定に違反して逮捕または抑留された者はだれでも，賠償を強く要求する権利を有する.

第6条 （公正な裁判を受ける権利）

1 いかなる人も，民事上の権利義務の決定のために，また訴追された刑事犯罪の有無の決定のために，法律で設置された公正で独立の裁判機関(*tribunal)で，妥当な期間内に公正な公開審理を受ける権利を保有する．判決は公開で申し渡される．ただし，報道機関および公衆に対しては，以下の場合に，裁判の全部または一部を非公開にすることができる.

民主的社会における道徳，社会秩序，あるいは国の安全保障を維持するために必要な場合.

未成年者の利益のために，あるいは事件当事者の私生活保護のために非公開が必要な場合.

また，その公開が司法の権限を妨げる特別な事情があって，ある程度の非公開がぜひとも必要だと裁判所が判断した場合.

2 刑事上の罪に問われている者はだれでも，法律によって有罪と立証されるまでは，無罪と見なされる.

3 刑事上の罪に問われている者はだれでも，最低限，次の権利を有する.

a 速やかに，自分が理解し得る言語で，しかも詳細に，訴追の性格と理由とを告げられること.

b 自己弁護の準備のために十分な時間および便益を与えられること.

c 自己弁護の機会を与えられること．あるいは，自ら選んだ弁護人を通じて，自己弁護をすること．弁護人に対する十分な支払い能力がなく，司法の利益のために必要な場合は，無料の弁護を受けられる.

d　自己に不利な証言をする証人を尋問すること．または，彼らに対する尋問を要求または依頼すること．また，自己に不利な証人と同じ条件で，自己にとって有利な証人の出席，および彼らに対する尋問を要求すること．

e　裁判所で使用される言語を理解できない，あるいは話せない場合，無料で通訳の援助を受けられること．

第7条（法律によらぬ刑罰の禁止）

1　いかなる人も，実行の時点で国内法または国際法による犯罪を構成していなかった行為または不作為を理由としては，いかなる刑事犯罪で有罪とされることもない．また，いかなる人も，刑事犯罪が行なわれた時点で適用されていた刑罰よりも重い刑罰を科せられることはない．

2　本条は，文明諸国が認める法の一般原則に従って，実行の時点で犯罪とされていた行為または不作為を理由とする裁判および刑罰をなんら妨げるものではない．

第8条（私生活および家庭生活を人々に尊重させる権利）

1　いかなる人も，自己のプライベートな生活および家族の生活，自己の家庭および通信を，他人から尊重してもらう権利を有する．

2　この権利の行使については，公の機関によるいかなる干渉も許されない．ただし，国家の安全保障，公共の安全，あるいは国の経済的福祉のために，また，秩序破壊の防止または犯罪防止のために，健康または道徳の保護のために，あるいは，他の者の権利および自由の保護のために，公の機関が合法的な，しかも民主主義社会にとって必要な，干渉をする場合は例外とする．

第9条（思想，良心，宗教の自由）

1　いかなる人も，思想，良心，および宗教においては自由，という権利を有する．この権利は，自己の宗教または信条を変更する自由を含む．それはまた，礼拝において，教導において，実践において，また儀式において，単独で，あるいは他の者と共同して，公にあるいは私的に，自己の宗教ないし信条を表明する自由を含む．

2　宗教または信条を表明する自由に課せられる制限は，次のものに限られる．すなわち，公共の安全のため，また社会の秩序，健康，道徳の保護のために，また，他の者の権利および自由の保護のために，民主主義社会において必要と認められ，かつ法律で規定される制限ないし制約である．

第10条（表現の自由）

1　いかなる人も，表現の自由という権利を保有する．この権利は，公の機関による干渉を受けることなく，また，国境とかかわりなく，意見を持つ自由，ならびに情報および思想を受けたり伝えたりする自由を含む．本条は，国が事業者に放送，テレビ，映画の営業許可制を強制することを妨げるものではない．

2　上記の自由の行使は，義務と責任とを伴うものであるから，国の安全保障，領土保全，あるいは公共の安全のために，秩序破壊や犯罪を防止するために，健康または道徳保護のために，他人の信用または権利の保護のために，秘密として受けた情報の漏洩を防ぐために，また，司法機関の権威および公平さを維持するために，民主主義社会にとって必要なものとして法律で定めた手続き，条件，制限を課せられたり，刑罰を科せられたりすることがある．

第11条（集会および結社の自由）

1　いかなる人も，平和的な集会の自由，および，結社の自由を保つ権利を有する．この権利には，自己の利益の保護のために労働組合を結成し，また労働組合に加入する権利も含まれる．

2　上記の権利の行使については，国の安全保障もしくは公共の安全のために，秩序破壊や犯罪の防止のために，健康または道徳の保護のために，また，他人の権利および自由の保護のために，民主主義社会にとって必要なものとして法律で定めた制限を課する場合を除いては，いかなる制限も課してはならない．本条の規定は，国の軍隊，警察，または行政機関の構成員による上記の権利の行使に対して，合法的な制限を課することを妨げるものではない．

第12条（結婚の権利）

結婚できる年齢の男女は，その権利の行使を管理する国内の法律に従って，結婚し，家族を形成する権利を有する．

第14条（差別の禁止）

この条約が明らかにした権利および自由の享受は，性別，人種，皮膚の色，使用言語，宗教，政治その他に関する意見，出身地である国または社会，少数民族との関連，財産，出生その他の地位などに基づく，いかなる差別もなしに保障される．

第16条（外国人の政治活動に対する制限）

第10条，第11条，および第14条のどの部分も，締約国が外国人の政治活動に制限を課すことを妨げる規定と見なしてはならない．

第17条（権利の濫用の禁止）

この条約のいかなる規定も，国，集団，または個人のいずれかが，この条約に明示された権利および自由のいずれかを破壊することを——あるいは，この条約に明示された範囲を超えてそれらを制限することを——目的とする活動に従事する権利を容認しているかのように，あるいは，その種の破壊や制限を狙った行動をとる権利を容認しているかのように，解釈してはならない．

第18条（条約権の制約が許容される限界）

上記に明示された権利および自由についてこの条約が許容する制約は，条約がそのために定めた目的以外の，いかなる目的にも適用してはならない．

第2部　第1議定書

第1条（財産の保護）

すべての自然人または法人は，その財産および所有物[以下，単に「財産」と訳す]を平和的に享受する権利を有する．いかなる人もその財産を奪われない．ただし，公益のために必要であり，かつ，法律が定める諸条件，ならびに，国際法の一般原則に則った諸条件に従う場合は，この限りではない．ただし，上記の規定は，ある国が国民一般の利益を考慮して，財産の使用を規制するために必要と見なす法律を実施する権利を，また，税その他の負担金，あるいは罰金の支払いを確保するために必要と見なす法律を実施する権利を，決して妨げるものではない．

第2条（教育の権利）

いかなる人も教育の権利を否定されない．国は，教育および教導に関して負ういかなる責務の行使においても，自己の宗教的，哲学的な信念に合った教育および教導の確保を期待する父母の権利を尊重しなければならない．

第3条（自由な選挙を行なう権利）

締約国は，立法府議員の選出にあたって，国民の意見の自由な表明を確保する条件のもとで，妥当な間隔を置いて，秘密投票による自由選挙を行なうことを約束する．

第3部　第6議定書

第1条（死刑の廃止）

死刑は廃止される．いかなる人も死刑を宣告されることはなく，また，死刑を執行されることもない．

第2条（戦時における死刑）

国は，戦時中に，または，戦争の脅威が急迫している時に犯される行為に関して，法律で死刑の規定を設けることができる．その死刑は，法律で定められた場合においてのみ，かつ，法律の規定に基づいてのみ，適用される．国は，関係する法律の規定を欧州会議事務総長に通知する．

欧州人権裁判所判決の例

（*The Times 2* [10-19-2001] “Law Report” による）

***P.G. and J.H. v. United Kingdom* 事件**（Application No. 44787/98）

裁判長　J.-P. Costa.

裁判官　W. Fuhrmann, P. Kūris, F. Tulkens, K. Jungwiert, Nicolas Bratza and K. Traja.

2001 年 9 月 25 日判決，同年 10 月 19 日公表.

[要約]　英国のある警察署による盗聴装置の使用は，プライベートな生活の尊重と，実効ある救済の権利を規定している「欧州人権条約」第 8 条および第 13 条に違反していた．欧州人権裁判所は，裁判官全員一致で，その旨を判決したが，公正な裁判を受ける権利を保障する第 6 条の違反は——証拠の非開示に関しては全員一致で，また，盗聴内容を裁判で証拠として使用した件に関しては 6 対 1 で——認めなかった.

[事件のあらまし]　2 人の申立人[以下「原告」と訳す]はいずれも英国人. 1995 年 2 月 28 日に，刑事部の Mann 警部は，同年 3 月 2 日かその前後に，Securicor 社の現金輸送車が，予想される数カ所のどこかで，この事件の第 1 原告および B による武装強盗に遭う可能性があるという情報を得た. 2 月 28 日から，B の自宅(フラット)の監視が始まった．強盗事件は発生しなかったが，3 月 3 日までに，強盗事件は 3 月 9 日「あたりに」行なわれるだろうという新情報が警察にもたらされた．マン警部は詳細を知るために，B のフラットに盗聴器を仕掛ける許可を上司に求めた.

1995 年 3 月 4 日に警察本部長（the *chief constable）は口頭でこれを許可し，盗聴器は同日に B のフラットのソファーのなかに隠された．3 月 8 日に，警察副本部長は日付をさかのぼらせた許可証を発行した．3 月 14 日，警察署は B のフラットからの電話の詳細な請求書の提出を(電話会社に)求めた．3 月 15 日に，B および彼と同居していた者らは盗聴器を発見し，フラットから退去した．強盗事件は起こらなかった.

原告たちは 1995 年 3 月 16 日に，盗難車に乗っているところを逮捕された．その車からは黒いバラクラーヴァ帽子，レザーの手袋，2 つの軍用雑嚢(ざつのう)などが発見された．警察はフラットに仕掛けた盗聴器の録音テープと照合するための音声サンプルを得たかったので，容疑者たちが収容された留置場で盗聴器を使用する，また，彼らの取り調べにあたる警察官(複数)に小型盗聴器を装着させる許可を求めた．警察本部長は書面でそれを許可し，原告たちの会話の一部は，本人たちの知らぬ間に，むろん許しもなく録音された．専門家による鑑定の結果，第1原告の声が録音テープの声と一致し，第2原告の声も録音テープの声と一致する可能性が高いと判断された．

Bと原告たちは，強盗共謀の容疑で起訴された．裁判中に，盗聴器の使用によって得られた証拠は受理可能であると認められた．一方，マン警部の報告書の一部(複数)を含む文書のなかに，原告およびその弁護士に開示されないものがあった．

原告たちは1996年8月9日に強盗を共謀したかどで有罪になり，15年の禁固刑の判決を受けた．控訴院への上訴は却下された．

[判決] 欧州人権裁判所は以下のような判決を下した．

I. 第8条違反容疑

A. Bのフラットに盗聴器を仕掛けた件

Bのフラットに盗聴器を仕掛けることは，当時の法律に違反していたと連合王国政府が認めているので，当裁判所は第8条違反があったと判断した．

B. Bが所有する電話の使用

Bによる電話使用についての情報は，武装強盗の共謀を取調べ，また裁判する過程で得られ，また使用されたという事情を勘案し，当裁判所は，それが条約第8条の2に規定する「民主主義社会にとって必要な」方法として正当化できると判断した．

C. 警察署における盗聴器の使用

当裁判所は，公私の電話システムからの傍受および，プライベートな敷地内における盗聴器の使用に関する明瞭な法的根拠が存在しないことは，それらに合法性が必要だという条件に合致しない，という事実に注意を促した．*Malone v United Kingdom* (1984); *Halford v UK* (1997), *Khan v UK* (2000) を参照[いずれも *The Times 2* に判決の詳細な説明あり]．当裁判所は，関係者個人の理解や同意なく警察署内で盗聴器を作動させた場合も，他の場合と実質的な相違は生じないと判断した．秘密傍受技術の恣意的な使用や濫用を防止するために国内法を制定すべきだという基本的な原則は，そういう状況にも同様に当てはまる．

当裁判所は，「2000年捜査権法」には警察署内における秘密傍受に関する規定があることを認めた．しかし，事件が関係する時期において，警察が警察署自体の構内で盗聴器を使用することを規制する法システムは存在していなかった．

したがって，当裁判所は，会話や通信への干渉が第8条の2で要求している法律によるものではなかったと，全員一致で判断した．

II. 第6条の1に違反の容疑

A.　裁判中に証拠が開示されなかった件

公正な裁判を受ける権利の基本的な一面は，刑事訴訟の手続き(その訴訟にかかわる諸要素を含む)が，当事者の対抗を反映すべきこと，また，検察と被告との保有する武器が等量であるべきこと，であった.

刑事事件において当事者の対抗的な[敵対的な]裁判を受ける権利とは，検察と被告との双方が，互いに相手側が提出する観察記録や証拠を知り，かつそれについて意見を述べる機会を与えられるべきだということを意味していた. *Brandstetter v Austria* (1991)，第 66–67 パラグラフ参照.

加えて，げんにイングランドの法律がそうしている (*R v Ward* [1993] 参照) ように，第 6 条の 1 は，検察側が容疑者にとって有利であろうと不利であろうと，所有している物質的な証拠のすべてを被告に開示するよう要求している. [以下，判例についての記述を省略.]

当裁判所は，検察側が——公の利益のために隠匿すべきだと判断した資料を除いては——可能な限り被告側に絶えず情報を与え，意見提出を許したという事実を認めた. 被告側弁護士が証人であるマン警部に問いただしたかった諸問題は，第一審の裁判官によって質問された. 当裁判所はさらに，この事件において開示されなかった資料は，検察による訴追のいかなる部分をも構成するものではなく，陪審に示されたことは全くない，という事実をも認めた.

開示する必要のある証拠は常に第一審裁判官による評価ないし審査を受けるという事実は，さらに進んだ重要な安全弁となる. 第一審裁判官は裁判中，終始，法廷に出されなかった証拠の公正さ，不公正さ，その他をチェックする義務を負っているのである.

したがって，当裁判所は，意思決定の手続きが，可能な限りは，当事者対抗の手続きという要件にも，等量の武器という要件にも，被告の利益を守る適正な安全策の準備という要件にも，それぞれ合致していると，全員一致で判断した. それゆえ，第 6 条の違反はなかったことになる.

B.　秘密傍受で得られた録音テープを裁判の証拠として使用した件

当裁判所は法廷に提出された録音テープは，原告たちにとって不利な唯一の証拠ではないことを認識した. さらに，原告たちは，録音された証拠が真実のものであるか否か，また，その使用が適法か否かについて，対抗手段をとる十分な機会を与えられていた.

もうひとつ明らかなことに，もし連合王国の裁判所が問題の証拠を受理することで実質的な不公正が生じるおそれありと見なしたとすれば，それを排除するだけの配慮を示したに違いない. 当裁判所は一歩を進めて，裁判官が入念な説示(証拠の要約)によって，証拠の重みがどこにあるかの判断を陪審に委ねた点に不公正さはなかったと判断した.

本件の原告たちは，警察が音声サンプルを採った方法は，自己負罪を免れる自分たちの権利を侵害するものだと抗議している．それに関する限り，当裁判所は，だれが有罪であるかの言明をいささかも含まない音声サンプルは，犯罪科学分析で用いられる血液，毛髪，その他の物理的な，あるいはその他の客観的な標本と同様に扱われるべきであり，その場合には自己負罪を拒絶する権利は及ばない，と判断した．

したがって，当裁判所は第 6 条違反はなかったと判断したが，タルケンズ裁判官だけは多数意見に反対した．

III. 第 13 条違反の容疑

当裁判所の見るところでは，連合王国の裁判所(複数)には賠償を与える能力がなかった．本件原告がプライベートな生活権が干渉されたのは違法だという訴えを取り上げることも，その訴えに応じて適正な救済を図ることも，それらの裁判所の自由裁量の範囲を超えていたのである．

当裁判所はまた，権利侵害の訴えを調査する[警察の]システムが，公権力の濫用を十分に防止するために必要な，また，第 13 条で規定された効果的な救済を与えるのに必要な，独立性の基準に背くものだということを知った．

したがって，当裁判所は，盗聴器の使用に関しては，第 13 条の侵害があったものと，全員一致で判断した．

IV. 第 41 条の適用

当裁判所は原告に，非懲罰的な賠償金としてそれぞれ 1000 ポンドを，また，裁判費用および諸経費として計 1 万 2000 ポンドを支払った．

連合王国の首相

(第二次世界大戦後)

Winston Churchill (保守党) (1875–1965) 1945 年 5 月から在任 (1940 年から 45 年までも連立政権の首相をつとめた).

Clement Attlee (労働党) (1883–1967) 1945 年 7 月から在任.

Winston Churchill (保守党) 1951 年 10 月から再任.

Anthony Eden (保守党) (1897–1977) 1955 年 4 月から在任.

Harold Macmillan (保守党) (1894–1986) 1957 年 1 月から在任.

Alec Douglas-Home [ダグラス゠ヒューム] (保守党) (1903–95) 1963 年 10 月から在任.

Harold Wilson (労働党) (1916–95) 1964 年 10 月から在任.

Edward Heath (保守党) (1916–　) 1970 年 6 月から在任.

Harold Wilson (労働党) 1974 年 3 月から再任.

James Callaghan [キャラハン] (労働党) (1912–　) 1976 年 4 月から在任.

Margaret Thatcher (保守党) (1925–　) 1979 年 5 月から在任.

John Major (保守党) (1943–　) 1990 年 11 月から在任.

Anthony Blair (労働党) (1953–　) 1997 年 5 月 2 日から在任.

CONSERVATIVE PARTY, LABOUR PARTY の各項目も参照されたい.

連邦最高裁判所の裁判官
(F. D. ローズヴェルト大統領の時代以降)

イタリックスは任命権者である大統領. かっこ内は在任期間. 「没」とあるのは, 任期中の死亡を意味する. *のついている判事は, 本文を参照.

F. D. Roosevelt (民主党, 1933-45)
- Hugo L. Black (1937-71)
- Stanley F. Reed (1938-57)
- Felix *Frankfurter (1939-62)
- William O. Douglas (1935-75)
- Frank Murphy (1940-49 没)
- Harlan F. Stone (首席 1941-46 没) Coolidge 大統領の任命で, 1925 年から陪席判事であった.
- James F. Byrnes (1941-42)
- Robert H. Jackson (1941-54 没)
- Wiley B. Rutledge (1943-49)

Truman (民主党, 1945-53)
- Harold H. Burton (1945-58)
- Fred M. Vinson (首席 1946-53 没)
- Tom C. Clark (1949-67)
- Sherman Minton (1949-56)

Eisenhower (共和党, 1953-61)
- Earl *Warren (首席 1954-69)
- John M. Harlan II (1955-71) (II のつかない同名の祖父も最高裁判事 (1877-1911)
- William J. *Brennan, Jr. (1956-90)
- Charles E. Whittaker (1957-62)
- Potter Stewart (1959-81)

Kennedy (民主党, 1961-63 没)
- Byron R. White (1962- 93)
- Arthur J. Goldberg (1962-65)

Johnson (民主党, 1963-69)
- Abe Fortas (1965-69)

Thurgood *Marshall (1967–91)
Nixon (共和党，1969–74)
Warren E. Burger (首席 1969–86)
Harry A. *Blackmun (1970–94)
Lewis F. Powell, Jr. (1972–87)
William H. *Rehnquist (1972–86，のち首席に昇任 ⇨ 下記)
Ford (共和党，1974–77)
John Paul *Stevens (1975–　)
Carter (民主党，1977–81)
任命なし.
Reagan (共和党，1981–89)
Sandra Day *O'Connor (1981–　)
William H. *Rehnquist (既出. 首席在任は 1986–　)
Antonin *Scalia (1986–　)
Anthony M. *Kennedy (1988–　)
Bush (共和党，1989–93)
David H. *Souter (1990–　)
Clarence *Thomas (1991–　)
Clinton (民主党，1993–2001)
Ruth Bader *Ginsburg (1993–　)
Stephen G. *Breyer (1994–　)
Bush II (共和党，2001–　)

主要参考文献

『英米法辞典』を除けば，1994 年以前の出版物と，判例集は省略．

田中英夫(編集代表)『英米法辞典』，東京大学出版会(初版，1991 年)．

田中英夫(編集代表)『BASIC 英米法辞典』，東京大学出版会(初版第 4 刷，1996 年)．

別冊ジュリスト　139 号『英米判例百選(第 3 版)』，有斐閣(1996 年)．

田畑茂二郎・高林秀雄(編集代表)『ベーシック条約集』，東信堂(第 2 版，2000 年)．

大沼保昭・藤田久一(編集代表)『国際条約集 2001 年版』，有斐閣(2001 年)．

著作権法令研究会(編著)『著作権法ハンドブック』，著作権情報センター(改訂新版，2000 年)．

著作権法令研究会(編著)『著作権関係法令集　平成 12 年版』，著作権情報センター(2000 年)．

元山　健・キース・D・ユーイング『イギリス憲法概説』，法律文化社(1999 年)．

*

Curzon, L. B., *The Dictionary of Law* (5th ed.), Financial Times, 1998.

Merriam Webster's Dictionary of Law, Merriam Webster, Inc., 1996.

Oran, Daniel, *Oran's Dictionary of the Law* (3rd ed.), West Legal Studies (Delmer), 2000.

Plano, Jack C. et al., *The American Political Dictionary* (10th ed.), Harcourt Brace College Publishers, 1997.

*

Anastaplo, George, *The Amendments to the Constitution: A Commentary*, Johns Hopkins University Press, 1995.

Barker, David et al., *Law Made Simple* (10th ed.), (Butterworth-Heinemann), 1998.

Fido, Martin et al., *The Official Encyclopedia of Scotland Yard*, Virgin, 1999.

Hoffman, Ronald et al. (ed.), *The Bill of Rights: Government Proscribed*, The University Press of Virginia, 1998.

Select Committee on the European Union, *EU Charter of Fundamental Rights, Report with Evidence*, The Stationery Office Books, 2000.

Levy, Leonard W. et al. (ed.), *Encyclopedia of the American Constitution* (2nd ed., 6 vols), Macmillan Reference USA, 2000.

Martin, Jacqueline, *The English Legal System* (2nd ed.), Hodder & Stoughton Educational, 2001.

McCloskey, Robert G. (Revised by Sanford Levinson), *The American Supreme Court*, The University of Chicago Press, 2000.

Morrison, Alan B. (ed.), *Fundamentals of American Law*, Oxford University Press, 1996.

Peltason, J. W., *Corwin & Peltason's Understanding the Constitution* (14th ed.), Harcourt Brace College Publishers, 1997.

Pollard, David et al., *Constitutional and Administrative Law: Text and Materials* (3rd ed.), London: Butterworths, 2001.

Sifakis, Carl, *The Encyclopedia of American Crime* (2nd ed., 2 vols), Facts On File, Inc., 2000.

Stumpf, Harry P., *American Judicial Politics* (2nd ed.), Prentice Hall, 1997.

Wadham, John et al., *Blackstone's Guide to the Human Rights Act 1998* (2nd ed.), Blackstone Press, 2000.

Wallechinsky, David, *The People's Almanac Presents the Twenti-*

eth Century: History with the Boring Parts Left Out, Woodstock: The Overlook Press, 1999.

*

Britain 2000: The Official Yearbook of the United Kingdom, The Stationery Office Books, 1999.

Whitaker's Almanack 2001, The Stationery Office Books, 2000.

TIME Almanac 2001: with Information Please, Time Life, 2000.

The New York Times Almanac 2001, The Times, 2000.

The United States Government Manual 1998/99 (Revised ed.), Office of the Federal Register, National Archives and Records Administration, 1998.

*

英米の新聞雑誌，特に *The (London) Times, The Financial Times, The International Herald Tribune, Time, U.S. News & World Report, The Economist* など.

日本の新聞，特に朝日新聞，日本経済新聞.

和英対照表

（五十音順）

アメリカ合衆国憲法の主要な条項は，515～517 ページの一覧表を参照.

ア　行

あいまい性のゆえに無効，という理論 void-for-vagueness doctrine
アイル・オブ・マン Isle of Man, the
アイルランド共和派軍 IRA, the
(北)アイルランド紛争 Troubles, the
アーヴィン，ロード Irvine, Lord
アーヴィング，クリフォード Irving, Clifford
アーヴィング，デイヴィッド Irving, David
アサイズ裁判所 Assize Court
アシュクロフト，ジョン Ashcroft, John David
アーチャー，ジェフリー Archer, Jeffrey
アテンダンス・センター Attendance Centre
アビュジャマル，マミア Abu-Jamal [Abu Jamal], Mumia
アファーマティブアクション affirmative action
アミカス・キュリー amicus curiae
アムネスティ；大赦；赦免 amnesty
アムネスティ・インターナショナル Amnesty International
アメリカインディアン運動 American Indian Movement, the
アメリカインディアン土地信託基金 American Indian Trust Fund, the
アメリカ自由人権［市民の自由］協会 American Civil Liberties Union, the
アメリカ人障害者法 Americans with Disabilities Act, the
アメリカ先住民，また，その子孫 Native Americans
新たな de novo
新たに発見された証拠 newly discovered evidence
アルカイダ al-Qaida ; al-Qaeda ; al Qaeda
アルカトラズ Alcatraz
アルコール・たばこ・火器管理局 Bureau of Alcohol, Tobacco and Firearms, the
アレン説示 Allen charge
(有名人の)暗殺 assassination
アントン・ピラー命令 Anton Pillar order
(州裁判所から連邦裁判所への)移管 removal; removal of (a) case
異議 avoidance; objection
異議申立て demurrer
意見 opinion
意見確認 certification
遺言(いごん) will
遺産管理人 administrator
遺産税 estate tax
医師患者間の秘匿特権 doctor-patient privilege
医師の助けを借りた自殺 physician-assisted suicide
イースター開廷期 Easter sittings, the
(人的財産の)遺贈 legacy
異端裁判 heresy trial
(訴訟手続きの)一時停止 stay
(法の)一部撤回；一時停止 derogation
一括修正(案) wrap-around amendment
一括払い補償［賠償］金 lump sum damages
(離婚訴訟などで養育権を喪失した親が)一定の短い期間だけわが子と同居する権利 staying access
一般法 public law
一夫多妻 polygamy
一方的な；当事者の一方だけが関与した［だけが裁判所に出頭した］ ex parte
遺伝子指紋採取 genetic fingerprinting
委任状 power of attorney

イーノック・アーデン法 Enoch Arden laws
違法行為; 軽犯罪 infraction
移民帰化局 Immigration and Naturalization Service, the
移民裁判官 immigration judge
移民法 Immigration Acts
入会(いりあい)地 common; commons
イーリー鉄道事件判決 *Erie Railroad Co. v. Tompkins*
イングランド・ウェールズ法律協会; ソリシター協会 Law Society of England and Wales, the
イングランドおよびウェールズ首席裁判官 Chief Justice of England and Wales, the
イングランドおよびウェールズ・バリスター団連合評議会 Bar Council, the; General Council of the Bar of England and Wales, the
イングランドの; (時に)イングランドとウェールズの English
飲酒運転 drink-driving; drunk driving; drunken driving
飲酒許可年齢 drinking age, the legal
飲酒禁止区域 alcohol-free zone
インズオブコート連合評議会 Senate of the Inns of Court and the Bar, the
インターネット internet, the
インディアン保留地 Indian reservations
インナーシティ; 都市のスラム inner city
インフォーマ・ポーパリス in forma pauperis
ヴァンダリズム; 器物損壊; 芸術[文化]破壊行為 vandalism
ヴィジター; 公式訪問者; 視察員 visitor
ウィリー・ホートン・スポット Willie Horton spot, the
ウィルソン対レイン事件 *Wilson v. Lane*
ウェイコー Waco
ウェブスター対母体健康サービス; ウェブスター事件 *Webster v. Reproductive Health Services*
ウェールズ Wales
ウォーカー・スパイ・リング Walker Spy Ring, the
ウォレン, アール Warren, Earl
ウォレン報告書 Warren Report, the
ヴォワール・ディール; 予備尋問 voir dire; voire dire
うそ発見器 lie detector; polygraph
疑いのある分類 suspect classification
訴え却下の申し立て motion to dismiss
訴えの利益 standing
ウッドワード, ルイーズ Woodward, Louise
裏金 soft money
(買い主が商品の品質について)売り主の瑕疵(かし)責任を問わないという条件で with all faults
ウルフェンデン報告書 Wolfenden Report, the
英国 Britain
英国空軍特殊部隊 SAS, the
英国国民党 British National Party, the
英国政府法務官 Law Officers of the Crown, the
英国法律全集 *Statutes at Large*
エイ・フォーシオーライ; より強い理由で; 最も強力な推論によって a fortiori
エクイティ equity
エクイティ裁判所 chancery
エクイティ上の equitable
エクサイズ excise (tax)
エクスタシー ecstasy
エージェントオレンジ法 Agent Orange Act, the
エシュロン Echelon
エスコビドー・ルール Escobedo rule, the
エホバの証人 Jehovah's Witnesses
エームズ, オールドリッチ Ames, Aldrich
エンゲル事件判決 *Engel v. Vitale*
エンロンの倒産 Enron bankruptcy, the
王位継承法 Act of Settlement, the
王室の魚 Royal fish
欧州(の) Europe; European
欧州会議 Council of Europe, the
欧州議会 European Parliament, the
欧州議会議員 Member of the European Parliament
欧州基本権憲章 European Charter of Fundamental Rights, the
欧州司法裁判所 Court of Justice of the European Communities, the; European Court of Justice, the
欧州人権憲章 European Bill of Rights,

the
欧州人権裁判所 European Court of Human Rights, the
欧州人権条約 European Convention on Human Rights, the
欧州理事会 European Council, the
王立アルスター警察隊 Royal Ulster Constabulary, the
横領 embezzlement
オカナー，サンドラ・デイ O'Connor, Sandra Day
オクスフォード条例 Provisions of Oxford
オクラホマシティー爆破事件 Oklahoma City bombing, the
押さえ込み矯正法 pindown
オスプリ Osprey, the
オズワルド，リー・ハーヴィ Oswald, Lee Harvey
恐れるな，ひけらかすな Don't fear it, don't flaunt it.
おとり商法 bait and switch; disparagement
おとり捜査 entrapment
オマー爆破事件 Omagh bombing, the
おまわりさん bobby
重い犯罪 notifiable offence
親の責任 parental responsibility
オールイングランド・ロー・リポーツ *All England Law Reports, The*
オールダー・ヘイ事件 Alder Hey scandal, the
オールドベイリー；中央刑事裁判所 Old Bailey, the
オレンジ団[党] Orange Order, the
オレンジメン Orangemen
恩赦 pardon

カ 行

会期別法律 session law
海軍法務官 Judge Advocate of the Fleet, the
戒厳令 martial law
外国人の密輸と人身売買 alien smuggling
外国人・反政府活動取締法 Alien and Sedition Act, the
外国人不法行為(告訴)法 Alien Tort Claims Act, the
外国諜報活動調査裁判所 Foreign Intelligence Surveillance Court, the
下位裁判所 lower court
開示(手続) discovery
海事裁判所 admiralty court
海事法廷 Admiralty Court
(憲法の)解釈 construction
解釈主義 interpretivism
開廷期 law term
回避の法理 avoidance
(陪審が，最終評決まで)外部から隔離された sequestered
開放刑務所 open prison
下院非米活動調査委員会 House Un-American Activities Committee, the
カウンティ裁判所 county court
(市場独占のための)価格格差 price discrimination
化学兵器 chemical weapons
確実な safe
(憲法や法律の)拡張解釈 loose [liberal] construction; broad interpretation
確定的権利 vested interest
核兵器 nuclear weapons
かけ；ギャンブル gambling
瑕疵(かし)責任を問わない条件で as is
過失；過誤 fault
(不法行為としての)過失 negligence
貸付真実法 Truth-in-Lending Act, the
過失相殺のルール comparative negligence rule, the
過失による negligent
加重強盗罪 aggravated robbery
加重暴行 aggravated assault
課税額査定官 assessor
学区自治体 school district government
学区内銃規制法 Gun-Free School Zones Act of 1990, the
学校券 school voucher
(公立)学校での祈禱 school prayer
合衆国判例集 *United States Reports, The*
合衆国法週報 *United States Law Week, The*
合衆国法律集 *United States Code, The*
合衆国法律全集 *Statues at Large*
家庭裁判所 family court
家庭内暴力 domestic violence
家庭のパートナー domestic partners
過度に広範な法 overbreadth
カトリック教会 Catholic Church, the
(連邦最高裁判決における)過半数の意見

majority opinion, the
可分性の法理 severability rule; severability doctrine
壁まで逃げる原則 flee to the wall doctrine
カポーン，アル Capone, Al
仮釈放 parole
仮釈放なき終身刑 whole life tariff
カリフォルニアのギャング California gangs
カルテル；企業連合 cartel
カロリーン・プロダクツ事件判決 *United States v. Carolene Products Co.*
環境保護テロリズム econo-terrorism
環境保護の名を借りた破壊活動 eco-sabotage
環境問題の対策，補償，および責任に関する包括法 Comprehensive Environmental Response, Compensation, and Liability Act, the
監禁 incarceration
箝口(かんこう)令 gag order
勧告的意見 advisory opinion
幹細胞研究 stem cell research
監視官；巡視員 warden
患者の権利法案 Patients' Rights Bill, the
間接税 excise (tax)
間接的な攻撃 collateral attack
姦通；不貞 adultery
カントリーコード Country Code, the
カンパニー，ザ Company, the
管理者 bailiff
(特に町議会の)議員 councillor
キヴォーキアン，ジャック Kevorkian, Jack
機会均等委員会 Equal Opportunities Commission, the
議会税 council tax
議会法 Parliament Act, the
(首都警察の)企業犯罪捜査部 Fraud Squad, the
聞くな，話すな. Don't ask, don't tell.
偽証 perjury
擬制詐欺 constructive fraud
擬制の；法解釈上の constructive
起訴 accusation; charge
(法律の)起草者の意図 original intent
(連合王国の)貴族院 House of Lords, the
貴族院裁判官；常任上訴貴族 law lord, the; Law Lord, the
規則制定 rulemaking; rule-making
起訴状 indictment
起訴状(案) bill of indictment
北アイルランド Northern Ireland
喫煙 smoking
キツネ狩り foxhunting
規定する enjoin
ギデオン事件(判決) *Gideon v. Wainwright*
ギネス事件の4人 Guinness Four, the
(提案，計画などが)機能し得る；実際役に立ちそうな viable
既判力 res judicata
忌避 recusation; recusal
キーフォーヴァー委員会の調査 Kefauver investigation, the
(EUの)基本権憲章 Charter of Fundamental Rights
義務と関心の基準；知る権利の基準 duty-interest [duty/interest] test, the
偽名 pseudonym
(協会やクラブの)規約；(地方自治体の)条例 bylaw
逆差別 reverse discrimination
逆成功報酬 defense contingent fee
脚注4 Footnote Four
キャシディ，ブッチ Cassidy, Butch
キャステラノ，ポール Castellano, Paul
(訴えの)却下 dismissal without prejudice
(裁判の)却下；棄却 dismissal (of action)
(申立てや異議を)却下する overrule
キャナビス cannabis
ギャランティ，カーマイン Galante, Carmine
ギャンビーノウ，カーロ Gambino, Carlo
救済(手段) remedy
救済申立て prayer
恐喝 racketeering
恐喝；金銭[財物]強要 extortion
凶器 deadly weapon
教唆(きょうさ)する abet; aid and abet
強制加入制法律協会 integrated bar; unified bar
行政監察委員長 First Commissioner, the
(財産を裁判所によって)強制管理された sequestered

行政協定 executive agreement
行政審判所; 特別裁判所; (一般に)裁判所 tribunal
(重大犯罪の犯人に内務大臣が科する)強制的終身刑 mandatory life sentence
強制的判決 mandatory sentence
強制入院 civil commitment; civil confinement
強制売却 forced sale
行政不服審査 administrative hearing; administrative review
行政法 administrative law
行政法審査官 administrative law judge
供託 deposit in court
協調的連邦主義 cooperative federalism
協定条項 compact clause, the
共同雇用の準則 common employment rule; fellow servant rule
強迫 duress
脅迫; 暴行の試み assault
共犯; 共犯者 accessory; accomplice
恐怖の家 House of Horror, the
共謀者に関する準則 coconspirator's rule
業務隔離 Chinese wall, the
共有地 common; commons
共和国主義者 Republican
共和党 Republican Party, the
共和党員 Republican
虚偽の false
極刑に価する謀殺 capital murder
拒否権 veto
切り裂きジャック Jack the Ripper
ギルドフォードの4人 Guildford Four, the
記録保管裁判所 court of record
ギーン, エドワード Gein, Edward
緊急差止め命令 temporary restraining order
緊急事態の法理 emergency doctrine
キング, マーティン・ルーサー King, Jr., Martin Luther
キング, ロドニー King, Rodney
禁酒法 Prohibition
ギンズバーグ, ルース・ベイダー Ginsburg, Ruth Bader
偶然の発見 inadvertent discovery
クォンタム・メルイット quantum meruit
ク・クラックス・クラン Ku Klux Klan, the
くさったリンゴの理論 rotten apple theory
草の丘から発射された1発の銃弾 shot from the grassy knoll, a
草の丘にいたもうひとりの狙撃犯人 second gunman on the grassy knoll, the
(下位裁判所の判決を)覆す; 破棄する reverse
国; (狭義では, 国内の)大きな自治地域; カントリー(の住民) country/nation
国側の証拠 Queen's evidence
組み込み理論 incorporation doctrine [theory], the
クラーク, ケネス Clarke, Kenneth
クラーク, ダグラス Clark, Douglas
クリップス Crips, the
クーリーの原則 Cooley doctrine, the; Cooley rule, the
グリーンスパン, アラン Greenspan, Alan
クリントン, ヒラリー・ロドハム Clinton, Hillary Rodham
クリントン, ビル Clinton, Bill
クリントン対ジョーンズ事件判決 *Clinton v. Jones*
クリンビー, アナ Climbie, Anna (Victoria)
グリーンベレー Green Berets
クルーザン事件判決 *Cruzan v. Director of Missouri Department of Health*
クレイトン法 Clayton Antitrust Act, the
グレッグ事件判決 *Gregg v. Georgia*
グレトナグリーン鉄道事故 Gretna Green rail disaster, the
グレートブリテンおよび北アイルランド連合王国 United Kingdom of Great Britain and Northern Ireland, the
グレートブリテンとばく行為管理局 Gaming Board for Great Britain, the
クローズドショップ closed shop
グローバル化反対論者 antiglobalists
クローン人間づくり human cloning
クワンゴー; 準独立政府機関 quango
郡 county
郡議会 county council
郡検事長 county attorney
軍再審裁判所 Court of Military Re-

view, the
郡裁判所 county court
軍査問会議 Court of Inquiry; military court of inquiry
軍事控訴裁判所 Courts-Martial Appeal Court, the
郡庁[郡役所]兼保安長官事務所 county court
郡庁の所在地 county seat
軍法 military law
軍法会議 court-martial; court martial
軍法上訴裁判所 Court of Appeals for the Armed Forces, the
ケイヴィアット caveat
訓戒 admonition
警官 Old Bill, the
警告 caveat
経済スパイ economic espionage
経済スパイ法 Economic Espionage Act, the
警察署長 marshal
(州の)警察本部長; 本部長クラス警察官; 警察署長 chief constable
警察力 police force
形式上の[便宜的な]措置 pro forma
(スコットランドの)刑事最高裁判所 High Court of Justiciary, the
刑事裁判所 criminal court
(英国の)刑事裁判所 Crown Court, the
刑事事件控訴裁判所 Court of Criminal Appeals, the
刑事事件審査委員会 Criminal Cases Review Commission, the
刑事事件の訴えの取り下げ nolle prosequi
刑事捜査部 CID, the = the Criminal Investigation Department
刑事罰適用年齢 age of criminal responsibility, the
刑事犯罪被害者補償機構 Criminal Injuries Compensation Authority, the
継続的ないやがらせ harassment
刑の一時執行停止(執行延期) reprieve
刑の減免 clemency
軽犯罪 minor infraction; minor offense; petty offense
刑務所 penitentiary; prison
刑務所; 拘置所 jail
刑務所職員 prison officer
刑務所長 prison governor; warden
刑務所訪問者 prison visitor
契約条項 contract clause, the
ゲイライツ運動 gay rights movement
結婚予告(書) banns, wedding
血中アルコール濃度 BAC = blood-alcoholic concentration
ケネディ, アンソニー・マクロイド Kennedy, Anthony McLeod
検閲 censorship
厳格責任 strict liability
厳格な審査 strict [narrow] scrutiny
けんか言葉 fighting words
現金[人的財産]の遺贈 bequest
減刑 commutation of sentence
権限の委任 delegation of powers
(民事訴訟の)原告 plaintiff
検屍官 coroner
検屍官裁判所の判決 verdict
現実の害意[犯意] actual malice
(暴力の被害者が受ける)現実の身体的危害 actual bodily harm
原状回復; 不当な利益の返還 restitution
原子力エネルギー法 Atomic Energy Act, the
限定的な[条件つきの]免責権 qualified privilege
検認裁判所 probate court
ケンブリッジ・スパイ Cambridge spies, the
憲法 constitution; constitutional law
憲法学 constitutional law
憲法裁判所 constitutional courts
憲法諸法 constitutional law
憲法第5補正を活用する; 黙秘権を行使する taking the Fifth
憲法の解釈 constitutional construction
(憲法の)厳密な解釈 strict construction
原理主義; ファンダメンタリズム fundamentalism
権利章典 Bill of Rights, the
権利の不法侵害 encroachment
(自発的な)権利放棄 waiver
言論の自由 freedom of speech, the
公安維持法 Public Order Act, the
合意事実記載書 case stated
合意年齢 age of consent, the
行為免責 transactional immunity
勾引(こういん)状 bench warrant
強姦 rape
拘禁 imprisonment
航空保安官 air marshal

後見人としての国[州] parens patriae
公衆衛生長官 Surgeon General, the
公衆への迷惑行為 public nuisance
公正雇用実施委員会 Fair Employment Practices Committee, the
公正取引庁 Office of Fair Trading, the
(事実上は)公正な；事実と見なされる equitable
公正な使用 fair use
公正な(賠償などの)処置 just satisfaction
公正な審理に基づいた判決；本案判決 judgment on the merits
公正の原理；(公正な)裁判；法秩序；法；司法制度 justice
公選[国選]弁護人 assigned counsel; public defender
控訴院 Court of Appeal, the; Court of Appeals, the
控訴院長官 Master of the Rolls, the
公訴局 Crown Prosecution Service, the
控訴裁判所 appeal [appelllate] court; Court of Appeals, the
公定教会 Established Church, the
強盗 robbery
行動制限令 curfew order
口頭弁論 oral argument
(イングランドとウェールズの)高等法院 High Court of Justice, the
高等法院家族部 Family Division, the
高等法院女王座部 Queen's Bench Division, the
公判 trial
(法律理論よりも)衡平(の原則)と善に従って；良識に従って公正に ex aequo et bono
公法 public law
公民基本権法 Civil Rights Acts, the
公民基本権法推進活動 affirmative action
公民権剝奪の刑 civil death
公務員法 Civil Service Act, the
(警察官による，違法な)拷問；苛酷な取り調べ third degree, the
合理的な疑い reasonable doubt
合理的な疑いを一片も差し挟む余地のない証拠 proof beyond (a) reasonable doubt
高齢者の仮釈放 geriatric parole
(国家元首としての)国王[女王] Crown, the
国王の免責特権 Crown privilege
国王保護領 Crown Dependency
国王[女王]名代 High Sheriff; Lord Lieutenant, the
国王[女王]を中心とする首相などの政府高官 Crown, the
国際刑事裁判所 International Criminal Court, the
国際司法裁判所 International Court of Justice, the
国際的組織犯罪を防止する国連条約 U. N. Convention Against Transnational Organized Crime, the
国際貿易裁判所 Court of International Trade, the
国土安全保障局 Homeland Security, the Office of
国内での引渡し interstate rendition
(大陪審による)告発 presentment
(刑事事件の)告発；(大陪審や検察官による)起訴 charge
告発状；訴追請求状；訴状 complaint
国民健康保険(制度) National Health Service, the
国民防衛軍 National Guard, the
国立治療庁 National Treatment Agency, the
国連人権委員会 United Nations Human Rights Commission, the
コーザノストラ Cosa Nostra
誤審審理被申立人 defendant in error
個人の権利侵害 personal injury
誤審令状 writ of error
コステロ，フランク Costello, Frank
国家安全保障法 National Security Act, the
国会議事録 Hansard
国会の最高権威 sovereignty of Parliament, the
国家機密 official secrets
国家元首 Sovereign, the
国家反逆罪 treason; treason felony
国旗焼却事件判決 *Texas v. Johnson*
国旗の焼却 flag burning
ゴッティ，ジョン Gotti, John
固定作品 fixed work
子供 child
子供相談電話 ChildLine
子供なしの死亡 failure of issue
子供の虐待を防ぐ全国協会 NSPCC, the
子供を危険物から遠ざける法律 child access prevention laws

(裁判官による)誤判; 誤審; 手続きの誤り(瑕疵) error
戸別訪問による宣伝[選挙運動] door-to-door advocacy [canvassing]
コミティ comity
コミュニティ・ホーム community home
コムストック法 Comstock Law, the
コモン(ズ) common; commons; common land
コモンウェルス Commonwealth, the
コモンロー common law
コモンローによる結婚 common-law marriage
コモンロー犯罪 malum in se
子や孫の居住権 patrial right
雇用機会均等委員会 Equal Employment Opportunity Commission, the
雇用機会均等法 Equal Employment Opportunity Act, the
雇用者責任法 employers' liability acts
雇用上訴裁判所 Employment Appeal Tribunal, the
雇用年齢差別禁止法 Age Discriminations in Employment Act, the
雇用法 Employment Act, the
コレマツ事件(判決) *Korematsu v. United States*
コロンビア特別区; ワシントン D.C. District of Columbia, the
コンバット 18 Combat 18
(判決を)根本的に覆す overrule

サ 行

債権(仮)差押え garnishment
(州の)最高裁判所 Supreme Court, the
最高裁封じ込め作戦 court-packing plan, the
再拘束 remand
最高法院 Supreme Court of Judicature, the
最終審裁判所 court of last resort, the
最終弁論 closing argument; closing statement
罪状認否手続き arraignment
最小の関係の原則 minimal contacts doctrine, the
再審 retrial
再審請求の理由となる(重大な)誤審 reversible error
再審の遮断 collateral estoppel
再審理 new trial
在宅軟禁措置 home detention curfew
再直接尋問 redirect examination
裁定 arbitration
裁定; 仲裁判断 award
裁定官 Visitor
再度の危険の禁止 double jeopardy
裁判官 judge; justice; puisne judge
(スコットランドの)裁判官 sheriff; Sheriff
(裁判所の)裁判官席; 裁判官 bench
裁判官の全員一致の判決 per curiam
裁判(管轄)権 cognizance
裁判権自己抑制の原則 abstention doctrine, the
(連邦裁判所の)裁判権の放棄 relinquishment
裁判所および法律業務法 Courts and Legal Services Act 1990, the
裁判所書記官 clerk to the justices, the
裁判所[法律, 起訴, 刑罰]にかかわる forensic
裁判所の[官庁の]管轄権 jurisdiction
裁判所侮辱 contempt of court
裁判所補佐人 assessor
裁判所命令による, 強制執行[死刑執行]の一時停止 stay of execution
裁判地 venue
裁判地の変更 change of venue
裁判手続き court procedures
(美術作品の)再販売利益請求権 droit de suite
財務大臣 Chancellor of the Exchequer, the
サイモン・ウィーゼンタール・センター Simon Wiesenthal Center, the
裁量 discretion
裁量上訴受理令状 certiorari
裁量による裁判管轄権 discretional jurisdiction
差異を明らかにする distinguish
詐欺 fraud
詐欺の false
先物契約 futures contract
作為的差止め命令 mandatory injunction
サザビーズ Sotheby's
差押え distress
差押え権者 distrainer
(財産の, 一時的な)差し押さえを受けた sequestered
サーシオレイライ certiorari

差止め命令 injunction
差戻し remand
サタデー・ナイト・スペシャル Saturday night special
サッコ・ヴァンゼッティ事件 Sacco and Vanzetti case, the
サッチャー，マーガレット Thatcher, Margaret
サノブサム；サムの息子 Son of Sam
サノブサム法 Son of Sam law
サピーナ・デューシーズ・ティーカム subpoena duces tecum
サブ・ジュデイス sub judice
ザプルーダー・フィルム Zapruder film, the
差別 discrimination
差別の是正 reverse discrimination
産業スパイ industrial spy
サンクェンティン San Quentin
三軍統一法典 Uniform Code of Military Justice, the
3権の分立 separation of powers, the
残酷で異常な刑罰 cruel and unusual punishment
三振即アウト法 three strikes and you're out laws; three-strikes laws
暫定IRA Provisional IRA, the
死 death
シヴィル・ユニオン civil union
ジェイムズ・ブルジャー殺人事件 James Bulger case
ジェニングス，エリザベス Jennings, Elizabeth
ジェノヴィーズ，ヴィットー Genovese, Vito
シェリフ sheriff; Sheriff
シェリフ管区；裁判区 sheriffdom
シカゴ・エイト Chicago Eight, the
シカゴ・セブン Chicago Seven, the
(犯罪による収益の)資金洗浄 money laundering
死刑；最大刑 capital punishment; death penalty
死刑執行 execution
死刑相当の犯罪 capital crime; capital offense
事件の分担 breaking the case
資源保護再利用法 Resource Conservation and Recovery Act, the
時効 limitation of actions
自己負罪 self-incrimination
(刑事)事後法；遡及処罰法 ex post fact law
自殺 suicide
事実上の de facto
事実審が必要と認められる事件 prima facie case
事実審抜きの(勝訴)判決 summary judgment
事実審理 trial
事実認定 finding of fact [facts]
事実認定者；第一審の裁判官 trier of fact
私人訴追 private prosecution
自然的正義 natural justice
自然法 natural law
示談 settlement
自治市；バラ borough
(法による決定の)執行 execution
(訴訟の)実体 merits
実体的デュープロセス substantive due process
実体法 substantive law
シップマン，ハロルド・フレデリック Shipman, Harold Frederick
シティ；ロンドン旧市部 City, the
(ロンドンの)シティ警察 City of London Police, the
児童虐待 child abuse
自動車窃盗罪 motor vehicle theft
自動車泥棒 automobile theft
死ぬ[自殺する]権利 right to die
自筆証書 holograph
指標犯罪 index crimes; index offenses
(公法に対する)私法 private law
司法行政区 circuit
自暴自棄的な謀殺 deprived-heart murder
(ロースクールの)司法実務課程 Legal Practice Course
司法実務最終課程 Professional Skills Course, the
司法審査(権) judicial review
司法積極主義 judicial activism
(連邦政府の)司法長官 Attorney General, the
(州の)司法長官；法務長官 Attorney General, the
司法取引 plea bargaining
司法の自己抑制 judicial self-restraint
司法判断；判決[採決] adjudication
(事件が)司法判断を受けるに適している justiciable
(政府の)司法府 judiciary

(立法府による)司法府を出し抜いた刑罰 bill of attainder
市民権; 国籍; 州籍 citizenship
市民による逮捕 citizen's arrest
市民の自由 civil liberties
指紋 fingerprint
社会学的法学 sociological jurisprudence
社会的保守主義者 social conservative
社会保障法 Social Security Act, the
酌量の余地のある情状 extenuating circumstances
ジャージー島 Jersey
シャーマン反トラスト法 Sherman Antitrust Act, the
州 county
州議会 county council
宗教教育 religious education
宗教護持の条項 establishment clause, the
宗教的右派 religious right, the
宗教の自由再建法 Religious Freedom Restoration Act, the
終局判決; 最終判決 final decision; final judgment
州権 states' rights
州憲法第一主義 primacy approach, the
重婚 bigamy; polygamy
(イングランドとウェールズの)州裁判所 county court
(米国の)州裁判所 state courts
(英国の)州裁判所巡回区 circuit
十字架を燃やす行為 cross-burning
重心の原理 center of gravity doctrine, the
修正主義 revisionism; Revisionism
銃製造販売業 gun industry
(原告と被告の)州籍が異なる場合の訴訟 diversity case
州籍の相違 diversity of citizenship
重大詐欺特捜局 Serious Fraud Office, the
重大犯罪 felony
重大犯罪隠匿罪 misprison of felony
重大犯罪の示談(裏取引)による解決 compounding a felony
重大犯罪の犯人 felon
住宅および都市開発法 Housing and Urban Development Act, the
集団訴訟 class action
州地区裁判所; 州地区控訴裁判所 district court
銃の規制 gun control
州の公選弁護人 state-appointed attorney
十分な信頼と信用 full faith and credit
受益者 beneficiary
受刑者 prisoner
受刑者の危険度カテゴリー categories of prisoners
主権(者) sovereign
授権規定 enabling act
主権者の免責特権 sovereign immunity
授権条項 enabling clause
首相 Prime Minister, the
主尋問 direct examination
受託者; 受認者 fiduciary
出訴期限法 statute of limitations
出廷担保金証書 bail bond
出廷命令 citation
首都警察(の庁舎) New Scotland Yard
首都警察; ロンドン警視庁 Metropolitan Police Service, the
首都警察・刑事捜査部 Murder Squad, the
主犯 principal
主目的ルール primary purpose rule, the
主要な証拠 case in chief
(裁判所から見て証拠が)受理に価する admissible
狩猟妨害活動家 hunt saboteur
酒類または薬物の影響を受けての運転 driving under the influence (of alcohol or drugs)
巡回控訴裁判所 Circuit Court of Appeals, the
巡回裁判官 circuit judge
巡回裁判所 circuit court
準契約 quasi contract
巡査 constable
準立法権限を与えられた quasi-legislative
(州の)上院 Senate, the
上院の儀礼 senatorial courtesy
小火器と小型武器 small arms and light weapons
少額請求裁判所 small claims court
召喚状 subpoena
召喚令状 summons
上級法務官 Judge Advocate-General, the

商業証券 commercial paper
状況証拠 circumstantial evidence
証言拒否の特権 evidentiary privilege; privilege
証言責任の免除 immunity
証券取引委員会 Securities and Exchange Commission, the
証券法 Securities Acts
証言録取書 deposition
証拠 evidence
証拠提出責任 burden of going forward, the; burden of proceeding, the; burden of production, the
証拠の銛(もり) evidentiary harpoon
証拠の優越 preponderance of evidence
証拠排除の法則 exclusionary rules
商事法廷 Commercial Court, the
勝者総取り制 winner-take-all system; winner-takes-all system
少数意見 dissenting opinion
上訴; 控訴 appeal
上訴管轄権 appellate jurisdiction
上訴[控訴]裁判所 appeal court; appellate court
上訴人 appellant; petitioner
証人 witness
常任上訴貴族
承認と異議 confession and avoidance
少年刑務所; 少年犯罪者収容施設 child jail; young offender institution
小陪審 petit jury
消費者信用保護法 Consumer Credit Protection Act, the
消費者製品安全法 Consumer Product Safety Act, the
商品先物取引委員会 Commodity Futures Trading Commission, the
情報開示 discovery
情報自由化法 Freedom of Information Act, the
消防署長 marshal
消滅期限法 statute of limitations
消滅時効 laches
使用免責 use immunity
条約権 Convention rights, the
女王 Queen, the
職業安全健康法 Occupational Safety and Health Act, the
食品, 薬品, 化粧品法 Food, Drug and Cosmetic Act, the
(憲法の)職務委任条項 commission clause, the
職務執行命令 mandamus
ジョシー Josie
女性と子供の密輸出入 trafficking of women and children
女性に対する暴力対策法 Violence Against Women Act, the
ショットガン説示 shotgun charge
庶民院 House of Commons, the
庶民院の選挙区 borough
ジョンベネ JonBenet
自力で執行できる self-executing
シールズ; 海軍特殊部隊 SEALs
新株の先買権 preemption
進化論 Darwinism
人権委員会 Human Rights Commission, the
人権侵害の意図 malice
人口調査; 国勢調査 census
信仰に基づく新プログラム, および地域社会の新プログラムを推進するホワイトハウス事務局 White House Office of Faith-Based and Community Initiatives, the
人種差別 racial discrimination
人種平等会議 Congress of Racial Equality, the
シンシン刑務所 Sing Sing
心神喪失 insanity
人身被害 personal injury
人身保護令状 habeas corpus
人体組織; 臓器 human tissue
身体の不可侵性 bodily integrity
信託 trust
慎重かつ可及的速やかに with all deliberate speed
人的裁判権 personal jurisdiction
人道に背く犯罪 crimes against humanity
真のIRA Real IRA, the
シンフェイン党 Sinn Féin; Sinn Fein
シンプソン, O. J. Simpson, O. J.
信用機会平等法 Equal Credit Opportunity Act, the
水質汚染防止法 Clean Water Act, the
推定死亡 presumptive death
スウィーニー・トッド Sweeney Todd
枢密院 Privy Council, the
枢密院の議員 councillor
スキャリア, アントニン Scalia, Antonin
スキンヘッド skinhead

スクリュードライバー Screwdriver
スクール・ヴァウチャー school voucher
スコットランド王国 Scotland
スコットランド弁護士会 Faculty of Advocates, the
スコットランドヤード Scotland Yard
スコープス裁判 Scopes trial, the
スーター，デイヴィッド・H. Souter, H. David
スタンディング；訴訟当事者の適格性；訴えの利益 standing; standing to sue
スティーヴンズ，ジョン・ポール Stevens, John Paul
すでに否定された争点での再審禁止 issue preclusion
ストロー，ジャック Straw, Jack
ストーン，マイクル Stone, Michael
スパイ spy
スパイ活動 espionage
スーパー告発 super-complaint
スーパーファンド；有害廃棄物除去資金 Superfund, the
スーパーマックス Supermax
スマートガン smart gun
スマート・マネー smart money
スマーフィング smurfing
スミス法 Smith Act, the
セアラ法 Sarah's law
聖ヴァレンタインデーの惨劇 Saint Valentine's Day Massacre, the
性格証拠 character evidence
生活迷惑行為の除去[自力排除] abatement
請求 prayer
政教分離 separation of church and state, the
聖金曜日の合意 Good Friday Agreement, the
(弁護士が受ける)成功報酬 contingent fee
性差別防止法 Sex Discrimination Act, the
(負債を)精算した liquidated
政治活動委員会 political action committee
正式起訴状 billa vera; true bill
正式誓約書 recognizance
正式の裁判記録 record
誠実な人の原則 true person doctrine
政治問題の法理 political question doctrine, the
(事件の)成熟性 ripeness
正常な人間 reasonable man
聖職者の特権 benefit of clergy
政治倫理法 Ethics in Government Act, the
精神障害 insanity
生前贈与 advancement
製造物責任 products liability; product liability
生存可能な viable
性的な嫌がらせ sexual harassment
性的な不道徳 debauchery
(常習犯による)性的な暴力行為 predatory acts (of sexual violence)
政府間免責特権の法理 intergovernmental immunity doctrine, the
税務調査官 revenue officer
(先進国主導による)世界経済の画一化 globalization
世界貿易センターに対するテロ攻撃 World Trade Center, the terrorist attacks on the
世界貿易センター爆破事件 World Trade Center bombing, the
セクハラ sexual harassment
積極主義 activism
積極的抗弁 affirmative defense
説示 charge; instructions; summing up; summing-up
絶対的免責権 absolute privilege
絶大な公の利益 compelling (state) interest
窃盗 larceny
セルビー鉄道の大惨事 Selby rail disaster, the
善意の；善意で bona fide
善意の無視 benign neglect
全員委員会 committee of the whole (house)
選挙区線引きの変更 redistriction; reapportionment
選挙人団 Electoral College, the
宣言的判決；宣言的救済 declaratory judgment; declaratory relief
宣言的法律 declaratory statute
前言撤回の禁止 estoppel
全国犯罪対策本部 National Crime Squad, the
全国麻薬対策本部 National Drug Control Policy, the Office of
全国有色人種向上協会 NAACP, the＝

the National Association for the Advancement of Colored People
全裁判官の合議で in banc
宣誓供述書 affidavit
宣誓して放棄する abjure
宣誓証言 testimony
戦争権限法 War Powers Act, the
選択的組入れ可能の原理 selective incorporation doctrine
選抜徴兵制度 Selective Service System, the
全米法律家協会 American Bar Association, the
全米ライフル協会 National Rifle Association of America, the
専門家による過誤 malpractice
先例 precedent
先例拘束性(の原理) stare decisis
憎悪集団 hate groups
臓器移植 organ transplant
早計な受理につき却下 dismiss as improvidently granted
捜検 frisk
相殺 setoff; set-off
捜索と押留 search and seizure
争訴性がない[を失っている] moot
送達 service
相当な理由 probable cause
(憲法や法律の)増補 amendment
即時追跡 fresh pursuit
組織的な人種差別 institutionalised racism
組織的な非合法活動 racket
訴訟 action
訴訟(の維持) litigation
訴訟援助 in forma pauperis; legal aid
訴訟継続中である sub judice
訴訟原因 cause of action, the
(裁判所の)訴訟事件一覧表 calendar
訴訟事件摘要書 brief
訴訟上の合意 stipulation
訴訟の解消[却下，中断] abatement of action
訴訟のための ad litem
訴訟引受け命令 citation
訴状への抗弁 demurrer
訴追請求書 information
訴答 pleading
そのままの状態で；瑕疵(かし)責任を問わない条件で as is
ソフトマネー soft money
ソリシター；ソリシタ solicitor
ソリシター監督局 Office for the Supervision of Solicitors, the
ソリシター苦情処理部 Solicitors' Complaints Bureau, the
ソリシター事務所の実務研修生 articled clerk
ソレダッド・ブラザーズ Soledad Brothers, the
(保険会社の)損害額調査員 assessor
損害賠償金 damages
損失補塡賠償金 compensatory damages

タ　行

ダイアモンド，ジャック・"レッグス" Diamond, Jack "Legs"
第一次裁判管轄権の法理 primary jurisdiction doctrine, the
第1条裁判所 legislative courts
(委任契約の際に，弁護士に支払う)第1回目の報酬 retainer
第一級謀殺 first-degree murder
第一審[事実審]裁判権 original jurisdiction, the
第一審裁判所 court of general jurisdiction; trial court
対価 quid pro quo
(胎児の)胎外生存の可能性 viability
大監獄 Big One, the
大気清浄法 Clean Air Act, the
第3条裁判所 constitutional courts
(妊娠3カ月を過ぎた時期の)胎児 fetus
第11章による会社更正 Chapter Eleven
大統領 President, the
大統領選予備選挙 primary
大統領特権 executive privilege
大統領の後継者 presidential succession
大統領府 Executive Office of the President, the
大統領命令；州知事命令 executive order
大統領免責特権 presidential immunity
ダイナマイト説示 dynamite instruction
第2級謀殺 second-degree murder
第28節(問題) Clause 28; Section 28
第2令状 alias writ
(税金などを)滞納している delinquent

大陪審 grand jury
体罰 corporal punishment
逮捕 arrest
大法官 Lord Chancellor, the
大法官裁判所 Chancery, the
大法官府 Chancery, the
大法官部 Chancery Division, the
大法廷で；裁判官全員出席のもとで en banc
ダイヤーズ法 Dyers Act, the
代理人 attorney
大列車強盗(事件) Great Train Robbery, the
ダウニング，スティーヴン Downing, Stephen
妥協による評決 compromise verdict
ダートマス・カレッジ理事会対ウッドワード *Trustees of Dartmouth College v. Woodward*
たばこ tobacco
タフト・ハートレー法 Taft-Hartley Act, the
ダブルジェパディ(の禁止) double jeopardy
ダーマー，ジェフリー Dahmer, Jeffrey L.
タリバーン Taliban; Taleban, the
弾劾 impeachment
ダンカンスミス，イーアン Duncan Smith, George Iain
男女平等補正 Equal Rights Amendment, the
男性[女性]専用のクラブ single-sex club
炭疽(たんそ)病；炭疽菌 anthrax
ダンドー[ダンドゥー]，ジル Dando, Jill
ダンピング；外国での不当廉売 dumping
ダンブレイン虐殺事件 Dunblane massacre, the
担保責任；瑕疵(かし)担保 warranty
治安判事 justice of the peace
治安紊乱(ぶんらん) breach of the peace
地域社会安全組織 Community Safety Organisations
地域社会税 community charge, the
地域社会奉仕命令 community service order; community sentence
地域社会保護監視員 Community Support Officers
地役権 easement
チェーンギャング chain gang
地区検事長 district attorney
逐次執行の刑 consecutive sentence; cumulative sentence
地区評議会 district council
知的所有権 intellectual property rights
知的デザイン説 intelligent-design theory
血の[血塗られた]日曜日 Bloody Sunday, the
地方委員会；田園委員会 Countryside Commission, the
地方環境局 Countryside Agency, the
チャイルドライン ChildLine
チャップマン，マーク・デイヴィッド Chapman, Mark David
チャネル諸島 Channel Islands, the
チャパキディック Chappaquiddick
注意 admonition
注意義務違反 negligence
中央刑事裁判所 Central Criminal Court, the
中央情報部 CIA, the
中間上訴裁判所 intermediate appeal court; intermediate court; intermediate court of appeal
徴税官 revenue officer
懲罰的損害賠償 punitive damages
徴兵；招集 drafting
諜報活動；情報収集活動 intelligence
直接証拠 direct evidence
直接尋問 direct examination
(判決に対する)直接的な攻撃 direct attack
勅撰弁護士 Queen's [King's] Counsel
著作権 copyright
通貨偽造 counterfeiting
通行権；(交差点での)優先通行権 right of way, the
(当局に)通告義務のある刑事犯罪 notifiable offence
通商規制の権限 commerce power
(会社の)通常定款 articles of association
(戒厳令や軍の法律に対する)通常の法律；(軍政に対する)民政 civil law
通信品格法 Communications Decency Act, the
突き返す(こと) remand
次の会期の開始日を定めない閉会 adjournment sine die

積み重ね layering
つるしあげ裁判 kangaroo court
デイヴィス, アンジェラ Davis, Angela Yvonne
デイヴィス事件判決 *Davis v. Monroe County Board of Education*
(連邦から州への)定額助成金 block grant
(会社の)定款 bylaw
定期刑 determinate sentence
提供役務相当金額(の請求) quantum meruit
ディクタム; 傍論 dictum; obiter dictum
停止捜検 stop and frisk
停止命令 cease and desist order
ディジューリー de jure
ディープポケット deep pockets
ディープロック原則 Deep Rock doctrine, the
ディプロック裁判所 Diplock court
ティームスターズ Teamsters, the
廷吏 bailiff
ディリンジャー, ジョン Dillinger, John
ティル, エメット Till, Emmett
テキサス・レインジャーズ Texas Rangers
敵性証人 adverse witness
適正な法の執行または適用 due process of law
敵対的占有による取得時効 adverse possession
適法な; 法による de jure
(流通証券の)適法な所有者 holder
デザイナードラッグ; 合成麻薬 designer drug
デサルヴォ, アルバート・H. DeSalvo, Albert H.
テストケース test case
手付け earnest
手続き的デュープロセス procedural due process
手続き法 adjective law; procedural law
(1951 年の)デニス事件判決 *Dennis v. United States*
デュープロセス due process of law
テロリズム terrorism
テロリズム防止・取締法 antiterrorist law
電子通信プライバシー法 Electronic Communications Privacy Act, the
電子的モニタリング electronic monitoring [tagging]
天地創造説 creationism
同意意見 concurring opinion
統一消費者信用法典 Uniform Consumer Credit Code, the
統一商法典 Uniform Commercial Code, the
統一犯罪レポート *Uniform Crime Reports*
同意判決; 同意審決 consent judgment ; consent decree
トゥインキー・ディフェンス Twinkie defense
等価物の法理 equivalents, the doctrine of
統合 integration
投獄; 拘禁 incarceration
動産 chattels
(会社が)倒産した liquidated
同時執行の刑(の宣告) concurrent sentences
同性愛 homosexuality
同性愛者どうしの結婚 gay marriage
同棲をやめる男女の一方が他方に財産分与として支払う金 palimony
(州の)統治権力 police power
(電話の)盗聴; 傍受 eavesdropping; wiretapping
同等価値 comparable worth
投票権法 Voting Rights Act, the
動物が安全に生きる権利 animal rights
動物解放戦線 Animal Liberation Front, the
動物虐待 animal abuse
答弁 answer
答弁の取引 plea bargaining
逃亡する abscond
逃亡犯人 fugitive from justice
特殊船舶隊 SBS, the = Special Boat Squadron
毒樹の実; 毒を含んだ木になる実 fruit of the poisonous tree
特殊部隊 Special Forces, the
特殊法人 quango
(首都警察の)特捜部 Flying Squad, the
ドクター・シェパード事件 Sheppard case, the
ドクター・デス; 殺人医師 Dr. Death
特定履行 specific performance
特別行政区 borough

特別軍事法廷 military tribunal
特別警察官 special constables
特別病院 special hospital
特別補助裁判官 special master
匿名の[責任者名を秘匿した]政治的な言論[文書] anonymous political speech
独立行政機関 independent agent
独立検察官 Independent Counsel
独立の証拠 independent source
都市裁判所 municipal court
特許(権) patent
どっちつかずの犯罪 wobbler
トテナム３人事件 Tottenham Three, the
トマス，クラレンス Thomas, Clarence
ドムブロウスキ原理 Dombrowski doctrine
土曜の夜の惨劇 Saturday Night Massacre, the
ドライバーの激怒 road rage
トラスト trust
取り消す；無効にする vacate
トリニティ開廷期 Trinity sittings, the
奴隷貿易に対する賠償金 slave trade reparations; slavery reparations
ドレッド・スコット事件判決 *Dred Scott v. Sandford*
トレンチコート・マフィア Trench Coat Mafia, the
ドロワ・ド・シュイット droit de suite

ナ　行

内閣 Cabinet, the
内閣府 Cabinet Office, the
内国歳入庁；国税庁 Internal Revenue Service, the
(英国の)内務省 Home Office, the
(米国の)内務省 Department of the Interior, the
内務大臣 Home Secretary, the
なかんずく；とりわけ；主として inter alia
ナリフィケーション；連邦法実施拒否 nullification
なれ合い訴訟 collusive action; collusion
南部同盟軍の軍旗 Confederate flag, the
ニコルス，テリー Nichols, Terry
二次的著作物 derivative work
二重主権の原則 dual sovereignty doctrine, the
二重主権の連邦主義 dual federalism
日系アメリカ人事件 Japanese American Cases
ニューフェデラリズム new (judicial) federalism
ニューヨークタイムズ対サリバン事件判決 *New York Times Co. v. Sullivan*
ニューライト New Right, the
ニューレフト New Left, the
人間の臓器 human organs
人間の密輸 human trafficking
妊娠中絶 abortion
妊娠中絶反対運動 Anti-abortion Movement, the
盗み theft
ネグリジェンス negligence
眠れる州際通商条項の法理 dormant commerce clause doctrine
農業調整法 Agricultural Adjustment Act, the
脳死 brain death
納税者訴訟 taxpayer lawsuit; taxpayer suit; taxpayer's suit
飲み過ぎ binge drinking
(議会が，大統領の拒否権を)乗り越える override

ハ　行

ハイウェー highway
バイオテロリズム；生物・細菌テロリズム bioterrorism
陪審；陪審団の一員 jury; venireperson
陪審員長 foreman; foreperson
陪審によらない事実審理 summary trial
陪席判事；裁判官補 associate judge [justice]; Associate Judge [Justice]
(意図的な不出廷者に対する)敗訴判決 default judgment
バウアーズ対ハードウィック事件判決 *Bowers v. Hardwick*
(判決や評決の)破棄 quashing
パキ・バッシング Paki bashing
パー・キュリアム per curiam
パークス，ローザ Parks, Rosa
パークハースト刑務所 Parkhurst Prison
破産罪 bankruptcy offences

破産法 Bankruptcy Act, the
バージェスとマクリーン Burgess and Maclean
バシング；公立学校バス通学制度 busing
バー・スクール Bar school, the
ハースト，パトリシア Hearst, Patricia
派生作品；二次的な作品 derivative work
派生的な証拠 derivative evidence
バッキ事件 Bakke Case, the
バッキ事件判決 *Regents of the University of California v. Bakke*
バッファリーノウ，ラッセル・A Buffalino, Russell A.
バナナ戦争 Banana War, the
パネル panel
バーフォード原則 Burford abstention, the; Burford doctrine, the
パブリック・フットパス；散策用公道 public footpath
パーマー司法長官による赤狩り Palmer Raids
バーミンガム事件の 6 人 Birmingham Six, the
ハラスメント harassment
ハリー・アンドルー・ブラックマン Blackmun, Harry Andrew
ハリウッド・テン Hollywood Ten, the
バリスター；バリスタ barrister
バリスター団；ザ・バー Bar, the
バリスターの職 Bar, the
パレンス・パトリーイ parens patriae
バロウズ，シドニー・ビドル Barrows, Sydney Biddle
ハロッズ爆破事件 Harrods Bomb, the
犯意 malice; mens rea
犯意なき疑似犯罪 status crime
半影理論 penumbra theory, the
ハンガーフォードの虐殺(事件) Hungerford massacre, the
パンクハースト，エミリン Pankhurst, Emmeline
判決理由 ratio decidendi
犯罪(とその捜査)；事件；裁判；(訴訟当事者の)主張；判例 case
犯罪訴追(手続き) prosecution
反証 rebuttal
反政府運動の扇動 sedition
反政府活動共謀取締法 Seditious Conspiracy Law, the
反政府活動取締法 Sedition Act of 1918, the
ハンセン，ロバート・フィリップ Hanssen, Robert Philip
反訴 counterclaim; cross-action
(判決における)反対意見 dissenting opinion
反対尋問 cross-examination
バンディ，テッド Bundy, Ted
反トラスト法 antitrust acts
犯人引渡し extradition; rendition
反バイリンガル条例 Antibilingual Ordinance, the
ハンラティ，ジェイムズ Hanratty, James
万里の長城 Chinese wall, the
判例 precedent
判例集 casebook
判例法 caselaw; case law
被害者 aggrieved party
被害者側の注意義務違反 contributory negligence
(判決における)比較的多数の意見 plurality opinion
非強制加入制法律家協会 voluntary bar
非公開で in camera
非行少年[少女] delinquent
非行少年拘留センター youth detention center
非合法組織上訴審判所 Proscribed Organisation Appeal Tribunal, the
(エクイティ訴訟の)被告 respondent
(刑事裁判の)被告 accused; defendant
被上訴人 respondent
ビッグズ，ロニー Biggs, Ronnie
必然的な発見(物) inevitable evidence
人を殺すこと homicide
非陪審裁判 bench trial
評決 verdict
評決不成立 hung jury
評決不能 mistrial
平等保護条項 equal protection clause, the
ヒラリー開廷期 Hilary sittings, the
ヒル，ジョー Hill, Joe
ヒンドリー，マイラ Hindley, Myra
ビンラディン，オサマ bin Laden, Osama
ファーマン事件 *Furman v. Georgia*
フィリップス判決 *Phillips v. Martin Marietta Corp.*

フィルビ，キム Philby, Kim
フーヴァー，J. エドガー Hoover, J. Edgar
フェデラル・サプリメント *Federal Supplement, the*
フェデラル・リポーター *Federal Reporter, The*
フェロニー felony
(判決が)不確実な証拠に基づく；控訴審で覆るおそれのある unsafe
(損害賠償金などが)不確定の unliquidated
不可抗力(による破壊) Act of God
不可侵の占有権；天賦の権利 vested right
不起訴決定状 no true bill
武器を所有または携帯する bear arms
復員軍人上訴裁判所 Court of Veterans Appeals, the
覆審；事実審理のやり直し trial de novo
複数専門職の共同経営 multidisciplinary partnership
副大法官 Vice Chancellor, the
不抗争の答弁 nolo contendere
付随的裁判管轄権 pendent jurisdiction
不正常出産の訴訟 wrongful birth action
不全出産型妊娠中絶 partial-birth abortion
付帯的[付随的]裁判権 ancillary jurisdiction
不逮捕[非訴追]特権 immunity
ブッシュ，ジョージ・W. Bush, George W.
ブッチ・キャシディーとサンダンス・キッド Butch Cassidy and the Sundance Kid
物的財産の遺贈 devise
不定期刑 indeterminate sentence
(禁固刑が)不定期に及ぶ at Her Majesty's pleasure
不動産譲渡証書；不動産権設定証書 deed
不当な負担 undue burden
不当利得 unjust enrichment
ブート・キャンプ boot camp
ブナイブリス B'nai B'rith International
不法行為 tort
不法行為による死亡 wrongful death
不法行為による先天性障害の訴訟 wrongful life action
不法行為の自発的な停止 voluntary cessation of illegal acts
(権利の)不法侵害 encroachment
不法侵入を目的とする建造物の一部の破壊 breaking
不法目的侵入；押し込み burglary
プライバシーの権利 privacy, the right of
ブラウン，ゴードン Brown, Gordon
ブラウンズチキン店大量殺人事件 Brown's Chicken mass murders
ブラウン対カンザス州トピーカ市教育委員会事件；ブラウン判決 *Brown v. Board of Education of Topeka, Kansas*
ブラック・アンド・タンズ Black and Tans, the
ブラックウェンズデー Black Wednesday, the
ブラックパンサー党 Black Panther Party
ブラックフライデー Black Friday, the
ブラックマンデー Black Monday, the
ブラックモスレム Black Muslim
ブラックレター・ロー；基礎的な法の原理 black-letter law
ブラッズ Bloods, the
ブラッド・アンド・オナー Blood and Honour
フランクファーター，フェリックス Frankfurter, Felix
ブランケット，デイヴィッド Blunkett, David
ブランダイス，ルーイズ・デンビッツ Brandeis, Louis Dembitz
ブランダイス式上告趣意書 Brandeis brief
ブランチ・ダヴィディアン Branch Davidians
ブランデンバーグ事件判決 *Brandenburg v. Ohio*
(当然なすべきことの)不履行，(特に)債務不履行；義務違反；審理への欠席 default
プリズン・キャンプ prison camp
フリーダムライダーズ freedom riders; Freedom Riders
ブリッジウォーター事件の3人 Bridgewater Three, the
不良行為 status offense

ブリンクス窃盗事件 Brink's robbery
ブルジャー殺人事件 Bulger murder, the; James Bulger case, the
ブルースカイ・ロー blue sky laws
ブルートンの誤り Bruton error
プルマン回避の原則 Pullman abstention
ブレア，シェリー Blair, Cherie
ブレア，トーニー Blair, Tony
ブレイク事件 Blake case, the
プレイスメント placement
ブレイディ証拠物件 Brady material
ブレイディ法 Brady Act, the
ブレイヤー，スティーヴン・ジェラルド Breyer, Stephen Gerald
(1896年の)プレッシー対ファーガソン事件判決 *Plessy v. Ferguson*
ブレナン，ウィリアム・J Brennan, Jr., William Joseph
プロシー pro se
プロテスタント信者の示威行進 Orange marches
ブロードムア Broadmoor
プロヒューモ事件 Profumo Affair, the
プロポジション13 Proposition 13
プロポジション8 Proposition 8
プロポジション187 Proposition 187
プロポジション200 Proposition 200
プロポジション209 Proposition 209
プロポジション227 Proposition 227
プロポジション21 Proposition 21
プロポジション22 Proposition 22
プロポジション36 Proposition 36
プロポジション38 Proposition 38
プロボノ pro bone; pro bono publico
フロントペイ front pay
(地方)分権；自治拡大 devolution
(法律的な)文書 instrument
文書それ自体 four corners
分別；理知的かつ慎重な言動 discretion
分別年齢 age of discretion, the
分野別の裁判管理権 subject matter jurisdiction
分離すれども平等，の原則 separate but equal doctrine, the
ベアリングズ Baring Brothers; Barings Bank
ベイカー事件判決 *Baker v. Carr*
平均額評決 quotient verdict
ヘイグ，ウィリアム Hague, William
平時従軍登録制度 Selective Service System, the
ヘイトクライム；憎悪犯罪 hate crime
ヘイトサイト hate site
(州裁判所職員としての)ベイリフ；差し押さえ担当官 bailiff
ヘヴンズゲート Heaven's Gate
ヘストン，チャールトン Heston, Charlton
別件逮捕 pretext arrest
ヘルス・エンジェルズ；地獄の天使 Hell's Angels
(被告の人格や，犯罪容疑や，賠償責任についての)偏見 fixed opinion
(裁判官の)偏見に基づく誤り prejudicial error
弁護士 advocate; attorney
弁護士(の助言) counsel
弁護士委任契約 retainer
弁護士事務所 law firm
(法廷で)弁護をする権利 advocacy, the right of
ペンドルトン法 Pendleton Act, the
(特に上位裁判所における，弁護士の)弁論権 audience
保安官補佐 bailiff
保安長官；保安官 sheriff; Sheriff
保安長官代理人 elisor
法案の最終審議 markup
法域 jurisdiction
法学 jurisprudence
法学博士 doctor of the science of law; J.S.D.
防御 defense; defence
法源 legal resources; source of the law
暴行(傷害) battery
謀殺；殺人 murder
法職 legal profession
幇助(ほうじょ)する abet; aid and abet
法人 corporation
法人によるマンスローター corporate manslaughter
法人の(賠償)責任 corporate liability
法正義の流産；司法の不公正 miscarriage of justice
法曹学院 Inns of Court, the
法廷あさり forum shopping
法廷意見 opinion of the court, the
法定強姦 statutory rape
法廷助言者 friend of the court
法定犯 malum prohibitum
法的擬制 legal fiction
法的公正の問題 interests of justice

法的な不利益(をもたらす判断) prejudice
法的に正当な理由によって for cause
冒頭陳述 opening statement
法に基づく正義 justice
法の基礎原理 hornbook law
法の執行官 law enforcement officer
法の支配 rule of law, the
法務オンブズマン Legal Service Ombudsman, the
(英国の)法務官 judge advocate
(欧州司法裁判所の)法務官 Advocate General; Advocate-General
ホウムズ，オリヴァー・ウェンデル，ジュニア Holmes, Oliver Wendell, Jr.
法務総裁 Attorney General, the
法務副総裁 Solicitor-General, the
法律 act; law
法律; 成文法 legislation
法律委員会 Law Commission, the
法律家 lawyer
法律家協会 bar association
法律執行官 marshal
法律書記; ロー・クラーク law clerk
法律専務協会 Institute of Legal Executives, the
法律問題記載書 case stated
暴力グループによる(殺人をも含む)不法行為 racketeering
暴力的性犯罪の常習者 sexual predator
傍論 obiter dictum
他の救済手段をすべて使うこと exhaustion of remedies
北米大陸防空総軍司令部 North American Aerospace Defense Command, the
ポケット拒否権 pocket veto
保護観察 probation
(身元引受人が払う，あるいは払うと確約する)保釈金 surety
保釈保証代行業者; ボンズマン bail bondsman
保守党 Conservative Party, the
保証金 surety
保証人 surety
ボースタル; 少年院 Borstal; borstal
ボストンの絞殺魔 Boston Strangler, the
(憲法や法律の)補正 amendment
ホッファ，ジミー Hoffa, Jimmy
ホップウッド対テキサス州 *Hopwood v. Texas*
ポーツマス式弁明 Portsmouth defence, the
ホートン，ウィリー Horton, Willie
ポートン・ダウン Porton Down
ボニーとクライド Bonnie and Clyde
ポリースパワー police power
ホワイト・ウルヴズ; 白いオオカミ White Wolves
ホワイトカラー犯罪 white collar [white-collar] crime
本案判決 decision on the merits
ボンズマン bondsman; bondsperson
ボンド事件判決 *Bond v. United States*

マ 行

(高価な)埋蔵物 treasure-trove; treasure trove
前向きの差別 positive discrimination
マカーシズム McCarthyism
マカルマス [マイケルマス] 開廷期 Michaelmas sittings, the
マーキオネスの惨事 Marchioness disaster, the
マクドナルド・ホットコーヒー事件 *Liebeck v. McDonald's Corporation*
マグナカルタ Magna Carta; Magna Charta
マグナスン・モス法 Magnuson-Moss Act, the
マクナブ・マロリー準則 McNabb-Mallory rule
マクノートン準則 M'Naghten Rules, the
マグワイア・セブン Maguire Seven, the
マジストレート magistrate
マジストレート裁判所 magistrates' court
マジストレートジャッジ magistrate judge
マーシャル，サーグッド Marshall, Thurgood
マップ事件判決 *Mapp v. Ohio*
マネーロンダリング money laundering
マフィア Mafia, the
マフィアの地域ボス capo
マーベリ事件判決 *Marbury v. Madison*
麻薬 drug
麻薬裁判所 drug court
麻薬対策本部長 Drug Czar, the; drugs

czar
麻薬取締り強化地域 drug-free zone
麻薬取締局 Drug Enforcement Administration, the
マラム・インセイ malum in se
マラム・プロヒビタム malum prohibitum
マリヴァ差止め命令 Mareva injunction
マルコム X Malcolm X
満員の劇場で火事だっと叫ぶ shout "fire" in a crowded theater
マンソン，チャールズ Manson, Charles
マン島 Isle of Man, the
見返り quid pro quo
ミーガン法 Megan's law
未婚者との性交 fornication
ミスディミーナー misdemeanor
未成年者 minor
未成年者裁判所 youth court
みだらな事件 sleaze issue
(自白や証拠が)認められない inadmissible
未払いの delinquent
ミラー事件判決 *Miller v. California*
ミランダ警告 Miranda warnings
未履行の; 未完了の; 未完成の; 未発生の; 将来発生するはずの executory
ミルク，ハーヴェイ Milk, Harvey
民事上級裁判所 Court of Session, the
民事訴訟 civil action
(公法や刑事法に対して，個人の権利を扱う)民事法 civil law
民衆の敵ナンバーワン Public Enemy No. 1
民主党 Democratic Party, the
ムーア殺人事件 Moors murders
(製造物に関する製造者の)無過失責任 strict liability
無罪の innocent
無罪の推定 presumption of innocence
無罪の答弁 plea of not guilty
無罪の評決 directed verdict
無罪放免 acquittal
無責離婚 no-fault divorce
ムートである moot
メイ，アースキン *Erskine May*
明視の法則 plain view doctrine
命じる enjoin
明白かつ現在の危険 clear and present danger
明白な意味のルール plain meaning rule, the
名誉毀損 defamation; libel and slander
(口頭による)名誉毀損 slander
名誉毀損と戦う同盟 Anti-Defamation League, the
名誉毀損の主張 colloquium
迷惑行為; 生活妨害行為 nuisance
メキシコシティー政策 Mexico City policy, the
メージャー，ジョン Major, John
メモランダム判決 memorandum decision
メリッサ Melissa
メレディス事件 Meredith case, the
メンズリア mens rea
免責される殺人 excusable homicide
模擬法廷 moot court
黙秘権の行使 taking the Fifth
もしなければ，の基準 "but for" rule, the; "but for" test, the
モダニスト modernist
モラーレス事件判決 *Chicago v. Morales*
モーラン，ジョージ・"バッグス" Moran, George "Bugs"

ヤ 行

ヤクザ yakuza
やらせ質問 cash for questions
ヤンガー原則 Younger abstention; the Younger doctrine
遺言 will
誘拐; 略取 abduction; kidnapping
有給マジストレート stipendiary magistrate
有罪の; 刑法違反を自ら認めた; (裁判の結果)刑法違反だと疑いの余地なく証拠だてられた guilty
有罪判決 conviction
有罪否定免責の法理 exculpatory no doctrine
誘導尋問 leading question
郵便箱のルール mailbox rule, the
郵便利用の詐欺 mail fraud
有力な証拠 competent evidence
ゆすり; 詐欺による多大な金銭の横領 racket
ユナボマー Unabomber
ユニオニスト Unionist

ユニオンショップ union shop
養子縁組 adoption
幼児性愛(犯罪)者 pedophile; paedophile
よき隣人の法理 good Samaritan doctrine
ヨークシャーの切り裂き魔 Yorkshire Ripper, the
酔っぱらい運転 driving while intoxicated; DWI
予備審問 preliminary hearing
(大統領選挙)予備選挙 presidential primary
予謀 aforethought ; malice aforethought
予防拘禁 preventive detention
予謀なき殺人 manslaughter
4名同意のルール rule of four, the

ラ 行

拉致(らち)(らっち); 略取; 誘拐 abduction
ラッカス・ソサエティー Ruckus Society, the
ラムジー, ジョンベネ Ramsey, JonBenet
ラムスペック法 Ramspeck Act, the
ランカスター公領尚書 Chancellor of the Duchy of Lancaster, the
リー, ウェン・ホー Lee, Wen Ho
利益(の比較)衡量 balancing of interests
離縁 divorce
リコ適用犯罪 RICO pattern
離婚 divorce
離婚扶養料 alimony; maintenance
リース・ジュディケイタ res judicata
リーズナブル・マン reasonable man
立証責任 burden of proof, the
(議会による)立法 legislation
立法裁判所 legislative courts
リード事件判決 *Reed v. Reed*
リトルトン事件 Littleton massacre, the
リーノウ, ジャネット Reno, Janet
略式起訴状 information
略式起訴による刑事事件 summary offense [offence]
略奪的[独占的]な価格設定 predatory pricing
流通証券 negotiable instruments
理由つきの陪審員忌避 challenge for cause
理由を告げない陪審員忌避 peremptory challenge
量刑基準 sentencing guidelines
累積刑 cumulative sentence
ルーカス, ヘンリー・リー Lucas, Henry Lee
ルーシアーノ, チャールズ・"ラッキー" Luciano, Charles "Lucky"
ルビー, ジャック Ruby, Jack
レイシオ・デシデンダイ ratio decidendi
礼譲 comity
(裁判所が発行する)令状 warrant; writ
レイプ; 強姦 rape
レコーダー recorder
レコード業界リベート事件 payola scandal, the
レノン, ジョン Lennon, John
レモン・テスト Lemon test, the
レンクィスト, ウィリアム Rehnquist, William Hubbs
連帯責任債務 joint and several liability
連邦改正破産法 Federal Bankruptcy Reform Act, the
(州による)連邦介入拒否 interposition
連邦行政命令集 *Code of Federal Regulations, The*; *Federal Register, The*
連邦緊急事態管理局 Federal Emergency Management Agency, the
連邦控訴裁判所の巡回区 circuit
連邦最高裁判所 United States Supreme Court, the
連邦裁判区裁判所 district court
連邦裁判所 United States courts
連邦シークレットサービス Secret Service, the U.S.
連邦主義 Federalism; federalism
連邦巡回控訴裁判所 Court of Appeals for the Federal Circuit, the
連邦準備制度 Federal Reserve System, the
連邦準備制度理事会 Federal Reserve Board, the
連邦上院 Senate, the
連邦食品薬品局 Food and Drug Administration, the
連邦請求裁判所 Court of Federal Claims, the
連邦政府 Fed, the
連邦選挙運動法 Federal Election Cam-

paign Act, the
連邦捜査局 FBI, the
連邦地区首席検事 United States attorney
連邦地裁 district court
連邦通商委員会 Federal Trade Commission, the
連邦通信委員会 Federal Communications Commission, the
連邦の裁判権 federal jurisdiction
連邦不法行為請求法 Federal Tort Claims Act, the
連邦保安長官 United States marshal
連邦法の絶対的優位性 preemption; pre-emption
連邦法の絶対的優先権 federal preemption
連邦法務総裁 Solicitor General, the
連邦問題 federal question, the
ロイズ保険協会 Lloyd's
ロイヤー lawyer
ロウ事件判決 *Roe v. Wade*
労働者災害補償法 Workers' Compensation Acts
労働党 Labour Party, the
ロサンジェルス市警察 LAPD, the＝the Los Angeles Police Department
ロースクール; 法科大学院 law school
ロス事件判決 *Roth v. United States*
ロッカビー航空機爆破事件 Lockerbie bombing, the
ロビンソン・パットマン法 Robinson-Patman Act, the
ロー・ファーム law firm
ローペス判決 *United States v. Lopes*
ローマ法; (英米の common law に対する)大陸法 civil law
ロレンス事件 Lawrence case, the

ワ 行

歪曲 false light
わいせつ性 obscenity
わいせつ文書 pornography
和解 settlement
和解調停 mediation
ワグナー法 Wagner Act, the
ワークフェア workfare
ワッツ騒乱事件 Watts riot, the
ワンストップ・ショップス one-stop shops
ワンダーランド・クラブ Wonderland Club, the

A6 道路殺人事件 A6 murder, the
DNA 指紋 DNA fingerprints
EC [EU] 閣僚理事会 Council of the European Communities, the; Council of the European Union, the
RICO 法を適用される重大犯罪 predicate offenses
S 法人 S corporation

16 丁目バプテスト教会爆破事件 16th Street Baptist Church Bombing, the
1789 年裁判所法 Judiciary Act of 1789, the
1933 年銀行法 Banking Act of 1933, the
1933 年グラス・スティーガル法 Glass-Steagall Act of 1933, the
1935 年全国労働関係法 National Labor Relations Act of 1935, the
1938 年公正労働基準法 Fair Labor Standards Act of 1938, the
1947 年国王訴訟手続法 Crown Proceedings Act 1947, the
1947 年労使関係法 Labor Management Relations Act of 1947, the
1963 年バーミングハム教会爆破事件 Birmingham Church Bombing case, the 1963
1968 年犯罪防止および街路の安全性に関する包括法 Omnibus Crime Control and Safe Streets Act of 1968, the
1970 年暴力支配・腐敗組織取締法 Racketeer Influenced and Corrupt Organizations Act of 1970, the; RICO
1985 年通信傍受法 Interception of Communication Act 1985, the
1986 年税改革法 Tax Reform Act of 1986, the
1986 年内国歳入法典 *Internal Revenue Code of 1986, the*
1996 年農業自由化法 Freedom to Farm Act of 1996, the
1996 年・反テロリズムおよび効果的な死刑に関する法律 Antiterrorism and Effective Death Penalty Act of 1966, the

1998 年人権法 Human Rights Act 1998, the

1999 年公正裁判促進法 Access to Justice Act 1999, the

著者紹介

飛田茂雄（とびたしげお）

1927年東京生まれ．1952年に青山学院大学文学部卒．57年に早稲田大学大学院博士課程を修了．青山学院大学文学部専任講師，同助教授，小樽商科大学商学部助教授を経て，69年に中央大学商学部教授となり，93年から同大学総合政策学部教授．98年から中央大学名誉教授．

編書：『現代英米情報辞典』（研究社出版，2000年）のほか，『小学館ランダムハウス英和大辞典』（初版），『スピリッツ英和辞典』（小学館）をはじめとする英和辞典の編集・執筆．

著書：『探検する英和辞典』（草思社，1994年），『私が愛する英語辞典たち』（南雲堂フェニックス，1995年），『いま生きている英語』（中公新書，1997年），『翻訳の技法——英文翻訳を志すあなたに』（研究社出版，1997年），『アメリカ合衆国憲法を英文で読む』（中公新書，1998年）など．

訳書：ジョーゼフ・ヘラー『キャッチ＝22』（ハヤカワ文庫），ヘンリー・ミラー『追憶への追憶』（新潮社），『描くことは愛すること』（竹内書店），カート・ヴォネガット『パームサンデー』，『母なる夜』（ハヤカワ文庫），カズオ・イシグロ『浮世の画家』（中公文庫），ジョーゼフ・キャンベル『神話の力』（早川書房），同『時を超える神話』（角川書店），松村あき子訳『新約聖書』（翻訳協力，角川文庫），トマス・バーン・エドソール『争うアメリカ』（みすず書房），トバイアス・ウルフ『ボーイズ・ライフ』（中央公論社），『危機一髪』（彩流社），ジョン・ホークス『激突』，『人食い』（彩流社）ほか多数．

英米法律情報辞典（えいべいほうりつじょうほうじてん）

著者　飛田茂雄（とびたしげお）

2002年3月25日　初版発行

発行者　荒木邦起

発行所　株式会社　研究社

〒102-8152　東京都千代田区富士見2-11-3

電話番号　編集 03 (3288) 7755 (代)

営業 03 (3288) 7777 (代)

振替　00150-9-26710

http://www.kenkyusha.co.jp

印刷所　研究社印刷株式会社

装丁　久保和正

KENKYUSHA

〈検印省略〉

ISBN 4-7674-3008-9　C3582　Printed in Japan